대운하와 중국 상인

회 · 양 지역 휘주 상인 성장사, 1415~1784

대운하와 중국 상인

회·양 지역 휘주 상인 성장사, 1415~1784

조영헌

민음사

영감의 원천이며

무한한 지지를 보내 주신

吳金成 선생님께

　해군 전략가로 저명한 앨프레드 마한(Alfred T. Mahan)의 "바다를 지배하는 자가 세계를 지배한다."는 말은 그야말로 19세기의 생생한 진리라고 해도 과언이 아닐 것이다. 그는 『해양력이 역사에 미치는 영향』이라는 저서를 통해 해양력(sea power)에 영향을 주는 여러 조건을 열거하면서, 가장 먼저 지리적 위치에 주목했다. "우선 어떤 나라가 육지에서 방어할 필요가 없고 또한 육상을 통한 영토 확장을 모색하려는 유혹에 빠질 수도 없는 위치에 있다면" 그 나라는 해양력을 강화할 수 있는 좋은 조건을 구비했다는 것이다. 마한이 보기에 이러한 조건을 갖추고 실제 그 장점을 십분 발휘한 나라는 영국이었다. 비록 그의 안목에는 들어 있지 않았으나, 중국은 늘 육지에 대한 방어의 필요가 강할 뿐 아니라 육상을 통한 영토 확장을 도모하려는 유혹이 끊임없이 제기되는 나라였다. 그래서일까? 전통 시대 중국이 왜 바다를 '지배'하는 데 적극적으로 나서지 않았는지에 대한 관심은 아직까지 식지 않았고, 이에 대한 다양한 해석이 진행된 것도 사실이다.

한편 중국에는 오래전부터 황하를 다스리는 자가 천하를 얻는다는 믿음이 있었다. 이러한 믿음은 19세기까지 강력한 힘을 발휘했다. 그만큼 황하에 대한 치수가 어려웠다는 뜻인데, 이 책에서도 줄곧 강조하는 바이다. 문제는 18세기까지 중국인들의 '천하' 관념에 바다 너머가 포함되지 않았다는 데 있을 것이다. 19세기에 접어들어 그들이 신경 써야 할 '천하' 관념이 확대되긴 했으나, 너무 늦은 감이 있다. 왜 그랬을까? 왜 중국은 바다를 지배와 통치의 대상으로 생각하지 않았을까? 아니 지배는 고사하고 왜 바다에 대한 적극적인 진출조차 꺼리면서 유럽 각국에서 '대항해의 시대'가 경쟁적으로 일어나던 명·청 시대, 중국은 해금 정책의 기조를 유지했던 것일까? 이미 자명한 것 같기도 하고, 그래서 다소 황당하리만큼 큰 질문 같기도 하지만, 실상 이에 대한 명쾌한 설명을 아직 들은 바 없다. 이 책은 필자가 학부를 졸업하던 약 15년 전부터 갖게 된 이러한 물음에서 시작된 것이다.

하지만 이 책의 목차나 내용을 읽어 보면 정작 바다에 대한 이야기가 그리 많지 않음에 실망할 것이다. 솔직히 말하면, 이 물음에 대한 시원스러운 해답은 아마 평생의 작업이 될 것 같다. 다만 이 책이 관심을 집중하고 있는 대운하 유통망과 그곳에서 이루어지는 상인들의 활약상은 이 근본적인 질문에 대한 해답을 찾아가는 긴 여정의 한 결과물이라고 말할 수 있다. 즉 바다로의 진출을 가장 '효과적으로' 억제하던 시기, 이 거대한 제국의 내부에서는 어떠한 교역망이 번영했고 또 어떤 집단이 주도적으로 교역의 욕망을 해소해 나갔는가? 이 정도의 문제의식이 대체로 필자가 담아 보려 했던 본래의 의도라고 할 수 있을 것이다. 물론 이에 대한 평가는 독자의 몫이다.

이 책은 기본적으로 2006년에 제출했던 박사 학위 논문을 수정·보완한 것이지만, 근본적인 문제의식과 구체적인 내용은 1996년 제출했던 학부 졸업 논문을 기반으로 비교적 꾸준하게 이어져 왔다. 키워드는 두 개로, 대운하와 휘주 상인이다. 잠시 이 주제가 연결되는 과정을 설명할 필요가 있을 것 같다.

대운하에 대한 필자의 관심은 1995년 학부 3학년 2학기에 개설된 오금성 (吳金成) 선생님의 '동양근세사 1' 수업을 들은 직후에 생겨났다. 대학 입학 과정과 그 이후 진로 문제로 '방황'을 많이 했던 터라 기본 지식이 많이 부족했으므로, 기말 레포트 주제를 선정하기 위해 황인우(黃仁宇) 교수의 『거시 중국사』를 골라 정독을 했다. 말 그대로 거시적인 개론서이므로 구체적인 부분까지 이해하기에는 오랜 시간이 걸렸으나, 한 가지 명확하게 남은 이미지는 수도 북경과 북경에 대한 물자 공급로인 대운하의 중요성이었다. 그래서 잡은 주제가 「명초 운하의 개통과 그 사회 경제적 의의」였다. 한참 뒤에야 제대로 알게 된 사실이지만, 저자인 황인우 교수가 1964년 미시건(Michigan) 대학교에 제출했던 박사 논문의 주제가 "명대의 조운(漕運)"이므로, 저자의 관심사를 찾는 데는 일단 성공한 셈이다. 하지만 성적은 B제로였다. 결과는 그리 만족스럽지 않았으나, 페이퍼를 쓰면서 처음 공부하는 '기쁨'을 맛보았다. 그래서 용기를 내어 오 선생님의 연구실을 찾아가 면담을 했고, 선생님께서는 학부 학생이었던 필자에게 중국어로 된 『中國運河城市發展史』(傅崇蘭, 四川人民出版社, 1985)라는 책을 빌려 주시며 최부(崔溥)의 『표해록(漂海錄)』을 소개하시고는, 졸업 논문으로 발전시켜 보라고 격려해 주셨다. 그때가 대운하와 필자가 유의미하게 만났던 첫 순간이었다.

휘주 상인과의 만남은 석사 논문을 준비하는 과정에서 이루어졌다. 본래 학부 졸업 논문을 확대시켜 대운하에서 이루어지는 구체적인 유통 과정을 규명할 계획이었으나, 한국에서 접할 수 있는 자료의 한계로 인해 진도가 나가지 않았다. 당시 연구년을 받아 1년간 중국으로 떠나시던 오 선생님께서는 마침 고려대학교에 방문교수로 와 있던 중국사회과학원의 주소천(周紹泉) 교수를 소개해 주셨다. 휘주 문서의 해독력과 장악력에 있어 당시 최고라고 정평이 나 있던 주 교수는 대운하의 구체적인 유통 상황을 이해하려면 우선 상업 활동의 주체인 휘주 상인부터 연구하는 것이 좋을 것이라 제안하면서, 관련 문서가 다수 소장되어 있는 북경의 사회과학원, 합비(合肥)의 안휘 대학교, 상해 도서관에 가서 자료를 열람할 수 있도록 소개장을 써 주었다. 세 통의 편지를 들고 세 지역을 방문하면서, 자료는 물론이거니와 휘주 상인 전문가들을 만나는 기쁨에 감격했던 순간은 아직도 생생하다. 이렇게 해서 대운하에 대한 관심을 잠시 접어 놓고 휘주 상인에 대한 공부를 시작했고, 휘주 상인의 핵심 업종인 염업(鹽業)과 그 유통 과정으로 관심이 쏠렸다. 이렇게 해서 2000년에 제출한 석사 논문이 「명대 염운법의 변화와 양주 염상 — 휘상(徽商)과 산섬상(山陝商)의 역학 관계의 변화를 중심으로」였다.

박사 과정에 입학한 후 코스워크를 마칠 때까지 학위 논문 주제에 대한 구체적인 모색을 의도적으로 하지 않았다. 뭔가 새로운 주제를 기대하며 다양한 독서와 탐구를 하고 싶었기 때문이었다. 하지만 의도대로 공부가 이루어지지 않은 채 코스워크가 끝나 갈 무렵, 돌파구를 마련하기 위해 무작정 북경으로 떠났다. 1년 동안 북경을 거점으로 중국 각지를 돌아다니면서 언어를 익힌다는 명분으로 마음껏 '놀다' 보니, 중국에 대한 체감의 수준은 많이 향상되었으나 학문적으로는 다시 '방황(?)'의 시간을 보낸 꼴이 되었다. 다행히 하버드 대학교 옌칭 연구소의 방문 연구원(Visiting Fellow) 자격으로 박사 논문을 하버드에서 집필하는 기회를 얻게 되었다. 시간이 한정되어 있었기에 어쩔 수 없이 그동안 공부했던 대운하와 휘주 상인이라는 두 주제를 연결하기로 결심을 하고 나니, 그동안 전혀 보이지 않던 자료들이 '발견'되기 시작했다. 물론 이러한 배경에는 옌칭 도서관을 비롯하여 하버드의 여러 도서관에서 제공하는 무제한 대출 서비스와 풍부한 자료의 힘이 컸다. 그 덕분에 박사 논문의 기본 골격을 완성해서 돌아왔다.

이렇게 해서 2006년 8월 「대운하와 휘주 상인 — 명말·청초 회·양 지역을 중심으로」라는 제목의 박사 논문을 제출할 수 있었다. 이후 박사 논문에서 미처 다루지 못했던 기본 전제들, 특히 북경으로의 천도, 해금 정책, 대운하의 인프라 구축에 대한 개별 논문을 묶고 이 주제에 대한 2010년까지의 연구 경향을 반영한 것이 이 책이다.

교정을 보면 볼수록 수정해야 할 부분이 증폭될 정도로 내어놓기에는 아직 부끄러운 글이지만, 출간을 준비하면서 그동안 아무 감사 없이 받았던 수많은 '학은(學恩)'을 떠올리게 되는 것이 솔직한 심정이다. 12세기 프랑스의 수도사 샤르트르의 베르나르(Bernard of Chartres)가 썼던 표현을 빌리자면, 그야말로 "거인들의 어깨 위에 선 난쟁이(nanos gigantium humeris insidentes)"가 된 느낌이랄까?

우선 서울대학교 동양사학과의 선생님들께 감사드리지 않을 수 없다. 특히 지도 교수인 오금성 선생님은 명·청 시대에 대해 사실상 '백지'에 불과했던 필자의 수준을 여기까지 이끌어 주시며 고비고비마다 새로운 길에 대한 지평을 열어 주셨다. 무엇보다 아직 설익은 학문에 대한 '가능성'을 끄집어내 주실 뿐 아니라 좀 더 무르익을 때까지 인내로 훈련시키시는 선생님 앞에 설 때면 늘 긴장의 끈을 놓칠 새가 없다. 시간이 흐를수록 이러한 긴장감을 유지하는 것이 학자로서 얼마나 놀라운 은혜인지 절감하게 된다. 또한 이성규(李成珪) 선생님은 학문이란 얼마나 치열하게 임해야 하는 것이고 학자의 열정이란 얼마나 강인한 것인지를 보여 주셨고, 박한제(朴漢濟) 선생님은 역사 속의 인간을 발견하고 성찰할 수 있는 따뜻한 시야를 열어 주셨으며, 김형종(金衡鐘) 선생님은 철저한 고증의 태도와 방법을 가르쳐 주셨다. 중국사를 전공하는 선생님뿐 아니라, 유인선(劉仁善) 선생님은 베트남을 비롯한 동남아시아 세계의 다양성을 이해할 수 있는 눈을 키워 주셨고, 김용덕(金容德) 선생님은 학자로서 국제적인 안목을 겸비해야 함을 역설해 주셨으며, 김호동(金浩東) 선생님은 냉철한 머리와 따뜻한 가슴을 가지고 역사를 바라볼 때 새로운 의미를 부여할 수 있는 세계가 얼마나 넓어질 수 있는지를 일깨워 주셨다.

박사 과정 졸업 후 홍익대학교에 자리를 잡기 전까지 또 잠시 방향을 잃어버릴 뻔했던 시기에 늘 곁에서 묵묵하게 후원해 준 선배 이준갑 교수는 인하대 BK사업단("동아시아 한국학")에서 공부를 지속할 수 있는 자리를 마련해 주었다. 비록 그리 긴 시간은 아니었지만, 앞만 보고 살아왔던 삶에서 벗어나 옆도 보고, 때로는 뒤도 돌아볼 수 있는 여유를 갖게 되었다. 그리고 2007년 9월에 홍익대학교 역사교육과에 부임했는데, 정해본, 김민제, 이기순, 김태식 교수님은 신참 교수가 강의와 연구에 전념하도록 세심하게 배려해 주셨다. 이외에도 한국 명청사학회에 소속된 여러 교수님들 역시 일일이 열거하지는 못하지만, 늘 격려와 신선한 자극의 원천이 되었다. 이 자리를 빌려 깊은 감사의 말씀을 드리고 싶다.

글을 쓰고 책을 완성하는 과정에서 수없이 많은 분들의 도움을 받았다. 중국을 방문할 때마다 필자의 아이디어와 자료 수집에 조언을 아끼지 않던 남개 대학교의 상건화(常建華) 교수, 복단 대학교의 왕진충(王振忠), 장해영(張海英) 교수, 남경 대학교의 범금민(范金民) 교수, 하버드에서 만나 날카로운 비평과 조언을 해 주었던 필립 쿤(Philip Kuhn) 교수와 피터 볼(Peter Bol) 교수, 오랜 우정 속에서 이 책의 출간을 기대해 주었던 콜게이트 대학교의 데이빗 로빈슨(David Robinson) 교수와 중국사회과학원의 아풍(阿風) 교수, 짧은 두 차례의 만남이었지만 유익한 조언을 아끼지 않았던 일본의 빈도돈준(濱島敦俊) 교수, 그리고 이 책의 초고를 읽고 유익한 조언을 던져 주었던 신앙과 학문 공동체 '인성모' 회원들의 풍부한 지식은 이 책 곳곳에 숨어 있다. 중문 제요의 작성에는 유준상, 양수지 선생의 도움이 컸고 다층적인 색인 작업을 위해 황해윤 군이 수고해 주었다. 그럼에도 불구하고 여전히 남아 있을 이 책의 실수와 섣부른 단순화의 오류는 전적으로 필자의 책임이다.

이 책이 출간되는 과정에서 생긴 민음사와의 인연도 소개하고 싶다. 필자의 박사 논문은 2007년 5월 서울대학교 인문대학에서 수여했던 '최우수 박사 학위 논문'(사철 계열)에 선정되는 분에 넘치는 영광을 얻었다. 당시 그 상은 민음사에서 출연한 '민음 인문학 기금'으로 처음 마련되었다. 물론 상과 출판은 아무런 관련이 없었으나, 수상 당시 박사 논문이 민음사에서 출간되기를 소망하게 되었는데, 결국 여러 우여곡절 끝에 민음사에서 출간되었으니 이 역시 감사의 대목이다. 쉽지 않은 출판 결정을 해 준 장은수 편집인께 감사드린다.

마지막으로 곧잘 넘어지고 방황하는 필자에 대해 싫증내지 않고 일으켜 세워 주는 믿음의 가족들에 대한 감사를 언급하지 않을 수 없다. 필자의 논문과 잡문 등에 대해 늘 첫 번째 독자가 되어 주시며 따뜻한 격려와 재정적 지원을 잊지 않으시는 아버지와 어머니, 신앙적인 미숙함에도 불구하고 기도와 기다림으로 키워 주시는 예수마을 교회의 이승장 목사님과 여러 가족들은 어느 것과도 바꿀 수 없는 든든한 후원자이다. 사랑하는 아내와 딸, 그리고 아들이 없었더라면 아마 이 책은 이삼 년 정도 앞서 출판되었을 것임에 틀림없으나, 가장 정확한 '지금'이라는 타이밍을 놓쳤을 테니 원망은 전혀 없다! 끝으로 탕자 같은 필자에게 끊임없이 배울 수 있는 학자의 소명(召命)을 허락하신 주님을 떠올린다. 모든 지혜와 지식의 근원이신 주님으로 말미암은 소명의 발걸음을 이제야말로 조심스레 내딛는다.

2011년 5월 상수재(上水齋)에서

조 영 헌

차 례

전통 시대 왕조의 마지막이자 근대 중국의 기본 틀을 제공한 명·청 시대 (1368~1911). 이 시기는 그야말로 전통의 끝자락과 근대적 뿌리가 혼재하는 동시에 중화 제국의 화려한 성세(盛世) 속에서 스산한 쇠락의 음영을 감지할 수 있는 시대였다. 황제를 정점으로 하는 국가 권력의 지배력 강화와 영토 확장은 역사상 최절정에 달했으면서도 지역별 특수성은 오히려 강화되고 기능적으로도 분화되는 경향이 뚜렷했다. 특히 각 지역 사회의 실질적인 지배층이었던 신사(紳士)가 보여 준 사회적 순기능과 역기능은 명·청의 모순적인 시대성을 유감없이 보여 준다.[1] 근래에는 '중국인다움(Chineseness)'만큼이나 '만주족다움(Manchuness)'을 중시하면서 청조의 복합성을 강조하는 새로운 청사 연구의 흐름도 활기를 띠고 있다.[2]

이처럼 복합적인 성격이 강한 명·청 시대를 조망하는 데 상인(商人)에 대한 연구는 여러 가지 측면에서 유용하다. 우선 상인 연구는 지배층과 함께 피지배층의 변화까지 하나의 안목에서 파악할 수 있는 시각을 제공한다. 신사가 주로 상층의 아(雅) 문화를 지배했다면, 상인은 활발한 신분 이동을 통해 속(俗) 문화와 더불어 아 문화까지 상당 부분 공유했기 때문이다. 그 배경에는 사·농·공·상(士農工商)으로 서열화된 유교적 신분 구조가 동요되기 시작했다는 점, 은 유통으로 대표되는 상품 경제가 도시에서 농촌 깊숙이까지 침투되었다는 사실, 그리고 이 책에서 강조하고자 하는 막대한 자금을 동원하고 투자할 수 있는 능력이 사회 각 분야에서 중요시되는 시대적 변화상이 깔려 있다.

같은 맥락에서 상인 연구는 경제적 변화상뿐 아니라 정치·사회·문화적 변화상을 이해하는 데에도 대단히 효과적이다. 여기서 우리는 상인의 성공과 실패 혹은 성쇠가 경제 논리만으로는 설명할 수 없는 매우 복합적인 현상이라는 점을 상기할 필요가 있다. 눈치 빠르고 야망에 찬 상인들은 돈을 벌기 위해서는 법보다는 사람, 기술 지식보다는 계약과 도덕적 성품이 중요하다는 것을 체득하고 그 노하우를 상업서(商業書)에 집약해 놓았다. 여러 상업서에서 공통적으로 강조한 것을 보면 경제 논리라기보다는 유교적 덕목에 해당할 만한 성실, 자애, 의, 용기, 충성 등이 대부분을 차지했다.[3] 정부에 대해서는 "관부(官府)의 존재를 인정하되 의뢰하지는 말 것"을 주문했고, 인간관계에 대해서도 아주 조심스럽게 관계를 맺고 확장할 것을 권하는데, 이들 모두 법과 규칙으로 보장되지 않는 경쟁 상황으로부터 도출된 '지혜'라고 볼 수 있다. 상업에 종사하면서도 유교 관념을 체득하고 문화적인 모방에 뛰어난 "신사화된 상인(gentrified merchants)"이 성공적인 상인의 모습으로 추앙받는 것도 이 때문일 것이다.[4]

바꾸어 생각해 보면, 상인이 성공하거나 실패하는 국면의 전환은 경제적 요인과 함께 정치·사회·문화적인 요소가 상호 작용을 일으킬 때 발생한다. 더구나 일개 상인이 아니라 다수의 상인들이 성장하거나 쇠락하는 현상이 여러 사료에서 포착되고 역사적 의미를 지닐 때는 더더욱 그러하다. 이 책이 상인에 대한 관심을 시종일관 견지하면서 수도의 위치 변화, 도시 구조, 과거 제도와 정원(庭園) 문화, 그리고 자연 재해에 이르기까지 분석의 대상을 확대하는 것은 상인이 지닌 복합적인 성격을 다각도로 조명하고 재현하기 위해서이다.

휘주 상인의 성장에 관한 세 가지 해석

명대부터 동향(同鄕)을 근거로 정체성을 강화하고 경제적 이익을 도모하는 상인 집단, 즉 상방(商幇)의 출현이 두드러졌다. 물론 그 이전에도 객지로 진출한 상인 가운데 동향 의식을 가진 자들이 없었던 것은 아니다. 하지만 상인들의 객지 진출과 동향 의식의 고조가 풍조를 형성할 정도로 광범위하게 발생하고 그 결과 지방지(地方志)에 '집단화'된 객상(客商)의 존재가 포착된 것은 명 중기 이후의 일이다. 왜 이 시점인가에 대해서는 본문에서 충분히 언급할 것이다. 따라서 명·청 시대의 상인 연구 역시 지역사의 관점에서 접근하는 경향이 강했고, 특히 1993년『중국의 10대 상방(中國十大商幇)』이 출간된 이후 여기에 포함된 10개 지역 및 상방에 대한 관심이 증폭되었다.[5] 그 가운데 가장 주목받은 상인 집단은 휘주부(徽州府)를 근거로 '집단화'된 휘주 상인(徽州商人＝徽商＝新安商人)이었다.

휘주 상인은 산서 상인(山西商人＝晋商＝山右商人)과 함께 명·청 시대 중국 경제를 주도한 양대 상방으로 손꼽힌다. 그런데 특히 휘주 상인에 대한 관심이 집중된 데에는 다음과 같은 몇 가지 이유가 있었다. 첫째, 휘주 상인은 단 1개 부(府)를 지역적 단위로 삼으면서도 1개 성(省)을 단위로 하는 산서 상인, 복건 상인, 강서 상인 등 여타 상방보다도 두드러지고 인상적인 발전을 보였다. 청 말의 행정 단위를 기준으로 볼 때 휘주부는 안휘성(安徽省)의 8개 부 가운데 하나로, 부성(府城)이 위치한 흡현(歙縣)을 비롯하여 휴녕(休寧)·적계(績溪)·무원(婺源)·기문(祁門)·이(黟) 현(縣)의 6개 현으로 이루어져 있었다.[6] 민국 시기에 거행된 행정 구역의 개편 결과 무원현이 강서성(江西省)의 요주부(饒州府)로 편입됨으로써 휘주부는 5개 현으로 줄어들었으나, 명·청 시대에 휘주를 언급할 때는 통상적으로 6개 현을 말한다. 청대 18개 직성(直省) 가운데 하나인 안휘성, 그리고 안휘성의 8개 부 가운데 하나인 휘주부. 산지가 많은 이 작은 지역에서 배출된 지역 상인이 중국 최대 상인 집단으로 성장한 것이다.

둘째, 휘주 상인은 당시 경제 발전의 최선진 지역인 강남(江南) 지역, 행정적으로 강소성(江蘇省)과 절강성(浙江省)을 중심으로 거의 전국 각지를 활동 무대로 삼았다. 강남 지역 출신이 아니면서도 사실상 강남의 경제권을 장악한 그들에 대해서 일찍부터 많은 학자들이 주목한 것은 당연한 일이었다.[7] 전국적인 활동 영역을 자랑하는 상인은 얼마든지 있지만, 경제의 최선진 지역에서 얼마나 경쟁력을 발휘할 수 있는가는 또 다른 문제였기 때문이다.

셋째, 1950년대부터 그동안 휘주 지역에서 휴지 조각처럼 경시되던 휘주 문서(徽州文書)의 중요성이 '발견'되고 그 일부가 1990년대에 공간(公刊)되면서 휘주에 대한 연구는 활기를 띠었다. 주접(奏摺)이나 어린도책(魚鱗圖冊) 같은 관부 문서부터 토지 문서나 종족 문서, 그리고 소송 문서 등 각종 민간 문서를 망라한 휘주 문서를 바탕으로 '휘학(徽學)'이라 부를 만큼 다양한 연구가 축적되었다. 휘주 상인에 대한 연구 역시 이와 병행하여 증가했으며, 특히 휘주 문서를 이용한 미시적인 측면에서의 심도 있는 연구도 가능해졌다.[8]

그러나 휘주 상인에 대한 연구가 일일이 열거하기 곤란할 정도로 수적인 축적이 이루어졌는데도, 휘주 상인에 대한 궁금증이 속시원히 해소된 것은 결코 아니다.[9] 특히 미시적인 입장에서의 연구가 늘어날수록, "그토록 인상적으로 성장해 갔던 휘주 상인이 왜 그리 쉽게 몰락하고 말았나"라는, 다소 거시적인 질문에 대해서는 오히려 다양한 해석의 여지만 넓혀 줄 뿐 그 실체는 더욱 모호해지는 느낌이다.

그렇다면 지금까지 휘상의 성장 요인에 대해서는 어떤 해석이 우세했는가? 대체로 다음과 같은 세 가지 설명으로 요약이 가능하다. 첫째는 유교적 문화 지식의 우수성이다. 상업에 종사하지만 유학을 좋아한다는 "고이호유(賈而好儒)"의 특성을 지닌 휘상은 유교 지식과 이를 바탕으로 한 높은 과거 합격률을 자랑했다. 그 배경에는 일차적으로 "동남추노(東南鄒魯)" 또는 "주자궐리(朱子闕里)"라 불릴 만큼 유학이 창성했던 휘주의 문화 전통이 있었다.[10] 그 결과 휘상은 염업(鹽業)을 비롯한 여러 업종에서 다른 경쟁 상인을 압도할 수 있었다는 것이다.[11] 둘째는 관부와의 관계로, 휘상은 다른 어느 상방보다도 관부와의 관계가 밀접했으며 관부의 필요를 채워 주는 능력이 탁월했다는 것이다. 그래서 특히 관전매(官專賣)였던 염업에서 순조롭게 성장하여 여타 업종으로 활동 영역을 확대할 수 있었다고 보았다.[12] 셋째로, 휘상은 종족 관념이 강하여 종족 조직을 이용한 상호 부조의 조직망으로 각 지역에서 상권을 쉽게 장악할 수 있었다고 한다.[13] 이러한 설명 방식은 대부분 각 지역에 진출한 휘상의 다양한 사례를 종합하면서 공통적인 성장 요인을 추출한 것으로, 휘주 상인의 다양한 발전 양상을 포괄적으로 설명할 수 있는 장점이 있다.

화려한 번영 속에 숨겨진 쇠락의 조짐

그러나 이러한 세 가지 설명 방식을 충분히 긍정적으로 고려하더라도, 다음과 같은 두 가지 측면에서의 문제가 여전히 남는다.

하나는 이것이 휘주 상인 성장 요인에 대한 일반론이기에, 구체적인 시간과 공간을 대상으로 볼 경우, 경쟁 관계에 있던 다른 상인 집단과의 결정적인 차별성을 발견하기 어렵다는 것이다. 특히 관부와의 관계나 종족 조직의 강조는 다른 상인에 대한 연구에서도 예외 없이 등장하는 성공 요인이다. 최근에는 "고이호유"라는 특성마저도 휘상의 전유물로 이해하기 곤란하다는 지적까지 등장하고 있다.[14]

둘째는 휘주 상인의 성장 요인이 19세기 전반기 휘상의 쇠퇴 요인과 정합적으로 연결되지 않는다는 점이다. 휘주 상인의 쇠퇴에 관하여 기존 연구는 ① 강운법(綱運法)에서 표법(票法)으로 변화했던 염운법(鹽運法)의 개혁으로 인한 염업 독점권의 상실, ② 휘상의 소모적인 자본 소비 형태, ③ 태평천국 운동의 발발로 인한 양자강 유통로의 파괴 등이 작용했던 것으로 정리하고 있다.[15] 이러한 지적의 타당성 여부를 차치하고라도, 앞서 언급한 휘주 상인의 성장 요인들이 19세기의 변화 국면에서는 왜 제대로 기능을 발휘하지 못했는지에 대해서 기존의 성장과 쇠퇴 요인은 쉽게 호응하지 못하고 있다. 이는 각각의 진단이 잘못되었다기보다는 성장과 쇠락 과정을 분리하여 연구했던 기존의 연구 경향에서 기인한 결과일 것이다.

따라서 앞으로는 휘주 상인을 비롯한 상인 연구에 있어서 각 상인 집단의 성장에서 쇠락까지의 전 과정을 정합적으로 파악하고 상호간에 비교하는 긴 호흡이 요청된다. 우선 휘주 상인의 경우 다음과 같은 두 가지 측면에 주목해야 한다. 하나는 18세기 이전과 구별되는, 19세기에 급변하는 국내외적 상업 환경의 변화이다. 다른 하나는 19세기 휘주 상인의 쇠락 요인과 밀접하게 관련되어 있으면서도 충분히 주목받지 못한 그들의 초창기 성장 배경을 찾아내고 새롭게 조명하는 것이다. 환언하면 화려한 번영 속에 잠재된 쇠락의 조짐, 이 양면성을 염두에 두면서 휘주 상인의 성장 과정과 지역 사회에서의 존재 양태를 재조명한다면, 앞서 언급한 문제 제기는 상당 부분 보완될 수 있을 것이다.

19세기의 두 가지 현상 ── 회·양 지역 경제 쇠퇴와 대운하의 단절

그렇다면 휘주 상인의 성장과 쇠락이라는 양면성을 고려할 때, 외우내란의 대표적인 시기였던 19세기의 어떤 현상에 주목해야 할 것인가? 필자는 수많은 후보군 가운데 두 가지 사회 현상에 착안했다.

첫째, 휘주 상인의 실질적인 본거지였던 회·양 지역의 경제가 19세기 전반기에 급속하게 쇠퇴해 간 것이다. 18세기 말까지 양주(揚州)를 비롯한 회·양 지역이 구가했던 경제적 문화적 위상과 역량을 고려할 때, 그 후 반세기 동안 이루어진 급속한 쇠퇴 국면은 대단히 인상적이었다. 18세기까지 전개된 양주의 화려한 도시 문화는 1795년 완성된 이두(李斗)의 『양주화방록(揚州畵舫錄)』에 집약적으로 기록되어 있다. 이 책을 읽어 보면 양주의 화려한 도시 문화는 상인들의 물적 토대를 기반으로 전개된 것이고, 상인 집단의 사치 풍조는 도가 지나쳐 기괴하게 느껴질 정도다.[16]

반면 19세기에 진행된 지역 사회의 쇠락상에 대해서는 강소성 북부, 즉 소북(蘇北) 지역에서 활동한 제임슨(C. D. Jameson)의 1912년 보고서를 통해 명쾌하게 이해할 수 있다. "소북 지역에 살면서 사역하는 선교사들을 통해 매년 재난, 기근, 만행, 그리고 도적 등에 대한 내용이 보고되고 있습니다. 하지만 제가 보기에 이처럼 심각하고 실제적인 피해보다 더욱 심각한 것은 최근 수년간 계속된 가난과 좌절로 인해 가중된 정신적이고 도덕적인 영향력입니다. …… 안휘 북부와 강소 북부의 사람에게는 이러한 지극히 중요한 회복력이 완전히 결여되어 있거나, 혹은 지속된 실패와 굶주림 가운데 거세되어 버렸습니다."[17] 제임슨이 지적한 도덕성과 삶에 대한 의욕의 상실은 사실상 경제적 파산에서 온 것이었다. 반면 인접한 상해(上海)는 급속하게 성장하며 큰 대조를 이루는데, 상해 시민들이 가난하고 무식하며 더럽게 느껴진 회·양인들을 "소북 지방에서 온 얼뜨기〔蘇北猪玀〕"라고 부르며 경멸한 것도 19세기 중반부터 시작된 일이었다.[18]

둘째, 회·양 지역을 관통하는 대운하(大運河)가 19세기 중반기에 그 유통로로서의 생명력을 소실했다는 사실이다. 19세기 전반기에 황하(黃河)의 범람이 잦아지고 재해 규모도 커지면서 회·양 지역의 치수(治水) 상황은 심각하게 열악해졌다. 이후 엎친 데 덮친 격으로 1842년 영국 군대가 대운하를 단절하며 청조를 압박하는가 하면, 1853년 태평천국 군대는 남경을 점령한 후 양자강 하류 지역 경제를 완전히 교란시켰다.[19] 급기야 1855년에는 산동성 이남으로 흐르던 황하의 물줄기가 산동 반도 이북으로 흐르던 대청하(大淸河)와 합류되었다. 역사적으로 대규모로 손꼽히는 여섯 차례의 '황하개도(黃河

改道)' 가운데 마지막 사건이었다. 그 결과 대운하는 사실상 단절되고 조운(漕運) 기능 역시 막대한 타격을 입었다.[20] 이후 대운하를 통해 이루어지던 각종 물자 유통은 곧 바닷길로 이어졌지만,[21] 이로 인해 회·양 지역의 사회·경제적 중요성은 현저하게 줄어들었다.[22] 19세기 후반에서 20세기 전반기 철도 부설 구간이 확장되면서 그나마 남아 있던 부분적인 운하 교역마저 철로 유통으로 대체되었음은 이미 널리 알려진 사실이다.[23]

19세기 전반에 발생한 두 현상, 즉 회·양 지역 경제의 쇠퇴와 대운하의 단절은 바로 같은 시기부터 시작된 휘주 상인의 쇠락과 '우연한' 일치일 뿐인가? 물자 유통의 쇠락으로 인한 지역 경제의 몰락이 곧 그 지역을 근거로 활동하던 상인들의 성쇠를 해석하는 열쇠가 될 수 있지는 않을까? 이는 거꾸로 유통로의 활력이 곧 지역 경제의 활성화 및 상인들의 운집과 성장에 순기능으로 작용했다는 사실을 상기시킨다.[24] 물자 유통로인 대운하의 여건 변화와 상인의 성쇠를 상호 유기적으로 고찰해야 할 필요성을 바로 여기서 찾게 된다. 따라서 이 책은 휘주 상인의 성장과 쇠락이 대운하와 밀접하게 관련되어 있다는 가능성에 착안하여, 이 두 요소가 함께 나타나는 공간 속에서 그 상호 관련성의 방식과 정도를 파악하려는 것이다.

대운하와 관련된 공간과 시간

전근대 중국에서 상인이 이용했던 수로(水路)의 비중과 명·청 시대 상품 유통의 확산이 지닌 중요성을 고려할 때, 항주(杭州)와 북경(北京)을 잇는 총 연장 1794킬로미터의 대운하는 단순한 곡물 유통로(漕運路) 이상의 의미를 지니고 있었다. "진공(進貢)하는 조운선(漕運船) 외에도 각급 관리들에게 소속된 더 많은 선박이 왕래했으며, 사적인 무역에 종사했던 선박은 더 많았다."[25]라는 마테오 리치의 지적처럼, 실제로 대운하는 조운선을 비롯하여 관선(官船),

조공선(朝貢船), 그리고 수많은 상선(商船)이 왕래하는 등 남북을 연결하는 핵심 루트였다.[26] 대운하가 관통하는 항주, 소주(蘇州), 무석(無錫), 진강, 양주, 회안, 서주(徐州), 요성(聊城), 임청(臨清), 덕주(德州), 천진 등은 모두 당시 경제와 문화의 중심 도시로 유명했고, 도시 사이의 네트워크 역시 강화되었다.[27]

휘주 상인에 대한 그간의 연구에서도 대운하가 그들의 주요한 활동 루트였음은 누누이 지적되어 왔다.[28] 하지만 이때 대운하는 명·청 시대 대부분의 객상들이 이윤 획득을 위해 애용하던 장거리 유통로의 하나로만 간략히 언급될 뿐, 이 책에서 시도하는 것처럼 대운하를 둘러싼 정치·경제·사회적인 제 요소에 대한 휘주 상인의 다양한 대응 방식을 검토하거나 대운하라는 유통로가 지닌 역사적인 의미를 도출한 경우는 아직까지 없었다.[29] 이에 이 책은 일차적으로 대운하가 국가적 물류의 핵심 루트로 자리매김하는 사실과 함께 그럼에도 불구하고 대운하의 유지와 보수가 점차 어려운 국면에 빠져들게 되었음을 강조하려고 한다. 이러한 딜레마를 극복하려면 새로운 대안 루트를 개발하거나 현상 유지를 위한 막강한 조력자를 찾아야 한다. 전자에 대한 노력보다는 후자로 귀착되는 과정은 본문에서 충분히 논증할 것이지만, 그 조력자 가운데 재력과 명망을 갖춘 휘주 상인의 활동이 주목되는 것이다. 요컨대 휘주 상인의 이주와 정착, 그리고 사회적 위상 강화에 있어 대운하라는 유통로가 미친 영향을 제대로 평가해 보려는 것이다.

그렇다면 이러한 문제의식을 담아낼 수 있는 최적인 공간은 어디일까? 이 책은 대운하의 여러 구간 가운데 '회(淮)·양(揚) 지역'에 주목하려 한다. 회·양 지역이란 청초의 행정 구역으로 보면 강소성 북부의 회안부(淮安府)와 양주부(揚州府)에 소속된 5개 주(州)와 16개 현(縣)에 해당한다.[30] 북쪽의 회안과 남쪽의 양주는 회양 운하(淮揚運河)라고 부르는 대운하의 일부 구간으로 연결되어 있다. 물론 '회·양'이라는 공간 개념이 종종 '소북(蘇北)'이라는 근대적 지리 개념이나 '양회(兩淮)'와 같은 염정(鹽政) 구역과 혼용될 때가 있다. 하지만 실제 사료에서는 명대 이래 대운하를 중심으로 황하, 회하(淮河), 양자강(揚子江)이 상호 교차하는 강소성 북부의 수계(水系) 밀집 지역을 총칭할 때 '회·양'이라는 용어를 더 자주 사용했다. 따라서 수로와 관련된 상인의 존재 양태를 살피려는 이 책에는 '회·양'이라는 지역 개념이 적합하다. 회·양 지역이 휘주 상인의 이주와 활약이 두드러졌던 지역이었음은 물론이다.

다만 '회·양' 지역이라 하더라도 편의상 지역 범주를 양주와 회안뿐 아니라 양자강을 경계로 양주와 마주보고 있는 진강(鎭江)까지 확대하려 한다. 대운하로 회·양 지역을 왕래하는 선박이라면 언제나 양자강을 건너야 했고, 양주에서 활동하는 휘주 상인 역시 인접한 진강에 왕래하는 일이 잦았기 때문이다.[31] 언어적으로 볼 때도, 진강에서 오(吳) 방언이 아니라 소북 방언이 사용된다는 사실은, 양자강이라는 지리적인 한계를 넘어 양주와 진강 사이의 인적 교류가 많았음을 증명한다.[32]

그리고 고찰의 시기를 1415년부터 1784년으로 잡은 것도 대운하의 역할과 기능을 고려한 결과이다. 1415년은 명나라의 영락제가 북경으로 수도를 옮기면서 대운하에 대한 대대적인 정비를 완료한 해이다. 동시에 기존에 병행하던 바닷길을 통한 조운을 금지시켜 남북 방향의 물자 유통로는 대운하로 일원화되었다. 이로 인한 대운하의 과중한 부담은 청말까지 이어지는데, 이 조치가 국가적 물류와 회·양 지역에 얼마나 심대한 영향을 끼쳤는지는 1장과 2장에서 밝힐 것이다.

1784년은 청나라의 건륭제가 북경을 떠나 회·양 지역을 경유하는 마지막 남방 여행(6차 남순을 지칭)을 거행한 해이다. 1684년 시작된 남순은 1785년까지 모두 열두 차례 이루어졌다. 남순의 목적은 여러 가지가 있지만 그 가운데 가장 중요한 이유는 하공(河工)이었다. 흥미로운 사실은 청조 황제들이 남순을 위해 북경을 출발할 때는 말을 타고 육로를 이용하지만 산동성 이남부터는 배로 갈아타고 대운하를 이용했다는 점이다. 이것이 대운하의 기능 유지와 회·양 지역의 휘주 상인에게 얼마나 극적인 기회를 제공했는지에 대해서는 6장과 7장에서 상술할 것이다. 어쨌든 1415년에 정비된 대운하는 적어도 1784년까지 국가 권력의 초미의 관심사였고, 남북을 연결하는 국가적 물류의 핵심 루트 역할을 명실상부하게 감당했다.

15세기 초반에서 18세기 후반까지를 포괄하는 이 시기에 중국의 경제 발전은 장기적인 팽창 국면에 있었음을 최근의 연구는 보여 준다.[33] 또한 산업혁명 이전 시기의 영국, 중국, 인도의 사회·경제를 분석한 결과에 따르면, 적어도 18세기 중반까지 중국의 생활 수준은 영국과 큰 차이가 없었다.[34] 물론 이러한 연구 시각에 대해서는 좀 더 많은 논증과 토론이 필요하며, 같은 시기 새로운 동력과 힘을 비축하며 해양으로 팽창해 나가며 근대 세계를 형성했던 유럽과의 비교 작업도 추가되어야 할 것이다.[35] 분명한 사실은 유럽의 '대항해 시대'에 중국 경제의 역동성과 그 한계를 포착하려면 대운하를 중심으로 이루어지는 광범위한 물류 네트워크와 해금 정책의 연동 방식에 대한 재검토가 필요하다는 점이다. 일찍이 궁기시정(宮崎市定) 역시 중국의 경제발전사를 정리하면서 "해안 경제 시대"가 도래하기 직전을 "운하 경제 시대"라고 부른 바 있다.[36]

시간적 스펙트럼과 관련해 한 가지 더 첨언한다면, 이 책은 흔히 '명말(明末)·청초(淸初)'로 표현되는 중국사의 중요한 전환기에 초점이 맞추어져 있다. 이 책의 주제와 관련하여 명말·청초는 다음과 같은 의미가 있다. 첫째, 명말·청초에 해당하는 17세기는 휘상의 경제·사회적인 성장 과정에 있어서 가장 관건이 되는 시기였다. 대체로 16~18세기가 휘상의 전성기로 알려져 있고, 특히 18세기 회·양 지역은 휘상의 '식민지'나 다름없는 것처럼 인식되어 왔다.[37] 하지만 18세기 회·양 지역에서 꽃피었던 휘상의 역량이 16세기부터 시작되었던 것은 결코 아니었으며(5~6장에서 상술), 그 성공의 단서는 그 직전 시기인 17세기에 대한 세밀한 분석을 통하여 얻을 수 있다고 생각한다.

둘째, 명말·청초는 상인의 흥망성쇠에서 왕조 교체라는 대단히 중요한 경제 외적 요인을 고려할 수 있는 시기이다. 경제사의 흐름에 있어서 명·청 시대가 지닌 연속성을 과소평가하는 것은 아니지만, 경제 활동에 대한 전반적인 법적 체계 및 안정성이 결여된 전근대 시대에, 국가 권력의 의지나 태도가 상업 경제나 상인 활동에 끼친 영향의 중요성은 아무리 강조해도 지나치지 않을 것이다.[38] 명에서 청으로의 왕조 교체는 곧 지배 권력의 성격 및 상업 정책의 방향에도 적지 않은 변화를 가져왔으며,[39] 이러한 변화는 휘상을 비롯한 모든 상인들에게 동일하게 기회이자 위기로 다가왔을 것이다. 그러므로 16~18세기에 이르는 전체적인 성장 과정을 안목에 두면서도 17세기의 변화 국면을 집중적으로 분석한다면, 이것은 휘상의 성장 과정뿐 아니라 19세기 이후 쇠퇴 국면까지 정합적으로 파악할 수 있는 단서를 제공해 줄 것이다.

단, 분석의 시간적 스펙트럼이 1784년 무렵에 종료되므로 휘주 상인이 쇠락하는 국면에 대한 구체적인 분석이 포함되지 않은 것은 이 책의 가장 큰 약점이다. 앞서 언급했듯 19세기 휘주 상인의 쇠락 과정과 대운하의 단절이 '동시적'으로 발생하는 현상에 착안하여 이 책의 문제의식이 시작되었으나, 성장 국면에 대응하는 쇠락 국면에 대한 분석은 이 책에 담지 못했다.

기본적으로 성장에 대한 분석만으로도 분량이 너무 많아진 탓도 있으나, 늘 역사에서 잘 주목받지 못했던 '쇠락'의 국면을 제대로 복원하고 싶다는 욕심이 작용하기도 했다. 즉 거대한 상인 집단의 쇠락 과정에는 정교하게 고려해야 할 경제 내·외적인 요인이 산적해 있다. 가령 19세기에 휘상이 완전히 쇠락했는가에 대해서 근본적인 의문을 제기하는 목소리도 만만치 않으며,[40] 쇠락의 한 요인으로 언급되는 은 유통량의 변화와 은전비가(銀錢比價)의 문제도 근본적인 재검토가 요구된다.[41] 이외에도 도주(陶澍)의 염법 개혁이 회북(淮北)과 회남(淮南)에서 활동하는 염상들에게 끼친 타격은 어떤 차이가 있을까? 양주 염상 가운데 휘주 상인의 비율은 도대체 어느 정도나 되는가? 서구 열강의 침략 노선과 교안(敎案)이 양주 등 주요 도시에 미친 영향을 부정적으로만 평가할 수 있을까? 철도가 부설된 루트가 대운하 도시에 미친 영향이 어떠했으며, 또 기선의 등장으로 기존 운하를 이용한 수운은 얼마나 타격을 받았을까? 새로운 경쟁 상인으로 대두하는 절강 상인 집단의 전략과 휘주 상인의 대응 방식은 어떻게 대별되는가? 이러한 기본 질문에 대해서 아직 충분한 관심이 두어지지 않았다.

특히 19세기 양주 염상의 쇠락을 곧 휘주 상인의 쇠락으로 단정짓는 해석이 많으나 주의를 요하는 대목이다. 휘주 상인이 양주 염상의 다수를 차지하고 있었던 것은 주지의 사실이지만, 19세기에 접어들면서 염업이 아닌 다른 업종으로 변경하거나 양주가 아닌 강남의 다른 도시로 이주하는 수많은 사례가 존재하고 있으므로,[42] 세밀한 구별이 필요하다. 이처럼 정교하게 분석해야 할 사항이 한두 가지가 아닐뿐더러 1800년을 전후로 한 국내외적 경제 상황은 큰 변화를 맞이하므로, 이 책의 문제의식과 연결된 "휘주 상인 쇠락사"는 이 책의 자매편으로 준비하여 출간할 계획이다.

이 책의 구성

이 책은 우선 논의의 배경을 명확하게 하고자 1부에서 북경 천도와 대운하의 재개통이 가진 역사적 의미를 규정하려고 한다.

자칫 황제의 개인적인 편향 정도로 치부되기 쉬운 명초 영락제(永樂帝)의 북경 천도는 원-명-청으로 이어지는 거대한 통일 국가의 연속성을 '북경 수도론'이라는 틀로 묶을 수 있는 결정적 계기를 마련해 주었다. 아울러 정치 중심지와 경제 중심지의 현저한 분리를 야기하여, 결국 강남과 북경을 잇는 대운하가 없이는 제국이 유지되기 어려운 사회·경제적 구조를 탄생시켰다. 이러한 구조는 대운하를 통해 장안(長安)으로 조운을 시작했던 수·당대(隋·唐

代), 혹은 개봉(開封)으로의 조운을 중시했던 송대(宋代)와 일정한 유사성과 함께 차이점을 가지고 있는데, 이러한 시대성을 규정하기 위해 수도론과 연동된 대운하의 역사적 의미를 부각한 것이 1장이다.

일단 오랜 논쟁 끝에 북경이 수도로 정착된 이후 대운하는 항상 조야(朝野)의 관심 대상이 되었으나, 오히려 긴장 관계를 유발하는 동인이 되기도 했다. 대운하가 막힐 경우 북경은 식량 조달 문제로 늘 비상상태가 발생했기 때문이다. 근대적 동력이 도입되기 전까지 현실성 있는 대안은 오직 해운의 개통이었다. 하지만 아이러니하게도 명조는 대운하를 개통한 직후 바다를 이용하는 조량 운송을 금지해 버렸고, 이러한 '해금(海禁)'의 기조는 19세기 중엽까지 변화되지 않았다. 그랬기 때문에 쉽게 주목받지 못했던 사건이 바로 1572년에 시도되었다가 이듬해 중단된 조량 해운이었다. 해운이 금지된 후 157년 만에 허락된 조치이자, 다시 254년이 지난 1826년에 재개될 해운의 '선구적' 사건이라고도 볼 수 있다. 하지만 우여곡절 끝에 실시된 조량 해운은 2년 만에 '요절'했다. 일견 역사적 해프닝 정도로 보이는 조량 해운의 '요절' 사건을 복원함으로써, 이를 둘러싼 복잡한 정치적·경제적 이해관계를 밝히고, 아울러 해금 정책이 가진 의미를 밝힌 것이 2장이다.

3장은 대운하에 대한 비교적 가벼운 묘사로, 특히 외국인들의 견문록 기록에서 대운하 관련 기록을 뽑아서 정리했다. 수도가 북경으로 정해진 원대부터 서방 기독교 세계에서 동방으로의 관심과 접근 가능성이 증대하면서 중국을 방문하는 사절단이나 상인들이 증가했고 명·청 시대에도 조선(朝鮮)이나 동남아시아 각국으로부터 끊임없는 조공 사절이 이어지면서 당시 중국에 대한 견문 기록 역시 증가하기 시작했다. 이러한 견문록 가운데는 대운하를 경유하는 과정에서 보고 느낀 사실에 대한 외국인의 독특한 관점이 드러나는 경우가 적지 않다.[43] 이는 곧 동양과 서양 사이 혹은 자국인과 타국인 사이의 시각의 차이를 보여 주는 것이기도 하지만, 동시에 자국인의 시각에서는 쉽게 발견되지 않는 대운하의 또 다른 측면을 발견하는 계기를 마련한다.

4장은 회·양 지역에 대한 소개이다. 북경이 수도로 유지되는 상황에서 회·양 지역 사회의 사회 경제적인 여건이 어떻게 변화되었으며, 이러한 여건이 어떻게 휘주 상인을 비롯한 여러 상인들을 흡입하는 유인 요소가 되었는지를 확인하는 것은 이후의 논지 전개에 있어 매우 중요하다. 특히 "택국(澤國)"이라고 불릴 정도로 복잡하게 얽힌 하천과 운하망이 특징인 회·양 지역은 삼대정(三大政)이라 불리는 하공(河工), 조운(漕運), 염정(鹽政)이 서로 밀접하게 관련되어 있었다. 삼대정과 관련된 회·양 지역의 특수성은 곧 그 지역에 진출한 상인들의 존재 양태를 결정짓는 핵심적인 배경이 되었다.

휘주 상인의 활동은 크게 두 부분으로 나누어 살펴보려고 한다. 우선 시간의 흐름에 따라 휘상이 회양 지역에 진출하고 정착하여 번영을 이루는 전체적인 과정을 다룬 것이 2부에 포함된 5~6장이라면, 3부의 7~9장에서는 미시적으로 회양 지역의 운하 도시에서 발생하는 각종 사회 경제적인 문제에 대한 휘주 상인의 대처 방식을 분석했다.

5장은 객상으로서 대외 진출을 시작하는 휘주 상인의 존재 양태를 살펴보려고 한다. 여기서 소설을 역사 해석의 자료로 적극 활용하는 방식을 시도했다. 17세기 통속 소설에는 40여 건에 달하는 휘주 상인 관련 내용이 등장하고, 그중에는 기존 사료에서 보기 어려운 객상으로서의 구체적인 활동 내용이 풍부하다. 그러므로 소설과 기존 사료를 비교할 때, 당시 유통업에 종사하던 휘주 상인이 회·양 지역에 정착하기 이전 혹은 그 과정에서 봉착하는 각종 당면 문제가 구체적으로 무엇이었는지, 그리고 이러한 과제에 대한 그들의 주된 대응 방식은 어떠했는지가 드러날 것이다.

6장은 휘주 상인이 회·양 지역에 이주하고 정착하는 과정을 다룬다. 특히 16세기부터 17세기 중반까지 휘주 상인과 다른 상인과의 경쟁 과정을 부각함으로써 휘주 상인의 '성공'이 18세기적 관점에서 보는 것처럼 그렇게 용이하게 진행된 것이 결코 아니었음을 강조하고자 했다. 이를 통해 휘상이 '체류자(sojourner)'에서 '정착자(settler)'로 변모하는 과정과 이후 18세기 회·양 지역의 대표적인 상인으로 자리매김하는 과정을 단계적으로 설명하고자 한다. 기본적으로 염운법의 변화가 중요 변수이지만, 왕조 교체라는 경제 외적 변수도 고려했다.

3부에서는 구체적으로 명말·청초의 17세기를 중심으로 운하 도시의 사회·경제적 문제점에 대한 휘상의 대응 방식을 살펴보려 한다. 운하 도시는 무엇보다 유통로인 물길의 유지와 보수, 그리고 이와 관련한 재원 마련이 중요했다.

따라서 7장에서는 먼저 회·양 지역 사회의 핵심 사안인 하공 문제에 대한 휘상의 대응 방식을 검토했다. 여기서는 주로 강희제(康熙帝)가 대운하를 따라 움직였던 남순(南巡)의 목적 및 그 수행 방식에 주목했다. 이를 통해 지역 사회에서 휘주 상인의 위상이 상승하는 데 남순과 대운하가 대단히 중요한 계기를 마련했음을 밝힐 수 있으리라 기대한다. 휘주 상인 가운데서는, 휘주의 흡현으로부터 회·양 지역으로 이주했던 잠산도(岑山渡) 정씨(程氏)를 구체적인 분석 대상으로 삼았다. 정씨 종족은 휘주에서 양주로 이주에 성공했던 대표적인 휘상 가운데 하나로, 아직 상인에 대한 천시 풍조가 팽배하던 시기에 황제를 알현한 보기 드문 가문으로 손꼽힌다.

운하와 하공에 대한 중시는 도시의 종교 문화에도 적지 않은 영향을 주기 마련이다. 불가항력적인 자연 재해의 끊임없는 발생은 종종 초자연적인 힘을 의지하려는 인간의 노력으로 연결되곤 했기 때문이다. 대운하 연변에 존재하는 각종 종교 시설, 즉 사묘(祠廟)는 이러한 상황에 처한 사람들의 좌절과 극복의 궤적을 잘 보여 준다. 따라서 8장은 운하 도시에 건립된 수신(水神) 사묘에 대한 휘상의 개입 과정과 그 의도를 검토하고자 한다. 민간 신앙이 국가 사전(國家祀典)에 편입되는 과정에서 으레 민간 사회와 국가 권력 사이의 일정한 길항 관계가 형성되기 마련인데, 회·양 지역의 대표적인 수신 사묘였던 천비궁(天妃宮)과 금룡사대왕묘(金龍四大王廟) 역시 그 대표적인 사례이다. 이윤 획득을 추구하는 휘주 상인이 종교 시설 중건을 통하여 기대하고 실제 획득했던 바가 무엇이었는지 명확하게 드러날 것이다.

명말·청초는 도시에 선당(善堂)이나 선회(善會)라 불리는 자선 기관이 본격적으로 등장한 시기로도 평가된다. 이러한 자선 기관은 기존의 관설(官設)이나 관영(官營)의 사회 구제 기관과는 달리 민간에서의 자발적인 발기와 참여로 이루어지는데, 운하 도시도 예외는 아니었다. 이에 마지막 9장에서는 운하 도시에 선당·선회가 출현하는 과정 및 휘상의 역할을 검토하고자 한다. 특히 양주의 육영당(育嬰堂)과 진강의 구생회(救生會)가 대운하를 이용한 인적 교류의 결과로 탄생한 것이라는 점을 밝히고, 이 과정에 적극 개입한 휘주 상인의 의도를 파악할 것이다. 마지막으로 육영당과 구생회 운영에 함께 참여한 휘주 상인들 사이에 존재하던 '동지(同志)' 의식을 살펴보면서, 이러한 사회적 네트워크가 그들의 사회적 역할 및 위상 변화를 어떻게 반영하고 있는지 밝혀내고자 한다.

이와 같이 이 책은 휘주 상인의 성장 과정에 대운하라는 유통로가 끼친 영향을 다각도로 해석하고자 했다. 특히 다음과 같은 세 가지 측면에 대해서는 일관된 관심을 가지고 집필했다. 첫째, 휘주 상인이 16세기에 회·양 지역으로 진출하고, 17세기 왕조 교체기에 급성장하여, 18세기까지 지역 사회에서 사회적 위상을 제고(提高)했던 전 과정을 통합적으로 파악한다. 둘째, 회·양 지역에 정착한 휘주 상인이 그토록 지배력을 발휘할 수 있었던 내용과 배경을 대운하가 관통하는 회·양 지역의 사회·경제적인 여건 변화와 관련지어 설명한다. 셋째, 이러한 분석을 기반으로 청말에 이르면 '신상(紳商)'으로까지 연칭되던, 장기간에 걸친 상인의 사회적 위상의 제고 및 그러한 상인 위상의 계층적 성격을 설정할 수 있기를 기대한다.

1부 수도 북경과 대운하

1장 북경 천도와 대운하

오늘날 중국의 수도 북경은 거대한 국가 규모에 비해 지나치게 동북쪽에 치우쳐 있다. 이미 700년이 넘도록 지속된 수도라 이러한 지적은 다소 진부하게 느껴지지만,[1] 역사적으로 북경이 수도로 인정되는 과정은 결코 순탄하지 않았다. 당연히 그 과정에서 동북쪽에 치우친 북경의 입지 조건은 끊임없는 문제 제기를 가능케 했던 핵심 쟁점이었고, 그 비교 대상은 이전 왕조들의 수도였다. 이러한 논쟁은 장안(長安), 낙양(洛陽), 개봉(開封), 남경(南京) 등에 비해 북경이 수도로 선정될 수 있는 비교우위는 무엇이고, 반대로 취약점은 무엇인가에 대한 궁금증을 일으킨다.

물론 전통 시대 수도가 선정되는 과정에서 공론의 장이 마련되었던 것은 결코 아니다. 원조의 쿠빌라이가 카라코룸에서 상도(上都)로, 다시 상도에서 대도(大都, 오늘날의 북경)로 천도할 때도, 명조의 영락제(永樂帝, 1402~1424 재위)가 남경에서 북경으로 천도할 때도, 청조의 순치제(順治帝)가 성경(盛京, 오늘날의 심양)에서 북경으로 천도할 때도 모두 선정 과정의 결정적 요소는 민심이나 공론의 추이가 아니라 주권자와 핵심 측근들의 의지였다.[2]

하지만 명대에는 수도를 북경에 정립한 후 문제가 발생할 때마다 남경으로의 환도(還都)를 지지하는 의견이 심심치 않게 등장했는데, 이는 그만큼 수도 북경에 대한 조야의 우려와 반대 여론이 강하게 잠재해 있음을 보여 준다. 그런데도 수도 북경의 지위가 세 왕조에 걸쳐 큰 변화 없이 유지되었던 것은, 이러한 반론에 대응할 수 있는 조건, 혹은 이를 보완하거나 지지하는 찬성 여론 역시 존재했기 때문일 것이다. 따라서 북경 천도를 둘러싼 논의를 정리하는 것은 수도로서 북경이 지닌 특징을 부각시키고, 이러한 상황 속에서 형성된 국가적 물류(物流)의 구조적 특징을 파악하는 기반이 된다.

1 북경의 입지 조건: "유험가의有險可依"와 "유수통리有水通利"

남경을 선택한 주원장

주원장(朱元璋, 1328~1398년, 재위 1368~1398년)은 1368년 남경을 거점으로 명조를 개창했다. 하지만 명초 남경이 수도로 확정되는 과정은 간단치 않았다. 남경은 여러 도시들과 경합을 벌여야 했던 것이다. 남경에 황궁(皇宮)과 새로운 성지(城池)가 완성된 것은 왕조가 개창된 지 5년이 지난 1373년이었고, '경사(京師)'라는 명실상부한 수도의 칭호가 부여된 것은 그로부터 다시 5년이 흐른 1378년의 일이었다.[3] 명초 남경과 경합을 벌인 도시는 봉양(鳳陽), 개봉, 장안, 낙양, 북경 등이었다. 홍무 2년(1369) 중도(中都) 선정을 둘러싼 논쟁을 담고 있는 실록(實錄)의 기록은 이러한 정황을 잘 보여 준다.

황제는 여러 노신(老臣)을 불러 모으고 도읍할 지역을 물어보았다. 혹자는 관중(關中, 장안)이 견고하고 물산이 풍부한 국도라고 말하고, 혹자는 낙양이 야말로 천하의 가운데 위치하여 사방에서 조공(朝貢)하는 거리가 적당히 균일하다고 칭하고, 변량(汴梁, 개봉)은 송의 옛 수도라고 했다. 또 어떤 이는 북평(北平, 북경)에 원(元)의 궁실(宮室)이 완비되어 있어 그곳으로 정한다면 백성의 힘을 아낄 수 있을 것이라 말했다. 홍무제(洪武帝)가 말하거를 "말하는 바가 모두 좋다. 다만 때에 따라서 (이전과) 같지 않은 바가 있을 뿐이니, 장안·낙양·변량은 실로 주(周)·진(秦)·한(漢)·위(魏)·당(唐)·송(宋)의 수도이지만 (현재) 천하를 평정한 지 얼마 되지 않아 백성들이 아직 원기를 회복하지 못했다. 짐이 만약 그곳으로 수도를 삼는다면 필요한 노동력과 물자는 모두 강남(江南, 양자강 하류의 델타 지역)에서 가져와야 하니 백성들을 크게 수고롭게 하는 것이다. 만약 북평으로 간다면 (궁성을) 다시 건설하지 않을 수 없으니 이 역시 쉽지 않다. 현재 건업(建業, 남경)은 천연의 해자(垓字)인 장강(長江)과 접해 있어 지세(地勢)가 험요하며, 강남의 형세가 아름다운 곳이니, 진실로 나라를 세우기에 족하다. 임호(臨濠, 봉양)는 앞으로 장강이 있고 뒤로는 회하가 있어 험요함이 믿을 만하고, 수로를 통해 조운(漕運)이 가능하니 짐은 중도로 삼기를 원한다. 어떻게 생각하는가?"라고 했다. 여러 신하들은 모두 지극히 옳은 말씀이라고 입을 모았다. 이에 유사(有司)들에게 성지(城池)와 궁궐을 경사의 제도에 맞추어 건설할 것을 명령했다.[4]

이 기록에 따르면 홍무제는 개국한 이듬해에 여러 수도 후보 도시 가운데 봉양을 중도로 선정했다. 그리고 경사의 의례에 걸맞은 궁궐과 성지(城池)의 건설을 추진했다. 하지만 중도(中都)라는 명칭에서도 알 수 있는 것처럼, 당시 봉양은 명조의 유일한 수도로서의 위상을 부여받은 것이 아니었다.[5] 이미 홍무제는 남경을 거점으로 명조를 개창했으나 중원(中原) 지역을 점령함에 따라 전국을 통제할 수 있는 보조적인 수도, 즉 배도(陪都)의 설정을 구상했던 것이다. 당연히 그 후보군에는 이전 왕조들의 수도였던 장안, 낙양, 개봉, 북경이 모두 포함되어 있었다. 본래 홍무제는 근거지였던 남경과 함께 북송의 수도였던 개봉을 '북경(北京)', 즉 '북쪽의 경사'로 삼을 계획도 있었으나 포기했다. 직접 개봉을 순시해 보니 전쟁의 여파로 민생이 회복되지 않고 수륙 교통이 불편했기 때문이다.[6] 하지만 홍무 원년(1368)부터 11년(1378)까지 개봉이 여전히 '북경'이라는 명칭을 유지했던 것으로 보아, 홍무제는 1378년이 되어야 비로소 여러 경합 지역 가운데 남경을 유일한 경사로 확정한 듯하다.[7]

이 책의 관심과 관련해서 위 사료에서 흥미로운 것은, 여러 후보군 가운데 북경도 진지하게 고려되었다는 점이다. 당시 북경을 제안했던 이는 "원의 궁실이 완비되어 있어 그곳으로 정한다면 백성의 힘을 아낄 수 있을 것"을 최대의 장점으로 꼽았다. 하지만 홍무제는 북경을 선택할 경우 궁궐을 새롭게 건설하는 번거로움이 있다면서 이 제안을 거절했다. 과연 어느 쪽 말이 진실에 가까울까? 물론 원나라의 대도 성곽은 토성(土城)이었기에 원말(元末)·명초(明初)의 동란기에 상당수 파괴되었을 가능성이 높다. 그러나 그 상황이 궁성을 완전히 새롭게 재건해야 할 정도로 열악한 상황이라고 보기는 어려웠다.[8] 또한 오랜 기간 수도로서의 기능을 상실하고 있던 남경에 황궁을 신설하는 것이 훨씬 경제적이라고 판단할 만한 근거도 많지 않았다.[9]

따라서 실록의 기록을 통해서 홍무제가 수도(혹은 부도)를 선정할 때 북경에는 저항감을 느꼈다는 추측을 하게 된다. 실제로 어느 자료에 따르면 홍무제 역시 명조를 개창할 무렵 몽골을 제어하는 데, 북경에 수도를 삼는 것이 남경보다 유리한지 여부를 검토한 바 있었다. 하지만 홍무제는 "오랑캐들은 사막에서 세력을 떨쳐 연(燕, 북경)에서 나라를 세운 지 이제 백 년이 되어 땅의 기운이 다 쇠했습니다. 남경은 흥왕(興王)의 땅으로 (남경에 수도를 세우려는) 계획을 변경할 필요가 없"다는 한림원편수(翰林院編修) 포빈(鮑頻)의 의견을 중용하여 남경을 수도로 삼았다고 한다.[10]

명조의 개국 공신들은 북경을 북방 민족들의 "근본(根本)" 지역으로 인식했다.[11] 북방 이민족의 침략에 대한 피해 의식이 팽배했던 한족에게 요(遼)·금(金)·원의 공통된 수도였던 북경은 그야말로 북방 '오랑캐'가 개발한 식민 신도시나 다름없었기 때문이다.[12] 풍수설로 따져 보아도, 새 왕조는 양기(陽氣)로 가득한 남방에서 음기(陰氣)로 가득한 북방을 소실시키는 것으로 해석

할 수 있었다.[13]

더구나 당·송 이후 경제 중심지는 점차 동남 지역으로 이전하고 있었으므로, 양자강 하류와 900킬로미터 정도 떨어진 북경이 명조의 지도부에게 매력적으로 보일 까닭이 없었던 것이다. 따라서 명조의 건국자들은 새로 수도를 설립하는 수고로움을 감수하고라도 원조를 계승하는 것처럼 비추어지는 북경보다 반원(反元) 세력의 근거지라는 상징성이 강한 남경을 선택한 것이다.

영락제의 쿠데타와 북경 천도

그러나 '정난(靖難)의 변(變)'으로 불리는 쿠데타로 건문제(建文帝)를 누르고 황제에 오른 영락제가 북경으로 천도를 감행하면서 상황은 급변했다. 북경은 영락제가 연왕(燕王)으로 세력을 키워 온 근거지였다. 분명 건문제에 충성하는 신료들이 가득한 남경에 비하여 북경은 영락제에게 심리적으로 더 편안했다.[14] 황제의 측근에서 북경으로 천도를 부추기는 신료들도 적지 않았다. 영락 원년(1403) 예부상서(禮部尙書) 이지강(李至剛)은, 고래로 포의(布衣) 신분으로 황제에 오른 선조들은 모두 "자신이 발흥했던 지역[肇迹之地]"을 숭상하는 법이라면서, 주원장 역시 고향인 봉양을 중도로 했던 전례까지 내세웠다. 결국 이지강의 주장을 근거로 북평은 북경으로 이름이 바뀌었다.[15]

하지만 북경으로의 천도는 개인적이고 심리적 요인 외에도 광범한 배경을 지니고 있었다. 쿠데타로 황제에 오른 영락제는 여전히 안으로 황제권을 강화하고 밖으로 명 제국의 영토를 안정시킬 필요를 느꼈다. 반면 몽골 세력을 방어하기 위해 설치된 제왕분봉(諸王分封) 구조는 이제 황제가 된 영락제에게 도리어 위협 세력으로 인식되었다. 또한 막북(漠北, 고비 사막의 북쪽, 현재의 외몽골)으로 쫓겨 도망갔던 몽골족의 재침 가능성도 배제할 수 없었다.

이와 같은 내외 문제에 직면하여 북경 천도는 해소의 실마리를 제공할 수 있었다.[16] 즉 수도를 북경에 둔다면 군사력이 집중 배치되었던 북변 지역의 통제권, 즉 변경의 군권(軍權)을 황제가 직접 장악하기가 용이했다. 나아가 명조의 정치 중심지를 군사 중심지와 일치시켜 변경 방어력을 한층 강화할 수 있었다.[17] 이는 약간 다른 각도에서의 해석도 가능케 한다. 즉 권력의 정당성이 약했던 영락제에게는 대외 팽창이라는 가시적인 성과가 필요했으며, 가장 인상적인 북쪽으로의 팽창을 위해 북경 천도와 군사 제도의 재조직을 강행했다는 것이다.[18] 실리적인 목적이 모호한 정화의 원정단을 파견한 것도 같은 맥락에서 해석이 가능하다. 수도 남경을 포기하

〔그림 1〕 **영락제의 초상화**

는 것에 대한 강력한 저항 기류가 일어났지만[19] 북경에 대한 찬성론이 증가하면서 수도 위치 선정에 대한 찬반 논쟁 역시 가열되었다.

왕종목의 북경수도론

명대 북경을 지지한 논자들은 대체로 두 가지 측면에 주목했다. 이를 요령 있게 보여 주는 것이 장안 및 개봉과 비교하면서 북경의 특징을 파악한 왕종목(王宗沐, 1523~1591년)의 설명이다.[20]

당나라 사람이 장안에 도읍을 삼은 것은 서쪽으로는 험준한 민산(岷山)에 의지하나 동쪽으로는 좁은 위수(渭水)와 연결된 것으로, 의지할 험요함은 있으나 막힘 없는 수로가 없는 것입니다.("有險可依而無水通利也") …… 송나라 사람이 개봉에 도읍을 삼은 것은 황하를 등지고 앞으로는 회변(淮汴: 회수와 연결된 汴渠, 즉 운하)을 접한 것으로, 막힘 없는 물길이 있으나 의지할 험요함은 없는 것입니다.("是有水通利而無險可依也") …… 만약 국가가 도읍을 북경에 둔다면, 북으로는 거용관(居庸關)의 무려(巫閭)를 성(城)으로 삼고, 남으로는 대해(大海)와 통함으로써 이를 연못으로 삼는 것입니다. 이른바 금으로 만든 성곽과 끓어오르는 성지(城池)의 견고함이 천연으로 존재하는 것이니, 수도에 거주하는 자손을 호위함에 있어 영원한 이로움이 될 것입니다. …… 무릇 수도를 북경에 두면 운하와 바다를 직접 접하게 됩니다. …… (두 물줄기는) 모두 천진(天津)에서 만납니다. …… 명조는 태평하고 대대로 승평(升平)하며, 운하를 주로 사용하고 바다를 보조적으로 사용하니, 결코 우려할 바가 없습니다. 그러므로 수도를 북경에 둠으로써 바다를 얻은 것은 마치 왼팔을 이용하여 겨드랑이에서 물건을 취하는 것(처럼 편리한 것)입니다.("猶憑左臂從腋下取物也") (수도를 북경에 두었던) 원나라 사람들이 백여 년 사용한 방식이지만 개봉과 장안에서는 기대할 수 없는 바입니다."[21]

대조법을 사용하여 북경을 부각시킨 왕종목의 주장에 따르면, 과거 당의 수도였던 장안은 험요(險要)의 요새인 반면 수로를 통한 경제적 장점이 결여되어 있었다. 반면 송의 수도였던 개봉은 수로를 통한 이점이 있는 반면 험요의 요새라는 장점이 결여되어 있었다. 따라서 동일한 관점을 적용해 보면, 북경은 "유험가의(有險可依)"로 표현되는 험요함과 "유수통리(有水通利)"로 표현되는 수로 교통의 편리함을 모두 가지고 있다는 결론이 나온다. 그럴듯한 설명이다. 왕종목의 관점은 북경을 수도로 둘 때 고려해야 할 두 가지 요소를 잘 보여 준다. 하지만 이러한 북경의 특징이 늘 장점으로 작용했던 것은 아니다. 이에 북경의 두 가지 입지 조건을 좀 더 자세히 살펴볼 필요가 있다.

"유험가의"

"의존할 만한 험요함이 있다"는 "유험가의"란 정치·군사적 관점을 반영한 표현이다. 왕종목은 북경이 지정학적으로 요새 같은 지형을 지니고 있어 남과 북을 동시에 통제하기 유리하다고 판단했다. 지형적인 특징을 근거로 하는 이와 같은 판단은 영락제가 북경으로 천도할 때 가장 유력하게 제시된 논리이기도 했다. 당시 육부도찰원(六部都察院)과 대리시(大理寺)부터 각 부서의 상서(尙書) 및 도어사(都御史)들은 북경이야말로 "북쪽으로는 거용관을 베고 있으며, 서쪽으로는 태항 산맥(太行山脈)이 우뚝 솟아 있고, 동쪽으로는 산해관(山海關)이 연결되고, 남쪽으로는 중원을 굽어보고 있습니다. 비옥한 토지는 천리에 이르고 산천의 지세가 뛰어나서 사이(四夷)를 통제하여 천하를 다스리기에 족하니, 진실로 제왕만세의 도읍"이라고 치켜세웠다.[22]

같은 맥락에서 영락 연간 대학사 양영(楊榮)은 북경 지역의 형세가 "안으로는 중원에 걸쳐 있고, 밖으로는 북방의 사막 지역을 통제(內跨中原, 外控朔漠)"할 수 있다고 했다. 재미있는 점은 이러한 관점이 방향만 반대가 되어 이전 시대인 원대(元代)부터 제기되었다는 사실이다. 즉 쿠빌라이의 측근 바아투르[霸突魯]는 북경에 수도를 둘 경우 "남으로는 장강과 회하 유역을 통제하고 북으로는 북방의 사막 지역과 연결(南控江淮, 北連朔漠)"[23] 할 수 있다고 주장했던 것이다. 양영의 표현과 비교할 때, 남과 북에서 바라보는 관점만 다를 뿐 핵심은 같다. 이러한 관점은 기본적으로 진·한 이래 당대까지의 수도였던 장안의 장점, 즉 험요함("以地爲險")의 중요성을 상기시키는 입장이다.[24]

"유수통리"

"막힘 없는 수로가 있다"는 "유수통리"란 경제적 관점을 반영한 표현이다. 왕종목은 북경이 수로를 이용한 물자 조달이 편리한 지점에 위치한다고 보았다. 물론 송 개봉이 향유하던 "유수통리"는 운하를 이용한 물자 유통이 주였지만, 왕종목의 지적에는 운하뿐 아니라 바다를 이용한 물자 조달까지 포함되어 있음이 주목된다.[25] 장안, 낙양, 개봉 등과 비교해 북경은 동쪽으로 바다에 인접한 수도라는 점에서 분명히 달랐다. 실제 북경을 수도로 삼은 원대의 물자 조달은 주로 바닷길을 통해 이루어졌다.[26] 명초 북경 천도 무렵에도 바닷길을 이용한 조운은 활발하게 지속되었다.[27] 따라서 왕종목은 "수도를 북경에 둠으로써 바다를 얻은 것은 마치 왼팔을 이용하여 겨드랑이에서 물건을 취하는 것"처럼 편리하다면서, 하운과 함께 해운의 병행을 주장했던 것이다.[28]

물론 해운을 중시하는 왕종목의 관점이 그의 독창적인 견해는 결코 아니다. 명대의 대표적인 경세가(經世家) 구준(丘濬, 1421~1495년)을 비롯해 정약증(鄭若曾, 1503~1570년), 양몽룡(梁夢龍, 1527~1602년) 등도 수도 북경이 지닌 해운의 이점을 강조했다. 이들은 송대 개봉의 장점, 즉 수로 교통의 편리함("有四河以通漕運"[29])을 부각시켰다. 이러한 지적은 긴 흐름으로 볼 때, 당나라 이후로 수도의 입지 조건으로 경제 요소를 고려하지 않을 수 없었던 상황을 반영하는 듯하다. 가령 장안에 비하여 낙양이 지닌 조운의 편리함을 칭송했던 당 현종(玄宗)이나 낙양과 개봉의 운수 조건과 조운의 난이도를 비교하면서 수도 선정의 원칙으로 "이민(利民)"을 제시하며 개봉을 선택했던 후진(後晉)의 석경당(石敬瑭)은 이러한 변화의 시작을 알리는 대표적인 사례였다.[30]

이처럼 "유험가의"와 "유수통리"라는 두 가지 입지 조건이 절충된다면 북경은 한족의 수도로서도 큰 문제가 없을 뿐 아니라 기존의 장안형 수도와 개봉형 수도의 장점까지 아우를 수 있는 가능성도 충분했다. 그런데도 북경은 왜 쉽게 수도로 정착되지 못했을까?

2 불안한 정도定都

북경 천도를 위한 영락제의 강렬한 열망과 추진 정책에도 불구하고 천도는 순조롭게 진행되지 못했다. 천도의 완결을 상징하는 조하(朝賀) 의식이 북경에서 거행된 시점은 1421년(영락 19년)[31]인데, 그 이전 과정을 살펴보자.

북경 천도는 크게 세 단계로 진행되었다.[32] 첫째는 영락제가 즉위한 1403년부터 대운하 정비가 마무리되는 1415년까지로, 북경 천도가 비공개적으로 진행되면서 그 제반 여건을 조성했던 시기다. 둘째는 1416년 북경 천도가 공식적으로 논의된 이후부터 1419년까지 북경 건설이 본격적으로 진행되던 시기다. 셋째는 1420년 북경 천도가 공식적으로 선포되고 1421년까지 천도가 마무리되는 시기다. 이처럼 천도가 점진적으로 진행되었을 뿐 아니라 초기 11년 동안이나 천도를 위한 여건 조성이 비공식적으로 이루어졌다는 사실은 천도가 매우 신중하게 진행되었음을 보여 주는 것인데, 곧 북경 천도에 대한 우려의 목소리가 높았음을 반영한다.

천도에 대한 우려의 목소리

그렇다면 우려의 시각은 구체적으로 무엇이었을까? 우선 명조가 개창된

지 겨우 50여 년 만에 국조(國祖)가 정한 수도를 버리는 것에 대한 신료들의 불만을 꼽을 수 있다. 또한 새로운 수도 후보지로 떠오른 북경에 대한 선입견, 즉 자신들에게 굴욕을 던져 주었던 북방 유목 민족들이 개발하고 지배했던 도시 이미지가 명조의 지배층에게 저항감을 가중시켰을 것이다. 하지만 이러한 정치적·상징적 저항감의 이면에는 경제적 부담도 존재했다. 단기적으로 동북쪽에 치우진 북경에 궁전을 건설하는 것도 재정적 부담이 되었지만, 장기적으로 강남에서 북경까지 지속적으로 물자를 공급해야 하는 문제도 무시할 수 없었다.[33]

이러한 문제의식은 암암리에 진행되던 북경 천도가 공론화되는 과정을 통해 분명하게 드러난다. 북경 천도가 공론화된 시기는 1416년 11월이었다. 그해 10월 북경으로의 순행(巡幸)을 마치고 남경으로 돌아온 영락제는 여러 신하들에게 "북경에 대한 조영〔營建北京〕"에 대해 논의하도록 조서(詔書)를 반포했다. "백성의 힘이 감당하지 못할까 염려"한다는 황제의 우려가 표명되긴 했으나, 이는 어디까지나 본격적인 북경 천도의 시작을 알리기 위한 정치적 수사(修辭)에 불과했다. 황제의 우려를 불식시키며 공정 개시를 위한 택일을 요청하던 관료들의 상소를 옮기면 다음과 같다.

북경은 ① 자연환경이 공고하고, 물이 달고 토지는 두터우며, 민속은 순박하고, 물산은 풍부하니, 진실로 풍요로운 천부(天府)의 땅이요, 제왕의 도읍입니다. 황상께서 북경을 영건(營建)하심은 자손 만대를 위해 큰일이 될 것입니다. ② 최근 황제께서는 (이 지역으로) 순수(巡狩)를 행하시고, 사해(四海)가 회동(會同)하고 인심이 화목해지고 상서로운 조짐이 운집하니, 천명의 유신(維新)은 실로 이를 통해서 알 수 있습니다. 하물며 (북경과 강남을 잇는) ③ 물길이 소통되고 조운이 날마다 증가하니, (북경에는) 상인들이 폭주하고 재화가 넘쳐나며 ④ 거대하고 양질인 목재가 이미 경사에 운집해 있으니, 천하의 군민(軍民)들이 즐거이 봉사하고 있습니다. 천시(天時)를 헤아리고 인사(人事)를 살피건대, 실로 (북경 천도는) 마땅히 해야 할 바이지 결코 늦출 수가 없습니다.[34] (번호와 강조는 옮긴이의 것임)

일방적인 북경 천도 옹호론으로 보이지만, 실상은 저변에 깔려 있는 천도 거부론에 대한 공적인 반론이나 다름없다. 내용을 자세히 보면, 북경의 자연지리 조건(①)이나 최근의 각종 상서로운 조짐(②)들은 "천시(天時)"의 증거이고, 대운하 개통을 통한 조운의 정비(③)와 목재 운송의 원활함(④)은 "인사(人事)"의 증거라고 볼 수 있다. ①은 고금을 통해 변함이 없는 것이고 ②는 정치적인 수사일 가능성이 높기 때문에, 실제 조야의 여론에 영향을 미칠 수 있는 근거는 "인사"에 해당하는 ③과 ④의 요소였다. 그런데 조량 운송(③)과 목재 운송(④)은 모두 대운하와 관련된 사안이라는 점에 주목할 필요가 있다.

실제 이러한 조서 반포가 있기 1년 전까지 지속적으로 북경과 강남을 잇는 대운하의 정비 작업이 이루어졌다. 원나라 후기부터 정비가 제대로 이루어지지 않았던 대운하를 재개통하는 데 관건이 된 지역은 두 곳이다. 하나는 1411년에 시작되어 1415년 정비가 끝난 회통하(會通河)였고, 다른 하나는 황하와 회수가 만나는 회안에 1415년 건립된 청강포(清江浦)였다.[35] 따라서 논리적으로만 보면 1415년에 일단락된 대운하의 정비 작업의 결과 1416년 북경으로의 곡물과 목재 운송이 순조롭게 진행되자, 영락제는 바로 천도 논의를 공론화했다는 추론이 가능하다. 하지만 대운하가 정비된 이듬해에 "물길이 소통되고 조운이 날마다 증가하니, (북경에는) 상인들이 폭주하고 재화가 넘쳐나"기 시작했다는 상소문의 내용을 있는 그대로 신뢰하기는 곤란하다. 이 문제에 대해서는 3절에서 조운량을 근거로 반박할 것이므로, 여기서는 일단 북경 천도에 관한 우려의 목소리가 존재했고 그 대책으로 대운하 정비가 진행되었다는 사실만 확인해 두자.

북경 천도에 대한 불만의 목소리는 조하 의식이 끝난 직후에 삼전(三殿: 자금성 안에 위치한 봉천전(奉天殿)·화개전(華蓋殿)·근신전(謹身殿), 오늘날의 태화전·중화전·보화전)이 번개로 전소되자 극명하게 나타났다.(〔그림 2〕 참조) 이부주사(吏部主事) 소의(蕭儀)가 먼저 북경으로의 천도가 상서롭지 못함을 강력하게 주장했다가 극형으로 처형되었다. 하지만 불만의 목소리는 쉽게 잦아들지 않았다.[36] 당시 대표적 문인 관료 이시면(李時勉)과 추집(鄒緝)의 상소를 보면, 20여 년을 끌어 온 새로운 수도 건설이 국가의 재산을 잠식하고 백성을 고달프게 했을 뿐 아니라 북경을 지탱하기 위한 번거로운 물자 조달의 문제를 야기했다고 지적한다.[37] 대운하에 대한 정비가 이루어진 직후(1415년)에 북경 천도가 공식적으로 논의되었다는 점을 다시 상기해 보면, 북경 추진론자들도 이미 물자 조달을 비중 있게 고려하고 있었음을 알 수 있다.

순조롭지 않은 정착 과정

그러나 북경 천도가 결정된 직후에도 북경이 수도로서 정착되는 과정은 결코 순조롭지 않았다. 이는 북경 천도가 홍무제에서 정통제(正統帝, 재위 1427~1464년)에 이르는 명나라 초기의 정권 성격이 정립되는 과정과 관련되어 있음을 시사한다. 남경은 한족 지배층을 상징하지만, 북경은 아무래도 몽골 지배층과 원나라의 잔재를 담고 있기 때문이다. 북경 천도를 추진했던 영락제를 홍무제가 아닌 쿠빌라이의 후계자였다는 평가를 하는 것도 이 때문이다.[38] 북경으로 천도가 완성되는 과정은, ① 남경 수도 → ② 양경(兩京) 체제(1403~1420년) → ③ 북경 천도(1421~1424년) → ④ 남경 환도(1425년) → ⑤ 북경 정도(定都)(1426~1441년)의 다섯 단계로 정리할 수 있다.[39]

북경 천도를 추진했던 영락제에 이어 황제에 오른 홍희제(洪熙帝, 재위 1424~1425년)는 곧바로 남경으로의 환도를 결정했다. 다만 홍희제가 재위

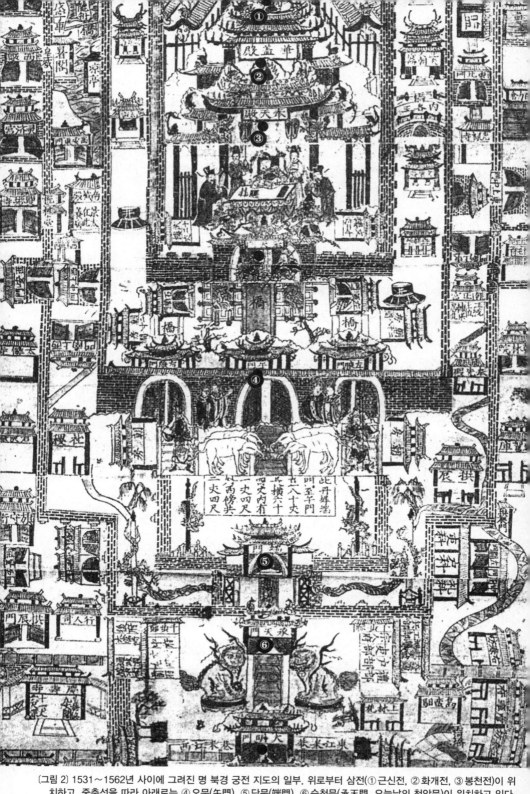

〔그림 2〕 1531~1562년 사이에 그려진 명 북경 궁전 지도의 일부. 위로부터 삼전(① 근신전, ② 화개전, ③ 봉천전)이 위치하고, 중축선을 따라 아래로는 ④ 오문(午門), ⑤ 단문(端門), ⑥ 승천문(承天門, 오늘날의 천안문)이 위치하고 있다.

[표 1] 명대 북경의 공식 명칭

기간(이 책의 일자는 모두 음력 기준임)	명칭
영락 7년 3월~영락 18년 12월(1409~1421)	행재(行在)
영락 19년 정월~홍희 원년 3월(1421~1425)	경사(京師)
홍희 원년 3월~정통 6년 10월(1425~1441)	행재
정통 6년 11월~(1441~　)	경사

10개월 만에 급사하는 바람에 환도는 현실화되지 못했다. 하지만 다시 북경이 유일한 수도로 선포되기까지 16년이라는 짧지 않은 시간이 필요했다. 이 과정은 북경에 대한 공식 명칭이 황제의 임시 거처인 '행재(行在)'에서 '경사(京師)'로 변화하는 과정을 통해서도 확인이 가능하다.([표 1]) 이는 근본적으로 천도 감행에 따른 물적·인적 부담이 가중되고 북경까지 장거리 물자 조달에 대한 부담감이 적지 않았기 때문이었다.

"유험가의"의 양면성

하지만 북경이 경사로 확정된 지 얼마 지나지 않은 1449년, 북경에서 약 100킬로미터 북쪽에 위치한 토목보(土木堡)에서 황제가 몽골군에 생포되는 사건이 발생했다. 당시 실권을 장악하고 있던 환관 왕진(王振)이 관료들의 반대를 물리치고 정통제를 옹위해서 정벌에 나섰다가 예상치 못한 상황에 직면한 것이다. 그러자 북경 조정은 다시 대혼란에 빠지고 말았다. 서유정(徐有貞, 1406~1472년)을 비롯한 일부 대신들은 다시 남경 환도의 목소리를 높였다.[40] 그러나 당시 상서(尚書) 호영(胡濚)과 병부좌시랑(兵部左侍郎) 우겸(于謙) 등은 정통제의 아우인 경태제를 황제로 세워 위기를 극복하는 동시에 북경을 수도로 정할 것을 지지했다. 그들은 이미 북경에 황릉이 존재하고 전국의 수도로 정착된 이상 천하의 근왕병(勤王兵)을 모아 죽음을 무릅쓰고 항전할 것을 주장했다.[41] 특히 송조가 남쪽으로 수도를 옮긴 이후 결국 쇠락한 전철을 되풀이해서는 안 된다고 주장했는데, 이후 천도 논의는 더 이상 진행되지 않았다.[42] 송나라의 사례를 감계(鑑戒)로 삼아, 북변 방어를 적극적으로 하기 위해서라도 북변에 수도를 유지해야 하다는 논의가 탄력을 받은 것이다.

이는 명나라에게 북변 방어가 얼마나 중요한 국정 과제였는지를 보여 준다. 사실상 명말까지 북변 정책은 다른 어떤 정책보다 우선적으로 고려되었다. 그럴 수밖에 없던 것이 북방으로 쫓겨 간 몽골 세력이 명조 말까지 살아남아 명 '제국'에 대항했기 때문이다. 중국에서 왕조가 교체되면 이전 왕조의 세력은 '천명(天命)'을 잃고 자연스럽게 사라지는 것이 상례였는데, 명조는 유일하게 이전 왕조를 끝까지 제압하지 못했던 것이다.[43]

그러므로 "유험가의"라는 북경의 입지 조건은 사실상 양면성을 지니고 있었다. 즉 강력한 군사력이 뒷받침된다면 북경은 그야말로 남과 북을 동시에 통제할 수 있는 요새처럼 기능할 수 있었다. 명조에 앞섰던 원조와 뒤를 이은 청조의 집권 초기에 북경은 정확하게 그러한 기능을 발휘했다. 쿠빌라이가 북경을 선택한 것도 관할 지역을 단지 중원 지역에 국한하지 않고 고향인 몽골 초원까지 포괄하기 위함이었다.[44]

그러나 실질적인 힘이 뒷받침되지 못한다면 "유험가의"라는 북경의 입지조건은 사실상 큰 의미를 갖기 어려웠고, 오히려 "견배(肩背)의 우환"이 될 위험이 도사리고 있었다.[45] 따라서 여자준(余子俊, 1429~1489년)의 건의로 이루어진 만리장성의 축조[46]는 천연의 "유험가의"가 제 기능을 발휘하지 못하는 북경에 인공적인 "유험가의"를 가미하는 정책이나 다름없었다.[47] 그렇지만 북변 정세의 '안정'은 어디까지나 이전 시대와의 비교를 전제한 것으로, 장성이 축조되었다고 해서 북변의 위협 요인이 제거된 것은 결코 아니다. 바로 이 시기에 상업계에 지대한 영향을 미쳤던 소금 세금에 대한 은납화(銀納化)가 진행되었는데, 장성 축조에 필요한 국가 재정을 확충하기 위함이었다.[48] 이 문제는 6장 2절에서 다시 언급할 것이다.

"유수통리"에 대한 강남인들의 불만

이처럼 북경의 배후지가 불안해지는 상황도 문제였지만, "유수통리"라는 경제적 관점에서의 입지 조건 역시 장기적으로 정도(定都) 과정에 긍정적인 기여를 하지 못했다. 앞서 언급했듯, 북경 천도가 완성되는 순간까지 강남에서 북경까지의 물자 조달에 대한 부담감이 크게 완화되지 않았기 때문이다.[49] 경제적인 이해관계를 둘러싼 저항 의식은 실질적인 부담자, 즉 경제적으로 부유했던 강남 지역민들 사이에 형성되기 시작했다. 수도 북경에 필요한 물자 유통, 특히 조량의 운송이 강남 지역민들에게 적지 않은 부담이 되었기 때문이다.[50]

조운과 관련한 각종 폐단은 여러 이유가 복합적으로 얽혀 있지만, 근본 원인은 "편중지처(偏重之處)"라고 불린 수도 북경의 위치로부터 말미암았다.[51] 송대 이래 곡물 등 각종 물자 생산의 중심지가 동남쪽으로 이동하고 있었지만, 북경은 이러한 흐름을 역행하는 자리에 위치했다. 그런데도 북경에서 생을 마무리한 마테오 리치가 지적했듯, 북경은 "아무것도 생산되지 않으나 어떠한 것도 부족함이 없는" 도시였다.[52] 그만큼 물류의 부담이 대운하의 남단인 강남 지역에 강제적으로 할당되었던 것이다. 강남 출신의 황종희(黃宗羲, 1610~1695년)는 이러한 사실이 북경의 치명적인 약점이라고 역설했다.

강남 백성의 남은 생명은 조량 운송으로 다 끊어지고 대부(大府, 호부)의 금전(金錢)은 하도(河道)로 소모되었는데, 이것은 모두 수도를 북경에 둔 해악이다. …… 동남 지방에서 나는 곡식과 견직물은 천하에 두루 수송되어, 천하에 강남 지역이 있다는 것은 마치 부잣집에 창고와 장롱이 있는 것과도 같다. 이제 돈 많은 부자의 아들이라면 창고와 장롱은 반드시 몸소 지키고 그 문과 뜰은 하인들에게 맡길 것이다. 남경을 버리고 수도로 삼지 않은 것은 하인에게 창고나 장롱을 맡기는 것과도 같다. 이전에(영락 연간) 북경으로 천도한 것은, 말하자면 몸소 문이나 뜰을 지킨 것이다. 천하를 다스림에 있어서 그 지혜가 돈 많은 부자의 아들보다 못해서야 되겠는가?[53]

즉 황종희는 지속적인 장거리 물자 조달의 어려움을 야기했던 북경으로의 천도가 명조의 멸망을 앞당겼다고 파악했다. 이러한 지적은 명말까지 수도 북경에 대한 저항 기류가 이어지고 있었음을 잘 보여 준다.[54] 황종희는 북경 비판론의 정점에 선 인물이지만, 강남 지방민이 부담해야 할 무거운 세금, 즉 중부(重賦) 문제를 강하게 제기한 고염무(顧炎武, 1613~1682년)[55]나 당대(唐代)의 사례를 근거로 장거리 물자 유통의 비효율성을 비판한 왕부지(王夫之, 1619~1692년) 역시 사실상 북경 비판론과 궤를 같이 하고 있다.[56] 그렇다면 다시 질문이 생긴다. 왜 천도 이후에도 "유수통리"라는 북경의 긍정적 입지 조건이 제대로 기능하지 못한다는 비판이 이어지는 것일까? 이 문제는 사실상 북경 수도론의 핵심적인 쟁점으로 북경을 둘러싼 국가적 물류에 대한 종합적인 고찰을 필요로 한다.

3 대운하의 역할과 한계

비록 그 과정에 우여곡절이 적지 않았으나, 1449년 '토목보의 변'이라는 위기를 넘긴 이후 수도 북경의 위치는 크게 동요되지 않았다. 적어도 명말 이자성(李自成)의 반란군이 북경을 함락하는 '천붕지열(天崩地裂)'의 위기 상황(1644년)이 도래하기 전까지 다시 남경으로 환도하자는 논의가 제기되지 않았다는 사실은 이러한 점을 잘 보여 준다.[57] 그러나 앞서 황종희의 언급에서 잘 드러나듯 수도 북경을 둘러싼 국가적 물류의 부담은 명말까지 크게 개선되지 않았다.

반면 북경의 인구는 북경 천도 이래 지속적으로 증가했다. 연구 결과에 따르면, 원대 최고 약 95만 명까지 증가했던 북경의 인구는 원 말·명 초의 동란기에 약 10만 명으로 급감했다. 하지만 북경 천도와 함께 북경에는 황실과 그 수종 인원, 관료, 군인, 거민, 상인, 공인, 서비스업 종사자들이 군집했다. 신뢰할 만한 인구 통계가 남아 있는 16세기 후반에 이르면 북경의 인구는 대략 85~120만 명까지 증가했다.[58] 그렇다면 남경 환도가 사실상 불가능한 상황에서 수도로의 물류 부담은 어떻게 해소할 수 있었을까?

북방개발론

첫째는 북방 지역을 개발하여 물자 수급의 자급률을 높이는 방안이다. 주로 강남 출신 관료들을 중심으로 전개된 북방수리론(北方水利論＝西北開發論, 畿輔水利論)은 이미 북경이 수도로 정해졌던 원대에 우집(虞集)과 곽수경(郭守敬)이 제안한 바 있으며, 명대에는 구준(丘濬)과 서정명(徐貞明) 등이 대표적인 주창자였다.[59] 관개 시설에 익숙한 남방인을 초빙하여 북방 지역에 수리 시설을 진흥시키려는 북방수리론은 가뭄 대비를 포함하여 북방 지역의 균질적인 개발을 정면에 내세우고 있지만, 실상은 남방에서 공급해야 하는 물자 조달의 부담을 경감하는 데 주안점이 있었다. "서북(西北) 지역에서 1석(石)을 얻는 것은 동남(東南) 지역에서 여러 석을 절약하는 것으로, 얻음이 점차 많아질수록 절약하는 비중 역시 증가하게 된다. (그렇게 되면) 먼저는 (조량 납부를 은량 등으로 대납하는) 개절(改折)의 법을 시행할 수 있고, 시간이 좀 지나면 세금 면제의 조령도 기대할 수 있으므로, 동남 지역의 민력(民力)이 다시 소생할 것을 기대"[60]한다는 서정명의 언급은 이러한 의지를 드러낸다.

하지만 바로 이러한 기대 효과 때문에 북경을 중심으로 서북 지역에 많은 토지를 소유했던 환관, 훈척(勳戚), 관료들의 반대에 부딪혔다.[61] 북방 지역이 조량 납부 지역으로 편입될 경우 조세의 부담이 가중되는 것을 염려했기 때문이다. 가령 기보(畿輔) 출신의 어사 왕지동(王之棟)은 열두 가지 이유를 거론하며 북방수리론을 극력 반대했고,[62] 결국 이러한 반대 여론에 부딪혀 북방수리론은 실효를 거두지 못했다.

청대에 들어오면 남정원(藍鼎元)이 기보수리론을 계승했으며, 19세기 전반기에는 포세신(包世臣), 임칙서(林則徐), 풍계분(馮桂芬) 등이 기보 지역에 대한 개발의 필요성을 역설했다. 그들은 황하의 범람을 계기로 장거리 운송인 조운의 낭비성을 지적하면서 기보 지역에 대한 개발을 주장했는데, 논지는 명대의 논의와 크게 차이가 없었다.[63]

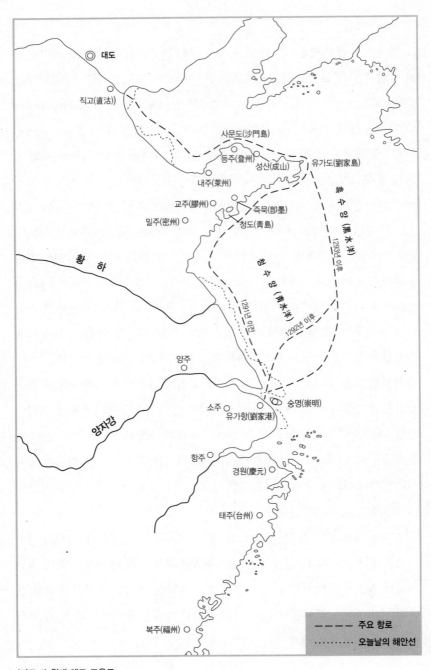

〔지도 1〕 원대 해도 조운로

바닷길과 대운하

둘째로 "유수통리"라는 북경의 입지 조건을 상기할 때, 이원화된 물자 유통의 방식을 적극 활용하는 것이다. 즉 바닷길과 대운하를 병용하는 방안이다. 먼저 바닷길에 대해서 살펴보면, 1절에서 지적했던 것처럼 원대와 명초까지 조량 해운에 대한 경험이 풍부했다. 명초의 해운량은 수십만 석에 불과했지만, 원대에는 매년 수백만 석의 곡물이 해운을 통해 북경으로 수송되었다.([지도 1] 참조)[64] 물론 해운에는 풍랑이나 암초 등으로 인한 자연적인 위험 요소가 존재하므로 대운하가 보조적으로 이용되었다.[65] 하지만 주된 운송로는 바다였다. 게다가 북경 천도가 진행되던 영락 연간에 지속되었던 정화(鄭和)의 원정단과 보선(寶船)의 규모 등을 조금만 고려하더라도,[66] 해운의 위험성이 해운을 중단시켜야 할 정도로 심각하다는 구체적인 근거는 찾기 어렵다.[67]

하지만 조량 해운은 1415년(영락 13년)에 정지되었다. 실록에는 관련 기록이 누락되어 있지만, 1544년(가정 23년)에 간행된 『조선지(漕船志)』에는 1415년 9월 공부(工部)의 자문(咨文)을 받은 행재호부(行在戶部)의 요청으로 "비로소 해운을 정지하게[始罷海運]" 되었음이 명확하게 기록되어 있다.[68] 2장에서 자세히 언급하겠지만, 1572~1573년 단 두 차례를 제외하고는 명조는 더 이상 바닷길을 이용한 조운을 시도하지 않았다. 왜 그랬을까?

먼저 생각할 수 있는 가능성은 왜구(倭寇) 등 해적의 피해로 인한 위험성 때문이다.[69] 명조가 개국할 때 주원장은 경쟁자였던 방국진(方國珍)과 장사성(張士誠)의 남은 세력이 연안으로 쫓겨가자, 연안의 백성들이 이들에 호응하여 반란 세력이 될 것을 경계하여 해금령(海禁令)을 내렸다.[70] 영락제는 해금 정책의 기조를 계승하여, 조량 해운을 제외한 일체의 사무역을 금지시켰다. 물론 영락 4년에는 바다를 이용하는 조운선 가운데 정해진 선로를 이탈하여 사무역에 종사하는 사례가 증가하자 이를 금지시킨 바 있고,[71] 영락 6년에는 왜구를 만난 조운선이 피해를 입어 탑승했던 35명이 사망하고 25명이 조선 반

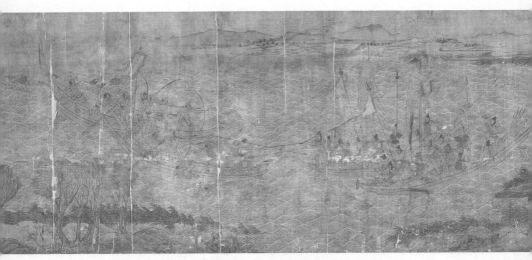

〔그림 3〕 중국의 연해 지역에서 관군과 격전을 벌이는 왜구. 「항왜도권(抗倭圖卷)」의 국부.

도에 표착했다는 기록도 있다.[72] 그러나 홍무 연간(1368~1398년) 후반부터 왜구로 인한 피해는 줄어들기 시작하여 영락 초반에는 왜구를 성공적으로 포획했다는 기록이 증가한다.[73] 한편 일본 내부에서 중국과의 교류에 열의를 지닌 족리의만(足利義滿, 1358~1408년)이 집권하고 중국과 조공의 형태를 띤 감합(勘合) 무역이 시작되면서 왜구 활동은 사실상 소강 상태에 접어들었다.[74] 그 결과 영락 17년(1419)에 총병관 유강(劉江, 1348~1420년)이 요동 반도의 망해과(望海堝)에서 왜구를 크게 섬멸한 이후 16세기 '후기 왜구(後期倭寇)'가 등장하기까지 왜구는 거의 종적을 감추었던 것이다.[75] 따라서 영락 연간 해적의 존재가 1415년 해운의 폐지를 야기할 만큼 위협적이었다고 판단하기는 곤란하다.(〔그림 3〕 참조)

그렇다면 남은 가능성은 해운을 대체할 수 있는 내륙 하천 기능을 향상시키는 것, 즉 대운하의 기능 강화이다. 앞서 언급한 것처럼 북경 천도를 위해 1411년부터 1415년 사이에 대운하의 두 취약 구간에 대한 정비 작업이 마

〔표 2〕 송례(宋禮)의 조량 해운 대체 방안

	기존 방안		대체 방안	
	해운	하운	해운	하운
운송 경로와 방식	약 1100척의 해운선으로 회안에서 출발하여 천진까지	약 1300여 척의 천선(淺船)으로 서주(徐州)와 제녕(濟寧)에서 북경까지 운송	정지	**1** 200석 탑재 가능한 천선 3000척을 추가로 제작하여 회안에서 제녕까지 조량 운반 **2** 200석 탑재 가능한 천선 2000척으로 제녕의 조량을 북경까지 운반(회당 40만 석 운송 가능)
1년 왕복 횟수	1회	3회(각 20만 석)	4회(각 40만 석)	
운송량	80만 석	60만 석	160만 석	
합계	140만 석		160만 석	

무리되었다. 하나는 영락 9년(1411)에 공부상서(工部尙書) 송례(宋禮)가 정비한 회통하이고, 다른 하나는 영락 13년(1415)에 평강백(平江伯) 진선(陳瑄, 1365~1433년)이 황하와 회수, 그리고 대운하가 만나는 접점에 갑문을 설치하고 설치한 청강포다.(〔지도 2〕 참조)[76] 송례는 "해운은 경로가 험하여 매년 선박이 걸핏하면 파괴되고 (조량은) 표실(漂失)됩니다. 관리들은 (선박을) 보수하느라 기한에 쫓기고, 이를 과파(科派)함으로써 백성들에게 고통을 줍니다. 또한 선박 역시 견고하지 못합니다. 해운선 1척은 100명을 동원하여 1000석을 운반하는 것입니다. 그 비용이라면 10명으로 200석을 탑재할 수 있는 하운선(河運船) 20척을 운영할 수 있으므로, 결국 (같은 비용으로) 4000석을 운송할 수 있"[77]다면서, 해운보다 하운이 효과적인 물류 방식이라고 주장했다. 그 구체적인 방안은 〔표 2〕[78]와 같다.

즉 기존에 해운(80만 석)과 하운(60만 석)을 병행하면서 약 140만 석의 조

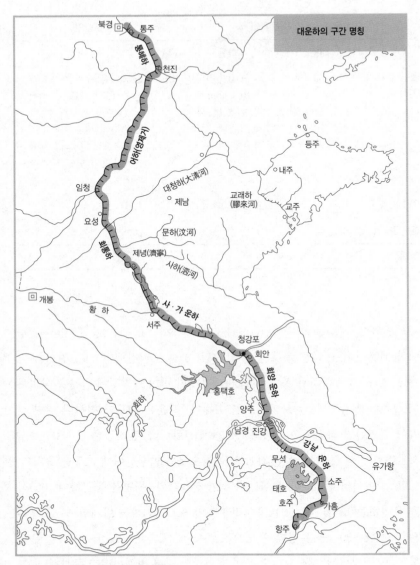

대운하의 구간 명칭

북경　통주
통혜하
천진
어하(위하)
임청
요성
회통하
제녕(濟寧)
대청하(大淸河)
제남
문하(汶河)
사하(泗河)
교래하
(膠萊河)
등주
내주
교주
개봉
황하
사·가 운하
서주
청강포
회안
회양 운하
홍택호
양주
회하
남경 진강
강남 하하
무석
태호
호주
소주
가흥
항주
유가항

〔지도 2〕영락 연간 개통된 대운하와 조운로

〔표 3〕 15세기 조운 방식과 운송량*

연도	조운량(단위: 석)	조운 방식	비고
영락 원년(1403)	492,637		
5년(1407)	605,000	해운	
6년(1408)	651,220		
7년(1409)	1,836,852		
8년(1410)	2,015,165		
9년(1411)	2,255,543	해운과 육운을 병행	회통하 개통
10년(1412)	2,487,188		
11년(1413)	2,421,907		
12년(1414)	2,428,535		
13년(1415)	6,462,990*		청강포 개통, 해운 정지
14년(1416)	2,816,462		
15년(1417)	5,088,544		
16년(1418)	4,646,530		
17년(1419)	2,079,700		
18년(1420)	607,328		
19년(1421)	3,543,194		북경에서 조하 의식 거행
20년(1422)	3,251,723		
21년(1423)	2,573,583		
22년(1424)	2,573,583		
홍희 원년(1425)	2,309,150	하운	
선덕 원년(1426)	2,399,997		
4년(1429)	3,858,824		초관(鈔關) 설치
7년(1432)	6,742,854		
정통 원년(1436)	4,500,000		
14년(1449)	4,305,000		
천순 3년(1459)	4,350,000		조운선 1만 1770척으로 확정
성화 5년(1469)	3,350,000		
성화 8년(1472)	3,700,000		조운액이 400만 석으로 확정
성화 23년(1487)	4,000,000		
홍치 13년(1500)	4,000,000		

* 이 수치는 『太宗實錄』 卷99의 기록이지만, 〔淸〕谷應泰 撰, 『明史紀事本末』(上海古籍出版社, 1994), 卷24 「河漕轉運」, 100쪽에는 300만 석으로 기록되어 있다.

량을 운송했는데, 해운을 정지시키는 대신 하운의 운송 능력을 60만 석에서 160만 석으로 증대시키겠다는 주장이다. 이러한 변화는 회통하와 청강포의 정비와 같은 하드웨어적인 개선만으로 가능했던 것이 아니라, 하운 선박(=淺船)의 추가 투입(3000척+α)과 왕복 횟수의 증가(3회 → 4회)라는 운영 방식의 변화가 병행되어야 했다. 즉 하운 선박보다 약 5배의 탑재량을 가진 거대한 해운 선박의 제조와 수리 작업의 번거로움을 포기하는 대신, 더 많은 수의 선박을 더 자주 왕복시키는 방안이라 할 수 있다. 이 방식을 제안했던 공부(工部)는 "해운과 비교할 때, (운송) 수량이 증가할 뿐 아니라 바람과 풍랑의 위험까지 없으니 실로 빠르고 편하다."고 주장했다.

영락 연간과 그 이후 북경으로의 조운 액수를 정리한 것이 〔표 3〕[79]이다. 이를 보면 1414년까지 해운, 육운, 하운을 모두 합해 많아야 1년에 250만 석 이상을 넘지 못하던 조운액이 1415년에는 이례적으로 많은 640만 석까지 증가했고, 그 이후에는 250만 석에서 500만 석까지 끊임없이 변동했다. 북경의 인구가 급증한 것으로 알려진 15세기 전반[80] 조운량은 350만 석에서 450만 석까지 북경의 수요에 따라 연동되어 증가했다. 하지만 성화 8년(1472년)부터는 1년 조량액이 400여 만 석으로 확정되어 명말까지 큰 변동이 없었다.[81]

이를 종합하면 1411~1415년 사이에 재개통된 대운하를 통해 운송할 수 있는 조량의 최대 액수는 약 600만 석이지만, 대체로 400만 석 전후가 적정량이었다고 여겨진다. 그러므로 1411~1415년에 정비된 대운하는 당시 건설 중인 북경에 필요한 물자 운송을 비교적 성공적으로 충당할 수 있었으며, 그 결과 해운이 정지되었다고 평가할 수 있다.[82] 이로 인해 1416년 북경 천도를 지지하는 관료들은 "물길이 소통되고 조운이 날마다 증가하니, (북경에는) 상인들이 폭주하고 재화가 넘쳐"난다면서, 황궁 건설의 첫 삽을 뜨기 위한 "택일(擇日)"을 영락제에게 요청할 수 있었다.

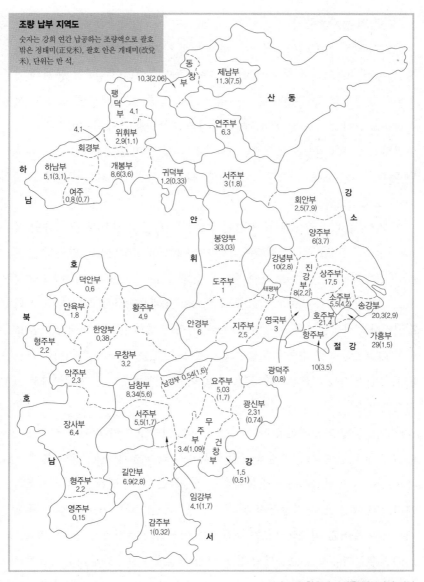

대운하의 물동량 증가

그러나 대운하에 대한 긍정적인 평가는 명 전기에 국한할 경우 문제가 없지만, 중기 이후로는 상황이 달라진다. 우선적으로 고려할 점은 대운하를 이용하는 물동량의 증가이다. 명초 북경 천도를 감행하고 대운하를 개통할 당시에는 당연히 조량 수송이 대운하 물동량의 대부분을 차지했지만, 시간이 지나면서 대운하의 기능은 조운에만 국한되지 않았다. 명대 대운하를 통해 유통된 물자는 크게 조량·조공품·토의(土宜)·사화(私貨) 네 종류로 구분할 수 있다.((지도 4) 참조)

이 가운데 국가 권력의 최대 관심이 조량임은 앞서 강조했으며, 매년 약 400만 석의 미곡을 운송하기 위해 1만 1790척의 선박과 12만여 명의 운군(運軍)이 동원되었다.[83] 수시로 변하던 조운 선박의 수가 1459년에 약 1만 2000척으로 정해지고 변동 폭이 컸던 조운액(漕運額) 역시 1472년에 400만 석으로 확정되었다는 사실은, 15세기 중엽에 가서야 수도 북경의 규모와 이에 필요한 조운이 현실적인 적정 수준에 도달했음을 보여 준다. 또한 400만 석이라는 규모는 1415년 완성된 대운하가 수용할 수 있는 현실적인 물동량을 반영한다고 여겨진다.[84]

문제는 조량을 제외한 물자나 다른 용도의 선박 운항이 급증하는 것이다. 이 부분에 대한 예측이 북경 천도를 급하게 추진하는 과정에는 불가능했다. 먼저 일본과 동남아시아에서 들어오는 조공품을 보면, 해금 정책의 기조하에서 천진(天津)으로 직항하지 못하고 절강·복건(福建)·광동(廣東)을 통해 내륙으로 들어와 최종적으로는 대운하를 이용하여 북경까지 운송되었다.[85] 1489년 투르판에서 온 조공단의 경우, 규정된 경로를 일탈하여 대운하 유통로의 중요 거점인 임청(臨清)까지 가서 금지된 물품을 수매하다가 적발되었다. 또한 영파(寧波)로 들어온 일본의 조공단은 대운하로 왕래하며 1453년(경태 4) 임청에서, 1496년(홍치 9) 제녕에서 각각 소란을 일으키기도 했다.[86] 그렇지만

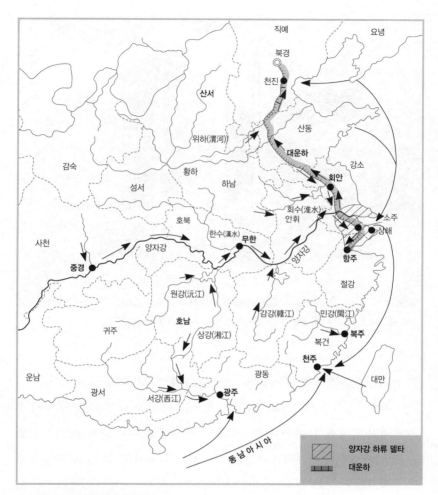

〔지도 4〕 청대 미곡 유통의 추세

조공품의 거래량이 대운하에 큰 부담이 되었다고 보기는 어려울 것 같다.

하지만 조운선에 조량 이외의 사적인 화물을 탑재하는 것은 그렇지 못했다. 1427년에 이미, 조운선에 적재된 다른 화물로 인해 정상적인 조량 운송에 차질이 생기는 것을 경계하는 법령이 반포되었다.[87] 이는 운송 노동력에 대

[그림 4] 명대 조운선. 바닥이 평평한 평저선으로, 길이가 22미터에 폭이 4.4미터였다.

한 적절한 대가가 충분히 지급되지 못했기 때문에 발생한 사건이었다. 결국 1465년에 음성적인 사화(私貨) 탑재를 '토의(土宜)'[88]라는 명목으로 공인해 주는 조치가 등장했다. 운군과 수수(水手)들이 세금의 부담 없이 운송할 수 있는 토의는 400석을 탑재하는 조운선 1척마다 10석까지 탑재가 허용되는 것으로 시작되었으나, 1579년(만력 7년)에 이르면 60석까지 6배 증가했다.[89] 조운선이 모두 1만 2000척이므로([그림 4]) 대략 12만 석에서 70만 석까지 추가 운송량이 발생한 셈이다. 이러한 유통량은 이후 더욱 증가했는데, 청초에 토의로 유통되는 사화가 조량액보다 많은 420여 만 석에 달한다는 통계도 있다.[90]

하지만 대운하에서 가장 많은 물동량을 차지한 것은 상인들이 운송하는 사화였다. 상세를 징수하기 위해 "객상 선박이 폭주하는 곳"에 초관(鈔關)이 세워진 것은 북경이 수도로 정해진 지 8년 후(1429년)의 일로, 7곳의 초관 가운데 6곳이 대운하 연변에 위치했다.(5장 2절의 [표 10] 참조)[91] 그만큼 대운하를 이용한 물자 유통이 급증했음을 의미한다. 1600년을 전후로 대운하를 이용해 북경을 두 차례 왕복한 마테오 리치는, 조운선보다 더 많은 수의 관선, 그리고 관선보다 더 많은 수의 상선이 대운하를 왕래하고 있음을 목격했다.[92] 요컨대 명 후기에 이르면 대운하는 북경과 강남을 연결하는 유일한 수로로서, 명초와 같이 여유롭게 물동량을 감당하기 어려운 상황에 봉착했던 것이다.

병목 현상과 우선권의 문제

이를 반증해 주는 사례가 대운하를 이용하는 각종 선박들 사이에 발생하는 운송상의 우선권 문제였다. 대운하의 폭과 깊이는 대체로 일정했을 뿐 아니라, 해발 고도의 변화에 따라 일정한 수심 유지를 위한 갑문(閘門)이 곳곳에 설치되어 있었다. 유통에서 병목 현상이 발생하는 것은 자연스러운 결과였다. 이에 따라 대운하를 관리하는 관료들은 선박에 대한 우선순위를 정할 필요가 생겼는데, 명초에는 전혀 예상치 못했던 현상이었다.

16세기 후반 총리하도(總理河道)를 맡았던 만공(萬恭, 1515~1591년)은 대운하의 이용 우선권을 다음과 같이 정리했다. 첫째가 조운선, 둘째가 조공선, 셋째가 관선, 그리고 마지막이 민간인들의 상선이다.[93] 조운선에는 황족·관료·군병들에게 지급될 양식이 실려 있었는데, 만약 조운이 정해진 목표대로 이루어지지 못할 때면 북경의 민심이 흉흉해지곤 했으므로,[94] 국가 권력의 입장에서 조운선에 대한 우선권 부여는 일견 당연한 조치라고 볼 수 있다.

하지만 남북 방향의 유통로를 대운하로 한정한 상황에서 조운선이나 조공선, 그리고 권력을 지닌 환관의 선박 등에 우선권을 지속적으로 부여한 것은, 결국 대운하를 둘러싼 국가적 물류 체계를 문란하게 할 소지가 다분했다. 특히 명대에는 환관들의 전횡이 심각했다.[95] 환관의 전횡은 대운하에 대한 체계적인 유지·보수를 와해시켰다. 이미 명 중기부터 환관들이 타고 다니는 마쾌선(馬快船, 3장 3절의 [그림 16] 참조), 홍선(紅船), 좌선(座船)에 사염(私鹽)이나 부상대고(富商大賈)들의 화물을 유통시키는 문제가 지적되었는데,[96] 이는 조운을 지체시키거나 갑문을 파괴하는 요인이 되었다.

『동관기사(冬官紀事)』에 기록된 만력 연간 환관과 휘주 상인의 결탁 사례는 이러한 문제의 심각성을 잘 보여 준다.[97] 당시 북경의 건청궁(乾淸宮)과 곤녕궁(坤寧宮)에 화재가 발생했다. 소실된 궁전 재건을 위해 조달해야 할 목재량이 막대했는데 환관들이 물자 조달을 주관했다. 그 가운데 16만 근의 황목(皇木)이 휘주 출신 목상(木商) 왕천준(王天俊) 등에게 할당되었다. 하지만 왕천준은 할당된 황목에 사적으로 목재를 탑재하여 운송했을 뿐 아니라 16만 근 가운데 3만 2000여 근에 해당하는 세금 5~6만 냥을 포탈했다는 혐의로 체포되어, 공부랑중(工部郎中) 하성서(賀盛瑞, 1553~1615년)에게 조사를 받았다. 그러나 왕천준을 비롯한 수십 명의 휘상들은 환관에게 자신을 비호해 달라고 요청했다. 결국 하성서는 정치적 압력 속에서 법적인 처벌 대신 다음과 같은 황목에 대한 유통상의 금령(禁令)을 재확인하는 것으로 수사를 마무리해야 했다.

① 황목(皇木)이라는 구실로, 각 초관에서의 징세 면제를 추구하는 것을 불허한다.

② 황목이라는 구실로, (운하에서 만나는) 관선과 민선에 대하여 우월권을 주장하는 것을 불허한다. 만약 위반 사례가 있으면 상례(常例)에 따라 손실을 배상해야 한다.

③ 황목이라는 구실로, (경유하는) 주현(州縣)에서 소요를 일으키거나 각부(脚夫)를 차출하여 운반하는 것을 불허한다.

④ 황목이라는 구실로, 갑문에서 (순서를 기다리지 않고) 참월(攙越)하는 것을 불허한다.[98]

금령의 내용을 보면 대운하에서 발생했던 관행에 대한 규정이었다. 대운하를 이용했던 조선인 최부(崔溥, 1454~1504년)나 예수회 선교사 마테오 리치도 여기서 금지하는 관행을 목격한 바 있다.[99] 환관과 같은 특권층뿐 아니라 그들의 비호를 받은 유력 상인들도 얼마든지 이러한 권한을 이용할 수 있었다. 청조가 들어선 후 환관 세력은 약화되었지만 운송상의 특권은 기인(旗人)과 같은 새로운 특권층에게로 이어졌다.[100]

반면 힘없는 상인들은 병목 구간에서 조운선과 관선이 다 지나갈 때까지 마냥 기다려야 했다. 사정이 여의치 못한 상인들은 대운하의 바로 옆에 샛길처럼 작은 물길을 불법적으로 뚫거나 상당히 돌아가야 하는 우회로를 선택하기도 했다. 이 문제는 5장 2절에서 다시 언급할 것이다.

대운하를 이용하는 물자 유통의 규모와 함께 특권 행위까지 증가하면서 대운하에 대한 체계적인 유지와 보수는 더욱 어려워졌다. 일반 관선과 민선이 규정을 무시하고 대운하의 갑(閘)과 패(壩)를 통과하거나 규정된 적재량을 초과하는 일이 명 중기 이후 비일비재했다.[101] 왕래하는 선박과 함께 퇴적된 각종 불순물과 토사는 운하의 하상(河床)을 지속적으로 높였다.

대운하에 대한 체계적인 재정비를 시도하려면 최소한 1년 정도 대운하의 이용을 통제했어야 했다. "모름지기 1년 간의 조운을 아까워하지 말고, 수만 냥의 탕금(帑金)도 아까워 말고, 대운하를 준설하여야 한 번의 수고로 영원한 누림이 있을 것"[102]이라는 1577년(만력 5년) 관리남하공부랑중(管理南河工部郎中) 시천린(施天麟)의 지적은, 사실상 대운하 물류의 아킬레스건을 건드리는 지적이었다. 무엇보다 대운하를 1년 이상 단절해도 좋을 만큼 효과적인 대안이 부재했기 때문이다.

이러한 여러 요소가 명대 대운하가 지니고 있던 딜레마이다. 북방수리론이 실시되지 못하고 해운이 정지된 상태라면 수도 북경을 위한 물자 유통은 오직 대운하 운영의 성패로 결정될 수밖에 없었다. 국가 권력은 수도 북경을 유지하기 위해 대운하를 유지하는 데 온갖 노력을 기울였지만, 병행이 가능했던 해운의 가능성을 일찌감치 폐쇄함으로써 사실상 개통 초기부터 운송 능력의 한계는 분명해진 것이다.

그런 의미에서 1572~1573년 사이에 실시된 조량의 해운은 대운하가 지닌 유통로로서의 한계 상황이 외부적으로 분출된 사건이자, "유수통리"라는 북경의 입지 조건을 복구하려는 시도라고 볼 수 있다. 당시 바닷길의 겸용을 주장했던 왕종목은 북경 수도론에 관한 구준의 견해를 계승하여 실천했다. 구준은 북경의 위치가 비록 '극북지지(極北之地)'에 위치하지만 "천하의 왕기(王氣)가 소재하는 곳"으로, 무엇보다 바다와 인접해 있음을 가장 큰 장점으로 강조했다.[103]

따라서 왕종목은 대운하와 함께 바다를 적극 이용하여 북경에 대한 물류 문제를 해결했던 원대의 사례를 높이 평가했고, 해운을 통해 대운하가 막히거나 중단되는 만일의 사태를 대비하자고 주장했던 것이다. 명대 해운론자들의 주장은 대운하의 불완전함을 여실히 보여 주지만, 그래도 북경 수도론 자체를 부정한 것은 결코 아니었다. 오히려 해도 조운을 병행함으로써 수도 북경의 최대 약점을 보완하려는 북경 지지론이나 다름없었다.

그렇다면 이제 본격적으로 1572~1573년에 실시되었다가 '요절'한 조량 해운에 대해서 살펴볼 차례가 된 것 같다.

2장 1572~1573년 조량 해운의 '요절'과 그 의미

사회 경제적인 발전이 비약적으로 이루어졌다고 알려진 명말, 융경제(隆慶帝)에서 만력제(萬曆帝)로 정권이 교체되는 1572년 무렵, 바닷길을 이용한 조운이 실험적으로 이루어졌다. 하지만 이듬해 해운은 다시 막을 내렸다. '요절'이라고 불러도 좋을 만큼 생명력이 짧았기에, 이와 관련된 논쟁은 청말의 해운 논쟁에 비하면 학계의 주목을 거의 받지 못했다.[1]

하지만 장거정(張居正, 1525~1582년)을 체계적으로 분석한 연구 결과에 따르면, 당시 장거정의 7대 중점 정책 가운데 하나가 조운 정책이었다. 그리고 조량 해운이 파기된 것도 장거정의 정권 장악 및 그 과정에서 말미암은 정치적인 희생양의 하나였다고 지적했다.[2] 이러한 해석은 그동안 조운의 긴 역사에 있어 하나의 우발 사건 정도로 이해되던 1570년대 조량 해운의 '요절'이 지닌 중요성을 부각시켜 주기에 충분했지만, 동시에 다음과 같은 의문을 야기했다.

즉 결코 쉽지 않은 논의 과정을 거쳐 시행한 조량 해운이 왜 그렇게 '간단히' 중단되었는가? 물론 이에 대해서 기존의 해석이 전혀 없었던 것은 아니다. 장거정과의 관련성 역시 새로운 해석의 실마리를 제공했음은 앞서 지적한 바와 같다.[3] 그런데도 조운 정책과 같이 명조의 중차대한 문제가 과연 장거정을 비롯한 중앙 정계의 정치적 알력만으로 좌우될 수 있는 사안이었는지는 여전히 의문이다.

그러므로 당시 조운 정책에 영향을 미친 다양한 요소들과 그 영향력을 검토할 필요가 있다. 2장에서는 장거정과 관련된 정치적 요소부터, 관료제의 문제, 그리고 국가 권력의 해금 정책까지 차례로 따져 볼 예정이다. 이를 통해 조량 해운의 '요절' 사건을 둘러싼 복잡한 정치적 경제적 이해관계를 밝히고, 아울러 명청 시대 해상 무역이 내륙 하운에 비하여 상대적으로 저조했던 근본적인 이유까지 짚어 본다.

1 융^隆 · 만^萬 교체기 조량 해운의 시도와 단절

1572년(융경 6년) 강남에서 징수한 조량에 대한 해운을 시도한 것은 1415년(영락 13년) 해운을 정지한 이후 157년 만의 일이었다.[4] 물론 1415년 이후에도 산동 반도와 요동(遼東)을 잇는 단거리 차양 해운(遮洋海運)은 북변 지역 방어를 위해 간헐적으로 지속되고 있었다.[5] 하지만 강남 지방에서 거둔 곡물을 해운으로 북경까지 운송한 사례는 지난 1415년 이래 없었을 뿐 아니라, 이후 청조가 들어선 이후에도 상당 기간 시도조차 되지 못했다.[6]

1572년의 성공적인 조량 해운

1572년 조량 해운이 시도되었던 것은 그만큼 당시 대운하를 이용한 조운이 순조롭게 진행되지 못했기 때문이다. 문제의 핵심은 가정 연간(嘉靖年間, 1522~1566년) 후반부터 융경 연간(隆慶年間, 1567~1572년)에 걸쳐 빈발한 황하의 범람에 있었다.[7] 당시 '하환(河患, 황하의 범람으로 인한 우환)'이라고 불릴 정도로 심각했던 황하의 범람으로 인해 운하 상에 있던 조운선이 전복하고 조량이 유실되는 사건이 다발했다.[8] 특히 융경 연간은 명대 조량의 유실(流失)이 가장 많았던 시기로 1년에 20~40만 석 정도가 유실되었다.[9] 명대 조량 액수가 대략 400만 석으로 정해져 있었으므로, 전체의 5~10퍼센트 정도가 '하환'으로 유실된 셈이다.

그중에서도 1570년(융경 4년) 9월 발생한 황하 범람의 피해가 컸다. 회안부 비주(邳州)에서 범람한 황하로 인해 휴녕(睢寧)에서 숙천(宿遷)까지 180리(약 100킬로미터)가 토사에 덮였는데, 당시 전복된 조운선이 800척, 유실된 조량이 22만 6000여 석, 익사한 군인과 운수 노동자들이 1000여 명에 달했다.[10] 피해도 피해였지만, 수도로의 조운을 어떻게든 조속히 회복하기 위한 조야의 논의가 들끓기 시작했다. 당시 대안으로 ① 사고가 발생한 구간에 새로운 대안 루트, 즉 가운하(迦運河)나 교래하(膠萊河)를 뚫는 방안, ② 해운을 겸하는 방안, 그리고 ③ 기존의 운하를 속히 복구하는 방안이 대두되었다.

새로운 대안 루트 가운데 하나인 가운하는 산동에서 출원(出源)하여 강소성 비현(邳縣)으로 연결된 가하(迦河)를 이용한 260리(약 145킬로미터)에 달하는 운하였다. 당시 가운하 개착(開鑿)을 주장했던 사람은 총리하도시랑(總理河道侍郎) 옹대립(翁大立, 1517~1597년)이었다.[11] 하지만 반대 의견도 만만치 않았다. 가령 1571년(융경 5년) 가운하의 가능성을 탐색하기 위해 파견된 호가(胡價)는, "한때 경솔하게 공사를 시작해서 내탕 100만 냥을 낭비하면서 300리에 달하는 무용의 하도를 개착하는 것이야말로 국가를 그르치고 백성을 병들게 하는 것이 아니고 무엇이겠습니까?"라고 지적했고,[12] 그 이듬해 다시 파견된 예과좌급사중(禮科左給事中) 낙준(雒遵) 역시 새로 운하를 뚫는 것보다 필요할 때마다 보수하는 것이 더 경제적이라고 보고했다.[13] 결국 비용과다와 공정의 난이도 문제에 봉착한 가운하 건립 안건은 포기되었다.[14]

가운하와 함께 대안 루트로 언급된 교래하는 산동 반도의 교주(膠州)와 래주(萊州)를 잇는 운하였다. 융경 5년 3월에 호과급사중(戶科給事中) 이귀화(李貴和)가 교래하의 개착과 해운의 부분적인 시행을 제안했다.[15] 교래하와 해운을 함께 주장했던 것은, 산동 반도 남쪽의 교주에서 북쪽의 래주를 연결할 경우, '강남←→교주' 및 '래주←→천진' 구간을 해운으로 이용하는 것이 편리했기 때문이다.[16] 당시 누구보다 교래하의 개착을 강하게 추진한 이는 내각대학사(內閣大學士) 고공(高拱, 1512~1578년)이었다. 하지만 현지 조사를 위해 파견한 호가의 보고 내용은, 교래하를 유지하기 위한 수원(水源)이 부족하고 실제 공정이 지나치게 대규모이기에 부적합하다는 것이었다. 결국 고공도 호가의 현지 조사 보고를 수용하지 않을 수 없었고 이에 교래하 추진도 정지되었다.[17]

그렇지만 교래하 프로젝트의 정지가 곧 해운의 포기로 이어지지는 않았다. 만약 비용과 공정 문제로 교래하가 성사되기 어렵다면, 교주와 래주 구간을 하도(河道)가 아닌 해도(海道)로 연결하는 가능성이 남아 있었기 때문이다. 산동순무(山東巡撫) 양몽룡(梁夢龍, 1527~1602년)의 견해에 따르면, 당시 교래하는 가장 위험한 해운 구간을 내륙으로 연결하는 운하일 뿐이었다.[18]

양몽룡과 함께 조량 해운을 강력하게 주장한 인물은 당시 산동포정사(山東布政使)이자 1571년(융경 5년) 10월부터 조운총독(漕運總督)에 임명된 왕종목이다. 그는 해운을 통한 조량 운송이야말로 천하의 "대세(大勢)"이자 수도 북경만이 지니고 있는 "전세(專勢)"이며 목전의 문제를 해결하는 "급세(急勢)"라는 '삼세론(三勢論)'을 주장했다.[19] 또한 그는 양몽룡과 함께 해운에 가장 큰 취약점인 '해난(海難)'을 최소화하기 위해 먼저 안전하고 정확한 항로를 확정하고자 노력했다. 이를 위해 "해로를 숙지하고 있는 근신한 관리"를 선발해서 항해도를 제작했다. 선박이 정박할 수 있는 곳과 돌아가야 할 곳 등을 자세히 기록한 항해도였다.[20] 이윽고 왕종목은 항해도를 이용해서 쌀 2000석을 회안에서부터, 보리 1500석을 교주로부터 출항시켜 천진에 도달시키는 시험 운행까지 성공했다.

이처럼 조량 해운에 대한 준비가 완료될 무렵 내각의 수보(首補) 이춘방(李春芳, 1511~1585년)과 고공이 해운에 대한 적극적인 찬동 의사를 표명하자,[21]

드디어 1572년(융경 6년) 3월에 공식적인 조량 해운이 실시되었다. 회안의 운제관(雲梯關)에서 출발하여 산동 반도의 해안을 따라서 천진까지 도달하는 3390리(약 1898킬로미터)의 항로였다.[22] 강남에서 모은 조량 12만 석을 실은 300여 척의 선박은 회안에서 출발하여 약 2개월 만에 천진에 도착했다.[23] 첫 시도치고 기대 이상의 성과를 거두었다는 평가를 받은 것 같다. 당시 해운에 종사한 운군 및 운령관(領運官)에 대해서 대대적인 포상과 천거가 이어졌다.[24] 모든 과정을 주관했던 왕종목 역시 다음과 같이 '성공적'인 해운에 대한 소회를 밝혔다.

운반할 선박과 조량을 모집할 당시만 해도 중앙과 지방의 관료들은 여전히 의심하고 두려워하면서 어떻게 될지 모르겠다고 했으나, 일단 2개월 만에 12만 석의 조량이 모두 안전하게 천진에 도달하자 천하의 신민(臣民)이 비로소 해도(海道)로 통할 수 있음을 믿게 되었다.[25]

그런데 다른 한편에서는 해운에 대한 비방 의견이 제기되었다. 남경급사중(南京給事中) 장환(張煥)이 황제 앞으로 올린 상소에 따르면, 사고 없이 12만석의 해운이 성공했다고 하지만 실제로는 조운선 8척에 실렸던 미곡 3200석이 풍랑을 만나 바다에 표실되었다는 것이다.[26] 게다가 이를 은폐하기 위해 왕종목이 은 3만 냥을 비밀리에 끌어다가 부족한 미곡을 구매했다는 내용까지 담겨 있었다. 그렇지만 이는 어디까지나 소문에 근거한 '음모론'에 가까웠다. 상소를 접한 융경 황제 역시 해운을 정지시키기보다는 해운을 더 충실히 정비하라는 내용의 조문을 내리는 정도에서 사건을 마무리지었다.[27] 소문의 진위를 가리는 것은 더 이상 불가능했다. 하지만 이 상소 사건을 통해, 가시적인 성과에도 불구하고 해운에 대한 의구심과 반대 여론이 여전히 강고하게 남아 있음을 알 수 있다.

1573년의 사고와 "해운 파기"

이처럼 해운에 대한 긴장감이 잔존하는 상황에서 이듬해에 진짜 사고가 발생했다. 1573년(만력 원년)에 파견된 2차 해운에는 1차 때보다 조금 많은 436척의 선박을 사용하여 2만 1150석의 미곡을 5230여 명이 운송했다. 그런데 회안을 출발한 조운선이 산동 반도 남단의 즉묵현(卽墨縣) 복산도(福山島)에 이르렀을 때, 강한 회오리바람이 불어와 7척의 선박이 전복되었다. 공교롭게도 즉묵현은 대운하의 운송업자들이 신봉했던 나교(羅敎)의 창시자인 나청(羅淸, 1443~1527년)이 태어난 고향이었다.[28] 그 결과 조량 5000석이 표실되고, 운군과 수수 15명이 익사했다.

분명 사고였지만 규모는 그리 크지 않았다. 북경 정부에서 가장 민감해하는 항목인 곡물 가운데 바다에 휩쓸려 간 분량은 전체 운송량의 2.5퍼센트 정도였고, 선박의 피해 규모는 1.6퍼센트, 그리고 인명 피해는 0.3퍼센트에 불과했다. 관점 여하에 따라서 간단히 책임자 처벌 정도로 지나칠 수도 있는 문제였다.

하지만 사건 직후 비난이 쏟아졌다. 도급사중(都給事中) 고삼근(賈三近)을 시작으로 어사 포희안(鮑希顔), 산동순무 전희지(傅希摯) 등이 상주를 올리며, 연달아 해운 금지를 요구했다.(6월)[29] 실록에는 정확한 경위에 대한 설명을 생략한 채 간단히 "파해운(罷海運)"이라는 기록만 남아 있다.(8월)[30] 같은 해 9월에 조량 해운을 위해 설치했던 해운파총(海運把總)을 차양파총(遮陽把總)으로 바꾸어 항로를 축소·변경했던 것도,[31] 결국은 회안↔천진 간 조량 해운이 정지되었기 때문이다.

이처럼 실록 중심의 정사(正史) 기록을 위주로 보면, 1573년 8월 "해운 파기"의 요인은 '해난' 사고 때문이라고 결론 내릴 수 있을 것이다. 하지만 과연 이 정도 규모의 사고가 우여곡절 끝에 시행된 조량 해운을 파기하기에 충분한 근거가 될 수 있을까? 만약 그렇다면 대운하를 이용하는 조운에는 그만한 위험 요소가 없었단 말인가?

사실은 그렇지 않았다. 이 정도 규모의 사고는 내륙의 대운하를 이용할 때에도 수없이 발생했다. 앞서 언급했듯, 3년 전인 1570년 9월에는 비주에서 발생한 홍수로 황하가 범람하여 대운하를 덮었을 때, 침몰한 조운선이 800척에, 표류된 곡물이 22만 6000여 석, 익사한 인명 피해도 1000여 명에 달했다. 융경 연간 '하환'으로 유실된 조량의 비율이 전체의 5~10퍼센트에 달하여 1573년 '해난'으로 인한 유실 비율 2.5퍼센트보다 2~4배 가까이 높았다. 회양 운하 가운데 고우호(高郵湖)와 인접한 30리 운하 구간은 특히 위험했는데, 강한 바람의 영향으로 전복된 조운선과 상선으로 인해 매년 수천 명이 물에 빠졌다는 기록이 있다.[32]

더구나 해운을 주관한 왕종목과 양몽룡에 대한 처분 내용을 보면 해운 파기의 정당성에 대한 의혹은 더욱 커진다. 정책의 성공 여부에 다른 신상필벌(信賞必罰)이 일반적인 상식이라고 할 때, 당시 해운 추진과 같이 중차대한 사안이 사고로 인해 파기될 경우 그 정책 추진자에 대한 상당한 징계 조치가 내려질 것이 예상된다.[33] 하지만 놀랍게도 해운 파기 직후에도 왕종목에게는 여전히 조운총독직이 맡겨졌으며, 수보에 오른 장거정은 조운이 성공적으로 이루어진 모든 공로가 왕종목에게 있으므로 오히려 치하해야 한다는 의견을 황제에게 개진했다.[34] 양몽룡 역시 산동순무에서 하남순무(河南巡撫)로 이직하는 미미한 변동이 있었을 뿐, 만력 초기에는 장거정과 줄곧 긴밀한 사이를 유지했다.[35] 관련된 자료를 아무리 찾아보아도, 이 사건으로 다른 하급 관료들에 대한 벌칙이나 감봉이 내려진 것이 없는 것도 대단히 이례적이었다.

바로 이러한 상황에서 나온 왕종목의 하소연은 의미심장하다.

해운이 행해졌지만 왈가왈부하는 이들은 수군대면서 비방을 일삼으니, 두 번째 운행에서 300척 가운데 7척만이 전복했을 뿐인데도 (해운은) 정지되었습니다.

대저 해운의 개통으로 인한 이익은 네다섯 가지나 되지만 해로움은 하나에 그칠 뿐입니다. …… 무릇 아무리 뛰어난 곡예라 하더라도 본래 그처럼 오묘했던 것이 아니라 반드시 오랜 시간이 지나야 저절로 익숙해지는 법입니다. 하물며 해운이 순조로워지려면 어떻겠습니까? 어째서 한 번 목멘다고 해서 **식사를 그만두어야 한다는 말입니까?**[36] (강조는 인용자의 것임)

자못 아쉬움의 정서가 강하게 배어 있는 왕종목의 상소를 통해 두 가지를 확인할 수 있다. 하나는 당시 해운에 대해서 꼬투리를 잡아 비판하려는 논자들의 여론이 상당히 강고하게 형성되어 있다는 것이고, 다른 하나는 한 번의 '해난' 사고를 빌미로 해운 자체를 파기하는 것은 납득하기 어렵다는 점이다. 즉 왕종목은 1573년의 '해난' 사고가 "한 번 목멘" 정도이지 결코 "식사를 그만두어야" 할 정도로 심각한 문제가 아니라고 판단했다. 그렇다면 조량 해운이 중단되는 과정에 명목적인 요인 이외에 또 다른 압력이나 배경이 있던 것이 아니었을까? 이에 우선 당시 정국 변화를 꼼꼼히 따져 보면서 정치적 외압이 없었는지 살펴보도록 하자.

2 정국 변화와 조운 논쟁

조량 해운이 시도된 1572년은 융경제가 붕어한 해이고 해운이 폐기된 1573년은 열 살의 어린 나이로 황제로 등극한 주익균(朱翊鈞)의 통치 원년이다. 그렇다면 당시 조운 정책뿐 아니라 국가의 주요 대사의 결정에 가장 큰 영향을 미친 권력의 상층부는 황제가 아니라 내각대학사(內閣大學士)라고 해도 과언이 아니다. 더구나 가정 연간 이래 내각대학사의 지위는 날로 상승했다. 그야말로 황제의 신임만 잃지 않는다면 대학사의 수장이었던 수보(首補)는 사회 각 분야에 상당한 권력을 행사할 수 있었다.[37] 특히 융경제는 직접 정국을 운영하기보다는 "승상(丞相) 정치"라 불릴 정도로 내각에 많은 권한을 위임한 황제로 알려져 있다.[38] 융경 연간 9명의 대학사 가운데 수보에 오른 인물은 서계(徐階) → 이춘방(李春芳) → 고공이었으며, 만력제의 등극과 함께 수보로 발탁된 이가 바로 장거정이었다.

고공과 장거정

내각 내부에서도 수보 직을 둘러싸고 눈에 보이지 않는 정쟁이 끊임없이 이어졌다. 그 가운데 1573년 조운 방식의 변화와 관련해서 주목되는 인물은 융·만 교체기 수보를 교체했던 고공과 장거정이다. 고공의 갑작스러운 강등 및 장거정의 발탁과 관련해서는 당시부터 뒷말이 많았다. 즉 권력욕이 강한 장거정이 환관 풍보(馮保) 및 어린 만력제의 황태후와 결탁한 뒤 융경제의 유조(遺詔)를 조작했다는 의혹이 제기되었고,[39] 이후의 연구를 통해서 이러한 조작설은 상당 부분 사실로 확인되었다.[40] 그런데 고공과 장거정의 활동 시기가 중복되었으므로 각종 정책에서 양자의 의견 대립이 나타나기 마련이었다. 그 가운데 조운 정책은 의견 대립이 뚜렷한 분야 가운데 하나였다.

조량 해운의 실시 이전부터 고공과 장거정의 입장 차이가 미묘하게 포착되는 분야가 있었다. 바로 앞서 언급했던 교래하 개통에 대한 태도였다. 당시 교래하의 개통을 적극적으로 추진한 이는 고공이었다. 그는 산동순무 양몽룡에게 서한을 보내 산동 지방의 재력과 인력을 무리하게 동원하지 않는다는 조건까지 제시하면서 교래하 개통을 적극적으로 추진하려 했다.[41] 이에 대해 장거정은 전면적인 반대 의사를 표명하지는 않았다. 하지만 현지 조사 보고서를 제출했던 호가에게 보낸 서신의 내용을 보면, "교래하를 개착하자는 논의는 본래 국가를 위한 계략이다. 하지만 현재 이미 그 불가함이 명백한데, 어째서 유용지재(有用之財)를 가져다 무익지비(無益之費)로 쓰고, 고집스러운 의견을 가지고 도모하기 어려운 공(功)을 기대하겠는가?"[42]라면서, 고공의 의지를 무익한 '고집'으로 일축했다.

1572년 조량 해운에 대해서도 양자는 미묘한 입장 차이를 보였다. 이번에도 적극적인 추진론자는 고공이었다.[43] 반면 장거정은 해운에 대해서도 시종일관 미온적인 태도를 견지하며 간간이 부정적인 의견을 제시했다. 1571년까지 장거정의 입장은, 해운이란 부득이한 경우에나 채용할 수 있는 차선책이라고 보았다. 즉 회안의 상인이 해로를 이용해 천진에 도달하는 사례가 있지만, 이 역시 풍랑이 험하지 않아야 비로소 도모할 수 있는 것이라는 점을 강조했다. 뿐만 아니라 장거정은 "해금이 일단 이완되면 언젠가는 다시 우려할 만한 일이 있을 뿐"이라고 지적했는데, '해운 허용 → 해금 이완 → 우환 발생'으로 정리할 수 있다.[44] "우려할 만한 일"이란 구체적으로 무엇을 염두에 둔 발언일까?

1572년 해운이 추진되자 장거정은 조량 해운을 주관했던 왕종목에게 서신을 보내어 큰 사고 없이 조량 운송이 이루어진 것을 치하했다.[45] 하지만 융경제가 붕어한 직후, 즉 장거정이 갓 수보에 오른 1572년 말기가 되면 다시 왕종목에게 다음과 같은 내용의 서신을 보냈다.

현재 국내는 태평무사하지만 오직 우려할 만한 것(所可慮者)으로는 치하(治河)와 조운(漕運) 문제가 가장 심각하다. 이에 공(왕종목)의 힘에 의지하여 조운 업무 열 가운데 일곱을 경리하고 있는데, 강(江)·회(淮) 지역의 조량은 방주(方舟, 해운선)로 (京師에) 도달하고 있다. 내년에 새롭게 운송할 분량에 대해 기한을 규정하며 계획을 세워 보니, 3년 후가 되면 경사의 곡물이 식량(의 수요)을 감당할 수 있을 것 같아 참으로 기쁘고 안심이 된다. 상소에서 열거한 제안은 하나같이 국계(國計)에 보탬이 되는 것으로 이미 관련 부서로 보내어 의논·시행토록 했다. 다만 폐성(敝省, 장거정의 고향인 호광성(湖廣省)[46])은 해를 거듭해서 수재(水災)를 겪고 있으며, 근래 향인(鄕人)이 보낸 서찰에 따르면, 하나같이 해주(海舟)를 제작하는 고충을 토로하기 있으니, 바라건대 공은 주의 깊게 이 문제를 참작하고 처리하여, 지친 백성들이 갱생할 수 있기를 원한다.[47](강조는 인용자의 것임)

이 서신을 통해 ① 1572년 당시 북경으로의 조운이 순조롭게 이루어지지 않고 있다는 점, ② 조량 해운의 실시로 인해 수도의 양식 조달 문제가 크게 진전되었다는 것, 그리고 ③ 해금이 이완될 경우 발생할 "우려할 만한 일"이라는 것이 곧 대운하를 통한 조량 운송의 차질이라는 점도 확인이 가능하다. 해금이 이완되어 해운을 통한 조운이 활성화될 경우 대운하에 대한 치수가 부실해질 것을 염두에 두었기 때문일 것이다.

선박 제조의 부담

그런데 장거정의 서신에서 또
하나 관심을 끄는 대목은 선박 제
조의 부담에 대한 언급이다. 즉 그
는 해운에 필요한 선박을 만드는
경제적 부담이 자신의 고향인 호
북성에 부과되고 있음을 지적하며
이에 대한 해결책을 요청했다. 왕
종목이 해운을 시행하면서 제시한
의견을 보면, "해도로 운송할 조
량 20여 만 석을 위해 모두 436척
의 해운선이 필요한데, 회안 지방
은 나무 가격이 비싸서 빠른 시일
에 조달할 수 없으니, 호광(湖廣)·

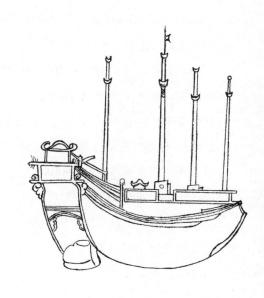

〔그림 5〕 원대와 명초에 해도 조운에 사용되던 해선(海船)

의진(儀眞)의 조선소에 사정을 헤아려 할당"해야 한다고 피력한 바 있었다.[48]
선박의 주재료는 삼나무와 소나무였으므로, 조선소는 목재 운송이 편리하고
구입 단가가 저렴한 양자강 연안의 도시가 적격이었다.[49] 명초 하운과 해운을
병행하면서 급증했던 조운선의 제작을 목재 산지에 인접한 사천(四川)과 호
광의 선창(船廠)에 할당했던 것도 이 때문이었다.[50]

문제는 선박 건조에 필요한 인력과 물자 공급이 국가의 책임 아래 일관되
게 유지되지 못했다는 데 있었다.[51] 대체로 선박 한 척을 제조할 때 국가가 6할
의 비용을 지불하면 나머지 4할은 해당 지역의 위소(衛所)에서 자체적으로 해
결해야 했다.[52] 영락 연간 이후로 해운이 정지되면서 조운선 제작은 모두 대
운하에 인접한 임청의 위하창(衛河廠)과 회안의 청강창(淸江廠)이 담당하게
되었고, 1524년(가정 3년)부터는 조운총독 아문(衙門)이 위치한 회안으로 일

원화되었다.[53] 따라서 조운선 제작에 뒤따르는 각종 재정적 부담을 면한 호광 지방이 1572년의 조량 해운을 계기로 다시금 선박 제조의 부담을 지게 된 것은 사실이었고, 장거정의 서찰은 이러한 상황을 다시 번복하려는 의도에서 나온 것이었다. 이를 통해 수보였던 장거정 역시 출신 지역의 이해관계를 대변하면서 상하 관료 사이의 이견을 조절했던 전형적인 신사(紳士)였음을 확인할 수 있다.[54] 그렇지 않아도 "조운하는 방식은 하도(河道)를 정도(正道)로 하고 해운은 염려가 없도록 대비하는 것"[55]이라는 인식을 지니고 있던 장거정이었기에, 선박 제조로 생겨난 출신 지역민들의 고충은 해운에 대한 그의 부정적인 인식을 더욱 강화시켰음에 틀림없다. 이러한 맥락에서 볼 때, 만력 원년 조량 해운의 갑작스러운 정지와 당시 정국 변화와의 관련성은 더욱 분명해 보인다.

도덕적 결함

여기에 장거정은 결정적으로 집권 과정에서 야기된 도덕적 결함이 있었다. 대표적인 사례가 고공을 몰아내기 위해 환관 세력과 결탁했다는 것과 융경제의 유조를 변조한 일에 대한 비난 여론이었다. 이는 집권 초기 강력한 개혁을 시도하려는 장거정에게는 해결해야 할 급선무임에 틀림없었다.[56]

대체로 이러한 극복은 두 가지 방식으로 이루어졌다. 하나는 전임자의 단점을 부각하는 것이고, 다른 하나는 새로운 개혁 작업의 신속한 추진을 통해 집권 과정의 부정적인 이미지를 상쇄하는 것이다. 굳이 나누자면 조량 해운에 대해 장거정이 취한 태도는 전자였고, 집권 후 하도 조운을 정비한 것은 후자의 방식으로 이해할 수 있다.[57] 이와 관련하여 손승택(孫承澤, 1592~1676년)은 조량 해운을 정지했던 경위를 다음과 같이 설명한다.

융경 5년(1571년) 조운로의 황하가 크게 범람하여 조운이 막히니 …… 드
디어 해운이 시행되었다. 그런데 만력 원년(1573년) 고공이 수보에서 물러나
니 장거정이 (고공의) 행한 바를 모두 돌려놓았고, 호과급사중(戶科給事中) 고
삼근(賈三近)의 상주로 (해운을) 정지시켰다.[58]

즉 고공을 파면시키고 수보에 오른 장거정이 고공이 추진하던 모든 정책을
돌려놓았으며, 조량 해운의 파기 역시 같은 맥락에서 이해할 수 있다는 것이
다. 수보에서 밀려난 고공 역시 장거정이 여러 정책을 급속하게 수정하는 것
에 대한 정치적인 '의혹'을 제기했다.[59] 따라서 적어도 수보가 장거정으로 교
체되지 않았더라면 이처럼 갑작스럽게 해운 파기가 이루어지지 않았을 것이
라는 예상이 충분히 가능한 것이다.[60]

다만 조운 정책의 결정과 같이 중차대한 문제가 과연 내각을 둘러싼 중앙
정계의 정치적 알력만으로 충분히 좌우될 수 있는 사안이었는지는 여전히 의
문이다. 적어도 당시 조운 정책의 운영에 실질적인 책임을 지고 있던 조운과
하공 관련 관료들이 존재했기 때문이다.

3 조운을 둘러싼 명조 관료제

불확실한 책임 소재

명대 조운에 관한 최고 관료는 조운총독이지만, 실제 조운을 둘러싼 관료제의 계통과 책임 소재는 간단명료하지 않았다. 먼저 조운 과정에서 문제가 발생할 경우 책임 소재의 분한(分限)을 기록한 『명사(明史)』의 기록을 살펴보자.

각지에서 조량의 교태(交兌)가 끝나고 (조운선이) 회안과 거센 물길인 홍(洪, 서주홍(徐州洪)과 여량홍(呂梁洪))[61]을 지나게 되면 순무(巡撫), 조운 관련 관료와 하도 관련 관료는 각각 자신의 직장(職掌)에 따라 (운항 상황을) 상주하여 보고한다. 만약 관련된 부서가 조량을 구비하지 못하거나 운량(運糧) 위소(衛所)에 조운선이 구비되어 있지 않거나 회안까지의 통과 기일을 어기면 책임은 순무에게 있다. 만약 조량과 조운선이 구비되어 있는데도 직접 험량(驗糧, 조량에 대한 검사)하지 않고 출항시킨다거나, 하도가 경색되는 문제가 없는데도 선단을 함부로 정박시켜 홍(洪)을 통과하는 기한을 어겨 이로 인해 조량을 표실(漂失)하거나 운하가 얼어 전진하지 못하면 그 책임은 조운 관료에게 있다. 만약 조량과 조운선은 규정대로 준비되었지만 하도에 토사가 쌓여 불편하고 그 준설이 적절하게 이루어지지 않거나, 갑문의 계폐(啓閉)가 적시에 이루어지지 않아 (정해진 기한에) 홍을 통과하지 못하고 장가만(張家灣)에 도달하지 못하면 그 책임은 하도 관료에게 있다.[62]

즉 조운선이 출항한 후의 책임 소재는 순무, 조운 관료, 하공 관료 삼자에게 나뉘어 있었다. 조량과 조운선을 지방 차원에서 구비하여 회안까지 통과시키는 기한에 대한 책임은 순무에게, 조운의 출항과 검사 및 서주홍·여량홍에서의 통과 기한은 조운 관료에게, 그리고 운송로인 대운하의 준설과 갑문의 개폐 업무는 하도 관료에게 책임이 있었다. 이처럼 조운에 대한 책임 소재가 세 관료군에게 나뉘어 있던 것은 조운이 그처럼 복잡한 사안임을 보여 주는 것이기도 하지만, 한편으로는 일원화된 의사 결정 체계가 존재하지 않았음을 반영하는 것이다.

문제의 핵심은 조운이 오직 대운하에 의존하고 있었고, 대운하는 남직예(南直隷), 산동, 하남(河南), 북직예(北直隷) 등을 관통하는 장거리 유통로라는 데 있었다. 대운하의 일정한 수심 유지를 위한 하공이 주기적으로 이루어지지 않는 한 정상적인 조운은 기대하기조차 어려웠지만, 정작 대운하의 치수 문제는 조운 관료가 아니라 하공 관료가 관할하는 문제였다. 이처럼 대운하에 관련된 사안은 복합적인 문제인 만큼 사건이 발생할 때 책임 소재가 불분명할 경우가 많았다.[63] 따라서 조운을 원활하게 유지하기 위해서는 무엇보다 조운 관료와 하공 관료 간의 긴밀한 협조가 요청되었다.

조운 관료

두 부서 간의 관계를 살펴보기 위해 먼저 조운과 하공을 담당하는 관료 체계가 정립되는 과정에 대해 살펴볼 필요가 있다. 먼저 조운 관료를 보면, 영락 연간 남경에서 북경으로 수도를 옮기고 장거리 물자 유통의 필요성이 대두되면서 이를 전담하는 관직이 생겼다. 당시 선정된 인물은 회안의 청강포를 대대적으로 정비해서 개통시킨 진선이었다. 그는 본래 전시(戰時)의 출정이나 특수한 요지의 수비를 위해 파견된 무관(武官), 즉 총병관(總兵官)이라는 직함을 받아 곡물 운송을 지휘했다. 또한 특권적인 권한을 가지고 운송로인 대운하의 개통과 준설을 주도했다.[64] 이후 총병관은 조운총병관(漕運總兵官)으로 불리면서 명말까지 조운에 대한 실질적인 책임을 지녔다.

하지만 1433년(선덕 8년) 진선이 사망한 이후 조운총병관의 역할은 상당히 축소되었으며, 별도로 1450년(경태 원년)에 조운도어사(漕運都御史)가 설치되어 이듬해에 조운총독도어사(漕運總督都御史)로 직명이 바뀐다. 이를 맡았던 왕횡(王竑)은 문관으로서는 처음으로 조운총독을 맡은 인물이 되었다. 이후 조운총독의 명칭이나 임무에는 작은 변화가 이어졌지만, 조운총독은 조운에 관한 최고 관직으로 군림하며, 총병관과 함께 조운 업무 전반을 책임졌다. 또한 원활한 곡물 운송을 위해 필요에 따라서는 하공 업무와 각종 민정까지 간섭할 수 있었다.[65] 조운총독 아래로는 총병관과 함께, 조운참장(漕運參將), 조운파총(漕運把總), 운량위소관(運糧衛所官) 등의 무관이 설치되어 조운 관료군을 형성했다.

하공 관료

조운 관료에 비하여 하공 관료에 대한 제도적인 정비는 명말까지 체계적으로 이루어지지 못했다. 조운총독에 비견할 만한 하도총독(河道總督, '총하(總河)'라고도 부른다.)이 일관성 있게 유지된 것은 청조가 들어서고 난 이후의 일이었다.[66] 명대에는 하공을 전담하는 관직조차 뚜렷이 설정되지 않았다. 『조하도지(漕河圖志)』를 보면, 명초 이래 홍치 연간(弘治年間, 1488~1505년)까지 대운하에 문제가 발생할 때마다 명조가 취하는 방식은 공부(工部)에서 시랑(侍郞), 낭중(郞中), 주사(主事) 등의 관료를 파견하거나 조운 관료로 하여금 겸직시키는 것이었다.

그 가운데 1470년(성화 6년)에 하공을 전담할 관료의 필요성이 제기된 적이 있었다. 감찰어사(監察御使) 정천(丁川)은, "하도는 광활하여 1~2년간의 인력 투자로는 제대로 치리할 수 없는 것이므로, 마땅히 전담하는 대신(大臣)을 설립하여 오랜 기간 그 일을 맡겨야" 한다면서 하공에 대한 상설직 설립을 건의했다. 하지만 이에 대한 공부의 입장은 부정적이었다. 즉 이미 하도에 관한 입법(立法)이 주밀(綢密)하므로 만약 전담 관료를 두어 관련된 모든 일을 관할하게 하면 오히려 전담 관료와 먼 지역에 문제가 발생하여 하공을 그르칠 것이라고 주장했다.[67] 그런데도 이듬해인 1471년에 명조는 대운하를 세 구간으로 나누어 공부 관료들에게 분치(分治)를 명하면서, 형부좌시랑(刑部左侍郞) 왕서(王恕)로 하여금 "총리하도(總理河道)"하라는 명을 내렸다.[68]

일부 연구에서 이것을 가지고 조운총독과는 별도의 하공 관련 상설직이 생겼다고 해석하지만,[69] 이후의 기록을 보면 이것은 청대의 하도총독과 달리 임시적이고 가변적인 직책임을 알 수 있다. 즉 왕서는 형부좌시랑으로서 "총리하도"의 임무를 겸한 것이었다. 실제로 그는 1년 반(성화 7년 10월~성화 9년 4월 재임) 만에 남경 호부좌시랑(戶部左侍郞)으로 이직되었다.[70] 이후 40여 년간 "총리하도"라는 직책을 맡은 관료는 없었으며, 1513년(정덕 7) 이후부터는 대운하에 큰 문제가 발생할 때마다 도찰원(都察院) 도어사(都御史)나 공부와 병부의 시랑 등에게 한시적으로 "총리하도"의 직무를 겸임시킬 뿐이었다.

그 결과 명대 대운하의 치수 문제를 담당했던 관료들에게 전문성이 결여되거나 축적된 경험의 전수가 어려워진 것은 자연스러운 귀결이었다.[71] 가령 1472년(성화 8년)에는 장노염장(長蘆鹽場)을 순시하는 어사에게 통주(通州),

임청 일대의 하도를 함께 치리하라는 명령이 하달되었다.[72] 물론 이는 통주와 임청 등지가 장노 염장에서 생산된 소금을 판매하는 지역이었기에 가능했던 겸직일 것이다. 하지만 염정에 대한 감찰만으로도 결코 적지 않은 업무 부담을 느끼던 순염어사(巡鹽御史)에게 통주와 임청처럼 중요한 대운하의 거점을 '총리'하도록 맡기는 것은 비효율적이다. 아마도 예외적으로 많이 필요한 하공 비용을 염과에서 조속히 조달하기 위한 궁여지책이었던 듯하다.

조운과 하공의 입장 차이

이처럼 하공 관료가 체계적으로 확립되지 못한 상황에서, 대운하에 문제가 생길 때 조운 관료가 하공 대책을 내놓는 것은 부득이하지만 예정된 결과였다. 대운하가 조운의 유일한 유통로인 이상, 대운하의 치수 문제는 곧 조운 관료의 업무와 직결되었기 때문이다. 대운하에 대한 하공 정책을 결정함에 있어 조운 관료들의 우선순위는 언제나 곡물 수송의 완수였다. 이는 곧 그들의 결정이 쉽게 지역 사회의 안전이나 수문학적(水文學的)인 상황을 무시할 수 있었음을 암시한다.[73] 이러한 조운 관료들의 편향적인 우선순위는 종종 체계적인 치수 정비를 강조하는 하공 관료들과의 충돌을 야기하기도 했다.

융경제에서 만력제로 황제가 교체되는 시기는 바로 하공 관료들과 조운 관료들의 의견 대립이 명대에서 가장 극명하게 드러나는 시기였다. 그 갈등 구조는 조량 해운론이 제안되고 중단되는 사이에서도 예외 없이 나타났다. 해도 조운론의 선봉에 있었던 왕종목은 조운총독이었다. 그는 이미 그 직전 산동포정사 재임 시절부터 해운에 관심이 많았지만, 정작 1571년 조운총독에 부임한 직후부터 본격적으로 조량 해운을 주장했던 것은 직책의 변화와도 관련이 깊다. 조운총독의 핵심 임무는 정해진 곡물을 정해진 기일 내에 목적지인 북경까지 운송하는 것으로, 어떠한 루트와 방식을 사용하는가는 부차적인 문제였기 때문이다. 이러한 점이 대운하에 대한 정비가 지지부진하던 융경 연간에, 비록 여러 가지 우려의 목소리가 적지 않은 상황임에도 불구하고, 해운을 적극적으로 추진하는 원동력이 되었을 것이다.

하지만 하도 관료에게 조운 루트가 바뀌는 문제는 부차적인 사안이 아니었다. 특히 이러한 변화가 하도의 정비 불량 때문이라는 인상을 줄 경우, 개인적인 경력에도 치명타가 될 수 있었다. 당시 병부시랑(兵部侍郎)으로 '총리하도'를 맡았던 만공(萬恭)의 최대 관심사 역시 조운 회복을 위해 우선 황하 범람으로 손상된 대운하를 준설하는 것이었다.[74] 바로 이러한 상황에서 시도된 해운은, 비록 그것이 완전히 하운을 대체할 만큼의 대규모는 아니었지만, 하공 관료들에게는 결코 반가운 소식일 수 없었다. 조운 방식이 하운 하나에서 하운과 해운으로 분산된다면, 이는 곧 하도 정비에 대한 집중적인 재정 지원에 심각한 차질이 발생함을 의미했다. 더 나아가 하공 관료의 직무 수행 능력에 대한 근본적인 불신으로 비화될 가능성도 배제할 수 없었다. 앞서 장거정도 해운이 야기할 수 있는 "우려할 만한 일"이 하공의 악화로 인한 조운의 차질이었음을 강조한 바 있는데, 명대 관료들 중에는 황하에 대한 치수를 견실하게 유지하기 위해서 하운을 고집하는 이들이 많았다.[75] 요컨대 하공과 조운을 결코 분리해서 생각할 수 없다는 만공의 주장은 '총리하도'라는 관직의 입장을 잘 보여 준다 하겠다.[76]

당시 양자 사이의 의견 차이는 종종 관료제 내부의 심각한 알력으로 비화되었다. 국정 전반에 대한 주도권을 장악하려 했던 장거정이 이러한 갈등 문제에 개입하지 않을 수 없었다. 먼저 만력 원년 장거정이 하공 관료 만공에게 보낸 편지를 보자.

근래 사람들이 말하길 공(만공)과 조운총독(왕종목)이 불협하며 양가의 빈객이 그 사이에서 (불화를) 부추긴다고 하니, 내가 이를 듣고 우려하는 바가 홍수를 걱정하는 것보다 심하다. 무릇 하공과 조운은 모두 조정에서 진념하는 바이고 두 사람은 모두 조정에서 위임한 자이다. 하공이 잘 이루어지면 조운은 곧 개통하게 되고 조운이 개통하면 하공(의 실적)은 이에 현저해지는 것이다. 이를 한 몸의 왼손과 오른손에 비유할 수 있으니 모두 복심(腹心)을 둘러싸고 있는 것이다.[77]

하공과 조운을 한 몸의 양손으로 비유한 이 편지는 만공과 왕종목의 협력, 즉 하공 관료와 조운 관료의 협조를 촉구하고 있다.

한편 그 직후 장거정이 조운총독 왕종목에게 보낸 서신을 보면 논조가 약간 바뀌어 있음을 발견하게 된다. 만약 조운선이 회안을 통과하는 도중에 수로가 막혀 지체하는 일이 생기면 "책임이 하도 관료들에게 있을 뿐"이라면서 조운 관료를 두둔하는 입장을 보였다.[78] 반면 하도순안(河道巡按) 만량(萬良)에게 보낸 서신을 보면 입장이 또 바뀌어 있다. 즉 하도의 정비가 제대로 되어 있다면 조운선이 지체될 경우 책임은 조운 관료들에게 돌아갈 것이라고 확인해 주었다.[79] 물론 수신자의 입장에 따라 강조점이 달라질 수 있는 사안이라고 볼 수도 있고 장거정의 노련한 정치술로도 읽을 수 있는 대목이다. 어찌되었건 조운 관료와 하공 관료 사이에 조운의 책임 소재를 둘러싼 공방과 갈등이 심각한 수준으로 진전되고 있었음이 확실하다.

결국 집권 초기 바닷길 대신 대운하를 통한 조운의 기능 정상화를 꾀한 장거정은 조운과 하공 관료를 하나로 일원화시키려 노력했다. 이를 위해 그는 1577년(만력 5년) 조운총독 오계방(吳桂芳)에게 하공 업무까지 총괄토록 하고 '총리하조(總理河漕)'라는 직함을 주었다.[80] 장거정은 이를 통해 운하를 비롯한 전반적인 물 관리와 조량 운송을 동시에 고려하는 방안이 마련되기를 기대했던 것이다.

하지만 관료제에 대한 장거정의 개혁 방안 역시 임시방편적인 것이었다.

"오계방, 반계순(潘季馴) 이후부터 종종 총리하도를 설치하지 않았는데, 다만 조운총독이 하도를 함께 치리할 뿐"[81]이라는 『명사』의 지적처럼, 두 계통의 관료군을 체계적으로 일원화시킨 것이 아니라 조운총독에게 하도 업무를 겸무시켰던 것이다.[82] 이러한 방식은 이전에도 시행된 바 있었다. 가령 북경 천도와 함께 진선이 총병관으로서 조운과 하공 업무를 모두 담당하거나, 이를 모방하여 천순 원년(天順元年) 도독동지(都督同知) 서공(徐恭)이 조운 업무를 전담하면서도 하공을 함께 처리했던 것은 그 사례다.[83]

요컨대 명대 조운의 정책 결정 과정에서 관료제 내에 일원화된 주관 부서는 존재하지 않았다. 게다가 조량 해운에 대해서는 조운 관료와 하공 관료 사이에 뚜렷한 입장 차이가 존재했다. 그나마 1572년 해운이 시도될 수 있었던 것은 황하 범람으로 인한 대운하의 위기가 존재했고 왕종목과 같은 강력한 해운론자가 있었기 때문이었다.[84] 반면 대운하의 기능이 회복된다면, 조량 해운에 대한 반론은 언제든지 제기될 수 있었다. 이러한 사실은 '해난' 사고가 발생한 직후 쏟아진 비난의 목소리를 통해서 어느 정도 감지할 수 있다. 마치 체계적이지 못한 관료제의 틈새 속에 잠재하던 해운에 대한 근본적인 저항감이라고 여겨지는데, 이에 고찰의 대상을 명조의 해금 정책으로 한번 더 확대할 필요가 있다.

4 해금 정책

해금 정책이란 해양으로의 자유로운 교역을 통제하거나 완전히 차단함으로써 연해 지역의 안정을 비롯하여 국내의 정치·경제·사회적 안정을 도모하려는 일련의 국가적인 전략을 말한다. 근세 시대 동아시아 3국은 모두 각자의 독특한 국내외적 상황을 기반으로 해금 혹은 쇄국 정책을 추진했으며, 중국의 경우 명초 이래 조공이라는 중국 중심의 세계 질서를 유지하는 대외 정책의 일환으로 해금 정책을 실시했다.[85]

명대 해금 정책의 5단계

하지만 이러한 해금 정책이 명초부터 청말까지 일관되게 유지된 것은 결코 아니었다. 해금 정책을 가장 적극적으로 실시했다고 알려진 명대에도 사실상 왕조 초기부터 해금 정책에 대한 개념과 내용은 계속 변화했다.[86] 대체로 명대 해금 정책의 성립 과정은 [표4]와 같이 5단계로 구분이 가능하다.

이러한 단계 구분은 해금 정책이 획일적으로 적용된 것이 아니라 명초 이래 국내외적인 상황 변화에 끊임없이 적응하고 변화되었음을 알려 준다. 흥미로운 사실은 해금에 대한 조정의 대처가 본격화되는 4단계(1500~1587년)

〔표 4〕 명대 해금 정책의 5단계

단계	시기	개념과 내용
1단계 선행기	홍무 원년(1368) ~홍무 7년(1374)	민간 교역을 장려하는 가운데 해방(海防)을 목표로 하는 임시적인 조치가 취해짐.
2단계 준비기	홍무 7년(1374) ~영락 2년(1404)	홍무 7년 잠시 시박사(市舶司)를 폐지하면서 해금이 "위금하해(違禁下海)"율에 포섭되는 시기로 해금령은 밀무역의 단속을 주요 임무로 했음. 이 기간을 해금 정책이 가장 효과적으로 시행된 시기로 평가할 수 있음.
3단계 맹아기	영락 2년(1404) ~홍치 13년(1500)	밀무역의 단속과 해방이 일체화된 "출해(出海)" 금지의 시기
4단계 형성기	홍치 13년(1500) ~만력 15년(1587)	홍치 13년 「홍치문형조례(弘治問刑條例)」의 제정을 통해 해금에 대한 개념 규정이 시작되고, 가정 대왜구(大倭寇)와 주해(籌海) 논쟁 가운데 해금 개념이 구체화되는 시기
5단계 확립기	만력 15년(1587) ~	만력 15년 편찬된 『대명회전』에 해금 조항이 들어감으로써 해금은 국가 공인의 정책 용어가 되고 해금 개념이 완성된 시기

에 오히려 연해 지방은 왜구의 활동과 사무역의 증가로 통제가 곤란해졌다는 사실이다. 특히 융경 연간 복건성(福建省) 장주(漳州)에 위치한 월항(月港)이 개항된 이후 해금 정책의 와해를 우려하는 위기의식이 팽배해졌다.[87]

결국 점차 해운이 개방되는 분위기에 대한 일종의 반동으로 정덕(正德)『명회전(明會典)』에 명문화되지 않았던 해금 조항이 1587년(만력 15년) 편찬된 『명회전』에 등장한 것이다.[88] 당시 『명회전』의 편찬을 책임지고 있던 수보 신시행(申時行)이 이전의 어느 수보들보다 현실적으로 안정을 추구했던 재상이었다는 평가는 결코 우연의 일치가 아닐 것이다.[89] 그렇다면 해금 정책은 민간에서 대외 무역의 욕구가 증폭되는 과정과 반비례하면서 형성·정착된 국가 정책이라고 볼 수 있다.

여기에서 16세기가 그 이전의 어느 시기보다도 대내외적인 교류의 필요와 가능성이 확대된 시대라는 사실을 상기할 필요가 있다. 대외적으로 유럽에서 '대항해의 시대'가 열리면서 아시아를 향한 탐험과 교역선이 끊임없이 출항했으며, 이러한 유럽 국가들의 진출 속에서 동남아시아는 이미 15세기부터 이른바 '교역의 시대'라고 불릴 만한 활발한 국제 무역이 시작되어 17세기 후반까지 진행되었다.[90] 대내적으로도 지방의 자치적 행정 조직인 이갑제(里甲制)가 와해되고 인구 이동 및 은(銀) 경제가 명 중기 급속하게 확산되었다. 아울러 이 책에서 누차 강조하듯 장거리 유통망이 정비되고 상품 경제의 발전이 현저하게 진전되었다. 따라서 16세기 해금 정책의 강화는 사실상 상업적인 생산의 급격한 확대라는 현실적인 욕구와 대외 무역을 차단하려는 국가적 욕망이 충돌하는 과정에서 형성된 일종의 굴절 현상이라 해도 과언이 아니다.[91]

1572~1573년의 세계사적 의미

바로 이 시기에 발생했기에, 조량 해운은 그 사건 자체를 넘어서는 시대적인 의미를 지닌다. 해운이 시도된 1572년은 앞서 언급했듯 명조가 복건의 월항을 개항함으로써 해양 사무역을 인정한 지 갓 5년이 지난 시점이었다. 무엇보다 이 시기는 그 직전까지 왜구의 공세에 수세적인 대응으로 일관하던 명조가 해금의 점진적인 개방 여부를 조심스럽게 타진하던 시기였다.[92] 그러므로 왕종목 등이 조량 해운을 추진한 직접적 계기는 대운하의 단절이었지만, 그 이면에는 해금의 이완과 해양 무역의 증가라는 시대 분위기가 영향을 미쳤다. 이미 15세기 후반부터 조량 해운에 대한 필요성이 제기되었던 사실은 이러한 상황 변화를 잘 보여 준다.[93] 만약 1573년 이후에도 바다를 이용한 조운의 명맥이 유지되었다면, 19세기 중반 이후에야 가능했던 조량 해운의 시행 시기는 훨씬 더 앞당겨졌을 것이고 해양 무역에 대한 중국의 입장도 그렇게 수세적으로 흐르지 않았을 가능성이 짙다.[94]

같은 맥락에서 조량 해운이 2년 만에 '요절'했던 것 역시 그 시도 못지않은 중요성을 지니는 사건이 되었다. 앞서 지적했듯, 해운 정지의 이면에는 해금 이완과 이로 인한 해양 유통의 증가가 파생시킬 여러 복잡한 문제에 대한 관료층의 우려가 내재하고 있었다. 조운이든 사무역이든 해로를 개방하게 될 경우, 해안 지역의 치안 유지와 해군력의 증강을 위해 국가 재정이 추가로 집행되어야 했다.[95] 무엇보다 조량 해운에 대한 관료들의 비판은 해운 자체의 위험성에 집중되어 있었다. 어느 해운 반대론자의 주장에 따르면, 만약 해도 조운을 시도한다면 매년 해난 사고로 5000~6000여 명의 운군·수수가 익사할 것이라고 진단했다.[96]

바다에 대한 원초적 두려움

물론 해운에는 늘 항운 과정에 일정한 위험성이 있지만, 명조 관리들이 해운에 대해 지니고 있던 두려움은 상식 이상이었던 것 같다. 이러한 사실은 중국인보다 외국인의 시선에 더 잘 포착되었다. 조선의 표류민 최부가 1488년(홍치 원년)에 중국인 호송 관료들과 함께 항주에 도착했을 때 중국 관료들은 북경에 가기 위해 어째서 바다가 아니라 대운하를 이용하는지 다음과 같이 설명했다. 즉 바다를 왕래하는 각종 상선(商船)이 있지만 "열이 가면 다섯만 돌아오게 되니 그 길이 이렇듯 매우 험난하오. 그러나 북경으로 가는 하로(河路, 대운하)는 아주 좋소."라면서 운행의 안전성을 강조했다.[97]

또한 1600년(만력 28년) 환관들과 함께 대운하를 이용한 마테오 리치는 대운하에서 지속적인 선박 전복 사고가 발생하고 있는데도[98] 해로 대신 대운하

〔그림 6〕「항해조천도」제3폭. 장산도(長山島)와 광경도(廣慶島) 일대

를 고집하는 사실을 이해할 수 없다는 듯, 다음과 같이 언급했다.

대운하에 들어가는 비용은 대부분 선박을 원활하게 운송하는 유지 비용으로, 어느 과학자는 1년에 100만 냥에 달하는 돈이 소요된다고 계산했다. 이것은 유럽인에게는 다소 이상하게 보인다. 유럽인이 지도를 통해 보건대, 북경까지 보다 짧고 보다 경제적인 해로를 선택할 수 있다고 판단하기 때문이다. 이는 분명 사실이지만, 바다와 해안을 침범하는 해적에 대한 두려움이 이토록 중국인들의 마음에 깊이 뿌리박혀 있기에, 그들은 해로를 통해 물자를 조정으로 운송하는 것이 더 위험하다고 믿고 있다.[99]

즉 리치는 관료들이 가진 해로에 대한 의구심의 근저에 해적, 즉 왜구에 대한 뿌리 깊은 두려움이 있다고 보았다. 물론 왜구로 인한 해안 지방의 극심한 피해는 리치가 방문하기 반세기 전에 일단락되었다.[100] 하지만 왜구라고 불린 해적 중에는 점차 중국인의 비중이 증가했고 그들은 대외 무역이 얼마나 수지맞는 장사인지를 체득하고 있었다.[101] 따라서 해적 세력이 연안 지방을 교란할 수 있다는 가능성에 대한 관료들의 두려움은 강고하게 유지되었던 것이다.[102]

약간 다른 각도에서 17세기 조선 사행단이 그린 사행도를 보면, 당시 중국의 지식인들이 바다 항해에 대해 갖고 있는 두려움의 정도를 추측할 수 있다. 조선은 육로 사행길이 막혔던 1621년부터 1637년까지 해로를 이용하여 조공단을 파견했다. 곽산(郭山)의 선사포(宣沙浦)에서 출항한 선박은 요동 반도의 석성도(石城島)를 거쳐 산동 반도의 등주(登州, 지금의 봉래시)에 도착하는 3760리의 항로를 왕복했다. 해로 정보 및 경험의 부족으로 조난 사고가 빈발하자 사행 차출을 회피하는 자들이 속출했고, 어쩔 수 없이 해로 사행을 마친 사신들이 느낀 공포심은 동승했던 화원이 그린 기록화에 고스란히 남았다. 대표적인 것이 국립중앙박물관 소장 「항해조천도(航海朝天圖)」 제3폭이다.(〔그림 6〕) 용오름 현상을 표현한 듯한 용의 승천 모습과 산더미 같은 파도 및 거대한 고래의 출현은 목선에 의지하여 망망대해를 항해했던 사신들이 느꼈던 공포가 얼마나 극심했는지를 잘 보여 준다.[103] 같은 문관이자 해운에 대한 지식이 부족했던 명대 지식인 관료들 역시 이와 유사한 바다에 대한 원초적 두려움을 지니고 있었을 것이다.

이러한 '바다공포증(Thalassophobia)'은 이후로도 상당 기간 유지되었다. 특히 17세기 중엽 왕조가 교체되는 동안 정성공(鄭成功) 세력의 대만 이주와 격렬한 반청 활동은 이러한 두려움을 더욱 부채질했다. 비록 명대의 왜구 세력은 소강 상태에 접어들었으나, 청조는 해외로의 이주를 한층 위협적인 것으로 받아들였으며, 해외로의 이주는 법을 준수하는 신민이라면 결코 행하지 않는 정치적 행동으로 간주되었다.[104] 비록 현실은 이러한 상층부의 위구심이나 규제와는 더욱 거리가 먼 쪽으로 진행되었으나, 어쨌든 바다에 대한 원초적 두려움과 이에 근거한 규제 및 해금의 논리는 대부분 명대 관료층으로부터 기인했던 것이 분명하다.

해금의 논리

흥미로운 사실은 해운을 지지한 관료들 역시 당시 해금의 논리로부터 크게 벗어나지 못하고 있다는 점이다. 즉 그들은 해적의 위험성이 없다고 주장하지 않았다. 오히려 그 위험성을 줄이기 위해서 적극적인 해운 정책이 필요하다는 입장을 취했다.

대표적인 해운론자였던 양몽룡의 주장을 들어 보자. 그는 해운을 시도하면서 해방(海防)을 겸비한다면 이는 중앙의 국계(國計)에 도움이 될 뿐 아니라 지방의 부담도 덜어 주는 것이라고 주장했다.[105]

원대의 해운은 소·송(蘇·松) 지방에서 (바다로) 출발하여 도서 지역 외곽으로 빠져 멀리 대양까지 나가니 호탕함이 끝이 없었다. 간교한 무리들이 이 기회를 이용해 외국과 통교하니, 이를 금지하고 단속하는 것이 무척 어려웠다. 또한 동남아시아 국가들이 조공 바치는 것을 허락했는데 (해운 방식을) 모방하여 행하니 더욱 모양새가 말이 아니었다. 지금 (바다로의) 곡물 노선은 회안에서 바다로 출항해서 천진까지 약 3300리의 거리로 모두 도서부의 안쪽으로 운행한다. 해안을 따라 운행하는 모양세가 마치 대운하를 이용하는 것과 같다. 반드시 먼저 금례(禁例)를 엄격하게 명시한 연후에야 (해도 조운은) 이로움이 있고 해로움이 없게 된다.[106]

즉 원대의 방만한 조량 해운과는 차별되는 엄격한 통제 아래의 조량 해운이라는 점을 강조했다. 실제 원대에는 숭명주(崇明州)에서 동편의 대양으로 향해 나간 뒤 흑조완류(黑潮緩流)를 이용해 북상하는 원양(遠洋) 항해로 총 길이 1만 3350여 리에 달했으나,[107] 당시의 해운은 해안을 따라 근해(近海)로만 항해했기에 3300여 리에 불과했다.[108] 항로가 4분의 1로 축소된 것이다.

이러한 맥락에서 볼 때 1570년대의 조량 해운은 엄밀한 의미에서 완전한 "개해금(開海禁)"을 의미하는 것은 결코 아니었다. 환언하면 조량 해운을 통해 국가적 물류인 조운을 강화하고, 더 나아가 해금을 겸하여 강화한다는 "겸비해금(兼裨海禁)"의 논리에 종속된 해운이었던 것이다. 당시 하운론자는 물론이거니와 해운론자마저도 해운이 "이로울 뿐 해가 없어야" 한다는 일종의 강박관념에 사로잡혀 있었던 셈이다.[109] 그런데 이러한 조건은 당시의 여건상 비현실적인 전제임에 틀림없었다. 따라서 1572년의 조량 해운이 해금의 논리에서 탈피하지 않는 한, 아무리 작은 "유해(有害)"의 빌미를 제공하더라도 해운을 금지할 수 있는 명분은 충분히 성립할 수 있었다. 1573년 비교적 경미한 규모의 해난 사고를 빌미로 조량 해운이 비교적 '간단히' 파기될 수 있었던 것 역시 이처럼 연약한 해운론의 논리적 기반 및 강고한 해금론을 통해 그 이해의 실마리를 찾을 수 있을 것이다. 이처럼 역사적 해프닝처럼 보이는 조량 해운의 간단한 정지라 하더라도 그 배후에는 복합적인 요인들이 얽혀 있었음을 확인할 수 있다.

바다로의 진출이 억제되는 상황에서 대운하의 중요성은 더욱 높아졌으며, 이는 19세기 초반까지 다음과 같은 사회·경제적인 파급 효과를 지속시켰다. 첫째, 해금의 자연스러운 귀결이겠지만, 대운하를 통한 남북 방향의 물자 유통이 더욱 활성화되었다. 정부가 대운하를 통해 민간 거래를 활성화하려는 의도를 가졌던 것이 아니지만, 기대와 달리 대운하는 조운에만 국한되어 사용되지 않았다. 둘째, 대운하를 이용하는 물자 유통량이 증가하면서 선박들 사이에 운송상의 우선순위 문제가 발생했다. 대운하의 수심을 일정하게 유지하기 위한 갑문이 곳곳에 설치되어 있었으므로, 대운하에는 병목 현상이 쉽게 발생했다. 셋째, 한정된 대운하를 이용하는 각종 선박들 사이의 경쟁이 치열해지면서 특권층이 월권을 행사하는 빈도가 잦아졌으며 그 결과 대운하에 대한 체계적인 유지·보수는 이전보다 더 어려운 과제가 되어 버렸다. 바로이 점이 대운하가 지니고 있는 일종의 딜레마라 할 수 있다. 즉 국가 권력은 조운에 대한 중요성으로 인해 대운하를 유지하려 했지만, 동시에 해금 정책의 고수로 인해 대운하는 운송 능력의 한계를 맞이했던 것이다.

3장 견문록을 통해 본 대운하

대운하라 불릴 만한 장거리 인공 운하가 중국에서 처음 개통된 것은 수나라 양제(煬帝)의 업적이었다. 하지만 이 운하가 남쪽 끝인 항주에서 북쪽 끝인 북경을 연결하며 전국적인 남북 유통망으로 기능한 것은 북경이 전국의 수도로 정착된 원대부터였다. 이후 대운하는 북경이 수도로 유지된 청말까지 남북 물자 교류의 동맥이자 주요한 수운 교통로의 역할을 감당해 왔다.

대운하는 곡물을 운송하는 조운선 외에도 남북을 왕래하는 관료들의 선박 및 각지에서 몰려드는 상인들의 선박으로 늘 가득 찼다. 그 가운데는 북경으로 올라가는 동남아시아와 서방의 사절뿐 아니라 북경을 거쳐 남방으로 여행하던 외국인이 탑승한 선박도 다수 포함되어 있었다. 마침 원대부터는 서방의 기독교와 이슬람 세계에서 인도와 중국을 비롯한 동방으로의 관심이 증대하면서 중국을 방문하는 사절단이나 상인들이 증가했고 명·청 시대에도 조선이나 동남아시아 각국으로부터 끊임없는 조공 사절과 표류민이 이어졌는데, 그 결과 자연스럽게 중국에 대한 견문 기록 역시 증가했다.

이러한 견문록 가운데는 대운하를 경유하는 과정에서 보고 느낀 사실에 대한 외국인의 독특한 관점이 드러나는 경우가 적지 않았다. 이는 곧 동양과 서양 사이 혹은 자국인과 타국인 사이의 시각의 차이를 보여 주는 것이기도 하지만, 동시에 자국인의 시각에서는 쉽게 발견되지 않는 대운하의 또 다른 측면의 '노출'을 발견할 수도 있다. 더구나 대운하를 주로 이용하는 운송 관계자들의 여정 기록이 태부족인 상황에서 직접 선박을 타고 대운하를 이용하는 과정을 그려 낸 외국인의 기록은 그 자체로도 흥미로운 내용이 많지만, 원·명·청대 대운하의 구체적인 운영 과정을 연구하는 데 대단히 유용한 자료라는 점은 이미 학계에서 인정받고 있는 사실이다.[1] 이러한 유용성에도 불구하고 실제로 견문록을 적극적으로 이용한 대운하 관련 연구는 『표해록(漂海錄)』을 이용한 최근의 일부 논문[2]을 제외하고는 단편적인 사실을 보충하는 정도에 머무는 듯하다.[3]

이에 3장에서는 대표적인 중국 견문록 가운데 마르코 폴로의 『동방견문록』을 시작으로 해서 마테오 리치 등 서방측의 기록과, 최부의 『표해록』, 최두찬(崔斗燦, 1779~1821년)의 『승사록(乘槎錄)』과 같은 대표적인 조선측 자료 및 일부 이슬람, 러시아측 견문록 가운데 대운하 관련 기록을 정리하고 그러한 자료로부터 뽑아낼 수 있는 의미를 파악하고자 한다. 구체적으로는 첫째, 견문록에서 파악할 수 있는 대운하의 노정(路程)과 시설물의 관리 및 운영 방식, 둘째, 대운하에서 이루어지는 다양한 물자 유통과 이 과정에서 발생하는 운송의 우선순위 문제, 그리고 마지막으로 대운하 유통을 기반으로 성장한 대운하 연변 도시들의 발전상과 다양한 대운하의 운영 풍경 등을 시간적인 추이와 지역적인 차이를 기준으로 살펴볼 것이다. 물론 견문록의 기록 중에는 피상적이고 단편적인 사실이 과장되거나 혹은 아예 잘못된 정보를 담고 있는 경우도 있으므로, 중국측 운하 자료와의 실증적인 비교 작업을 병행했다.[4]

1 대운하에 대한 정보를 담고 있는 견문록

마르코 폴로, 오도릭, 이븐 바투타

원대의 대운하에 대해서는 마르코 폴로, 오도릭 프란체스코, 이븐 바투타의 견문록을 이용할 수 있다. 물론 가장 대표적인 자료는 마르코 폴로(Marco Polo, 1254~1324년)의 『동방견문록』으로,[5] 1274~1290년 사이 북경에서 대운하를 따라 남하하면서 제녕, 서주, 비주, 숙천, 회안, 보응(寶應), 고우(高郵), 태주(泰州), 양주, 진주(眞州), 과주(瓜洲), 상주(常州), 소주, 항주에 대한 기록을 차례대로 남겼다.[6] 따라서 그 가운데는 대운하와 관련한 수로 교통 정보가 풍부한 편이다. 물론 양주에서 3년간 관리를 역임했다는 기록 등은 구체적인 실증이 어려운 부분이기는 하나, 대운하에 대한 논의의 출발점으로 충분한 가치를 지니고 있다.

이탈리아 포르데노(Pordenone) 출신의 오도릭(Odoric, 약 1286~1331년) 수사(修士)는 교황 사절로 중국에 파견되어 1322년부터 1328년까지 중국을 방문한 인물이다. 1322년에는 양주를 방문하여 프란체스코회 수도원에 머무르며 전교 활동을 펼치기도 했다. 그는 이탈리아의 베니스를 출발하여 인도양 및 동남아시아의 말라카 해협을 거치는 해로를 통해 광주(廣州)에 도착했다. 북경으로부터의 귀환은 유라시아 대륙의 육로를 이용했는데, 바로 그사이에 항주에서 북경까지 대운하를 이용하여 도달했다. 오도릭의 견문록은 이미 1866년 헨리 율(Henry Yule) 경이 영어로 번역했고, 일본과 중국에서 역주본이 출간되어 참조가 용이하다.[7]

『동방견문록』과 함께 대표적인 유라시아 견문록인 이슬람 탐험가 이븐 바투타(Ibn Batuta, 1304~1368년)의 견문록은 30여 년간(1325~1354년) 아시아, 아프리카, 유럽을 두루 편력하면서 기록한 연대기 형식의 견문록이다. 이븐 바투타는 1355년 견문록을 탈고했지만, 오늘날 알려진 여행기는 이븐 주자이가 필사한 요약본으로, 그중 14장에 바닷길로 복건 천주(泉州)에 도착한 이후 항주에서 북경까지 대운하를 통해 북상한 과정이 기록되어 있다.[8]

최부와 마테오 리치

명대의 대운하에 대한 자료는 원대보다 풍부하다. 특히 조선인 최부와 이탈리아인 마테오 리치의 견문록이 대운하에 대한 상세하고 귀중한 정보를 다수 보유하고 있다. 1488년 당시 제주도 경차관(敬差官) 최부(1454~1504년)는 부친상의 소식을 듣고 제주도를 출발해서 전라도로 가는 도중 폭풍을 만나 표류하다가 절강성 영파(寧波)에 표착했다. 최부 일행은 왜구로 오인 받아 북경으로 압송되었는데, 그 과정에서 대운하와 연변 도시에 대한 풍경 및 대운하를 이용하는 여러 선박에 관한 기록을 풍부하게 남길 수 있었다. 다만 최부의 기록은 공식적인 관료 사절이 아니라 표류 이후 호송되는 과정에서 언어가 아닌 필담을 통해 이해했던 현지 사정을 전한다는 점을 고려할 필요가 있다. 따라서 호송하는 관선(官船)에 대한 정보가 많다.

최부보다 약 100여 년 뒤인 1582년 중국을 방문했던 예수회 선교사 마테오 리치(Matteo Ricci, 1552~1610년)는 이후 1610년 베이징에서 사망할 때까지 30여 년 동안 중국에 머물면서 보고 듣고 체험한 바를 말년에 기록으로 남겼다.[9] 이 기록에는 전교와 관련된 내용뿐 아니라 지식인들과의 교류, 광주에서 북경을 왕래하는 과정에서 방문했던 여러 도시의 상황, 그리고 환관들의 배로 이동했던 대운하 및 그와 관련한 교통 상황에 대한 견문이 풍부하다. 그중에는 중국 측 자료에서도 쉽게 찾아보기 힘든 부분이 많다.[10] 특히 리치는 상층 관료와 교류하며 협조를 많이 받았으므로, 관선 및 환관들이 애용하는 선박의 특권적인 측면을 잘 보여 준다.

이외에도 직접 대운하를 이용한 경우는 아니지만, 16세기에 중국 남부 지역을 왕래하며 보고서를 남긴 포르투갈·스페인 선교사들의 기록도 교통 사정을 이해하는 데 요긴하다.

박서(Boxer)가 1953년에 편집한 기록에는 모두 세 선교사의 기록이 남아 있다.[11] 또한 1580년에 중국에 도착했던 멘도자(Mendoza, 1545~1618년) 신부의 기록도 유용하다. 에스파냐 출생인 그는 아우구스틴 수도회에 들어가 1580년에 중국에 파견하는 사절단의 일행으로 중국에 도착했는데, 유럽인이 남긴 기존의 중국 견문록을 참조하면서 자신의 견문록을 남겼다. 명말의 전반적인 교통 체계와 수운 상황을 이해하는 데 도움이 된다.[12]

이외에도 포르투갈 예수회 선교사 세메도(Alvaro Semedo, 1584~1658년)의 견문록도 있는데,[13] 세메도는 1613년 남경에 도착하여 1620년에는 증덕소(曾德昭)라는 중국 이름으로 개명한 후 중국 선교에 힘쓰면서, 항주, 가정(嘉定), 상해, 남경, 장안 등지에서 22년 동안 거주했다. 1638년 인도의 고아에서 『대중국지』를 탈고하는데, 대운하에 대한 직접적인 기록은 적지만 마테오 리치 사후의 명말 상황을 이해하는 데 참조할 필요가 있다.

밀레스쿠, 호른과 살단하, 매카트니, 스톤턴, 최두찬

청대로 들어오면 서양에서 중국으로의 진출이 증대하면서 이와 관련한 보고서 기록도 증가했다. 그 가운데 이 책은 세 가지 종류의 견문록으로 대운하를 살펴보려고 한다.

하나는 러시아측 자료로, 루마니아 출신 밀레스쿠(N. Spataru Milescu, 1636~1708년)의 기록이다.[14] 그는 예루살렘 대주교의 추천을 받아 러시아 사절단의 일원으로 1675년 중국에 방문하여 1676년 북경에서 강희제를 알현한 후 1678년 모스크바로 귀국했다. 그는 모스크바와 북경을 잇는 육로를 이용하여 왕래했으며 중국에 체류하는 기간이 길지 않았으나, 당시 인접한 중국의 내부 사정을 파악하기 위한 러시아 측의 요구를 담아 다양한 기록을 참조해 기술했다. 따라서 북경을 비롯하여 각 성(省)에 대한 교통과 상업, 도시의 발전에 대한 기록이 풍부하며, 특히 수운이나 육운 및 다양한 선박의 종류 등이 소개되어 있다.

두 번째 자료는 이미 명대부터 진출했던 포르투갈·네덜란드의 선교사들이 남긴 보고서 기록이다. 특히 예수회 선교사들의 서간집 가운데 일부가 중역(中譯)된 것은 일람하기에 용이하며,[15] 강희제를 만나고자 중국을 찾아왔던 네덜란드인 호른(Pieter van Hoorn), 포르투갈인 살단하(Manoel de Saldanha) 등의 기록은 2차 자료이지만 대운하 이용과 관련한 정보를 많이 담고 있어 참고할 만하다.[16] 이를 통해 청초 선교사들의 기록이 명말의 기록과 어떤 차이가 있는지 비교할 수 있는데, 특히 왕조가 바뀐 상황에서 선교사들의 입장과 문명 충돌의 진면목을 보는 데 유익하다.

세 번째 자료는 산업 혁명 이후 인도 및 중국으로의 진출을 확장해 나가는 영국 측 기록이다. 그중에서도 대운하에 대한 기록이 풍부한 것은 중국과의 공식적인 외교·통상 관계를 수립하기 위해 중국을 찾아왔던 영국 사절 매카트니(Earl Macartney, 1737~1806년) 경의 견문록이다.[17] 당시 중국과의 조공 관계를 타파하고 대등한 무역 관계를 확립하기 위해 북경에 입성한 영국의 매카트니 사절단은 입국할 때는 천진의 바닷길로 들어왔지만, 출국할 때는 1793년

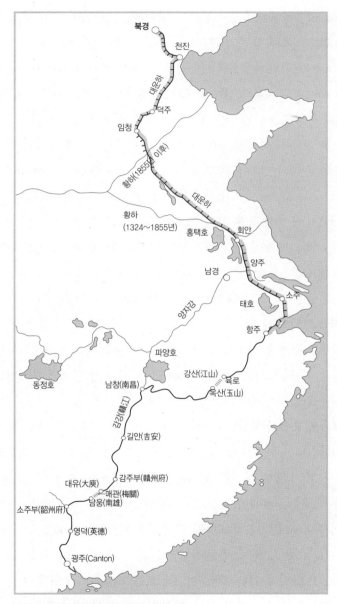

[지도 5] 매카트니 경의 북경 → 광주 출국 경로

대운하를 이용하여 남하하여 광주로 빠져나갔다.((지도 5) 참조) 따라서 귀국 과정의 견문 기록에 청 중기 대운하에 관한 정보가 담겨 있다.

당시 매카트니와 동행하여 1792년부터 1794년까지 중국을 방문했던 안데 르손(Anderson)의 기록도 있다.[18] 안데르손은 당시 사절단의 공식 관료가 아 니었기에 중국과의 담판 내용에 대한 기록은 없지만, 당시 사절단이 이동하 는 경로에 대한 기록, 특히 지리 환경, 사회 제도, 궁정 생활에 대한 기록이 상 세하다. 또한 매카트니 사절단의 부사(副使)로 참여한 조지 스톤턴 1세(George Leonard Staunton, 1737~1801년) 역시 중국 방문의 견문기를 1797년 출간하 여 유럽에서 큰 반향을 불러일으켰다.[19] 그의 아들 스톤턴 2세(George Thomas Staunton 1781~1859년)는 아버지와 함께 매카트니 사절단에 동행한 경험을 바 탕으로 1816년에는 암허스트(Amherst) 사절단에도 동행한 뒤 풍부한 정보의 견문록을 남겼다.[20] 그 속에는 북경에서 남하하는 과정에서 대운하를 이용할 경우 비용 부담이 많았던 중국 측의 입장 등이 잘 묘사되어 있다. 이 밖에도 중·영 무역 관계에 대한 영국 측 입장을 대변하는 자료를 연대기적으로 수 집하고 분석했던 모스(Hosea Ballou Morse, 1855~1934년)의 기록에는 청말 중국 의 국내 유통망 및 수운에 대한 풍부한 기록이 담겨 있다.[21]

이외에도 조선의 사신들이 남긴 풍부한 연행록(燕行錄)도 중요한 견문록 중의 하나이지만, 대부분이 육로를 이용하여 북경을 왕래했기에 대운하에 관 한 기록은 많지 않다. 하지만 최부처럼 바다에서 표류하여 중국 남부에 도착 할 경우 북경을 경유하여 조선으로 귀환했고, 그 과정에서 자연스럽게 대운 하를 이용할 수 있었다. 대표적인 것이 최두찬(1779~1821년)의 『승사록』이 다.[22] 『승사록』은 『표해록』만큼 관심을 끌지 못했으나, 최부보다 330년 늦게 유사한 경로를 밟았기에 양자를 비교해 보는 것은 의미가 있다. 이외에도 많 은 조선인 표류민이 대운하를 이용했겠지만, 대부분이 고기잡이로 생계를 유 지하는 어민들이었으므로 자세한 한문 기록이 남아 있지 않다.[23]

2 대운하의 노정과 시설

북경과 항주를 잇는 대운하는 총 연장 1794킬로미터에 달하는 거대한 인공 수로이지만, 오늘날 쉽게 생각하는 것처럼 끊임없이 연결된 수로라기보다는 대략 여섯 구간으로 나눌 수 있는 중·소 규모 운하의 연결체였다.[24] 항주에서 북경으로 출발한다고 볼 경우, ① 항주와 진강을 잇는 강남(江南) 운하, ② 양자강 이북으로 양주에서 회안을 잇는 회양(淮揚) 운하, ③ 회하를 건너 청구(淸口)에서 제녕을 잇는 사·가(泗·泇) 운하, ④ 제녕에서 임청을 잇는 회통하, ⑤ 임청에서 천진을 잇는 영제거(永濟渠), ⑥ 천진에서 통주를 잇는 통혜하(通惠河)로 나눌 수 있다.(1장 3절의 〔지도 2〕 참조)

강남 운하

먼저 ① 강남 운하는 항주를 비롯하여 가흥(嘉興), 소주, 무석(無錫), 상주(常州), 진강까지 이른바 '수향(水鄉)'으로 불리는 강남 지역을 관통하는 운하다. 북경으로 연결되는 대운하의 최남단이자, 거미줄처럼 얽혀 있는 수많은 강남의 도시와 향촌을 연결하는 물류의 동맥이었다. 따라서 견문록에서도 강남 운하를 경유하면서 만나게 되는 도시와 물자 유통에 대한 설명이 많이 담겨

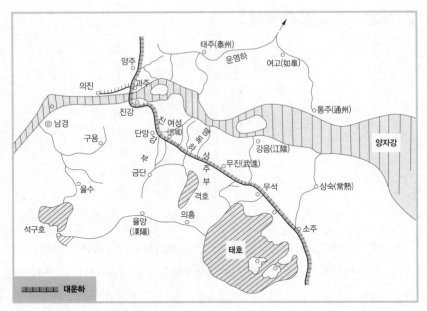

〔지도 6〕 명대 진강과 상주 인근 운하도

있다.[25] 하지만 강남에서 수로 유통이 활발하게 진행되면서 명 중기 이후로 선박의 과다로 인한 대운하의 지체 현상이 발생하기도 했다. 16세기 후반 소주를 향해 남하하던 마테오 리치 일행도 진강에서 소주를 왕래할 때는 운하가 좁고 협착한 반면 왕래하는 선박이 많아서 손수레차를 이용하곤 했는데, 이는 시간도 절약하고 편안했기 때문이었다.[26]

특히 소주에서 북상할 때 상주에서부터 진강까지 지형이 조금씩 높아지는데 지류(支流)가 풍부하지 못해서 겨울에는 수원(水源)이 고갈될 때가 잦았다.[27] 옹정 연간(雍正年間, 1723~1735년)의 관리 악이태(鄂爾泰)는 겨울만 되면 조운선이 왕래하기 힘들 정도로 수심이 얕아져 매년 준설하는 것이 상례가 되었다고 보고한 바 있다.[28] 따라서 이곳에는 진강이 아닌 상주부 무진현(武進縣)에서 맹독하(孟瀆河)를 이용해 양자강으로 진입하는 우회로가 존재했

〔그림 7〕 진강 감로항이 위치한 북고산

다.[29] 소설에도 이 구간에서 조운선에 밀려 어쩔 수 없이 우회로를 선택하는 상인들의 이야기가 등장하는데, 5장 2절에 소개되어 있다.

진강에 도달한 선박은 도성 북쪽에 위치한 북고산(北固山)의 감로항(甘露港)에서 도강(渡江)을 기다렸다.(〔그림 7〕[30]) 명·청 시대 양자강의 폭은 약 5킬로미터[31]에 달했으며 풍랑이 거칠었기 때문에, 왕래하는 선박은 이곳에서 큰 선박을 이용하거나 만조(滿潮)가 될 때를 기다리곤 했다.[32] 1593년(만력 21년) 단도현(丹徒縣)에 부임한 지현(知縣)은 항구에 "대풍(大風)을 만날 경우 도강(渡江)을 금지한다."는 비석을 새겨 놓았다. 이는 양자강을 건너면서 선박이 전복되는 사건이 많았음을 알려 준다.[33] 원대에 중국을 방문했던 외국인들은 양자강이 중국에서 가장 긴 강이라는 사실을 알고 있었다. 오도릭은 "세계에 존재하는 강 가운데 가장 길다."면서 "가장 좁은 곳도 폭이 11킬로미터

〔그림 8〕 진강의 금산

나 된다."고 지적했다.[34]

　양자강에 진입하면 금산(金山)과 초산(焦山)이라 불리는 바위섬을 만나게
된다. 앞서 언급한 북고산과 금산, 초산은 진강의 3대 산으로 손꼽혔다. 원대
에 양자강에 진입한 마르코 폴로는 금산에 대해 "그 위에 우상 숭배자들의 절
이 세워져 있고 거기에는 200명의 수도승들이 있다."고 했다.[35] 이 사찰은 육
조(六朝) 시대에 세운 것으로 강희제는 이곳을 지나며 강천사(江天寺)라는 이
름을 부여했다. 양자강을 건너는 과정에 풍랑 등으로 위험에 빠진 선박들은 이
두 섬에 정박했으며, 그 때문에 이 섬에는 안전을 기원하는 강신묘(江神廟)나
실제 구조에 나서는 구생선(救生船)이 설치되어 있었다.[36] 오늘날의 금산은 양
자강의 퇴적 작용과 제방 공사로 인해 내륙에 포함되었으나 청대까지는 양자
강 가운데 섬처럼 위치했다.(〔그림 8〕)[37] 한편 초산은 퇴적 작용에도 불구하고

아직 진강 항구에서 배를 타야 도달
할 수 있는 섬으로 잔존해 있다.

회양 운하

양자강을 북상하여 건너면 과주
(瓜洲)를 만나는데, 이곳이 ② 회양
운하의 남쪽 끝이다. 오늘날에는
장개석(蔣介石)의 필치로 "과주고도
(瓜洲古渡)"라고 새겨진 비석이 외롭
게 자리를 지킬 뿐이지만,([그림 9])
과거 이곳은 양자강을 도강하는 선
박이라면 으레 정박해야 하는 번영
한 시진이었다. 강남에서 올라오는
선박뿐 아니라 양자강의 중상류에
서 내려온 선박이 북경으로 가기 위
해 만나는 일종의 정거장이기 때문

[그림 9] 과주진에 세워 있는 '과주고도' 비석.
장개석의 서체로 알려져 있다.

이다. 마테오 리치의 기록에 따르면, "양자강에서 온 사적인 상선은 회양 운
하로의 진입을 허가하지 않았지만, 이 운하의 북쪽 지역에 거주하는 사람들
은 예외"라고 지적했는데, 이는 북경으로 전달되는 조운선의 운행에 지장을
주지 않기 위함이었다.[38] 따라서 양자강과 운하를 연결하는 수문(水門)은 조
운선이 도래할 때만 열렸고, 일반 선박의 경우 육로를 이용해 물건을 옮겨야
만 다시 운하의 선박을 이용할 수 있었다. 이 과정에서 과주의 백성들은 화물
운송으로 상당한 이익을 얻을 수 있었다.[39]

양자강과 회하를 잇는 회양 운하의 가장 큰 특징은 이 운하가 인공 수로인

데도 자연 하천이 중첩되어 범람이 자주 발생했다는 것이다. 회양 운하와 서쪽 방향으로 연결된 호수는 큰 것만으로도 소백호(邵伯湖), 고우호(高郵湖), 계수호(界首湖), 백마호(白馬湖) 등이 있다. 그 결과 큰비가 내리면 호수의 불어난 물이 운하를 덮쳐 쉽게 침수 지역으로 돌변했다.[40] 1430년(선덕 5)에는 고우호와 백마호 등의 동쪽에 긴 제방을 축조하고 배수로를 설치하여 운하의 수량을 조절하려 했다. 또한 1492년(홍치 5)에는 고우호 측면에 강제하(康濟河)를 만들고 1584년(만력 12)에는 보응에 홍제하(弘濟河)를 만들었는데, 모두 호수와 운하가 서로 영향을 받지 않도록 분리하기 위해서였다.[41] 청대에 회양 운하를 지나던 안데르손은 운하와 제방으로 격리된 호수가 너무 광활하여 마치 바다에 온 것 같은 느낌을 받았다고 한다.[42] 회양 운하의 북쪽 끝은 회안이다. 여기서 대운하는 회하, 황하와 만났다. 진선이 중건했다는 청강포도 회안에 인접해 있다.

사 · 가 운하

청강포에서 황하를 건너면 ③ 사 · 가 운하 구간으로 접어든다. 여기도 크고 작은 호수가 연결되어 있어 운하의 치수에는 어려움이 많았다. 특히 이 구간은 급속한 토사의 침전을 야기하는 황하와 연결되어 있어 문제는 더 심각했다. 황하가 범람할 때마다 운하의 준설과 개 · 보수 작업 역시 끊이지 않았다. 마테오 리치는 황하의 움직임을 재미있게 묘사했다. "황하는 중국의 법률과 질서를 조금도 존중하지 않았는데, 야만의 나라에서 발원하여 마치 중국을 적대시하는 이민족이 복수를 하는 것처럼 토사를 가득 싣고서 마음대로 방향을 바꾸니 많은 영토가 황하의 피해를 당했다."[43] 아마도 북방 민족의 침략에 예민하게 반응하던 명대 사람들의 정서를 반영한 것으로 보인다.

사 · 가 운하 구간은 북쪽으로 올라갈수록 고도가 높아지고 수량이 줄어들

〔그림 10〕 1793년 항주와 영파 사이의 운하 방죽인 '패'를 통과하는 선박에 대한 영국인 윌리엄 알렉산더의 그림

었다. 회수를 기점으로 남쪽에서는 배를 타고 북쪽에서는 수레를 탄다는 "남선북마(南船北馬)"라는 말이 생겨난 것도 이 때문이었다. 최두찬 역시 이곳에서 타고 오던 배에서 내려 수레로 바꿔 타고 북상했다.[44] 호른의 기록을 보면, 황하를 지나면서 운하의 물길이 느려지고 험난해졌다고 했다. 특히 수위가 다른 지역을 연결하는 방죽인 패(壩)가 많이 있다고 했다.[45] 또한 호른은 그곳에서 수많은 수부(水夫)들이 선박을 밧줄에 묶어 패에서 선박을 인도하는 모습을 보았다.(〔그림 10〕, 〔그림 11〕 참조)[46] 이보다 앞서 최부 역시 이 구간을 통과하는 과정의 어려움을 다음과 같이 기록하고 있다.

방촌역(房村驛)을 지난 여량대홍(呂梁大洪)에 도착하니, 홍(洪)은 여량산

〔그림 11〕 '패'를 넘어가기 위해 선박을 밧줄로 묶어 끌어올리는 모습(요성의 중국운하문화박물관 전시물)

(呂梁山) 사이에 있었습니다. 홍의 양옆 물 밑에는 돌들이 어지러이 깔려 있고 물 위로는 깎은 듯한 바위가 빽빽하게 늘어서 있었습니다. 강의 흐름이 꼬불꼬불하다가 이곳에 와서야 언덕이 탁 트여서 세차게 흐르는데, 세찬 기세는 바람을 뿜고 소리는 우레와도 같아, 지나는 사람들은 두려워서 전율하며 간혹 배가 뒤집힐까 걱정했습니다. 동쪽 기슭에는 돌 제방을 쌓았는데 서로 어긋나게 파내어 물살을 터놓았습니다. 아무리 작은 거룻배라 하더라도 대나무로 꼰 뱃줄로 끌어야 하는데, 소 열 마리의 힘이 있어야만 가능해 보였습니다.[47]

이를 통해서 당시 사 · 가운하에는 서로 다른 수위 차를 조절하기 위해 여러 개의 갑문을 설치하여 운영했다는 점, 그래도 선박의 운행에는 어려움이 많았음을 확인할 수 있다.(〔지도 7〕 참조) 매카트니 역시 이 구간을 제대로 유지하는 과정에서 가장 많은 힘과 노력이 많이 필요하다고 지적했다.[48] 사 · 가운하의 북쪽 지역부터는 날씨의 영향을 많이 받았다. 가령 가물어서 수심이

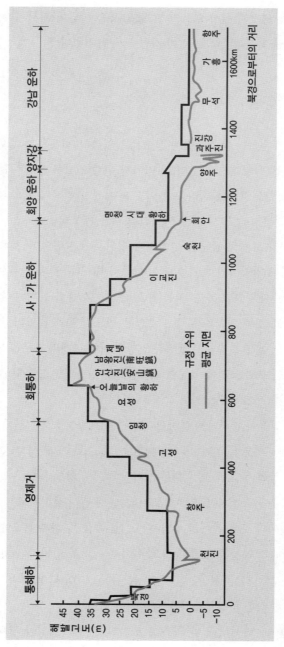

[지도 7] 명청 시대 대운하 단면도

얕아지거나 날씨가 추워서 수로가 얼 경우 혹은 바람이 거세거나 눈이 많이 내릴 경우, 대운하를 이용하는 선박은 큰 불편을 겪었다.[49]

회통하

제녕에서 대운하는 ④ 회통하 구간으로 진입한다. 회통하는 대운하에서 고도가 가장 높은 남왕(南旺)이 위치해 있어서 수량 조절이 가장 어려운 구간으로 손꼽혔다. 회통하는 원나라 시절인 1289년에 안민산(安民山)에서 임청까지의 약 265리(약 160킬로미터)를 이으면서 처음 개통되었다. 당시 문하(汶河)의 물을 끌어와 31개의 갑문을 설치하여 수위를 조절했으며, 회통하의 개통을 통해 적어도 외형적인 면에 있어서 항주와 대도(북경)가 직통으로 이어졌다.[50] 하지만 원대의 회통하는 '회통(會通)'이라는 이름을 붙여 준 황제의 기대에도 불구하고 토목 기술의 부족으로 이용 빈도가 높지 않았다.[51] 그러나 앞서 언급한 것처럼 명초 송례가 제녕과 임청 사이에 15개의 갑문을 새로 배치하면서 안정적인 수위 조절에 성공했다.[52] 남왕을 경유하면 교통의 요충지인 요성(聊城)과 임청으로 연결되었다.

명대에는 임청이 왕래하는 선박이 결집하는 요충지로 번성했다. 임청은 지운법(支運法) → 태운법(兌運法) → 개태법(改兌法)으로 크게 세 번 변화되는 조운 방식에서 줄곧 중요한 조량 운송의 거점이 되고 양창(糧倉)을 설치하여 곡물 창고 역할을 감당했다. 뿐만 아니라 1429년 초관이 설치될 때, 임청 초관에서는 배의 길이와 폭을 헤아려 부과하는 선료(船料)와 함께 물품에 대한 세금까지 징수했다.[53] 양창과 초관이 설치된 이후 임청은 일약 대운하의 중요 도시로 부상한 것이다. 소설 『금병매(金瓶梅)』에는 명대 임청의 번영한 모습과 초관을 둘러싼 각종 부정부패가 잘 묘사되어 있다.

청대로 접어들면서 임청과 약 50킬로미터 떨어진 요성이 점차 대운하의

〔그림 12〕 1743년에 건립된 요성의 산섬 회관. 소 두 마리가 거니는 부분이 명청 시대 운하가 흐르던 곳으로, 오늘날 하천 공사로 운하가 다시 복구되었다.

물류 중심지로 번성하기 시작했다. 특히 요성에는 강희 연간부터 산서성과 섬서성 등 북방 지역에서 온 객상들의 활동이 증가하여, 1743년(건륭 8년)에는 대운하에 바로 인접한 곳에 대규모의 산섬 회관(山陝會館)이 건립되었다.[54](〔그림 12〕) 이후에 건립된 소주 상인들의 소주 회관, 강서 상인들의 감강(贛江) 회관과 강서 회관, 절강 상인들의 무림(武林) 회관이 모두 세월의 풍파 속에 사라져 버렸으나, 산섬 회관은 오늘날까지 원형을 거의 그대로 보존하고 있다. 청 중엽 이후 임청의 상업이 점차 쇠락했던 것에 비하여 요성의 상업 경제는 점점 발전했는데,[55] 산섬 회관은 이러한 요성의 경제적 번영을 웅변하는 듯하다.

영제거와 통혜하

회통하를 지나면 천진까지 연결된 ⑤ 영제거로 접어든다. 매카트니는 이 구간의 운하가 꾸불꾸불하다면서, 어떤 지역은 하상(河床)이 본래보다 20피트(약 6미터) 이상 높아진 곳이 있는데 우기에는 범람으로 인해 운하의 변동이 심하다고 했다.[56] 그러나 영제거를 왕래하는 선박은 여전히 많았으며, 원대의 마르코 폴로는 "이곳을 통해 위 또는 아래로 향료나 다른 진귀한 물건 등 엄청나게 많은 상품들이 운반된다."고 표현했다.[57]

천진은 대운하뿐 아니라 바다를 통해 북경으로 들어가는 선박이 만나는 요충지였다. 수도가 북경으로 정해지고 물자 공급을 강남으로부터의 하운과 해운에 의존했던 원대부터 천진(당시엔 직고(直沽)라고 불렸다.)은 곡물의 집합지이자 중개 무역지로 발전했다. 해운의 안전을 기원하는 마조(媽祖) 신앙이 천진에 전해지고 묘우(廟宇)가 세워진 시기도 원대였다. 천진이라는 이름을 가진 군사적 요충지와 성벽이 세워진 것은 영락제가 황제에 올라 북경 천도를 추진하던 시기의 일이므로, "천후궁이 먼저 세워지고 이후에 천진 성이 생겼다.(先有天后宮, 後有天津城)"는 설명이 오늘날까지 전한다.[58] 반면 이전까지 북경 지역의 중요한 식량 공급지였던 계주(薊州)의 위상은 하락하고 천진과 함께 대운하에 연결된 통주의 위상이 상승했다. 북경을 중심으로 한 '수도권'이 물자 유통로의 변화에 따라 새롭게 형성된 것이다.[59]

이 구간이 북경으로 연결되는 대운하의 마지막 구간으로 ⑥ 통혜하라 불린다. 통혜하는 1293년(지원 30년) 곽수경(郭守敬)이 계획하고 완성한 운하로, 좁은 의미로는 통주의 장가만(張家灣)에서 북경의 길목인 대통교(大通橋)를 연결하는 약 50리(30킬로미터)를 지칭했다.[60]([지도 8]) 원대 통혜하의 최종 종착지는 대도 내의 적수담(積水潭)이었지만 명대에 북경성이 재건된 이후로는 통상 동편문(東便門) 외곽의 대통교까지 선박이 들어왔다.[61] 그 까닭에 종종 통혜하는 '대통하(大通河)'라고도 불리지만, 명대에는 이 구간을 포함하여 천진까지 약 160리(96킬로미터)를 넓은 의미의 통혜하로 부르기도 한다.

마테오 리치의 기록에 따르면, 통혜하에는 혼잡을 피하기 위해 조정에 필요한 선박의 운행만 허가했으며 다른 모든 상품은 수레와 말, 혹은 운부(運夫)

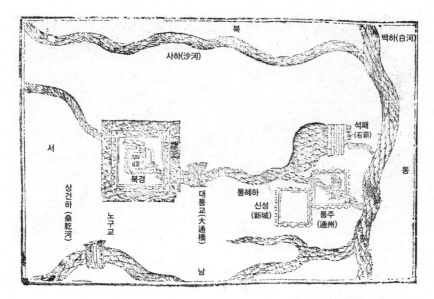

〔지도 8〕『통혜하지』의 통혜하 지도

를 통해 성내로 진입했다.[62] 통혜하 구간은 남방 지역과 달리 운하의 폭이 좁고 수원 마련이 쉽지 않았기 때문이었다. 가령 천진까지 도달했던 매카트니의 선박은 통혜하의 수심이 얕아서 더 작은 규모의 선박으로 화물을 옮겨 실어야 했으며, 일부 지역에서는 선저(船底)가 바닥에 닿아서 줄로 배를 끌어야 했다. 심지어 어느 중국 관리는, 매카트니 일행에게 통혜하는 수심이 얕아 진행이 느리니 아예 제방을 따라 걸으면서 주변의 경치를 관람하라고 조언해 줄 정도였다.[63] 하지만 갑자기 비가 많이 내릴 때는 위험한 상황이 전개되기도 했는데, 명말 통주 인근에서 폭우로 불어난 물로 인해 예수회 신부들이 탄 선박이 전복되는 사건도 발생했다. 당시 인명 피해는 없었지만, 수수(水手)들이 흩어진 물건을 가지고 도망칠 정도로 운송 체계의 규율이나 치안 상태는 허술했던 것으로 보인다.[64]

〔그림 13〕「청명상하도」의 조운선과 견부 그림

대운하의 수리 시설

6구간으로 구분할 수 있는 대운하에는 각종 수리 시설이 설치되었다. 이러한 시설물은 인공 운하의 수량을 너무 많거나 너무 적지 않도록 유지함으로써 조운선을 비롯한 선박이 원활하게 북경을 왕래하도록 도왔다. 이에 대해 최부는 다음과 같이 요령 있게 설명했다.

물이 쏟아지면 방죽〔堰壩〕을 설치하여 막고, 토사가 쌓이면 제당(堤塘)을 쌓아서 대응했으며, 물이 얕으면 갑(閘)을 설치하여 물을 모았고, 물살이 급하면 홍(洪)을 설치하여 급류를 늦추었으며, 물이 모이면 취(嘴)를 설치해서 분산했습니다.[65]

이에 따르면 하류의 강약, 수위의 고저에 따라 언패, 제당, 갑, 홍, 취 등이 각각 다른 용도로 설치되었는데, 최부는 이에 덧붙여 각각에 대한 자세한 모습과 쓰임을 설명한다. 이에 따르면, 패란 선박을 대나무 줄(대나무를 쪼개서

〔그림 14〕 「강희남순도」의 견부 그림

꼬아 만든 줄)로 묶어 수위가 서로 다른 곳으로 끌어 올리거나 내리는 시설이
다.(〔그림 11〕) 두 물줄기 양안에 둑을 쌓고, 둑 위에 두 개의 돌기둥을 세운 후
위에 구멍을 뚫고 나무 기둥을 박아 나무 기둥을 돌릴 수 있게 만들었다. 선박
을 동여맨 대나무 줄을 나무 기둥에 묶어 돌림으로써 선박을 끄는데, 끌어 올
리는 것이 어렵고 내리는 것은 비교적 쉬웠다. 이에 비하여 갑은 수량과 수위
를 조절하는 판자를 설치하여 선박을 통과시키는 것을 말한다. 즉 물줄기 양
안에 돌 제방을 쌓고 그 사이에 선박 한 척만 수용하는 공간을 마련한 후 넓은
판자〔廣板〕로 강물을 막는데, 판자의 크기는 물의 깊이에 따라 결정되었다. 또
한 나무 다리를 제방 위로 설치하여 사람을 통과하게 하되, 패를 운영한 것처
럼 배가 들어오면 다리를 치우고, 판자를 들어 올려 물이 통하면 그때 배를 끌
어서 통과시켰다. 배가 통과하면 다시 판자를 내려 수위가 변화되지 않도록
막았다. 그런데 왕래하는 선박이 규정을 무시하고 패와 갑을 통과하거나 규
정된 적재량을 초과함으로써 시설이 파괴되는 일이 종종 발생했다.[66]
　패나 갑 등의 연결 지점에는 언제나 밧줄로 배를 견인하는 견부(縴夫)가 있

었다.((그림 13, 14)) 수력이나 풍력으로 선박을 이끌기 어려운 운하에서는 연결 지점에서 선박을 끌어야 할 노동력이 필요했기 때문이다. 하지만 견부들은 늘 위험에 노출되어 있었다. 경우에 따라 패와 갑문의 출입구에서 물의 흐름이 빨라져 선박이 전복되고 덩달아 견부들이 익사하는 경우가 발생했다.[67] 이는 갑문을 사이에 두고 양쪽의 수위 차이가 많았기 때문인데, 매카트니의 목격담에 따르면 청강포에 위치한 갑은 약 1미터의 수위 차가 있었다.[68] 따라서 패, 갑, 홍 등의 시설에는 모두 관원이 배치되어 있었고, 이들은 견부와 소를 동원하여 선박의 원활한 통과를 도왔다. 최부가 목격한 바에 따르면, 대체로 선박 한 척을 견인하는 데 견부를 동원할 경우 100여 명, 소를 사용하면 10여 마리가 필요했다고 한다.[69] 물론 조운선이라면 탑승했던 10여 명의 수수들이 유사시에 배에서 내려 견인하는 역할을 감당했다.[70]

당시 견부나 수수들이 선박을 견인할 때 사용한 줄은 견승(縴繩)이라고 불리는 대나무 줄이었다. 마르코 폴로의 기록에도, "여러분은 모든 배들이 돛대와 돛을 매달 때를 제외하고는 대마로 삼은 노끈을 사용하지 않는다는 사실을 알아야 할 것이다. 그러나 대나무로 만든 밧줄로 배를 상류로 끌어 올린다. 그 대나무들은 위에서 여러분에게 말했듯이 굵고 긴데, 길이가 15보 되는 것도 있다. 그들은 그것을 가늘게 쪼갠 뒤 서로를 묶어서 거의 300보의 길이로 만든다. 그것은 대마로 된 것보다 강하다."라는 언급이 있다.[71] 이외에도 대운하에는 선박을 갈아타는 체운소(遞運所), 공무를 수행하는 선박이나 조공 선박에 대해서는 식량을 제공하는 역(驛), 그리고 양주 이북부터 거리를 알려 주기 위해 6리, 7리, 혹은 10리마다 세워 놓은 천(淺)이라는 표지판도 있었다.[72]

이처럼 약 1800킬로미터 달하는 거대한 인공 수로의 수심을 일정하게 유지하고 선박을 견인하는 데 소요되는 비용을 정확하게 계산하기란 쉬운 일이 아니다. 다만 명말 어느 천문학자의 언급을 인용했던 마테오 리치의 기록에 따르면, 운하 유지와 관련한 하공 비용은 모두 국가가 담당하며 매년 약 100만 냥이 소요된다고 했다.[73] 산견되는 자료이지만, 청대 제방 공사나 운하 준설과 같은 하공 비용으로 한 건당 수십만 냥에서 수백만 냥에 달하는 경우가 허다했다.[74] 실제로 국가 권력은 대운하에 대한 하공을 지역 사회의 총체적인 수리 문제보다 더 중요하게 처리했고, 그 결과 대운하가 중요했던 회·양 지역의 농업 생산력은 점차 저하될 정도였다. "국가가 황하 치수에 비용을 아끼지 않고 운하 치수에 비용을 아끼지 않는 것은, 조량의 운송 때문"[75]이라는 전영(錢泳)의 지적은 조운과 관련하여 대운하에 대한 국가 권력의 관심이 얼마나 심대했는지를 단적으로 보여 준다.

3 대운하의 운영과 물자 유통

　견문록의 저자들은 대운하를 경유하면서 왕래하는 선박의 많음에 놀라움을 금치 못했다. "전혀 과장 없이도 중국의 선박이 세계의 나머지 국가의 모든 선박 수에 필적할 정도로 많다고 생각합니다. 이러한 계산은 내륙의 수로를 운행하는 선척에 한정했을 때는 진실로 정확합니다. 하지만 그들이 바다로 출항하는 선척의 수량을 본다면 대단히 적을 뿐 아니라 수량이나 구조상 모두 유럽에 비할 바가 못 됩니다."[76]라는 리치의 지적은, 비록 바다에서 운항되는 선박의 적음을 강조하는 것이기는 하지만, 오히려 내륙 수운에 얼마나 많은 선박이 이용되고 있는지 잘 보여 준다. 이미 원대에도 양자강과 대운하가 연결되는 지점에 위치한 진주(眞州, 오늘날의 의진儀眞)에서 마르코 폴로는 1만 5000척의 선박을 일시에 보았다고 기록하면서, "그리 크지 않은 이 도시가 이 정도로 많은 배를 갖고 있다면 다른 도시들은 어떠할지 쉽게 상상할 수 있을 것"이라고 덧붙였다.[77] 동시기 이븐 바투타 역시 항주에서 "운하에는 숱한 배들이 폭주하고 있다. 가지각색의 돛과 비단 차양을 갖춘 배들은 매우 우아하게 칠을 했다. 배들끼리 서로 귤과 레몬을 던지면서 겨룸질을 한다."라고 기록했다.[78]

　물론 이러한 선박이 모두 대운하에서 운행되었다는 것은 아니다. 하지만 명 중기에 최소 약 1만 2000척의 조운선이 대운하를 왕래했으며, 조운선보다 더 많은 선박이 운행되고 있었다는 리치의 언급을 상기할 수 있다면, 명·청 시대 종종 제기되곤 했던 대운하의 교통 체증 현상은 어렵지 않게 수긍이 된다.

이용상의 운선 순위

그렇다면 대운하를 이용했던 선박이 좁은 운하에서 서로 마주칠 때 어떻게 되었을까? 앞서 언급했던 만공의 기록에 따르면 대운하의 운선 순위는 첫째가 조운선, 둘째가 조공선, 셋째가 관선, 그리고 마지막이 민간인들의 상선이었다. 하지만 이러한 순서가 늘 순조롭게 지켜진 것은 아니었으며, 실제 좁은 구간에서 마주하는 두 선박 사이의 크고 작은 실랑이가 끊이지 않았다. 몇 가지 단편적인 견문록 기사를 통해 이 문제에 대한 이해의 실마리를 찾아보고자 한다.

먼저 리치의 기록을 보자.

> 양선(糧船)과 관선은 우선권이 있었지만, 어떤 경우에는 양선과 관선도 너무 많아서 나흘이나 그 이상도 기다려야 할 때가 있었습니다. 확실히 태감(太監)은 이런 상황에서 먼저 통과하는 허락을 받아 냈는데, 이는 다른 선박의 선장이 자신의 선박에 와서 직접 황제에게 바치는 선물을 보게 하여 뱃길을 양보하는 식이었습니다.[79]

이 자료는 리치 일행이 탑승한 선박이 운하에서 우선적으로 통과할 수 있었던 비밀이 황제에게 진상하는 예물에 있었음을 보여 주는 것이지만, 기본적으로 조운선과 관선에 우선권이 있었음도 알려 준다. 조운선을 이용한 곡물 유통이 북경의 민심을 좌우할 정도로 중요한 국가의 대사임은 앞서 누차

[그림 15] 1950년대 후반 회양 운하에 밀집된 선박의 행렬

언급했다. 당연히 조운을 담당하는 관료들은 운행 순위를 조정할 수 있는 특권이 있었다. 가령 리치 일행은 산동 제녕에서 사권 공부시랑 겸 총리하조(總理河漕)인 유동성(劉東星)의 도움으로 다른 선박보다 먼저 좁은 운하를 통과할 수 있었다.[80] 또한 같은 조운선이라도, 명대에는 위소군(衛所軍)이 탑승한 군운(軍運) 선박이 일반 백성들이 탑승한 민운(民運) 선박에 비하여 '무력적'인 우선권을 행사했다.[81]

관선에게 운행의 우선순위가 주어졌다는 점은 상식적으로도 쉽게 이해가 된다. 최부는 "회하를 지난 이후부터 병부(兵部), 형부(刑部), 이부(吏部) 등 각 부서 관리들의 배가 끊이지 않는"다고 지적했는데, 이는 관직을 임명받거나 좌천당하는 관리들이 황제를 알현하기 위해 북경을 왕래했기 때문이다.[82] 리치는 예부상서(禮部尙書) 왕충명(王忠銘)과 함께 선박에 탑승하기 전에 여행에 필요한 허가증을 준비하지 못했으나, "이처럼 특수한 대관(大官)과 동행하는 것은 허가증을 준비한 것보다 더 안전"하다고 확신했다.[83] 이러한 상황을 잘 알고 있는 관리들은 자신이 탑승한 선박의 이물에 큰 깃발로 탑승 관료의 품급을 기록해 놓았다.[84]

조공단과 황족의 대치

관선 중에서도 품급이 더 높은 관리가 탑승한 선박에게 우선권이 주어졌음은 물론이다. 살단하의 기록은 이에 대한 재미있는 일화를 전해 준다. 살단하 일행이 탑승한 선박이 북직예(北直隷)의 운하에서 복건성에 봉지(封地)를 받은 황족의 선박과 마주치게 되었다. 운하가 협착했으므로 누군가 한쪽에서 선박을 정박시켜 길을 양보해야 했다. 그러나 양쪽 모두 한 치의 양보 없는 대치 국면이 전개되었다. 마침 불어닥친 폭풍으로 살단하가 탑승한 선박이 운하의 가장자리로 부득불 정박하게 되었고, 이후 양자의 대치 국면은 큰 충돌 없이 해결되었다.[85] 이러한 대치 국면이 발생한 것은 기본적으로 살단하가 탑승한 선박이 황제를 알현하기 위한 조공선으로 취급되었기 때문이었다. 즉 조공선과 황족의 선박이 대치될 경우 일종의 힘겨루기가 발생했던 것인데, 이처럼 운하에서의 운선순위를 둘러싼 공방은 경우에 따라 복잡한 양상을 띠었다.

어쨌든 살단하의 기록은 대운하에서 외국의 조공선이 황족의 선박과 대치

할 정도로 권한이 막강했음을 암시해 준다. 살단하의 조공선이 회안과 임청을 지날 때에는, 해당 도시의 고관이 하급 관료를 파견하여 혼잡한 대운하에서 쉽게 통과할 수 있도록 배려해 주었을 뿐 아니라 수많은 세관을 납세 없이 통과했다.[86]

명초 정화의 남해 대원정 이후 확립된 중국의 조공 시스템은 서양 열강으로부터의 충격이 가해지는 19세기 이전까지 기능했으며, 이에 따라 동남아 각지로부터의 조공 사절이 이어졌음은 주지의 사실이다.[87] 가장 긴밀하게 조공단을 파견했던 조선은 만주족이 요동 지방을 점령했던 일부 기간을 제외하곤 줄곧 심양을 경유해서 북경에 도달하는 육로를 이용했으므로 대운하를 이용할 여지가 없었다. 하지만 광동이나 복건을 통해 입국했던 유구(琉球), 타이, 말라카 등지의 조공단은 북경에 도달하기 위해 반드시 대운하를 이용해야 했다.[88] 명말에 입국한 마테오 리치의 선교사 사절이나 청 후기의 매카트니와 암허스트 사절단도 중국에게는 조공 사절로 인식되었다. 그들은 무상으로 관선과 가마를 이용하고 역마다 필요한 식량과 의복을 지급받을 수 있었다.[89]

환관의 특권

앞서 언급한 조운선, 관선, 조공선이 모두 황제와 관련되어 있다는 점을 상기할 때, 황제의 최측근으로 인식된 환관들이 대운하에서 누린 특권을 간과할 수 없다. 최부는 산동성 패현(沛縣)의 노교역(魯橋驛)에서 "성(姓)이 유(劉)라는 태감(환관 유근(劉瑾))이 북경으로 부임하고 있었는데, 깃발·갑옷·징 소리·북소리·악기 소리가 얼마나 요란한지 천지를 진동시켰는데, 이 갑에 이르자 유 태감은 뱃사람들에게 총을 난사하는 등 난폭하게 행동했"[90]음을 목격했다. 이처럼 황제의 총애를 받는 환관이 탑승한 선박은 운하에서도 자신의 세력을 과시하고 있었다.

환관이 황제에게 필요한 물자를 조달하기 위해 사용하는 선박을 마쾌선(馬快船)이라 한다.[91](〔그림 16〕) 마쾌선을 본 마테오 리치는 고대 그리스의 삼층식 선투선처럼 속도가 빨랐으며 보통 8척 내지 10척이 무리를 지어 움직이고 있다고 전했다.[92] 환관의 권력을 간파한 리치는 가능한 한 환관들과 함께 이동하는 기지를 발휘했다. 가령 천진의 운하 구간이 조선 파병에 필요한 전

〔그림 16〕 명대 환관이 사용하던 마쾌선

선(戰船)과 군인으로 가득할 때에도 신부들이 탑승한 마쾌선은 아무런 제지를 받지 않은 채 유유히 통과할 수 있었다.[93] 특히 북경의 황궁 수리 및 재건에 필요한 황목을 운송하던 환관은 모든 운송에서 우선권을 확보할 수 있었으며,[94] 환관 세력을 배후로 황목을 운송했던 휘주 상인이 대운하의 운송에서 각종 특권을 향유했음은 앞서 언급한 바와 같다.

요컨대 대운하 이용의 우선권은 기본적으로 조운선과 관선에게 주어졌지만, 황제에게 바치는 물건을 탑재한 선박인 조공선과 마쾌선은 이보다 더 우월한 권한을 행사할 수 있었다. 하지만 이러한 점은 명문화된 법률이라기보다는 사회적인 관행이었다. 운하의 우선순위가 조운선 → 조공선 → 관선 → 상선이라고 지적했던 만공의 언급은 관료 입장에서의 원칙일 뿐이었다. 앞서 언급한 견문록의 생생한 기록은 이러한 점을 잘 보여 준다.

청대가 되면 환관의 위상이 내려가면서 새로운 특권층인 기인(旗人)이 등장했다. 기인에게는 법적, 재정적, 신분적 특권이 부여되었으며, 그들이 여행·결혼·장례 등 특별 지출이 필요할 때도 황실에서 특별 수당을 지급해 주었다. 물론 만주와 몽골의 병사들은 항해술을 익히거나 배 위에서 군사 훈련을 하는 데 익숙하지 않았다. 하지만 전국적으로 설치된 주방팔기(駐防八旗)의 분포를 보면, 대운하를 따라 북경－덕주－진강－항주를 이어 주는 노선이 존재했다.[95] 따라서 기인이 대운하를 이용할 경우 상당한 특권을 누렸으리라는 점은 쉽게 짐작할 수 있다.

이외에도 3년마다 북경에서 개최되는 과거시험인 회시(會試)에 응시하는 수험생들도 대운하를 이용해서 왕래했다.[96] 회시 수험생은 단순한 수험생이 아니라 이미 1차 시험인 향시(鄕試)에 합격한 예비 관료로, 거인(擧人)이라고 불렸다. 하지만 아직 관료로 인정받은 상태는 아니었다. 그래서 수험생들이 탑승한 선박은 조공선에 비하여 우선권이 밀렸다. 회시 일정을 조운선의 왕래와 겹치지 않는 시기로 조정할 정도였으니,[97] 최고의 국가 고시보다 북경의 먹고사는 문제가 더 중시되었다고 볼 수 있다. 어쨌거나 대운하는 물자 운송과 인적 교류로 인해 늘 복잡한 유통로가 되었다.

일반 선박, 즉 상인들의 선박은 대운하에서 늘 찬밥 신세를 면할 수 없었다. 그렇지만 모든 상인이 운행에서 밀린 것은 아니었다. 앞서 황목을 운송했던 휘주 상인의 사례가 웅변하듯이, 황제, 환관, 조운총독 등 권력자와의 관계 여하에 따라 상인들은 운송상의 특혜를 얼마든지 누릴 수 있었다.

조운선의 '편법'

이외에도 상인이 운송상의 특혜를 얻을 수 있는 틈새는 또 존재했다. 관찰력이 돋보이는 마테오 리치의 언급을 살펴보자.

중국인은 그들이 황제에게 헌납하는 공물이 모두 한 척에 탑재되는 것을 그다지 바람직하게 여기지 않았으며, 서로 다른 몇 척에 나누어서 운송하는 것이 더 좋다고 여깁니다. 다만 황제 자신도 다른 생각이 있기에 이러한 방식에 대해서 못 본 체했습니다. **따라서 조정으로 운송되는 물품을 탑재한 무수한 선박들이 북경에 도달할 때, 그중 상당수의 선박은 만재(滿載)되어 있지 않았습니다. 상인들은 이 기회를 이용해서 아주 저렴한 가격으로 이러한 선박의 빈 공간을 빌릴 수 있었습니다.** 이러한 방식으로 북경에 공급되는 물품이 현지에서 생산된 것보다 훨씬 많았으며, 이를 통해 국가는 결핍 문제를 해결하고 진제(賑濟)의 필요를 상당히 감소시킬 수 있었습니다. 따라서 사람들은 말하기를 "북경에는 어떤 것도 생산되지 않지만, 어떤 것도 부족하지 않다."고 합니다.(강조는 인용자의 것임)[98]

　　리치는 세량(歲糧)을 탑재한 조운선에서 빈 공간을 발견하고 이를 대운하 유통 과정에서 발생하는 의도적인 '낭비'라고 해석했던 것이다. 조운선은 운송 상에 우선순위를 지니고 있었으므로, 상인은 조운선의 빈 공간을 이용해 상품을 빠른 시간에 이동시킬 수 있었다. 한편 황제 역시 이를 묵인함으로써 북경의 물자 부족을 자연스럽게 해결할 수 있었다. 조운선에 탑승한 운군이나 수수들 역시 이 과정에서 일정한 수익을 거둘 수 있었다. 이러한 상품이 조운선에 합법적으로 부여된 토의(土宜)를 지칭했던 것이 아니라고 한다면, 리치의 지적은 당시 대운하 유통의 '편법'을 적나라하게 보여 주는 것이라 할 것이다. 6장 3절에 등장하는 휘주 상인 오일(吳逸) 가문이 이러한 방식으로 "백만의 재산"을 모았을 것이다. 이를 통해 유력한 상인이라면 관부의 묵인 아래 얼마든지 대운하의 물류에 영향을 미칠 여지가 많았음을 확인할 수 있다.

4 대운하 연변의 도시 풍경과 항운

견문록에는 대운하를 여행하면서 관찰했던 주변의 풍경이 생생하게 묘사되어 있다. 사진 자료가 존재하지 않는 전근대 시대 대운하 연변의 도시 풍경을 생동감 있게 기록한 견문록을 주목하는 또 다른 까닭이 바로 여기에 있다.

교통로인 대운하를 따라 대도시뿐 아니라 수많은 중소 도시와 촌락이 발전했다. 러시아에서 온 밀레스쿠는 "중국에는 천연적인 하천 혹은 인공 운하라는 하천에 연결되지 않고 세워진 도시가 없다."라고 표현할 정도였다.[99] 이 글에서는 항주부터 시작해서 북상하는 과정에서 만날 수 있는 도시 순으로 살펴보기로 한다.

항주, 소주, 상주

원대의 견문록에서 가장 강조된 운하 도시는 단연 항주였다. 항주는 대운하의 남단 종착지이자 남송(南宋)의 수도로서의 화려함과 전통을 간직한 도시로 원대에도 큰 주목을 받았다. 마르코 폴로는 항주에 대해서 "세상에서 가장 당당한 최고의 도시"라는 표현을 아끼지 않았으며, "항주의 거리와 운하들은 매우 넓고 크다. 시장이 열리는 광장들에는 많은 사람들이 모이기 때문에 크고 널찍할 수밖에 없다. 항주의 한쪽에는 깨끗한 강이 가득 찬 담수호가 있고 다른 쪽에는 커다란 강이 있다. …… 시내 어느 곳에서나 뭍으로 혹은 이 수로를 통해 다닐 수 있으며, 거리와 운하는 넓고 커서 배가 손쉽게 다닐 수 있고 수레는 주민들에게 필요한 물건들을 싣고 다닐 수 있다. 1만 2000개의 돌다리 아치 아래로 배들이 쉽게 통과할 수 있도록 되어 있고, 나머지 다리들도 작은 배들은 다닐 수 있다."라고 기록했다.[100] 돌다리는 운하가 도시를 관통하는 항주 같은 도시의 발전에는 필수적인 시설이었는데,[101] 마르코 폴로의 눈에도 수많은 돌다리가 시선을 사로잡았던 것이다. 오도릭 수사도 항주를 "세계에서 가장 큰 도시"라면서, 10~12호가 하나의 '불(fire)'이라는 단위를 구성하고, 항주에만 사라센 4만 '불'을 포함해 모두 89만의 '불'이 있다고 기록했다.[102] 명대에도 항주는 "동남 지방 제일의 도시"라는 유사한 묘사가 이어지고 있다. 최부는 "항주는 동남 지역의 큰 도회(都會)로 가옥이 잇달아 행랑을 이루고 치맛자락이 이어져 장막을 이루었으며 저자에는 금은이 쌓여 있고 사람마다 비단옷을 걸"치고 있을 정도로 번화함에 감탄하면서, 한마디로 "별천지"라고 정의했다.[103] 마테오 리치 역시 선교 활동의 효율성을 고려하여 신생 도시인 상해를 떠나 규모가 크고 행정상의 수도인 항주로 이동했고,[104] 청대의 매카트니 역시 "항주는 인구도 많고 크고 번성한 도시"이자 특히 견직물 생산이 많은 곳이라고 언급했다.[105]

항주에 비할 때 소주는 원대보다는 명대의 견문록에서 강조된 느낌이 강하다. 물론 마르코 폴로도 소주를 "매우 크고 훌륭한 도시"이며 비단 생산이 유명하다는 점을 언급한 바 있다.[106] 하지만 명대에 이곳을 경유한 최부와 리치는 모두 소주야말로 없는 물건이 없는 도시라고 칭찬을 아끼지 않았다. 고소역(姑蘇驛)에 도착한 최부는 "보대교(寶帶橋)에서 이 역에 이르는 동안 양쪽 기슭에는 상점이 이어져 있고 선박이 운집해 있었는데, 참으로 동남(東南)에서 제일가는 도시"라고 지적했다.[107] 리치는 소주를 방문하고는 "하늘에는 천

〔그림 17〕「고소번화도」의 산당가가 시작되는 국부도

당이요 땅에는 소주와 항주(上有天堂, 下有蘇杭)"라는 유명한 속담을 거론했다.

대운하에서 내려 소주 성내로 진입하는 곳에 위치한 창문(閶門)과 한산사(寒山寺)는 소주에서 가장 번화한 요충지였다. 특히 성내로 진입하는 화물을 선박에서 싣고 내리는 사람들로 창문과 운하가 인접한 곳은 늘 복잡했으며, 연결된 산당가(山塘街)와 산당하(山塘河)의 아름다운 풍경은 「고소번화도(姑蘇繁華圖)」를 통해 잘 알려져 있다.[108]([그림 17]) 최부는 그곳에서 양자강 중류 및 남쪽의 복건에서 올라온 선박이 가득한 모습을 목격했고, 배를 타고 소주를 왕래하는 문인들은 이곳에 정박하면 늘 시 한 수를 읊곤 했다. 리치는 소주가 유럽의 운하 도시인 베니스와 유사하지만 물은 오히려 더 맑고 깨끗하다고 지적했는데,[109] 오늘날 목도하게 되는 탁한 운하와 비교해 보면 그사이 진행된 환경 파괴를 실감하게 된다.

리치는 명대 소주의 중부(重賦), 즉 무거운 세금에 대해 흥미로운 해석을 했다. 몽골의 퇴거 이후 주원장이 정권을 획득하는 과정에서 소주는 경쟁자였던 장사성(張士誠, 1321~1367년) 일파의 본거지로 완강한 저항이 이어졌던 것으로 유명했다.[110] 그런데 리치가 방문했던 명말까지 소주는 '모반(謀叛)의 도시'로 인식되어 무거운 세금이 부과되었다는 것이다. 가령 소주가 포함된 남직예(南直隸)에서 징수한 세금이 다른 성(省)의 징수액의 2배라고 지적했다. 게다가 명말까지 소주 지역에 많은 군병이 투입되어 순찰 활동을 벌이는 것도 이 지역의 반란 가능성이 다른 어떤 지역보다 많기 때문이라고 보았다.[111] 명 중기 이후 상품 경제의 발전과 서민 의식의 성장으로 인해 소주가 각종 무뢰(無賴)의 활동 및 민변(民變)의 중심지로 인식되고 있었음을 보여 주는 사례라고 생각된다.[112]

상주부(常州府)에 대해서는 청 중기 매카트니가 언급하고 있는데, 이전에는 매우 질서 있고 살 만한 곳이었지만 현재는 대단히 낙후한 것 같다고 지적한다. 그 이유에 대해 매카트니는 수도가 강남을 근거지로 한 남경에서 북경으로 옮겼던 것에서 말미암은 것 같다고 분석했다.[113] 하지만 앞서 언급했듯 북경 천도는 매카트니가 방문하기 300여 년 전인 명초에 이루어진 것이므로, 아주 짧은 기간 중국에 체류함으로 인해 생겨난 매카트니의 대표적인 인식의 오류라고 여겨진다.

양자강에 접해 있는 진강은 5세기 이후 유럽으로부터 전파되었던 동방기독교의 후예들이 활동하던 지역으로, 1278년에 방문한 마르코 폴로는 네스토리우스파 기독교인들의 교회가 두 곳이나 있음을 지적했다.[114] 무엇보다 진강에 도착한 견문록 기자들은 이곳에서 양자강을 건너는 위험성과 어려움을 기록하고 있다.[115] 중국인들 역시 대운하를 따라 북상할 때는 양자강의 풍랑을 만나 출발을 지연할 때가 많았는데, 담천(談遷, 1593~1657년)은 이를 극복하기 위해 강신(江神)에게 제사를 올렸다.[116] 소설에도 양자강 도강을 둘러싼 어려움과 그 와중에서 발생하는 흥미로운 사건이 다수 등장하는데, 이에 대해서는 5장에서 소개한다. 8장에서는 이러한 어려움을 극복하기 위해 진강과 양자강 건너의 과주에는 안전한 운행을 기원하는 종교 시설이 많았음을 소개할 것이다. 18세기 후반에는 대량의 군선과 병사가 포진해 있었다는 기록이 있는데,[117] 서양 세력에 맞서 양자강 입구를 지키는 군사적 요충지로서의 기능이 추가되고 있음을 확인할 수 있다.

의진과 과주

양자강을 사이에 두고 진강과 맞은편에 위치한 의진(儀眞)[118]과 과주에 대해서는 원대의 견문록에서 가장 두드러지게 묘사된다. 마르코 폴로는 의진에 대한 항목에서 다음과 같이 기록했다.

양주를 출발해서 동남쪽으로 24킬로미터 가면 진주(眞州)라는 도시를 만나게 되는데, 그렇게 크지는 않으나 선박이 많고 교역이 활발한 곳이다. …… 여러분은 그곳이 키안(Quian: 揚子 '江')이라는 세상에서 가장 큰 강가에 있다는 사실을 알아 두어야 할 것이다. …… 이 강 덕분에 이 도시는 많은 물건과 상품을 운반하는 선박을 엄청나게 많이 보유하고 있다. 따라서 대(大)칸(쿠빌라이)이 많은 세금과 수입을 올리는 도시이기도 하다. …… 나는 이 도시에 있을 때이 강 위를 항해하는 1만 5000척의 선박을 일시에 본 적도 있다. 이제 여러분은 그리 크지 않은 이 도시가 이 정도의 많은 배를 갖고 있다면 다른 도시들의 경우는 어떠한지 쉽게 상상할 수 있을 것이다. 또한 이 강의 본류로 흘러드는 지류들에 위치한 도시와 지역들에도 역시 많은 선박이 있다. 이 같은 선박이 모두 상품을 싣고 이 진주라는 도시를 왕래하는데, 이 강을 통해 운반되는 주된 상품은 소금이다. 상인들은 이 도시에서 그것을 선적한 뒤 강을 따라 어떤 지역으로든 운반해 가는데, 내륙인 경우에도 강의 본류를 떠나 그리고 들어오는 지류를 거슬러 항해함으로써 그런 지류들 주변의 모든 지역으로 갈 수 있다. 이런 까닭에 소금은 해안 근처의 각지로부터 전술한 진주로 운반되어 오고, 거기서 그것을 배에 실어 앞서 말한 지역들로 가져가는 것이다. 철(鐵)도 운반한다. 선박들은 강을 따라 내려올 때는 나무, 석탄, 대마 및 다른 많은 물자들을 싣고 이 도시로 와서 해안 근처의 지역에 공급한다. 그러나 배만으로는 이 같은 물자들을 운반하기에 충분치 않아, 많은 물자들이 뗏목에 실려서 운반되기도 한다.[119]

의진과 과주에는 양자강과 대운하를 경유하는 선박의 왕래가 많음은 앞서도 지적한 바 있지만, 이 기록을 통해 원대부터 의진은 양회 염장(兩淮鹽場)에서 출하된 소금이 양자강 중류로 판매되는 거점이자 염세 징수가 이루어지는 도시였음을 알 수 있다. 또한 소금을 싣고 양자강 중상류로 올라갔던 선박이 빈 배로 돌아오지 않고 반드시 나무, 석탄, 대마 등을 운송하고 있음도 보여 준다. 의진은 양주에서 서남쪽 70리(약 40킬로미터)에 위치한 도시로, 양자강과 대운하의 교차점에 위치하기에 명대에도 "강회(江淮)의 도회(都會)로 수륙 교통의 요충지"라고 불렸다.[120] 당시 회 · 양 지역에서 생산된 소금 가운데 80퍼센트에 달하는 회남염(淮南鹽)이 의진에 위치한 비험소(批驗所)의 검사를 거쳐 출하되었으므로, 의진은 양회 지역 소금 유통의 출발 기지라고 해도 과언이 아니었다.[121]

과주에 대한 폴로의 언급을 보면, "강가에 있는 이 도시에서는 많은 양의 곡물과 쌀이 집적된다. 이 도시에서 저 멀리 대칸의 궁정이 있는 대도시 캄발룩까지 운반된다. 수로로 운반되는데 강이나 호수를 통해 가는 것이지 바다로 가는 것이 아니라는 것을 알아 두기 바란다. 대칸의 궁정에 있는 대부분의 사람들은 그 도시에서 운반되는 곡식에 의존하고 있기 때문에 대칸은 이 도시에서 캄발룩에 이르는 수로들을 잘 정비하도록 했다."고 기록했다.[122] 대운하를 통해 이루어지는 조운과 그 과정에서 물자 유통 도시로 성장했던 과주의 모습을 잘 보여 준다. 이후 왕래하는 선박이 증가하면서 과주는 상업 도시로 발전하게 되었고 그 결과 명청 시대에는 과주진(瓜洲鎭)으로 불리며 양주의 성쇠와 맥을 같이하는 '순망치한(脣亡齒寒)'의 밀접한 관계를 형성했다.[123]

양주와 회안

양주에 대한 견문록의 묘사는 대체로 대운하의 중계 무역 도시임을 강조한다. 원대의 오도릭 수사는 양주에 네스토리우스 교회 세 곳이 있으며 충분한 염세를 거두고 있음을 지적했다.[124] 마르코 폴로는 양주가 강회행성(江淮行省)의 행정 기구가 위치한 치소(治所)라는 점에서 규모가 큰 도시라고 지적하며 주민들이 교역과 수공업에 종사하며 군인들이 많다는 점만 지적할 뿐, 정작 자신이 3년 동안 양주에서 관직 생활을 했다는 증거를 충분히 보여 주지 못했다.[125]

최부는 양주 성곽의 남쪽에 위치한 광릉역(廣陵驛)과 북쪽에 위치한 소백(邵伯) 체운소(遞運所)에서 숙박했지만, 정작 양주를 방문하지 못하고 배에서 바라본 진회루(鎭淮樓)만 기록했다.[126] 책언주량(策彦周良) 역시 광릉역과 소백역(邵伯驛)에서 숙박을 하면서도 양주에 관한 인상적인 기록을 남기지는 않았다. 이러한 사실은 여정의 촉박함으로 인해 기록이 소략해진 까닭도 있지만, 명 중기까지 양주의 도시 발전이 앞서 언급했던 강남의 도시과 비교할 때 그다지 눈에 띄는 대목이 적었기 때문이기도 할 것이다. 특히 양주의 도시 성곽이 대운하와 인접할 정도로 확대된 것은 왜구의 공격을 대비하기 위해 1555년 신성(新城)을 증축하고 난 후의 일이므로,(6장 1절 참조) 그 이전에 양주를 경유했던 최부와 책언주량이 양주를 방문하지 않고 경유한 것도 크게 이상하지 않다.

한편 광릉역은 양주 성곽의 남쪽 외곽에 위치하지만 운하와 인접하기에 통상 대운하를 왕래하는 선박들이 즐겨 정박하는 장소였다. 따라서 광릉역 인근에는 왕래하는 선박이 멀리서도 쉽게 분별하도록 문봉탑(文峰塔)이 높이 세워져 있었으며, 정박하는 여행객이나 운송 노동자들의 안전 운행을 기원할 수 있는 종교 시설도 많았다. 18세기 말기에 양주를 경유했던 매카트니 역시 본래 2~3일 체류하기로 했던 양주에서의 일정을 항주에서의 체류로 변경하여 양주에 관한 기록은 극히 짧다. 다만 그는 양주가 "상당한 무역 도시"라는 점을 언급하면서 변경된 일정으로 인한 아쉬움을 남겼다.[127] 하지만 매카트니 일행과 함께 했던 안데르손의 기록은 좀 더 자세한데, 양주에서 필요한 식량을 공급받기 위해 잠시 정박했는데 마두(碼頭)에는 수백 천의 선박이 정박해 있었으며, 그중에 몇 척은 대단히 규모가 컸다. 또한 선박을 견인해 주던 견부들에 대해서 묘사하길, 정해진 복장을 착용하고 머리에는 붉은 모자를 쓰고 있었는데 이는 견부가 대단히 고된 직업임을 말해 준다고 했다.[128]

양주에 비하여 회안은 조운로의 중요한 거점으로 견문록에서 강조되었다. 이는 무엇보다 회안에서 황하, 회하, 대운하가 합류했기 때문이다. 청구(淸口)에서 만나는 황하와 회하의 물줄기는 하류인 대운하 및 회·양 지역으로 막대한 양의 물과 토사를 함께 전달했다. 마르코 폴로는 북경에서 남하하면서 회안이 강남 지방으로 들어가는 입구임을 지적하면서 다음과 같이 쓰고 있다.

굉장히 많은 수의 선박이 있는데, 그것은 이 도시가 여러분에게 말했던 카라모란(黃河)이라 불리는 커다란 강가에 위치해 있기 때문이다. 이 도시로 엄청나게 많은 물자들이 들어온다는 사실을 여러분은 알아 두어야 할 것이다. 왜냐하면 그곳은 그 지방에 위치한 왕국의 수도이고, 여러 도시에서 생산된 물자들이 강을 통해 그곳으로 운반되었다가 다른 도시로 다시 분배되기 때문이다. 여러분에게 말해 둘 것은 이 도시에서는 소금도 생산되어 거의 40개 도시에 공급하고 있다는 사실이다. 대칸은 염세를 통해, 또 그곳에서 행해지는 활발한 교역에 대한 세금을 통해 이 도시에서 매우 많은 수입을 올리고 있다.[129]

18세기 후반 회안을 경유했던 매카트니는, 이 도시에 있는 수많은 선박과 사람들의 규모가 천진과 유사한 수준이라고 평가했는데,[130] 회안이나 천진 모두 대운하 유통의 중요한 거점으로 발전했음을 짐작게 한다. 회안과 인접한 청강포에는 여러 갑문이 설치되어 범람을 방지하며 운하 물길을 유지했으며, 운하로의 주요 거점마다 군대가 배치되어 왕래하는 선박을 검사하고 있었다.[131]

제녕과 임청

산동 지방의 운하 도시로 견문록에서 부각된 곳은 제녕과 임청이다. 먼저 제녕에 대한 마르코 폴로의 기록은 다음과 같다.

그곳은 아주 크고 부유하며 활발한 교역과 다양한 기술이 눈에 띈다. …… 강이 하나 있고 거기서 많은 수입을 올리는데, 어찌해서 그런지 여러분에게 말해 주겠다. 이 큰 강(대운하)은 남쪽에서 흘러와 이 신주(新州) 마두(碼頭)에까지 오는데, 도시의 주민들은 이 커다란 강을 두 갈래로 나누어 하나는 동쪽으로 다른 하나는 서쪽으로, 즉 만지(남중국)와 카타이(북중국)로 각각 흐르게 했다. 이 도시에는 대형 선박들이 얼마나 많은지 그것을 보지 않은 사람은 도무지 믿으려 하지 않을 것이다. 그러나 그것들이 지나치게 거대한 배라고는 생각하지 않기 바란다. 다만 큰 강을 항해하는 데 필요한 크기이다. 이 배들은 놀라울 정도로 많은 물건을 싣고 만지와 카타이로 갔다가 돌아올 때 역시 물건을 가득 싣고 온다. 이 강을 따라 위아래로 상품을 싣고 다니는 배들의 모습은 정말 경이롭다."[132]

이는 회통하가 개통된 이후 산동을 왕래하는 선박이 얼마나 많았는지를 보여 준다. 또한 곡물 등의 물건을 싣고 북경으로 올라갔던 배들도 돌아올 때는 배를 놀리지 않고 다른 상품을 운송하고 있었다. 이처럼 대운하를 이용한 교역이 활발했던 만큼, 원대부터 남쪽에서 올라온 비단과 각종 식료품 등이 북경에서 값싸게 거래될 수 있었다.[133]

하지만 산동 지방은 앞서 언급한 것처럼 해발 40미터까지 고도가 상승한다. 따라서 일정한 수심을 유지하기 위해 설치한 갑문의 수가 남쪽에 비하여 급격하게 증가했고,[134] 가장 고도가 높은 남왕의 분수갑(分水閘)에는 안전한 운항을 기원하는 용왕사(龍王祠) 등의 사묘가 다수 설치되어 있었다.[135] 또한 산동 지방은 남방과 달리 치안이 불안하여, 운하에 떠다니는 시체를 발견하거나 도적의 등장을 염려하여 출발 일정을 연기하는 일도 발생했다.[136]

회통하와 영제거를 연결하는 지점에 위치한 임청은 원대의 견문록에는 등장하지 않다가 명대부터 나타나는데, 이는 임청이라는 도시의 발전 과정을 반영하는 듯하다. 먼저 최부의 기록을 보자.

(임청은) 남경과 북경 사이의 요충으로 상인과 여행객들이 모여들었다. 성 안팎 수십 리는 누대(樓臺)가 늘어서 있으며 시가지가 번화하고, 재물은 풍부하며 배가 운집했다. **비록 소주와 항주에는 못 미친다 해도 산동 지방에서는 으뜸으로 천하에 이름이 알려진 곳이다.**[137](강조는 인용자의 것임)

즉 명대 임청은 전국에서 가장 선진적인 도시였던 소주와 항주보다는 못하지만 산동에서는 가장 알려진 중계 무역의 중심지였던 것이다. 비슷한 표현으로 "남쪽에 소주와 항주가 있다면 북쪽에는 임청과 장추진(張秋鎭)이 있다.(南有蘇杭, 北有臨張)"는 속담도 유행했다. 마치 "상유천당, 하유소항(上有天堂, 下有蘇杭)"을 연상시키는 이 속담을 통해, 대운하 연변에 위치했던 산동성의 임청과 장추진의 경제적 발전과 화려한 도시 발전이 쉽게 연상된다.[138] 훗날 대운하의 쇠락과 함께 임청과 장추진의 위상 역시 급감한 것은 이러한 관련성 속에서 이해할 수 있다.

상업이 발전하여 화려하고 퇴폐적인 도시 분위기가 물씬 풍기는 소설『금병매』의 배경이 된 곳이 바로 임청을 중심으로 한 산동이었다.[139] 마테오 리치 역시 임청에 대해, 다른 어떤 도시보다 상업의 발전이 현저하고 본성(本省)의 화물뿐 아니라 전국 각지에서 온 화물까지 매매되었으므로 유객(旅客)의 왕래가 빈번한 곳이라고 기록했다.[140]

임청은 1489년(홍치 2) 현(縣)에서 주(州)로 승격했다. 이러한 행정 단위의 변화는 임청의 지정학적 중요성 및 도시 발전의 결과라고 볼 수 있지만, 명초 해운으로의 조운이 금지된 이후 대운하를 이용하는 물류가 급증했다는 배경도 고려해야 한다. "비록 국가의 재부(財賦)는 사방에서 나오지만, 국용(國用)에 공급하기 위해 운송되는 것은 반드시 임청을 경유한 연후에 도달하게 된다. 비록 상인들은 백화(百貨)를 가지고 주유(周遊)하지만 필요한 때에 공급하기 위해 유통되는 것은 반드시 임청에 저장된 연후에 통하게 된다."[141]는 이부상서(吏部尙書) 왕직(王直, 1379~1462년)의 지적처럼, 임청으로 유입된 인구의 대부분은 운하와 인접한 성외(城外) 서남쪽에 밀집했다.[142]

재부의 밀집은 곧 착취의 대상이 되는 원인을 제공했다. 명말 전횡을 저질렀던 환관은 돈을 뽑아낼 수 있는 주요 지역에 광세사(鑛稅使)를 파견할 때 임청을 빼놓지 않았다. 마침 마테오 리치가 임청을 방문했는데, 당시 악명 높았던 환관 마당(馬堂)이 화려한 관저를 건설하고 황제나 탑승할 만한 거대한 선박으로 운하를 순시하며 리치 일행을 접견했다.[143]

〔그림 18〕 임청의 사리보탑과 경유하는 대운하

청대 매카트니가 임청을 경유할 때에 성내의 많은 주민들이 사절단 일행을 구경하기 위해 포플러 나무가 가득한 운하 연변에 밀집했는데, 매카트니는 회통하의 폭이 그 이남에 비하여 좁았다고 지적했다.[144] 안데르손은 임청 인근 지역에서 대단히 높은 탑을 보았다고 기록했는데, 운하로에 인접하여 건립된 높이 60미터의 사리보탑(舍利寶塔)을 지칭하는 것이라 여겨진다.[145] 당시 동행했던 윌리엄 알렉산더(William Alexander)의 그림은 사리보탑과 인접한 대운하의 전경을 보여 준다.(〔그림 18〕) 임청의 사리보탑이나 양주의 문봉탑 등 대운하 연변에 세워진 탑은 기본적으로 종교적인 목적으로 건립된 것이지만, 동시에 대운하를 이용하는 여행객들에게 지리와 방향을 알려 주는 '경계표(landmark)'의 기능도 수행했다.

덕주와 천진

덕주(德州) 이북부터는 겨울 날씨가 추워지고 빈민 중에는 입을 것이 부족하여 사망하는 사례가 발생하고 있음이 견문록에 전한다.[146] 이 구간은 겨울에 운하가 자주 결빙되었으므로 운하 왕래자들은 그 전에 남쪽으로 출발 준비를 마쳐야 했다.[147] 앞서 언급했던 마당 역시 겨울이 다가와 결빙하기 전에 천진을 떠나 임청에 가려 했으며, 천진의 감옥에서 풀려난 리치도 운하가 결빙된 관계로 어쩔 수 없이 육로를 이용하여 북경으로 이동해야 했다. 겨울에 운하를 이용했던 책언주량 역시 운하가 얼거나 눈보라가 휘몰아쳐 여정이 늦어지는 것을 경험했다.[148]

반면 더운 여름을 대비해서 대운하의 주요 정착지에는 빙고(氷庫)가 설치되어 있었다. 또한 황제나 고위 관료에게 전달되는 식품은 신선함을 유지하기 위해 조공선에 얼음 박스를 탑재했다.[149]

항구 도시 천진에 대한 기록은 임진왜란이 발생했을 때 조선에 파병할 군선과 군대가 운하에 가득했다는 리치의 기록이 있다.[150] 또한 천진을 지나 통혜하에 접어든 매카트니는 운하 연변에 수많은 가옥들이 상상을 초월할 정도로 밀집해 있음을 발견했다. 당시 많은 많은 여성들이 운하의 제방에 몰려서 매카트니 일행을 따라다녔는데, 그들은 전족(纏足)을 하지 않았다. 이에 대해 매카트니는 하층 계급의 여성들, 특히 북부 지역의 하층 여성에게 전족은 그다지 보편적이지 않다는 이야기를 전해 들었다.[151]

이처럼 대운하를 경유한 견문록에는 대운하 연변에 위치한 도시에 대한 기록이 풍부하다. 일부 자료는 제한된 경험과 시간으로 인한 과장과 오류도 포함되어 있지만 외부인의 시각에서 발견할 수 있는 신선한 관점도 적지 않다.

항운의 풍경들

이미 앞서 대운하에는 조운선, 관선, 조공선, 상선 등 수많은 선박이 왕래하고 있었음을 누차 강조한 바 있지만, 선박을 운행하는 입장에서 긴요한 것은 목적지까지 신속하고 안전하게 이동하는 것이었다. 따라서 기한이 촉박할 경우, 밤에도 항운을 강행하고 수심이 낮아지면 견부를 동원하여 강제로 견인하기도 했다. 안전 운항을 위해 선체를 정비하고 유사시에 필요한 수수를 충분히 탑승시키는 것은 기본적인 요구 사항이나, 재정적 여력이 없는 한 이러한 요구가 제대로 준수되기는 어려웠다.[152] 따라서 선주들이 취할 수 있는 가장 손쉬운 방법은 대운하 곳곳에 세워 있는 종교 시설에서 안전 운항을 기원하는 일이었다.

최부의 『표해록』에도 항운의 안전을 기원하는 사묘가 다수 소개되어 있다. 가령 제녕을 지나 개하역(開河驛)에 도착한 최부 일행은 용왕묘를 찾아가 안전 운항을 기원하는 제사를 지냈다. 이때 최부가 제사 의식에 참여하기를 거부하자 중국 관료 진훤(陳萱)은 "이 신사(神祠)는 용왕사(龍王祠)인데 영험하다 하오. 그래서 여기를 지나는 삶은 모두 공손히 제사를 지내고 가야지, 그렇지 않으면 풍파의 위험이 따를 것이오."라면서 제사에의 참여를 강권했다.[153] 또한 그들이 항주를 출발하면서 천비궁(天妃宮)을 지났는데, "강변에는 화려하게 채색한 선박이 줄지어 있었는데 그 수를 헤아릴 수 없을 정도"라고 묘사했다.[154] 항주 천비궁에 줄지어 있던 선박은 대운하의 항운을 시작하기에 앞서 안전을 기원하기 위해서였다. 천비궁의 여신 마조는 원대부터 조운선의 안전한 운항을 기원하는 존재로 인식되었으며, 항주의 천비궁 역시 원대에 처음 건립되어 청말까지 계속 보수되었다.[155]

이외에도 회수 이북에는 대운하를 횡단하는 교통을 위해 부교(浮橋)가 설치되었음을 확인할 수 있다. 서주를 지날 때, 최부는 "강에는 배를 띄워 다리를 만들었는데, 그것을 대부교(大浮橋)라 불렀습니다. 다리의 위아래에는 돛

〔그림 19〕 통혜하의 부교. 「노하독운도(潞河督運圖)」의 국부

대가 나뭇단처럼 섰는데 다리 가운데의 두 배를 빼서 왕래하는 배를 통행시키고, 배가 지나고 나면 도로 뽑아냈던 배로 다리를 만들었"[156]다고 기록했다. 청대 북경을 방문했던 조선의 홍대용(洪大容) 역시 통혜하에 설치된 부교를 보고, "물이 두 가닥으로 갈려 있었고, 수십 척 배를 가로로 이어 다리를 만들었다. 배 양 끝에 큰 나무로 말뚝을 박고 고리로 서로 얽어 요동치지 않게 했다. 그 위엔 바조(대·갈대·수수깡·싸리 따위로 발처럼 엮어 울타리를 만드는 데 쓰는 바자) 같은 것을 깔고 흙을 덮었는데, 튼튼하기가 돌다리에 못지않았다. 그러므로 짐을 실은 수레라도 염려 없이 다녔다."[157]라고 묘사했다.(〔그림 19〕)
'수향(水鄕)'이라고 불리는 강남 지방에는 이미 송대 이래로 도시 구조의 확대 과정에서 크고 작은 운하 및 하천에 교량이 건설되기 시작했지만,[158] 비교적 폭이 넓고 도시와 별다른 관계가 적었던 회수 이북의 운하에는 설치와 해체가 자유로운 부교를 이용해 육로 교통의 흐름을 도왔던 것으로 여겨진다.

다소 지루한 나열이 된 것 같지만, 원·명·청대라는 장기간에 걸쳐 기록된 외국인들의 견문록을 일람한 결과 대운하의 유통과 운영에 관한 내용은 변화가 적었던 반면, 대운하 연변의 도시 풍경은 계속 변화하고 있음을 확인할 수 있었다. 동시에 상품 경제와 장거리 유통의 발전이라는 시대 조류와 함께, 물리적으로는 확대되지 않았던 대운하를 통하여 참으로 많은 선박(조운선, 관선, 조공선, 마쾌선, 상선 등)이 왕래하고 있음도 확인했다. 그 결과 대운하의 항운을 둘러싸고 겉으로는 쉽게 드러나지 않는 우선순위의 경쟁이 점차 치열해졌으며, 권력과 거리가 먼 선박일수록 대운하 유통로에서 배제될 수밖에 없었다. 상품 경제가 발전할수록 대운하의 병목 현상은 심화되었던 것이다.

여기에 홍수와 범람과도 같은 천재지변이라도 발생하게 된다면 어떻게 될까? 상상하기 싫지만 명청 시대 대운하에서 이러한 장면은 전혀 낯설지 않았다. 긴 대운하 구간에서 특히 이러한 자연재해에 취약한 지역이 있었다. 바로 회·양 지역이었다. 국가적 물류를 정상적으로 유지하기 위해 국가 권력이 회·양 지역에 수많은 재력을 투입하는 것을 아끼지 않았던 것도 바로 이 때문이었다.

2부 휘주 상인의 회·양 지역 진출과 성장

4장 회·양 지역과 삼대정

4장에서는 이 책의 지리적 배경이 되는 회·양 지역의 특징을 살펴볼 것이다. 회·양 지역은 경제적으로 최선진 지역이었던 강남과 맞닿아 있으면서 양질의 소금 생산지로 정평이 나 있었지만 늘 화려한 강남의 그늘에 가려 크게 주목받지 못했다. 근대화 이후에도 상해의 발전과 대비되어 낙후된 곳으로 인용되기 십상이었다. 하지만 회·양 지역은 대운하의 물류 체계에서 가장 취약한 곳, 그래서 대운하와 관련해서는 대단히 중요한 지역이었다. 또한 명청 시대 최고의 상인 집단이었던 휘주 상인들의 집단 거주지이자 전략적인 요충지이기도 했다. 따라서 향후 이 지역에 진출하여 활동하는 휘주 상인들의 생존 전략과 그 의미를 평가하기 위해서, 회·양 지역의 지정학적 중요성에 대해 알아본다.

1 회·양 지역

회·양 지역이란 회안과 양주라는 두 지역을 합쳐서 부르는 이름이다. 명말·청초의 행정 구역으로 구분할 경우, 강소성 북부의 회안부·양주부에 소속된 5개 주, 16개 현이 포함된다. 청초의 행정 구역은 대체로 명말의 그것을 이어받았다. 옹정 연간 이전까지 회안부는 2개의 주(해주海州, 비주邳州)와 9개 현(산양현山陽縣, 청하현淸河縣, 염성현鹽城縣, 안동현安東縣, 도원현桃源縣, 감유현贛楡縣, 술양현沭陽縣, 숙천현宿遷縣, 휴녕현睢寧縣)으로 구성되어 있었다. 양주부는 3개 주(고우주高郵州, 태주泰州, 통주通州)와 7개 현(강도현江都縣, 의진현儀眞縣, 보응현寶應縣, 흥화현興化縣, 여고현如皐縣, 동대현東臺縣, 해문현海門縣)으로 구성되어 있었다.[1] 회안부 아문은 산양현에 위치해 있고 양주부의 아문은 강도현에 위치해 있다. 회안부 아문은 조운총독 아문과 인접해 있는데, 규모가 크고 보존 상태가 양호하기에 최근 새롭게 보수되어 일반인들에게 공개되었다. 통상 회안이라고 하면 회안부 전체를 지칭할 때보다 산양현의 도시 성곽을 말할 때가 많고, 양주를 말할 때도 강도현의 도시 성곽을 지칭할 경우가 많다.

'회·양'이라는 공간 개념은 종종 강소성 북부, 즉 소북이라는 근대적인 지리 개념이나 양회 지역과 같은 염정 구역과 혼용되기도 한다. 하지만 강소성 남부를 뜻하는 소남(蘇南)에 대칭되는 개념으로서 사용되는 소북은 회·양 지역뿐 아니라 그 이북의 서주부(徐州府)까지 포함하는 것이 일반적이고, 양회라는 지역 개념은 회수를 기준으로 소금의 판매 경로를 회남(淮南)과 회북(淮北)으로 구분할 때 사용하는 개념이기에, 사실 회·양 지역과 동일한 것은 아니다.

그렇다면 '회·양'이라는 지역 개념이 사료에 등장하는 시기는 언제부터일까? 이는 대체로 명대부터의 일로, 주로 회안과 양주를 남북으로 연결하는 '회·양 운하'를 지칭하거나, 황하, 회수, 양자강으로 둘러싸인 강소성 북부의 수계(水系) 밀집 지역을 지칭할 때 유용한 개념으로 등장했다.[2] 〔지도 9〕「회양의 수리 전도」를 보면, 거대한 수계로 둘러싸인 회·양 지역은 내부에도 크고 작은 하천과 호수가 거미줄처럼 연결되어 있음을 알 수 있다. 이 지역이 강남과 마찬가지로 '수향' 혹은 '택국(澤國)'이라 불린 이유가 이 때문이다. 요컨대 회·양 지역은 수리 체계와 연관된 이름이다.

수문학적 특징

하지만 '택국'으로서 회·양 지역의 이미지는 강남 지역의 그것처럼 긍정적이지는 못했다. 이는 회·양 지역에 끊임없이 수재(水災)가 발생했고, 수재로 인해 파생되는 조운과 염정의 피해가 막대했기 때문이다. 회·양 지역의 수문학적(水文學的) 특징에 대해서 서욱단(徐旭旦, ?~1714년)은 다음과 같이 정리했다.

회·양은 남으로 양자강을 품고, 북으로는 황하를 접하고, 서로는 회하를 바라보며 동으로는 바다를 굽어보고 있다. 그 수천 리 사이가 수많은 물길로 연결되어 있으니 예로부터 "택국"이라 불렸다. 그리고 그 가운데를 한 줄기 대운하가 북에서 남으로 횡단하고 있다. 서쪽으로 무돈(武墩)·고가언(高家堰)·주교(周橋)·적패(翟壩)에 의존하고, 북쪽으로는 회수를 청구(淸口)로

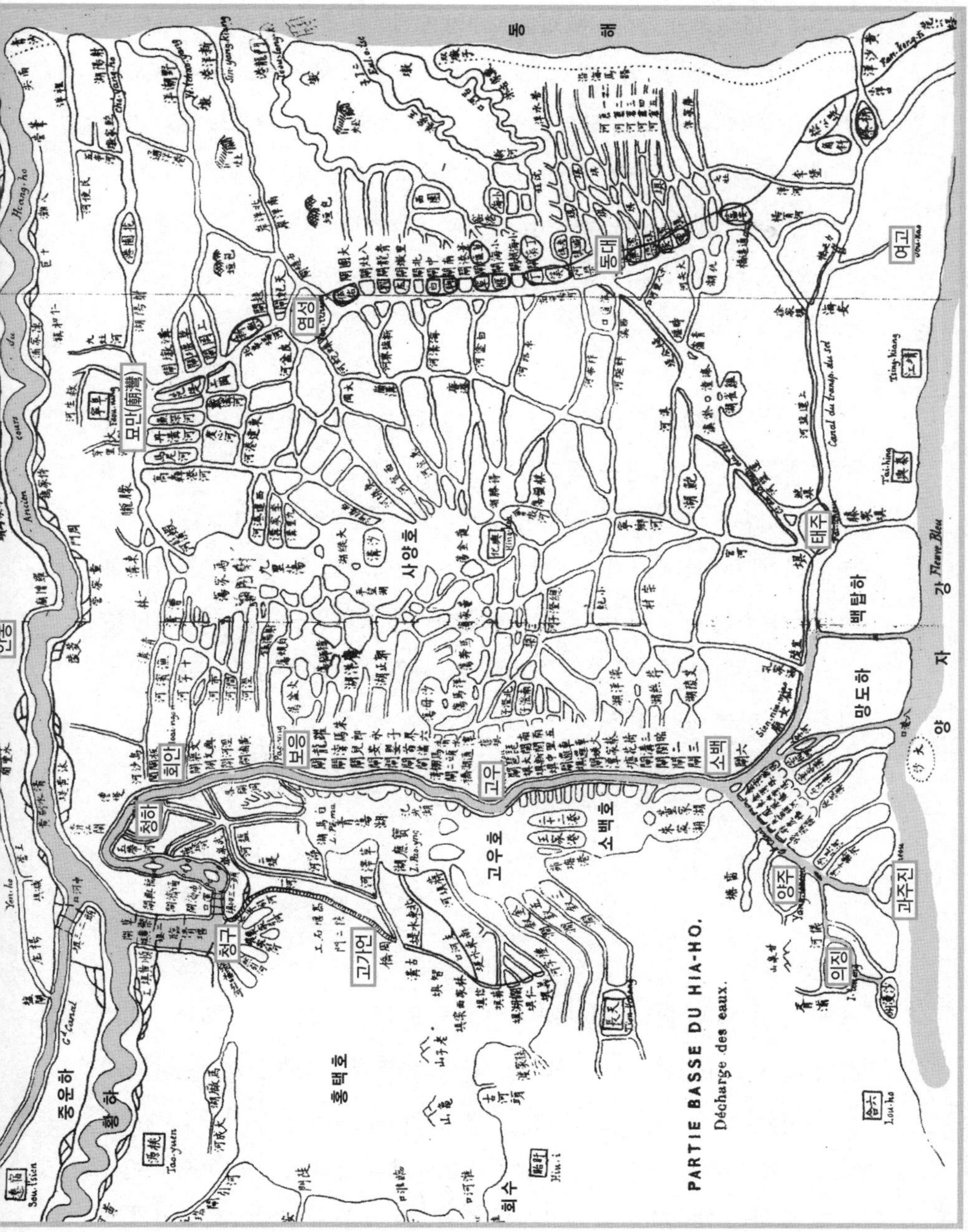
PARTIE BASSE DU HIA-HO.
Décharge des eaux.
황하
중운하
홍택호
회수
안동
회안
청하
청구
고가언
보응
고우
고우호
소백
소백호
사양호
모만(廟灣)
염성
동대
여고
태주
백탑하
망도하
양자강
양주
과주진
의징
동해

(지도 9) 회·양 수리 전도

빠지게 하여 황하와 합류한 후 바다로 나가게 해야만 회·양 지역이 평안히 거할 수 있다. 동으로는 범공제(范公隄) 외곽으로 여러 해구(海口)를 통해 배수하는데, 고우(高郵)·보응(寶應)·산양(山陽)·염성(鹽城)·흥화(興化)·강도(江都)·태주(泰州) 등지의 물을 그 지형의 높고 낮음에 따라 배출해야 이 지역이 안녕히 거할 수 있다. 남으로는 망도하(芒稻河)와 백탑하(白塔河)를 통해 서쪽으로부터 밀려오는 물을 나누어 양자강으로 빠지게 한다. 이것이 물을 빼는 두세 가지 방법으로, 회·양 지역에 대한 개관이다.[3]

즉 회·양 지역의 안녕은 물의 흐름에 달려 있었다. 무엇보다 서쪽에서 흘러오는 황하와 회수의 물을 적절하게 동쪽의 바다로 빠지게 하는 "설수(洩水)"가 중요했다. 서욱단이 지적하는 것처럼, 회·양 지역으로 유입된 물이 바다로 흘러가는 방식은 크게 두 가지였다. 하나는 해안을 따라 축조된 여러 제방의 해구를 이용하는 것이고, 다른 하나는 남쪽 방향의 운하를 이용해서 양자강으로 배수하는 것이다. 이론적으로는 문제가 없어 보이지만, 실제 회·양 지역을 관통하는 하천의 흐름은 그다지 순조롭지 못했다.

회·양 지역 치수의 어려움은 크게 보아 '상류(上流)', '중류(中流)', '하류(下流)'의 세 가지 측면으로 나누어 볼 수 있다.[4]

황하의 침입

첫째 '상류'의 문제는 사실상 이 지역의 본질적인 문제였다. 즉 황하와 회수가 회안의 청구에서 서로 만나 회·양 지역으로 막대한 수량을 전달한다는 것이다. "회(회수)·하(황하) 합회(合會)"라고 표현되는 이러한 현상은 12세기에 발생했던 황하의 4차 개도(改道), 즉 황하 물줄기의 네 번째 큰 이동으로 야기되었다. 황하는 함유하고 있는 토사의 축적으로 인해 끊임없이 물줄기가 변

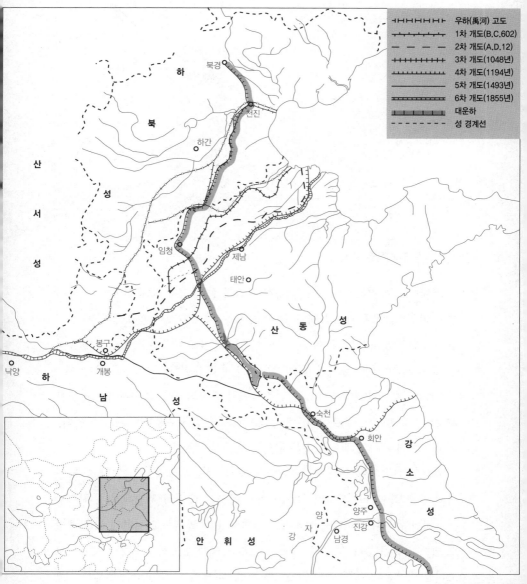

〔지도 10〕 황하 변천도

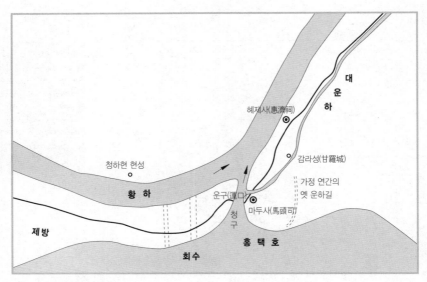

[지도 11] 명 후기 청구의 형세도

동한 것으로 유명하지만 지도를 다시 그려야 할 정도로 크게 변동한 것은 여섯 번이었다. 「황하의 6차 개도」를 보여 주는 지도를 보면 황하가 얼마나 끊임없이 움직였는지 알 수 있다.([지도 10])[5] 4차 개도 이후에도 황하의 물줄기는 작은 변화가 이어졌지만 대체로 15세기 말엽 유대하(劉大夏, 1436~1516년)가 1493년 황릉강제(黃陵岡隄)를 건립하면서 확정되었다. 역사에서는 이것을 황하의 5차 개도라 부르는데, 4차 때의 개도를 일부 수정한 것에 불과하다.[6] 결국 황하의 4~5차 개도를 통해 황하는 회수와 합쳐졌다.

황하와 회수가 합쳐진 지점은 회안 인근의 청구(淸口)였다.([지도 11]) 당연히 기존에 회수만 통과하던 청구의 치수 문제는 대단히 복잡해졌다. 회수가 청구에서 황하와 합쳐지자 동쪽으로 범람이 쉽게 발생하고 서쪽에 세운 제방도 쉽게 터지곤 했다. 따라서 "물을 다스리는 자에게 문제의 일부를 보완하고 고치는 방책은 있어도 한 번의 노고로 오랜 혜택을 누리는 법은 없었다."[7]고 할 정도였다. 이에 대해 "황하가 회수와 만난 이래로 회안 지역은 수환(水患)

이 많았다. …… 회수로 황하를 막고자 하는데, 거대한 회수의 제방이 하늘까지 높아진다 해도 무익할 뿐"[8]이라는 섭권(葉權, 1522~1578년)의 진술은 결코 과장된 표현이 아니었다. 이 문제는 황하가 다시 북쪽으로 물길을 바꾸는 19세기 중반까지 지속되었다.

준설 작업

둘째 '중류', 즉 회양 운하의 수심을 일정하게 유지하는 일도 용이하지 않았다. 회양 운하란 3장에서 언급한 것처럼 북쪽의 회안과 남쪽의 과주를 연결하는 약 400리(230킬로미터)의 운하로[9] 황하, 회하, 그리고 인근 호수의 물을 흡수하여 양자강으로 방출했다. 문제는 황하의 토사가 장기간에 걸쳐 운하로 유입되고 침전되면서 운하의 바닥이 상승했고, 운하의 수위를 일정하게 유지하기 위해 양안(兩岸)의 제방 역시 지속적으로 높아졌다는 사실이다. 그 결과 하저(河底)의 준설이나 제방의 수축이 제때에 이루어지지 않거나 장마로 홍수가 발생할 경우, 물이 인근 지역으로 범람하여 회·양 지역을 수몰시키기 일쑤였다. 특히 운하 동편에 거주하는 백성들 가운데는 가뭄이 되면 몰래 대운하의 제방에 배수로인 함통(涵洞)을 뚫어 관개용수를 빼내는 일이 많아졌다.[10] 여름과 가을에 물이 불어나면 함통을 통해 제방이 무너지는 일도 발생했다.[11]

또한 대운하의 서쪽으로는 보응호(寶應湖), 고우호(高郵湖), 소백호(邵伯湖) 등 크고 작은 호수가 인접해 있고, 다시 그러한 호수들의 서편으로 면적 2700제곱킬로미터로 강소성에서 가장 거대한 홍택호(洪澤湖)가 연결되어 있었다. 이처럼 수많은 물줄기가 연결되어 있으므로 운하 제방의 유실을 막고 회·양 지역이 수몰되지 않도록 조정하는 것은 여간 까다로운 작업이 아니었다. 따라서 '중류'에는 제방을 쌓아 운하와 호수가 서로 간섭하지 못하도록 분리하는 것이 기본 방침이 되고('運·湖 분리') 혹 유입된 토사가 운하의 하저를 높이지 못하도록 준설 작업을 지속하는 것이 필요했다.[12]

배수의 문제

셋째 '하류', 즉 '상류'와 '중류' 문제로 인하여 회·양 지역으로 유입된 하수를 다시 바다와 양자강으로 배출하는 것이 쉽지 않았다. 바다로의 배수가 어려웠던 것은 두 가지 이유가 있다. 하나는 앞서 언급했던 "회·하 합회"이후 수량이 불어나, 회안의 해구로는 배수가 제대로 이루어지지 않았기 때문이다.[13] 다른 하나는 회·양 지역의 중심부에 해당하는 흥화현과 태주는 지대가 낮은 반면, 하수가 흘러오는 대운하 서편과 하수가 배출되는 동편 해안은 지대가 높았던 까닭이다. 따라서 이 지역에 한번 유입된 하수는 배출이 쉽지 않았고, 그래서 "가마솥의 바닥〔釜底〕"이라고 불렸다.[14]

게다가 이곳은 전국에서 가장 규모가 큰 양회염장을 끼고 있기에 해조(海潮)의 침입으로부터 보호할 필요가 있었다. 이를 위해 범공제(范公隄)를 비롯한 긴 제방이 해안선을 따라 축조되었다. 소금을 생산하는 조호(竈戶)들의 입장에서 볼 때, 염장을 보호하기 위해 바다와 연결된 수로를 가능한 한 차단하려는 것은 당연한 일이었다.[15] 이러한 이유로 인해 일단 회·양 지역으로 유입된 물은 배수가 더욱 어려워졌던 것이다.

하지만 회·양 지역으로 유입된 하수는 동편의 바다 외에 남쪽의 양자강으로 빠져나갈 수도 있었다. 이 경우는 주로 두 가지 루트가 이용되었다. 하나는 과주와 의진으로 나뉘어 양자강으로 연결되는 대운하를 이용하는 것이다. 즉 회·양 운하의 남쪽 끝에는 명말에 갑문이 설치되어 인근 호수의 수위가 높아지는 여름과 가을의 배수로가 되었다.[16] 다른 하나는 양주 성곽의 북쪽에 위치한 만두(灣頭) 지역에서 양자강으로 빠지는 물길을 이용하는 것이다.

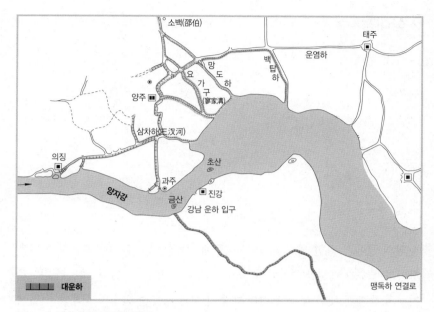

소백(邵伯)
태주
운염하
망도하
백탑하
요가구(寥家溝)
양주
삼차하(三汊河)
의징
초산
양자강
과주
금산
진강
강남 운하 입구
맹독하 연결로
대운하

〔지도 12〕 **명 후기 양주 부근 운하 지도**

대운하와 연결된 망도하(芒稻河)와 백탑하(白塔河)는 후자를 지칭한다.(〔지도 12〕 참조)

대운하의 수위가 양자강보다 약간 높았으므로 이 두 방식은 모두 바다로의 배수보다 훨씬 용이했다.[17] 다만 망도하와 백탑하는 소금 운송을 위해 준설된 염운하(鹽運河)와 연결되어 있고, 특히 망도하는 대운하와 염운하가 교차하는 지점에 위치하고 있어서 배수의 원칙은 하공 그 자체보다 염운선과 조운선을 보호하는 것에 우선순위가 두어졌다. 따라서 매년 이루어지는 조운의 원활한 유지를 위해 망도하에 대한 체계적인 정비가 이루어질 여유는 많지 않았다. 뒤에서 살펴보겠지만 강희제가 남순(南巡)을 시도하면서 먼저 망도하를 제대로 준설하라는 명령을 내린 것도 바로 이러한 상황과 관련이 깊다.[18]

2 삼대정三大政

앞의 글에서 밝힌 세 가지 요인 때문에 "택국"이라 불리는 회·양 지역은 장마와 홍수가 발생할 때마다 수몰되는 심각한 피해를 입었다. 하지만 회·양 지역의 수재에 대한 국가 권력의 대응 방식과 강도는 단순히 각지에서 발생하는 홍수와 범람으로 인한 수재의 처리 차원과는 사뭇 달랐다. 이는 무엇보다 회·양 지역의 하공이 국가적 물류인 조운 및 염정과 밀접한 관련을 맺고 있기 때문이었다. 이른바 청대에 국가의 세 가지 대사(大事)로 불린 삼대정(三大政)의 문제가 회·양 지역의 대운하에 모두 얽혀 있었다.

조운과 하공

먼저 조운에 대해서 살펴보자. 조운이란 전근대 중국의 역대 왕조가 수로를 이용하여 수도에서 필요한 공적인 물자, 특히 곡물을 운송하는 과정 및 관련 제도를 통칭하는 개념이다. "조(漕)란 물길을 통해 곡물을 전달하는 것"이라는 『설문해자(說文解字)』의 해석처럼, 조운의 주요 특징은 곡물이라는 물자와 수로라는 운송로이다. 물론 조운에는 곡물 이외에 황실에서 쓸 다른 물품을 포함하기도 하며, 수로만 사용한 것이 아니라 부분적으로 육로를 겸용한 적도 있었다. 하지만 조운이 시행되었던 한대(漢代) 이후로 청말까지 조운의 기본 물품은 곡물이고 기본 운송로는 수로였다. 그리고 수로는 자연 하천과 더불어 인공 운하인 대운하를 지칭하지만, 원대 이후로는 바다를 통한 해운까지 포괄했다.

앞서 언급했듯, 영락 연간 북경으로 천도가 이루어지고 해운이 정지되면서 조운로는 대운하로 일원화되었고, 그 결과 대운하에 대한 유지·보수는 더욱 어려워졌다. 대운하 교역망에서 양주는 양자강 중류에서 출발한 조운선이 대운하로 갈아타는 교차점이었고, 회안은 조운선에 탑재한 곡물의 양과 수송 기한을 점검하는 지점이었다. 자연히 양주와 회안은 북상하는 조운선과 남하하는 회공선(回空船)으로 쉴 틈이 없었다. 회안에는 탑재물 검사를 위해 파견된 조운 관료까지 운집했다. 따라서 회·양 지역에 발생하는 수재는 곧 조운에 심각한 차질을 야기했다. 이에 대하여 『청사고(淸史稿)』의 운하 관련 기사는 다음과 같이 정리하고 있다.

황하가 남쪽으로 흘러가면서 회하가 먼저 병이 났고, 회하가 병이 나니 대운하 역시 병이 들었다. 이 때문에 황하를 다스리고, 회하를 통하게 하며, 운하를 유지하는 세 가지 문제가 모두 회안의 청구 지역에 집중된 것이다. 하공 공정의 빈번함과 비용 부담의 막중함, 그리고 인민의 토지와 가옥이 겪었던 잦은 재해가 이보다 심한 곳이 없었다. 대개 청구 지역의 역할은 회하의 맑은 물(淸水)로 황하의 흐린 물(濁水)을 막는 것이다. 하지만 회하가 강해지면 황하를 막기엔 편하지만 지나치게 강해질 경우 운하의 제방이 무너지게 되고, 반면 회하가 약해지면 운하 유지가 가능하지만 황하가 역류하는 근심이 생겨나는 것이다.[19]

즉 황하-회하-대운하가 서로 밀접하게 연동되어 있는 수문학적 특징으로 인해 회 · 양 지역의 치수 문제는 곧 대운하를 이용하는 조운 문제로 직결되었던 것이다. 그러므로 "회하를 다스리는 것은 황하를 다스리기 위함이고, 황하와 회하를 다스리는 것은 대운하를 다스리기 위함"이라는 지방지의 기록이 있고,[20] "황하는 운하를 해치는 적(賊)"이라는 말이 명대 이래 관료들에게 회자될 정도였다.[21] 7장에서 언급하듯, 강희제가 남순을 시도하면서 회 · 양 지역 하공의 요체가 "운도(運道, 곧 대운하)와 민생"에 있다고 강조한 것도 같은 맥락에서 이해가 가능하다.

따라서 국가 권력은 대운하에 대한 하공을 지역 사회의 총체적인 수리 문제보다 더 중요하게 간주했다. 문제는 그 결과 회 · 양 지역의 농업 생산력이 점차 저하되었다는 데 있었다.[22] 가령 1653~1654년(순치 9~10년) 회 · 양 지역에 가뭄이 발생했을 때, 관리들은 조운만을 중시하여 운하의 물을 지역민들의 관개용수로 조금도 제공하지 않았다. 그 결과 운하 제방 인근의 토지는 모두 고갈되고 거민 중에는 갈증으로 죽는 자까지 속출했다.[23] 회 · 양 지역 하공에 대한 국가 권력의 관심은 사실상 조운의 원활한 유지라는 대전제 속에서 이루어지고 있음을 확인하게 된다.

염정

다음으로 염정과의 관련성을 살펴보자.[24] 소금은 인간의 생존에 반드시 필요한 것이지만 대체재가 없고 제한된 지역에서만 생산되었다. 그래서 중국의 역대 정부는 제한된 지역에서 생산되는 소금을 모든 사람에게 안정적으로 공급할 수 있는 방법을 강구해 왔으며, 시간이 흐를수록 그 과정에 깊숙이 개입함으로써 막대한 규모의 염세를 거두어들였다. 이른바 소금이 국가의 전매품(專賣品)이 된 것이다.

한나라의 무제(武帝)는 국가 재정을 확충하기 위해 소금에 대한 전매 제도

〔그림 20〕 염장에서 끓이거나 증발한 소금을 모으는 장면

를 시행한 바 있으며, 당 후반기 안사(安史)의 난으로 열악해진 재정 상태를 개선하기 위해 제오기(第五琦)는 대표적인 해염(海鹽) 산지인 강회(江淮) 지역에서 전매제를 실시했고 유안(劉晏) 역시 염법을 개혁했다. 그 결과 한때 소금의 세수가 재정 수입의 절반을 차지하기에 이르렀다. 송대에 소금의 전매제가 확립되고 일부 지역에서 염상의 조직화가 이루어지면서 염상의 역할이 중요하게 대두되었다. 특히 염상의 집단적인 역할과 활동이 역사 속에 두드러진 시기는 개중법(開中法)이 실시된 명초부터 강운법(綱運法)이 사라지는 청 말까지였다. 개중법에서 강운법으로 변화되는 이유와 그 사이에서 휘주 상인이 세력을 확대하는 과정은 6장에서 자세하게 언급할 것이다.

명청 시대 국가 권력은 소금 유통을 효과적으로 운영하기 위해 전국을 11개 염구(鹽區)로 구분했다. 각 염구에는 염운사사(鹽運使司)를 비롯한 염정 전담 기구를 설치하고, 중앙에서는 정기적으로 순염어사(巡鹽御史)라는 감독관을 파견했다. 청대를 기준으로 할 때 전국 11개 염구는 양회(兩淮), 양절(兩浙), 장노(長蘆), 봉천(奉天), 하동(河東), 산동, 복건, 양광(兩廣), 사천, 운남(雲南), 섬감(陝甘)이다. 하나의 염구에는 소금의 생산 지역과 소비 지역이 결합되었다. 양회 염장을 비롯한 대부분의 염구는 해안 지대에 접해 있는데, 이러한 지역의 염장에서는 바닷물을 끓이거나 햇볕으로 증발시키는 방법으로 소금을 생산했다.((그림 20)) 염구의 경계를 설정할 때는 소금의 운송비를 가장 크게 고려했다. 전근대 시대 화물 운송에 가장 효율적인 방식은 누차 언급했듯 수로를 이용하는 것이고, 주요한 수로를 연결할 수 있는 생산지와 소비지를 묶어서 하나의 염구로 편성했다.

11개 염구 가운데 규모가 가장 큰 곳이 바로 양회 염구다. 회수 하류의 남과 북에 위치한 약 30여 개의 염장에서 생산된 소금은 염운하(鹽運河), 대운하, 양자강 및 그 지류를 이용해 강소성, 안휘성, 하남성, 강서성, 호북성, 호남성 등 양자강 중·하류 지역의 260여 개 주현에 소금을 유통시켰다. 이미 송대부터 전국 염구 가운데 가장 많은 소금을 생산했던 양회 염장은, 원대에는 전체 염과(鹽課)의 반을 납부했다.[25] 명초에도 전체 220여 만 인(引)의 염인(鹽引) 가운데 약 3분의 1에 해당하는 70여 만 인을 생산했다.[26]

지리적으로 회·양 지역의 상당 부분은 양회 염구의 소금을 생산하는 염장이었고, 양주와 회안은 모두 양회 염정의 행정적 중심지였다. 따라서 회·양 지역에 진출했던 상인들이 쉽게 양회 염구의 염정을 주도하는 염상으로 발전할 수 있었을 뿐 아니라 수로 유통로를 따라 각지로 진출하기도 용이했다.

양회 염장은 규모가 크고 세금도 많이 걷혔지만, 하공과 관련한 위험 요소역시 많았다. 한 지방지에 따르면 양회 염장의 해로움은 크게 세 가지이다.[27] 첫째, "회·하 합회" 이후 잦은 수재로 인해 염장이 수몰될 가능성이 높다는 것, 둘째, 하남, 강서, 호광 지방으로 소금을 판매하는 과정에서 염운선이 수로에서 전복될 가능성이 높다는 것, 셋째, 회·양 지역에 수재가 발생할 때마다 염상(鹽商)이 진휼에 나서야 한다는 것이었다. 세 가지 모두 물 관리와 관련된 것으로, 다른 염장들에 비하여 하공에 취약했던 양회 염장의 특징을 잘 보여 준다. 그러므로 상인이 안전하게 소금 유통에 종사하고, 국가 권력이 원활하게 염과를 징수하기 위해서는, 무엇보다 하공 문제가 안정적으로 해결되어야 했다. 회·양 지역의 하공 문제가 염정과 밀접한 관련을 지니는 것도 바로 이 때문이었다.

회·양 지역은 하공, 조운, 염정의 삼대정이 하나같이 중요할 뿐 아니라 서로 밀접하게 연관되어 있었다. 회안 성곽에서 30리(약 17킬로미터) 정도 떨어진 청강포의 경우 청 중엽에 "하공·조운·염정의 관료와 상인들이 모여드는 곳으로 가장 번성할 때 거의 10만 명에 달한다."[28]는 기록이 있는데, 삼대정이 얽혀 있는 회·양 지역의 특징을 잘 표현해 주고 있다. 앞서 지적했듯, 대운하 치수는 갈수록 어려워지는 반면 대운하를 통한 조운의 중요성이 갈수록 높아진 것은 영락제의 북경 천도 이후의 일이다. 따라서 삼대정과 관련하여 회·양 지역의 중요성이 대두된 시점 역시 북경 천도 이후라고 볼 수 있다. 이때부터 삼대정의 핵심인 하공에 필요한 대규모 비용을 단기간에 출연(出捐)할 수 있는 조력자가 국가 권력에게 절실해졌다. 마침 소금 유통에 참여하기 위해 휘주 상인을 비롯하여 각지에서 재력이 풍부한 상인들이 회·양 지역으로 몰려들기 시작한 것도 바로 이 시기였다.

5장 소설을 통해 본 휘주 상인의 대외 진출과 당면 과제

상품 경제와 원거리 유통이 현저하게 발전했던 명청 시대. 그 발전의 이면에 존재했던 각종 위험 요소는 무엇이었는가? 또한 상품 유통의 주체인 상인들은 이러한 문제들에 어떻게 대응해 나갔는가? 이러한 의문은 이미 오래전부터 제기된 것이지만, 그동안 이에 대한 구체적인 실상을 확인하는 작업은 쉽지 않았다. 기존에 사용하던 사료 가운데 유통업에 종사하는 상인들의 입장에서 서술된 것이 태부족이었기 때문이었다.

그런 가운데서도 풍몽룡(馮夢龍, 1574~1646년)의 소설을 가지고 명말 상인을 분석하거나 『두편신서(杜騙新書)』에 나타나는 유통업의 특징을 아행(牙行) 중심으로 검토한 연구는 이러한 사료적인 한계를 돌파하려 한 유의미한 시도였다.[1] 최근 사회사 연구가 활성화되면서 소설 자료를 역사적 사료의 하나로 적극적으로 비판 · 수용하는 것도 그다지 낯설지 않은 방법이 되었고[2] 소설 『금병매』의 텍스트 분석을 통해서 명말의 운하 도시를 배경으로 상업 경영을 주도했던 무뢰배들의 활동과 관료와의 교제망 등을 실감나게 그려 낸 연구도 등장했다.[3]

명말 · 청초에 출간되거나 유통된 소설에 이 글의 관심사인 휘주 상인을 비롯한 여러 객상(客商)을 소재로 한 이야기는 무궁무진하다.[4] 그 가운데 이야기의 진실성을 독자들에게 전달하기 위해 실제 지명이나 인명을 명기하는 경우가 있는데, 풍몽룡의 『성세항언(醒世恒言)』 제35권에 등장하는 주인공 아기(阿寄)는 그 대표적인 사례다. 아기는 정사인 『명사(明史)』에도 소개된 실재 인물이지만[5] 소설은 『명사』에 표현되지 않았던 객상으로서의 전형적인 이동성을 실감나게 전해 주었다.[6] 물론 아기는 노복(奴僕)으로서 유통업에 종사한 흔치 않은 사례일 것이다. 하지만 작가는 당시 독자들이 실생활에서 쉽게 마주칠 수 있는 객상을 소재로 취함으로써 이야기의 신빙성을 제고시킬 수 있었다.

이 장에서는 이러한 사실에 착안하여 객상으로서 대외 진출을 시작하는 휘주 상인의 모습을 17세기 소설 자료인 풍몽룡의 '삼언(三言)'과 능몽초(凌濛初, 1580~1644년)의 '이박(二拍)'을 중심으로 살펴보려고 한다.[7] 17세기 소설에는 40여 건에 달하는 휘상 관련 내용이 묘사되어 있고, 그중에는 기존 사료에서 보기 어려운 객상으로서의 구체적인 활동 내용이 풍부하다. 그러므로 소설과 기존 사료와 비교해 보면서, 당시 유통업에 종사하던 휘상이 강남 지역을 비롯한 각지에 정착하기 이전 혹은 그 과정에서 봉착하게 되는 각종 당면 문제가 구체적으로 무엇이었는지, 그리고 이러한 과제에 대한 그들의 주된 대응 방식은 어떠했는지를 정리해 보고자 한다.

다만 소설을 사료로 이용할 경우 두 가지 측면을 주의할 필요가 있다. 하나는 소설에서 묘사하는 객상들을 가능한 한 유형화하여, 이를 기타 정사와 지방지, 필기류(筆記類) 등의 사료와 비교해 보는 것이다. 이는 소설이 지니고 있는 사료로서의 가능성을 가늠하기 위한 기초 작업이기도 하거니와, 과장된 요소를 역사적 현장 속으로 수용하기 위한 필수적인 단계라 할 것이다. 다른 하나는 소설에 등장하는 상인의 형상을 있는 '진실' 그 자체라기보다는 작가를 비롯한 독자층, 특히 강남 지역의 서민들이 체감하는 상인의 '이미지'라는 측면에서 분석하는 것이다.[8] 가령 휘주 상인 못지않게 상업계에서 두드러진 활동을 펼쳤던 산서·섬서 상인을 소재로 한 이야기가 17세기 소설에 적은 것은, 경제적 실상의 반영이라기보다는 강남 지역에 편중된 출판 환경의 영향으로 볼 수 있다.[9]

1 휘주 상인의 대외 진출

15세기 중엽의 상업 풍조

휘주인들의 상업에 대한 열기는 대체로 16세기에 접어들면서, 즉 명의 정덕 연간(正德年間, 1506~1521년)부터 두드러지게 나타났다. 바로 그 시기를 체험했던 하량준(何良俊, 1506~1573년)은 정덕 연간 이전과 이후를 비교하길, 그 이후로 "부세(賦稅)가 증가하고 요역(徭役)은 날로 무거워져, 생계를 유지하기 어려워 결국 모두 업종을 바꾸었다. …… 이전에는 상업에 종사하는 자(逐末之人)가 적었지만, 지금은 농사를 버리고 공업과 상업에 종사하는 자가 이전보다 세 배나 많아졌다."[10]라고 지적했다. 이른바 사농공상(士農工商)의 유교적 신분 질서가 동요되는 조짐을 포착한 것이다.

1609년 편찬된 휘주 지역의 지방지에서도 다음과 같은 기록을 볼 수 있다.

정덕 말기부터 가정(嘉靖) 초기에 이르러 조금씩 변화가 생겨났다. 상인으로 나가는 사람은 이미 많아졌고 토지는 중히 여기지 않게 되고, 재물을 얻기 위해 서로 경쟁하니 흥망이 수시로 바뀌었다. 이에 능력 있는 자는 성공하나 무능한 자는 망하고, 고용주는 부를 쌓으나 고용인은 절로 가난해진다. 높고 낮음이 균형을 잃고 아주 작은 이익에도 함께 경쟁하니, 서로 깔보거나 분을 내고 각자 위세를 부린다. 이에 사기가 싹트고 분쟁이 일어나며 화려함과 사치가 만연하게 되었다.[11]

지방지를 편찬하는 입장에 서 있던 신사들의 근심과 우려가 느껴지는 이러한 자료들은 오히려 명 중기부터 상업에 대한 열기와 경상(經商) 풍조가 확산되고 있음을 잘 보여 준다. 이러한 경향은 명말까지 지속되었다. 앞서 언급한 휘주 지역 지방지는 만력제가 등극한 1573년 이후 30년 사이의 사회 변화에 대해서, "상황은 극도로 기이하여 부자는 백에 하나, 가난한 자는 열에 아홉이다. 가난한 자들이 부자에게 맞서지 못하니 소수가 도리어 다수를 제압"하는 상황이 도래했다면서 신랄한 비판의 목소리를 이어 갔다.

기득권층이 볼멘소리를 남긴 것은 이미 그러한 현상이 기층에서 상당 부분 진행되었음을 암시한다. 휘주 지역민들은 16세기 이전부터 개별적으로 상업에 종사하면서 대외 진출을 시작했다. 여러 휘주 상인 연구자들이 지적하듯, 상방으로 인식될 정도로 다수의 휘상들이 집단적으로 타지로 진출한 시기는 15세기 중엽에 해당하는 성화(成化)·홍치(弘治) 연간(1465~1505)이었다.[12]

그 배경에는 휘주라는 지역 사회가 지닌 열악한 자연환경이 있었다. 즉 대부분이 산지로 둘러싸여 농업 생산력에 한계가 뚜렷한 휘주 지역에 명 중기 이후 인구와 세금 부담이 증가하자, 이를 극복하기 위하여 휘주인들이 대거 외지로 진출했다는 것이다.[13] 자연환경이라는 요소는 시대와 상관없는 불변의 조건인 것 같지만, 15세기에 발생하는 사회 변화를 고려하면 객상 배출을 자극하는 주요인이 되었을 가능성이 높다. 이미 잘 알려진 바처럼 15세기 중국은 세역(稅役) 제도가 문란해지고 토지 소유가 편중되면서 농민층이 분화되고 대대적인 인구 이동이 발생했다. 그들 가운데 일부는 농촌을 떠나 경제적 중심지인 중소 도시로 몰려들었다.[14]

이 시기에 객지로 진출한 휘주인들 역시 대부분 중소 도시에 밀집하여 상업 활동에 종사했다. 하지만 그들에게 낯선 도시 사회에는 이미 기존 세력이나 또 다른 경쟁자들이 존재했다. 여러 경쟁에 직면한 휘주 상인들은 점차 집단적인 상호 부조의 필요성을 실감했다. 그 결과 그들은 자연스럽게 출신 지역민들끼리 상호 부조하는 집단적인 대응 방식을 발전시킬 수 있었다. 특히 흡현과 휴녕현은 휘주에서 일찍부터 상인 배출이 많기로 유명했던 지역인데, 왕사성(王士性, 1546~1598년)은 이 지역 상인들이 객지에서 송사(訟事)에 휘말릴 경우에 무리를 지어 돈을 추렴하는 등 집단적인 대응에 장점이 있다고 지적했다.[15] 김성(金聲, 1589~1645년) 역시 휘주 상인들이 적게는 몇 집, 많게는 수백, 수천 가문의 친족이 함께 상업에 종사하고 있다고 묘사했다.[16]

또한 휘주 상인들은 동향 출신의 전복(佃僕)과 노복(奴僕)을 운수 노동자로 고용하여 운송비를 절감한 것으로 유명했다.[17] 가령 1491년 출생으로 양자강에서 소금을 유통했던 왕복광(汪福光)은 1000척에 달하는 선박을 운영하기 위해 수많은 족인(族人)을 수하에 거느리면서도 "평지를 밟는 것처럼" 손쉽게 운행했다고 했다.[18] 그가 종족의 하층민들을 이용하여 얼마나 조직적으로 유통 과정에 참여했는지 짐작할 수 있다.

소설 속의 휘주 상인

소설 속에 등장하는 휘주 상인들은 어떤 모습을 하고 있을까? 먼저 '삼언'과 '이박'을 비롯하여 17세기 소설 가운데 등장하는 휘주 출신 상인의 사례를 뽑아 보면 다음의 〔표 5〕과 같다.

표의 39건의 사례 중, 휘주 상인의 성씨가 거론된 경우는 27건이고, 성씨를 확인할 수 있는 사람은 모두 32명이다. 성씨를 빈도순으로 배열하면 왕씨(汪氏)가 8명, 정씨(程氏)가 6명, 진씨(陳氏)가 3명, 손씨(孫氏)가 2명 순이고, 나머

[표 5] 17세기 소설에 등장하는 휘주 상인 사례

번호	출전 소설 (번호는 권수)	상인 호칭	활동 지역	취급 품목	관련 내용
1	유세명언 1	陳商= 陳大郎	호북성 양양부 棗陽縣과 소주	米荳 之類	24세에 부모를 여의고 이삼천 냥을 본전으로 經商. 1년에 한 차례 왕복.
2	유세명언 1	汪 朝奉	호북성 양양부 조양현	전당	
3	유세명언 1	朱八 朝奉	호북성 양양부 조양현	소금	양양부에 새로운 가정을 꾸림.
4	유세명언 12	孫 員外	江州(=九江)	미상	기녀 謝玉英에게 1년간 千金 이상을 사용. 湖口로 뱃놀이 떠남.
5	경세통언 5	陳 朝奉	양주갑. 南宿州 (安徽 鳳陽府 宿縣) 왕래	양식	강변에서 선박을 구조.
6	경세통언 11	陶公	의진	미상	客船으로 물에 빠진 蘇 知縣 을 구해 줌.
7	경세통언 15	徽商	소주	미상	소주 玄妙觀 眞武殿의 靈異함 을 듣고 그 앞에 돌로 假山을 만들어 장관 연출. 이로 風水 파괴.
8	경세통언 22	휘주 염상	소주	소금	소주에서 後嗣를 얻은 후 소 주 창문 외곽에 陳州娘娘廟 건립.
9	경세통언 32	孫富	과주	소금	과주에 정박하면서 杜十娘에 반함. 南京 國子監 納粟生.
10	성세항언 20	휘상	강서 南昌 進賢縣	木匠 店鋪	객상이 아니라 鋪戶. 나이 들어 귀향함.
11	성세항언 32	韓氏	사천과 양주 왕래	미상	사천 涪州에서 10월 3일 水神祭 祀. 사천에 浮家, 揚州에 側室. 큰 선박을 가지고 양자강 왕래.
12	박안경기 2	姚氏와 周少溪	절강성 衢州	미상	휘주와 衢州의 지리적 근접성 으로 객상 많음.

13	박안경기 2	潘甲	未詳	미상	潘甲 가문은 世族(舊姓人家) 집안이지만 破落戶. 남자들이 객상으로 생계. "棄儒爲商" 기록.
14	박안경기 4	程德瑜	사천과 섬서	미상	客店에 숙박하는 과정의 위험. 사천에서 棧道 이용.
15	박안경기 10	金聲 程元	절강 台州府	전당	金聲과 程元은 모두 台州府에 진출했던 휘주 흡현 출신 상인. 양자 사이에 혼인을 둘러싸고 분쟁이 발생.
16	박안경기 15	衛 朝奉	남경 秦淮湖	전당	처음 남경에 온 이후 "百般的 昧心取利之法"로 치부. 평소에 각박한 인물.
17	박안경기 24	휘상	양주와 남경	소금과 전당	弘濟寺 수리에 30냥 捐貲. 객점에서 무뢰들에게 죽임 당함.
18	이각박안 경기 15	휘상	湖州府 安吉州	미상	수로에서 물에 빠진 부인 구출.
19	이각박안 경기 15	휘상	양주와 太倉州	소금과 전당	兩頭大. 300냥에 江愛娘을 얻어 양녀로 삼고, 다시 韓 侍郎의 夫人으로 바침.
20	이각박안 경기 28	程 朝奉 李方哥	휘주부	李方哥는 주점 운영	휘주에서 朝奉은 부자에 대한 존칭. 程 朝奉은 거만의 재산을 가진 갑부로 돈으로 李方哥의 부인 陳氏를 뺏으려 함.
21	이각박안 경기 37	程宷와 程宰 형제	요양	인삼, 松子, 貂皮, 東珠 藥材, 綵緞, 布	女神의 도움으로 요양에서 치부. 휘주인의 경상 풍속에 대한 자료.
22	歡喜寃家 3	汪 朝奉	절강 安吉州 菱湖鎭	전당	徽州와 安吉州에 각각 살림.("兩頭大") 50여 세에 자식이 없음. 중매쟁이 통해 어려움에 처한 月仙을 20냥에 취하려고 함.

23	환희원가 10	미상	양주	소금	施家女의 부친이 양주의 대염상. 祖籍이 휘주.
24	환희원가 12	汪禮	절강 嘉興府 秀水縣	전당	원래 휘주에 거주. 嘉興에 와서 전당업 종사. 이후 秀水縣.
25	환희원가 15	徽人	廣西 柳州府	전당	5냥을 보내어 羅漢의 장식을 도와줌.
26	환희원가 19	木知日	광동과 사천	약재	
27	堅瓠集 五集 2	휘상	사천과 강남 왕래	미곡	만력 17년이라고 기록됨. 미곡을 비축했다가 시세 차익 누림.
28	型世言 6	汪洋	貴池	미상	흡현인. 이곳으로 매년 경상하러 오는 객상 歙家에서 과부에게 눈이 맞아 각종 선물 공세.
29	형세언 16	휘상	사천 成都府 內江縣	목재	木商. 수천 냥의 자본을 가지고 벌목하러 사천에 왔다가 돌아가지 않고 兩頭大(두집살림)를 꾸림.
30	형세언 26	휘상 吳燴	항주	소금	염상. 나이 32세. 항주 箭橋 大街에 僑寓. 성품은 대단히 인색함.
31	石点頭 5	陳氏	양주	전당	
32	석점두 8	汪氏	소·항에서 사천 왕래 호북 荊州府 세관 경유	綾羅 紬緞	荊州의 稅關에서 악명 높은 稅官 吳愛陶에게 수모를 당하고, 불을 지르고 달아남. 대상인으로 수천 냥 어치의 물건 운송. 항주 北新關과 소주 滸墅關 경유.
33	석점두 11	汪氏 汪朝奉	襄陽과 양주 왕래	소금	汪朝奉의 小弟 역시 양주에서 염업 점포 운영하면서 襄陽 왕래. 객상으로 어려움에 처한 周迪에 대한 선행.

34	西湖二集 33	徽客	절강 항주부 富陽縣	미상	驢夫를 데리고 가던 중 까치를 방생하려고 돈을 꺼냄. 驢夫가 많은 은낭을 보고 탐심이 생겨 벽지에서 徽客을 살해.
35	서호이집 34	王直	광동	硝黃, 絲綿 등의 違禁品	가정31~36년 왜구에 가담한 대표적인 중국 상인. 실제 인물. 뒤이어 胡宗憲 등장.
36	醉醒石 4	程翁	절강의 衢州, 嚴州 등	목재	
37	生絹剪 11	曹復古	소주	약재	棄儒從商.
38	十二樓 5	未嘗	광동 肇慶	전당	
39	豆棚閑話 3	汪氏父子(汪彦, 汪興哥)	소주, 영파/ 북경, 강서, 복건, 회·양	전당/ 金珠瓷器, 海板, 鹽 등	부친은 고생스러운 객상 10년 만에 2000냥 축적(발전의 계기) 50세에 20만 냥. 아들 汪興哥는 소주에서 전당업, 이후 영파로. 부친은 근면한 객상의 전형. 아들은 선행으로 치부.

지 오씨(吳氏), 반씨(潘氏), 김씨(金氏), 위씨(衛氏), 요씨(姚氏), 주씨(周氏), 한씨(韓氏), 주씨(朱氏), 도씨(陶氏), 조씨(曹氏), 이씨(李氏), 목씨(木氏)가 각각 1명씩 등장한다.

8명(20퍼센트)과 6명(15퍼센트)으로 가장 많이 등장한 왕씨와 정씨는 실제 휘주의 대표적인 성씨이자 양주에 진출했던 종족으로 손꼽힌다. 진거병(陳去病, 1874~1933년)의 기록에 따르면, "휘주인이 양주에 거주하기 시작한 가장 이른 시기는 명 중기다. 그러므로 양주의 흥성은 실로 휘상이 열었으며 양주는 대개 휘상의 식민지라고 할 수 있다. 휘주의 대성으로는 왕씨, 정씨, 강씨(江氏), 홍씨(洪氏), 반씨, 정씨(鄭氏), 황씨(黃氏), 허씨(許氏) 등이 있는데, 양주는 그들이 아니면 없었을 것"이라고 했다.[19] 3명이 등장한 진씨와 2명이 등장한 손씨 역시 휘주 지방지에서 흔하게 발견할 수 있다. 그 외에 1명씩 등장한 성씨 가운데는 목씨(26번 사례)의 경우만 휘주 지역에서 쉽게 발견할 수 있는 성씨가 아니었다. 그러므로 소설의 저자들은 이야기 속에 휘주 상인을 등장시키면서 실제 자주 접하던 성씨를 사용하고 있음을 알 수 있다.

진출 지역에 대한 설정 역시 실제 상황과 크게 다르지 않았다. 한 상인이 두 지역 이상을 경유했던 기록까지 합산하면, 앞선 사례 가운데 모두 53건의 지명이 등장한다. 이 가운데 가장 많이 언급되는 지역을 청대의 행정 구역을 기준으로 열거하면 강소성이 19건(36퍼센트)으로 가장 많고, 그 다음이 절강성으로 10건, 사천성이 6건, 호북성이 5건, 강서성, 광동성, 안휘성이 모두 3건 순이었다. 그 외에 요양(遼陽), 섬서성(陝西省), 복건성, 북경, 귀주성(貴州省), 광서성(廣西省)이 각각 한 차례씩 언급되었다.

성 이하 단위로 보면, 강소성(19건) 내에서는 양주가 9건(이 가운데는 양주부에 속하는 과주와 의진을 포함했음)으로 가장 많이 등장했고, 그 다음으로 소주가 4차례, 남경이 2차례 언급되었다. 절강성(10건)에서는 항주·호주(湖州)·구주(衢州)가 각각 2차례씩 등장했고, 호북성은 형주(荊州, 1건)를 제외한 4건이 모두 양양부로 거론되었다. 6차례나 언급된 사천성의 경우는 부 이하의 단위가 언급된 경우는 성도부(成都府) 내강현(內江縣)(29번 사례)이 유일했다. 이외에도 강서성(3건)에서는 구강(九江), 남창부(南昌府)의 진현현(進賢縣)이 구체적인 지명으로 거론되었고, 안휘성(3건)은 지주부(池州府) 귀지현(貴池縣), 휘주부 흡현, 봉양부(鳳陽府) 숙현(宿縣)이 각각 1번씩 등장했다. 나머지는 모두 광동(3건)처럼 성의 명칭만 간략하게 언급되므로, 대략적인 경유 지역만 짐작할 뿐이다.

이처럼 확인 가능한 53건의 지역 분포를 점으로 찍어 조감하면, 크게 두 가지 수로를 통해 연결되어 있음을 발견할 수 있다. 하나는 동서를 잇는 양자강

〔그림 21〕 양자강을 왕래하는 여섯 노로 젓는 과선(課船)

이고(〔그림 21〕 참조) 다른 하나는 남북을 잇는 대운하다. 양주는 이 두 수로의 교차로에 위치하고 있으므로 중복하여 계산할 경우, 양자강에 인접한 지명은 모두 15건(28퍼센트; 양주 9건, 남경 2건, 안휘 귀지현 1건, 강서 구강 1건, 호북 형주 1건, 사천 내강현 1건)이고 구체적인 명칭이 거론되지 않은 사천(5건)과 호북 양양(4건)으로의 물자 유통까지 양자강을 이용했다고 간주할 경우, 24건(45퍼센트)으로 증가한다. 16세기부터 양자강과 대운하를 연결하는 유통망이 상호 밀접하게 연결되어 거대한 도시 연결망을 형성했음은 최근의 연구 성과를 통해서도 입증된 바와 같다.[20]

사천과 호북의 양양이 양자강 수로와 연결되었다고 판단할 수 있는 가능성은 대단히 높은데, 전체 39건의 사례 가운데 구체적으로 두 지역을 왕래하며 상품 유통에 참여했던 사례를 참조할 수 있다. 두 지역 이상이 등장했던 이야기는 모두 9건으로, 그중 6건이 양자강을 이용했다. 구체적으로 양주와 사천(11번 사례), 양주와 양양(33번 사례), 양주와 남경(17번 사례), 강남과 사천(27번 사례), 소주·항주와 사천(32번 사례), 소주와 양양(1번 사례)을 각각 왕래했다. 왕래했던 두 지점을 살펴보면, 휘주인이 객상으로서 사천과 호북 양양을 왕래할 때 양자강을 이용했음은 의심의 여지가 없다.

양자강과 함께 소설에 많이 등장하는 수로는 대운하다. 53건의 지명 언급 가운데, 양주를 포함하여 남북을 관통하는 대운하에 인접한 지명은 모두 17건(32퍼센트: 북경 1건, 양주 9건, 소주 4건, 태창주 1건, 항주 2건)이다. 휘주에서 요양 지방을 왕래했던『이각박안경기』제37권의 이야기(21번 사례)도 내용을 보면 대운하를 이용하고 있으므로, 전체는 18건(34퍼센트)이라고 셈해야 할 것이다. 또한 두 지역 이상이 등장한 이야기 9건 가운데 2건은 구체적인 언급은 없으나 정황상 대운하를 이용한 것으로 볼 수 있다. 하나는 양주와 태창주를 왕래했던 경우(19번 사례)이고 또 하나는 항주 북신관(北新關)과 소주의 호서관(滸墅關)을 경유했던 경우(32번 사례)이다. 북신관과 호서관은 모두 대운하에 설치된 대표적인 세관(稅關)이었다.[21] 흥미로운 것은 후자의 주인공 휘주 상인 왕씨는 대운하와 양자강을 동시에 경유하면서 모두 세 차례나 세관을 경유하는 등 객상의 전형적인 모습을 보여 준다.

이처럼 소설에서 양자강과 대운하를 따라 분포된 지명은, 실제 휘주 상인들이 장거리 여행시 지참했던 노정서(路程書) 및 지방지에서 언급된 휘주 상인의 진출 지역과 별반 차이가 없다. 1699년 출간된『휘주부지(徽州府志)』에는 휘주 상인들의 진출 상황을 다음과 같이 기록해 놓았다.

오늘날 휘주의 부민(富民)들은 모든 가족이 의진·양주·소주·송강(松江)·회안·무호(蕪湖)·항주·호주 등 여러 지역과 강서의 남창, 호광의 한구(漢口), 그리고 멀리는 북경까지 진출한다. 그들은 가솔들을 데리고 가는데 심지어 수레에 조부(祖父)의 유골을 가져가 타향에 장사 지내면서 조금도 아쉬워하지 않으므로, 휘주 본토에는 빈한하여 밖으로 나갈 수 없는 자만이 남아 있을 뿐이다.[22]

여기에 등장하는 북경·회안·양주·의진·소주·송강·항주는 대운하로 연결되는 대표적인 도시며 양주·무호·남창·한구는 양자강으로 연결된 주요 도시였다. 이는 소설 속의 지명과도 대부분 일치하고 있다. 휘상의 외지 진출이 양자강과 대운하를 따라 확산되었음은 기존 연구에서도 이미 지적된 바 있다.[23]

위 기록에서 "가솔들을 데리고 가는데 심지어 수레에 조부의 유골을 가져가 타향에 장사 지내면서 조금도 아쉬워하지 않"는 모습에 대해서는 부연 설명이 필요할 것 같다. 왜냐하면 이러한 묘사는 휘주인들의 강력한 종족 관념과 상반된 것처럼 보이기 때문이다. 실제로 객지로 진출하기 전에는 가난했지만 객지에서 상업에 성공할 경우, 가솔을 이끌고 이주한 뒤 귀향하지 않는 사례는 점차 증가했다. 객지로 호적을 옮기는 부적(附籍), 점적(占籍), 그리고 상적(商籍)을 획득하는 것은 그 대표적인 사례다. 상적에 대해서는 6장 4절에서 재론할 것이다.

하지만 『흡사한담(歙事閑譚)』에서 잘 지적했듯이, 고향의 종족과 관계를 끊고 이주에 성공한 경우라도 후일에 사업에 실패하거나 나이가 들어 외로워질 경우 후회하는 경우가 많았다.[24] 또한 객지에 거처하면서도 본적(本籍)을 유지하는 사례도 많았으며, 객지에 호적을 옮긴 후에라도 고향에 돌아와 조상의 묘소를 살피고 종사(宗祠)를 수축하는 경우도 발견할 수 있다.[25] 이처럼 객지로 이주하더라도 종족 관념을 가지고 고향과의 관계를 유지할 필요는 여전히 존재했다. 따라서 『휘주부지』의 인상은 휘주인들의 경상 풍조가 붐을 이룬 명말·청초의 정황에 대한 휘주 지식인들의 곱지 않은 시선이 투영된 것으로 보는 것이 적절하다.

취급 품목과 업종

39건의 이야기 가운데 구체적으로 상인의 취급 품목이 언급된 경우는 42차례 등장한다. 이를 빈도순으로 살펴보면, 크게 5가지 품목 혹은 업종으로 정리가 가능하다. 주요 품목이 되는 5가지 중에서도 주류가 되었던 것은 11번 등장하는 전당(典當, 26퍼센트)과 9번 등장하는 소금(21퍼센트), 그리고 5번 등장하는 목재(12퍼센트)가 그것이다. 그 뒤를 이어서 미곡과 약재가 각각 3번 등장했다. 이외에도 주단(綢緞), 면포(棉布), 보석류가 각각 2번씩 등장했고, 한 차례만 발견된 것은 자기, 초황(硝黃), 인삼, 표피(豹皮), 그리고 주점 운영이었다. 사료를 살펴보면 "휘주인이 종사하는 상업으로 소금, 차, 목재, 전당의 네 가지가 주류를 이룬다."[26]는 언급이 나오고 흡현의 지방지에는 "우리 읍의 상업으로 소금, 전당, 차, 목재가 가장 유명하다."[27]라는 기록을 볼 수 있다. 그러므로 휘상의 취급 품목으로 소설에 가장 많이 등장했던 전당, 소금, 목재는 실상을 그대로 반영한 것이다.

그렇다면 소설에서 차를 취급하는 사례가 나타나지 않는 것은 왜일까? 이러한 현상을 이해하려면 분석의 대상 자료가 17세기 강남 지역을 중심으로 유통되었던 소설이라는 점을 감안할 필요가 있다. 왜냐하면 휘주 상인 가운데 차를 전매하는 차상(茶商)은 다른 품목을 취급하는 경우와 달리 19세기에 가장 번영했기 때문이다. 그나마 18세기까지 휘주 출신 차상들의 판매 루트를 살펴보면, ① 양자강과 대운하를 통한 북경·천진으로의 판매망과 ② 강서성의 감강(贛江)을 경유하여 광동 지방으로 연결되는 판매망이 대종을 이루었으므로, 강남 지역으로 진출하는 경우는 많지 않았다.[28] 더구나 강남 지역에는 강소성과 절강성에서 생산된 양질의 토산 차와 인근의 강서, 복건 등지에서 유입된 차가 많았다. 그래서 강남에서는 본지 상인과 강서 혹은 복건 상인이 차 유통을 장악하고 있었다.[29] 소설에 등장하는 휘상의 취급 품목에서 유독 차에 대한 언급이 생략된 것은, 바로 17세기까지 강남인들에게 휘주 차상의 활동이 거의 인지되지 않을 만큼 미미했음을 반영하는 것이었다.

전당업과 소금 유통에 종사하는 휘상이 소설의 주된 소재였다는 사실은 소설의 현실 감각이 얼마나 훌륭했는지를 잘 보여 준다. 명대 이래 장거리 상품 유통에 참여했던 휘상 가운데는 소금·면포·전당을 겸업하는 사례가 많았다. 가령 16세기에 활동했던 황의(黃誼)와 정례(程禮)는 소금 운송과 전당업에 동시에 참여하여 치부(致富)함에 있어 일종의 상승 효과(Synergy effect)를 경험할 수 있었다.[30] 당시 염세를 납부하거나 거대 자금을 운용할 때는 은이 필요한 반면 영세한 염상들과 거래하거나 중소 거래를 할 경우에는 동전을 사용해야 했다. 따라서 동전과 은의 비가(比價)를 결정하고 교환해 주던 전당업을 겸업한다면 염운에 종사하면서 불필요한 낭비를 줄일 수 있었다.[31] 소설에도 염업과 전당업을 겸업하는 휘상이 3번 등장하는데, 양주와 남경에서 활동하던 경우(17번 사례), 양주와 태창주에서 활동했던 경우(19번 사례), 그리고 소주·회안·양주·강서·북경 등을 왕래하던 왕씨 부자(39번 사례)가 이에 해당한다.

이상과 같이 소설에 등장하는 39건의 휘상 사례에 대한 성씨, 진출 지역, 취급 품목을 분석한 결과, 비록 구체적인 스토리 전개는 소설적 허구성이 많이 개입되었다 하더라도, 상인의 상업 활동과 관련된 환경 설정은 대단히 사실적임을 확인할 수 있었다. 17세기 소설이 지니고 있는 이러한 리얼리티를 염두에 두고 이제 본격적으로 휘주 상인이 객지에 진출하여 치부하는 방식에 대해서 살펴보자.

정보 입수와 시세 차익

앞서 언급했던 휘주 상인의 사례 가운데 나타나는 치부 방식은 크게 두 가지로 요약할 수 있다. 하나는 상품 유통에 참여하되 빠른 정보 입수를 통해 시세차익을 추구하는 모습이다. 전당업에만 종사했던 8가지 사례를 제외한 대부분의 경우가 이러한 특징을 공통적으로 보여 준다. 그 가운데 『이각박안경기』에 등장하는 정씨 형제(21번 사례)만큼 정보 입수와 관련한 시세 차익의 효과를 두드러지게 보여 주는 사례도 드물 것 같다.[32] 내용이 길지만 구체적인 치부 방식을 보여 줄 수 있기에 그 줄거리를 소개해 보겠다.

주인공 정재(程宰)는 16세기 초반에 활동했던 휘주인으로 어릴 적에는 과거 합격을 위해 독서에 몰두했다. 하지만 휘주의 풍속이 "상인을 제일의 생업으로 여기고, 오히려 과거 합격은 그다음"이었기에 공부를 그만두고 수천 냥의 자본금을 가지고 요양 지방으로 떠난다. 이처럼 그는 유학을 포기하고 상업에 종사하는 "기유종상(棄儒從商)"의 전형적인 모습을 보여 주는 듯하지만, 수천 냥의 초기 자본이 있었던 것으로 보아 그의 집은 대상인 가문이었을 가능성이 높다.[33] 그들이 진출했던 지역은 요양 지역이었다. 요양은 오늘날 요녕성(遼寧省)에 위치한 요양시 근처로, 명대에는 북쪽의 여진족과 조선과의 교역이 이루어지는 군사적 요충지였다. 이처럼 요양 지역은 양자강 이남에 위치한 휘주나 경제 중심지인 강남과는 상당한 거리가 있었으나, 사료에서도 비슷한 시기 이곳까지 진출하여 활동했던 휘주 상인의 사례를 발견할 수 있다.[34]

정재 형제가 요양에 도착해서 구입한 품목은 인삼, 소나무, 담비 가죽, 동강(東珠)이라 불리는 송화강(松花江) 중하류에서 생산되는 진주였다. 모두 요양 지방에서 흔히 거래되는 물품으로, 그들은 수년간 요양과 휘주를 오가며 장거리 유통업에 종사했다. 하지만 결과는 오히려 초기 자본까지 모두 날려 버리는 실패로 끝나는 듯했다. 그런데도 정재 형제가 요양 지역에서 장사를 정리하지 못하며 전전긍긍한 이유는, 실패하고 돌아간다면 고향에서 웃음거리가 되었기 때문이다. 휘주에서는 과거 응시자가 귀향할 때와 마찬가지로 장사에 성공하기 위해 고향을 떠난 사람이 귀향할 때도 그 성공 여부에 따라 태

도가 판이했다.[35]

이렇게 시간을 보내던 정재에게 변화가 생긴 것은, 1518년(정덕 13년) 늦은 밤에 숙박업소에서 여신(女神)을 만난 이후부터였다. 이전의 인연 때문이라며 밤마다 나타난 여신은 정재에게 다음에 구매할 물건과 방식을 소상하게 알려 주었다. 여신의 조언을 그대로 따른 정재는 세 차례의 상품 매매를 통해서, 10냥의 초기 자본금을 삼사천 냥으로 불렸다. 이야기는 신비스러운 설정을 취하고 있지만, 구체적인 치부 방식을 따져 보면 결코 현실성이 없는 것이 아니었다. 이 과정을 간략하게 정리하면 〔표 6〕과 같다. 세 차례의 매매 과정에서 정재가 거둔 이윤율은 최소 200퍼센트에서 최고 5000퍼센트까지 되었는데, 이는 앞서 소개했던 아기가 거둔 이윤율 100~150퍼센트와 비교할 때

〔표 6〕『이각박안경기』 권37에 등장하는 휘상 정재의 치부 방식

차수와 시기	구매처	구매 물건	구매 비용(냥)	이윤율 (퍼센트)	판매후 자본금	이윤의 계기
1차 정덕 14년	객상	약재 (黄柏과 大黃)	10여	약 5000	500냥	요동에 역병이 돌아 황백과 대황이 각 점포에서 모자라고 일시에 가격이 등귀함.
2차 1차 며칠 후	형주 (荊州) 상인	채단 (綵緞) (500疋) 布 (6000疋)	500	200	1000냥	강서에서 영왕(寧王) 주신호 (朱宸濠)가 반란을 일으켜 남경을 탈취함. 조정에서는 급히 요동 군병을 남쪽으로 파견하려 했음. 이에 군대에서는 융장기치(戎裝旗幟)에 사용할 다량의 채단이 급하게 필요했고, 일시에 가격이 등귀했음.
3차 정덕 15~16년	소주 상인		1000	300~400	3000~4000냥	다음 해 3월 무종황제(武宗皇帝)가 붕어하자 천하의 모든 사람은 국상 의복을 입어야 했기에 백포(白布) 구매가 늘어났고, 포의 가격 역시 급등함.

〔표 7〕『성세항언』 권35에 등장하는 아기의 치부 방식

차수	구매 지점	구매 물건	구매 비용(냥)	판매 지점	이윤율 (퍼센트)	판매 후 자본 총액(냥)
1차	절강 慶雲山	칠(漆)	12	강소 소주	100	24
2차	강소 소주	미(米)	24	절강 항주	50	36
3차	절강 경운산	칠	36	절강 항주	약 100	약 80
4차	절강 경운산	칠	약 80	강소 흥화	약 100	약 160
5차	강소 흥화	미	약 160	절강 항주	약 150	약 400

월등히 높았다.(〔표 7〕참조)[36]

이렇게 높은 이윤을 거둘 수 있었던 직접적인 이유는 여신의 신비적인 예언 때문이다. 하지만 그 배경이 되었던 역병의 만연, 반란의 발생, 그리고 황제의 붕어 소식은 어느 시대나 발생할 수 있는 사건이었다. 따라서 이 이야기에서 여신이라는 신비적인 요소만 제거할 경우, 정재의 성공 비결은 사회 변화에 대한 재빠른 정보 입수와 이에 대한 즉각적인 대응에 있었다고 볼 수 있다. 소설에서도 두 번째 채단(綵緞)을 매매하기 직전에 강서에서 일어난 영왕(寧王) 신호(宸濠)의 반란군이 북경에 진격 중이라는 거짓 소문이 요양에 난무하여 대부분의 상인들은 어떻게 대처해야 할지 잘 몰랐다. 그러나 정재는 여신의 도움으로 정확한 진상을 파악했기에 오히려 전쟁에 필요한 물품을 미리 매점(買占)할 수 있었다.[37] 실제로 영왕의 반란은 1519년(정덕 14년)에 발발했으며, 양명학을 집대성한 왕수인(王守仁)은 '의병'을 일으켜 영왕의 '반란병'을 진압한 바 있다.[38]

이처럼 시세 차익의 변화에 대한 정확한 정보를 남들보다 빠르게 입수하는 것이 유통업에 종사하는 객상들에겐 경쟁력 그 자체였다. 유사한 사례가『금병매』에도 등장한다. 주인공 서문경(西門慶)이 죽은 후 회계를 맡고 있던 한

도국(韓道國)은 하남과 산동 일대에 큰 가뭄이 들고 면화도 흉년이기에 면포 가격이 등귀했다는 정보를 입수하고, 임청에서 천 냥어치의 포목을 판매했다.[39] 이처럼 한도국이 순식간에 면포를 팔아 치울 수 있었던 것은, 포백 가격이 3할이나 오른 상황에서 각처의 상인이 임청 일대의 선착장으로 몰려와 면포를 구매하려 한다는 정보를 누구보다 빨리 입수했기 때문이었다. 따라서 설령 정재가 여신의 도움을 받지 않고 이러한 전매(轉賣)와 매점을 통한 치부에 성공했다 하더라도, 그의 성공담을 들은 사람들이 그의 "귀신 같은" 정보 입수 능력을 칭송하며 경탄하는 것은 대단히 자연스럽고, 이 과정에서 그의 성공담에 일정한 신비성이 더해지면서 사람들 사이에 회자되었을 가능성이 높다.

돈적

소설에 등장하는 휘상의 두 번째 치부 방식은 돈적(屯積)을 통해서 이윤을 극대화하는 것이다. 돈적이란 특정 물품을 대거 구매한 뒤 판매가가 올라갈 때까지 쌓아 두는 방식을 말한다. 앞서 언급했던 정재도 이 방식을 일부 사용한 듯하지만, 소설 『견고집(堅瓠集)』에 등장하는 휘상(27번 사례) 역시 돈적으로 큰돈을 버는 방법을 알려 준다.[40] 소설 구성에 따르면, 주인공은 1589년(만력 17년) 사천에서 생산된 미곡을 강남으로 운송·판매하는 일에 종사했다. 그는 사천에서 구매한 100여 개 창고 분량의 미곡을 곧바로 판매하지 않고 양자강 하류 지역에 큰 가뭄이 올 때까지 기다렸다. 그 결과 예년보다 4배의 이익을 얻을 수 있었다. 이 이야기는 기본적으로 양자강을 이용한 상하류 지역 사이의 미곡 유통이 당시 객상들에게 가져다 줄 수 있는 이윤 획득의 가능성을 알려 주지만,[41] 돈적과 일확천금의 상관 관계도 보여 준다.[42]

그러나 돈적은 자연스러운 물자 유통과 일상적인 상업 경제에 순기능을 하는 상업 방식이라고 보기는 어려웠다. 오히려 다양한 경제 주체를 고려한다면, 돈적은 선량한 피해자들을 대량 배출할 가능성이 높았다. 따라서 돈적을 행하는 객상에 대한 이야기가 소설에 자주 언급되지만, 그들은 존경의 대상이 아니라 풍자와 비판의 대상이 되기 쉬웠다.[43]

휘주 상인에 대한 평가

휘상에 대한 소설의 평가는 각박하고 인색하다는 것이 많다. 『형세언(型世言)』에 등장하는 휘상 오약(吳燿, 30번 사례)은 항주에서 염업에 종사한 객상이었다. 그에 대한 인물 묘사를 보면, "나이는 서른세 살로, 집에는 수천 개의 가업이 있는데도 사람 됨됨이는 대단히 인색하니, 진실로 동전과 같은 팔자를 지녔다. 고약한 탐욕으로 가득하면서도 양심은 전혀 없으며, 풍년이 들어 미가가 1석에 5전에 지나지 않는데도 채소가 없는 탕과 쌀이 없는 묽은 죽만 먹는다. 외면으로는 단장하고 아름답게 꾸미지만, 실제로는 빈 주머니로 기원(妓院)을 배회하면서 공짜 차만 마시니, 허위로 풍월을 즐기는 것"이라고 되어 있다.[44] 『초각박안경기』 권15에 등장하는 위(衛) 조봉(朝奉)(16번 사례)은 남경에서 전당업에 종사하던 휘상이었는데, 채무자에게 각박하게 환급을 독촉하는 인물로 그려졌다.[45] 『이각박안경기』 권15에서 등장하는 휘상(19번 사례)은 자신이 돈을 주고 산 첩을 다시 고위 관료에게 첩으로 헌납함으로써 관료와 친밀한 유대 관계를 형성했는데, 이에 대하여 작가는 다음과 같이 풍자했다.

원래 휘주인에게는 편향된 성격이 있는데, 그것은 오사모(烏紗帽, 관리)와 홍수혜(紅綉鞋, 여색)에 대한 편향성이다. 일생 동안 이 두 가지를 위해 은자(銀子)를 아끼지 않지만 나머지에 대해서는 인색하다.[46]

다소 과장된 측면이 없지 않겠지만, 적어도 소설이 유통되던 17세기 강남 지역에서 공유되던 휘상의 이미지로 보아도 큰 무리는 없을 것이다. 이미 상품 경제가 발전하여 경쟁이 심했던 강남 지방에 진출한 휘상의 입장에서 볼 때, 어느 정도 경제적인 성공을 거두기 전까지 이러한 이미지를 피하기는 어려웠을 것이다. 하지만 장기적인 안목에서 볼 때, 편향된 이미지는 자신들의 사업과 활동 영역의 확대에 큰 걸림돌로 작용했다.

그렇지 않아도 상업 활동을 천시하는 토착 엘리트들은 외지에서 들어와 이윤만 추구할 뿐 지역 사회에 별다른 기여가 없는 객상에 대해 불만이 많았다. 명 중엽 강남 송강부(松江府)의 면포 시장에 진출한 휘상이 그 이익을 휩쓸자 지역 엘리트들은 이에 대한 반감을 여과 없이 드러낸 바 있다.[47] 휘상이 강남 지역에 정착하기 위해서는 각박하고 탐욕스러운 상인의 이미지를 탈피할 수 있는 무언가가 필요했다. 그것은 대부분 지역 엘리트인 신사와 융화할 수 있는 문화적인 소양이나 학위(學位), 공명(功名) 등이었다. 강남 지역에 진출한 휘상들이 문화적 소양을 쌓고 똑똑한 자제들에게 과거 공부를 시켰던 원동력을 여기서 찾을 수 있을 것이다.[48]

그렇다고 휘상에 대한 소설 속의 이미지가 부정적인 측면만 담고 있던 것은 결코 아니다. 서민들에게 선행을 베푼 휘상의 이야기 역시 주목할 필요가 있다. 수로에서 물에 빠진 부인을 구출해 준 이야기나(18번 사례)[49] 호북 양양의 숙소에서 돈을 잃어버린 강서 객상의 사연을 듣고 양주에 있는 동생의 염업 점포에 고용될 수 있는 기회를 마련해 준 왕(汪) 조봉(25번 사례) 등은 대표적인 사례다.[50]

이때 상인들의 선행 이야기는 단순한 미담으로 그치지 않는다. 반드시 이후의 직·간접적인 반대급부나 보상으로 이어지는 특징을 발견할 수 있다. 가령 『두붕한화(豆棚閑話)』에 등장하는 휘상 왕흥가(汪興哥, 39번 사례)가 소주에서 전당업으로 성공하는 과정을 보자.[51] 그는 악착같이 돈을 벌기보다는 도리어 도움을 요청하기 위해 점포에 찾아오는 자들에게 경영 자금을 흔쾌히 나누어 주었다. 경영 자금을 물려주었던 부친은 이에 대해 불만을 토로했고, 그의 동료들은 왕흥가가 곧 망할 것이라며 큰 우려를 나타냈다. 그러나 1년이 채 못 되어 왕흥가에게 신세를 진 자들이 자발적으로 이자를 합한 원금을 갚게 되자 그는 곧 3만 냥의 큰 재산을 모을 수 있었다.

이러한 내용은 당시 유행하던 인과응보 사상의 영향을 받는 것이다.[52] 동시에 지역 사회에서 획득한 상인들의 사회적 명망이 치부의 계기로 전환될 수 있음을 암시한다. 남경에 도착한 휘상이 퇴락한 사묘(寺廟)의 수리 비용을 흔쾌하게 내놓은 경우(17번 사례)도 이러한 인과 관계를 염두에 놓고 읽어 보면 이해가 잘 된다.[53] 이 책 3부에서 언급하듯, 명·청 교체기를 거치면서 회·양 지역에서 치부한 다수의 휘주 상인들이 지역 사회에 필요한 종교 시설을 중건하거나 각종 공익사업에 적극 참여하는 것 역시 같은 맥락에서 해석의 실마리를 찾을 수 있다.

2 유통업의 당면 문제

명·청 시대 수많은 상인들이 일확천금의 꿈을 안고 각지로 진출했지만 모두가 성공한 것은 아니었다. 명말 상인들이 폭주하던 양주에 대하여 "사방에서 온 상인들이 시장을 메우고 그 사이에서 교역에 종사하여 열 명 중 하나가 치부했다."라는 기록이 있다.[54] 양주가 상인들에게 얼마나 매력적인 도시였는지 보여 주는 자료지만, 뒤집어 보면 그만큼 경쟁이 치열했다는 이야기다.

17세기 소설에도 객상을 소재로 한 이야기는 무궁무진하지만, 순조롭게 치부에 성공한 사례보다 파산하거나 목숨을 잃어버린 경우를 더 쉽게 발견할 수 있다. 풍몽룡이 『유세명언』에서 묘사한 객상의 처량한 이미지를 읽어보자.

인생에서 가장 고달픈 것이 행상(行商)으로, 아내와 자식을 고향에 버려 두고 떠난 자들이다. 그들은 갖은 풍파를 헤치면서 고달프게 전전하고, 별을 보고 출발하여 달을 보고 들어갈 정도로 분망(奔忙)하지만, 수로의 풍파는 대단히 불안정하고 육로의 무뢰배들 때문에 안심할 겨를이 없다.[55]

앞서 언급한 39건의 휘상 사례 가운데는 치부 과정이 순조로웠던 사례도 있지만, 그들이 당면한 객관적인 상황 자체는 풍몽룡이 묘사한 객상의 일반적인 상황과 큰 차이가 없었을 것이다. 이처럼 명·청 시대 유통업은 상인에게 일확천금의 가능성을 제공했지만, 그 과정에서 상인이 각종 위험 요소에 노출될 가능성도 높았다. 그렇다면 전근대 중국에서 유통업에 종사할 경우 당면하는 위험 상황은 구체적으로 어떠했을까? 이 책에서는 크게 세 가지 유형으로 분류하고, 소설의 구체적인 사례를 이용해 이에 대한 상인의 대응 방식까지 정리해 보았다.

1 자연재해

객상들이 상품을 유통시키는 길은 육로와 수로로 구분된다. 간혹 바다로 진출하는 사례가 등장하지만 예외적일 뿐이다.[56] 유통의 전체 과정이 육로나 수로 중 하나만 가지고 연결되는 경우도 있지만, 더 많은 경우는 육로와 수로를 번갈아 이용해야 목적지까지 도착할 수 있었다. 이러한 정황은 명대의 대표적인 노정서인 『일통노정도기(一統路程圖記)』나 『사상류요(士商類要)』 등에 실린 교통로에 잘 나타나 있다.

수로의 "풍파지환"

근대의 운송 수단인 철도나 증기선이 등장하기 전까지 수로의 운송비가 육로보다 저렴했으므로,[57] 객상들이 수로를 선호하는 것은 당연했다. 과거에 응시하기 위해 장거리를 이동하는 수험생 역시 운송비 차이를 고려하여 큰 짐은 배로 부치고 자신은 육로를 이용해 먼저 이동할 때도 있었다.[58] 소설에 등장하는 객상의 이야기가 대부분 육로보다 수로를 배경으로 하고 있는 것은 수향으로 불릴 만큼 물길이 많았던 강남 지역의 특징을 반영한 까닭도 있지만, 운송비의 차이로 인한 자연스러운 추세의 반영이기도 하다.

소설 속의 객상들이 상품 유통 과정에서 만나게 되는 자연재해 역시 육로보다는 수로를 배경으로 할 때가 많다. 그중에서도 홍수와 범람으로 인한 피해 사례보다 운송 도중에서 만나는 거센 풍랑의 위협과 그로 인해 선박이 전복되는 이야기가 많았다. 이러한 구성은 어느 정도 실상에 기반을 둔 설정이지만, 동시에 이야기의 극적 전개를 위해 급박한 풍랑과 선박의 전복이라는 배경 설정이 유리했을 것이다. 가령 앞서 언급했던 정재(21번 사례)는 요양에서 돈을 벌어 고향인 휘주로 돌아오는 길에, 강소성 회안부 고우호(高郵湖)에서 갑자기 발생한 풍랑으로 인해 탑승한 선박이 전복될 위기에 처했다.[59] 정재는 홀연히 나타난 해신(海神)의 도움을 받아 목숨을 건진 것으로 이야기가 마무리된다.

그런데 실제로 고우호와 인접한 대운하 구간은 종종 심각한 "풍파지환(風波之患)"으로 인해 선박의 피해가 많던 지역이었다.[60] 대운하 구간에서 지형이 평탄하고 중소 수로와 연결이 잘 되어 있던 강남 지역에서는 이러한 선박 전복의 문제가 심각하지 않았지만, 회양 운하 구간에서는 예기치 않은 풍랑이나 운하의 범람으로 인해 조운선이 전복하는 사고가 종종 발생했다.(이 책 2장 1절) 16세기 중엽 회·양 지역에서 활동하던 휘상 정득노(程得魯)의 선박이 전복되어 사망했다는 묘지명(墓誌銘) 기록이 있으며,[61] 청초에도 이 지역을 왕래하는 염운선(鹽運船)이 전복되는 사고가 자주 발생했다.[62]

양자강 역시 하류에서 상류로 이동하거나 강을 건너는 과정에서 풍랑으로 인한 선박의 전복 사건이 많이 발생하는 유통로였다. 『경세통언』 제5권에 등장하는 휘상 진(陳) 조봉(5번 사례)은 잃어버린 아들을 찾아 각지를 돌아다니며 장사를 했다. 그 와중에 유통업에 종사하는 무석인(無錫人) 여옥(呂玉)을 만나서 함께 아들을 찾았다. 이후 배를 타고 안휘성 봉양부 숙현(宿縣)에서 양주로 돌아온 여옥은 작은 선박으로 갈아타고 양자강을 건너가려는데, 인근에서 선박이 전복되어 물에 빠진 사람들의 구조 요청 소리를 들었다. 주변 사람들이 구경만 할 뿐 아무도 나서지 않을 때 여옥이 순간적으로 은 20냥의 현상금을 걸었다. 그러자 주변의 여러 수수(水手)들이 벌떼같이 달려들어 조난자를 모두 구조했다.[63] 이 이야기는 구조된 사람 가운데 여옥의 셋째 동생이 포함되어 있다는 것을 알려 줌으로써, '선행'에 대한 보응의 교훈을 전달한다. 실제로 현상금을 걸고 양자강에서 난파된 선박을 구조하는 구생선(救生船)의 운영 사례는, 명말 · 청초 시기에 들어오면 그리 낯선 풍경이 아니었다.(이 책 9장)

『경세통언』 제32권에 등장하는 이갑(李甲)과 두십낭(杜十娘)의 사랑 이야기(9번 사례)도 대운하를 이용하여 남하할 때 양자강을 건너는 것이 쉽지 않았음을 보여 주는 가슴 아픈 사연이다.[64] 절강성 소흥(紹興) 출신으로 연납(捐納)을 통해 북경 국자감(國子監)의 감생(監生)이 된 이갑은 북경에서 만난 기녀 두십낭과의 사랑을 간직하고, 결혼 승낙을 받기 위해 대운하를 이용해 남하한다. 그들은 배를 타고 양자강에 인접한 과주에 도착한 뒤, 다시 도강하는 배로 갈아타기 위해 짐을 옮기고 다음 날 새벽에 출항할 예정이었다. 그런데 출발일이 음력 11월 중순이라 출발하려는 날 "휘몰아치는 눈보라가 도강을 막아 버리는" 사태가 발생했고, 그 시간에 과주에 정박하던 휘주 염상 손부(孫富)가 두십낭의 미모에 반하여 수작을 벌였던 것이다. 실제로 과주는 양자강 이남의 진강과 함께 대운하를 이용하여 남북을 왕래하는 객상이나 행인들이 반드시 정박하여 안전한 도강을 기다리는 항구 도시였다.[65] 따라서 두십낭의 이야기는 양자강을 건너는 실재적 위험성을 배경으로 만들어진 이야기로 볼 수 있다.

초자연적인 자연재해를 피하기 위해 객상들이 취할 수 있는 대응은 사실상 없었다. 자연재해란 불가항력적인 변수였기 때문이다. 그들은 가능한 한 피해를 줄일 수 있는 차선책을 강구할 뿐이었다. 자연재해에 대하여 소설에서 자주 등장하는 객상의 대응 방식은 크게 두 가지로 나타난다. 하나는 길일(吉

日)을 선택하고 기일(忌日)을 피하면서 출행(出行) 일정을 잡는 것이고, 다른 하나는 종교 시설에서 영험한 신령에 기원함으로써 재해로부터의 구조와 안전한 일정을 기대하는 것이다.

택일

먼저 '택일(擇日)'에 대한 사례를 살펴보면, 상인들의 출행 일자뿐 아니라, 혼례를 비롯한 각종 의례일과 상점의 개점일, 그리고 사묘(寺廟) 건축물의 시공일을 정하기까지 생활 전반에 광범위하게 퍼져 있었다. 객상뿐 아니라 장거리 여행에 임하는 관리 및 수험생들도 선박을 고용하여 출항할 때 길일을 선택하는 사례가 소설에 종종 등장한다. 공권력을 행사하는 지방관도 부임 일정을 결정할 때 길·흉일로부터 자유로울 수 없었다.[66]

여기서의 길일이란 여행 등 새로운 일을 착수하면서 만날 수 있는 여러 재난을 피하고자 하는 상서로운 날짜(良時)로서, 재난 중에 자연재해가 포함되었음은 물론이다. 명대 객상들이 보편적으로 지니고 있던 길일과 기일에 대한 상식에 대해서 복건상인 이진덕(李晉德)은 (표 8)과 같이 정리했다.[67]

수신 제사

'택일' 외에 객상이나 운송업자들이 취하는 방식은 수신(水神)을 비롯한 신령에 대한 제사를 통해 초자연적인 보우(保佑)를 기대하는 것이다. 『경세통언』 제11권에 등장하는 상인 서능(徐能)의 이야기는 양자강에서 행하는 강신(江神) 제사를 보여 준다. 서능은 강소성 의진에서 수수들과 손을 잡고 왕래하는 객상이나 행인들의 짐을 운송하면서 허술한 자들의 짐을 갈취하는 방식으로 돈을 버는 무뢰나 다름없는 상인이었다. 서능은 화북의 탁주(涿州)에서 절강성 난계현(蘭溪縣)으로 처음 부임받아 이동하는 소(蘇) 지현(知縣)을 유인하면서, "오늘 저녁 하선(下船)할 경우 내일 아침이면 신복(神福)을 기원할 수 있

월	출행 길일	憎天翻地覆時 (이때 출항하면 대흉을 범하게 됨)	楊公 忌日 (아래 일자에 上官, 移居, 安葬, 嫁娶, 出行, 裝載, 交易은 좋지 않음)
정월	甲子, 庚寅, 丙寅, 庚寅, 丙吾	巳亥	13
2월	辛未, 甲辰, 乙亥, 甲申, 丁未外, 乙未, 己未	辰戌	11
3월	丙吾, 丁未	辛酉	9
4월	甲子, 庚子, 庚吾, 乙卯	巳申	7
5월	乙丑, 辛未, 丁丑, 丁未	丑卯	5
6월	丙寅, 辛未, 乙亥, 甲申, 庚寅, 辛卯, 癸卯, 甲寅, 乙卯, 乙未	子丑	3
7월	甲子, 庚吾, 辛未, 庚子, 丙吾, 丁未, 丙子	亥酉	1, 29
8월	乙丑, 乙亥, 丁丑, 癸丑	戌辰	27
9월	庚吾, 丙吾, 庚戌	卯酉	25
10월	庚吾, 甲戌, 庚子, 癸酉	吾辰	23
11월	乙丑, 乙亥, 丁丑, 癸丑	寅未	21
12월	乙丑, 丙寅, 甲申, 庚寅, 癸卯, 甲寅, 乙卯	卯巳	19

고 일단 순풍을 기다려 출발하면 며칠 안 되어 도착할 수 있"다고 장담했다.[68] "신복을 기원"하는 것은 선박이 출항하기 전에 신령에게 안전과 형통을 신에 게 기원하며 지전(紙錢)을 불태우는 제사 의식으로, 명·청 시대 운송업자들 에게는 보편화된 예식이다.[69]

양자강에서의 제사 대상이 강신이라면, 황하와 운하에서는 하신(河神)에 대한 제사가 이루어졌다. 『성세항언』 제36권에 등장하는 채무(蔡武)는 회안에서 호북성의 형양(荊揚) 지방으로 떠나기 위해 회안관(淮安關)에서 한 척의 민간 선박을 빌렸다. 이때 그는 길일을 택하여 돼지와 양을 제사물로 준비한 하신에 대한 제사를 마친 후 배에 올라탔고, 선부(船夫)들은 "신복(神福)"이라 적힌 지전을 불태우며 선박을 출발시켰다.[70] 회안관에서 발생했던 하신 제사의 대상이 황하에 대한 신인지 운하에 대한 신인지는 소설에서 분명히 언급하지 않았다. 회안은 황하와 대운하가 교차하는 지점이기에 이러한 구별이 큰 의미가 없겠지만, 지방지를 찾아보면 회안에는 금룡사대왕묘(金龍四大王廟)를 비롯하여 용왕묘(龍王廟), 천비묘(天妃廟) 등 다양한 수신 제사 시설이 존재했다.[71] 이처럼 소설을 통해서 객상들에게 수신 사묘가 지니고 있는 중요성을 확인할 수 있다. 나아가 상인들은 수신 사묘에 대한 적극적인 투자를 통해 유통업에서의 안전성을 확보하려 하는데, 이에 대해서는 8장에서 논증할 것이다.

2 도적, 무뢰, 아행

상품의 유통 과정에서 당면하는 위험 요소는 자연재해에 국한되지 않았다. 오히려 소설에 등장하는 객상들에게는 유통로에서 만나는 도적이나 무뢰, 물건을 매매하거나 중간 거점에서 만나는 아행, 그리고 세관에서 만나는 관리 등의 위험이 더욱 많았다. 이는 자연재해와 대비하여 인재(人災)로 개념화할 수 있는 유통상의 위험 요소였다. 인재는 천재(天災)처럼 모든 객상에게 '공평'하게 발생하는 것이 아니므로, 당하는 입장에서 보면 더 억울하고 고통이 심할 수 있었다.

도적

도적과 무뢰는 육로와 수로를 막론하고 등장했다. 『초각박안경기』 제4권에 등장하는 휘상 정덕유(程德瑜)의 이야기(14번 사례)는 육로에서 만나는 도적의 위험성을 보여 준다.[72] 그는 사천과 섬서 지역을 왕래하던 객상으로, 물건을 판매하고 획득한 돈을 주머니에 가득 싣고 휘주로 귀향하고 있었다. 말을 타고 관로(官路)를 이용하던 그는 날이 어두워지자 동행하던 여행객에게 길을 물었다. 그 여행객은 60리 앞에 있는 양송진(楊松鎭)에 가면 숙박업소인 헐가(歇家)가 있다고 알려 주면서, 자신은 수로와 연결된 작은 샛길을 이용할 것이기에 빨리 양송진에 도착할 수 있다고 귀띔해 주었다. 긴 여행에 피곤했던 정덕유는 여행객의 해박한 지리 관념과 행색을 믿고 그를 따라 샛길로 접어들었다. 하지만 샛길은 오히려 더욱 깊은 산골로 이어질 뿐이었다. 결국 산속에서 여행객은 도적으로 둔갑하여 정덕유가 가진 모든 은자(銀子)를 빼앗아 유유히 사라져 버렸다. 이러한 이야기는 전통 시대 어디에서나 쉽게 접할수 있을 것 같지만, 이야기의 배경으로 장거리 유통업과 지리 정보의 중요성이 등장하는 것은 시대적인 상황과 무관하지 않다.[73]

도적의 출몰 가능성을 고려할 때 당시 사람들은 수로를 이용하는 것이 육로보다 안전하다고 여겼다.[74] 하지만 수로도 운행상의 위험이 적은 것은 아니다. 그 위험성은 ① 외부적인 도적(주로 선박을 지닌 도적)의 출현과, ② 고용했던 선부와 수수가 중간에 무뢰처럼 행동하거나 도적으로 돌변하는 경우다.

선박을 가지고 등장하는 도적에 관한 사례는 『초각박안경기』 제8권에 등장한다. 주인공은 소주 사람 왕생(王生)으로, 그의 부친은 남경과 소주를 왕래하며 상품을 판매했다. 부모는 왕생이 어릴 때 사망했지만, 17~18세로 장성한 왕생은 "나이도 되었고 부친이 물려준 재산도 있으니 강호(江湖)에 나가 매매에 종사하는 것이 바른 길"이라는 유모의 권면을 받아들여 장사를 시작한다. 왕생은 모두 세 차례에 걸쳐 객지로 출발하지만 세 번 모두 공교롭게도 양자강을 배경으로 활동하던 같은 도적에게 잡혀 피해를 입었다. 그리고 마지막 만남에서는 오히려 도적으로부터 은혜를 입어 치부에 성공하는 것으로 이야기가 마무리된다.[75] 도적이나 무뢰들이 집단으로 조운선이나 상선을 약탈하는 사례는 양자강과 대운하 등 수로에서는 어디서나 발생하는 보편적인 현상이었다.[76]

무뢰

『성세항언』제36권에 등장하는 진소사(陳小四)는 회안에서 객상들의 물건을 나르는 운수업자로, 명분상으로는 "타공(舵公)"으로 불리는 선주였지만 하는 행태로는 무뢰와 다름없었다.[77] 그는 수수 7명을 고용하여 운송업에 종사하지만, 이 7명의 수수들은 모두 "흉악한 무리들"로 "오로지 수로에서 객상을 겁탈하는 것"을 일삼는 자들이었다. 그들은 회안에서 호북 형양으로 향하는 승객을 태우고 출발할 때까지만 해도 일반 운송업자와 전혀 차이가 없었지만, 양자강을 따라 호광 황주(黃州)에 도착했을 때 도적으로 둔갑했다. 앞서 언급했던 의진의 운송업자 서능 역시 무뢰배와 다름없는 수수 6명과 함께 10년 동안이나 왕래하는 객인들을 갈취했다.[78] 『금병매』에 등장하는 무뢰와 다름없던 두 명의 수수(진삼陳三과 옹팔翁八)는 양주를 중심으로 임청과의 무역에 종사했다. 회안, 양주, 의진은 모두 주요 수로와 연결된 중계 무역의 중심지였으므로 이러한 도시를 배경으로 설정함으로써 이야기의 사실성을 높일 수 있었다.[79]

명말 시정(市井) 사회에서 발생하는 각종 속임수와 사기 행각을 유형별로 정리한 『두편신서』에도 「선박에서 일어는 속임수」라는 장이 독립되어 있다.[80] 그곳에 수록된 6건의 내용을 보면 선주와 관련된 안건이 4건이고 나머지 2건은 아행과 하역 인부인 각부(脚夫)와 관련되어 있었다. 수로 유통에 필수불가결한 아행, 선주, 하역 인부에 관한 내용을 모두 포함하고 있지만 역시 수운에서는 선주와 관련된 위험성이 가장 높았다. 특히 객상이 선박을 고용하고 물건을 선적하는 과정이 중요했다. 이때 객상이 조금이라도 부주의하거나 소지한 자금이 많다는 정보를 흘릴 경우 선주의 약탈 대상이 되기 십상이었다.

『두편신서』에 등장하는 휘주 상인의 사례는 모두 5건인데, 이 가운데 3건
이 수로에서 선박을 타고 가는 과정에서 발생했다.(〔표 9〕 중의 2, 3, 4번 사례)

이 가운데 2번 사례는 객상이 물건을 선적하는 과정에서 문제가 발생했다.
유천생(游天生)은 철을 구매하기 위하여 은 500냥을 가지고 복건성 숭안현(崇
安縣)에 도착하여 청류선(青流船)이라고 불리는 작은 목선을 빌렸다. 선주는
도박과 여색으로 재산을 탕진한 이후에 생계를 위해 선박을 운영하던 자로,
화려한 유천생의 복장을 보고 돈이 많은 객상임을 단번에 알아차렸다. 이에
선주는 최면제를 넣은 술을 준비하여 유천생에게 먹인 후, 그들의 재물을 갈
취했다.[81]

이러한 위험 요소에 직면하여, 상인이 취한 대응 방식 중 하나는 소지한 은
자를 다른 물건으로 위장하는 것이었다. 앞서 언급한『초각박안경기』제8권
에는 매우 노련하고 경험 많은 객상이 5000냥의 은자를 양자강으로 운송하는
과정에서, 운송업자들의 눈에 띄지 않기 위해 면지(綿紙)와 저마(苧麻)로 겹
겹이 포장한 이야기가 나온다. 비록 객상이 탄 선박은 도적들에게 약탈을 당
했지만 도적조차도 그 화물을 저마로 여기고 은자라는 생각을 하지 못했다.
『생초전(生綃剪)』에 등장하는 한 상인은 자신이 판매하는 해산물 사이에 금
은과 패물을 숨겨서 운송했다.『이각박안경기』제21권에 등장하는 어느 소금
상인의 형은 객지에서 죽은 동생의 관 속에 은 500냥을 숨겨 오는 한편 고의
로 100냥의 은자를 몸에 지녔다는 정보를 주변 사람들에게 흘렸다. 이것은 마
치 졸(卒)을 잃고 차(車)를 보존하려는 전략으로, 이를 통해 도적을 만나더라
도 거금과 자기 목숨을 지킬 수 있었다.[82]

이보다 좀 더 근본적으로 수로 유통상의 위험성을 줄이는 방법은 신뢰할
만한 선박과 운송업자를 고용하는 것이다. 하지만 상인들이 직접 선주와 운
송업자를 찾는 것도 어려운데, 그것도 신뢰할 만한 사람을 고용하는 것은 결

번호	출전	성명	활동 지역	취급 품목	관련 내용
1	권1 「乘鬧明竊店中布」	吳勝理	소주	포	휴녕인. 소주에서 가게를 열어 각양 색깔의 포를 수매함. 사방에서 오는 객인이 무척 많았음. 어느 날 한창 바쁠 때 사기꾼이 와서 손님인 척 차를 마시고 기다리다가 포를 가지고 도망감.
2	권2 「炫耀衣裝啓盜心」	游天生	복건 건녕부 (建寧府)	철	노복을 데리고 은 500냥을 가지고 객상 활동. 화려하게 옷을 입고 꾸미는 것을 좋아함. 이것이 화근이 되어 숭안현에서 고용한 청류선(內河에 운행하는 작은 목선)의 舵公에게 죽임을 당함.
3	권2 「盜商伙財反喪財」	張沛와 劉興	과주와 복건	면화	장패는 휴녕현 상인으로 수천 냥의 자본을 지닌 대상이고, 유흥은 흡현 상인으로 빈곤한 소상. 과주에서 구매한 면화를 복건에서 판매. 과주의 점포에서 서로 사투리의 유사함으로 동향 친구가 되었지만, 이후 탐심이 생긴 유흥은 장패의 돈 500냥을 가지고 도망갔다가 잡힘.
4	권2 「午氣致訟傷財命」	汪逢七	호주(湖州)와 항주	絲	항주 富陽縣에서 같은 선박에 탔던 광동 대상 魏邦材와 싸움이 생김. 휘상은 다른 객상들과 공모하고 魏邦材보다 많은 뇌물을 사용하여 결국 1년여 소송에서 승리.

5	권4 「信僧哄惑幾染禍」	丁達	복건 海澄縣과 산동 임청	椒木 (=椒目)	정달은 樂善好施의 성격. 임청에서 초목을 모두 판매한 후 사묘에 들어가 사기꾼 승려에게 속아 재산을 바치고 출가함.

코 쉬운 일이 아니었다. 따라서 상인들은 선박을 선택할 때 선박의 노후 정도를 살펴야 했지만, 이보다 더 긴요한 것은 선박에 탑승할 선호(船戶)와 수수의 양질성을 판단하는 일이었다. 상업서에도 "열 곳의 선가(船家) 중에 아홉 곳은 도둑이다."라면서 양질의 선박 선택이 양질의 물건 매매처럼 중요한 것임을 강조했다.[83]

이와 관련하여 『두편신서』에 등장하는 어느 초임 관리의 이야기를 살펴보자. 그는 짐꾸러미를 선박에 미리 실어 놓고 다음 날 출발하기 위해 강변에 가 보았으나, 선박과 짐을 맡았던 가복(家僕)이 짐을 들고 모두 사라져 버렸다. 그는 관아에 사건을 고발했으나, 판결은 아행에게 의뢰하지 않고 신중하지 못하게 선박과 운송업자를 선택한 관리의 잘못이라고 결론이 내려졌다. 이를 통하여 『두편신서』의 저자는 명대 유통업에 있어서 아행의 중요성을 강조했다.[84] 대부분의 상업서에서 "무릇 선박을 고르는 자는 반드시 선박을 전담하는 아행을 거쳐야 전도의 길흉을 가히 알 수 있다."[85]라고 지적하는 것은 이러한 경험의 축적을 통해 도출된 것이었다. 중개 비용을 조금 아껴 보려고 생면부지의 선주를 객상이 직접 고르는 것은 대단히 위험했다는 것으로, 유통 과정에서 아행의 중요성을 엿볼 수 있다.

아행

아행이란 시장이나 항구에서 화물의 매매를 주선하는 중개인 혹은 중개 점포를 지칭하는 것으로, 상품 경제와 장거리 유통의 확장과 함께 그 중요성이 높아졌다. 관부는 일정 정도의 재부를 갖춘 이들에게만 아행에 대한 허가증을 부여했다. 그래야 위탁물이 유통 과정에 문제가 발생하더라도 일정한 손해 배상이 가능했기 때문이다.[86]

상인들이 객지로 진출하여 숙박하면서 물건을 맡기거나, 구매자를 찾거나, 혹은 선박이나 거마의 인부(人夫)를 찾는 것은 대부분 아행을 통해서 이루어졌다. 따라서 17세기 소설에 등장하는 객상 이야기에는 대부분 아행에 대한 정보가 담겨 있다. 가령『유세명언』제1권에 등장하는 장흥가(蔣興哥)는 호광성 조양현(棗陽縣) 사람이지만 멀리 떨어진 광동 지방을 왕래하며 진주, 대모(玳瑁), 소목(蘇木), 침향(沉香) 등을 거래했다. 광동 지역에서의 물건 구매를 위해 아행과 친숙했음은 물론이다.[87]

반면『두편신서』에 등장하는 운남 상인은 아행과의 관계가 원만하지 못했을 경우의 사례를 보여 준다. 그는 사천성에서 구매한 당귀와 천궁을 강서성 장수진(樟樹鎭)에 가서 판매하려 했다. 당귀와 천궁은 모두 귀한 약재였고, 장수진은 "약은 장수진을 거쳐야만 약으로서 영험한 효능을 얻을 수 있다."는 속담이 생길 정도로 유명한 약시(藥市)였다.[88] 하지만 그는 자신이 숙박했던 업소의 아행이 처음 제시한 흥정 가격을 신뢰하지 않았다. 이후 가격이 점차 하락하게 되었을 뿐 아니라 아행과의 관계도 악화되어 결국 경제적으로 큰 손해를 보고 말았다.[89] 아행과 밀접한 관계를 유지하는 것이 객상이 객지에서 물건을 인도하며 가격을 흥정하는 데 중요한 전략이었던 셈이다.

문제는 낯선 곳에 기존 인맥이 갖추어지지 않았던 경우다. 영세한 대부분의 객상들에겐 객지에서 신뢰할 만한 아행을 찾는 것도 쉬운 일이 아니었다. 『두편신서』의 저자는 "장사하기 위해 혈혈단신으로 지인(知人)이 없는 지역에 진출하는 객상은 오로지 경기인(經紀人, 아행)을 자신의 이목(耳目)으로 삼아야 한다. 만약 공정한 아행을 만난다면 화물은 주인을 만난 것이나 다름없지만, 일단 교활한 아행을 만나게 되면 물건을 저당 잡힌 채 가격에 손실을 보는 것은 필연적인 결과다. 따라서 (좋은) 아행을 선택하는 것은 상행위를 하는 자들에게는 일대 관건으로 근신하지 않을 수 없다."라면서 아행을 잘못 만나서 낭패를 보았던 객상들의 사례를 다수 보여 주었다.[90]

『초각박안경기』제24권에 등장하는 휘상(17번 사례)은 아행과 결탁한 승려에게 재산뿐 아니라 목숨까지 잃어 버렸다. 500여 냥을 가지고 양주를 출발하여 남경에 도달했던 휘상은 본래 선박에서 하룻밤을 묵고 다음 날 떠날 계획이었다. 그런데 그가 저녁 시간에 잠시 남경 홍제사(弘濟寺)를 방문했다가 승려를 만났고, 승려는 휘상에게 배 안에서 밤을 보내려면 용강관(龍江關)에서 검사를 받아야 할 뿐 아니라 밤중 풍랑이 심하므로 아행의 헐가에서 숙박하라고 친절하게 권했다. 객상은 승려의 제안을 고마워하며 퇴락한 사원을 보수하는 데 써 달라며 숙소에서 30냥을 가져와 전달했다. 하지만 욕심이 생긴 승려는 더 많은 돈이 있을 것이라 생각하고 그날 밤 무뢰를 시켜 숙소에서 술에 취한 객상을 죽이고 은 500냥을 훔쳤던 것이다.[91]

물론 모든 아행이 객상을 속이거나 위협했던 것은 아니다. 소설에서 별다른 언급 없이 등장하는 수많은 아행의 존재는 분명 객상의 활동에 긍정적인 기여를 했음에 틀림없다.[92] 또한 흔하지는 않지만 노련한 아행이 객상에게 기여한 이야기도 있다. 『두편신서』에 등장하는 휘주 휴녕현 출신의 상인 장패(張沛)와 휘주 흡현 출신 상인 유흥(劉興)의 이야기를 보자. 두 사람은 강소성 과주에서 면화를 구매하여 복건성에서 판매하기 위해 가는 여정에서, 서로의 사투리가 비슷하여 동향 사람이라는 사실을 알고 친해졌다. 그들은 복건성에서 진사(陳四)라는 노련한 아행의 숙소에 머물면서 물건을 파는 과정까지는 서로 호형호제하는 사이로 지냈지만, 정작 이익을 보는 순간 문제가 발생했다. 장패는 수천 냥의 자본을 가진 부유한 상인이었으나 유흥은 객지로 장사 나온 지 10년이 되도록 고향이 돌아가지 못한 가난한 상인이었다. 이에 유홍은 장패가 벌어들인 500냥을 보고서 탐심이 생긴 것이다. 이후 유홍은 장패가 없는 사이에 돈을 훔쳐서 배를 타고 도망쳤다. 하지만 유홍은 곧 관부에 체포되었는데, 이는 아행 진사가 유홍의 인상착의와 이후의 행선지에 대한 정보를 미리 파악하고 있었기 때문이었다. 이처럼 본래 아행은 숙박하는 객상의 여러 정보를 파악하고 정기적으로 관부에 보고할 의무가 있었다.[93]

이러한 아행에 관한 이야기에도 불구하고, 아행에 대한 일반적인 평가는 그리 좋지 못한 것이 사실이었다. 명 후기 섭권(葉權, 1522~1578년)은 아행의 일반적인 특징을 다음과 같이 묘사했다.

> 지금 천하의 커다란 나루터, 예컨대 형주(荊州) · 장수 · 무호 · 상신하(上新河, 남경) · 풍교(楓橋) · 남호(南濠) · 호주시(湖州市) · 과주 · 정양(正陽) · 임청 등은 상인과 물건이 가장 폭주하는 곳으로, 이곳의 아행 · 경기(經紀) 등의 주인은 대개 객상의 돈을 갈취한다. 그들은 좋은 집에 처첩을 거느릴 뿐 아니라 살진 말을 타고 비단옷을 입고 있으며, 돈을 분토(糞土)와 같이 쓰면서 사람들의 눈을 현혹시켜 (물건을) 자기에게 위탁하게 한다. 외로운 상인은 생명을 걸고 수천 리를 떠나 와 물건을 판매하고자 하는데, 아행은 술과 음식으로 대접하고 심지어 두 아행이 서로 싸우며 억지로 자기 집에 들게 한다. 일단 물건을 입수하면 침용(侵用)하지 않는 바가 없으니, 이는 아행이 관부와 결탁되어 있어 객상이 소송을 걸 수 없기 때문이다. 결국 그들은 빈털터리가 되어 고향에도 돌아가지 못하게 된다.[94]

이처럼 객상과 물건이 폭주하는 교통의 요지에서 활동하는 아행들은 우수한 정보력과 관부와의 결탁 관계를 이용하여 매매 과정에서 객상이 획득해야 하는 이윤을 가로채고 있었다. 『두편신서』의 저자가 "객상이 당하는 사기꾼의 해로움을 보면, 첫째가 협곤(俠棍)이요, 둘째가 교활한 아행이니 그들은 도적이나 다름없다."[95]라고 지적한 것은 바로 이 때문이었다. 아행의 횡포가 심할 때에는 이에 반발하는 민변이 청초 가흥부(嘉興府)에서 발생하기도 했다.[96] 따라서 객상에게 아행은 필수불가결한 협상 대상인 동시에 언제나 위험 요소가 많은 경계 대상, 즉 이중적인 존재로 인식되었다.

3 세관의 관리

아행의 횡포 이면에 관부와의 결탁이 존재함을 언급했거니와, 관리야말로 객상이 상품을 유통하는 과정에서 만나게 되는 진정한 위험 요소였다. 청말까지 상인들의 재산이나 투자가 정부의 수탈로부터 극히 불안정했음은 널리 알려진 사실이다.[97] 특히 주요 운송로마다 설치되어 상세를 징수하는 세관 관원들은 객상들에게 공포의 대상으로까지 비쳐지곤 했다. 1606년 양주와 회안 등 주요 지역에 설치된 세관을 직접 돌아 본 호부상서 조세경(趙世卿)이 잘 지적했듯, 어떠한 풍파와 어려움이 있더라도 아주 작은 촌척(寸尺)의 이익을 위해 경쟁하는 객상들에게 자연재해보다 더 무서운 것은 세관 관리들의 가렴주구(苛斂誅求)였다고 할 지경이었다.[98]

세관

여기서 세관이란 명 선덕 4년(1429년)에 "남경부터 북경까지 운하 연변 객상이 폭집(輻集)하는 곳"에 세워진 11곳의 징세 시설로, 초관(鈔關), 각관(榷關), 상관(相關)이라고도 불렸다. 세워진 지점을 보면 대부분 대운하 연변에 위치했다. 양자강 연변에 세워진 곳은 구강(九江), 남경, 금사주(金沙州)의 세 곳이었다. 이후 양자강 유역 등에 몇 곳이 증가하긴 했지만, 청초까지 세관이 설치·운영되었던 지역은 1429년의 상황과 큰 차이가 없었다.[99] 『만력회계록(萬曆會計錄)』의 기록에 따라 명대 초관의 위치와 담당 관원을 정리한 것이

[표 10] 명대 초관의 설치 시기와 장소

초관 명칭	지역	설치 시기	담당 관원	인접 수로
곽현 초관 →하서무	곽현	선덕 4년(1429)	호부관(1493~)	대운하
임청 초관	임청	선덕 4년	호부관(1493~)	대운하
제녕 초관	제녕	선덕 4년		대운하
서주 초관	서주	선덕 4년		대운하
회안 초관	회안	선덕 4년	남경 호부관(1493~)	대운하
양주 초관	양주	선덕 4년	남경 호부관(1493~)	대운하와 양자강
상신하 초관	남경	선덕 4년		양자강
구강 초관	구강	선덕 4년	호부관(1493~)	양자강
호서 초관	소주	선덕 4년	호부관(1493~)	대운하
金沙州 초관	금사주	선덕 4년		양자강
북신 초관	항주	선덕 4년	남경 호부관(1493~)	대운하
무호 초관	무호	성화 7년	공부관(1471~)	양자강
형주 초관	형주	성화 7년	공부관(1471~)	양자강

[표 10]이다.[100]

세관이 대운하에 밀집한 것에는 이유가 있다. 영락제가 북경으로 수도 이전을 마무리한 시점이 1421년이고, 그 이전인 1415년에 북경으로의 물자 유통로를 대운하로 일원화시킨 사실은 1장에서 지적했다. 이후 대운하에는 곡물을 조달하는 조운선뿐 아니라 수많은 상선의 왕래가 급증했음도 강조한 바 있다. 『성세항언』 제10권에서도 하서무(河西務)로 이름이 바뀐 하북성의 곽현(漷縣) 초관에 대한 묘사가 나온다. "이곳은 운하 연변에 위치하고 북경으로 200여 리 떨어진 곳으로 각 성에서 수도를 왕래하는 핵심 유통로이다. 선박이 무리 지어 정박한 모습이 마치 개미 떼 같으며, 수레와 말이 드나드는 소리가 밤낮으로 끊이지 않는다."[101] 자연히 명조는 수도에 물자를 공급하는 대운하에 대한 '관리'의 필요성을 느끼고 '징세'의 가능성을 발견했다. 주요 지점에 세관을 설치함으로써 명조는 '관리'와 '징세'라는 두 가지 효과를 동시에 거두려 했다.

여기서 주목할 점은 세관이 설치된 시점이다. 1429년은 북경 천도가 이루어진 지 채 10년이 되지 않은 시기다. 천도 직후부터 대운하를 이용하는 일반 선박의 수량이 그만큼 많아졌다는 말이다. 조운선은 세관의 징세 대상이 아니므로 그만큼 조량 이외의 물자 유통량이 급증했던 것이다.

세관에서는 왕래하는 선박과 화물의 적법성 여부를 검사하는 동시에 선박의 크기에 따른 선박세, 즉 선료(船料)를 징수했다. 다만 임청과 항주의 초관에서는 선료와 더불어 상세까지 추가 징수할 것을 설립 초기부터 규정해 놓았다.[102] 항주와 임청은 대운하에서 상업 활동이 번성했던 구간의 남쪽 끝과 북쪽 끝에 해당하기 때문일 것이다. 상세란 선박의 크기에 상관없이 객상들이 운송하는 상품 가치의 30분의 1에 해당하는 세금을 말한다.[103] 따라서 대운하와 양자강을 왕래하는 선박 가운데 일체의 세금을 면제받은 대상이 관선, 조운선, 조공선이라면, 주로 사람을 운송하는 민선은 선료만 납부했고, 상품을 운송하는 객상이 임청과 항주를 통과할 경우 선료에 상세까지 납부해야 했다. 이것만 해도 객상들에게는 적지 않은 재정적 부담이었다. 그런데 상세 징수의 기본 원칙이 시간이 흐름에 따라 문란해졌다. 선료만 징수해야 하는 곳에서 상세를 징수하는 일이 증가했던 것이다. 그나마 호부와 공부 등 관리가 파견되었을 경우에는 그래도 나았다. 명 후기 환관이 국정을 장악하고 상세 징수에 간여하면서 세관의 징세 원칙은 와해되고 세관을 경유해야 하는 상인들의 피해 사례는 더욱 증가했다.[104]

서리

소설 『석점두(石点頭)』 제8권에는 이중과세를 고집하는 세관 관원과 경험

많은 휘상 사이의 첨예한 갈등 상황이 잘 묘사되어 있다.(32번 사례) 호북의 형주 초관에 새로 부임한 오애도(吳愛陶)는 공공연히 조정의 규정을 위반하고 왕래하는 선박에 무차별한 세금 징수를 강행했다. 이때 이곳을 왕래하던 상인 가운데 휘주 출신의 부유한 왕씨(汪氏)가 있었다. 그는 이전에도 항주와 소주에서 몇 천 금의 명주와 비단을 수매하여 사천까지 유통·판매한 경험이 있었다. 당연히 왕씨는 형주 초관에 도달하여 전례에 따라 소정의 세금을 납부하려 했는데, 오애도에게 고용되어 복역하던 민장(民壯)이 화물이 많은 것을 보고 은 10냥의 과세 증서를 발부했다. 왕씨는 10냥이 터무니없이 많다면서, "나는 이미 객상에 대한 경험이 많을 뿐 아니라 최근 항주의 북신관과 소주의 호서관을 경유해 올 때도 이런 예는 없었"기에 납부를 거부했다. 그러자 민장은 "이것은 우리 집안 어른의 새로운 예"라고 답하면서 세액을 조금도 감해 줄 수 없다고 고집을 부렸다. 결국 부당한 상세 징수를 용감하게 거부하며 소송까지 제기한 왕씨는 이후 세관원의 힘에 밀려 비참한 최후를 맞이했다.[105]

이 이야기에 등장하는 서리(胥吏), 즉 관리의 수하에서 실질적인 공무를 집행하던 이들은 공식 관리가 아니었다. 세관의 실무 담당자들은 종종 '관아의 버러지'라는 뜻으로 '아두(衙蠹)'라고 불렸는데, 대개는 지역 사회의 무뢰 출신이었다. 그들은 세관의 공권력을 등에 업고 왕래하는 선박에 대한 공갈협박과 착취를 일삼았다. 회안 세관에 대한 기록에도 회안을 왕래하는 상선에 대해 무자비한 검사와 착취를 일삼은 인물은 세관의 감독이 아니라 감독의 처제의 노복이었다.[106]

이러한 이야기는 세관에서 관리와 상인 사이에 발생하는 힘의 격차가 얼마나 현저했는지 보여 준다. 세리들의 수하에 빌붙던 서리와 무뢰들에게조차 상인들은 힘없는 착취의 대상이 되었다. 세관에서 왕래하는 상인들에게 착취할 수 있는 이윤이 커지면 커질수록 세관에 빌붙는 세력이 증가하고, 이는 다

시 세관 행정의 질적 저하로 이어지는 악순환이 되었다.[107]

객상의 다섯 가지 대응 방식

그렇다면 운송로에서 만나는 관리들의 횡포와 착취에 대한 상인들의 대응
은 어떠했으며 소설 속에는 어떻게 표현되고 있을까? 착취의 형태만큼 상인
들의 대응 방식 역시 다양했다. 유형화해 보면 다섯 가지 정도이다.

첫째, 『석점두』에 등장하는 휘주 상인처럼 착취에 정면으로 저항하는 경우
가 있다. 이러한 사례는 그다지 많지 않았을 것인데, 명말 양주에서 활동하던
휘주 염상 강언선(江彦宜)을 예로 들어 설명해 보겠다.[108] 그는 양회 염장에서
생산된 소금을 의진에서 양자강 중류 지역으로 운송하는 염상이었다. 따라
서 그는 늘 강서성에 위치한 구강 초관을 경유해야 했는데, 명말 구강 초관에
파견된 이광우(李光宇)라는 가혹한 징세관을 만나게 되었다. 당시 구강 초관
을 경유하는 모든 상선들은 '두자(頭子)'·'외봉(桅封)'·'사례(謝禮)' 등 이광
우가 억지로 만들어 놓은 각종 명목의 부가세를 납부해야 했다. 이를 거부할
경우 이광우는 선박을 양자강에서 전복시켜 버렸다. 하지만 강언선의 경우는
달랐다. 1639년(숭정 12년) 강언선의 주도로 여러 피해자들은 조정에 이광우
의 폐해를 고발했고, 그 결과 구강 초관에는 부가세 징수를 금지하는 비문이
세워졌던 것이다. 또한 청 강희 연간 활동했던 휘상 오종성(吳宗聖)은 안휘성
무호 초관에서 가혹한 세리에게 저항했다.[109] 이외에도 상인들은 상세 감면을
주장했던 어사(御史)의 행적을 현창(顯彰)하기도 했는데, 세관 관리들의 부정
적인 측면에 대한 저항 의식을 간접적인 방식으로 표출한 것으로 이해가 가
능하다.[110]

둘째로 우회로를 이용하여 관리들의 가혹한 징세나 불필요한 검사를 피하
는 방법이 있었다. 명말에 휘주로 양식을 운송하기 위해 휘상이 안휘의 무호
관과 소주의 호서관을 경유하지 않고 육로를 이용한 사례가 밝혀진 바 있고,

청대에는 회안 지역을 남북으로 왕래하는 객상들이 대운하를 이용하는 대신에 주변의 다른 우회로를 개척해 나갔다는 증거도 있다.[111] 모두가 세관을 피하기 위해서였다. 또한 앞서 언급한 소주 상인 왕생의 이야기에도 대운하에서 우회로를 선택하는 이유가 나온다. 송강에서 물건을 싣고 양주로 출발했던 왕생은 대운하를 타고 상주까지 북상했는데, 그때 상주에서 남하하는 선박의 주인이 "무수한 조운선이 단양(丹陽)의 길을 막고 있고 청양포(青羊鋪)에서 영구(靈口) 사이에 빠져나갈 길이 없으니 일반 상선은 나아갈 방법이 없다"는 사실을 알려 주었다.[112] 진퇴양난에 빠진 왕생에게 선주는 상주에서 맹하로(孟河路)를 통해 양자강으로 진입하는 우회로를 선택하는 것이 좋겠다고 조언했고, 이를 따랐더니 과연 빠르게 양자강에 도착할 수 있었다. 여기서 언급한 맹하로란 명 중기까지 조운선이 주로 이용하던 루트였으며, 진강이 아닌 상주부 무진현(武進縣)의 맹독하(孟瀆河)에서 양자강으로 진입했다.[113] (3장 2절의 〔지도 6〕 참조)

실제로 상주에서 진강을 잇는 강남 운하 구간은 지형이 점차 높아지는 반면, 적당한 지류가 없어 겨울마다 수원(水源)이 부족해질 때가 많았다. 그래서 상주에서 맹독하를 통해 양자강에 진입하는 우회로가 개척된 것이다.[114] 왕생역시 우회로를 선택함으로써 진강의 병목 구간에서 불필요한 시간 낭비를 피하려 했던 것이다.

셋째로 객상들은 자신의 화물을 탑재한 선박에 높은 직위의 관리를 동승시켜 세관에서의 늑색을 모면할 수 있었다. 『경세통언』 제11권에서 등장하는 소씨(蘇氏) 지현이 선박으로 이동하는 과정은 이를 잘 보여 준다.[115] 그는 장가만(張家灣)에서 대운하를 이용하여 양주까지 도달하는 과정에서 객상들의 선박을 이용했는데, 이용료를 내기는커녕 "좌창전(坐艙錢)"이라는 탑승 사례비까지 받았다. 지현과 같은 관리가 동승한 선박은 세관의 징세를 피할 수 있기 때문이었다. 조운선 역시 빈 배로 회공(回空)할 때 관리와 객상의 화물을 동시에 탑재하여 세관의 징세를 피할 수 있었다.『성세항언』제36권에는 회공선의 주인이 배에 객상들의 화물을 가득 탑재한 후 장가만이나 임청 등지에서 남하(南下)하는 관리를 동승시킴으로써 세관에서 세금을 면제받은 이야기가 나온다.[116]

이러한 폐단이 공공연하게 발생하는 것은 관리와 객상의 이해관계가 일치하기 때문이다. 관리의 입장에서는 선박을 무료로 이용하는 기회였으며, 객상의 입장에서는 세관의 늑색으로부터 보호받을 수 있는 '보험'이나 다름없었다. 실제로 양주 세관에서는 관리가 탑승한 선박이 많아져 상세 징수에 큰 차질이 빚어지고, 객상이 동승한 관리의 '위세'를 믿고 세리들을 구타하는 사건이 발생하기도 했다.[117]

넷째로 객상들은 조운선에 자신의 짐을 싣는 방식으로 세금 징수를 피할 수도 있었다. 이러한 수법을 보여 주는 이야기를 소설에서 발견하기 어렵지만, 이를 금지하는 금령(禁令)이 지속적으로 반포될 정도로 성행했음을 알 수 있다.[118] 17세기 초반 대운하를 이용하여 북경을 왕래하던 마테오 리치 역시 조운선에 의도적으로 빈 공간을 비워 두는 이유가 이 때문이라고 지적했다.

다섯째로 객상들은 세관의 관리들과의 친밀한 관계를 형성하거나 직접 관함(官銜)을 획득하여 징세를 안정적으로 회피할 수 있었다.『금병매』에 등장하는 서문경은 이러한 수법을 적나라하게 보여 준다.[119] 서문경은 주로 편지를 전달하는 형식을 띠면서 사례품 등의 뇌물을 임청 초관의 주사(主事)에게 지속적으로 전달했다. 이는 서문경 자신이 5품 무관이었기 때문에 형성될 수 있었던 교제권이었다. 이후 화물을 가득 실은 서문경의 선박이 임청 세관에 도착했을 때 담당 주사는 규정에 훨씬 못 미치는 소량의 세금만 징수했다. 만 냥에 해당하는 비단을 운송하면서 겨우 30냥의 상세를 납부했으니, 재화 가치의 0.3퍼센트를 납부한 셈이다.[120]

이외에도 서문경은 관리와의 관계를 이용하여, 세관에 미리 도착한 다른 선박보다 먼저 자신의 선박을 통과시켰다.[121] 대운하의 갑문에서 일정량의 선박이 도착해야만 갑문을 열어 주었으며 고의로 통과를 지연하는 사례가 다반사였던 현실을 감안하면, 세관 관리의 작은 특혜가 서문경의 상업 활동에 얼마나 큰 도움이 되었는지 이해할 수 있다. 『이각박안경기』 제15권에는 관부와의 교제권 형성을 위해 자신의 애첩을 바친 휘상에 관한 이야기가 등장하는데, 그만큼 관리와의 관계 형성이 상인들에게 절실했던 것이다.[122] 명말에 어사로 활동했던 기표가(祁彪佳, 1602~1645년)가 대운하를 이용해 남하하면서 대추를 실은 상선 3척과 동행했는데, 임청 초관을 관리하던 주사는 관례에 따라 동행하는 모든 화물에 대한 상세를 면제해 주었다고 한다.[123]

이상과 같이 '삼언', '이박'을 비롯한 17세기 소설에서 추출한 39건의 휘주 상인 관련 이야기를 분석해 보았다. 그들은 상품 유통 과정에서 막대한 돈을 벌기도 했지만, 동시에 각종 위험 요소에 노출되어 있었다. 유통업의 위험 요소에 어떻게 대처하는지에 따라서 상인의 성·쇠가 뒤바뀔 수 있었다. 따라서 이러한 위험 요소에 대한 대처 능력은 곧 상인의 경쟁력이나 다름없었다. 그들이 객지로 진출하여 여러 종교 시설을 참배하거나 중건해 주고, 각종 공익사업에 참여하여 지방관과의 관계를 돈독히 하거나, 자제들의 과거 합격에 노력한 것은 모두 이러한 위험 요소를 극복하기 위한 생존 전략이었다. 이에 대한 휘주 상인의 구체적인 노력은 3부에서 다룰 것이므로, 다음 장에서는 우선 회양과 양주라는 두 도시의 발달 과정과 여러 객상 가운데 휘주 상인이 두각을 나타내는 계기를 염업을 중심으로 살펴보자.

6장 회양 지역의 도시 발전과 휘주 상인

도시는 많은 인구가 밀집해 있으며 정치, 경제, 문화 활동이 집중되어 있는 복잡한 공간이다. 중국의 도시는 황제가 거하는 수도와 행정적 중심지를 중심으로 확대·발전된 것이 특징이지만 10세기를 전후하여 정기 시장이 상설 시장으로, 다시 중소형 도시인 시진(市鎭)으로 발전하는 추세가 나타나기 시작했다. 행정적인 위계질서에 구애받지 않는 경제적인 위계질서가 따로 형성되고, 국가 권력과 같은 '외적' 요인이 아니라 지역 사회의 '내적' 요인에 따라 '자율적'으로 등장하는 도시가 등장한 것이다. 이러한 현상은 상품 경제의 발전 및 장거리 유통망의 확대와 함께 자연스럽게 확산되었는데, 명·청 시대 강남 지역이 대표적이었다.[1]

도시 발전과 함께 유동 인구의 증가는 이 시대의 주요한 특징으로 자리 잡았다. 지배층의 착취나 인구압과 같은 인구의 유출 요인(pushing factor)과 함께 고려해야 할 사안이 바로 이윤 획득의 가능성이나 풍요롭고 자유롭게 느껴지는 도시 발전 등과 같은 유입 요인(pulling facror)일 것이다. 즉 전통 중국에서 이주(移住)는 압력에 대한 대응인 동시에 기회에 대한 도전이기도 했다. 물론 아직 대규모 해외 이주가 발생하지 않았던 근세 중국의 유동 인구는 대부분 국내에서 맴돌았다. 이때 이주자들은 '적소(適所, niche)'를 찾는 것이 중요했다. '적소'란 현지 사회가 필요로 하면서도 다른 집단이 충족시킬 수 없기 때문에 이주자가 (운 좋게 또는 노력을 통해) 그 속에 들어가 살아남을 수 있는 직업적 전문성이나 사회적 역할을 말한다.[2]

그렇다면 강남 지역과 인접한 회·양 지역의 도시 사회는 어떠했을까? 하공·조운·염정의 삼대정이 착종해 있었던 회·양 지역의 도시는 어떤 모양으로 발전했고, 이러한 도시 사회의 기득권층과 새로운 이주자들은 누구였을까? 그리고 이주자들은 어떻게 자신들의 '적소'를 찾아갔을까? 이 장에서는 이러한 문제의식을 가지고 회·양 지역의 대표 도시인 양주와 회안의 발전 과정을 분석해 보고, 도시 사회의 주인공으로 떠오른 상인 집단의 역학 관계와 위상 변화를 살펴보려고 한다. 물론 모든 분석은 이 책의 주제인 휘주 상인을 중심으로 이루어지지만, 이 장에서는 경쟁 상대였던 산서·섬서 상인과의 비교를 통해 어떻게 휘주 상인이 회·양 지역 도시 사회의 주인공으로 대두했는지를 시간의 흐름 속에서 밝혀 볼 것이다.

1 도시 발전과 유동 인구

수·당 시대의 양주

양주라는 도시가 인상적으로 중국 역사에서 주목된 시기는 수·당대였다. 수·당대에 대운하를 이용한 물자 유통이 활기를 띠면서 양주의 위상도 동반 상승했던 것이다.[3] 정작 대운하를 개통했던 수나라는 감당하기 어려운 대규모 공사와 고구려 침공 등의 외정으로 말미암아 쇠락했지만, 그 뒤를 이은 당나라는 대운하의 경제적 혜택을 톡톡히 보았다. 당나라 시인 피일휴(皮日休, 834~883년)가 쓴 「변하에서 옛 일을 생각하다(汴河懷古)」라는 시를 읽어 보자.

> 수나라가 망한 것이 이 운하 때문이라 할지라도
> 지금도 천 리나 그 물길 따라 파도를 헤쳐 가고 있으니
> 만약 물 위의 궁전과 같은 용주(龍舟)가 없었더라면
> 우(禹) 임금의 공과 같이 논해도 적고 많음을 따질 수 없으리니.

비록 대운하가 뚫린 것은 수양제(隋煬帝) 개인의 야망과 욕심으로 말미암은 것이 사실이지만, 그 공과(功過)는 단기간으로 볼 것인가, 장기적으로 볼 것인가에 따라 확연히 달라진다. 수나라만을 볼 경우, 대운하를 건설하던

605년부터 610년까지 6년 동안 공사에 동원된 인원만 550여 만 명에 달했다. 무리한 공사의 압박 가운데 사망하거나 도망친 사람이 20만 명이었다고 한다. 또한 수양제가 대운하를 위락 시설로 이용하여 대규모 호화 선박, 즉 용주를 이용하여 여행을 즐겼다는 이야기는 이미 널리 알려진 사실이다. 낙양에서 용주에 탑승한 수양제는 재위 기간 동안 세 차례나 대운하의 남단이자 최대의 항구 도시였던 양주(당시 이름은 江都)를 방문했으며, 종국엔 양주에서 근위병들의 쿠데타에 의해 618년 비참한 최후를 맞이했다.[4] 즉위한 지 14년, 대운하가 완성된 지 8년 만에 수양제는 양주에서 생을 마감하고 수나라의 운명도 끝이 났으니, 수의 생명력이 대운하로 인해 소진되었다고 해도 지나친 말은 아닐 것이다.

하지만 대운하 건설로 인해 남과 북 사이의 경제 교류가 활성화되었다는 반론도 만만치 않다. 특히 당대가 되면 대운하를 통해 남북의 경제 교류가 활성화될 뿐 아니라 중국의 정치적 통합을 유지하는 데 공헌을 했다는 평가도 있다.[5] 앞서 언급한 피일휴는 대운하에 대해서 "수나라의 백성들에게는 그 해로움이 말할 수 없었지만 당나라의 백성들에게는 그 이로움이 말할 수 없다."고 노래했으며, 송대가 되면 대운하는 수도인 개봉으로 곡물을 운송하는 조운 루트로 크게 번영했다.[6] 그사이 강남 물자의 집산지였던 양주는 경제 중심지로서의 명성을 유지할 수 있었다.

당·송 시대까지 대운하를 통한 국가적 물류와 각종 수공업의 발전으로 번영을 누리던 회·양 지역이 침체기로 접어든 것은 남송 이후 북방 민족과의 전쟁과 수재가 겹치면서부터였다.[7] 남북 방향의 물류가 원활하게 이루어지지 못하자 운하 연변의 도시들도 예전과 같은 활기를 띠지 못했다. 왕조 말기의 전쟁은 이러한 상황을 더욱 악화시켰다. 원말인 1357년 주원장의 군대가 양주를 점령했을 때 양주 성내에 남아 있던 거민은 약 18가(家)에 지나지 않았다고 하는데, 이처럼 적막한 상황은 회안도 마찬가지였다.[8]

명 · 청 시대의 도시 인구

하지만 명조가 개창된 이후 회 · 양 지역의 경제는 곧 활기를 되찾았다. 지역 사회가 안정을 되찾고 양회 염장에서 생산된 소금이 양주와 회안을 중심으로 광범위하게 유통되기 시작했으며, 북경 천도 이후 대운하를 통한 조운이 본격화되자 회 · 양 지역의 주요 도시는 곧 각지에서 몰려드는 상인, 관리 등 각종 체류자[流寓, sojourner]들로 붐비기 시작했다.[9] 명초부터 회 · 양 지역에는 강소성 남부 지역과 강서, 휘주, 산서 등 외지에서 온 이민자들이 토착인을 수적으로 초과하기 시작했다.[10]

지금의 인구 자료를 가지고 양주와 회안의 도시 인구를 정확하게 파악하는 것은 곤란하다. 전근대 중국의 인구 조사는 세금을 납부하는 호구를 대상으로 한 불완전한 통계일 뿐 아니라 농촌과 구분되는 성곽 내부의 도시 인구에 대해서는 전혀 관심이 없기 때문이다.

다만 양주와 회안을 포함하고 있는 현 단위, 즉 강도현과 산양현의 지방지에 실린 호구 기록을 정리하면 [표 11], [표 12]와 같다.[11] 강도현은 명초에 비하여 청초에 세 배 가까이 인구가 증가했지만, 회안은 거의 증가되지 않았다. 하지만 청초에 비하여 청말의 인구는 두 곳 모두 서너 배 증가되었다. 청초까지의 호구 통계에는 유동 인구의 증감이 계산되지 않았을 가능성이 높지만, 청말의 경우는 청 중기까지의 인구 인동이 일정 부분 반영된 듯하다. 그런데도 유동 인구에 대한 고려는 거의 없었을 것이다.

시진의 증감 상황을 보면, 강도현의 경우 1601년에 8곳이던 시진이 1810년에는 14곳으로 증가했다. 그러나 산양현은 1573년에 9곳이던 시진이 오히려 1748년에는 6곳으로 감소했다.[12] 불완전한 통계 자료지만, 대체로 회안보다 양주의 인구 증가와 시진 증가가 활발했다고 볼 수 있다.

도시 경제의 발전과 인구의 증가는 곧 도시 구조의 변화로 이어졌다. 양주와 회안의 성곽 구조는 모두 이전에 만들어진 구성(舊城)과 후대에 건립된 신

[표 11] 명청 시대 강도현의 호구 수

연호(서력)	호	구
홍무 9년(1376)	13,291	64,872
성화 8년(1472)	15,971	92,018
정덕 7년(1512)	18,714	101,527
가정 11년(1532)	20,025	107,712
가정 21년(1542)	18,307	96,251
강희 14년(1675)		174,414
가경 13년(1808)		528,339

[표 12] 명청 시대 산양현의 호구 수

연호(서력)	호	구
경태 3년(1452)	13,760	155,700
홍치 5년(1492)	22,324	135,544
가정 41년(1562)	22,782	124,051
천계 4년(1624)	23,830	128,983
순치 5년(1648)		159,829
강희 50년(1711)		162,621
선통 3년(1911)		690,307

성(新城)으로 이루어져 있다. 중국의 대부분의 행정 도시가 그러하듯, 주요 관청과 학교 등은 구성에 자리잡고 있다. 반면 신성은 구성 외곽으로 확장된 신흥 개발 지역을 포괄했는데, 16세기 중엽 건립된 양주의 신성은 이러한 특성을 잘 보여 준다.

양주의 도시 구조

양주의 성곽은 송나라 때 세 개까지 증가했으나 남송 말 전란기에 모두 폐허가 되고 하나만 남게 되었다. 이것이 송대 관공서가 밀집했던 '대성(大城)'으로, 명이 시작될 때도 이 성곽 하나만이 남아 있었다.[13] 이후 이 성곽은 구성으로 불리게 되는데, 이 안에 양주부와 강도현의 행정 아문, 염정 관련 아문을 비롯하여 학교, 그리고 성황묘(城隍廟)·관제묘(關帝廟) 등 대표적인 종교 시설이 위치했다.

그러나 양주를 경유하는 대운하는 성곽 남쪽의 안강문(安江門) 앞을 지날 뿐 바로 인접해 있지는 않았다. 바로 그 공간, 즉 구성과 대운하 사이에 운하를 통해 왕래하는 사람들이 거처하던 숙박 시설과 각종 시장가가 형성되었는데, 이곳이 이후 도시 경제의 중심지로 부각된 신흥 개발 지역이었다.[14]

신흥 개발 지역은 대운하와 인접했기에 교통이 편리했으나 성곽은 없었다. 당시 성곽이 존재하지 않으면 외부로부터의 위험 요소에 취약할 수 있었다. 16세기 중엽 창궐하기 시작했던 왜구가 연해 지역부터 시작하여 양주까지 침입했을 때, 이곳은 왜구 약탈의 큰 피해를 당했다. 양주부의 지부(知府)를 맡고 있던 오계방(吳桂芳, ?~1578년)은 양주 성곽 동편에 새로운 성곽의 건설을 주장했고, 그의 요청을 계기로 1555년에 신성이 건립되었다.[15] 섬서성 출신으로 신성 건립을 지지했던 지역 신사 하성(何城)은 당시 오계방의 주장을 다음과 같이 기록했다.

양주는 …… **사방으로부터 주거(舟車)와 상고(商賈)가 모여드는 곳으로, 인구가 이전의 몇 배가 될 정도로 번성했습니다.** 또한 염운사(鹽運司)의 염과 액수가 홀로 천하 부세(賦稅)의 반을 차지합니다. 그런데도 상인들은 구성의 외곽, 즉 울타리와 같은 한계가 없는 곳에 거주하고 있으니 이것은 그들을 보호하는 계책이 아닙니다.[16](강조는 인용자의 것임)

이 기록을 통해 다음과 같은 세 가지 사실을 확인할 수 있다. 명초 이래 16세기 중반까지 양주의 인구가 "몇 배가 될 정도로" 증가했다는 점, 증가 인구의 출처는 대부분 각지에서 유입된 상인 등 유동 인구라는 점, 그리고 외래 상인들은 구성 내부가 아니라 그 외곽에 거주했다는 사실이다. 따라서 양주의 신성은 왜구 침입 방어 이상의 의미를 지니고 있다. 즉 명초 이래 확대되었던 신흥 개발 지역을 보호한다는 의미에서 축조된 것이다.[17]

〔지도 13〕「청대 양주 성곽도」는 청대 지방지의 성곽 도면이다. 그림의 오른편, 즉 동쪽 부분이 대운하와 인접한 신성이고, 왼편, 즉 서쪽 부분이 구성이다.[18] 이후 신성 동북쪽의 편익문(便益門)과 광저문(廣儲門)에는 각종 유람선이 밀집했으며, 성의 안과 밖을 연결하는 다양한 시장들이 편익문과 대운하 사이에 개설되었다.[19] 구성과는 달리 신성은 교통로인 대운하와 연결된 경제 구역으로서의 특색이 강하게 묻어났다.

회안의 도시 구조

기존에 있던 구성에 신성이 추가로 건립되는 방식은 회안도 마찬가지였다. 다만 그 시기와 동인이 양주와 조금 달랐다. 이전부터 존재하던 회안의 구성에는 각종 관청과 학교, 대표적인 종교 시설 등이 위치했다. 북경 천도 후 조운을 총괄하는 관서(官署)도 구성에 자리 잡았다.

회안의 신성은 원말 장사성이 파견했던 장군이 축조했는데, 본래 토성(土城)으로 건립된 것이 1377년(홍무 10년)에 벽돌로 증축되었다. 이후 왜구의 위협을 받던 1595년(만력 23년) 지부를 서리(署理)하던 추관(推官) 조우변(曹于汴)이 4좌(座)의 적대(敵臺)를 추가 건설한 일 말고는 특별한 변화가 없었고, 구성과 차별화된 경제 중심지로서의 특징도 발견하기 어렵다.[20] 양주의 신성과 달리 회안의 신성은 군사 방어의 목적으로 축조되었기 때문이다.

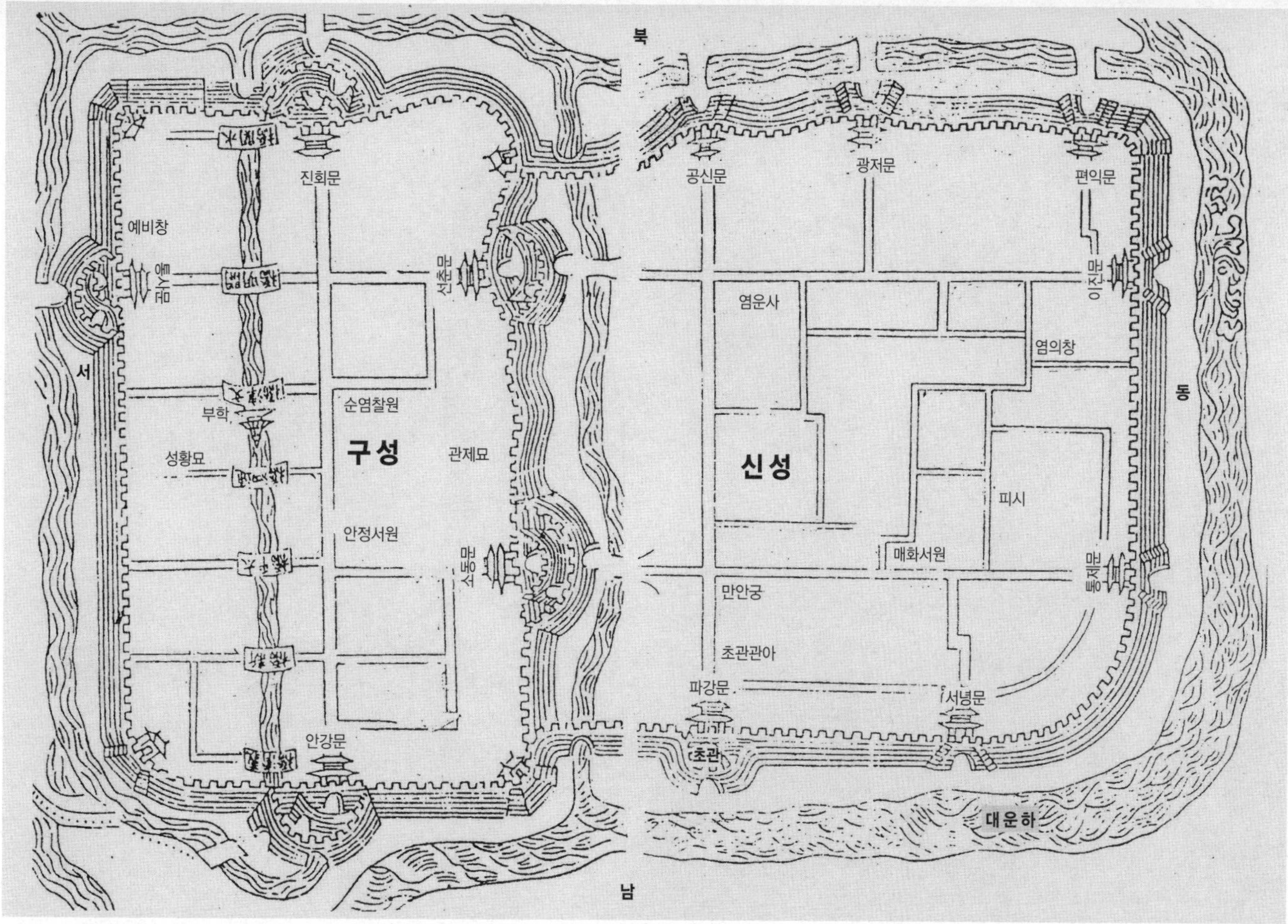

[지도 13] 청대 양주 성곽도

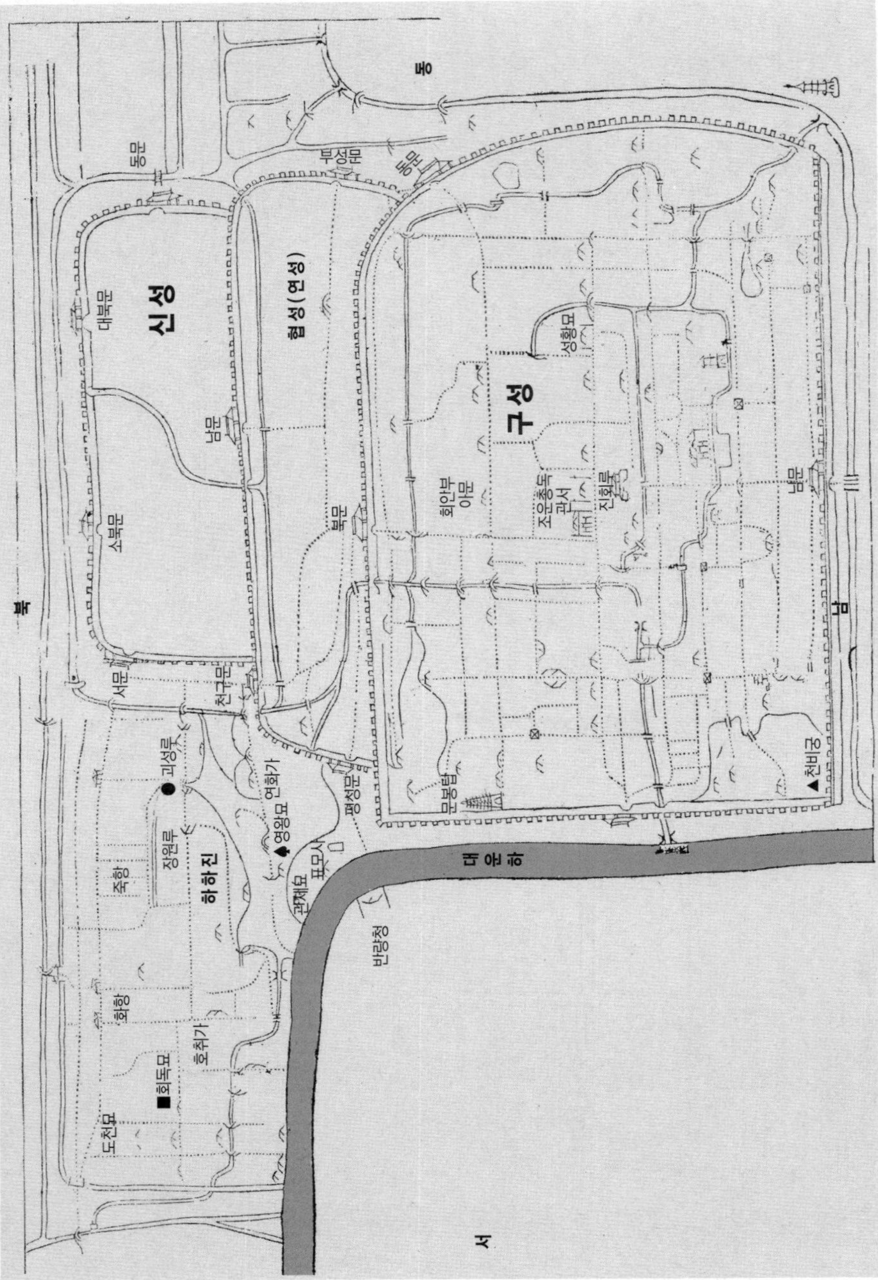

(지도 14) 청대 화안 성관도

남과 북이 제대로 배치된 청말 회안의 성곽도를 보면 신성과 구성이 직접 연결된 성곽이 아니라는 점을 알 수 있다.([지도 14][21] 참조) 그 사이에는 끼여 있는 성곽이라는 뜻의 협성(夾城)이 있다. 이 성곽은 구성과 신성을 연결할 뿐 아니라 관통하는 작은 하천을 통해 성곽 서편(그림의 왼쪽)의 대운하와 연결되었다. 여기에 성곽을 세운 이유는 양주에 신성을 세운 이유와 거의 유사했다.

회안을 왕래하는 조운선이 정박하는 지점이 바로 구성과 신성 사이에 인접한 대운하 구간이었다. 조운선은 그 맞은편에 위치한 반량청(盤糧廳)에서 정해진 조량을 정해진 기일에 싣고 왔는지 검사를 받았다.[22] 이 과정에서 적어도 수일의 시간이 소요되었으므로 이 지점을 중심으로 숙박 시설과 시장이 개설되었다. 조운선에 탑승한 운군과 수수 노동자들이 쉬면서 원기를 충전할 수 있는 공간이 점차 구성과 신성 사이로 확장되었다.

그런데 1560년(가정 39년) 왜구의 침입이 회안까지 미쳤다. 그러자 신흥 경제 구역을 보호하기 위해 신성과 구성을 연결하는 지역에 협성이 축조된 것이다. 이후 협성은 두 성곽을 연결한다는 의미로 연성(聯城)이라고도 불렸다. 협성의 축조를 주장한 이는 조운도어사 장환(章煥)이었다. 왜구의 침략으로부터 회안과 조운선을 보호하기 위하여 새로운 성곽이 필요하다는 것이었다.[23]

이후 회안의 경제 중심지는 협성 및 협성 외곽의 대운하 연변 지역이 되었다. 대운하와 연결이 편리했기 때문이다. 특히 협성의 천구문(天衢門)에서 나와 대운하까지 연결하는 연화가(蓮花街)는 명·청 시대 가장 번영했던 지역이자 휘주 상인을 비롯한 외래 상인들이 집중적으로 거주했던 하하진(河下鎭)의 중심 거리가 되었다.[24] 청 강희 연간 휘주 상인은 돈을 출연(出捐)하여 연화가를 화강암으로 포장했고, 그 거리는 오늘날까지 잘 보존되어 회안시의 보호 유적으로 지정되었다.([그림 22]) 그리고 연화가와 대운하가 만나는 지점에는 왕래하는 여러 상인들뿐 아니라 황제까지 이용했던 어마두(御碼頭)가 있

〔그림 22〕하하진의 연화가에 세워진 석판가(石板街) 표지. 회안시 인민 정부가 2003년 3월 '회안시 문물보호단위'로 지정했다. 십자형으로 이루어진 석판가는 총 길이가 약 5킬로미터에 달하는데, 청 강희 연간 정씨(程氏) 성을 가진 휘주 상인이 출자하여 만들었다는 설명이 쓰여 있다.

다. 구성에서는 북문 부근이 경제적으로 가장 번영했는데, 이 역시 수로를 통해 대운하와 연결이 용이했기 때문이다.[25]

이곳을 지나가던 구준(1421~1495년)은 선박의 왕래로 경제적으로 급성장한 하하진에 놀라며 다음과 같은 시를 지었다.

> 십 리에 걸친 붉은 깃발은 운하 양편의 선박들(十里朱旗兩岸舟)
> 밤이 깊도록 이어지는 가무는 언제나 그칠런가?(夜深歌舞幾時休)
> 오랜 세월 쌓인 양주의 화려한 풍경이(揚州千載繁華景)
> 서호취 안으로 옮겨 온 듯 하구나(移在西湖嘴上頭)

서호취란 회안 성곽 서편으로 대운하에 인접한 지역, 즉 상인들이 밀집한 하하진을 지칭한다.[26] 수·당 시대 대운하가 개통된 이후로 번영했던 양주의 풍경, 그에 버금가는 도시 풍경을 구준이 회안을 경유하면서 발견했던 것이다. 구준이 이곳을 경유한 시기는 15세기 후반 무렵이므로, 운하 도시로서의 회안의 발전은 명 중기부터 현저하게 진전되었던 듯하다.

도시 발전과 대운하

회·양 지역의 사회·경제적 여건을 고려할 때 양주와 회안의 도시 구조에서 두 가지 특징을 발견할 수 있다. 하나는 도시의 발전 형태가 모두 교통로인 대운하와 밀접하게 관련되어 있다는 사실이다. 1555년 건립된 양주의 신성이나 1560년 건립된 회안의 연성은 모두 왜구의 침략으로부터 보호하기 위해 건립된 것이지만, 동시에 대운하와 인접한 경제 중심지였다. 즉 기존의 성곽에 포괄되지 않았지만 경제 인구가 밀집한 지역으로 성곽이 확장된 것이다. 이후 이곳에는 시장과 회관, 그리고 각종 서비스업 시설물이 밀집되었다. 양주에는 명 중기부터 각종 숙소와 유흥업소가 증가하기 시작하여, 명말이 되면 사농공상을 제외하고는 아행이 가장 많았다는 기록이 있다.[27] 회안에도 청 전기에 시장 주변으로 유동 인구를 상대하는 각종 기예인들이 토착인보다 배나 많아졌다.[28]

이러한 변화는 그만큼 양주와 회안을 경유하는 물동량이 많아졌음을 보여준다. 특히 조운선이 상경하는 시기가 되면 대운하에는 어김없이 병목 현상이 발생했다. 회안의 지방지를 보면 "모든 조운선이 성곽 서편의 운하에 정박하여 검사를 기다리기에 운송하는 각종 화물이 산더미처럼 쌓였다."[29]고 한다. 자연히 정박 항구를 중심으로 상인들의 체류·주거지가 형성되었다. 양주의 구성에는 지방관과 신사가 밀집된 반면 상인과 운송업자, 그리고 상인을 관리하는 염정과 세관 관리들은 신성에 밀집했다.[30] 회안에는 협성과 성곽 외곽, 즉 하하진에 상인과 운송업자들이 밀집했음은 앞서 언급한 바와 같다. 거주의 차별화가 발생한 것이다.

유동 인구

둘째, 회안과 양주의 도시 발전에 유동 인구의 비중과 역할이 높았다. 앞서 인용했던 "사방으로부터 주거와 상고가 모여드는 곳으로, 인구가 이전의 몇

〔그림 23〕 명대 길거리에서 쉽게 볼 수 있던 걸개. 주신(周臣)의 1516년 작품

배가 될 정도로 번성했"다는 구절은 이를 단적으로 보여 주지만, 이는 양주뿐 아니라 회·양 지역에 보편적인 현상이었다.

1605년 간행된 『양주부지』를 보면 양주의 토착민이 유동 인구의 20분의 1에 지나지 않는다고 했다. 또한 사치 풍조를 주도한 사람들이 "모두 사방에서 온 상인"으로 "토착인은 열에 하나일 뿐"이라고 했다.[31] 과장된 표현이기는 해도, 외지에서 이주해 온 유동 인구 가운데 세력가들이 많았음은 틀림없다. 회안 하하진의 경제를 주도한 사람들 역시 바깥에서 들어온 외래 상인이었음은 앞서 언급한 바와 같다. 7장에서 살펴볼 휘주 상인 정씨(程氏) 가문도 하하진으로 이주했다. 양주와 인접했던 과주진은 행정 도시가 아닌데도 "5성(省)의 갈림길이자 조운의 요충지"라는 이유로 "5방에서 상인이 운집하고 조운선이 정박하여 무역이 번성"했다고 한다.[32] 모두 물류의 거점 도시에 유동 인구가 증가했음을 보여 주는 사례들이다.

그 결과 18세기 중반이 되면 회·양 지역의 유동 인구는 수십만에 이를 정도로 증가했다.[33] 따라서 양주와 회안의 성곽 축조 및 도시 구조는 유동 인구의 증가를 적극적으로 수용하는 방향으로 결정되었던 것이다. 같은 시기에 비슷한 이유로 축성의 필요성이 제기되었던 소주에서 외래인보다 토착인의 입장이 강하여 실현되지 못했던 것과는 좋은 대비가 된다.[34] 이는 근본적으로 편리한 수로 교통을 배경으로 외지에서 유입된 유동 인구의 비중과 영향력이 컸던 회·양 지역의 사회상을 반영한다.

회·양 지역의 유동 인구에는 상인뿐 아니라 운송업에 종사하는 선부, 수수, 각부, 무뢰, 걸개(乞丐: 거지) 등도 포함되어 있었다.((그림 23) 참조) 가령 1556년(가정 35년)왜구가 과주에 침입했을 때 염각부(鹽脚夫) 100인이 조직적으로 왜구를 대적했다는 기록이 있다. 염각부란 소금을 운송하는 운수 노동자인데, 대부분은 상황에 따라 일거리를 찾아다니는 일용직 노동자로 충당되었다. 그들은 일거리가 있으면 일을 하고 일이 없으면 무뢰나 걸개처럼 밥벌이를 충당했다.[35] 또한 만력 연간(1573~1619년) 양주에서 가짜 동전이 대규모로 유통되자 손해를 입은 상인들이 시장 문을 닫아 버리는 사건이 발생한 적이 있었다. 사태 해결을 요청하는 상인들의 시위였던 셈이다. 그러자 생필품을 구입하기 어려워진 기민(饑民)과 무뢰 등 수천 명이 무력을 행사하여 유혈 사태가 발생할 뻔했다. 사태는 악화되지 않고 추관(推官) 범세미(范世美)의 중재로 원만히 해결되었지만, 양주에서 무뢰배의 증가로 도시 사회의 치안이 불안해지는 상황을 알 수 있다.[36]

정기적으로 곡물을 북경까지 운송하는 조운에도 거지들이 운수 노동자로 충당되었다. 지방관은 수로변에 비석을 세워 이러한 관행을 금지시키려 했지만, 상황은 청말까지 결코 개선되지 않았다.[37] 19세기 후반에 발행되던 『점석재화보(點石齋畵報)』에도 거리의 거지들을 잡아다 조운선에 강제 노역을 시키는 장면이 있는데, "이러한 악습은 도처에서 그러하지만 양주가 특히 심했다."라고 언급했다.[38]

회안에 대한 자료를 보면, 북경 천도가 완료된 후 왕래하는 조운선의 운군과 수수들이 회안에 체류하자 지역 사회의 치안이 문란해지는 요인이 되었다.[39] 또한 1572년(융경 6년) 조운총독과 회안부의 지부가 고가언의 제방 공사를 위한 노동력을 징발할 때 도로에 즐비했던 빈민 7000명을 손쉽게 모을 수 있었다.[40] 그만큼 회안 지역에는 떠돌아다니던 무뢰들이 많았다. 청말에 회안에 거주했던 노일동(魯一同, 1805~1863년)은 회안의 풍속을 다음과 같이 묘사했다.

> 봄과 여름에는 조운선의 왕래가 있고, 가을과 겨울에는 소금이 유통되고 하방(河防)을 위한 토목 공사가 있으니, 사시사철 쉴 날이 없다. 직업이 없는 빈민들도 힘써 일하면 배불리 먹을 수 있고, 떠돌아다니는 무뢰들도 이를 통해 넉넉하게 돈을 벌 수 있다.[41]

1884년 출간된 『회안부지』에도 "회안의 유수(游手)·무뢰·빈민들은 조운·하공·염정을 통해 생계를 유지한다."[42]는 기록이 있는 것을 보면, 그들은 회·양 지역의 삼대정, 즉 조운, 염정, 하공과 관련하여 생계를 유지하는 자들이었다. 요컨대 수로 교통이 편리한 회·양 지역의 도시에는 유동 인구의 비중이 높았으며, 그 가운데 빈민층인 무뢰들은 삼대정과 관련한 노동력을 제공하는 한편 도시 사회의 불안 요소가 되기도 했다.

외래 상인들의 사치 풍조

유동 인구의 다른 한 축은 상인이다. 외지에서 들어온 이들은 양주와 회안에 정착하면서 무뢰와는 또 다른 영향력을 도시 사회에 미치기 시작했다. 즉 그들이 지닌 풍부한 재력을 바탕으로 사치 풍조가 조장된 것인데, 이는 곧 토착 신사들의 거부감을 불러일으켰다. 1523년과 1599년에 각각 출판된 지방지에는 각각 다음과 같은 신사층의 우려와 탄식이 담겨 있다.

교화와 훈육의 은혜를 입은 지가 오래되어 세태가 변하고 풍속이 바뀌었다. …… 양주의 습속은 가벼워지고 양주인의 풍속은 사치해 졌으니, 이를 바르게 돌이킬 수 없게 되었도다![43]

금일 사방에서 온 상인들이 시장을 메우고 그 사이에서 교역에 종사하여 열 명 중 하나는 치부했다. 이 부자들은 걸핏하면 집을 궁실처럼 꾸미고 첩을 두고 즐겼으며, 노복들의 음식과 패복(佩服)도 왕자와 비등했다. 또한 (그들은) **신분이 높은 고관들에게 재물을 바치고 관계를 맺어, 자주 거마를 타고 출입했다.** 부인들은 일이 없어도 항상 차려 입고 예쁘게 화장했는데, 금옥(金玉)으로 새긴 것으로 머리를 장식하고 명주와 비취, 깃털 장식이 있는 옷을 입고 화려한 자수를 수놓은 속옷은 모두 그 옷감의 아름답고 사치함이 극에 달했다. **이는 열에 아홉이 모두 상인 집안의 경우다.**[44](강조는 인용자의 것임)

이를 통하여 두 가지 사실을 확인할 수 있는데, 하나는 16세기 초반에 이미 양주에는 외래 상인의 이주가 광범위하게 이루어졌다는 점이다. 그들의 사치스럽고 부유한 삶의 형태는 현지인들의 풍속과 세태에 적지 않은 변화를 야기했다. 부적절한 옷차림을 한 평민들의 행렬은 신사층에게 사회 규범이 전복된 증거였고, 상업의 발전과 함께 도래한 소비의 힘이 신분의 정상적인 기준을 압도했다. 사치 풍조에 대한 신사층의 거부감 표명만으로 현실을 되돌리기에는 사실상 역부족이었다.

다른 하나는 외래 상인들 사이에도 극심한 경쟁이 이루어지고 있다는 점이다. "열 명 중 하나는 치부했다."라는 기록은 이러한 측면을 잘 보여 준다. 상인들의 영향력이 커진 것 같지만, 실상 '성공'한 상인은 소수였던 것이다. 이 자료를 통해 수많은 외래 상인들로 가득 찼던 시장을 확인할 수도 있지만 동시에 지나친 경쟁으로 얼룩진 양주의 도시 풍경을 발견하게 된다. 사회적 지위가 낮은 부자 상인들이 극도로 경쟁적인 사치와 향락의 삶을 드러낸 것은 보호 본능의 표출일 수 있다. 우선은 부(富)로 다른 상인들을 압도하려는 의도에서 시작되지만, 더 나아가 "신분이 높은 고관들에게 재물을 바치고 관계를 맺어" 부당한 착취와 위험으로부터 자신을 보호하기 위한 수단이 될 수 있었다. 이러한 상황은 회안도 마찬가지였다.[45] 그렇다면 회·양 지역 도시 사회로 유입된 상인들은 주로 어디에서 왔으며, 이들을 유인한 회·양 도시의 매력은 무엇이었을까? 다음 절에서는 이러한 문제의식을 가지고 양주를 중심으로 그 변화 과정을 살펴보도록 하자.

2 염운법의 변화와 휘주 상인의 성장

회·양 지역에 도시가 성장하던 초기 단계에는 잠시 체류하는 객상들이 많았다. 그들은 교통의 요지에 위치한 양주와 회안을 경유하던 상인이었다. 남하하는 이들이건 북상하는 이들이건 상관없이 대운하를 이용하는 것이 효율적이었음은 앞서 언급한 바와 같다. 홍치 연간에 예부상서를 역임한 예악(倪岳, 1444~1501년)이 초관이 설립된 지역을 열거하면서 "산동의 임청, 직예(直隷)의 회안·양주·소주부, 절강의 항주, 강서의 구강부 등은 모두 객상·상선이 폭주하는 지역"이라고 언급한 것은 이러한 사실을 잘 보여 준다.[46] 귀유광(歸有光, 1507~1571년)의 기록에 따르면, 당시 소주부의 중요 시진인 남상진(南翔鎭)에는 휘주에서 온 상인이 많았는데, 그 가운데는 남상진을 거점으로 북쪽의 임청으로 장사를 위해 왕래하는 사람도 있었다. 남상진에서 임청을 왕래하려면 대운하를 이용해야 하는데, 그 과정에서 "회·양 지역을 경유"하는 일이 빈번하게 발생했다.[47] 소설 『금병매』의 주인공을 비롯한 많은 등장인물이 대운하로 연결된 임청과 양주를 오가며 상업 활동을 전개했다.[48]

휘주 상인에 관한 초기 기록을 보면 대부분 장거리 유통업에 종사하기 위해 고향을 떠나는데, 진출 지역은 "객상·상선이 폭주하는 지역"에 집중되어 있다. 흡현 출신 오보(吳輔, 1550~1608년)의 5대 선조는 그 집안에서 처음으로 양주와 인근의 의진으로 진출했다. 아마도 14세기 전반에 양자강을 중심으로 미곡을 운송했던 것으로 생각한다.[49]

　같은 흡현 출신 완필(阮弼)은 상업으로 돈을 벌기 위해 무호로 진출했는데 "무호는 요충지의 도회지로 수레와 배가 폭주하여 각종 재화의 정보를 얻을 수" 있는 곳으로 묘사되고 있다. 무호는 1471년 초관이 설치된 양자강 교통의 거점이었다. 그는 무호에서 얻은 각종 정보를 가지고, 염색한 베의 판매망을 넓혀 갔는데, "그가 물건을 판매하기 위해 진출한 곳이 강소·절강·호북·하남·하북·강서·산동까지 미쳤으며, 또한 분국(分局)을 세워 중요 나루터에서 장사했다."고 한다.[50]

　16세기 중반에 활동한 흡현 출신 정례(程澧, 1501~1577년) 역시 가세가 기울어 장사하기로 마음먹고, 강남의 소주와 송강부터 시작하여 회·양 지역을 거쳐 북으로 하북 지방까지 진출한 후 "각종 재화에 대한 정보"를 얻을 수 있었다고 한다. 이를 기반으로 정례는 돈을 가장 잘 벌 수 있는 세 업종을 선택했는데, 하나가 강남 지방에서의 면포업(棉布業)이요, 둘째가 회·양 지역에서의 염업이고, 셋째는 휘주에서의 전당업이었다.[51]

물자 유통과 시세 차익에 대한 정보

　이처럼 명대 장거리 유통업에 처음 참여하기 시작했던 휘상들에게 가장 중요한 것은 물자 유통과 시세 차익에 대한 정보였다. 특히 완필과 정례의 사례에서 잘 나타나듯이, 교통의 요충지에 진출한 그들은 각종 재화에 대한 정보를 손쉽고 빠르게 파악할 수 있었다. 따라서 회·양 지역에 진출했던 휘상들이 대운하를 통한 남북 간의 물자 교역에 대한 정보뿐 아니라 양회 지역에서 생산된 소금 유통의 막대한 이윤에 대해서 관심을 갖기 시작하는 것은 당연한 결과였다. 16세기 중엽이 되면 휘주인들 사이에 이미 "우리 고향의 상인은 염업 종사가 으뜸이고, 포백(布帛)은 그다음이며, 견직물을 판매하는 것은 겨우 중간 단계 상인일 뿐"이라는 소문이 돌 정도로 소금 유통에 대한 선호도가 높아졌다.[52]

16세기에 활동한 반사(潘仕)와 그 아들의 이야기는 이윤이 많은 쪽으로 업종을 변경하는 상인들의 영민함을 보여 준다. 반사는 휘주 흡현 출신으로 감생(監生)이라는 유학자의 신분이 있었으나 유통업에 종사하는 상인이기도 했다. 그는 도자기로 유명한 강서성 경덕진(景德鎭)에서 구매한 자기를 절강 지역과 의진으로 운반하여 판매했다. 경덕진 도자의 명성은 이미 송대부터 전국적으로 알려졌으며 명대에는 어기창(御器廠)이 건립된 이래 16세기가 되면 용공(傭工) 인구가 만여 명에 달하는 전국적인 규모의 수공업 도시로 성장했다.[53] 이 시기 경덕진에는 휘주 상인뿐 아니라 강서와 강소·절강에서 온 상인들까지 뒤섞여 도자 판매를 둘러싼 치열한 경쟁 관계가 형성되어 있었다.[54]

반사가 나이가 들어 더 이상 장거리 유통업에 종사하기 어려워지자 둘째아들이 가업을 이었다. 이때 사업을 물려받은 둘째아들의 계산은 다음과 같았다.

강서와 절강과 의진은 각각 천 리 이상 떨어져 있어 왕래하는 과정에서 좌우로 살피며 조심해야 할 것이 끊임이 없으니, 좋은 방법이 아닙니다. **의진은 강·회(江·淮)의 도회지로 수륙 교통의 요충지이니 절강을 의진으로 통합하는 것이 좋을 것입니다.** 이전부터 재산을 늘리는 자들은 반드시 천시(天時)를 따르고 지리(地利)를 이용하며 전곡(轉穀, 상품 유통과 판매)에 힘쓰고 시간과 경쟁한다 했으니 한 지역에 연연할 필요가 없습니다.[55] (강조는 인용자의 것임)

즉 도자 유통업을 포기하는 대신 '강·회' 지역(=회·양 지역)에서는 소금 유통, 소주에서는 면포 유통, 강절(江浙) 지역에서는 미곡 유통에 참여하는 겸업 방식을 선택했다. 부친의 장거리 유통업의 노하우를 바탕으로 아들은 운송이 용이하고 이윤이 더 많이 남는 소금, 미곡, 면포로 취급 품목을 변경했던 것이다. 게다가 그는 남경에서 환전을 할 수 있는 전당포까지 운영했다.

반사의 아들은 활동의 거점을 의진으로 삼았다. 3장 4절에서 자세하게 살펴보았듯, 의진은 양자강과 대운하를 연결하는 지점에 위치하기에 "강·회의 도회지로 수륙 교통의 요충지"라고 불릴 만했다. 무엇보다 의진은 양회 염장의 대부분을 차지하는 회남염의 유통 거점이었다. 당시 양회 염장 30곳 가운데 26곳의 소금이 회남염으로 분류되어 의진의 비험소를 거쳐 유통될 뿐 아니라 염과에 있어서도 양회 염장 전체의 80퍼센트 이상을 차지했다.[56] 따라서 대운하를 따라 도자를 판매하기 위해 의진에 진출했던 반사 부자가 염운의 이윤을 목도하고 업종을 변경하듯, 회·양 지역에 잠시라도 체류했던 많은 휘주 상인들이 염업으로 업종을 변경하거나 겸업을 시도하는 것은 자연스러운 수순이었다.

그러나 회·양 지역에 진출하여 염운에 참여하는 것은 만만치가 않았다. 양주에 아무리 외래 상인이 많았어도 "열 명 중에 하나가 치부했다."는 지적처럼, 실제 상황은 수많은 경쟁으로 점철되었다. 명대 휘주 염상에 관한 수많은 자료가 있지만 대부분의 성공 스토리가 16세기부터 시작하는 이유가 바로 여기에 있다.[57]

16세기 이전에도 회·양 지역의 도시는 상인들에게 매력적이었다. 소금을 판매할 수 있는 권리증인 염인(鹽引)을 획득할 경우 소금 매입가보다 6~7배의 이윤을 남길 정도로 수지맞는 장사가 양회 염구의 소금 유통업이었다.[58] 그러나 명 전기에 회안과 양주에 진출하여 염운을 주도한 상인은 휘주 상인이 아니었다. 이미 막강한 기득권 세력이 양주와 회안에 진출해 있었다. 그러므로 휘상이 16세기를 기점으로 회·양 지역으로 진출을 확대하는 과정을 이해하려면 당시 염운법의 변화 과정을 살펴볼 필요가 있다.

개중법

16세기까지의 염운법은 명조의 개창과 함께 실시된 개중법(開中法)의 틀 속에서 유지되고 있었다. 개중법이란 송대의 제도였던 입중법(入中法)을 근거로 만들어진 제도로, 상인에게 북변의 지정된 장소로 곡물을 운송시킨 대가로 소금의 운송·판매권인 염인을 지급하는 체제였다.[59] 이후 개중법은 1617년(만력 45년) 새로운 염운 체제인 강운법(綱運法)으로 대체되기까지 줄곧 염법의 모체가 되었다. 이처럼 소금 유통과 군향 조달을 연결 지은 까닭은 명초부터 북변 방어의 필요성이 절실했기 때문이었다. 소금이 국가의 전매품이었기 때문에 가능했던 일종의 관(官)－상(商) 사이의 '거래'라고 볼 수 있다.[60]

개중법의 소금 유통은 크게 3단계로 구분할 수 있다.[61] 첫째가 '보중(報中)' 단계로, 염상이 호부에서 게시한 초상방문(招商榜文)의 요구에 따라 쌀, 보리, 콩 등의 군향(軍餉)을 변방의 지정된 창고로 운송하면 그에 상응하는 영수증인 창초(倉鈔)를 획득하는 것이다. 둘째 '수지(守支)' 단계는, 보중을 마친 상인이 지정된 염장에 가서 행하는 세 단계의 과정을 말한다. 먼저 ① 양주의 신성안에 위치한 염운사에서 자신이 휴대한 창초와 호부에서 보내온 감합(勘合)을 대조하여 염인을 획득한 후, ② 교환한 염인을 가지고 지정한 염장에서 소금을 지급 받고, ③ 이 소금을 가지고 의진 혹은 회안의 비험소(批驗所)에서 염인의 내용과 대조하는 체험(掣驗)이라는 검사를 받는 것이 그것이다.([그림 24] 참조) 셋째로, 수지를 마친 상인은 양회 염장을 떠나 지정된 행염지(行鹽地, 소금의 판매지)로 가서 염을 판매하는데, 이를 '시역(市易)'이라 불렀다. 시역의 단계에서도 상인은 소금과 함께 반드시 염인을 휴대해야 했고, 염인이 없을 경우 불법 소금, 즉 사염(私鹽)으로 처리되어 처벌을 받았다. 그리고 정해진 행염지 이외의 지역으로 운송하거나 운송 도중 염을 매매하는 행위도 엄격히 금지되었다.

이와 같이 '보중', '수지', '시역'으로 이어지는 일련의 과정을 개중법 체제

〔그림 24〕 염장에 모았던 소금을 선박에 실어 체험을 위해 떠나보내는 장면

라 부르는 것이다. 그 과정도 복잡하지만, 북변에서 시작하여 양회 염장을 거쳐 양자강 중류의 판매지까지 이르는 이동 거리와 소요 시간도 상인에게는 여간한 부담이 아니었다. 이 과정이 아무런 장애나 지체 없이 순조롭게 진행되더라도 왕복에 1년 이상이 소요되는 장거리 운송이었다.[62]

개중법 체제에서 주목할 점은 군향의 납부부터 소금의 판매에 이르는 일련의 과정을 동일 상인이 부담하도록 규제하고 있다는 사실이다. 즉 원칙적으로 염상은 염인을 타인에게 양도하거나 염운 도중에 대리인을 고용할 수 없었다.[63] 복잡한 유통 과정을 동일인에게 강제하는 것은 국가 입장에서 사염의 통제와 관리를 수월하게 하려는 의도에서 나온 것이다. 그 결과 중소 상인이 소금의 유통 과정에 자의로 참여하는 것은 '원칙상' 불가능했다.

그러자 개중법 체제에 참여하는 상인들에게 지역적 편차가 발생했다. 북변

으로의 군향 납부가 비교적 용이했던 상인에게는 개중법이 유리한 반면 양자강 유역을 중심으로 활동하던 남쪽 지방 상인들에게는 접근 자체가 쉽지 않았다. 실제로 개중법의 시행과 함께 성장의 계기를 마련한 대표적인 상인들은 산서와 섬서 출신의 상인이었다. 두 지역은 인접해 있어 객지로 진출했을 경우 동류 의식을 형성하여 유사한 존재 양태를 보였기 때문에 '산섬상(山陜商)'으로 부르기도 했다.[64]

산섬상에게는 북변과 가깝다는 지리적 이점이 있었다. 그들은 북변의 지리적 조건에 익숙했을 뿐 아니라 영락 연간(1403~1424년)부터는 축적된 자본을 가지고 북변에 직접 둔전(屯田)을 경영했는데, 이를 상둔(商屯)이라고 부른다. 이를 통해 산섬상은 먼 남쪽 지방으로부터 곡식을 운송하는 비용 부담을 크게 줄일 수 있었다.[65]

무엇보다 북변의 안보 상황에 따라 군향 조달의 변화 폭이 컸다. 명조는 빠른 시간에 군향 조달에 성공한 상인에게 우선권을 주었으므로, 상둔을 경영하는 북방 출신 상인들의 경쟁력은 높을 수밖에 없었다.[66] '보중' 단계에서 유리한 고지를 점령한 산서·섬서 상인들은 염운의 두 번째 단계인 '수지' 단계를 완료하기 위해 명초부터 회·양 지역에 체류하는 대표적인 상인 집단이 되었다. '보중'과 '수지'를 위해 변경 지역과 회·양 지역을 왕래하는 것은 "비만(飛輓)", 즉 날아다니듯 신속하게 양식을 운송하는 고생스러운 일로 일컬어졌다. 하지만 그만큼 많은 이윤을 획득할 수 있었으므로 산서 상인 범세규(范世逵)처럼 이에 종사하는 이들은 끊이지 않았다.[67]

운사납은제

이처럼 산섬상들은 명초부터 소금 유통에 주도권을 장악했으나 정작 그들이 회안과 양주로 이주를 시작한 것은 15세기 후반의 일이다. 계기는 1492년

운사납은제(運司納銀制)가 실시되면서 마련되었다. 운사납은제란 호부상서인 섭기(葉淇, 1426~1501년)가 요청하여 마련된 제도로, 염상이 염장의 염운사에 은을 납부하는 것만으로 염인을 부여해 주는 획기적인 제도다. 회안 출신이었던 섭기는 회·양 지역의 염정에 대한 실상을 체득하고 있었던 것이다. 이로써 상인들은 '보중'을 위해 북변에 직접 군향을 운송해야 하는 고충을 덜 수 있었고, 염운사는 거두어들인 은을 경사의 태창(太倉)에 보내 각 변창(邊倉)의 필요를 돈으로 해결할 수 있었다.[68] 명 중기부터 확산된 은 경제의 확산이라는 시대적 변화상이 소금 유통에도 영향을 미친 것이다.

운사납은제는 개중법 체제의 근본이었던 '보중'의 원칙을 무너뜨렸다. 그러자 기존에 동일 상인이 담당하던 소금 유통 과정 역시 분업화되기 시작했다. 산섬상 가운데 이주할 만큼 재력이 풍부하지 못한 일부는 예전처럼 북변에 남아 군향 업무를 유지했는데, 그들을 '변상(邊商)'이라 불렀다. 반면 경제적으로 여유가 있는 상인들은 양주로 이주했는데, 이들이 실질적인 염상 활동을 한 '내상(內商)'이었다. 이외에 기존의 '시역'을 담당하는 '수상(水商)'이라 불리는 상인까지 세 단계로 나뉘었다.[69]

돈 많은 상인들이 떠나자 변방의 상둔은 황무해졌으나 염운 관청이 위치한 도시는 상인들의 이주로 활기를 띠었다.[70] 양주에 이주한 산섬상은 대부분 구성 외곽의 대운하 인접 지역에 거주하면서 도시 사회에서 적지 않은 기여를 했다. 운사납은제가 실시된 직후인 1493년(홍치 6)에는 섬서 출신 염상들이 양주 대명사(大明寺)의 대웅전 건설을 위해 돈을 모아 주었다.[71] 1558년(가정 37년)에 왜구가 양주에 침입했을 때는 순염어사(巡鹽御史)가 양주의 수비를 위해 산서와 섬서 염상의 가속들 가운데 활 잘 쏘고 용맹한 자 500명을 '상병(商兵)'으로 선발하여 훈련시킨 사례도 있다.[72] 명말까지 양회 지역에서 활동한 염상의 수가 "수백여 가(數百餘家)"에 지나지 않았던 것을 고려할 때,[73] 500명의 '상병'을 배출했던 산섬상의 위세가 어떠했는지 짐작할 수 있다.

앞서 언급했던 양주의 신성 축조 역시 사실상 섬서에서 양주로 이주했던 염상 가문의 후예인 하성이 있었기에 가능했던 일이었다. 그는 진사(進士) 출신의 신사였으므로, 양주의 거인(擧人)들과 함께 지방관에게 신성 축조를 강력하게 주장할 수 있었다.[74] 신성에 해당하는 동관가(東關街)에는 아직도 퇴락한 산섬 회관의 비석들이 남아 있다. 산섬 회관 바로 북쪽에 위치한 소진회(小秦淮)에는 산서 상인 항씨(亢氏)가 소유했던 백 칸짜리 저택이 있었다. 명대 양주에 몰려든 산서와 섬서 상인들은 신성의 동관가 근처에 집주했을 가능성이 높다.[75]

어느 연구에 따르면, 명 후기 양주에서 활동하던 산섬상의 일족과 하속 인원이 수천 명에 이르렀다고 한다.[76] 성씨별로 보면 산서성 출신으로 염씨(閻氏) · 이씨(李氏), 양릉(襄陵)의 교씨(喬氏) · 고씨(高氏), 하진(河津)의 유씨(劉氏)가 많았으며, 섬서성 출신으로는 삼원(三原)의 양씨(梁氏), 경양(涇陽)의 장씨(張氏) · 곽씨(郭氏), 그리고 서안(西安)의 신씨(申氏), 임동(臨潼)의 장씨(張氏)가 많았다.[77] 요컨대 운사납은제의 실시 이후부터 왜구의 피해가 극심하던 16세기 중엽까지 양주 염상계의 주류를 장악한 상인은 산섬상이었다.

염상의 분업화와 '수상'

하지만 운사납은제를 계기로 염상의 분업화가 '양성화'되면서 여타 상인들이 염운 과정에 참여할 수 있는 기회가 증가했다. 이는 휘상에게도 예외가 아니었는데, 휘상은 크게 두 가지 경로로 접근했다. 하나는 소금 유통 과정인 '시역'에 '수상(水商)'으로서 참여하는 방법이고, 다른 하나는 직접 염운사가 위치한 양주에서 '내상'이 되는 길이다.

먼저 '수상'으로서 염운에 참여하기 시작한 휘상의 사례를 보자. 앞서 언급했던 반사와 그 아들, 그리고 반정주(潘汀州)[78]는 '수상'으로 염운에 참여한 대표적인 사례다. 그들이 처음 의진에 진출할 때만 해도 소금이 아니라 다른 물품의 유통에 종사했으나, 일정 수준의 자본과 경험을 축적하자 소금 유통에 개입했다. 이외에도 휴녕인 왕복광(汪福光, 1491~?)도 1000척에 달하는 선박을 가지고 소금 등을 운송하던 '수상'이었는데, 자제들을 이끌고 무역에 종사하면서 인사 관리에 재능을 보여 "거만(巨萬)"에 이르는 재산을 모았다.[79] 같은 휴녕현 출신 왕사(汪獅, 1501~?) 역시 '수상'으로서 양회 지역에서 생산된 소금을 호광 지역과 강서성의 여러 도시에 판매했다.[80]

이처럼 휘주 상인이 염운에 참여하는 초창기에 '시역'을 통해 진입한 사례가 많은 것은 무엇 때문일까? 아마도 기득권을 지닌 산섬상들의 근거지가 북변이기에 주로 양자강을 따라 이루어지는 소금의 판매 단계까지 참여하기 힘들었던 점도 있었을 것이다. 이것이 간접적인 배경이라면, 휘상이 지니고 있던 특징은 직접적인 배경이라 할 수 있다. 명대 휘주 상인이 보여 준 경영상의 특징은 크게 네 가지로 정리가 가능하다.

첫째, 휘상은 양자강을 이용한 상품 유통의 경험이 풍부했다. 휘상이 소금 유통의 기점인 의진에 다수 진출했음은 앞서 지적한 바와 같고, 종점인 호북성 한구에서도 명대부터 18세기까지 휘상은 가장 영향력이 큰 상방이었다.[81]

둘째, 그들은 소금뿐 아니라 면포, 도자, 양식 등의 여러 품목을 함께 운송하는 경우가 많았다. 가령 명대 면포 생산이 많았던 남직예 가정현(嘉定縣)의 남상진(南翔鎭)과 나점진(羅店鎭)에 가장 많이 진출한 상인은 휘상이었다.[82] 또한 휘상은 명초부터 미곡 생산이 많아지는 강서와 호광 등지에 진출하여 양식 운송에 종사하며 점차 양식 수입의 수요가 증가하는 강소, 절강 지방으로의 판매에도 적극적으로 참여함으로써, 양자강을 통해 이루어지는 양식 유통을 주도할 수 있었다.[83] 양식은 농작물의 풍흉에 따라 많은 이익을 남길 수 있는 품목으로, 소설 속에도 흉년을 맞이하여 사천성에서 생산된 미곡을 강남에 판매하여 네 배의 이익을 올린 휘상에 대한 이야기가 소개되어 있다.[84] 그들은 양자강 중상류에서 하류로 내려올 때는 양식을 싣고 왔다가, 다시 올라갈 때는 소금이나 면포 등을 운송하는 방식으로 공차율(空車率)을 최소화했다.[85]

셋째, 휘상은 유통업과 전당업을 함께 운영하는 경우가 많았다. 이는 명 중기 이후 상품 거래 및 화폐 경제의 발전이라는 시대 흐름과도 일치하는 움직임이었다. 또한 소금 유통과 납세 과정에서 동전과 은을 환전해야 할 경우도 많았는데, 염과의 은납화 이후에는 더욱 그러했다.[86] 그러므로 가정 연간 (1522~1566년)에 활동한 휘상 황의(黃誼)의 경우나 앞서 언급한 정례와 반정주처럼 염운과 전당업을 겸업한다면 상호 필요를 채워 줌으로써 치부에 있어 상승 효과를 기대할 수도 있었다.[87]

넷째, 휘상은 가족이나 종족의 결속력을 기반으로 소금의 유통 과정에 참여했다. 이를 통해 장거리 운송이나 여러 업종을 겸업하여 유리한 고지를 점할 수 있었다. 장거리 유통업에서 경쟁력을 확보하기 위해서는 시장 수요에 대한 예측, 상품 공급의 원활함, 시장 가격에 대한 정보, 그리고 운송 비용의 절감 등 다양한 요소를 충족시킬 만한 집단적인 경영이 필요했는데, 아직 근대적인 경영 방식이 도입되지 않은 상태에서 종족 조직이야말로 이러한 필요를 효과적으로 만족시키는 수단이 되었다.[88]

'내상'으로의 정착

다음으로 직접 양주에 진출하여 '내상'으로 활동한 사례를 살펴보자. 흥미로운 점은 양회 염구에서 '내상'이 된 휘상 중에는 이미 양절(兩浙) 염구에서 경험을 쌓은 자들이 많다는 사실이다. 그들은 휘주와 지리적으로 근접한 양절 염구의 중심지, 즉 항주에서 쌓은 경험을 바탕으로 시장 규모가 훨씬 큰 양주로 진출했던 듯하다.

대표적인 사례가 장거정과 같은 해에 과거에 합격하여 다양한 관직을 경험한 『태함집(太函集)』의 저자 왕도곤(汪道昆, 1525~1593년) 가문의 성공 사례다. 왕씨(汪氏) 가문은 휘주 흡현에서 대대로 농사를 지으며 생계를 유지해 왔는데, 할아버지인 왕현의(汪玄儀, 1468~1548년)와 그 형제들이 처음으로 객지에 나가 장사를 시작했다. 왕현의는 3개월치의 양식을 가지고 북변 지역에 진출하여 염운 참여의 권리를 획득했다. 아직 운사납은제가 실시되기 이전이었으므로 북변으로 양식을 운송한 대가로 염인을 획득했던 것이다. 왕현의의 성공으로 그 형제들과 자손들이 차례로 염업에 종사하는 계기가 마련되었다.[89] 이후 운사납은제가 실시되자 왕씨 일족은 양절 염구의 중심지인 항주에 정착했다. 하지만 왕도곤의 숙부는 왕도곤의 일족을 이끌고 다시 양주로 이주했다. 양회 염구가 양절 염구에 비하여 열 배 이상의 이윤을 낼 수 있다고 판단한 것이다. 그는 당시 최고의 상인들이 모두 양회 염구로 몰리고 있다는 정보를 기반으로 움직였다.[90] 같은 시기에 활동했던 흡현인 오계선(吳繼善) 역시 송강에서 면포업으로 모은 "천금(千金)"의 자본을 가지고 양절의 염업에 뛰어들었으나, 이후 양절에서 모은 "거만(鉅萬)"의 자본으로 양주로 이주했다.[91]

양주의 '내상'이 된 휘상 가운데는 다른 업종에서 축적한 자본을 가지고 염운에 뛰어든 경우도 있었다. 황숭경(黃崇敬, 1471~1524년)은 산동과 하북 일대를 왕래하며 장사하다가 회·양 지역의 염운에 참여하여 많은 재산을 모았다.[92] 또한 오일기(吳一夔, 1520~1552년)의 부친은 강남과 산동을 왕래하며 비단과 옥을 유통하여 모은 자본을 가지고 양회 지역의 염운에 참여했다.[93] 양회 염구의 소금 유통업은 자본이 많이 필요하고 경쟁이 치열했지만, 다른 업종에서 잔뼈가 굵은 상인이라면 한번 도전해 봄직한 영역이었다.

이상과 같이 운사납은제 실시 이후 많은 휘상들이 '수상'과 '내상'으로 염운에 참여하는 계기를 마련했다. 하지만 염운에 참여하는 초기부터 고향을 떠나 회·양 지역으로 이주하는 경우는 많지 않았다. 명초 이래 회·양 지역을 선점한 산섬상의 역량이 워낙 강했고, 양주나 회안에서 염업을 가지고 정착할 수 있다는 확신이 약했기 때문이다. 하지만 이러한 상업계의 판도는 17세기에 접어들면서 급격한 변화를 맞이한다.

광세사 노보의 파견

가장 두드러진 변화는 가정 연간(1522~1566년) 후반기부터 급속하게 와해되기 시작한 개중법 체제가 1598년(만력 26년) 태감(太監) 노보(魯保)의 파견을 계기로 사실상 붕괴된 것이다. 당시 명조는 영하(寧夏) 보바이의 반란(1592년), 임진왜란(1592~1598년), 파주토사 양응룡(楊應龍)의 반란(1597~1600년)이라는 세 반란을 진압하느라 최소 1000만 냥 이상의 전비(戰費)를 소모했고, 부족한 재정을 메우기 위해 전국 주요 지역에 환관들을 광감세사(鑛監稅使)로 파견했다. 노보에게 주어진 임무는 양회 염장을 대상으로 염과를 증액하여 부족한 재정을 보충하는 것이었다. 노보는 충분한 소금을 준비하지 않은 상태에서 세금 징수를 위한 염인(정규 염인인 '정인(正引)'과 대비하여 '부인(浮引)'이라 부른다.)을 남발하는 등 단기적인 성과에만 집착했다. 노보가 의도적으로 '부인'의 유통을 장려하자 '정인'의 유통은 점점 옹체(壅滯)되었다. 그 결과 노보에게 뇌물을 바치고 '부인'을 유통시킨 '간상(奸商)'이라 표현되는 소수자가 염운의 이익을 독점하는 반면에 '정인'을 유통하던 기존의 '양상(良商)'들은 큰 타격을 입게 되었다.[94] 자연히 염상계의 빈부 차는 극단적으로 심화되어, 당시 염정 관리들의 보고에 따르면 '변상'의 80퍼센트가 도망가고 '내상' 가운데서도 양주를 떠난 이들이 늘어 갔다.[95]

그렇다면 당시 '간상'들은 구체적으로 누구였을까? 현재 남은 자료들은 그들의 정체에 대한 구체적인 정보를 제공하지 않는다. 하지만 몰락하는 이들과 세력을 확대하는 이들에 대한 다른 자료를 통해서 '간상'의 실체를 짐작하는 것이 불가능한 것도 아니다.

먼저 '변상'과 '내상'의 다수를 점하고 있던 산서와 섬서 출신 상인들이 염정 붕괴의 타격을 일선에서 받았던 것은 분명하다. 1607년(만력 35년) 섬서순무(陝西巡撫)였던 도종준(涂宗濬)이 조정에 올린 보고를 보자. 이에 따르면 기존의 염법이 와해된 결과 "산서의 염상들은 본전을 밑진 것을 분하게 여겨 모두 원적(原籍)으로 돌아가고, 토착의 상인(='변상')은 힘을 소진하여 지탱할 수 없어 과반이 도망갔습니다. 남은 자는 현재 겨우 몇 집에 불과"[96]하다고 했다. 북변 지역을 다스리던 고위 관료의 상주문인 만큼, 당시 산서 상인들이 받은 피해가 얼마나 심각했는지 알 수 있다.

섬서성의 삼원현 출신인 진사기(秦四器)는 1618년(만력 46년) 향시에 합격한 거인으로 산동성 연주부(兗州府) 담성현(郯城縣)의 지현을 지냈는데, 관직에서 물러난 후 양주에 와서 여생을 보냈다. 그의 할아버지가 양주에서 염업에 종사했던 기반이 남아 있었기 때문이었다. 하지만 말년에 진사기가 목도한 경제적 현실은 암울했다. 명 중기까지만 해도 회·양 지역의 염장을 소유할 정도로 부유했던 할아버지가 명 후기에 쇠락해져 고향으로 돌아가 버리고, 양주에는 황폐한 선조의 무덤만 남아 있었던 것이다.[97] 심지어 일부 산섬상 가운데 노보의 전횡을 견디다 못해 자살하는 비참한 경우도 등장했다.[98] 청초 양주에서 활동했던 섬서 삼원현 출신의 염상 손지울(孫枝蔚, 1620~1687년)은 당시의 암울한 상황을 여러 문학 작품에 남겨 놓았다.[99] 요컨대 염상계의 '선발 주자'였던 산섬상들은 회·양 지역에서 소금을 제외한 다른 유통업의 기반이 약했으므로, 염운법의 변화 과정에 탄력 있게 대처하지 못하고 쇠락하는 경우가 많았다.

이와는 대조적으로 점차 세력을 확대하는 이들이 있었는데, 바로 휘주 상인이다. 그들은 기존 질서가 붕괴해 가는 회·양 지역에서 '틈새 시장'을 공략하기 시작했다. 휘상들은 개중법 체제에 길들여진 '선발 주자'가 아니었다. 또한 면포업, 전당업 등을 겸업하는 경우가 많았으므로, 염법 와해의 직접적인 피해를 피해 갈 수 있었다.

그 와중에 일부 휘상들은 공식적인 헌납과 비공식적인 뇌물을 사용하며 노보의 횡포가 극심하던 17세기 초반 오히려 양회 염장에서 영향력을 확대했다. 대표적인 인물이 오양회(吳養晦)와 그 가문이다. 오양회의 조부인 오수례(吳守禮)는 양회 염장에서 100여 만 냥의 재산을 지닌 거상이었다. 오양회는 집안의 상속 문제에 불만을 품고 자기 집안 '어른'들의 염과 체납 사실을 노보에게 고발하는 대신 자신은 5만 냥을 헌납했다. 그는 노보와의 신뢰 관계를 기반으로 양회 염장에서 성장했을 뿐 아니라 산동성에 파견된 또 다른 환관인 진증(陳增)과도 연결되었다. 진증의 힘을 빌려 산동과 강소 일대에서 전횡을 일삼던 휘주인 정수훈(程守訓)과 혼인 관계를 맺은 오양회는 회·양 지역에서 "불법대호(不法大戶)"를 조사한다는 명목으로 무뢰배들까지 동원하며 지역 사회에서 전횡을 저질렀다.[100] 오양회의 일족인 오시수(吳時修)도 노보에게 9만 냥을 헌납했고, 오양춘(吳養春)은 30만 냥의 은냥을 군향 보조비로 헌납하여, 오양춘을 비롯한 6인은 국가로부터 중서사인(中書舍人)의 직함을 사여받기도 했다.[101]

물론 당시의 모든 휘상이 광감세사로 파견된 환관들의 전횡에 순응하거나 가탁한 것은 아닐 것이다. 가령 휴녕현 출신 염상 주승보(朱承甫)는 회·양 지역과 호광 지역을 왕래하며 소금 유통에 종사하고 있었는데, 상세를 과도하게 징수하려는 환관 세력에 강력하게 저항했다.[102]

그러나 혼란한 명말의 회·양 지역에서 주승보의 사례는 예외적이라 할 것이다. 오히려 많은 휘상들은 환관 노보가 전횡을 휘두르는 시기, 즉 기존의 염운 질서가 와해되는 시기에 세력가들의 '필요'를 채워 주며 소금 유통에서 자신의 지분을 확대해 나갔다. 말년에 『신종실록(神宗實錄)』의 편수(編修)에 참여한 이유정(李維楨, 1547~1626년)은 휘주 상인에 대해 다음과 같이 정리했다. "휘주에는 대자본을 지닌 상인이 많은데, 사투(私鬪, 쟁송)에 용맹하여 이기지 않으면 그만두지 않을 뿐 아니라 권세가에 대한 아첨에도 능하다."[103] 이러한 여러 정황을 종합해 보면, 명말 회·양 지역에서 세력을 확대했던 '간상' 가운데 주류가 휘주 상인이었다고 보아도 큰 무리는 아닐 듯싶다.

강운법의 등장

이처럼 17세기 초반 회·양 지역의 염상계에 큰 지각 변동이 발생하는 가운데 1617년(만력 45년)이 되면 개중법 체제를 대신하는 새로운 염운법 체제가 등장한다. 바로 청말까지 영향력을 미친 강운법(綱運法)이다. 강운법이란 팔리지 않고 옹체된 염인(이를 '구인(舊引)'이라 부른다.)을 해소하기 위하여 기존의 산발적인 '내상'들을 '강(綱)'이라는 10개의 조합으로 재편성하고, 매년 하나의 '강'에게 돌아가면서 '구인'의 판매를 맡기는 방식을 말한다. 이때 '강'에 속한 상인들은 할당량에 대한 세금만 납부하고 나면 나머지 염운 과정에 대한 재량권을 국가로부터 위임받을 수 있었다.[104]

따라서 강운법을 통해 국가는 신뢰할 만한 상인 집단으로부터 안정적으로 염세를 징수할 수 있었던 반면 상인 집단은 그동안 받아 오던 염운 과정의 수많은 제제로부터 자유로울 수 있었다. 이는 명초부터 지속되어 온 개중법 아래서의 염운 시스템을 완전히 대체했다. 그래서 이 사건은 한나라 이래의 관전매(官專賣)였던 소금 유통이 상전매(商專賣)로 바뀌는 일대 '혁명'으로까지 평가된다.[105]

그렇다면 강운법 체제에서 염운에 참여할 수 있는 상인의 명부, 즉 강책(綱冊)에 이름이 오른 염상은 구체적으로 누구였을까? 아직까지도 양회 염장의 강책 명단을 구체적으로 알려 주는 자료는 발견되지 않았다.[106] 하지만 강운법을 제안하고 실시 과정에 깊이 간여한 염정 관료 원세진(袁世振)의 보고문을 통해 확인할 수 있는 것은, 이 새로운 법안이 17세기 전반기에 재편된 염상계의 위상을 그대로 수용했다는 사실이다.

대표적인 사례가 '돈호(庉戶)'라 불리는 상인들을 적극 포섭한 것이다.[107] '돈호'란 "'내상' 가운데 유력자"들로 풍부한 유동 자금을 가지고 자금난에 빠진 '변상'과 '내상'들에게 염인을 싼 가격에 매입하는 '일탈적' 존재였다. 그들은 '수상'과 일정한 결탁 관계를 형성했으며, 이를 기반으로 일반 염상들의 소금 유통이 적체되는 가운데서도 소금의 판로를 확보하며 이윤 증대를 꾀할 수 있었다. 앞서 언급했던 '간상'과 '돈호'는 호칭만 다를 뿐 사실상 동일한 존재였다고 생각된다.

원세진은 유동 자금이 풍부한 '돈호' 없이는 양회 염정을 다시 정상화시킬 수 없다는 현실론을 내세웠다. 원세진의 진술을 인용하면 다음과 같다.

> 이전의 '돈호'라는 자는 다른 사람이 아니라 모두 각 '강' 가운데 유력한 '내상'일 뿐입니다. 그들은 염법이 파괴되는 것을 틈타 염인을 돈적(囤積)하고 국과(國課)를 속여서 (내지 않는 일이) 많았습니다. 만약 법대로 그들을 처벌한다 해도 그들이 무슨 말을 할 수 있겠습니까? 그러나 매 '강'에서 이들 몇 사람을 빼면 나머지는 모두 궁핍한 궁상(窮商)일 뿐입니다. 그러므로 저는 모두를 돌아보아 그들을 (강책에) 포함시킨 것입니다.[108]

즉 원세진은 '돈호'의 도움이 없이는 염정을 정상화시킬 수 없다고 판단했다. 그래서 '돈호'의 불법성을 인정하면서도 그들에게 처벌을 내리는 것이 아니라 새로운 염운 체계의 핵심 인자로 수용했던 것이다.

강운법의 실시는 개중법 체제에서는 '일탈적'일 수밖에 없었던 '돈호'를 국가 체제 내로 포섭했다는 의미를 지닌다. 또한 강운법은 강책의 권리, 즉 염와(鹽窩)에 대한 배타적 세습권을 인정함으로써, 법령 시행 직전의 회·양 지역 염상계의 판도를 적어도 명말까지 고착하는 결과를 가져왔다. 따라서 강책의 특권은 곧 17세기 초반의 양주 염상계의 판도와 궤를 같이한다고 보아도 좋을 것이다.

그러므로 1605년 간행된『양주부지』의 기록은 시사하는 바가 적지 않다.

① (양주는) 사방의 백성을 끌어모으는데, 휘주인이 가장 많고 섬서, 산서인이 그다음이다.[109]

② 재물을 쌓아 놓고 가난한 자를 부림으로써 사치함을 과시하는 자는 다들 서로 허탄한 자랑을 하는데, 대개 모두 사방에서 온 상인이다. 휘주 상인이 가장 성하고, 섬서, 산서, 강서 상인이 그다음이며, 토착인은 열에 하나일 뿐이다.[110]

①과 ②에 따르면, 17세기 초에 이르면 양주 염상계에서의 서열은 50여 년 전 왜구가 침입하고 신성을 축성했을 때의 상황(1555년)과는 사뭇 달라져 있었다. 수적으로나, 도시 사회의 사치 풍조를 이끄는 영향력의 면에서나 모두 휘주 상인이 산섬상을 비롯한 여타 상인들을 추월한 것이다.

이러한 상관 관계를 보여 주는 또 하나의 에피소드가 있다. 염운법의 변화에 지대한 영향을 미쳤던 원세진이 뇌물수수죄로 어려움에 빠지게 되었다. 강운법을 실행시키며 양회 염정을 다스린 지 4년 만인 1621년(천계 원년)의 일로, 원세진의 아들이 염상에서 뇌물을 받은 일이 발각된 것이다.[111] 정황상, 강책을 작성하는 막강한 권한을 지녔던 원세진에게 염상들의 뇌물 공세가 경쟁적으로 뒤따랐던 것임을 어렵지 않게 짐작할 수 있다. 이때 원세진의 무죄를 증명하기 위해 애썼던 상인이 있었으니, 의진에서 활동하던 휘상 정지언(鄭之彦)이다.[112] 자세한 정황을 알 수는 없으나 정지언의 구명 활동이 원세진에게 큰 도움이 되었다고 한다.

같은 고향 사람도 아닌 원세진(호북성 기주(蘄州) 출신)을 위해 정지언이 왜 구명 활동을 펼친 것일까? 직접적인 언급은 발견할 수 없으나, 강운법의 실시와 관련이 있다고밖에 설명할 도리가 없다. 잠시 정지언 가문의 성장 과정을 살펴보면, 그의 부친인 정경렴(鄭景濂)은 16세기 후반에 이미 양주로의 입적(入籍)에 성공한 상인이었다. 정지언은 부친을 이어 염업에 종사했다. 그리고 정지언의 둘째아들인 정원훈(鄭元勳, 1598~1644년)이 1624년(천계 4년) 향시에 합격한 후 강남에서 유행하던 복사(復社) 운동에 참여하다가 명·청 교체의 동란기에 사망했고, 셋째아들 정원화(鄭元化)는 부친을 이어 염업에 종사했다. 정원화는 9장에서 분석한 양주의 육영당 창건에 기여한 휘주 상인 가운데 하나였다.[113] 정씨 가문이 명말에 양주 염상으로 세력을 확대할 뿐 아니라 정지언의 둘째아들이 과거에 합격할 수 있었던 것도 정지언이 강운법에 성공적으로 편입되었기 때문일 것이다. 회·양 도시 사회의 '선발 주자'였던 산섬상이 추풍낙엽처럼 쇠락하던 명말에 정지언처럼 성장을 유지했던 휘주 상인들이 적지 않았고, 그들이 양주 염상계의 새로운 주도 세력으로 명·청 교체의 동란기를 경험하게 되었다.

3 명·청 교체와 휘주 상인

명·청 교체의 동란기에 중국 전역이 전란의 피해를 입었지만, 그 가운데서도 양주는 '도촉(屠蜀)'이라고 불릴 정도로 심각한 피해를 입었던 사천 지역과 더불어 인적·물적 피해가 극심했던 지역으로 손꼽힌다.[114] 사천의 주된 파괴자가 내부에서 성장한 장헌충(張獻忠) 군과 주민 사이의 살육이었다면 양주의 파괴자는 외부에서 침입한 남명군(南明軍)과 청군(淸軍)이었다.

『양주십일기』

양주는 청군이 침입하기 이전부터 규율이 무너질 대로 무너진 남명군의 침략을 먼저 받았다.[115] 청군의 침입 시에는 '애국 장군'으로 추앙받는 사가법(史可法)이 이끄는 군대가 완강하게 저항했다는 이유로 청군의 무자비한 약탈과 살상이 이어졌다. 집단 살상이 이루어진 직후 관리들은 시체를 수습하기 위해 각 절의 승려들에게 길거리에 쌓여 있는 시체를 화장하도록 했다. 당시 공포로 가득 찼던 양주에서 기적적으로 살아난 왕수초(王秀楚)는 그 참상을 『양주십일기(揚州十日記)』로 남겨 놓았다. "사원 안에 숨어 있던 부녀들이 적지 않았으며, 또 놀라거나 굶어서 죽은 자도 있었다. 화장한 시체는 장부에 그 수를 기재했는데, 모두 80여 만에 이르렀다. 그 외에 우물이나 강에 투신하여 죽은 자, 문을 잠그고 불타 죽은 자와 사로잡힌 자들은 그 수에 포함되지 않았다."[116]

양주와 비교하면 회안의 피해는 미미한 편이었다. 회안에 군대를 집결하여 청군에 저항하려던 사가법의 계획이 무산되고 남명군의 최후의 보루가 양주로 내려왔기 때문이었다. 본래 사가법이 회안에서 청군과의 일전을 준비했던 까닭은, 청군이 황하를 건너 회안을 점령하면 대운하를 따라 남명군의 본거지로 쉽게 남하할 수 있다고 판단했기 때문이다.[117] 그래서일까? 회안을 점령한 청군은 파죽지세로 양주를 점령하고 남쪽으로의 진격을 가속화할 수 있었다.

명·청 교체의 동란기에 회·양 지역의 많은 사람들이 죽임을 당했지만, 명대 외지에서 이주한 상인 가운데 일부는 화를 피하여 미리 고향으로 돌아갔다. 전란기에는 늘 재력이 풍부한 사람들이 착취 대상이 되기 마련이므로, 여건이 허락되는 상인들은 동란이 시작되기 직전 양주를 떠났다.[118] 가령 산서 상인 교씨(喬氏)는 전쟁이 시작되자 양주를 떠나 남경으로 피난했다. 비록 그는 피난에 성공했지만 경황없이 떠나는 통에 양주에 사로잡힌 가족들을 되찾기 위해 자신의 재산을 다 털어야만 했다.[119] 또한 섬서 상인 곽사장(郭士璋)은 동란기에 양주를 떠날 수 있었으나 그의 부친은 기회를 놓치고 말았다. 다행히 그의 부친은 승려로 변장하고 숨어 지내면서 동란기에 겨우 목숨을 건질 수 있었다.[120]

이러한 사례들은 비록 단편적이기는 하지만 명 후반기부터 상업계에서 고전을 면치 못하던 산섬상들이 동란기에 어떤 대응을 했는가에 대한 해석의 실마리를 던져 준다. 섬서 상인에 대한 연구에 따르면, 명말이 되자 염업에 종사하기 위해 섬서에서 양주로 진출하는 경우는 더 이상 없었으며, 오히려 명 중기부터는 섬서와 인접한 사천의 염장으로 진출하는 자들이 늘어났다고 한다.[121] 산서 포주(蒲州) 출신 장사유(張四維, 가정 32년 진사)의 기록에 따르면,

산서 상인들이 회·양 지역에 오래전부터 다수 집중했으나 점차 화북의 장노 염구에서도 큰 이익을 얻을 수 있다는 정보에 따라 장노 지역으로 진출하는 이들이 증가했다.[122] 그러므로 양주에서 얻을 수 있는 염운의 이익이 급감하고 전쟁이라는 위기가 닥쳤을 때 고향이 멀었던 산서와 섬서 출신 염상들이 장노나 사천 등의 다른 염구로 이주한 정황은 어렵지 않게 이해된다. 청조가 산해관을 넘어 입관(入關)한 직후인 1647년(순치 4) 순염어사로 양회 염장을 순시하던 이숭양(李嵩陽)은 "양주의 파괴 당한 상흔이 아직 복구되지 않아 상인 가운데 도망했거나 실업한 자가 과반"[123]이라고 지적했는데, 그중 다수가 산섬상이었다고 생각한다.

휘주 상인의 복귀

하지만 이러한 혼란 통에 모든 상인들이 회·양 지역을 떠난 것은 아니었다. 일부는 그 와중에 사망했지만, 일부는 잠시 피난한 후 곧 복귀했다. 휘상 왕언효(王彦孝)는 명말에 양주에서 염업에 종사하던 상인이었는데 명·청 교체의 동란기에 그만 사망하고 말았다. 그 가족들은 휘주로 귀향했으나, 처 김씨(金氏)와 아들 왕의민(王宜民)은 친지의 권유를 받아들여 다시 양주로 복귀했다. 곧 소금 유통업에 복귀한 그들은 가족의 대소사까지 책임질 정도로 큰 재부를 모았다.[124] 여기서 주목되는 사실은 "소문에 회·양 지역은 이미 평정되었고, 선인(先人)의 구업(舊業, 즉 염업)이 그곳에 있으며, 백부(伯父)도 그곳에서 (구업을) 지키고 있다."는 친지의 권유 내용이다. 전란기 양주에 대한 정보에 기민하게 반응하는 모습도 인상적이지만 아직 위험이 남아 있는 상황에서도 염업에 대한 기반을 잃지 않으려는 종족 차원의 대처 방식도 주목된다.

이처럼 도시 사회가 안정을 회복한다는 소식에 '구업'으로 복귀하기 위해 회·양 지역으로 재정착하는 휘상이 적지 않았다. 가령 진강에서 전당업에 종사하던 흡현인 정달창(程達昌)은 동란기에 동향 상인들의 피난을 돕기 위해 선박 등의 교통편을 준비했지만, 사회가 안정되자 곧 진강에 복귀했다.[125] 휘주 상인 집안의 왕무린(汪懋麟)의 가족들도 동란기에 해안가의 염장으로 피난했다가 사회가 안정되자마자 양주로 돌아왔다. 후에 왕무린은 관리가 되어 전란 중에 황폐해진 평산당(平山堂)의 중건을 도모했다.(1674년)[126]

물론 동란기 이후에 회·양 지역의 도시 사회에 '새롭게' 참여하는 상인들도 있었다. 양·회 지역에서는 청초에 진입한 염상들을 이전의 상인과 구별하여 '신상(新商)'으로 부르기도 했다.[127] 하지만 청초에 양주에 진입한 휘상들이 진정 '처음으로' 양주 염업에 진출한 것인지, 아니면 그들의 종족이나 선조 중에 이미 양주에서 활동한 경험이 있었는지 따져 볼 필요가 있다. 그런데 청대의 염운법은 명말에 제정된 강운법이라는 배타적인 염운 방식이 큰 변화 없이 이어졌다는 점은 앞서 지적했다. 따라서 염운에 대한 경험이 전혀 없는 이들이 청초에 양주 염상계에 '새롭게' 진출한다는 것은 논리적으로 불가능하다. 청초에 양주에 진입하는 상인들의 대다수는 이미 명대 이래 염운 참여의 경험이 있었던 것으로 해석하는 것이 무리가 없다.

쉽게 짐작할 수 있듯, 왕조 교체기에 피난했던 상인들이 양주와 회안으로 복귀를 결정하는 것은 조심스럽고도 위험한 일이었다. 도시 사회의 경제 기반은 대부분 파괴되었고 정권은 이민족 왕조에게 넘어갔으므로, 지역 사회의 경제가 얼마나 빨리 회복될 것인가에 대한 가능성은 그 누구도 장담할 수 없었다. 새로 들어선 이민족 정부가 지역 사회의 행정력을 얼마나 빠르게 장악하는가에 따라 소금 유통의 안전성와 효율성이 좌우되었다. 소금 유통으로 돈을 벌기 위해서 관부와의 관계가 중요하다는 점은 당시 상인들에게는 '상식'에 속했다. 그러므로 수차례의 염운법의 변화 과정에서 적응하고 살아남은 상인들이 왕조 교체 직후에 회·양 지역으로 복귀하는 것은 '모험'이라고 불러도 좋을 것이다.[128]

그런데 이러한 위험성과 새로운 선택의 가능성은 만주족 정권에게도 동일하게 부여된 과제였다. 무너진 명조를 이어 북경에 입성한 이민족 지도층에게 주어진 당면 과제는 중국 통치에 대한 정치적 정당성을 확보하는 것과 함께 이를 실질적으로 뒷받침할 수 있는 재정적인 기반을 마련하는 것이었다. 따라서 청조는 회·양 지역과 관련하여 크게 두 가지 차원의 정책적 접근을 시도했다.

도시 사회의 재건

하나는 점령 과정에서 파괴된 도시 사회를 시급히 재건하는 것이고, 다른 하나는 회·양 지역의 핵심 사안인 삼대정, 즉 하공, 조운, 염정을 정상화하여 국가적 물류와 재정 수입을 회복하는 일이었다. 양자 모두 청초 회·양 지역 사회 엘리트의 도움이 없이는 달성하기 어려운 난제였다.

특히 하공은 원활한 조운과 염과 징수를 위한 최우선 선결 과제였다. 물길이 제대로 뚫려 있어야 곡물과 소금이 유통될 수 있기 때문이다. 그러나 하공에는 많은 돈과 노동력의 조달이 필요했다. 청조의 입관 직후 회·양 지역에 남아 있거나 복귀한 휘상들이 도시 재건과 하공 분야에 적극 개입할 수 있었던 계기는 이러한 와중에 마련된 것이다.

먼저 회·양 지역 사회가 질서를 되찾고 도시가 재건되는 과정부터 살펴보자. 청조는 1645년(순치 2)부터 회·양 지역을 포함한 강남 지역 전반에 은조(恩詔)를 반포했다. 동란기에 청군이 경과했던 지방에 대해서는 그렇지 않은 지역보다 많은 세량(稅糧)을 면제해 주고, 회·양 지역의 일부 염과도 견면(蠲免)해 준다는 것이다.[129] 1646년(순치 3년) 양주부 지부로 임명된 변삼원(卞三元)은 양주의 거민들이 대부분 실업 상태인 것을 목도한 후, 황폐해진 토지를 회복하기 위해 체납된 전부(田賦)에 대한 세금 면제와 감면을 추진했다.[130] 물자 유통으로 유명한 회·양 지역이지만 토착민들의 민심 회복은 토지와 농업 정책에서 시작하는 것이 순리였다.

동시에 청조는 무너지거나 파괴된 도시 시설에 대한 정비 작업을 시작했다. 먼저 양주를 보면, 1647년(순치 4년)에 지현 곽지손(郭知遜)이 1차 중수(重修)를 주도했고 1661년(순치 18년)에는 지현 웅명수(熊明遂)가 성곽, 적대(敵臺), 가로에 대한 정비를 주도했다.[131] 회안을 보면 동란기에 신성이나 협성보다 구성의 파괴 정도가 심했다. 강희제가 제위에 오른 초반기에 조운총독 임기룡(林起龍, 1661~1667년 재임)이 구성의 중수를 주도했으나 완전한 정비는 아니었고 강희제의 첫 번째 남순(南巡)을 앞두고 조운총독 소감(邵甘)이 다시 증보(增補)했다.[132] 또한 회안에는 융경 연간(1567~1572년) 대운하가 범람하자 회안 성과 내부로 물이 흘러넘치지 않도록 호성(護城)을 건립했는데 동란기에 그 일부가 무너져 버렸다. 이 역시 조운총독 채사영(蔡士英, ?~1674년)과 임기룡이 차례로 보수했다.[133] 이를 보면 양주 성곽의 보수는 지현의 주도 아래, 회안 성곽의 보수는 조운총독의 주도 아래 진행되었다는 차이점을 발견할 수 있다.

학교 보수 작업은 지역 엘리트인 신사층에 대한 회유의 의미를 지니고 있는데, 이 역시 비교적 빠르게 진행되었다. 1645년(순치 2년) 양주부 지부인 호기충(胡蘄忠)이 구성에 위치한 양주부학(揚州府學)을 중수(重修)한 이후, 1680년(강희 19년)이 되면 순염어사 학욕(郝浴)이 부학과 현학(縣學)을 함께 보수했다.[134] 의진에서는 1652년(순치 9년) 강방동지(江防同知)와 교유(教諭)가 여러 학생들을 모아 중수를 시작했으며, 이듬해에는 지현과 제학첨사(提學僉事)가 학궁(學宮)의 중수를 주도했다. 이에 필요한 800여 냥의 재원 모금은 현지에서 활동하던 상인들이 도왔다.[135]

회안의 학교에 관해서는 조운총독 심문규(沈文奎＝王文奎)가 1652년(순치 9년) 회안부학을 중수한 이후 1679년(강희 18년) 하도총독으로 임명된 근보

〔그림 25〕 2002년 복원된 조운총독 관서의 정문과 그 앞의 돌사자상

(靳輔, 1633~1692년)가 직접 출연(出捐)하여 보수했다. 산양현학(山陽縣學)도 동란기에 무너지고 황폐해져서 외부의 유민이 들어와 잡거할 정도로 퇴락했기에, 순치 연간 추관과 조운총독이 정비했다. 1530년(가정 9년)에 청강포의 조운창서(漕運廠署) 좌측에 세워진 청강포학(淸江浦學) 역시, 청초에 조운총독 채사영과 하도총독 근보 등이 보수 작업을 주도했다.[136] 이처럼 회안에 위치한 학교와 성곽의 중건에는 지부나 지현보다는 조운총독과 하도총독이 주도하는 경우가 많았는데, 이는 조운과 하공을 담당하는 고위 관료들이 회안에 거주했기 때문이다. 구성의 진회루(鎭淮樓) 북쪽에 위치한 조운총독 관서는 민국 시기에 파괴되었다가 최근 새롭게 발굴 및 복원 작업에 들어갔다.[137](〔그림 25〕) 청대에 하도총독이 이용하던 관서는 명대의 호부분사(戶部分司)로 오늘날 청안원(淸晏園)이라는 이름으로 남아 있다.[138](〔그림 26〕 참조)

그런데 이러한 청조의 재건 작업이 어느 정도 성과를 보이기 시작하자 상인 가운데서 적극 협력하는 자들이 나타나기 시작했다. 주도 세력은 재력이

풍부한 염상이었는데, 1689년(강희 28년) 염정 아문(衙門)이 중건될 때 염상들이 앞다투어 재정적 지원을 했다.[139]

이외에도 의진에 진출한 상인들은 학교 중건에 적극적으로 참여했다. 1675년(강희 14년)에는 휘주인 허승원(許承遠)이 공자의 위패를 모신 대성전(大成殿)을 보수했고 9년 후에는 그의

〔그림 26〕 하도총독이 관서로 이용하던 청안원의 담정(湛亭). 1765년 하도총독 이굉(李宏)이 건립했다.

아들과 처남인 허송령(許松齡)과 오애(吳愛)가 명륜당(明倫堂)을 보수했다. 또한 허승원의 손자 허표(許彪)도 1714년(강희 53년) 존경각(尊經閣)의 중건에 참여했다.[140] 이들은 모두 휘주 흡현에서 온 휘상 가문의 후예였다. 이보다 앞선 1667년(강희 6년)에 의진현학(儀眞縣學) 내부에 위치한 계성사(啓聖祠)를 중건할 때도 사업을 주도한 이들은 관리들이었으나, "공정이 크고 비용이 많이 들어" 결국 흡현 출신 왕삼연(汪森然)의 재정적 도움을 받고서야 완성될 수 있었다.[141] 의진은 휘주 상인들이 대거 진출해서 염업에 종사한 도시 가운데 하나였는데, 휘주 상인들은 학교 건물에 대한 중수에 적극 참여함으로써 후일 입학이나 입적(入籍)을 위한 우호적인 조건을 마련할 수 있었다.[142]

도시의 종교 시설 재건을 주도하는 상인들도 있었다. 휘상 정유용(程有容), 민세장(閔世璋, 1607~1676년), 오자량(吳自亮)은 동란기에 파괴된 양주 법해사(法海寺)의 중건을 주도하며 재원을 마련했다.[143] 정유용과 민세장은

1666년(강희 5년) 양주의 천비궁(天妃宮)의 재건을 비롯하여 양주 지역 사회의 여러 민생 현안에 적극적으로 참여한 대표적인 상인이었다. 오자량 역시 육영당(育嬰堂)과 구생회(救生會) 등 다양한 구제 사업에 참여했다. 그들의 활동과 상호 연결망에 대해서는 8장과 9장에서 다룰 것이다. 동란기 직후 여타 지역에서는 주로 해당 지역의 신사들이 청조의 복구 작업에 협조한 것에 비하여, 회·양 지역에서는 상인이 협조가 많은 것이 주목할 특징이다.

이외에도 동란기 직후의 도시 사회에는 빈민층과 유동 인구를 위한 각종 구제 시설과 구휼 활동이 필요했다. 여기에도 상인들의 참여가 눈에 띄는데, 1655년(순치 12년)에 양주에 처음 건립된 육영당은 그 대표적인 사례다. 당시 그 건립을 주장한 이는 지역민 채련(蔡璉)이었지만 실제 자금을 모아서 운영한 주체는 휘주 상인이 대다수였다.(9장 1절 참조) 회안에서 육영당을 건립한 민간인 역시 휘주 상인 정양월(程量越, 1626~1687년)이었다. 정양월은 휘주 흡현에서 온 잠산도(岑山渡) 정씨의 후손으로 회안의 경제 중심지인 하하진에 거주하고 있었다.[144] 이후 1742년(건륭 7년) 회안의 육영당에 운영 자금을 댄 인물도 같은 가문 출신의 정종(程鍾)이었다.[145] 잠산도 정씨가 회·양 지역의 도시 사회의 재건에 참여하는 과정은 청초 휘주 상인의 급속한 성장을 이해하는 중요한 실마리를 제공하므로, 다음 장에서 따로 분석해 놓았다.

강희 연간 초반기에 연이은 수재로 인해 처소를 잃어버린 수재민이 양주에 넘쳐났을 때 정유용은 순염어사 학욕의 권유에 따라 구제 활동에 적극 참여했다.[146] 휘주 염상 항시단(項時端)은 자연재해로 흉년이 들자 진휼에 힘써 국가로부터 9품 관원이 착용할 수 있는 모자(頂帶)를 하사받았고, 그 아들 항헌(項憲) 역시 1677년(강희 16년) 수재가 발생했을 때 구제비를 출연하여 8품 관원의 모자를 하사받았다.[147] 이처럼 청초 휘상들이 구휼 활동과 공익사업에 적극적으로 참여한 것은 대단히 인상적이었다.

〔그림 27〕 수유만에 위치한 고민사

삼대정의 정상화

다음으로 회·양 지역의 삼대정이 정상화되는 과정을 살펴보자. 삼대정을 회복하기 위한 선결 과제가 물 관리와 운하 준설, 즉 하공에 있음은 누차 언급한 바와 같다. 이러한 사실은 당시 양주에 살고 있던 거주민들도 체험적으로 알고 있었는데, 이 점을 1640년(숭정 14년) 뇌사준(雷士俊)의 기록을 통해서 확인해 보겠다.

양주에서 대운하에 올라타서 남쪽으로 내려가다 보면 양자교(楊子橋)가 건립된 45리 지점에서 물길이 두 갈래로 갈라진다. 모두 양자강으로 연결되는데, 하나는 의진으로 빠지고 다른 하나는 과주로 빠진다. 물길이 세 갈래로 나뉘므로 '삼차하(三汊河)'라고 불리는 이곳은 인근에 고민사(高旻寺)와 사찰 안에 천중탑(天中塔)이 있어서 '보탑만(寶塔灣)'이라고도 불렸다. 청조의 황제들이 남순할 때 이곳에 머물면서 내려 준 이름은 수유만(茱萸灣)이었다.(〔그림 27〕) 예로부터 사악한 기운을 쫓고 복을 불러오는 수유나무가 많다고 하여 붙은 이름이다. 강희제의 5번째 남순 때 회·양 지역 상인들이 고민사에 행궁을 지어 놓았기에 가능한 일이었다.[148] 어쨌든 양주를 왕래하는 이들은 반드시 경유하는 교통의 요지이자 회·양 운하 중에서 가장 수심이 얕은 곳 가운데 하나였다.[149] 그런데 왕조 말기에 접어들면서 준설 작업이 제대로 이루어지지 않자 이곳의 수심이 더 얕아져, 급기야 선박들이 왕래하기 어려울 정도가 된 것이다.

당시 이 문제를 해결하기 위해 나선 자는 지방관이 아니라 그저 "향인(鄕人)"이라고만 기록된 백공(白公)이었다.[150] 그는 회·양 지역의 부유한 상인들에게 돈을 걷어 운하를 먼저 준설하고 이후에 천천히 돈을 갚는 방식을 제안했다. 그가 준설에 따르는 재정적 부담을 상인에게 전가시키자고 주장할 수 있었던 것은 다음과 같은 세 가지의 혜택을 기대할 수 있었기 때문이다.

광릉(廣陵, 양주의 옛 명칭)은 조량(漕糧) 전송에 중요한 곳으로 운송로가 좁아져 진행이 어려우면 가난한 역졸(役卒, 여기서는 조운선에 탑승한 운군과 수수를 지칭)이 나라의 재정을 좀먹게 되는 것이 첫째 해로움입니다. 수로를 이용하여 남북으로 운송되는 화물이 이곳에 이르러 모두 나아가지 못하고 정지하게 되는 것이 둘째 해로움입니다. 그리고 염운의 '수지' 단계가 적체되고 교역이 제때에 이루어지지 않게 되어 염과 징수가 제대로 이루어지지 않는 것이 세 번째 해로움입니다. 역졸이 원망과 탄식을 늘어놓고 객상이 손해를 보지만 관리들은 속수무책이니 이것이 어찌 한 가지 이유로 병이 되었겠습니까? 만약 발분하여 (막힌) 수로를 준설하여 개통한다면, 세 가지 해로움은 사라지고 세 가지 이로움을 얻을 수 있습니다. 조운선이 마치 평평한 땅을 밟는 것처럼 빨리 지나가는 것이 첫 번째 이로움입니다. 각종 화물이 모두 (이곳으로) 모이고 거민들이 이로 인하여 풍요로워지는 것이 두 번째 이로움입니다. 기한에 맞추어 염과가 걷혀 군향과 민식(民食)이 모두 족하게 되는 것이 세 번째 이로움입니다.[151]

요컨대 삼차하 지역의 운하 준설이 가져올 혜택은 조운, 남북 물자 유통, 그리고 염운이었다. 비록 대운하의 한 지점에서 발생한 문제지만, 수로의 원리상 회·양 지역을 왕래하는 모든 물류, 즉 대운하를 이용하는 조운선, 상선뿐 아니라 염운선들이 모두 그 피해 대상이 되었기 때문이다. 백공의 논리대로 회·양 지역의 하공이 성공하면, 조운과 염운이 원활해져 국가 재정에 큰 걱정거리가 사라질 뿐 아니라 종국엔 물자 유통이 원활해져 지역 사회는 경제적인 혜택을 볼 수 있었다. 준설 작업에 출연한 상인들에 대한 보상 문제를 정확하게 언급하지는 않았으나, 그의 논리대로라면 운하 준설의 혜택은 이 지역에서 활동하는 상인들에게 직·간접적으로 돌아갈 수밖에 없었다.

청조가 입관한 이후에도 이러한 상황은 변함이 없었다. 회·양 지역의 삼대정 회복을 위해 청조에 협력하면서 재정 지원을 아끼지 않았던 상인들이 이러한 이해관계를 계산하지 않았을 리 없다. 회·양 지역에서 활동하던 상인들은 지역 사회의 생명력과도 같은 운하의 중요성을 간파하고, 청조의 복구 및 준설 사업에 적극 동참했던 것이다.

몇 가지 사례를 더 들어 보겠다. 1665년(강희 4년) 해일로 인하여 회·양 지역의 동편에 위치한 둑인 범공제가 무너졌을 때, 휘상 황가패(黃家珮)와 황선(黃僎)이 약 800리(=448킬로미터)에 달하는 제방의 보수 작업을 주도했다.[152] 잠산도 정씨 가문의 정양입(程量入, 1612~1694년)도 그들과 함께 범공제의 보수 작업을 물심양면으로 지원한 상인이었다.[153]

앞서 언급했듯, 범공제는 회·양 지역에 유입되는 물을 바다로 빠지게 하는 동시에 바다로부터의 해일을 막아 주는 기능을 수행했다.([지도 9] 참조) 범공제는 회·양 지역의 하공과 염정을 위한 기본 인프라였다. 강희제는 순행으로 이곳을 방문할 때마다 범공제의 지속적인 보수·관리의 필요성을 누차 강조했다.[154] 그런데 황가패와 여러 휘상들이 청조가 개입하기 전에 스스로 범공제를 보수했던 것이다. 그렇다면 그들은 회·양 지역의 치수 체계를 정비하려 하지만 재정적인 부담을 느끼던 청조의 복심(腹心)을 읽어 내고 묘수를 생각해 낸 것이 아니었을까? 더구나 그들의 복구 작업 이후 50여 년 동안 범공제가 해조의 위협을 잘 막았다고 『염법지』에 기록될 만큼 성공적이었으니 말이다.[155]

해일의 피해는 범공제를 넘어 염장과 염운하에까지 미쳤다. 그러자 태안분사(泰安分司)에 소속된 안풍장(安豊場)이라는 염장에서 활동하던 휘주 상인 정영성(鄭永成)은 막힌 염운하의 준설을 주도했다.[156] 당시 정영성이 준설했던 오조창하(五竈倉河)는 약 240리(=135킬로미터)에 달하는 운하로서, 명말부터 준설의 필요성이 제기되었지만 재정적인 부담 때문에 실현되지 못하고 있었다.[157] 준설 작업에는 모두 1만 1000여 냥의 자본이 소요되었는데, 정영성은 우선 염운고(鹽運庫)에서 돈을 빌려 공사를 완료한 후 자신이 소유한 9000여 냥 가치의 소금과 현금 2000냥을 동원하여 모두 갚았다.[158]

이 두 사례는 염운의 정상적인 운영에 운하 준설이 얼마나 중요한 사안인지를 보여 준다. 휘주 상인 정조선(程朝宣) 역시 국가의 탕본(帑本)을 빌려 막혔던 운하 준설을 주도했으며, 1667년(강희 6년)에는 황하가 범람하여 안동현(安東縣)이 수몰되었을 때 제방을 건설하여 피해를 줄여 주었다.[159] 이처럼 휘상은 하공에 적극적으로 참여하여 이미 조운과 염정의 회복에도 적지 않은 기여를 한 셈이었다.

한편 염정 분야 역시 동란기 이후 서서히 과거의 질서를 회복하기 시작했다. 이 과정에서 휘주 상인은 비교적 쉽게 염정 관료들과 밀접하고 돈독한 관계를 형성할 수 있었다.[160] 청조는 입관 직후 기존의 염운 방식을 답습하며 원활한 염과 징수를 기대했지만, 염정에 대한 행정적인 정비에는 일정한 시간이 필요했다. 이는 당시 새로 임명된 염정 관료들이 기존의 복잡한 염운법의 변화 및 속성을 충분히 숙지하지 못했던 사정과 관련이 깊다. 반면 양주에서 기반을 잡고 있던 양주의 염상들은 누대에 걸친 경험을 바탕으로 법과 관행에 모두 해박했다. 휘주 상인 정가(程檟)는 그 대표적인 인물이다. 입관 직후 양회 염장을 치리하기 위해 파견된 염정 관료들은 정가에게 찾아와 "허심탄회하게" 자문을 구했다고 한다.[161] 흡현 출신 장사집(蔣士集)도 5대째 회·양 지역에서 염업에 종사했던 경험을 기반으로, 새로 부임한 순염어사에게 염정과 관련된 자문을 해 줄 수 있었다.[162]

이외에도 휘상 방무학(方懋學)과 방조룡(方兆龍) 부자의 사례는 왕조 교체기 군향 조달에 기여함으로써 염운에서 영향력을 확대하는 과정을 잘 보여 준다.[163] 방무학은 하층 신사에 해당하는 태학생(太學生)인 부친이 요절하자 가족을 부양하기 위해 장사를 시작했는데, 회안에서 염업에 종사했다. 마침 왕조가 명에서 청으로 교체되고 청조의 군향(軍餉) 수요가 증가하는 것을 알아차린 방무학은 양회 지역의 염인 권리를 수령하여 염과를 납부했다. 당시 청조는 염과를 군비 및 군향 조달에 활용했다.

방무학의 사례에서 눈에 띄는 것은 염과 납부 이후에 나오는 설명으로, "특히 '수상'들과의 교역에서 신의가 두터웠다."라는 표현이다. '수상'이란 명대 개중법 체제에서 '시역'에 종사하던 상인으로, 이후에는 양자강 중하류를 왕래하며 소금을 유통시키던 상인을 지칭했다. 그가 '수상'과의 신의가 두터웠다는 표현은 곧 왕조 교체의 동란기에 옹체되었던 소금을 판매할 능력을 지닌 유통 실무자의 협력을 확보했음을 말한다. 이처럼 방씨 가족은 탄탄한 운송 조직을 기반으로 청조가 절실하게 필요로 하던 군향을 보조할 수 있었다.

이러한 배경에서 방무학의 가업을 이어받은 방조룡은 1660년(순치 17년)에 회·양 지역으로 파견된 순염어사 이찬원(李贊元)에게 염상들의 이해관계를 관철시킬 수 있었다. 통상적으로 염상들이 소금을 운반하는 과정에서 염운선이 전복되는 사고를 당할 경우 피해 보상이 쉽지 않았다. 이에 방조룡은 염운선의 전복으로 경제적인 손실을 겪은 염상(대부분이 '수상')들을 위한 구제책 마련을 요구하여 성사시킨 것이다.[164] 이렇듯, 휘주 상인은 왕조 교체의 혼란기에도 염업에서의 기득권을 유지할 수 있었다. 이를 기반으로 그들은 한편으로는 청조의 군향 조달에 기여하면서, 다른 한편으로는 관부에 대하여 지역 염상들의 이해관계를 대변할 수 있었다.

군향 조달

휘주 상인이 청초에 군향 조달에 적극적이었다는 사실을 알려 주는 자료는 이외에도 많다. 가령 기문현 출신의 왕문덕(汪文德)은 명말에 할아버지를 따라와 양주에 정착한 염상이다. 청군이 양주를 완전히 파괴하던 동란기에 왕문덕은 동생 왕문건(汪文健)과 함께 예친왕(豫親王) 도르곤(1612~1650년)에게 나아와 30만 냥을 호사금(犒師金)으로 바치면서 무고한 백성들을 해치지 말아 달라고 간곡히 부탁했다.[165] 이를 가상히 여긴 도르곤은 왕문덕을 속하관(屬下官)으로 삼으려 했으나 왕문덕이 사양했다는 것으로 지방지의 기록은 끝나지만, 이후 양주에서 왕문덕과 그 일족이 누릴 수 있었던 반대급부는 굳이 언급하지 않아도 자명한 것이다.[166]

흡현 출신으로 양주에서 염업에 종사한 오일(吳逸)과 오윤복(吳允復) 부자도 청초 새로운 지역 사회의 지배자로 군림한 도르곤에게 군사 자금을 지원했다. 그가 출생한 휘주의 지방지를 보면, 오일은 "양주에서 염업에 종사하고, 남경에서 전당업을 운영했으며, 조운(漕運)에서 미곡과 포(布)를 거래하면서 백만의 재산을 모았다. 청군이 남하하자 아들 오윤복이 예친왕에게 군향을 헌납하여 원외랑(員外郎)을 제수받았"다고 전한다.[167] 상인이 종5품 관직인 원외랑을 제수받은 것은 동란기 직후에 발생한 예외적인 일이었지만, 이로 인해 지역 사회에서 오씨 일가의 위상은 한층 높아졌다. 요컨대 입관 초기 청조에게 군향 조달보다 더 시급한 과제는 없었으며, 휘상은 이 문제에 발 빠르게 대처함으로써 국가 권력과의 관계를 밀착시켜 나갔던 것이다.

이러한 휘주 상인의 존재 양태는 청군이 회·양 지역을 장악하는 초기 단계에만 국한된 것이 아니었다. 1674년(강희 13년) '삼번(三藩)의 난'이 발생했을 때도 휘상은 적극적으로 군향 조달에 협조했다. '삼번'이란 만주족의 중국 지배를 지원한 대가로 지방에서 지배권을 인정받은 오삼계(吳三桂), 상가희(尙可喜), 경계무(耿繼茂)의 세력으로, 강희제가 "짐이 청정(聽政)한 이후, 삼번과 하무(河務), 그리고 조운의 세 가지 대사(大事)를 궁중의 기둥 위에 적어 놓았다."라고 할 정도로 국정 운영에 있어 중대 관심사였다.[168] 삼번을 어떻게 진압하느냐에 따라서 만주족의 중국 지배가 단기적으로 끝날 것인지 아니면 장기적으로 이어 갈 것인지가 결정될 판이었다.

반란을 진입하는 과정에서 청조에게 가장 긴요했던 것은 역시 재정 지원이었다. 당시 부족한 재원의 상당 부분을 염상으로부터 조달받았다는 사실은 이미 지적된 바 있는데,[169] 이를 주도한 자들이 회·양 지역에 진출한 휘상이었다. 회·양 지역의 상인으로 진광조(陳光祖)와 정지영(程之籛, 1627~1693년) 등 30여 명이 13만 5000냥을 '삼번'을 진압하는 군향으로 조달한 사례는 이러한 상황을 잘 보여 준다. 군향 조달의 결과 이에 참여했던 35명의 상인들은 1678년(강희 17년) 각자의 연수(捐輸) 액수에 따라 차등을 둔 관직을 받았다.(미주의 〔표 13〕 참조)[170] 명단에서 그들의 실명이 아니라 염업에서 사용하는 상호명인 '화명(花名)'[171]을 사용했기에 구체적인 인물 파악이 쉽진 않지만, 그 성씨 분포를 통해 대략 반 정도가 휘주 출신이라는 점을 확인할 수 있다.[172]

'삼번의 난'이 진행되던 시기에 증가된 염과와 각종 명목의 기부금(〔수헌輸獻〕) 부담이 염상에게 전가된 결과 적지 않은 상인들이 염업을 포기하고 회·양 지역을 떠났음을 상기할 때,[173] 전란기에 재력 있는 휘상의 독점적 지위가 더욱 강화될 수 있었던 배경을 어렵지 않게 이해할 수 있다. 재정 지원을 주도한 정지영은 다른 상인들보다 높은 5품함(品銜)을 받았는데, 그가 휘상의 대표적 가문인 잠산도 정씨의 일원이었음은 특기할 만하다.[174] 그가 직함의 '권위'를 기반으로 상계에서 지도적인 위치를 유지할 수 있었음은 물론, 자손 가운데 과거에 합격하거나 문인으로 이름을 떨치는 자들도 늘어 갔다. 건륭 연간(乾隆年間, 1736~1795년) 활동했던 정문정(程文正)과 정진방(程晉芳)은 대표적인 경우다.[175] 정지영의 부친이 범공제의 복구를 주도한 정양입이었고, 당시 정양입과 함께 범공제 보수에 참여했던 황선이 군향 조달을 주도한 진광조와 함께 회·양 지역에서 "황씨가 일을 도모하면 진씨는 진력했다.(黃任謀, 陳任力)"라고 할 정도로 밀접한 관계에 있었다.[176] 이는 청초에 회·양 지역에서 활동하던 정씨, 진씨, 황씨 등의 여러 휘상들이 지역 사회의 하공뿐 아니라 군향 조달을 위해 유기적인 협력 관계를 형성했음을 보여 주는 증거다.

새로운 통치자인 청조가 동란기에 파괴된 회·양 지역을 복구하고 삼대정을 회복하는 기간에, 휘주 상인은 청조와의 밀접한 협력 관계를 바탕으로 회·양 지역에서 주도적인 위치를 확립해 나갔다. 물론 청초 회·양 지역에 휘상만 존재했던 것은 아니었다. 강희 연간 산서 상인의 숫자가 휘주 상인의 반 정도였다는 기록이 있다.[177] 하지만 회·양 지역에서 청조와 동반자적 협력 관계 구축에 성공한 상인은 휘주 상인이었다. 이 과정에 명대 이래 지속된 염운법의 변화가 중요한 변수로 작용했음은 무시할 수 없지만, 무엇보다 왕조가 교체되는 과정에서 휘주 상인이 집중적으로 참여한 도시 사회의 재건, 삼대정 회복, 그리고 군향 조달이 주효했던 것이다.

4 휘주 상인에서 양주 상인으로

8년을 끌어 오던 '삼번의 난'이 1681년 진압되면서 청조의 국내 지배력은 안정 국면에 접어들었다. 1683년에는 대만을 거점으로 해안 지역을 교란시켰던 정씨(鄭氏) 세력도 진압되었다. 회·양 지역 역시 동란기의 상흔을 씻어 내며 오히려 이전보다 더 인상적으로 발전해 나갔다. 18세기 양주의 화려한 도시 문화는 이러한 변화를 압축적으로 상징한다. 그 속에서 휘주 상인은 자신들의 입지와 활동 영역을 사회·문화적인 영역으로 거침없이 확대해 나갔다. 어느새 휘주 상인은 '자랑스러운' 양주를 대표하는 상인으로 변모해 있었다. 이제 그 과정을 하나씩 살펴보자.

총상

휘주 상인은 소금 유통업에서 총상(總商)의 과반을 점유하면서 세습적이고 독점적인 주도권을 유지해 나갔다. 총상이란 염상의 대표자로서 염과 징수에 대한 일차적인 책임과 그에 따르는 권한을 가졌던 일종의 "반관반상(半官半商)"적인 성격의 대상인을 말한다. 1617년부터 시행된 강운법 체제에서 선정된 총상의 신분은 원칙상 세습되었지만, 명·청 교체의 동란기를 거치면서

1677년(강희 16년) 군향에 대한 납부 실적이 우수했던 상인 24명이 새롭게 총 상으로 임명되었다.[178]

총상은 "자본이 풍부하고 염인을 많이 가진 자" 가운데 선발되었다. 그들에게 주어진 역할은 기본적으로 국가에 대한 성실한 세금 납부의 의무였다. 그러나 이를 위해 소금 유통에 종사하는 산상(散商)이라 불리는 수많은 중소 상인을 통솔하는 권한과 재정 창고인 염운사고(鹽運司庫)를 관리하는 권한까지 총상에게 부여되었다.[179] 염정에 대한 국가 권력의 지배권을 상당 부분 위임받은 것이다. 자연스럽게 총상은 위로는 관료들과 관계가 돈독해지고 아래로는 수많은 산상을 지배하면서 영향력을 확대할 수 있었다. 청말까지 총상의 수는 24~30명 정도로 유지되었다. 1725년(옹정 3년)에는 총상 중에서도 세력이 막강한 대총(大總)을 2~5명 선택하여 염운 과정에서 발생하는 각종 폐단의 단속까지 위임시켰다.[180]

청대 간행된 여러 염법지(鹽法志)에서 총상의 구성 인자를 전체적으로 확인할 수 있는 자료는 아직 발견되지 않았다. 그러나 휘주부 흡현의 지방지를 보면, 회·양 지역에 정착한 흡현 출신의 상인이 통상적으로 총상의 반을 차지했다는 기록이 있다.[181] 전술한 정영성, 정양입, 정지영과 후술하는 정국명(程國明), 정증(程增), 강춘(江春), 포지도(鮑志道), 포훈무(鮑勳茂) 등은 모두 흡현에서 배출된 총상이었다. 흡현을 포함한 휘주부의 6개 현 출신의 염상이 총상 가운데 최소한 과반을 점유하면서 양주의 염업계를 주도해 나갔다.

염상으로서 안정적인 위치를 확보한 휘주 상인은 막대한 자본력을 바탕으로 양주의 각 분야로 영향력을 확대해 나갔다. 그동안 왕조 교체의 동란기를 겪은 양주의 도시 사회 재건과 삼대정의 회복에 힘을 기울였다면, 이제는 서원, 원림(園林), 시문회(詩文會), 출판 등 사회·문화 영역까지 활동 범위를 확대한 것이다. 총상과 같이 세력이 큰 염상들은 대부분 양주에 집중적으로 거주했으므로, 이하 내용은 양주를 중심으로 살펴보고자 한다.

서원

먼저 서원에 대해서 살펴보자. 청대 수많은 과거 합격자와 유명 학자들을 배출한 것으로 유명한 서원으로는 안정서원(安定書院)과 매화서원(梅花書院)이 있다. 구성에 위치한 안정서원은 송대의 유학자 호원(胡瑗)을 기리기 위해 1662년(강희 원년) 순염어사 호문학(胡文學)이 건립한 것으로 알려져 있다.[182]([그림 28]) 하지만 서원 건립의 필요성을 주장하고 재정을 지원한 것은 염상이었다.[183] 다섯 번째 남순에서 안정서원을 순방한 강희제는 "경술조사(經術造士)"라고 쓴 편액(扁額)을 하사했고, 1732년(옹정 10년)에 옹정제가 각 성의 중심지에 서원을 설립하여 교육의 기회를 확대하라는 유지(諭旨)를 내리자 "상인과 사인(商·士)"이 7400냥을 출연하여 염정 관료들과 함께 서원을 대대적으로 중건했다.[184] 이러한 적극적 반응을 통해 양주의 염상들은 청조 황제 권력과의 밀접한 관계를 확인시킬 수 있었다.[185]

안정서원과 함께 병칭되는 매화서원은 1734년(옹정 12년) 휘주 염상인 마왈관(馬曰琯, 1688~1755년)이 교통이 편리한 신성의 광저문 외곽에 새롭게 중건했다.([그림 29]) 이 자리에는 본래 감천서원(甘泉書院)이라 불리던 서원이 있었으나 명말부터 황폐한 상태로 방기되어 있었다. 그런데 서원 건립에 대한 옹정제의 강한 의지가 반포되자 당시 양주부 동지(同志)였던 유중선(劉重選)과 마왈관이 의논하여 감천서원 자리에 서원을 중건한 것이다. 안정서원이 염운 관료와 상인의 합작품이라면, 매화서원은 지방관과 상인의 합작품이었다. 마왈관은 "홀로 재건에 힘썼다"고 할 정도로 매화서원의 중건에 주도적이었는데, 이후 매화서원이 휘상 자제들의 대표적인 교육 기관으로 자리매김한 것도 이와 관련이 깊다.[186]

흥미로운 사실은 매화서원의 전신인 감천서원 역시 명대 상인들과 관련이 있었다. 감천서원은 1528년(가정 7년) 순염어사 주정립(朱廷立)이 건립한 서원으로, 왕양명과 쌍벽을 이루던 담약수(湛若水, 1466~1560년)가 강학을 하

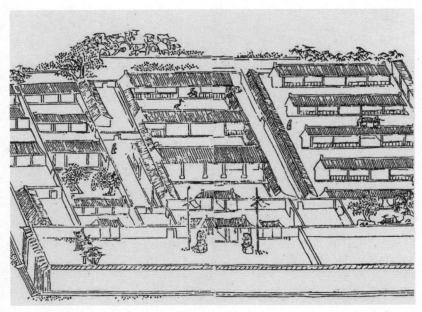

〔그림 28〕 1662년 구성 안에 건립된 안정서원

던 곳이었다. 감천서원의 '감천'은 담약수의 호(號)에서 온 이름이다.[187] 담약수는 남경에서 예부상서(禮部尙書)를 재임하던 무렵부터 이곳에 와서 강학 활동을 시작했다. 바로 그때 양주와 의진의 여러 염상들이 이곳에 와서 강의를 들었다고 한다.[188] 따라서 청대에 마왈관이 감천서원의 중건을 주도한 것은, 이전부터 형성된 염상들의 호학(好學) 전통을 계승하는 성격이 강하다.

두 서원 외에 휘주 상인의 참여가 분명한 것으로 십이문의학(十二門義學)이 있다. 십이문의학은 휘주 상인 포지도(鮑志道, 1743~1801년)가 1799년(가경 4년)에 동료 휘상 홍잠원(洪箴遠) 등과 함께 건립한 서원이다.[189] 포지도는 5년 전에도 운영비가 부족해진 고향 휘주의 자양서원(紫陽書院)을 위해 3000냥을 기부하고, 다시 양회의 염운사고에 비축된 재정의 이자까지 뽑아서 지원한

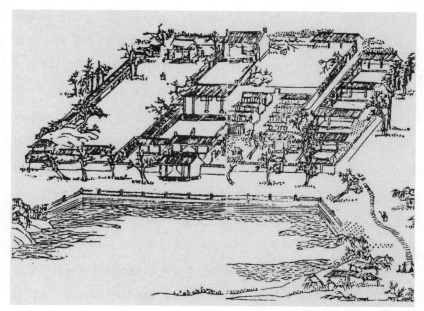

〔그림 29〕 1734년 신성의 광저문 외곽에 중건된 매화서원

바 있었다.[190] 이처럼 휘주 상인은 교육 시설에 재정 지원하여 토착 신사들의
환심을 샀을 뿐 아니라 자신들의 자제들에게 과거 준비의 기회를 확대했다.[191]

상적

휘주에서 회·양 지역으로 이주한 상인과 그 자제들이 과거에서 합격한 비
율은 어떠했을까? 상인들에게 주어진 특권인 상적(商籍)을 통해 살펴보자.

상적이란 상인이나 그 자제들이 잠시 체류하는 객지의 학교에 입학할 수
있는 관적(貫籍) 형식의 추가 정원을 말한다. 상적은 모든 상인들에게 주어진
것이 아니라 염상에게만 주어졌고, 모든 염장에서 일괄적으로 시행된 것도

아니라 지역마다 설치 시기가 달랐다. 어쨌든 상적에 편입되는 것은 비교적 수월하게 사회 이동(social mobility)의 첫 단계인 생원(生員) 자격을 획득할 수 있었다는 것을 뜻했다. 그래서 상적을 여러 상인 집단 가운데 가장 부유하고 재원이 풍부한 사람들에게 부여하는 황실의 '은총'으로 해석하는 것이다.[192]

하지만 모든 염상이 상적을 획득할 수 있었던 것도 아니었다. 무엇보다 지리적인 안배가 중요했다. 1583년(만력 11년)에 양·회 지역에 상적이 설치될 때, 염장과 먼 지역, 즉 산서와 섬서 지역에서 온 상인들이 일차적인 대상이었다. 가령 청초의 유학자 염약거(閻若璩)는 섬서 출신 염상의 자제로 상적을 통해 산양현학(山陽縣學)에 입학하여 공부했다. 8장에 등장하는 이종공(李宗孔)도 산서 대동(大同) 출신의 염상 자제로, 상적에 입적한 후 1646년(순치 3년) 전시(殿試)에 합격했다.[193] 하지만 정작 휘주 상인은 그 대상에서 제외되어 있었다.[194] 지리적으로 인접해 있었기 때문이었다. 상적에 입적(入籍)되지 못한 객상들이 귀향하여 과거에 응시하는 고충에 대해서는 7장 1절에서 언급한다.

그러나 1779년(건륭 44년)에 회·양 지역에서 상적이 폐지될 때까지 휘주 출신자들의 과거 합격 비율은 여타 지역 출신보다 월등하게 높았다. 상적이 설치된 1583년 이전과 이후로 회·양 지역에서 과거 합격자의 비율이 어떻게 변화되는지를 보여 주는 [표 14]와 [표 15][195]를 비교해 보자. 이를 보면 휘주 출신 합격자의 비중은 상적이 설치된 이후에 오히려 더 증가했음을 발견하게 된다. 진사(進士) 비율은 56.2퍼센트에서 71.1퍼센트로 증가했고, 거인(擧人) 비율은 60퍼센트에서 65퍼센트로 약간 올라갔다. 절대적인 진사와 거인의 합격자 수를 볼 경우에도, 휘상은 1583년 이전의 200여 년(1368년~1583년) 동안 진사 36명, 거인 51명을 배출했으나 이후 100여 년(1583년~1694년) 동안 진사 78명, 거인 98명을 배출시켰다. 진사 합격자의 수는 2배 이상 늘어난 것이다. 게다가 비교 대상의 기간(215년과 111년)을 고려할 경우, 1583년 이후로 휘상 출신 진사 합격자는 실질적으로 4.2배, 거인 합격자는 3.4배 정도 증

기간(년)	섬서		산서		휘주		기타 지역		합계	
	진사	거인	진사	거인	진사	거인	진사	거인	진사	거인
1368~1402						1		2		
1403~1435		3			2	1	2	2		
1436~1464	2	5			3	5		3		
1465~1505	6	7		1	8	13	5	4		
1506~1566	6	3	2	2	19	27	3			
1567~1583	1	1	2		4	4		1		
합계(명)	15	19	3	3	36	51	10	12	64	85
비율(퍼센트)	23.4	23.3	4.6	3.5	56.2	60	15.6	14.1	100	100

〔표 15〕 1584~1694년 양회 염상 가문의 관적별 과거 합격 분포

기간(년)	섬서		산서		휘주		기타 지역		합계	
	진사	거인	진사	거인	진사	거인	진사	거인	진사	거인
1584~1620	7	10	1	3	18	28		6		
1621~1643	5	6	2		14	13				
1644~1661	7	13	5	4	21	15				
1662~1694	2	4	2	2	25	35	1	1		
합계(명)	21	33	10	9	78	91	1	7	110	140
비율(퍼센트)	19	23.5	9	6.4	71.1	65	0.9	5	100	100

가했다고 볼 수 있다.

물론 산서 상인 출신 과거 합격자도 1583년을 전후로 증가했다. 진사는 3명에서 10명으로, 거인은 3명에서 9명으로 늘어났다. 하지만 전체 합격자에서 차지하는 비중은 그다지 높지 못했다.(진사는 9퍼센트, 거인은 6.4퍼센트) 상적

이 개설된 이후 휘주 상인들이 상적을 자신에게도 적용해 달라는 요구를 지속한 것으로 보아 과거 합격률을 높이는 데 상적이 유리했음은 분명하다.[196] 그렇지만 실제로 상적 설치 이후에도 휘상 자제들의 높은 과거 합격률은 거의 타격을 받지 않았던 것이다. 게다가 앞서 살펴본 것처럼, 명·청 교체 이후 양주에서 산서와 섬서 상인들의 활동은 현저히 약화되었다. 결국 1779년이 되면 "정원에 비하여 지원자가 적다."는 이유로 회·양 지역의 상적은 폐지되었다.[197]

과거 합격자의 배출은 곧 지역 사회에서의 영향력으로 이어졌다. 광동성 불산진(佛山鎭)의 사례에서 볼 수 있듯, 외지인들이 체류지에서 사회적 영향력을 확대하는 과정에서 과거 합격자의 배출 정도는 대단히 중요했다.[198] 이러한 사실은 회·양 지역의 휘주 상인에게도 차이가 없었다.

문화 사업

휘주 상인의 문화적 투자는 품위 있고 수려한 원림을 조영하는 것에서부터 시작되었다. 소주의 정원으로 대표되는 강남의 원림 문화는 각지의 명사들을 초대하는 시문회로 이어졌다. 명말 강남에서 만들어진 서화(書畵)가 '상품'으로서 예술 시장에서 고가로 거래되는 데 휘주 상인들의 공로는 적지 않았다.[199] 그 영향을 받아 양주에도 명말부터 문인들이 주로 참여하는 시회(詩會)나 문회(文會)가 전국적인 명성을 획득해 나갔다.[200]

하지만 양주 원림과 시문회의 전성기는 18세기에 찾아왔다. 특히 청대 양주의 유명한 정원의 대부분은 토착 문인이 아니라 외지에서 진입한 염상이 소유했고, 그중 다수는 휘주 상인이 주인이었다.[201] 가령 흡현 출신의 황씨 4형제(황성黃晟, 황이섬黃履暹, 황이호黃履昊, 황이앙黃履昻)가 소유했던 이원(易園)·사교연우(四橋烟雨)·용원(容園)과 잠산도 정씨인 정몽생(程夢生)이 소유했던 소원(篠園), 흡현 출신 정씨(鄭氏)가 소유했던 휴원(休園), 휘상 왕정장(汪廷璋)이 소유했던 조원(篠園), 그리고 가도년간(嘉·道年間, 1796~1850년) 총상이었던 황지균(黃至筠, 1770~1838년)이 소유했던 개원(个園) 등은 그 대표적인 경우다.[202] 앞서 언급했던 포지도 역시 염업을 통해 축적한 재부를 기반으로 노년에는 자신의 정원에 문사(文士)들을 초대하여 학문에 힘썼으며, 각종 편찬 사업에도 적극 참여했다.[203]

양주 성곽 서북쪽에 위치한 평산당(平山堂)과 인근의 운하 연변은 수변(水邊)의 아름다운 경관을 배경으로 수많은 원림이 밀집했다. 앞서 휘주인 왕무린이 1674년(강희 13년) 평산당의 중건을 도모했음을 언급한 바 있다. 10년 뒤 강희제가 첫 번째 남순에서 이 구간을 유람한 이후 평산당은 황제가 늘 방문하는 명승지로 발돋움한다.[204] 휘주 상인 왕응경(汪應庚)은 1736년(건륭 원년) 큰돈을 투입해 평산당을 중건하고, 그 이듬해 평산당 인근의 아름다운 경관을 노래한 역대 시사(詩詞)를 직접 편집하여 『평산람승지(平山攬勝志)』를 출간했다.[205] 건륭제의 4차 남순(1765년)을 호종(扈從)했던 염운사 조지벽(趙之壁)도 건륭제의 발자취를 기억하며 『평산당도지(平山堂圖志)』를 출간했다.[206] 앞서 언급한 정원들은 대부분 이곳에 위치해 있다.

소금 유통업의 성격상 늘 선박을 이용했던 상인들은 정원에도 선박의 이미지를 심어 놓아 사업의 번창을 기원했다. 휘주 상인 왕씨(汪氏)의 정원에는 폭이 좁아지는 선수(船首)와 폭이 넓어지는 선미(船尾)의 형상을 본딴 선청(船廳)을 만들어 놓았다.([그림 30]) 황제의 남순을 염두에 두고 건설된 원림도 있었다. 가령 휘주 총상 왕석공(汪石公)의 부인은 건륭제의 남순을 앞두고 성곽 북쪽의 공터에 항주 서호(西湖)의 풍경을 모방한 호수와 원림을 조영하여 어람용으로 바쳤다.[207] '가녀린 서호'라는 뜻을 가진 수서호(瘦西湖)라는 이름은 여기서 온 것이다. 수서호의 명물이 된 법해사(法海寺)의 백탑(白塔) 역시 남순으로 내려온 건륭제의 관람을 위해 염상들이 급조한 탑이다.[208]([그림 31]) 북

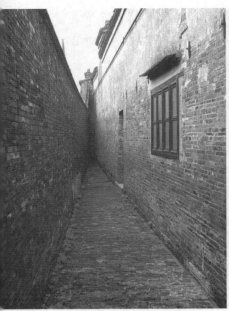

〔그림 30〕 양주 왕씨소원(汪氏小苑)의 선청. 선박의 이미지를 심어 놓아 사업의 번창을 기원했다.

경의 황궁에서 늘 보았던 백탑(북해공원에 위치한 라마교 백탑)이 없다는 건륭제의 말을 듣고 강춘(江春)을 비롯한 염상들이 소금으로 급조하여 황제의 환심을 산 이후, 지금의 모습으로 재건했다고 알려져 있다.[209]

여러 정원 가운데 휴원, 소원, 그리고 마왈관이 소유했던 소영롱산관(小玲瓏山館)은 양주에서 시문회가 가장 왕성하게 이루어지던 정원으로 정평이 나 있었다. 휘주 상인들은 자신의 정원에 성대한 연회를 준비하고, 각지의 명사나 왕래하는 신사를 초대하여 시문회를 개최했다. 보통 시작(詩作)이 완료되면 바로 인쇄하여 유포시켰는데, 때로는 3일 내에 중각(重刻)해야 할 정도로 인기를 끌었다.[210] 강희제는 5차 남순 이후 강녕직조(江寧織造) 조인(曹寅)에게 『전당시(全唐詩)』의 간행을 명령했고, 조인은 1년 만에 완성하여 황제를 감

〔그림 31〕 북경 백탑을 모방하여 양주 염상이 급조한 수서호의 백탑

동시켰다. 이처럼 단기간에 완성이 가능했던 것은 조인이 소주직조(蘇州織造) 시절 형성했던 한인 문인들과의 교제권, 양주에서 활동하던 학자들의 도움, 그리고 양주의 풍부한 자본과 시문회의 분위기 등이 있었기 때문이었다.[211]

각종 시문회를 개최하고 황제 남순을 영접하는 과정에서 극단 지원이 활발하게 전개되었다. 주요 양주 염상들은 자신의 가문에서 직접 희반(戲班)을 운영했다.[212] 그 시작은 상인 서상지(徐尚志)가 소주의 유명 배우들을 모집하여 노서반(老徐班)을 운영한 것에서 유래한다. 이후 황원덕(黃元德), 장대안(張大安), 왕계원(汪啓源), 정겸덕(程謙德), 홍충실(洪充實), 강광달(江廣達)이 각각 자신의 희반을 운영하여, 양주에 유명한 '칠대내반(七大內班)'이 성립되었다. 그 결과 18세기 양주는 소주와 함께 희극 활동이 가장 왕성하게 이루어지는 지

역으로 성장했다.[213] 회반 운영자의 이름에 등장하는 상지(尚志), 원덕(元德), 대안(大安), 계원(啓源), 겸덕(謙德) 등은 모두 영업 상표, 즉 화명이었다. 장대안은 섬서성 출신 염상 장하(張霞)가 분명하고,[214] 나머지 6인은 모두 휘주 상인으로 판단된다. 양주 염상들은 원림 조영과 시문회 개최를 통해 신사층과의 교류를 자연스럽게 확대해 나갈 수 있었으며, 그 과정에서 양주의 경제와 문화를 주도하는 세력으로 자리를 잡아 가기 시작했다. 양주에서 휘주 상인은 더 이상 외래 상인으로 간주되지 않았다.

일부 휘상은 장서가(藏書家)로 이름을 떨쳤다. 마왈관과 그 가문은 그 대표적 사례다. 그는 장사로 번 돈으로 자신의 집에 약 10만 권의 장서를 모았다. 그의 사후 건륭제가 『사고전서(四庫全書)』의 편찬 사업을 진행할 때 아들 마진백(馬振伯)이 다수의 귀중본을 제공했으며, 그 가운데 776종이나 진본으로 채택되어 건륭제로부터 『고금도서집성(古今圖書集成)』을 하사품으로 받았다.[215] 500종 이상의 책을 기증한 자에게 주어지는 『고금도서집성』을 하사받은 이들은 마진백을 포함하여 범무주(范懋柱, 1721~1780년), 포사공(鮑士恭), 왕계숙(汪啓淑, 1728~1799년)의 4인이다. 범무주를 제외한 3인이 모두 상인이었다.[216] 18세기 양자강 하류 상인들의 문화적 역량을 엿볼 수 있을 뿐 아니라 황제로부터 받은 책이 상인에게 전달하는 상징적인 의미도 간과할 수 없을 것이다.[217] 휘상 가문 출신의 정진방은 북경의 한림원에서 옹방강(翁方綱, 1733~1818년) 등과 함께 『사고전서』의 교감과 편찬 작업에 참여했다. 포지도를 이어서 총상이 되었던 그 아들 포훈무(鮑勳茂) 역시 가경 연간(嘉慶年間, 1796~1820년)에 장서와 출판 활동으로 유명했다.([그림 32] 참조)[218]

마왈관이 매화서원을 중건했음은 앞서 언급한 바와 같고, 이외에도 1734년(옹정 12년)에는 쌍충사(雙忠祠)와 소효자사(蕭孝子祠)를 보수했다.[219] 뿐만 아니라 그는 감천현(甘泉縣)에 양제원(養濟院)을 건립하는 데 출연하는 등 종교 시설과 공익 기관에 대한 재정적 지원을 아끼지 않았다.[220]

〔그림 32〕 양주 문회각(文匯閣), 『사고전서』가 보관된 7곳의 사고 가운데 하나였다. 『사고전서』는 북경의 자금성과 원명원, 열하의 피서산장, 심양, 진강, 양주, 항주에 각각 보관되었는데, 건륭제의 이동 경로에 근거하여 배치된 것이다.

이러한 정황을 고려해 볼 때 마왈관에 대한 다양한 호칭은 전혀 이상한 것이 아니다. 그는 휘주 기문현 출신의 상인이자 학위를 가진 신사였다. 양주에서 그는 이중적인 신분을 지니고 활동했다. 따라서 『양회염법지』에서는 "기문제생(祁門諸生)"이나 "신상(紳商)"이라고 기재했다. 그가 상업 활동을 지속했음에도 불구하고 통상 신사층이 향유하던 문화적 활동을 지속적으로 전개했기 때문일 것이다. 이를 통해 청말에 가서야 분명하게 형성되는 신상(紳商)이라는 명칭이 양주에서 이미 옹정 연간(1723~1735년)부터 등장했음을 알 수 있다. 또한 『양주부지』에서는 그를 "읍인(邑人)"이라고 기록해 놓았다. 양주 현지인들에게 마왈관은 외지인이나 체류자가 아니었다. 양주의 도시 문화에 공헌도가 높았던 마왈관은 이제 양주인들에게 본토인이나 다름이 없었던 것이다.[221]

마왈관보다 한 세대 뒤에 비슷한 삶을 살았던 휘주 상인이 강춘(江春, 1721~1789년)이다. 총상으로서 염업에 탁월한 능력을 발휘했던 강춘은 시인으로도 이름이 높았다. 그의 집안을 보면, 고조부인 강국무(江國茂)는 휘주 흡현에서 생원이었지만 명말에 양주로 이주하여 염업에 종사하기 시작했다.[222] 그 아들인 강연(江演)이 염업을 계승하면서 강씨 가문은 총상으로 추대될 정도로 큰 성공을 거두었다.[223] 이후 총상 자격은 강연의 아들인 강승유(江承瑜)와 손자인 강춘에게 이어졌고, 강춘은 건륭 연간에 진제(賑濟), 하공, 군수 등 중요한 국가적 사업에 앞장서서 재정을 지원하여 건륭제로부터 종2품 관직인 포정사(布政使)의 직함까지 받았다.

말년에 강춘은 과도한 재정 지출로 어려움에 봉착했다. 건륭제는 재정적 위기에 처한 강춘에게 30만 냥의 내탕금(內帑金)을 빌려 주었다.[224] 뿐만 아니라 염정 관료와 주요 총상들이 연루된 염인안(鹽引案)에 대한 엄정한 조사를 지시할 때에도 강춘에 대해서는 특별 사면을 허락했다.[225] 1785년(건륭 50년)에 건륭제는 자신이 총애하는 신하와 백성 가운데 3900명을 선발하여 북경 건청궁(乾淸宮)에 불러와 "노인"으로 대접해 주었는데, 당시 65세의 강춘을 포함시켜 주었다.[226] 강춘은 상인이었지만 문학적인 교제를 좋아하여 양주를 왕래하는 각지의 문인들을 시문회에 초대했으며, 진기한 물건이나 값비싼 서화(書畵) 작품의 수집에도 조예가 깊었다. 결국 그가 사망했을 때 "집안에 남은 재산이 하나도 없었다."고 할 정도로 낭비벽이 심했던 것으로 비판도 많이 받지만, 이러한 휘상 자본의 흐름이 곧 18세기 양주의 번영을 주도했다는 데에 별다른 이견은 없을 것이다.

양주 문화의 활력

황제의 남순은 휘주 상인의 지출 방식에 영향을 미치는 또 다른 요인이었다. 강희제와 건륭제는 각각 여섯 차례의 남순을 거행했는데 시간이 흐를수록 성격과 목적에 점차 변화가 발생했다. 남순을 처음 시행한 강희제는 무엇보다 회·양 지역의 하공에 대한 관심이 가장 높았다.(7장 2절 참조) 이후 건륭제의 남순에서 하공에 대한 관심이 사라지는 것은 아니지만 그 비중은 점차 줄어들었다. 대신 강남 지역의 고급 문화를 향유하고 한족 특유의 문예를 섭취하려는 경향이 강해졌다.[227] 그 결과 건륭제의 남순이 집중되던 1750~1780년대에 이르면 회·양 지역은 남순을 대비하여 화려하고 세련된 도시 문화가 만개했고 건륭제는 교통로인 대운하에 인접한 여러 명승지뿐 아니라 상인들이 소유한 원림에 빠짐없이 방문했다.[228]

　남순과 관련하여 건륭제에게 그 공로를 인정받았던 양주 염상에 대해서는, 3차 남순(1762년)에서 하달된 다음과 같은 상유문(上諭文)를 통해 그 일단을 확인할 수 있다.

　　짐의 이번 남순에는 양회의 여러 상인들이 할당된 업무를 받들어 수행했는데, 이는 모두 국가의 급한 공무에 힘쓴 것이니 마땅히 성대한 특은을 베풀어 장려의 뜻을 보여 주어야 한다. 이에 이미 봉신원경(奉宸苑卿)[229]의 직함을 받은 황리섬·홍징치(洪徵治)·강춘·오희조(吳禧祖)에게는 각각 가일급(加一級)을 허락하고, 이미 안찰사(按察使)의 직함을 받은 서사업(徐士業)·왕립덕(汪立德)·왕욱(王勗)에게는 모두 봉신원경의 직함을 추가해 주고, 이지훈(李志勳)·왕병덕(汪秉德)·필본서(畢本恕)·왕도(汪燾)에게는 안찰사의 직함을 허락하며, 정징계(程徵棨)에게는 6품의 직함을 지급하고, 정양종(程揚宗)·정적(程玓)·오산옥(吳山玉)·왕장형(汪長馨)에게는 각각 가일급을 허락한다.[230]

이를 통하여 양주 염상들이 건륭제의 남순에 필요한 각종 공무와 연회 준비에 앞장섰으며, 건륭제 역시 차등에 따른 의서(議敍)를 베풂으로써 상인들의 '자발적인' 협조를 장려하고 있음을 알 수 있다. 여기서 언급되었던 16인의 염상 가운데, 산서 출신의 이지훈[231]과 관적이 불분명한 필본서, 왕력의 3인을 제외한 13인(약 80퍼센트)이 모두 휘주 출신 상인이었다.[232] 이들은 화려하고 아름다운 원림을 소유하고 있었으며, 건륭제는 남순 기간에 이들의 원림을 방문하고 편액이나 선물을 하사해 주었다.

이처럼 휘주 상인은 남순 기간 황제가 필요로 하는 각종 재정 지출을 아끼지 않았고, 황제 역시 각종 사여와 의서를 통하여 상인들을 격려해 주었다. 가경『양회염법지』를 통해 파악할 수 있는 양주 염상에 대한 건륭제의 사여 기록을 정리하면 〔표 16〕과 같다.[233] 남순과 관련한 공무의 부담은 결코 줄지 않았다. 하지만 적어도 황제의 눈에 양주의 여러 상인〔衆商〕들이 보여 준 태도는 '자발적'인 헌신에 가까웠다. 허함(虛銜)에 가까운 직함을 하사하고 9품 관원이 착용한 모자를 하사하는 것은 황제에게 그리 어려운 일이 아니었다. 황제는 이러한 방식으로 양주 상인들을 길들이려 했다. 이를 통해 황제와 주요 휘주 상인 사이의 유착 관계는 더욱 깊어졌다.

양주 상인들의 입장에서 아쉬웠던 것은 단 하나였다. 그것은 황제의 잦은 방문도 아니고, 남순을 준비하기 위한 경제적 부담도 아니었다. 오히려 1784년 이후 기세등등한 황제가 다시는 양주로 내려오지 않았다는 사실이었다. 진정 그러했다. 1784년은 양주의 휘주 상인이 건륭제를 만난 마지막 해였다. 건륭제의 기력이 쇠할 즈음부터 약속이나 한 듯 회·양 지역 경제와 양주 상인 모두 맥이 풀린 듯했다. 양주의 도시 문화에 활력을 불어넣어 준 것은 양주 상인들의 재력인 듯싶었지만, 근본 요인은 외부에 있었던 셈이다. 황제의 남순을 준비할 때 대운하를 비롯한 수로 체계는 일대 재정비가 이루어졌고, 도시의 문화 시설은 떠들썩하게 단장되었다. 그런데 1784년 이후 이처럼 강력한 동기가 양주에 부여되지 않았다.

18세기 양주는 상인들의 특색이 가미된 독특한 도시 문화가 형성되었다.

〔표 16〕 건륭제의 남순 기간 양주 염상에 대한 사여 일람표

남순 차수	연도	사여 내역
1	1751년 (건륭 16년)	남순의 준비 과정에서 백성에게 누를 끼치지 않기 위하여 급한 공무마다 연수(捐輸)와 보효(報效)로 참여하는 양회 상인에게 일체의 부담을 맡기는 대신, 이에 공이 있는 상인에게는 직함과 정대(頂帶)를 사여함.
2	1757년 (건륭 25년)	양회 중상(衆商)이 남순과 관련한 공무에 적극 공헌했으므로, 그들에게 직함을 사여함. 3품함을 갖고 있는 자들에게는 봉신원 직함을 하사하고, 3품에 미치지 않는 자들에게는 각각 가일급을 하사함.
3	1762년 (건륭 27년)	**1** 남순과 관련한 공무에 공로가 있는 양회 중상에게 의서를 내림. **2** 남순 도중 양회 강상(綱商, 총상)이 부담하고 있던 교제(交際), 응수(應酬)의 부담을 덜어 줌.
4	1765년 (건륭 30년)	이번 남순에는 양회 중상에게 연수하는 부담을 주지 말라고 상유를 하달했으나 자발적으로 연수했으니, 각자의 직함에 가일급을 상으로 허락함.
6	1784년 (건륭 49년)	중상들이 남순을 위해 행궁인 천녕사(天寧寺) 내부에 만수사(萬壽寺)를 중건했고, 황제는 이를 기뻐하며 '만수중녕사(萬壽重寧寺)'라는 이름을 사여해 줌.

당시 양주는 신사와 문인들에게도 생계 수단을 모색하고 문화·사교계에서의 지위 상승을 추구하기에 적합한 도시로 인식되었다. 당시 융성하기 시작하던 고증학의 여러 대가들도 양주를 중심으로 활동하거나 배출되었고,[234] 이를 기반으로 양주학파가 형성된 것도 널리 알려진 사실이다.[235] 18세기 말에 양주에서 활동하던 화가의 수는 500여 명에 달했으며, 특히 개성과 독창성으로 널리 알려진 '양주팔괴(揚州八怪)'는 대부분 염상의 재정적 후원에 힘입어 창작 활동을 전개했다.[236]

물론 문화 영역에 대한 광범위한 휘주 상인의 투자는 이미 명 후기 이래

'신사화(gentrification)'를 추구하는 휘주 상인들의 지속적인 노력의 일환으로 이해할 수 있다.[237] 하지만 기존 서화(書畵)의 흐름과는 사뭇 다른 독특한 문화적 표현이 18세기 양주에서 '양주팔괴'를 통해 꽃을 피울 수 있었던 것은 양주 염상들의 취향이 반영되었기 때문이다.[238] 당시 서화 창작으로 생계를 유지하는 신사 가운데 상인 자본에 종속되는 현실에 대한 비판과 우려의 목소리가 없던 것은 아니었지만,[239] 이 흐름을 막을 지식인은 없었다. 적어도 18세기 후반까지 양주의 사회·경제·문화를 주도한 계층은 명말·청초 시기에 양주에 정착했던 휘주 상인이었다. 요컨대 상인 자본과 신사 문화가 혼합된 독특한 양주의 도시 문화는 회·양 지역의 지정학적 특성에 적응하여 성장했던 휘주 상인이라는 렌즈를 통해 볼 때 명확하게 이해가 된다.

3부 운하 도시의 현안과 휘주 상인의 대응

7장 강희제와 휘주 상인의 만남

── 남순의 사회 경제사적 의미

18세기 중국 문단을 좌지우지했던 문인이자 학자 원매(袁枚, 1716~1798년)는 그의 대표적인 시화집(詩話集)에서, "회·양 지역의 정씨(程氏) 가운데 거부(巨富)를 모은 상인 집안 출신으로 4명의 유명한 시인이 있다."라면서 정사립(程嗣立), 정음(程崟), 정몽성(程夢星), 정진방을 거론한 바 있다.[1] 네 명의 시인에게는 휘주에서 회·양 지역으로 이주했던 염상 가문의 후예이자 종족적으로 흡현 잠산도(岑山渡) 정씨라는 공통점이 있다. 상인 자본을 배경으로 형성된 '양주팔괴'와도 깊은 친분을 가지고 교제를 나누었던 원매가 정씨를 떠올리면서 이러한 유사성을 지닌 4인을 지적한 것은 결코 우연이 아닐 것이다.[2]

실제 잠산도 정씨는 명 중기 이래 회·양 지역에 진출한 휘주 상인 가운데 대표적인 종족이었다. 따라서 잠산도 정씨 가문의 흥성 과정을 살펴보는 것은 곧 회·양 지역에 진출했던 휘주인, 좀 더 정확하게 표현하자면 상인과 신사의 신분을 공유하며 회·양 지역에서 사회적 위상을 제고했던 휘주인들의 성장 과정을 이해하는 관건이 될 것이다.

결론부터 말하면, 남순 기간 휘주 상인이 강희제를 직접 알현했다는 것이다. 그들의 조우(遭遇)는 본래부터 의도되었던 것은 아니었으나 회·양 지역의 현안을 해결하는 데 불가피한 결과였는지 모른다. 어쨌거나 황제와 상인의 만남은 중국사의 긴 흐름에서 볼 때에도 결코 예사로운 일이 아니다. 사·농·공·상의 유교적 계층 의식과 가치관이 팽배한 신사층의 눈으로 본다면 자못 충격적인 장면일 수도 있을 것이다. 반대로 상인의 입장에서 이보다 더 영광스럽고 통쾌한 장면이 또 있을까?

따라서 7장에서는 잠산도 정씨가 언제부터 어떠한 연유로 회·양 지역으로 이주했는가? 그들이 이주한 직후 직면하게 된 회·양 지역 사회의 현안은 무엇이었는가? 그리고 황제의 남순을 계기로 회·양 지역에서 잠산도 정씨의 사회·경제적 위상은 어떻게 변화했는가? 하는 세 가지 질문을 가지고 논의를 전개하려고 한다. 자연히 회·양 지역 사회의 하공 문제가 핵심 논점이 될 것이고, 강희제가 수행했던 여섯 차례의 남순은 이러한 메커니즘을 보여 주는 훌륭한 소재가 될 것이다.[3]

1 명말·청초 흡현 잠산도 정씨의 회·양 이주

잠산도 정씨 가계도

잠산도란 안휘성 휘주부 흡현에 위치한 향촌으로, 그곳을 지나는 하천의 중간에 잠산(岑山)이 위치하고 있다.⁴ 민국『흡현지(歙縣志)』에 따르면 흡현에는 청대에 모두 수백 개의 촌이 분포되어 있었는데,⁵ 이러한 향촌 단위로 족보를 만들거나 종사(宗祠)를 건립해 제사를 지내면서 종족 개념을 발전시켰다. 잠산도 정씨는 동진(東晉) 시대 신안군(新安郡)⁶ 태수(太守)로 부임했던 정원담(程元譚)을 시조로 섬기는 정씨의 여러 후예 가운데 하나로, 42세손인 정성(程誠)이 잠산도로 정착하면서 분파로 성립되었다. 정성으로부터 6세손인 정촌(程村, 1466~1509년)이 1496년(홍치 9년) 진사에 합격했다는 기록으로 볼 때,⁷ 정성이 잠산도로 정착한 시기는 대략 원대라고 추정된다.

잠산도 정씨 가문에서 처음으로 전시(殿試)를 통과하고 관리로 이름을 높인 인물은 6세손 정촌이었다. 그는 1466년(성화 2년)에 태어나 1496년 진사 시험에 합격한 뒤 복건성 정주(汀州)로 임관되어 각종 사건에 대한 공정한 심리(審理)로 명성을 높였다. 이후 어사로 부임한 정촌은 무종(武宗)의 즉위와 함께 사례감(司禮監)이 되어 전횡을 일삼던 환관 유근(劉瑾)을 탄핵했지만 실패하고, 도리어 이것이 화근이 되어 그의 사후(死後) 가족은 해남도(海南島)로 도형(徒刑)을 떠난다.[8] 이후 유근이 탄핵되자 그의 가족들은 다시 귀향할 수 있었고, 이 사건으로 인해 잠산도 정씨는 '청렴한 어사'의 후예라는 명예를 얻었다.[9]

정촌의 아들인 7세손 정묵(程黙, 1492~1546년)은 복건성 복녕주(福寧州) 지주(知州)와 절강성 소흥부(紹興府) 동지(同知)를 역임했고, 8세손 정응원(程應元, 1514~1593년) 역시 호북성 나전현(羅田縣) 현승(縣承)을 역임했다. 그러나 9세손인 정대붕(程大鵬, 1536~1609년)과 10세손인 정계조(程繼祖, 1555~?) 대(代)에는 관직에 오른 자가 배출되지 않았다.[10] 따라서 잠산도 정씨는 6세손인 정촌이 어사로 명성을 날린 이후 4대에 걸쳐 문운(文運)에서 조금씩 쇠락하는 느낌을 주지만, 유학을 공부하는 문인 가문이었던 점은 분명하다.

잠산도 정씨 가운데 처음으로 객지에 진출한 기록은 11세손 정필충(程必忠, 1594~1662년)에게서 찾을 수 있다. 정필충이 진출한 지역은 회안 안동현(安東縣)으로, 앞서 원매가 지목했던 정씨 시인들의 선조가 바로 정필충이었다. 정필충은 정사립의 조부이자 정음의 고조부였던바, 잠산도 정씨의 회·양 진출은 대체로 17세기 전반기에 이루어졌다고 추론할 수 있다. ((표 17) 참조)

정필충이 명말에 고향을 떠나 객지인 회안으로 진출한 배경은 확실치 않다. 다만 명 중기 이래 흡현을 비롯한 휘주인들이 객상으로서 각지로 진출하기 시작했고 정필충의 자손들이 이후 회·양 지역에서 염업 등에 종사한 점을 고려해 보면, 그의 이주는 시기만 좀 늦을 뿐 명대 휘주 상인의 전반적인 경상(經商) 풍조와 큰 차이가 없다.[11] 다만 시기적으로 상업에 대한 휘주인들이 '붐'이 일어났던 16세기 초반에 비해 1세기 가량 늦었다.

이러한 시차는 오히려 잠산도 정씨가 다른 휘주인들에 비하여 명 중기까지 경제력이 높았음을 암시한다. 정덕 연간(1506~1521년) 어사로 명성을 떨친 정촌이 존재했을 뿐 아니라 손자 대까지 지방관을 역임했으므로 굳이 장사를

[표 17] 16~18세기 잠산도 정씨 가계도

할 필요를 못 느꼈을지 모른다. 하지만 더 이상의 과거 합격이나 관직 임용이 이루어지지 않는 이상 장사에 대한 열풍이 불고 있는 휘주 지역에서 '고고하게' 유학에 전념하기는 어려웠다.[12]

휘주에서 유학을 공부하다 장사에 손을 대는 것은 전혀 어색한 일이 아니었다. 귀유광은 휘상에 관한 기록에서 "지금 신안(＝휘주)에는 대족(大族)이 많지만 그 지역은 산곡지간(山谷之間)에 있어 경작을 할 만한 평원과 광야가 없는 까닭에, 비록 사대부의 가문이라도 모두 상고 활동을 위해 사방으로 주유(周遊)한다."[13]라고 지적한 바 있다. 또한 휘상의 후예인 왕도곤 역시 명 중기 이후 배출된 수많은 휘상 가운데 다수가 장사에 손을 대기 전에 농업이 아니라 학문에 전념하고 있었음을 강조했다.

> 신도(新都, 휘주)는 세 명이 상인이면 한 명이 유학을 공부하는 요컨대 '문헌국(文獻國)'이다. 상인은 이익을 두텁게 하기 위함이고 유학은 이름을 드높이기 위함이다. 무릇 유학에 종사했으나 끝내 효과가 없으면 공부에 손을 떼고 장사에 힘쓰니, 그런즉 몸으로 이익을 향유한다. 또한 자손을 고려한다면 오히려 장사를 소홀히 하고 유학에 힘쓴다. 늦추고 당김을 교대하니 서로 번갈아 쓰임이 있다.[14]

왕도곤은 공부와 장사가 "서로 번갈아 쓰임이 있다[迭相爲用]."는 표현으로 마무리했지만, "자손을 고려한다면 오히려 장사를 소홀히 하고 유학에 힘쓴다."는 진술을 통해 실상은 장사보다 공부에 우선순위가 있다는 사실을 은연중에 드러냈다. 명조가 몰락하기 직전에야 회안으로 이주했던 잠산도 정씨역시 유학을 포기하는 시점이 늦었을 뿐 상업으로의 전환 요인은 왕도곤의지적과 동일했을 것이다.

회안부 안동현

정필충이 장사하러 처음 도착한 지역은 회안부의 안동현이었다.[15] 안동현에는 회·양 지역의 주요 염장이 있었지만 염정 행정의 중심지는 아니었다. 양회 염정의 중심지는 염운사사가 위치한 양주였으며, 생산된 소금을 출하하기 직전 마지막 검사를 하던 체험소는 의진과 회안 두 곳에 설치되어 있었다. 1492년 염운 방식이 운사납은제로 바뀌면서 주요 염상들이 회·양 지역으로 이주할 때도 그 중심지는 양주였고, 그다음이 회안과 의진이었다.[16]

안동현에는 양회 지역에서 생산된 소금 가운데 회북 지역으로 판매되는 회북염에 대한 검사가 이루어지는 순검사(巡檢司)가 있었다. 정확한 시점은 분명치 않으나 명말까지 염운분사(鹽運分司)와 비험소(批驗所)도 이곳에 있었다.[17] 하지만 양회 염장의 소금 가운데 회북염의 비중은 20퍼센트에 지나지 않고, 홍치 연간(1488~1505년) 이래 계속된 수재로 인해 비험소는 1515년에, 염운분사는 그 이후에 각각 회안의 하북진(河北鎭)으로 옮겨졌다.[18] 따라서 염정에 있어서 안동의 비중은 그다지 높다고 할 수 없다. 이러한 사실은 안동이 양주, 회안, 의진과 같은 핵심 도시에 비하여 상대적으로 기득권을 지닌 기존 상인들이 적었으리라는 유추를 가능케 한다. 그렇다면 정필충 가문 역시 회·양 지역의 핵심 도시에 곧장 진출하여 기존 상인들과 경쟁할 만큼의 경제력과 경험이 여의치 않았다고 볼 수 있다.

한편 정필충에 대한 인물 평가는 대단히 좋았다. 그가 정착했던 지방지의 기록에 따르면, 그는 "성품이 너그럽고 두루 온화하여, 사람들이 급한 일을 만나거나 마을에 분쟁이 생길 때면 그에게 나아가 판단하기를 청"할 정도였다. 따라서 지역민들이 그의 이름 대신 '정옹(程翁)'이라는 존칭으로 불렀다.[19] 아마도 그는 중소 염상으로서 새롭게 진출했던 안동현에서 어려움에 처한 사람들을 돕거나 분쟁의 해결에 두각을 나타내면서 서서히 자신의 입지를 확보해 나갔을 것이다.

정조선의 성공

하지만 염상 가문으로서 정씨의 본격적인 성장은 정필충이 아니라 다음 세대에 가서야 이루어진다. 정필충에게는 세 아들이 있었는데, 그는 둘째 아들 정조선(1618~1690년)에게 염업을 맡겼다. 수많은 휘주 상인들의 이력이 그러하듯, 정조선 역시 어렸을 때는 유학을 배우다가 부친의 임종과 함께 본격적으로 상업 활동을 시작했다. 그는 염업에 종사했던 부친과 다른 친족들의 도움을 받으며 쉽게 장사를 시작할 수 있었지만, 오히려 이에 의지하는 것은 "지사(志士)"의 할 바가 아니라면서 독자적인 경영 방식을 고집했다.

수년 간의 우여곡절 끝에 그는 드디어 회북 염상들의 인정을 받으며 염무의 책임자인 '좨주(祭酒)'로 추대되었다.[20] 좨주란 본래 향연에서 연장자가 술을 따른다는 전통에서 형성된 용어로 민간에서는 연령이 높고 유덕한 동렬(同列) 가운데 벼슬이 있는 자에 대한 존칭으로 사용되었다.[21] 이후 좨주는 '염상계의 대표자'라는 뜻으로도 쓰이게 되었다.[22] 여러 염상들로부터 인격과 재략이 뛰어난 인물로 추대될 뿐 아니라 관부로부터도 그 대표성을 인정받은 조정자를 "고인좨주(賈人祭酒)" 혹은 "염협좨주(鹽筴祭酒)"라고 지칭했던 것이다.[23]

같은 시기 염상으로 활동한 휘주인 정준(程浚)은 정조선의 경영 철학을 "다른 사람이 능히 줄 수 없는 것을 나누어 줄 수 있을 뿐 아니라 다른 사람이 취할 수 없는 것을 취하는" 능력이 있었다고 정리했다.[24] 그의 구체적인 행적은 정상적인 소금 유통의 장애 요인을 제거하기 위한 세 가지 노력에서 발견할 수 있다.

첫째, 그는 판매하지 못하여 옹체된 소금 문제를 해결하기 위해 표법(票法)이라는 제도의 시행을 요청했다.[25] 둘째로 그는 소금 유통의 또 다른 장애 요인인 사염의 유통을 막기 위해 사염 업자와 이를 단속하는 관병들의 유착 관계를 개선하려 했다. 셋째로 그는 소금 유통로인 운하의 준설을 위해 공탕(公

牐)을 빌려 공사를 진행했다. 그 운하가 정확하게 어느 지점이었는지 알려져 있지 않지만, 운하 준설을 통한 유통 인프라의 구축이 염운에 종사하던 여러 상인들의 선결 과제였음은 분명하다.[26] 다만 운하 준설에는 언제나 막대한 비용의 문제가 뒤따르기 마련인데, 정조선은 국고를 빌려서 이 문제를 해결했던 것이다. 아마도 염운사에 비축된 재정을 사용했던 것으로 보이는데, 그가 염상계의 쾌주로서 상급 염정 관료들과 밀접한 협력 관계에 있었음을 말해 준다.

이와 같은 정조선의 활동 범위는 부친에 비하여 그가 염상계에서 얼마나 성장했는지를 유감없이 보여 주지만, 정작 그가 지역 사회에 정착하는 과정은 염정이 아니라 하공 분야에서 촉발되었음을 간과해서는 안 된다. 사건의 발단은 안동현을 통과하는 황하가 묘량구(峁良口)에서 터지는 큰 범람이 발생하면서 시작되었다.[27] 1665년(강희 4년)에 발생한 이 범람으로 인해 안동현에서 사망하거나 떠내려간 인명·재산 피해는 헤아릴 수 없을 정도였다.[28] 더 큰 문제는 그 피해가 단기간에 회복되지 못하고 1671년(강희 10년)까지 7년이나 지속되었다는 점이다.[29] 그사이 1668년과 1670년에는 아직 수해가 복구되지 않은 상황에서 지진이 겹쳐 현성(縣城)까지 무너져 버렸다.[30]

안동이 물바다가 된 1665년 당시 47세였던 정조선은 이미 회안에 살고 있었다. 염상계의 쾌주로 추대되었던 그는 경제력을 바탕으로 부친이 정착했던 안동을 떠나 인접했던 회안으로 이주한 뒤였다. 그러나 그는 1667년부터 범람으로 피해를 입은 안동현에 대한 지원 활동을 전개해 나갔다. 그의 동료 정준(程浚)은 다음과 같이 기록했다.

강희 6년(1667년)[31] 묘량구가 범람하여 모든 읍이 고기 뱃속에 장사되자 정조선은 급히 인부들을 모집하여 제방을 건설했다. 제방이 완성되자 수환(水患)이 완전히 정리되었고, 읍인들은 정조선의 덕행에 감사하여 그의 자제들이 안동

에 입적하여 과거를 볼 수 있게 함으로써 그에게 보답했다.[32](강조는 인용자의 것임)

치수의 성과, 즉 "제방이 완성되자 수환이 완전히 정리"되었다는 표현은 다소 과장된 측면이 강하다. 그러나 정조선이 안동현의 수재 상황을 접하고 적극적으로 치수 활동을 주도한 점은 분명하다. 이보다 주목되는 상황은 정조선의 치수 활동에 대한 보답이자 일종의 대가로 이루어진 잠산도 정씨 자제들의 안동적(安東籍) 획득이다. 입적이 이루어지도록 분위기를 주도했던 사람들은 "읍인"(＝안동현민)이지만, 이를 최종적으로 허가해 주는 주체는 관부였을 것이다. 이에 대한 좀 더 구체적인 정황을 알려 주는 기록은 없으나, 회·양 지역의 경우 입적 허가에 영향력을 발휘했을 관부는 지현 차원의 지방관보다는 하공 계통의 관료나 염정 계통의 관료였을 가능성이 높다.

입적의 의미

그렇다면 안동의 읍인들이 정조선에 대한 답례로 입적을 선사했다는 표현은 무엇을 의미하는 것일까? 첫째, 이를 통하여 정씨는 안동의 토착인들이 갖기 쉬운 외래 상인에 대한 부정적인 시각을 상쇄할 수 있었다고 생각한다. 입적 과정에 대한 구체적인 자료는 없지만, 토착 신사층의 용인 없이 입적이 이루어지기는 사실상 불가능했기 때문이다.[33]

둘째로, 정씨는 입적을 통해 과거 합격에의 가능성을 높일 수 있었다. 왜냐하면 입적이나 상적을 획득하지 못한 객상들이 과거에 응시하기 위해서는 예외 없이 고향으로 돌아와야 하는 고충을 감내해야 했기 때문이다.[34] 청초회·양 지역에 진출했던 많은 휘상도 유사한 고충을 경험하고 있었다. 기본적으로 입적을 승인받는 것이 규정처럼 쉽게 이루어지지 않았고, 회·양 지역의 상적은 산서·섬서 상인에게만 개방될 뿐 휘주 상인들은 동일한 성(즉 청초에는 강남성)에 소속되어 있다는 이유로 제외되어 있었다.[35] 당시 과거에 응시하려는 회·양 지역 휘상들의 고충에 대해서는 생생한 기록이 남아 있다.

지금 양회에 와서 염업에 종사하는 상인의 경우 조손(祖孫)이 서로 계승한 지가 이미 여러 해가 지났다. 혼인도 여기서 하고 의식도 여기서 (해결)하고 분묘도 여기에 있어 토착의 세업자(世産者)와 다를 바가 없다. 그런데도 세과(歲科)의 시험은 반드시 분묘를 버리고 처자를 버리고 전려(田廬)를 버리고 천 리나 떨어진 고향에서 시험을 치루어야 한다. (그런데) 고향의 사람은 도리어 그를 지목하여 책망하기를, "그 언어가 **상통하지 않고, 면모가 서로 익숙하지 않고, 더구나 돈도 안 벌어 왔다**."고 하면서 떼를 지어 '모적(冒籍)'이라고 공격한다. 이것이 곧 "(외지로) 진출해도 장사가 잘 안 되고, (고향으로) 돌아와도 받아 주는 곳이 없다.(進無所售, 退無所容)"는 것이다.[36](강조는 인용자의 것임)

'모적'이란 관적을 거짓으로 속이고 합격이 용이한 타지역에 응시하는 경우를 지칭한다.[37] 과거가 출세의 수단으로 강력한 힘을 발휘하던 명·청 시대, 특히 객상의 장거리 유통과 대규모 이민이 증가하는 가운데 '모적'과 관련한 범죄는 점차 증가했다.[38] 여기서는 '모적'이 역설적으로 적용되고 있다. 즉 회·양 지역에 진출했던 휘주 상인이 고향인 휘주에 돌아와 과거에 응시하는 것은 법률상으로 아무 문제가 없으나 오히려 휘주의 토착민들이 볼 때 그들은 '이방인'이나 다름없었던 것이다. 이를 통해 청초 회·양 지역에 진출했던 휘상 자제들이 겪었던 진퇴양난의 고충과, 그들이 이미 몇 세대를 지나면서 사실상 양주의 토착인과 방언과 외모까지 구분하기 힘들 정도로 동화되어 버렸다는 사실을 알 수 있다.

바로 이러한 상황에서 정조선이 안동적을 획득했다는 것은 과거 시험에 응시하려고 할 경우 귀향해야 하는 번거로움이 사라진 것을 의미했다. 환언하면 회·양 지역 진출 2대 만에 잠산도 정씨는 불안정한 체류자로서의 신분을 탈피하고 회·양인으로서 활동할 수 있는 기틀을 마련한 것이다.[39] 이후 많은 정씨 후예들이 안동적을 가지고 회·양 지역에서 상업에 종사하는 동시에 과거에도 응시할 수 있었다.[40] 그 과정에서 지역 사회의 토착 신사들과 접촉하고 융화할 수 있는 기회가 증가했음은 물론이다.

회안의 하하진

잠산도 정씨가 안동적을 획득했지만, 그렇다고 그들이 안동현에 정착한 것은 아니었다. 앞서 언급했듯 정조선은 안동적 획득 이전부터 회안으로 이주해 있었다. 정조선의 형 정조빙(程朝聘, 1614~1670년)이 1670년(강희 9년)에 사망했을 때 그 아들들은 안동현이 수해가 많다는 이유로 부모의 묘소를 안동이 아닌 휘주부 휴녕현으로 옮겼으며, 자손들은 회안으로 이주했다.[41] 잠산도 정씨는 수해에 약한 안동현의 지리적인 취약성으로 안동적을 획득할 수 있는 기회를 얻었지만, 같은 이유 때문에 장기적인 거주지로는 안동 대신 회안을 선택했다. 이처럼 안동 관적을 가지고서 실제로는 회안에 거주한 또 다른 휘주 상인으로는 적장(荻莊)이라는 거대한 원림을 소유했던 정감(程鑒)이 있다.[42]

잠산도 정씨가 선택했던 회안은 회북 염정의 중심지였다. 그중에서도 회안 성곽 동북쪽 운하 연변에 위치한 하하진에 거처를 마련했다. 이곳이 수로 교통의 편리함으로 인해 여러 객상들이 군집했던 경제 중심지였음은 6장 1절에서 언급한 바와 같다. 뿐만 아니라 회북 염운분사와 비험소와 같은 염정 기관마저 청초에 안동현에서 하하진으로 옮겨 왔다.[43] 그렇다면 정씨 일가가 안동현을 떠나 하하진으로 이주한 목적이 보다 분명해진다. 그들의 상업적 기반과 경제 여건이 여유로워지면서 교통과 염업, 그리고 주거 생활까지 편리한 도시로 이주한 것이다. 회안보다 더 번성했던 양주로 이주하는 정씨가 생겨

나는 것도 같은 맥락에서 이해가 가능하다.[44]

괴성루(魁星樓)가 중건되는 과정을 살펴보면, 정씨 가문이 도시 사회의 신사층과 어떠한 관계를 형성했는지 가늠해 볼 수 있다.[45] '괴성'이란 고대 천문학에서 말하는 이십팔수(二十八宿) 가운데 하나인 '규성(奎星)'의 속칭으로 북두칠성의 앞 4개의 별을 지칭한다. 이후 과거 합격과 같은 문운(文運)의 흥성을 주관하는 신으로 존중되어 공자묘나 학교 근처에 괴성루 혹은 괴성각(魁星閣)이 건립되었다. 회안에 괴성루가 세워진 자리는 하하진의 죽항(竹巷)으로, 명대 장원급제했던 지역민 신곤(沈坤, 1507~1560년)의 고거(故居)이자 그를 기념하는 장원루(壯元樓)가 세워졌던 곳이다.([232쪽 지도 14]의 ● 위치)[46]

명·청 교체의 동란기 이후 장원루가 퇴락하자, 이를 목도하고 44인의 협력자를 모집하여 괴성루의 건립을 주도한 자는 정조징(程朝徵, 1635~1696년)과 송개지(宋介祉)였다. 정조징은 정조선의 동생이었고, 44인의 협력자 가운데 정조선, 회안에서 육영당을 건립했던 정양월, 그리고 정양입의 다섯째 아들 정특(程特)까지 3인의 잠산도 정씨가 포함되어 있었다. 그렇다면 청초 하하진에 진입한 잠산도 정씨가 신사층의 관심을 대변하는 괴성루의 중건을 주도했다고 보아도 과언이 아닐 것이다.

외지에서 들어온 체류자들이 시진의 주도 세력으로 성장할 때는 늘 어떤 계기의 마련이 필요하다. 아무리 경제가 중요한 지역이라 하더라도 과거 제도의 위력이 강고했던 명·청 시대는 신사층의 입김을 무시할 수가 없다. 광동성의 대표적인 시진인 불산진(佛山鎭)의 경우, 1738년(건륭 3년)에 건립된 대괴당(大魁堂)이 외래 상인 집단이 지역 사회의 주도권을 장악할 수 있는 계기를 마련해 주었다. 외래 상인 가문에서 배출된 신사와 학자들이 이곳에 모여 공의(公議)를 주도하고 영향력을 확대해 나갔다.[47] 동일한 상황은 아니지만, 괴성루의 중건을 통해 잠산도 정씨 역시 도시 사회 여론을 결정하는 그룹에 진입할 수 있었다고 여겨진다.

2 청초 회 · 양 지역의 수해와 남순

1665년 안동 수해

앞서 언급했던 1665년 안동현의 수해는 사실상 일개 현 단위의 문제가 아니라 동란기 이후 와해된 회 · 양 지역의 전반적인 치수 체계와 밀접하게 관련되어 있었다. 안동현은 회안에서 하나로 합쳐진 회하와 황하의 물줄기가 바다로 흘러가는 중간에 위치했으므로, 치수 체계에 문제가 생길 경우 늘 직접적인 피해의 대상이 되었다.[48] 그나마 명 후기 반계순(潘季馴, 1521~1595년)의 노력으로 회안 지역의 치수 체계는 상당히 정비되는데, 이를 계기로 반계순은 중국의 대표적인 '수리 전문가'라는 칭호를 획득했다.[49] 그럼에도 불구하고 회안 지역의 수리 문제가 완전히 해결된 것은 결코 아니었다. 반계순이 하공을 마무리한 지 10년이 채 못 되어 다시 회안에서 황하가 크게 범람하여 양주의 전토가 침수되었던 것은,[50] 그만큼 회안에 집중된 회 · 양 지역의 치수 체계를 바로잡기가 어려웠음을 말해 준다.([표 18] [51] 참조)

1676년(강희 15년)에 회안에서 발생하여 주변 지역으로 확산된 수해는 황하 — 회하 — 대운하로 연결된 수리 체계가 어떤 방식으로 피해를 전이시키는지 잘 보여 준다.[52] 문제의 발단은 여름철의 장마였다. 불어난 황하의 물은 '회 · 하 합회' 지역을 넘어 홍택호로 넘쳐 들어왔다. 그러자 홍택호를 동쪽으

〔그림 33〕 오늘날 범람하여 운하와 호수가 하나가 되어 버린 회·양 지역

로 가로막고 있던 고가언이 불어난 수위를 견디지 못하고 34군데에서 터지고 말았다. 그 여파로 고우의 청수담(淸水潭)에서 양주의 대택만(大澤灣)까지 300여 장(丈), 즉 105미터 달하는 대운하의 제방이 무너졌다. 대운하를 이용하는 모든 물류가 막혀 버린 것은 물론, 회·양 지역이 수몰되어 겪은 피해가 헤아릴 수 없었다.(〔그림 33〕 참조)[53]

청조의 대응 방식

청조는 이에 즉각 대응했다. 강희제는 "올해 회·양 등지에 제방이 무너지면서 전지가 엄몰(淹沒)되었는데, 이는 운도(運道)와 민생에 관계된 것으로 심히 중대한 것"이라며 그해 10월 공부상서 기여석(冀如錫)과 호부시랑 이상아

〔표 18〕 17세기 황하 범람 일람표

시기	황하 범람 장소	비고
만력 29년(1601)	商丘, 蕭家口	
만력 31년(1603)	單縣, 沛縣, 豐縣	
만력 32년(1604)	豐縣	
만력 34년(1606)	蕭縣, 茶城	
만력 35년(1607)	單縣	
만력 39년(1611)	서주 狼矢溝	
만력 40년(1612)	서주	
만력 44년(1616)	서주 狼矢溝/개봉, 장가만	
만력 47년(1619)	陽武	
천계 원년(1621)	靈璧 雙溝・黄鋪	
천계 3년(1623)	서주 大龍口, 서주, 비주, 靈璧, 睢寧	
천계 4년(1624)	서주 魁山堤	
천계 6년(1626)	회안	
숭정 2년(1629)	曹縣 十四鋪口, 睢寧	
숭정 4년(1631)	原武, 封丘, 建義	황하와 회하가 교차로 범람하여 해구(海口)가 옹색. 해조까지 겹쳐서 范公隄 무너짐.
숭정 15년(1642)	개봉의 馬家口, 朱家寨	이자성 군이 개봉을 포위할 때, 의도적으로 결구(決口)시킴.
숭정 16년(1643)	개봉의 馬家口	이후 명말까지 치수가 이루어지지 않음.
순치 원년(1644)	溫縣	
순치 2년(1645)	考城, 王家營	
순치 5년(1648)	蘭陽	
순치 7년(1650)	荊隆	운하 제방 무너짐.
순치 9년(1652)	封丘 大王廟, 邳州, 祥符	
순치 11년(1654)	封丘 大王廟	대왕묘는 순치 13년 막힘.
순치 14년(1657)	祥符	
순치 15년(1658)	山陽 姚家灣, 陽武	
순치 16년(1659)	歸仁堤	
순치 17년(1660)	陳州, 虞城	황하가 청구로 진입하여 홍택호로 연결되고 고가언이
강희 원년(1662)	曹縣, 睢寧, 開封, 歸仁堤	

시기	황하 범람 장소	비고
강희 원년(1662)		피해를 받음. 이후 회·양 지역은 매년 수재로 고생.
강희 2년(1663)	睢寧	
강희 3년(1664)	杞縣, 祥符, 朱家營	
강희 4년(1665)	상류에서 범람, 안동 茆良口	
강희 6년(1667)	桃源, 蕭縣, 桃源 黃家嘴	황하 연변 주현이 모두 수재를 입음. 청하현의 수몰 피해가 심각. 삼차하(三汊河)의 하류가 순조롭지 못함. 홍택호가 무너져 고우주의 향민 수만 명이 익사함.
강희 8년(1669)	淸河 三叉口, 淸水潭	
강희 9년(1670)	曹縣, 單縣	풍우로 고가언이 무너짐. 회하와 황하가 합쳐져 고우, 보응의 호수 수위가 높아짐.
강희 10년(1671)	蕭縣, 淸河, 桃源, 七里溝	
강희 11년(1672)	蕭縣, 邳州, 虞城	
강희 13년(1674)	桃源 新莊口와 王家營	
강희 14년(1675)	徐州, 宿遷, 睢寧,	청하현의 백성이 다수 유망(流亡).
강희 15년(1676)	洪澤湖, 宿遷, 淸河, 安東, 山陽	고가언 34곳이 무너짐. 대운하 제방 붕괴. 양주부 일대가 수몰되고, 표닉(漂溺)이 헤아릴 수 없음.
강희 21년(1682)	宿遷, 蕭家渡	
강희 35년(1696)	張家莊, 安東 童家營	하환이 다시 심각해짐.
강희 36년(1697)	時家碼頭	

(伊桑阿)를 파견해 진상을 조사하도록 명했다.[54] 수재가 "운도와 민생"에 관계된다는 강희제의 지적은 이후 남순 과정에서도 누차 언급된 것으로, 회·양 지역을 관통하는 대운하의 단절과 지역 사회의 수몰 피해를 지칭하는 것이다.[55]

당시 심각한 수준의 수재가 발생할 때마다 하도총독을 비롯한 고위급 하공 관료를 교체하는 것은 강희제를 비롯한 청조 황제들이 보여 준 보편적인 대응 방식이었다. 이는 하공 업무에 대한 고위 관료의 책임을 분명히 물어 반복적인 사고의 발생을 방지하려는 최고 통치권자의 의지를 표명하는 것이다.[56]

제방이 무너질 경우 청조는 그 배상 책임을 하도총독 개인에게 물리는 경우가 많았다. 강희제가 4차 남순을 하는 도중 수행하던 하도총독 장붕핵(張鵬翮, 1649~1725년)에게 숙천(宿遷)과 청구 사이에 위치한 기자패(磯觜壩)의 확장 공사를 제안했을 때의 일이다. 장붕핵은 "하관(河官)은 오직 (이후의) 배수(賠修)가 염려되어 감히 확장을 못하겠"노라고 답변했다. 놀랍게도 강희제는 하도총독을 나무라기보다 시도해 보기를 권유하면서 "만약 수재로 인해 무너지더라도 그로 인한 보수 비용은 면해 주겠다."라고 타일렀다.[57] 수재에 대한 최종 책임을 하도총독에게 떠맡기는 방식은 관료계의 기강을 정비하는 측면에서 일시적인 효과를 발휘하기도 했지만, 장기적으로는 하공 관료들의 보신가적(保身家的) 태도와 사재(私財) 축재를 부추기는 요인이 되었다.[58]

심각한 수재가 발생할 때마다 국가 권력이 취하는 또 다른 대응 방식은 피해 지역에 대한 대대적인 세금 감면과 다양한 구호 사업이다.[59] 회·양 지역의 경우, 수재의 정도에 따라 체납된 세금을 감면 혹은 면제해 주거나, 죽창(粥廠)이나 피서처(避署處)와 같은 구호 시설을 개설하기도 했다. 가령 1698년(강희 37년) 수재를 당해 세금 납부가 제대로 이루어지지 않았던 회·양 지역에 대해서 강희제는 1699년에 납부되지 않은 은 19만 냥과 미맥(米麥) 11만 석을 전부 면제해 주었다.[60] 이와 함께 수도로 운송되던 조량의 일부를 재해 지역으로 공급하는 방식도 취해졌다. 강희제는 4차 남순(1703년)으로 남하하던 중 회안 청강포에 정박한 조운선의 미곡으로 수재를 당한 산동 지방의 진제(賑濟)에 전용하게 했다.[61] 1742년(건륭 7년)에는 수재로 인해 물에 잠겼던 가옥의 보수 비용을 국가가 지급하기도 했다.[62]

남순

이 두 방식이 심각한 수재가 발생할 때마다 황제가 즐겨 사용하던 대처 방안이라고 한다면, 강희제는 자신이 직접 수해 현장을 답사하는 방안을 새롭게 추가했다. 물론 군사적인 정복이나 제국 통치의 안정성을 확보하기 위하여 황제가 순행하는 것은 진·한 시대 이래 황제 권력의 전통이었고[63] 한무제(漢武帝) 역시 불사(不死)와 치수를 위하여 서역 원정과 봉선(封禪) 의식을 추진한 바 있었다.[64] 하지만 명초 이래 300여 년이 넘도록 이렇게 장거리의 순행이 관례화된 적은 없었다. 예외라고 한다면 북경 천도가 이루어지는 시기에 영락제가 막북(漠北)으로 친정(親征)을 감행한 것, 그리고 정덕제(正德帝)의 북순 및 남순의 사례가 있을 뿐이다.[65] 따라서 강희제의 남순에 대해서, 진·한 이래 황제 권력의 정치적 유산을 계승하는 측면과 함께 북방 민족 군주로서의 전통이 부활했다는 해석도 가능할 것이다. 어쨌든 회·양 지역에서 발생한 수재 문제를 강희제가 심각하게 받아들이고 있었다는 점에서는 이견이 없을 것이다.

남순이란 황제가 직접 수백 명의 호종(扈從) 인원들을 통솔하여 대운하를 따라 항주까지 왕복했던 시찰 여행이다. 강희제는 61년의 치세 기간 가운데 모두 여섯 차례의 남순을 거행했고, 손자인 건륭제 역시 60년의 치세 기간 중 여섯 차례 남순을 거행했다.([표 19]과 [표 20] 참조[66])

강희제는 삼번의 난(1674~1681년)과 대만의 정씨 세력을 진압한(1683년) 직후인 1684년(강희 23년) 9월에 남순의 첫 발걸음을 떼었다. 이는 서순(西巡), 북순(北巡)과 함께 군사적 정복이 완성된 중국 대륙을 직접 순방하려는 강희제의 거대한 프로젝트의 일환이었다.[67] 불교의 성지인 산서성 오대산(五臺山)을 왕래하는 서순이 1683년 먼저 시행되고 그 이듬해에 수렵 활동을 위해 목란위장(木蘭圍場)을 왕래하는 북순과 남순이 연달아 거행되었다. 박지원을 통해 우리에게 익숙한 열하(熱河)의 피서산장(避暑山莊)에서 북쪽으로 117킬로

(표 19) 강희제의 남순

차수	서력	연호	황제의 나이	기간(음력)	소요일
1차	1684	강희 23년	31	9월 27일~11월 29일	60
2차	1689	강희 28년	36	1월 8일~3월 19일	70
3차	1699	강희 38년	46	2월 3일~5월 17일	102
4차	1703	강희 42년	50	1월 16일~3월 14일	58
5차	1705	강희 44년	52	2월 3일~5월 23일	108
6차	1707	강희 46년	54	1월 22일~5월 22일	117

(표 20) 건륭제의 남순

차수	서력	연호	황제의 나이	기간(음력)	소요일
1차	1751	건륭 16년	41	1월 13일~5월 4일	139
2차	1757	건륭 22년	47	1월 11일~4월 26일	105
3차	1762	건륭 27년	52	1월 12일~5월 4일	113
4차	1765	건륭 30년	55	1월 16일~4월 21일	124
5차	1780	건륭 45년	70	1월 12일~5월 9일	117
6차	1784	건륭 49년	74	1월 21일~4월 23일	121

미터 떨어진 목란위장은 원조의 몽골 황제들이 여름마다 수도인 대도(大都, 오늘날의 북경)를 떠나 방문했던 부도(副都, second capital), 즉 상도(上都)와 인접한 곳에 위치했다. 이후 강희제는 거의 매년 여러 황자(皇子)들과 수천 명에 달하는 문무대신을 대동하여 목란위장을 방문하고 수렵 활동을 통해 말을 타고 활을 쏘는 무위(武威)의 정신을 끊임없이 상기시켰다.[68] 강희제가 남쪽으로 출발할 때에는 동순(東巡)을 목표로 산동 지역까지만 순방하려 했지만, 곧 남순으로 이름을 변경하고 순방 지역 역시 양자강 하류의 강남 지방까지 확대했다.[69]

강희제는 남순을 통해 여러 가지를 기대했다. 왕조 초기 반란을 진압한 이후 '천하통일'을 대내적으로 과시하려는 의도도 있었을 것이지만, 새로 정복한 지역의 민정(民情) 순찰 및 한인 사대부의 중심지인 강남 지역에 대한 회유도 염두에 두었을 것이다.[70] 남순 기간 곡부(曲阜)의 공자묘를 방문하고 남경의 명태조(明太祖) 능묘를 배알한 것은 이러한 목적을 염두에 둔 것이었다.[71]

하지만 다른 방향으로의 순행(동순, 서순, 북순)과 구별되면서도 제일의 목적으로 명시화된 것이 바로 하공에 대한 정비였다. 황제가 왜 앞장서서 물 관리를 위한 여행을 떠난 것일까? 강희제가 염두에 두었던 하천은 무엇이었을까? 이 문제는 이 책의 논지 전개에 대단히 중요한 부분인데, 강희제의 첫 번째 남순과 마지막 남순에서 하달된 상유문을 통해서 확인해 보자.

남순의 목적

1차 남순의 본격적인 순방 업무가 시작된 것은 음력 10월 17일 산동성 담성현(郯城縣)에 도착하면서부터였다. 그날 강희제는 하공 업무를 총괄하고 있는 하도총독 근보를 접견했다.[72] 다음 날 숙천을 방문한 강희제는 근보에게 "황하가 누차 충결(衝決, 제방이 터져 물이 범람함)하여 오랫동안 백성들의 해로움이 되었으니, 짐이 직접 지방에 가서 형세를 살피고 제공(隄工)을 시찰하고 싶었는데, 드디어 오늘 나아가게 되었다."라고 감회를 술회한 후, 본격적인 하공 순시를 시작했다.([그림 34] 참조)[73] 10월 19일에 도원현(桃源縣) 중흥진(衆興鎭)에 도착한 강희제는 한림원장원학사(翰林院掌院學士) 손재풍(孫在豐)을 금룡사대왕묘(金龍四大王廟)에 보내어 하신(河神)에 제사를 지내는 한편, 직접 황하 북안(北岸)의 여러 하공 업무를 순시했다.[74] 당시 강희제는 호종하던 근보에게 "짐은 항상 하무(河務)에 주의를 기울였다."라고 전제하면서, "대저 운도(=대운하)의 근심은 황하에 있"기에 황하가 범람하지 않도록 제방 관리와 준설 업무에 만전을 기할 것을 당부했다.[75] 초반부터 남순의 목적이 황

〔그림 34〕강희 남순도 국부도, 황하를 건너는 강희제

하와 운송로인 대운하의 보수와 관리에 있음을 분명히 한 것이다.

여섯 번째 남순을 마친 강희제가 귀경과 동시에 호부와 이부에 각각 내린 상유는 하공에 대한 황제의 관심사를 보다 구체적으로 보여 준다. 강희제는 이부에 대한 상유를 통하여 지난 남순 과정에서 처리했던 각종 치수 사업을 상기시키면서, 1차 남순 시에 호종하면서 하공에 대한 기본 대책을 마련했던 하도총독 근보를 재평가했다. 앞서 언급했듯이, 근보는 수많은 업적에도 불구하고 1688년(강희 27년) 중하(中河) 개착의 실효성에 대한 조야의 비판을 받아 하직된 바 있었다.[76] 그런데 그로부터 20여 년이 지난 시점에 강희제는 근보가 건립한 중하의 효과를 인정한 것이다.

강희제가 높이 평가한 중하의 효과는 두 가지였다. 첫째는 중하를 통해 조운이 안정화되었다는 것("漕輓安流")이고 둘째는 상인과 백성들에게 도움이 되었다는 것("商民利濟")이었다.[77] 강희제는 1689년의 2차 남순에서 중하를 직접 순시한 직후 하도총독과 조운총독에게 "하도는 조운 및 민생과 밀접한 관계를 맺고 있는 것"이라고 강조하면서, 지형과 수성(水性)을 잘 고려하라고 당부한 바 있었다.[78] 강희제가 남순에서 주목했던 하공의 실체가 황하 치수 그 자체가 아니라 이를 통한 대운하의 정상적인 운행임을 알 수 있는 대목이다.

또한 강희제는 같은 날 호부에 하달하는 상유를 통해서도 "짐이 누차 운하를 순시하며 남순하는데, 경과하는 지방마다 각 성에서 올라오는 조운선을 만났다."면서 곡물 운송에 종사하는 기정(旗丁)에 대한 포상을 지시했다. 대운하를 이용했던 강희제는 장거리 운송 업무("長途輪輓之事")의 고충을 겪고 있는 조운선의 실상을 체득한 후, 그 종사자들을 포상함으로써 "각 방(幫)의 운정(運丁)들이 모두 활발하게 자신의 업무를 수행하고, 불초(不肖)의 무리들이 조량을 빼돌리거나 줄이는 폐단을 점차 방지"하기를 기대했던 것이다.[79] 조운선의 운송업자들이 운송 도중 대운하 연변의 주요 도시에서 조량을 빼돌리는 사례는 이미 명대부터 보고된 일이지만, 왕조 교체 이후에는 기강이 더욱 해이해지는 경향을 보이고 있었으므로 강희제의 조치는 시의적절하다고 볼 수 있다.[80]

1692년(강희 31년)에 하도총독을 교체하면서 강희제가 털어놓은 고충을 들어 보자. "짐이 청정한 이후, 삼번과 하무(河務), 그리고 조운의 세 가지 대사를 궁중의 기둥 위에 적어 놓았다. 하무에서 제대로 된 인물을 얻지 못하면 필히 조운이 그르치게 될 것이다."[81] 집권 초기 강희제가 선결 과제로 꼽은 세 가지가 삼번, 하공, 조운이었으므로, 삼번의 난 진압과 함께 남은 문제는 하공과 조운으로 압축된다. 그런데 하공과 조운은 동전의 양면처럼 밀접하게 관련된 것이므로 강희제는 하도총독 임명을 통해 이 둘을 한꺼번에 해결하고자 했다. 그렇다면 남순 역시 하공과 조운의 문제를 한꺼번에 시찰하면서 그 해결책을 모색할 수 있는 묘수라고 볼 수 있다.

반복되는 이야기지만, 이는 북경의 물자 공급을 담당하는 대운하의 원활한 유지가 회·양 지역 하공 문제와 일체를 이루고 있기 때문이었다. 따라서 강희제는 하공과 조운의 관련성을 정확하게 인식하고 있었던 셈이다. 달리 말하면, 남순에 대한 전체적인 평가는 하공과 조운의 개선 여부에 달려 있었다. 강남 문화의 보호자이자 후원자로서의 군주 이미지를 구축하는 데, 지역 사회의 오랜 난제(難題)인 하공은 대단히 적절한 소재였다. 따라서 고대 군주권이 강화되는 과정에서 각지로부터 보고되는 각종 '서상(瑞祥)의 출현'이 대단히 효과적이었다는 연구에서도 알 수 있듯이,[82] 강희제의 남순에도 '서상'이 어떤 방식으로든 요청되었다.

서상의 출현

그렇다면 남순에서 기대할 수 있는 '서상의 출현'은 어떤 장면일까? 19세기 후반에 활동했던 황균재(黃鈞宰)는 건륭제의 남순을 직접 목도한 회안의 어느 정씨(程氏)의 언급을 인용하면서, 황제가 남순을 통해 기대했던 바를 다음과 같이 기술했다.

먼저 기대하기를, 총독·순무·하도총독·조운총독 등의 대신은 산동에서 (어가를) 영접하고, 포정사와 염운사 등 재부(財賦)와 관련된 관리들은 성대하게 궁을 꾸미고 완상(玩賞)할 장식품을 구비하며 크고 멋진 돌을 운반해 놓고 갖가지 색과 기이한 모양으로 장식을 하게 했다. **경비가 부족하면 염상에게 취하여 제공했다. 도(道)·부(府) 이하의 지방에서는 수로를 정비하고 도로를 포장하고 교량과 성곽을 보수하고 군대 조직을 정비하고 기치를 교체하도록 했다.** 또한 현승(縣丞)과 주부(主簿) 등의 보좌관들에게 도적을 포승하고 궁곤한 자들을 구제함으로써 **태평(太平)이 나타나기를 기대했다.**[83] (강조는 인용자의 것임)

건륭제의 3차 남순(1762년) 이후에 대한 견문 기록이므로 모든 내용을 강희제의 남순에 적용하는 것은 다소 무리일지 모른다. 하지만 건륭제의 남순이 강희제의 남순에 비하여 현저하게 화려해졌다고 해도, 하공과 관련한 남순의 기본 취지와 내용은 계승의 측면이 강했다.[84] 특히 자신의 시대를 '천하 태평'과 '대일통(大一統)'으로 규정하고 과시하고자 하는 강희제의 욕구는 남순을 묘사한 「강희남순도권(康熙帝南巡圖卷)」에 고스란히 담겼고, 이는 건륭제의 십전무공을 과시하기 위해 제작된 「평정서역전도(平定西域戰圖)」와 조공단 행렬을 묘사한 「만국내조도(萬國來朝圖)」로 이어졌다.[85] 치세 기간 동안 강희제는 약 130회의 순행을 실시하고 건륭제는 약 150회의 순행을 실시했다. 이처럼 잦은 '이동성'은 대단히 이례적인 현상으로 다민족 제국을 경영하기 위한 청조의 독특한 의례이자 통치 방식이라고 볼 수 있다.[86] 이처럼 끊임없는 이동성과 이에 담긴 정치적인 지향점에 있어서 강희제와 건륭제는 놀라울 정도로 유사성을 보여 준다.

따라서 위 기록은 강희제가 남순을 하면서 고위 관료와 각 지방관, 그리고 지역 사회에 무엇을 기대했는지에 대한 개괄로 이해해도 좋을 것이다. 오히려 지방 차원에서 거행되는 수로 정비, 도로 포장, 교량 정비 등의 일상 업무가 남순 기간에는 '태평'의 상징으로 기능했다는 지적은, 다음 절에서 언급하듯 순행에 기대되는 '서상의 출현' 및 이에 대한 포상의 상관 관계에 대해서 시사하는 바가 많다. 남순으로 야기된 "경비 부족(經費不足)"을 해결할 수 있는 대안으로 염상이 거론된 것 역시 이 글과 관련하여 의미 있는 지적인데, 그렇다고 모든 염상이 이러한 필요에 부응했던 것은 아닐 것이다. 남순 기간 회·양 지역에 정착했던 휘주 상인의 존재 양태, 특히 하공과 관련한 기여도가 주목되는 이유가 바로 여기에 있다.

3 강희 남순과 휘주 상인의 대응

남순을 주도했던 강희제의 주요 관심이 회·양 지역의 치수와 대운하에 있었으므로 실제 남순을 앞두고 하공 및 조운 관원들과 지방관, 그리고 회·양 지역민이 부담해야 할 각종 부담 역시 급증했다. 하도총독은 순행 행렬이 이용해야 할 대운하를 정비하기 위해 수로 재정비와 홍수 대비 방안을 마련해야 했고, 조운총독은 각 지역에서 징발한 조량 운송을 순조롭게 진행해야 했으며, 지방관 역시 여러 차례의 수재로 인해 고통받았던 회·양 지역이 빠르게 회복되고 있음을 보여 주어야 했다. 또한 강남 지역에 파견된 세 명의 직조(織造: 남경, 소주, 항주에 파견된 어용 직물 생산 공장의 책임자)는 황제의 특사로서 남순에 필요한 숙소와 여흥 마련 등의 세부적인 준비를 감당해야 했다.[87] 전체적으로 회·양 지역과 관련한 관료들이 황제의 남순 소식을 접하고 체감했을 행정적 부담감은 이만저만한 것이 아니었다.([지도 15] 참조)

재원 마련의 어려움

하공과 관련하여 필요한 준비 사항은 여러 가지가 있겠지만, 원활한 물자와 인력 공급을 위해서 재원 마련보다 시급한 과제는 없었다. 간단하게 보이

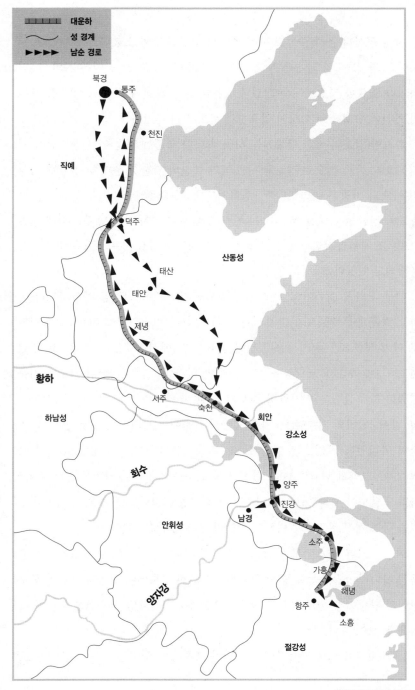

[지도 15] 남순 경로

는 제방 공사나 운하 준설도 수만 냥에서 수십만 냥이 소요되기 일쑤였다. 심지어 강희제가 6차 남순을 통해 심사했던 유회투(溜淮套) 공정은 거의 140만 냥이나 필요한 것으로 추산되었다.[88] 청대 하공 관련 주요 지출 내역을 보면한 안건에 수백만 냥 이상이 필요했던 것도 적지 않았다.[89]

하지만 청조의 예산 항목에는 하공에 대한 충분한 지급 여유분이 남아 있지 않았다. 통상적으로 명·청 시대 국가 예산의 지출 가운데 하공 관련 경상비 지출의 비중은 미미했다.[90]『청회전사례(淸會典事例)』에 기록된 1730년(옹정 8년) 강남성에 대한 하고(河庫) 전량(錢糧)은 총액이 67만 냥에 지나지 않았으며, 그 재원마저도 기존의 염운사나 전토의 전량으로부터 차용한 것으로 충당되고 있었다.[91]

더구나 강희 초반기의 청조는 앞서 언급했던 각종 반란을 진압하느라 국가 재정을 총동원해도 여의치 않은 상황이었다. 어느 연구에 따르면, '삼번의 난'이 발생한 8년 동안 사용된 전비는 최소 1억에서 1억 5000만 냥으로 추정하고(1년에 약 2000만 냥씩 소요) 1차 대만 원정에는 약 400만 냥 정도가 지출되었다고 추산했다.[92] 청말의 경세가 위원(魏源, 1794~1857년)이 지적했듯이, 당시 "천하의 재부(財賦) 가운데 반이 삼번에 소모되었다는 것"은 결코 과장이 아니었다.[93] 청조는 부세(賦稅)·관세·염세에 대한 예징(豫徵)이나 가징(加徵), 그리고 연납(捐納)의 활성화 등을 통해서 부족한 전비를 충당했다.[94] 따라서 남순이 시작되는 1684년 이전에 회·양 지역의 하공을 위해 사용될 수 있는 국가 재정은 필요에 비하여 턱없이 부족한 수준이었다.

회·양 지역 하공 업무의 막중함과 반비례하는 열악한 재정 상황은 하도총독뿐 아니라 조운총독에게도 동일했다. 이러한 상황에서 하공과 관련한 휘주상인의 활동이 빛을 발하기 시작했다. 1절에서 언급했던 정조선은 이러한 특징을 잘 보여 준다.

1666년(강희 5년) 고가언이 붕괴되자 조운총독 임기룡은 운하 준설을 도모하는 한편 제방과 갑문 등의 배수로를 정비하여 조운에 차질이 생기지 않도록 동분서주했다.[95] 당시 범람한 물에 고립된 수재민들을 구조하기 위하여, 한 승려가 원근 각처에서 선박을 고모(顧募)하여 구조 작업에 참여했다. 승려가 수재민의 구조 활동을 주도했던 이유가 종교적인 차원의 선행인지, 아니면 자신이 조운총독의 '공객(公客)'[96]이었기 때문인지는 정확히 알 수 없다. 명·청 시대 사대부 계층에서 승려를 좋게 평가하지 않았지만,[97] 그들은 종교를 매개로 고위 관료부터 부녀자에 이르기까지 모든 계층의 사람들과 교제권을 쉽게 형성할 수 있었다. 이러한 교제권을 기반으로 승려가 사회적으로 다양한 역할을 수행했음을 상기할 때,[98] 조운총독과의 관계가 승려에게 영향을 미쳤을 가능성을 배제하기 어렵다.

여하튼 승려가 재원이 부족하여 구조 활동에 어려움을 겪고 있을 때, 정조선이 사재 3000냥을 기부했다. 그 결과 많은 수재민들이 살아났지만 정조선에게는 다른 측면으로의 성과가 있었다. 즉 "조운총독은 이전에 군(君, 정조선)과의 친밀한 교제("契交")가 미흡했다고 여겼는데, 승려의 보고를 듣자 크게 놀라 예를 갖추어 접견한 후 평생을 친밀하게 지냈다."[99] 수재 의연금을 통해 정조선은 조운총독과 돈독한 관계를 형성할 수 있었던 것이다. 정조선이 사재를 출연했다는 사실 자체도 중요하지만, 그것이 회·양 지역의 수재 복구 작업으로 절박한 상황에 놓였던 조운총독의 필요와 절묘하게 맞아떨어진 점에 주목할 필요가 있다. 고위 관료, 그것도 회안에서 조운총독과의 관계 형성은 정씨 가문의 위상 제고 및 지역 사회에서의 영향력 증대로 이어지는 초석이 되었음에 틀림없다.[100]

2차 남순에서의 첫 만남

강희제와 휘주 상인의 첫 번째 만남은 강희제의 2차 남순(1689년)에서 이루어졌다. 계기가 되었던 것은 관장하(串場河)의 준설 문제였다.[101] 관장하의 우편에는 해조의 영향을 차단하는 범공제가 있다.([지도 9] 참조) 관장하의 기능은 두 가지였다. 하나는 염장에서 생산된 소금을 운송하는 유통로의 기능이고, 다른 하나는 회·양 지역으로 유입된 황하·회하의 물을 바다로 연결하는 '해구(海口)'로서의 기능이다.[102] 염성현(鹽城縣)에 위치한 천비갑(天妃閘), 초언갑(草堰閘), 정계갑(丁溪閘) 등의 해구가 모두 관장하와 연결되어 있었다. 관장하에 대한 준설 작업이 성공적으로 이루어져야 회·양 지역의 배수가 원활하게 유지될 수 있었다.

관장하의 수문학적(水文學的) 중요성은 이미 5년 전, 1차 남순(1684년) 때부터 지적되었다. 당시 고우주를 통과하던 강희제는 배에서 내려 직접 수재를 당한 지역의 기로(耆老), 수재(秀才) 등 대표자들을 접견했다. 그들은 "해구가 막힌 이후로 이 지역으로 흘러온 물이 빠질 길이 없어졌으니, 지난 20년 간 전토는 이미 거대한 침수 지역이 되었"다면서 수재의 근본 원인이 해구의 옹색(壅塞) 때문이라고 딱한 사정을 하소연했다.[103] 황제에게 지역 사회의 이해를 대변하고 있는 신사의 전형적인 모습이지만, 정작 그들은 이 문제를 해결할 만한 능력, 즉 재력 조달 능력이 충분치 않았다. 강희제는 회·양 지역의 배수로인 해구와 입수로의 제방 시설을 정비하라는 원론적인 명령을 하도총독에게 하달했다.[104]

1차 남순에서 관장하 준설에 대한 황제의 명령이 하달되었으나, 2차 남순이 이루어질 때까지 가시적인 성과는 없었다. 중간에 한림원장원학사에서 공부시랑으로 자리를 옮긴 손재풍이 파견되었지만 재정이 지나치게 많이 소모된다는 이유로 공사를 중단했다.[105] 2차 남순이 발표되던 시점에 회·양 지역의 하공 문제를 실질적으로 담당하던 관리는 하도총독 왕신명(王新命, 1688~1691년 재임)과 호부시랑 개음포(開音布)[106]였다. 양자는 각각 대운하 서편인 상하(上河)와 동편인 하하(下河) 지역을 분담하고 있었다. 개음포는 부임 직후인 1688년(강희 27년) 12월 19일에 올린 상소문을 통하여, 관장하에 대한 대대적인 준설의 필요성을 역설하여 황제의 허락을 받았다.[107] 이듬해인 1689년 정월 8일, 2차 남순이 시작되었으므로, 이것은 황제가 다시 이 지역을 순시하기 18일 전에 보고된 상주문이었다. 황제의 두 번째 남순을 앞두고 관장하가 포함된 지역의 하공을 책임졌던 개음포로서는 무엇인가 노력하고 있다는 가시적인 표현이 필요했던 것이다.

문제는 관장하 공정의 규모가 너무 커서 재원 마련이 쉽지 않았다는 점이다. 강희제의 거듭된 관심 표명에도 불구하고 2차 남순 직전까지 그럴듯한 성과가 나타나지 않았던 것 역시 재원 마련의 어려움 때문이었다. 개음포 역시 관장하 준설에 필요한 노동력의 문제가 만만치 않음을 인식하고 있었다. 그래서 회·양 지역의 11개 주·현에서 2만 명이 넘지 않는 인력 징발을 할당하되 15명의 전문 하공 관료를 선임하여 방만한 인력 낭비를 경계하려 했다.[108]

당시 구체적인 실무를 처리하기 위해 어사 갈살리(噶薩里)가 파견되었고, 개음포는 재정 문제에 있어 갈살리의 의견을 중용했다. 갈살리는 관장하 공정에 적어도 수십만 냥이 필요할 것으로 추정하고 염상에게 재정 부담을 지우는 방안을 제안했다. 관장하를 주로 이용하는 사람들은 소금을 운송하는 염상들이기 때문에, 염상들이 취급하는 염인의 다과에 따라 공사 부담금을 할당시키자는 것이 그의 주장이었다.[109] 결과 관장하 준설에 필요한 최소 수십만 냥의 재원을 회·양 지역의 염상에게 할당시키되, 업계 서열에 따라서 차등 분담시키는 쪽으로 결정되었다.

염상들에게서 불만의 목소리가 터져 나온 것은 당연했고, 하공의 부담이 많았던 총상들이 여론을 주도했다.[110] 하지만 총상의 대응은 간단한 문제가 아니었다. 재정적 부담이 많다는 이유로 무작정 거부할 수도 없었지만, 그렇다고 억지로 떠맡기에는 지나치게 부담스러운 공정이었다. 이 안건이 호부시랑을 통해서 제기된 것이지만, 그 배후에는 회·양 지역의 수재 문제를 해결하고 남순에서 이를 목도하려는 강희제의 강한 의지가 담겨 있었기 때문이다.

이러한 상황에서 해결의 실마리를 연 상인은 휘주 출신의 정국명(程國明)이었다. 그는 부친 정중태(程仲台)를 이어 2대째 염업에 종사하는 염상으로, 흡현 남시(南市) 정씨였다.[111] 그는 1688년(강희 27년) 관장하에 대한 준설 명령이 떨어지자, 개인적인 차원에서 이 문제를 대처하지 않고 같은 흡현 출신 상인인 황가순(黃家珣)과 대처 방안을 논의했다. 그들은 염상들 스스로 해결할 수 있는 문제가 아니라는 결론에 도달했다.[112] 이에 책임 있는 관료들의 선처를 구하기 위해 염운사인 최화(崔華)와 순염어사인 도식옥(陶式玉), 그리고 하도총독 왕신명에게까지 찾아가 사정을 호소했다. 하지만 냉담한 반응만이 되돌아올 뿐이었다. 강희제의 2차 남순을 앞두고 염상들의 처지를 대변해 줄 '희생적인' 관료를 기대하는 것은 불가능한 일이나 다름없었다.

결국 정국명은 여러 상인들과 의견을 모아 남순 기간에 이 문제를 정면 돌파하기로 결정했다. 우선 그들은 강희제가 회안에 도착하는 1월 25일, 상소를 올려 자신들의 어려운 처지를 호소했다. 이 상소문에는 대표자 42인의 명단이 포함되어 있다. 단 상인들의 본명이 아니라 상호명인 '화명'을 사용하기에 정확한 인물을 판정하기는 쉽지 않다. 이 가운데 다수를 차지하고 있는 성씨가 오씨(9인), 정씨(程氏, 5인), 왕씨(汪氏, 4인)로, 모두 휘주 상인의 대표적인 성씨이다.[113] 5명의 정씨 가운데 이름이 명확하게 확인되는 인물은 정국명과 잠산도 정씨인 정지영(1627~1693년, 화명은 겸육(謙六))이다. 항씨, 고씨, 교씨는 이 지역에서 활동하는 산서 상인들의 대표적인 성씨이고, 원씨는 섬서 상인들의 대표 성씨이다. 이에 따라 정리한 것이 [표 21]이다. 놀라운 사실은 그들이 사흘 뒤인 1월 28일 양주 성곽의 남쪽에 위치한 수유만의 행궁에 정박한 남순 행렬을 직접 맞이했다는 것이다. 상인들은 강희제의 얼굴을 '지척(咫尺)'에서 바라보며 황제의 음성을 직접 들을 수 있는 영광을 누렸다.[114]

[표 21] 강희제의 2차 남순 당시 상소를 올린 염상의 성씨와 관적(貫籍)

성씨	명단	관적(추정)
吳(9)	오가태(吳嘉泰), 오돈후(吳敦厚), 오동대(吳東大), 오롱(吳瓏), 오유경(吳有慶), 오윤달(吳允達), 오윤무(吳允茂), 오윤화(吳允和), 오주덕(吳周德)	휘주
程(5)	정각(程寉), 정겸육(程謙六), 정오기(程五基), 정윤순(程允順), 정준원(程浚遠)	휘주
汪(4)	왕덕목(汪德睦), 왕일초(汪日初), 왕준원(汪浚源), 왕진원(汪振遠)	휘주
黃(3)	황소(黃韶), 황정원(黃貞元), 황지선(黃至善)	휘주
亢(3)	항순길(亢順吉), 항시진(亢時震), 항우창(亢遇昌)	산서
許(2)	허덕화(許德和), 허유덕(許裕德)	휘주
員(2)	원광유(員光裕), 원정유(員貞裕)	섬서
張(2)	장대안(張大安), 장세흥(張世興)	미상
高(1), 喬(1)	고춘항(高春恒), 교조경(喬兆慶)	산서
巴(1), 項(1)	파공무(巴公茂), 항정옥(項鼎玉)	휘주
기타(10)	강공선(康公善), 방홍덕(方弘德), 서지화(舒志和), 소광제(蘇廣濟), 신홍업(申弘業), 양보원(楊寶元), 왕기서(王旣庶), 이윤순(李允順)	

더욱 놀라운 것은, 자칫 무례하게 느껴질 수 있을 염상들의 요구에 대한 강희제의 반응이다. 양주에서 염상들을 접견한 강희제는 2월 14일 항주를 순시하면서 호종하던 시랑 서정새(徐廷璽)와 순무 우성룡(于成龍)에게 관장하에 대한 실태를 재조사하도록 명령했다.[115] 그로부터 약 보름 후에 강희제는 본래 200리에 달하던 관장하 준설 공정을 38리로 축소해 주었다.[116] 상인 측에서는 흡현 출신의 왕전(汪銓)이 대표가 되어 준설 업무에 참여했다.[117] 공사 부담이 80퍼센트 가까이 줄어든 상인들이 황제의 '은총'에 감격하며 양자강을 넘어 양주로 진입하는 황제 행렬을 환호하며 맞이했음은 불문가지

의 일이다.[118]

강희제는 왜 염상들의 요구를 들어주었을까? 첫째로 주목되는 것은 염상들이 제시했던 요구의 근거다. 그들은 무작정 부담을 경감시켜 달라고 조르지 않았다. 염상들이 공동으로 올린 상소문에는, ① 당시 회·양 지역 염상들의 경제적인 상황이 청초 이래 그다지 좋지 못했다는 사실, ② 그런데도 1656년(순치 13년) 이래로 염과가 증액되었다는 점, 그리고 ③ '삼번의 난'이 한창이던 1677년(강희 16년) 군향 조달을 위해 추가 염과를 성실하게 납부했음을 강조했다. 특히 ③의 경우는 소금 1인(引)당 25근(斤)의 소금(약 2전 5푼의 세량에 해당)을 추가함으로써 1년에 16~17만 냥을 더 납부했다는 것인데, 이는 양절·장노·하동(河東) 등 다른 염장과 비교할 수 없을 정도로 많은 액수라고 주장했다.[119]

둘째로 청조의 변화된 상인 정책을 꼽을 수 있다. 무너진 명조를 대신했던 청조의 당면 과제는 새로운 통치에 대한 정치적 정당성과 함께 이를 유지할 수 있는 재정적인 기반을 마련하는 것이었다. 이를 위해 재원 확보의 원천이라 할 수 있는 상인층에 대한 '적절한' 대책 마련이 필요했다. 즉 당장 징수할 수 있는 '과액(課額)'의 증가뿐 아니라 근본적인 '과원(課源)'의 건실화에도 관심을 기울여야 했다. 염상의 성장과 협력 기반을 마련한다는 취지의 "휼상유과(恤商裕課: 상인을 궁휼히 여기면서 염과를 넉넉하게 거둔다.)" 정책이 추진된 배경이 바로 여기에 있다.[120] 양주 염상들을 잘 키워 주어야 장기적인 안목에서 세금을 더 안정적으로 거둘 수 있었다. 강희제는 이 정책을 가장 적극적으로 추진한 황제였으므로, 남순 기간 하공의 정비와 염상에 대한 배려 사이에서 '적절한' 타협점을 비교적 쉽게 찾았던 것이다.[121]

정증

잠산도 정씨 가운데 강희제의 남순과 관련하여 가장 인상적인 활동을 보인 인물은 정조선의 조카 정증(程增, 1644~1710년)이다. 정증의 부친은 정조빙(程朝聘, 1614~1670년)이고 앞서 언급했던 정필충이 그의 조부이고 정조선은 작은아버지다. 『염법지』의 기록에 따르면, "부친 정조빙은 염업에 종사했으며 아들 정증은 독서를 좋아했는데, 하공·조운·염정에 대한 여러 업무에 대한 이해와 방도의 모색을 마치 손바닥을 가리키는 것처럼 손쉽게 해냈다."[122]고 한다. 그가 손바닥을 가리키는 것처럼 통달했던 하공, 조운, 염정은 삼대정으로, 회·양 지역 사회의 현안이었음은 앞서 지적했다.

이러한 정증의 감각과 능력이 어디에서 말미암았는지 대해서는 별다른 단서가 없다. 상인이지만 독서를 좋아했다는 그의 습관과 관련하여 삼대정에 대한 각종 정서(政書)에 통달했을 가능성을 생각해 볼 수 있다. 또한 3대에 걸쳐 회·양 지역에서 활동하면서 축적했던 각종 경험, 그리고 작은아버지 정조선을 비롯하여 종족 내 총상들이 삼대정 관련 고위 관료들과 형성해 놓은 각종 교제망의 역할도 간과할 수 없다. 무엇보다 정증은 가업을 이어 회·양 지역에 광범위한 영향력을 지닌 총상이었다.[123]

3차 남순과 망도하 준설

이러한 배경과 실력을 갖춘 정증은 1699년에 3차 남순을 마친 강희제가 하도총독에게 지시한 망도하(芒稻河) 준설에 필요한 재원을 마련했다.[124] 길이가 약 10킬로미터(18리)에 달하는 망도하는 회·양 운하의 수량을 조절하는 핵심적인 운하였다.([지도 12]와 [그림 39] 참조)[125] 망도하가 막힐 경우 양주를 왕래하는 조운선뿐 아니라 염운선의 운행에 큰 차질을 빚었으며, 경우에 따라서 하하(下河) 지역의 범람으로 이어지기도 했다.[126] 당시 제 기능을 수행하지

〔그림 35〕 청말 황하 하공 공정에 동원된 군인과 노동자

못하던 망도하를 비롯한 양주 주변 운하로 인하여 일시적이나마 대운하 대신 해로를 이용하자는 논의까지 나올 정도였으므로,[127] 강희제는 망도하 준설의 성과에 대하여 조급할 수밖에 없었다. 당시 강희제의 마음은 1700년(강희 39년) 과거 시험의 마지막 관문인 전시에 출제한 책제(策題)에 고스란히 담겨 나왔다.

어떻게 하면 치수를 담당하는 상하 관리들로 하여금 성심성의껏 준설과 제 방 축조 등과 같은 임무를 수행하게 함으로써, 이른 시기에 (하공을) 완성하고, 그로 인하여 조운을 원활히 하여 백성들의 삶에 있어서 안정을 도모하고, 나아가 나의 깊은 심려를 없앨 수 있겠는가?[128]

마치 남순 과정에서 황하와 대운하를 바라보며 품게 된 황제의 고민을 고백하는 듯한데, 황제는 이를 통해 각지에서 온 재사(才士)들의 지혜를 구하고 관료들에게 국정의 현안을 주지시켰다. 같은 해 3월 하도총독을 장붕핵으로 교체한 것도 같은 맥락에서 이해가 가능하다.

장붕핵은 하도총독에 즉위하자마자 망도하의 준설에 힘을 기울였고, 이듬해인 1701년 5월에 공사를 마무리했다.[129]([그림 35] 참조) 당시 장붕핵은 망도하 공정에 3만 5000냥이 소요되었다는 내용을 보고했지만, 그 재원을 어디서 마련했는지는 언급하지 않았다. 하지만 그로부터 19년 후인 1720년(강희 59년)의 기록을 통해 1701년의 하공 비용은 상인들의 출연, 즉 "상연(商捐)"으로 충당되었음을 알 수 있다.[130] 옹정 연간 하도총독을 역임했던 계증균(稽曾筠)도 망도하 준설에 필요한 재원 마련뿐 아니라 그 수축과 관리까지 상인에게 위임되었음을 지적했다.[131]

따라서 장붕핵이 망도하 준설을 책임지고 진행할 때도, 정증은 재원을 마련하는 데 앞장섰을 뿐 아니라 실제 공정에도 참여했음에 틀림없다.[132] 이러한 재정 지원이 망도하 준설에 대한 압박을 받고 있던 하도총독에게는 물론 그 성과에 조급했던 강희제에게 어떤 의미로 다가왔는지는 이후 정증에게 이루어진 '파격적인' 보상을 통해서 그 단면을 파악할 수 있다.

'파격적인' 보상의 배후

정증에 대한 강희제의 보상은 5차 남순(1705년)에서 이루어졌다. 상경하는 과정에서 양주에 머무른 강희제는 정증을 행궁으로 초대하여, "정로(旌勞: 노고를 위로하고 표창한다.)"라고 쓴 어서(御書)를 하사하고 중서사인(中書舍人)

의 직함을 제수했다. 당시 기록을 보면 5차 남순에서 강희제는 이전과 비할 수 없을 정도로 많은 어서와 편액을 수여하지만, 주된 대상은 고위 관료나 유명한 사묘(祠廟)에 국한되어 있었다. 그러므로 상인으로서는 유일하게 정증이 수여받았던 편액과 직함은 그야말로 '파격적인' 격려라고 해도 과언이 아니다. 황제의 편액을 통하여 정증은 자신과 가문의 명예를 지역 사회에 드높였을 뿐 아니라, 종7품함인 중서사인을 제수받음으로써 관료와 대면하여 지역 사회의 각종 현안을 논의할 수 있는 신사 자격을 확보했기 때문이다.[133] 수많은 상인들이 선망하던 최고의 엘리트 자리에 정증이 올라섰음이 내외적으로 자명해지는 순간이었다.

그런데 이처럼 '파격적인' 보상이 이루어진 배경에 하공 외에도 정증의 다른 역할이 있었음에 주목할 필요가 있다. 그것은 정증이 양주에서의 연회 준비를 총괄했다는 사실이다. 양주에서의 연회 일체를 상인이 주관했다는 사실은 여섯 차례의 강희 남순 가운데서도 대단히 이례적인 일이었다. 연회에는 보통 화려한 음식과 함께 희극 공연이 제공되었으며, 순행로에는 아름다운 정자나 패방(牌坊)이 건립되고 각종 공연이 준비되었다.[134] 공식적인 순행 인원이 대략 300명 전후였으며 각 지역마다 인근 100리 이내의 관리들이 호종하기 위해 몰려들었으므로,[135] 실제 순행 인원은 그 이상이었을 것이다. 이렇게 많은 고급 인력에 대한 접대 준비가 순조롭게 이루어지기 위해서는 재정적인 뒷받침도 중요했지만, 무엇보다 지역 사회의 각종 지원을 이끌어낼 수 있는 지도력과 관료들과의 밀접한 신뢰 관계가 필수적이었다.

정증은 조인(曹寅, 1658~1712년)과 밀접한 관계를 유지하며 양주에서의 연회를 준비했다. 강녕직조(江寧織造) 조인은 1704년(강희 43년)부터 순염어사의 직무를 맡아 회·양 지역에서 영향력이 막강했다.[136] 16세에 강희제의 어전시위(御前侍衛)로 자금성에 입성한 조인은 어린 강희제와 함께 독서했던 경험이 있어 강희제의 취향을 잘 가늠했다. 강희제가 5차 남순을 할 때는 양회 순염어사로 접대의 일체 업무를 총괄했으며, 강희제의 6차 남순 시에는 『전당시(全唐詩)』를 간행하여 헌정했다. 조인의 손자는 소설『홍루몽』의 저자인 조설근(曹雪芹)이다.[137]

막강한 자본력에 문화적 소양까지 겸비한 염상 대표들이 조인과 협력하여 준비한 연회는 강희제에게 깊은 인상을 심어 주기에 충분했다. 4차 남순을 앞두고 염상들이 '자발적으로' 고민사에 화려한 행궁을 건립했던 것은 앞서 언급한 바와 같다. 항주, 소주, 남경에서는 "관원과 신사(官員·紳衿)"가 황제의 체류 연기를 간청했던 것에 비해 양주는 "상인과 백성(商·民)"이 그러한 간청을 했다는 기록이 『청실록』에 남아 있다. 이 기록은 양주에서 상인들의 위상이 얼마나 높아졌는지를 보여 준다.[138] 5일 동안의 양주 체류를 마치고 고우로 출발한 강희제가 강녕직조 조인과 소주직조(蘇州織造) 이후(李煦, 1655~1729년)에게 그 노고를 치하하면서 관직을 사여한 것 역시 양주에서의 연회와 접대에 강희제가 크게 만족했음을 보여 준다.[139] 그래서 5차 남순에서 발생한 정증에 대한 '파격적인' 사여는, 4년 전 망도하 하공에 대한 공로와 남순의 연회 준비에 대한 공로가 만들어 낸 합작품이라고 평가할 만하다.

강희제와의 만남 그 이후

정증과 강희제의 만남 이후, 회·양 지역에서 잠산도 정씨 가문의 사회적 위상은 한층 올라가고 그 역할도 커졌다. 먼저 경제적인 분야를 보면, 2년 뒤인 1707년에 정증이 염운에서 '특혜'를 얻어 냈다.[140] 당시 양회 염정을 감독하고 있던 소주 직조 이후가 정증과 항정옥(項鼎玉) 등 30여 명의 총상에게 다른 상인들이 담당하던 식염(食鹽)의 판매권을 맡기자고 주청하여 강희제의 허락을 얻어 냈다.[141] 당시 특정 상인들에게 너무 많은 '특혜'가 집중되었으므로 호부에서는 반대했으나, 황제의 굳은 의지를 되돌리기에는 역부족이었다.

사회 계층적인 측면을 보면, 정증의 자식들이 대부분 관직을 역임했다는 점도 특기할 만하다. 첫째 아들 정란(程鑾, 1666~1727년)은 절강성의 금구엄도(金衢嚴道: 金華·衢州·嚴州 3부의 道臺)를, 둘째 아들 정진기(程振箕)는 원외랑을, 셋째 아들 정음은 형부낭중(刑部郎中)을, 그리고 막내 정종은 연납을 통하여 지현이 되었다.[142] 이 가운데 정음이 원매가 언급한 회·양 지역의 대표적인 네 시인 가운데 하나였음은 이 장 서두에서 언급한 바와 같다.

각종 공익사업에 대한 정씨 가문의 참여도 확대되었다. 정증의 넷째 아들 정종이 1742년(건륭 7년)에 회안 육영당에 운영 자금을 지원했음은 앞서 언급했다. 이외에도 정종은 1744년(건륭 9년)에 회안 보제당(普濟堂)을 건립하고 1747년(건륭 12년)에 회안 일대에 수해가 발생할 때는 염정·조운·하공 관료가 주도하는 서류소(棲流所) 건립에 동참했다. 서류소란 집을 잃은 수재민들을 위한 구호 시설로, 정종은 '동지(同志)'들을 규합하여 돈을 모으고 운영을 주도하여 10만여 명의 수재민이 도움을 받을 수 있었다고 한다.[143] 이러한 공익 사회에 대한 공로를 인정받은 정종은 건륭제로부터 '의돈임휼(誼敦任恤: 정의가 돈독하여 진심으로 다른 사람을 돕는다.)'이라고 쓴 어서를 하사 받을 수 있었다.[144] 비슷한 시기에 활동한 정가정(程可正)은 건륭제가 사천의 대금천(大金川)을 공격할 때(1747~1749년) 군향 조달을 주도했을 뿐 아니라 1752년(건륭 17년)에는 과주의 육영당 건립에 필요한 1200냥을 마련해 주었다.[145]

이 모든 분야에서 확인할 수 있는 잠산도 정씨 가문의 번성은 강희제의 남순을 통해서 그 계기가 마련되었다. 이는 명말 이래 회·양 지역에 진출했던 정씨 가문이 지역 사회의 현안인 하공 문제에 민감하게 반응한 결과이기도 했다. 강희제의 남순을 계기로 잠산도 정씨는 단순히 재력이 풍부한 상인에서 지역 사회의 각종 현안을 처리하는 지역 엘리트로 성장했다. 그리고 그 위상과 역할은 강희제를 계승하여 여섯 차례의 남순을 이어 갔던 건륭제의 치세까지 이어졌다.[146] 건륭제의 마지막 남순이 마무리되는 1784년(건륭 49년)

까지 휘주 상인은 남순을 계기로 황제가 필요로 하는 각종 기부를 아끼지 않았으며, 황제 역시 다양한 방식으로 상인들을 격려하는 등, 황제와 휘주 상인 사이의 유착 관계는 심화되어 갔다. (이 책 6장 4절의 [표 16] 참조) 황제의 남순을 계기로 종족의 사회적 위상을 제고시키는 것이 휘주 흡현 출신 상인의 특징으로 각인되었던 것도 이 때문이다.[147] 이러한 위상 변화는 지역 사회의 필요를 인식하고 대응 전략을 발 빠르게 마련했던 잠산도 정씨의 남다른 역할에서 말미암는 것이라고 보아도 과언이 아닐 것이다.

8장 수신 사묘와 휘주 상인

거대한 규모의 하천이나 운하가 불안해지는 주된 요인이 끊임없는 자연재해와 이에 대처하지 못하는 치수 능력의 한계라고 한다면, 이의 근본 해결 방안을 기대하는 것은 전근대 중국에서 사실상 불가능하다. 하지만 불가항력적인 자연재해를 만날수록 초자연적인 힘에 의지하려는 인간의 의지와 제사의 정성은 더욱 빛을 발하기 마련이다.

신령에 제사 올리는 사람들이 중요하게 여긴 것은 결과가 아니라 태도였다. 오래전 순자(荀子)는 제사의 속성을 다음과 같이 간파했다.

> 기우제를 지내면 비가 오는데 그 이유는 무엇인가? 아무 이유도 없다. 기우제를 지내지 않아도 비가 오는 경우와 마찬가지다. 일식과 월식이 있으면 그것을 구제하는 의식을 행하고, 날씨가 가물면 기우제를 지내고, 거북점과 시초점을 친 연후에 대사를 결정한다. 이것은 효력을 얻기 위해서가 아니라 단지 형식을 갖추는 것일 뿐이다. 그러므로 군자는 (제사를) 형식의 일(文)로 여기고 백성은 신령의 일(神)로 여긴다. 형식의 일로 여기면 길(吉)하지만 신령의 일로 여기면 흉(凶)하다.[1]

기우제란 가뭄이 극에 달한 상황에서 나오는 자연스러운 반응이었다. 그러므로 제사의 형식을 통해 제사하는 사람들의 입장을 파악하는 것은 어려운 일이 아니다. 마찬가지로 대운하 연변에 위치한 각종 종교 시설은 대운하에 의지하여 살아가는 사람들의 삶의 정황을 잘 보여준다.

이 책에서 중국의 종교 시설을 사묘(祠廟)라고 통칭한다. 특정 사묘에 대한 신앙은 민간의 필요에 따라 생(生)과 멸(滅)을 반복한다.[2] 하지만 민간에서 발생하고 유포되는 민간 신앙이 어느 정도 이상의 규모와 사회적인 영향력을 갖추면 공권력의 간섭을 피할 수 없다.[3] 물론 국가 권력이 민간 신앙을 무조건 억압하거나 통제하려고만 한 것은 아니었다. 민간 신앙이 공권력의 권위 유지와 질서 유지에 큰 장애가 되지 않는 이상, 종교 활동을 묵인하거나 오히려 '적절하게' 이용하는 것이 전통 시대 국가 권력의 '기술(art)'이자 기본적인 태도였다.[4] 더 나아가 필요에 따라 국가 권력이 특정 민간 신앙을 적극적으로 현창(顯彰)했던 사례도 얼마든지 찾을 수 있다.

그렇다면 대운하와 관련된 사묘로는 무엇이 있으며, 이에 대한 국가의 입장은 어떠했을까? 회·양 지역의 지방지를 살펴보면, 무엇보다 수신(水神) 사묘가 눈에 띈다. 대운하가 물과 관련된 운송로이므로 수신이야말로 대운하와 어울리는 신앙 대상임에 틀림없다. 그중에서 상인들의 개입이 뚜렷하게 확인되는 사묘는 천비궁과 금룡사대왕묘다. 대운하를 이용하는 상인들과 지역 사회는 수신 사묘를 어떻게 인식하고 또 어떻게 활용했을까? 8장에서는 이러한 문제의식을 가지고 수신 사묘에 대한 휘주 상인의 개입 과정과 그 의미를 밝혀 보고자 한다.

다만 지역 범위는 양자강을 사이에 두고 양주와 마주하는 진강까지 포함했다. 대운하를 통해 회·양 지역과 진강은 하나의 교역권을 형성하고 있으며 양주에서 활동하는 휘주 상인 역시 양자강 너머의 진강에 왕래하는 일이 많았기 때문이다.

1 운하 도시의 수신 사묘

수로를 이용한 장거리 유통업이 증가하면서 안전한 수운을 희구하는 객상들의 바람이 수신 제사와 사묘 건축의 증가로 이어졌다. 수신(水神)이란 강우나 치수를 기원하는 대상 혹은 수운과 관련한 신령이다. 용왕묘(龍王廟)나 하신묘(河神廟)처럼 초자연적인 신성을 지닌 '자연신(自然神)'을 비롯하여 금룡사대왕묘, 천비궁(혹은 천비묘), 안공묘(晏公廟)와 같이 신성화되었던 '인격신(人格神)'까지 수신에 포함한다. 다양한 이름을 가지고 있는 강신(江神), 해신(海神), 호신(湖神)도 수신에 포함할 수 있다.[5] 특히 대운하 연변의 도시에는 운하를 이용자들과 운송업자들이 참배하는 수신 사묘가 많았다.

수신 사묘의 기능

수신 사묘의 기능을 파악하기 위해 소설『금병매』에 등장하는 안공묘에 대한 이야기부터 살펴보자. 안공묘는 임청 선착장으로부터 약 70리 떨어진 대운하 연변에 위치하고 있었다. 안공묘를 방문한 진경제(陳經濟, 서문경의 사위)는 "무수하게 많은 선박이 운하에 정박"해 있는 장관을 목격하면서 사묘 안으로 입장했다. 안공묘을 참배하는 이들은 목적이 뚜렷했다. "조정에서 운하를 새로 개설할 때 임청에 갑문 둘을 설치하여 수리를 조절했다. 이에 관선이나 민선을 막론하고 선박이 갑문에 이르면 모두 안공묘로 들어와 복을 빌기도 하고, 제사를 올리며 소원 성취를 바라기도 하고, 점괘를 보고 부적을 얻기도 하고, 좋은 일을 행하기도 했다. 때로는 돈과 알곡을 보시하기도 하고, 때로는 향유, 종이, 초를 헌납하기도 하고, 송진이나 멍석 등을 보내기도 했다."6 요컨대 안공묘는 대운하 이용객들의 운송의 안전과 치부를 기원하는 사묘였다. 그들은 제사와 기원, 그리고 점복과 헌물을 통해 운송상의 위험 요소를 가능한 한 줄여 보려 한 것이다. 사료를 통해 임청 인근에 위치한 세 곳의 갑문(會通閘, 新閘, 南板閘)에 각각 안공묘가 있었다는 기록이 확인되므로,7 소설은 수신 사묘의 특징을 요령 있게 반영했다고 생각한다.

운하 연변에 세워진 수신 사묘의 기능은 최부의 『표해록』에서도 발견할 수 있다. 앞서 3장 4절에서 지적한 것처럼, 최부를 호송했던 중국 관리들은 제녕의 용왕사에 도착하자 배에서 모두 내려 제사를 지냈다. 관리들은 이곳에서 용신에게 제사를 드리지 않으면 대운하에서 풍랑의 위험을 당할 것이라고 주장하면서 최부에게까지 제사 참여를 종용했다. 제녕의 수신 사묘가 선박의 안전 운행을 위해 존재할 뿐 아니라 수운의 불안으로부터 관리들도 자유로울 수 없었음을 알려 준다. 대운하의 주요 도시에서는 예나 지금이나 예외 없이 수신 사묘를 발견하게 된다.

수운상의 안전을 희구하는 것이 수신 사묘의 주된 기능이었지만, 『금병매』에 묘사된 것처럼 사묘에서는 각종 매매 활동이 활발하게 이루어졌다. 기존에 종교적 기능만 수행하던 사묘가 17세기 이래 상공업자들의 경제적 필요와 이해관계를 해결하는 집단 행동의 결집점으로 변모하고 있었다.8 북경을 비롯한 여러 도시의 성황묘에는 정기적으로 묘시(廟市)가 열리고 일용품부터 골동품까지 거래되었다.9 마찬가지로 운하 도시에 위치한 수신 사묘는 운하 이용자의 정신적인 욕구부터 경제적인 욕구까지 충족시키는 공적인 공간이

소재지	안공묘 안공사	용왕묘 용왕상	금룡사 대왕묘	천비묘 천비궁 천비사	우왕묘	하신묘	강수사 (江水祠) 강신묘	회독묘	기타
청하현	在洪澤鎭	九龍將軍廟 (在運河東岸/ 합계 5뎐 직립)	大王廟 (在淸口河西/ 강희 50뎐 건립)	①在官亭鎭北界 (만덕 40뎐 건립) ②惠濟祠(在舊新莊閘/ 강희 3뎐 건립)				淮神廟(在冶東2리/ 강희 3뎐 중립)	
산양현 (회안)	在府治新城北	①在府治新城北 ②在郡城東서門外 (崇禎間 各립)	①在郡城外西南隅 ②在淸江浦 ③在板閘 ④在南湖所	①在城內西南隅(宋代 건립, 명신덕간 중립) ②在新城大北門裏大河	在府治西南 80리	①漕運廟(漕河龍王) ②陰雩祠(河神)		①在府治新城北門外 ②在河下鎭羅家橋(강 등 10리 중수)	鎭海宮廟海神廟 (在淸江閘口顯應廟 (河漲淮三神)
보응현	在北門外	①在南門外 ②在縣南무 건립 ③在縣南運河西岸(건륭 26 뎐 건립) ④在黃城溝(만덕간 건립) ⑤五龍廟(在州治北 20리, 淸水潭上)	①在縣南南무 2뎐 건립 ②在弘濟河北隅東 (만덕 21뎐 건립)	在縣治南				湖神廟(在縣治南運 河西岸/건륭 30뎐 건립)	
고우주	在平水大 王廟旁		平水大王廟 (在州北新隅)		夏禹王廟 (在州西, 臨澤鎭)				①仙祠廟 ②仙人廟
감천현	昊公祠 (東關外)	①在雷塘(성내덕외 5뎐) ②五龍廟(城北九曲池)	東門外, 黃金壩西岸						刑廟大王廟霧助同 (邵伯鎭)
강도현 (양주)		在瓜洲鎭	西門外 文峰塔裔	南門 官河明 중엽 부늑 상인 건립	縣治西浮山後	仙女廟 부근. 臨運航 정박, 강회 40뎐 縈游	在瓜洲鎭	仙女廟 (城東北 30리) 四聖廟	
의진현	在舊巡檢司西 (涉江間)	①惠澤龍王廟 ②九龍將軍廟 ③白龍廟 ④小龍廟	5곳		夏禹王廟 (在州西, 臨澤鎭)				①廣嗣廟 ②裏廟 ③風神廟
단도현 (진강)	在丹徒鎭 (명조 직맹)	①在金山 ②在北固山	在西津渡 (만력 말 건립)	在丹徒鎭間 (도광 12뎐 건립)	夏禹王廟	在城西民港	在金山 (건륭 57뎐 중수)	水仙三官廟 (在南關下運河岸)	
합계 ( )는 개수	6	8(17)	8(16)	5(7)	4	3(4)	2	2(3)	

었다.

수신 사묘가 대운하에 균일하게 분포되었던 것은 아니다. 사묘는 인구가 많고 왕래하는 사람들의 접근이 용이한 도시에 밀집되기 마련이므로, 수신 사묘 역시 운하에 인접하면서도 배후에 많은 인구를 지닌 경제 중심지에 몰려 있었다. 『금병매』에 묘사된 안공묘처럼, 갑문이 설치된 곳에 수신 사묘가 많았다. 선박이 갑문을 왕래하는 과정에서 부득이하게 정박해야 하는 상황이 많았기 때문이다. 회안, 양주, 진강은 갑문이 많을 뿐 아니라 여러 수로가 교차하는 지역으로, 수신 사묘의 중요성 역시 높았다. 따라서 이러한 운하 도시에 존재했던 수신 사묘의 비중과 유형부터 정리할 필요가 있다.

회 · 양 지역의 수신 사묘

수신 사묘 현황을 파악하기 위해, 18세기까지 출간된 회 · 양 지역 지방지에서 수신 관련 항목을 찾아 정리한 것이 〔표 22〕이다.[10] 8개 주와 현(청하현, 산양현, 보응현, 고우주, 감천현, 강도현, 의진현, 단도현)은 대운하가 통과하는 지역이다. 명칭에 약간의 차이가 있지만, 대략 8가지 종류의 수신으로 정리할 수 있다.

이 가운데 초자연적인 수신 사묘는 용왕묘, 우왕묘(禹王廟), 하신묘, 강신묘, 회독묘(淮瀆廟)까지 5가지다. 용왕묘는 전설상의 동물인 용을 '용왕'으로 봉해 준 것이다. 우왕은 치수에 탁월한 능력을 보인 전설 속의 왕으로, 비록 후대 사람들이 수없이 인격화를 시도했지만, 초자연적인 신격으로 분류하는 것이 자연스럽다. 하신묘, 강신묘, 회독묘는 각각 사독(四瀆)의 하나인 황하, 양자강, 회하를 주관하는 신령을 숭배하는 사묘였다.[11] 다섯 가지 사묘는 강우와 치수에 영험함이 있다고 알려진 신령을 신앙하는 곳으로, 농경 문화의 확산과 함께 전국적으로 확산되었다. 하신묘, 강신묘, 회독묘가 주로 해당하는 하천을 따라 분포되었다면, 용왕묘와 우왕묘는 하천에 구애받지 않고 광범위하게 분포하는 특징을 보인다.

나머지 안공묘, 금룡사대왕묘, 천비궁은 모두 송대에 실재했던 인물을 신격화하면서 등장한 사묘였다. 안공묘의 신앙 대상인 안공은 강서성의 청강진(淸江鎭) 사람으로, 사후에 수로에서 풍랑을 잠재우는 영험이 있는 것으로 알려졌다. 명조의 개창자 주원장이 안공을 '신소옥부안공도독대원수(神霄玉府晏公都督大元帥)'로 칙봉하면서 바야흐로 안공은 운하의 안전을 기원하는 수신으로 격상되었다.[12] 금룡사대왕묘의 신앙 대상인 사서(謝緒)는 남송 시대 이종(理宗)의 태후였던 사태후(謝太后)의 친족으로, 몽골군이 남침했을 때 항주 금룡산(金龍山)에 은거 도중 강물에 몸을 던져 익사했다. 이후 주원장이 명조를 개창하며 여량홍에서 전투를 벌일 때 도와주었다고 하여 '금룡사대왕'이라는 칭호를 부여받았다.[13] 천비궁의 신앙 대상인 마조(媽祖)는 북송 초기에 복건 보전현(莆田縣) 미주도(湄洲島)에서 태어난 임씨(林氏) 집안의 여성으로, 사후에 항해자들에게 영험이 있다고 알려지면서 해신으로 숭배되었다.[14]

8개 주현에 모두 존재했던 사묘는 용왕묘와 금룡사대왕묘이다. 그다음으로 많이 분포된 사묘는 안공묘와 천비궁으로 각각 6개 주현과 5개 현에 위치했다. 우왕묘(4개 현), 하신묘(3개 현), 강신묘와 회독묘(2개 현)는 그다음이다. 많은 지역에 분포할수록 대중적인 영향력이 강했을 것이라 예상할 수 있다.

건립 연대를 보면, 청조의 개창 이후 건립된 것으로 확인할 수 있는 사례는 1832년(도광 12년) 임칙서(林則徐)가 건립한 천비궁이 유일하다.[15] 나머지는 모두 그 이전에 건립되거나 건립 시기와 관련한 기록이 누락되어 있다. 천비궁은 후술하는 것처럼 청조가 주도적으로 칙봉을 내리면서 존숭했던 대표적인 사묘였으므로, 진강 천비궁의 건립은 이와 관련이 있을 것이다. 하지만 다른 세 곳에 위치한 천비궁은 국가 주도의 칙봉이 이루어지지 않던 명대에 건립되었다. 그렇다면 사묘의 확산과 국가의 칙봉은 상관관계가 없다는 뜻일까? 이는 수신 신앙의 확산에 관부의 개입이 어떤 작용을 했는가에 대한 의문과 연결된다.

2 수신 사묘의 확산과 관부의 개입

국가 권력의 개입이 수신 신앙의 확산에 미친 영향을 가늠해기 위해 마조 신앙과 금룡사대왕 신앙을 분석해 보겠다. 이 두 가지 민간 신앙은 국가 권력의 개입 여부를 뚜렷하게 포착할 수 있는 소재일 뿐 아니라 휘주 상인과의 관련성을 확인하는 데도 편리하기 때문이다.

마조 신앙

마조는 오늘날까지도 중국 연해 지역과 동남아시아, 그리고 세계 각지로 흩어진 화교들이 가장 숭상하는 신령 중의 하나다.[16] 마조는 민간에서 사용되는 여러 속칭 가운데 가장 광범위하게 사용되는 이름일 뿐이며, 공식적인 명칭은 '해신낭랑(海神娘娘)', '천비(天妃)', '천비낭랑(天妃娘娘)', '천후(天后)', '천상성모(天上聖母)' 등 시대에 따라 다양했다. 마조 신령이 처음 국가 권력의 관심을 끈 시기는 남송 시대이다. 당시 복건의 보전현에 세워진 백호순제묘(百湖順濟廟)에는 매년 봄과 가을에 파견된 관리가 성대한 제전(祭典)을 주관했다. 바다로 왕래하는 항해자들이 강한 풍랑이나 해적선을 만날 때마다 등장하곤 했던 마조는 늘 위험에서 구해 주는 '자비로운' 여신이었다. 마조의

영험함이 관부에 보고될 때마다 황제는 봉호(封號)를 내려주면서 현창해 주었다.[17]

이처럼 국가 권력이 평범한 여성에 관한 신성(神性)을 공인해 줄 뿐 아니라 적극적으로 후원한 이유는 무엇일까? 이미 남송 시대에 마조가 항해자들의 보호신으로 영험하다는 인식이 상당히 확산되었다는 점을 꼽을 수 있다.[18] 또한 남송 정부가 수도를 개봉에서 항주로 옮긴 정황에도 주목할 필요가 있다. 즉 북방 지역을 포기하고 강남 지역으로 피신한 남송 정권은 동남 연해 지역에 대한 관심이 이전 시대와 비교할 수 없을 정도로 높아졌다. 만약 국가 권력이 해

[그림 36] 바다에서 전복된 선박의 선원들을 구해 주기 위해 나타난 마조

상에서 발생한 소란을 진압하거나 무역선을 운행하는 과정에서 마조의 '신조(神助)'를 확보할 수 있다면, 이는 곧 관부 측의 사기를 북돋는 동시에 잠재적인 소요 가능성을 진압하는 계기가 될 수 있었다.[19]

남송을 멸망시킨 몽골의 원조는 이전보다 더 적극적으로 마조 신앙을 후원했다. 흥미로운 것은 이 역시 수도의 위치 변동과 관련되어 있다는 사실이다. 중국을 정복한 쿠빌라이 칸이 수도를 북경으로 선정하면서 다시 강남의 풍부한 양식을 북방까지 운송해야 할 상황이 전개되었다. 수도로의 곡물 운송을 위해 항주와 북경을 이어 주는 대운하가 새롭게 개통되었음은 1장에

서 언급한 바와 같으며, 이때 원조
는 대운하보다 바닷길을 즐겨 사
용했다.[20] 역대로 해도 조운에 대
한 의존도가 가장 높았던 원조에
게 있어 해운의 안전은 곧 수도의
운명을 좌우할 만큼 중요해진 것
이다. 이러한 배경에서 이전 시대
부터 해운의 보호신으로 대중성을
확보해 오던 마조 신앙은 1278년
(지원 15년) 천비(天妃)라는 봉호를
받았다.[21] 이를 시작으로 원조는
마조에 대하여 모두 9차례나 책
봉을 내리며 그 위상을 높여 주었
다.([그림 36])

[그림 37] 시랑이 이끄는 청의 수군의
대만 정벌을 돕기 위해 나타난 마조

이러한 분위기는 명초 영락제
가 수도를 북경으로 옮기고 해도
를 이용한 조운을 정지시키면서
자연스럽게 사라졌다. 홍무 연간(1368~1398년)만 해도 수도는 남경이지만
해도 조운에 대한 금령이 없었고, 홍무제는 해운에서 발생하는 마조의 영험
함을 치하하며 책봉을 내린 적이 있었다.[22] 영락제가 정화의 대원정을 파견할
때까지만 해도 마조 신앙에 대한 현창의 분위기는 크게 변화되지 않을 듯 보
였다.[23] 하지만 조운 루트를 대운하로 일원화시키고 해금 정책이 강화되면서
(1장 3절) 관부에서 마조 신앙을 현창해야 할 필요성 자체가 사라져 버렸다.

오히려 마조 신앙의 추종자들은 명조의 해금 정책과 갈등의 소지가 많았
다. 복건성을 비롯한 동남 연해 지역의 상인과 어민들은 독실한 마조 신앙을

가지고 항해를 강행했기 때문이다.[24] 따라서 영락제의 사후에 관부는 왜구와 해적의 격퇴, 혹은 동남아와 유구를 왕래하는 사신단이 해난 상황에서 구조될 경우에 제한하여 마조의 존재를 언급할 뿐이었다. 광동에서는 유교적 신념이 강한 신사들이 마조 신앙을 음사(淫祠)로 규정하고 천비궁을 폐기하거나 다른 용도의 건물로 전용하는 경우도 발생했다.[25] 명대에 마조는 항해의 수호신이라는 본래의 의미가 은폐되고 왜구를 나포하는 신령 정도로 그 의미가 축소되었다.[26]

청조의 등장과 함께 이러한 추세는 다시 일변했다. 대만에 근거지를 두었던 정씨 세력을 진압하는 과정에 마조가 나타나 해군을 도와주었다는 이유로 청조는 1680년(강희 19년) 마조에 대한 책봉을 재개했다.[27] 마조의 가호가 얼마나 신빙성이 있는지는 증명하기도 어렵고 그렇게 중요한 사실도 아닐 것이다. 그러나 결과적으로 1683년(강희 22년) 시랑(施琅)이 이끄는 청조의 수군은 대만 정복에 성공했다. 이듬해인 1684년(강희 23년) 청조는 마조의 존호를 천비에서 천후(天后)로 격상시켜 주었다. 그리고 청말까지 모두 13차례나 가봉(加封)을 실시했다.([그림 37])

청조의 책봉 재개는 원대 마조 신앙에 대한 적극적인 후원의 분위기가 되살아난 느낌을 준다. 연해 지역을 황폐화시켰던 악명 높던 천계령(遷界令)도 1683년이 되면 철폐되고('복계(復界)'), 1684년(강희 23년)부터 해금 정책이 이완되어 연안의 무역 분위기도 서서히 살아났다.[28] 마치 원조가 해도 조운의 원활함을 위해 마조의 도움이 필요했던 것처럼, 청조는 저항 세력을 진압하고 해외 무역을 보호하기 위해 다시금 마조의 도움이 필요했던 것이다.[29] 청 중기 전국적으로 천후궁이 건립된 사례가 많은 것은 이러한 국가 정책의 변화와 맥을 같이한다. 요컨대 남송부터 청말까지 마조 신앙과 사묘는 국가 권력의 적극적인 지원이 있을 때 급속하게 확산될 수 있었던 것이다.

해신에서 하신으로

여기서 다시 따져 보아야 할 시기는 명대의 마조 신앙이다. 해금 정책이 강고하고 마조에 대한 국가 권력의 관심이 저조했던 명대에 마조 신앙은 큰 타격을 받을 만했다. 하지만 사실은 전혀 그렇지 않았다. 영락 연간 이후부터 마조에 대한 책봉이 재개되는 1680년(강희 19년)까지 천비궁은 쇠락하지 않았다. 오히려 새로 설립되거나 중건되는 사례도 심심치 않게 발견할 수 있다. 〔표 22〕에서 보았듯이 회·양 지역의 천비궁 가운데 건립 연대가 알려진 것은 5군데이고, 그 가운데 4군데가 명대에 설립되거나 중건되었다. 이 지역은 해양 도시도 아니지 않은가? 그렇다면 국가 권력의 후원이 전혀 없는 상황에서 천비궁이 회·양 지역에 증가하거나 중건되는 현상을 어떻게 설명해야 할까?

먼저 명대 천비궁의 역할과 관련한 다음의 두 자료를 살펴보자.

① (항주) 해아항(孩兒巷) 북쪽에 위치한 천비궁에서는 수신을 제사하는데, 홍무 초기에 건립되었다. …… 사묘의 지붕은 하늘을 닿을 듯 높고 황제 신상이 그곳에 있다. 땅에는 짝을 맞추어 후토(后土) 신상이 세워져 있다. 그 뒤로 큰 하천이 흐르고 여신상(女神像)이 있으니, 높여 부르기를 천비라고 한다. 운군(運軍)이 조량을 운송하는 곳으로, 양자강·바다·황하·한수(漢水)로 연결되니 모두 천비를 숭봉(崇奉)한다.[30]

② 조운선과 상선이 왕래하는 곳으로, 양자강·바다·황하·한수의 물가에는 모두 마조를 엄숙하게 신봉했다. 영험이 많이 나타나니, 사람들의 진실한 경외감이 감응된 것이다.[31]

전자는 전여성(田汝成, 1504~1557년)이 항주에 대해서 기록한 부분에서, 후자는 진사원(陳士元, 1516~1597년)이 장강과 한수(漢水) 사이, 즉 호북성에 대해서 기록한 부분에서 발췌한 것이다. 모두 명대 천비가 수로를 이용하는

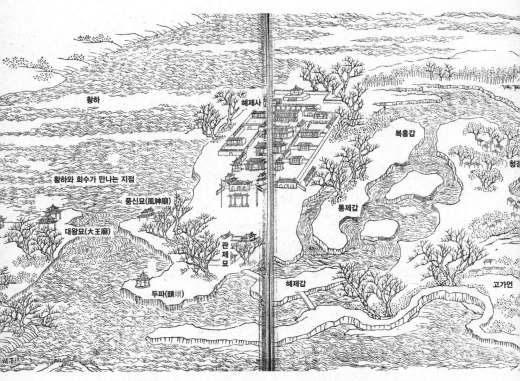

〔그림 38〕『남순성전(南巡聖典)』권97, 「명승(名勝)」에 묘사된 혜제사. 앞으로 꾸불꾸불한 운하와 여러 갑문이 보이고, 왼쪽에는 황하, 홍택호의 물줄기가 보인다. 아래쪽 제방이 고가언이다.

조운선과 상선 이용자들에게 광범위하게 숭배되고 있음을 말해 준다.

그렇다면 1415년 조운 루트가 대운하로 일원화된 이후 마조는 조량 운송의 안전을 기원하는 하신으로 그 의미가 확대되었다고 볼 수 있다. 해도 조량에 종사하던 운송업 노동자들이 부득불 대운하를 이용하게 되었으니, 신앙의 대상이 그들과 함께 내륙으로 전파된 것도 전혀 이상한 일이 아니다. 북경 천도를 추진하는 영락제를 도와 해도 조운을 주관하며 천비의 영험함을 경험한 바 있던 진선은 1415년 이후에 회안의 청강포에 영자궁(靈慈宮)을 건립하여 조운의 원활함을 도모했다. 영자궁은 이후 혜제사(惠濟祠)라고도 불렸는데, 실체는 마조를 제사하는 사묘였다.[32]([그림 38]) 조운선도 황하, 회수, 홍택호, 그리고 대운하가 만나는 이곳에서 해운에 못지않은 위험에 노출되어 있었다.[33]

명대 천비궁의 확산에는 국가 권력이 '적극적'으로 개입하지 않았다. 여기서 '적극적'인 개입이란 마조 신앙에 대한 국가 권력의 후원이나 현창이 없었다는 의미다. 다른 말로 바꾸면 국가 권력이 바다로의 자유로운 운행을 금지했기 때문에 오히려 해신이었던 마조는 하신으로의 변신을 통해 내륙으로 '자연스럽게' 침투할 수 있었다고 생각한다. 그 와중에 마조는 내륙의 하도(河道) 운송의 안전을 희구하는 수신으로 변용되어 민간 사회에 수용된 것이다.[34] 항주 출신의 낭영(郎瑛, 1487~ ?)이 잘 지적했듯이, 명초까지만 해도 조운으로 인해 중시되었던 마조 신앙이 "이후부터 바다 선박에 대한 영험이 하나같지 않고, 사방에서 은혜를 입은 사람들이 각기 천비묘를 세우니, 지금 각지에 마조가 존재"하는 상황이 전개되었던 것이다.[35]

영험함이 있다고 알려진 민간 신앙이 생성 초기의 성격에 국한되지 아니하고 그 신앙인들의 필요(need)에 따라 다양한 신성을 추가하는 것은 송대 이래 민간 신앙의 중요한 특징이었다. 이때 백성들이 신앙을 선택하는 기준은 ① 평판(reputation), ② 이용 가능성(availability), ③ 비용(cost)이었다.[36] 게다가 마조는 여신이었으므로 명대에는 아들 출산에 영험함이 많은 '가족신(家族神)'으로 성격이 확대되었다.[37] 명대의 마조는 신앙인들의 필요에 따라 유연성(flexibility)을 가지고 해신 혹은 하신, 그리고 때로는 가족신으로 변모하면서 내륙으로 교세를 확대해 나갔다.[38]

각지에 건립된 천비궁의 주도 인물은 복건인이었다. 복건성 사람들은 마조를 자신들의 향토 신앙으로 간주했으며 복건 상인들이 외지로 진출할 경우 천비궁이 그들의 회관(會館) 기능을 수행했다.[39] 양주에 건립되었던 천비궁 역시 복건 상인이 처음 건립했다. 하지만 그렇다고 해서 명대 건립되었던 모든 천비궁을 복건 상인의 전유물이었다고 해석할 필요는 없다.〔표 22〕에서 파악되는 7곳의 천비궁 가운데 복건 상인의 창건을 확인할 수 있는 경우는 양주뿐이고, 그나마 양주에서도 건립 기록만 있을 뿐 복건 상인이 이를 기반으로 활동했다는 구체적인 기록을 찾을 수 없다. 일반적으로 산서 상인과의 관련성이 강한 것으로 알려진 관제묘(關帝廟)도 산서 상인과 직접적인 관련 없이 건립된 사례가 적지 않다.[40]

요컨대 명대 천비궁의 확산을 주도했던 요인은 조운과 마조 신앙의 관련성, 그리고 대운하를 이용하는 유통량의 증가라고 볼 수 있다. 이는 기본적으로 대운하를 통한 국가적 물류에 대한 국가 권력의 강제력 속에서 발생한 현상이었다. 동시에 운하 이용자들의 필요에 따라 변용되는 사묘의 사회적인 기능도 발견할 수 있다.

금룡사대왕 신앙

이번에는 금룡사대왕묘에 대한 분석을 통해 사묘와 관부와의 관계성을 살펴보겠다. 금룡사대왕묘는 천비궁에 비하여 확산된 시기가 다소 늦다. 하지만 그 과정에서 국가 권력의 역할은 대단히 중요했다. 명 태조가 사서에게 '금룡사대왕'이라는 칭호를 부여한 이후, 명대에 치수와 관련된 영험함이 자주 보고되었다. 청조는 입관 직후인 1665년(순치 2년)에 금룡사대왕을 황하를 주관하는 신, 즉 하신으로 책봉했다. 1701년(강희 40년)에는 해구(海口)와 '회·황 합회' 지역에서 "제운신속(濟運迅速, 원활한 운송을 도와줌)"에 대한 공로를 인정받아 기존의 하신 봉호("顯佑通濟金龍四大王")에 "소령호순(昭靈效順)"을 추가로 봉증(封贈)받았으며,[41] 1704년(강희 43년)에는 하도총독 장붕핵의 요청에 따라 해신묘(海神廟), 회신묘(淮神廟)와 함께 국가의 공식적인 춘추 사전(春秋祀典)에 편입되었다.[42] 운하 도시에서 금룡사대왕묘를 쉽게 발견할 수 있는 것은 이러한 청조의 정책과 관련이 깊다.

그런데 청조는 1665년(순치 2년) 금룡사대왕을 황하의 주관신으로 책봉하는 동시에 용왕을 운하신으로 책봉했다.[43] 그렇다면 금룡사대왕은 운하와는 별개로 황하만을 주관하는 신으로 기능했던 것인가? 청조가 금룡사대왕을 황하신으로 책봉한 것은 황하 치수에 대한 필요성이 강하게 대두되었기 때문이다.[44] 하지만 금룡사대왕의 영험함을 전하는 기록을 살펴보면, 명초 이래 금룡사대왕은 황하보다 운하에 더 밀접하게 관련된 듯하다.

황하신과 운하신

1448년(정통 13년)에 총독조운우참장(總督漕運右參將) 탕절(湯節)은 산동성 제녕의 천정갑(天井閘)에 위치했던 금룡사대왕묘를 중건했다.[45] 성수기가 되면 천정갑에는 매일 1000척이 넘는 조운선이 왕래했으며, 그 와중에 대부분의 선박 이용자들이 금룡사대왕묘를 방문하여 운송의 안전과 치부를 기원했다. 이러한 상황을 목격한 탕절은 하속 관원들과 "지방의 의사(義士)"들로부터 자금을 모아 금룡사대왕묘를 이전보다 크고 화려하게 중건했다. 또한 "왕래하는 호의자(好義者)"로부터 돈을 거두어 신상을 새로 건립했다. 사묘의 중건을 주도한 인물은 조운 관료이지만, 자금을 지원한 "지방의 의사"와 "왕래하는 호의자"는 각각 제녕 지역의 신사와 대운하를 이용하는 상인이었던 듯하다. 그 결과 천정갑을 관리하는 관원이 다음과 같이 감탄했다.

이전에는 운하가 홍수를 만나면 물이 차고 넘쳐서 갑판(閘版)이 하강하지 않았고, (억지로) 하강시켜도 번번이 유실되곤 했다. 이에 선원들은 갑문을 건너지 못하고 열흘이든 보름이든 기다릴 뿐이었다. 지금은 하류가 불어나도 갑판이 유실되지 않으며 선박 역시 평탄한 길을 지나는 것처럼 주행(走行)하니, 어찌 신(금룡사대왕)의 도우심이 아니겠는가?

조운 관료의 사묘 중건은 대운하에 대한 성공적인 하공을 기원하는 외적 표현이었다. 적어도 현지의 실무 관료는 금룡사대왕묘의 중건에 담긴 정성과 땀방울이 실제 하공의 성과로 이어졌다고 믿었다. 8년 뒤인 1456년(경태 7년)에 좌부도어사였던 서유정이 산동성 장추(張秋)에 금룡사대왕사(金龍四大王祠)를 건립한 것도 황하 치수와 조운의 정상화를 기원함이었다.[46] 제녕과 장추는 대운하가 경유하는 산동성의 주요 지역으로, 관리들은 황하 자체보다 원활한 조운을 위해 금룡사대왕 신앙을 확산시켰던 것이다.

금룡사대왕과 조운의 관련성은 천계 연간(天啓年間, 1621~1627년) 금룡사대왕에 대한 명조의 칙봉을 통해서도 확인할 수 있다. 당시 회안 지방을 경유하여 북상하던 조운선 선단이 청구에서 그만 멈추고 말았다. 물이 부족해서 배들이 더 이상 전진하지 못하는 상황에 봉착했는데, 당사자들은 황급하여 속수무책이었다. 기록에 따르면 이때 금룡사대왕의 신령이 강림하여 "만약 나를 위해 봉호(封號)를 요청한다면 곧 물로써 보응하리라."고 제안했고, 당시 조운총독이었던 소무상(蘇茂相, 1566~1630년)이 승낙하고 상소문을 올리자, "큰 물결이 일어나면서 조운선 행렬이 날아가듯 물을 건넜다."고 한다.[47] 소상무는 이를 기념하기 위해 1626년(천계 6년) 금룡사대왕에게 기원을 드렸던 29명 관리들의 이름을 함께 기록한 비문을 세웠다.[48] 비문은 상당 부분의 글자가 깨져 있으나 당시의 긴박한 상황과 신령의 도움으로 닷새 동안 비가 내려 조운선이 무사히 통과했음을 알려 준다. 이듬해인 1627년 금룡사대왕은 숭정제로부터 '호국제운(護國濟運; 조운을 도와 나라를 보호함)'이라는 봉호를 추가로 사여받았다.[49]

이러한 관련성은 청조에서도 크게 변화되지 않았다. 하도총독 장봉핵은 금룡사대왕묘에 대한 당시의 인식을 다음과 같이 표현했다. 그는 금룡사대왕의 영험함이 드러나기 시작한 시점을 1415년 대운하로 조운 루트가 일원화된 때로 파악한 후, "수백만의 사람들을 도와서 수해의 고통을 면해 주고, 수백만 석의 식량을 보호함으로 조운 창고를 가득하게 해 주는 것으로 금룡사대왕의 혁혁한 신공(神功)보다 더 큰 것이 없다."고 결론을 내고 있다.[50] 이러한 인식은 적어도 19세기 초반까지 이어졌다.[51]

다시 금룡사대왕이 황하의 신인가 운하의 신인가에 대한 처음의 질문으로 되돌아가 보자. 앞서 언급했듯, 1665년(순치 2년) 청조는 금룡사대왕에게 운하신이 아니라 황하신의 자격을 부여했지만, 명·청 시대 금룡사대왕에 대한 기록은 대운하와 관련된 것이 많았고, 그 배경에는 조운에 대한 국가 권력의 관심이 깔려 있었다. 그렇다면 양자의 관계가 상당 부분 연결될 법하다.

이에 대하여 진계유(陳繼儒, 1558~1639년)의 언급은 확실한 연결 고리를 알려 준다.

오행(五行) 가운데 물(水)보다 중요한 것이 없고, **물 가운데 황하보다 중요한 것이 없으며, 황하(의 기능) 가운데 조운보다 중요한 것이 없고, 조운 가운데 수재를 대비하는 것보다 더 중요한 것이 없고, 인륜 역시 충의보다 중요한 것이 없으니,** 이를 종합하여 금룡사대왕 신앙이 성립한 것이다.[52](강조는 인용자의 것임)

진계유는 황하만큼 어렵고 중대한 치수는 없다고 보았다. 황하가 대운하를 이용하는 조운의 성공 여부에 치명적인 영향을 미치기 때문이었다. 사실상 황하의 토사와 그로 인한 끊임없는 물줄기의 변동은 대운하의 기능 유지에 가장 큰 걸림돌이었다.[53] 명말부터 "황하는 운하를 해치는 적이다."라는 말이 조운 및 하공 관료들에게 운위되었음은 4장에서 언급했다. 따라서 새로운 국가를 세운 만주족 정부가 금룡사대왕을 황하의 신으로 지명한 것은 황하 치수의 원활함을 기원하면서도, 실제로는 황하를 수원(水源)으로 이용하고 있는 대운하의 유통, 즉 조운을 염두에 두고 있었다고 해석하는 것이 보다 적절하다.

이처럼 원대 이래 청말까지 조운에 대한 국가 권력의 관심이 수신 사묘의 확산에 지대한 영향을 미치고 있었다. 물론 원조는 마조를 해신으로 인식했으며, 청조는 금룡사대왕을 황하를 주관하는 하신으로 국한시켰다. 하지만 민간인들과 하공·조운 관료들은 이 두 사묘를 운하 유통의 안전을 희구하는 종교 시설로 인식하고 이용했다.[54]

3 휘주 상인의 사묘 중건과 그 의미

이와 같이 수신 사묘는 민간인들과 관부의 필요에 따라 변용·확산되었다. 그렇다면 상인에게 수신 사묘는 어떤 의미였을까. 운하 도시를 왕래하는 상인들은 늘 수신 사묘를 출입했다. 그중에는 직접 퇴락한 사묘를 중건하는 일에 참여한 상인들도 있었다. 이하에서 다루고자 하는 두 가지 사례는 휘주 상인이 수신 사묘를 중건한 이야기로, 사묘 중건이 지역 사회 및 관부와의 이해관계에 어떻게 연결되는지, 그리고 이를 통해 휘주 상인들이 기대한 바가 무엇이었는지를 보여 준다.

1 양주의 천비궁

17세기 중엽 대운하 연안의 주요 도시를 주유(周遊)했던 위희(魏禧, 1624~1681년)의 기록에 따르면, 양주에 천비궁(天妃宮)이 건립된 것은 1666년(강희 5년)보다 160여 년이 앞선 명 중기의 일이었다.[55] 여러 천비궁이 그러하듯, 양주에 마조 신앙을 전파했던 자들은 복건 상인이었다. 그들은 바다에서의 항해 도중 신비스러운 천비의 도움으로 목숨을 건진바 있었는데, 이후 양주를 경유하는 도중 선박이 갑자기 무거워지며 정지해 버리는 불가사의한 상황에 직면하게 되었다. 100여 인이 모여 배에 연결된 동아줄을 힘을 다해 끌었지만 조금도 나아가지 않았다. 이에 다시금 천비에게 점을 치니 "여신이 이곳을 좋아한다"는 점괘가 나왔고, 그들은 돈을 갹출하여 궁을 건립함으로 운행을 지속했다는 것이다. 그 시점이 정확하게 언제인지는 모르지만, 그로부터 얼마 안 지난 1528년(가정 7년) 천비궁을 각관(権關: 세관) 관서에 옮겨 건립하면서 그 신상도 만안궁(萬安宮) 망루 옆으로 옮기게 되었다.(363쪽 〔그림 39〕의 ■ 지점과 231쪽 〔지도 13〕 참조)

정유용의 천비궁 중건

이후 청초까지 천후궁에 대한 별다른 재·보수의 기록은 없고, 1666년 정유용(程有容)의 중건 기록으로 이어진다.

정유용은 흡현인으로 광릉에서 임시 거처했다. 부인을 취해 10년 만에 처음 자식을 낳았는데, 걸핏하면 천연두가 생겼고 그후 둘째 자식도 천연두로 거듭 위독했다. 정군의 꿈에서 여신이 그 가정에 임했는데, 시위(侍衛)의 성대함이 마치 왕후와 같았고 독특한 향기가 공중에 가득하고 정원에 광명이 발생하니, 마음에 생각하기를 천비라 여겼다. 정유용 부부는 머리를 조아려 울며 애걸하기를 두 자식을 살려 달라고 했다. 신은 그를 보며 탄식하며 가로되 "다시 살리는 것은 불가하지만, 나는 장차 그대를 위해 다시 갚아 주리니, 이후는 병환이 없을 것이고 많은 남아를 얻으리라."고 했다. 정군은 곡하며 깨어났다. 대개 천비는 강과 바다를 주관하고 천연두를 섭리(攝理)하고 사람들이 아들을 기원할 때 대단한 영험이 있었다. 이미 두 아들은 일찍 죽고 나이 서른셋에 다시 아들을 낳아 무릇 7~8인 모두 신이 말한 대로 잘 자랐다. 정군은 천비의 큰 덕에 보답한 것이 없음을 염두에 두고, 하루는 만안궁을 지나가면서 진실로 꿈속에 본 것과 같은

신상을 보고 크게 놀랐다. 이에 점을 치고 만안궁 뒤뜰에서 천비를 제사 지내려
했다. 그때 친구 민세장(閔世璋)이 말하기를 "불가하다. 만안궁은 화신(火神)을 제
사하는 곳인데, 천비는 수신이다. 생극(生剋: 오행의 相生相剋)에 적합하지 않으니 수차
(水次: 수로의 연변)가 적당하다."라고 했다. 이에 정군은 점을 쳐 광릉역의 운하 동
편에 위치한 공터를 고르고 천비궁을 특건(特建)하니, 아래로 한수(邗水: 회·양운
하)에 접하여 조운선, 염운선 및 갖가지 물건을 실은 선박들이 주야로 끊임없이 왕래하
는 곳이었다. …… 비용은 천금이 들었는데 정군이 몸소 감독했고, 민세장 역시
백여 금을 바쳤다. 황조미(黃朝美) 역시 서로 고무되어 돈을 내며 이 일을 적극
지지했다. 이에 마침내 병오년(1666년) 4월에 시작하여 8월에 이르러 낙성했
다. 이는 대개 단지 정군의 지극한 마음만을 갚기 위한 것이 아니라 남북으로 왕
래하는 선박의 이용자들이 모두 두려움이 없기를 기보(祈報)하는 바가 있었기 때문이
지만, 정군의 공이 그렇다고 무시할 만한 것은 아니다.[56](강조는 인용자의 것임)

정유용이 천비궁의 위치를 성 안의 만안궁에서 성 밖의 광릉역으로 옮겨
재건한 이유는 천연두로 사망한 두 아들 대신에 다시 7~8인의 건강한 아들
을 생육하게 해 주었던 천비의 은혜를 갚기 위해서였다. 본래 바다에서 안전
한 항운과 관련하여 영험이 있다고 알려진 천비지만, 양주의 정유용에게는
남아의 생육을 주관하는 여신으로 인식되고 있다.[57] 명대 이후 민간에서 마조
신앙이 해신에서 가족신까지 확대된 경우는 2절에서 살펴본 바와 같으며, 정
유용은 민간 신앙이 수용·변용되는 구체적인 사례를 보여 준다.
　하지만 더욱 흥미로운 것은 이 과정에서 발생한 천비궁의 위치 변경과 그
주관자가 휘주 출신 상인이라는 사실이다. 먼저 만안궁에서 광릉역으로의 위
치 변화를 살펴보자.

만안궁에서 광릉역으로

만안궁은 신성 내부의 인시(引市)와 인접한 곳에 위치했다. 소동문(小東門)과 통제문(通濟門)을 잇는 대가(大街)의 각관 관서 인근이다.[58] 신성의 내부로, 대운하와 연결되려면 남쪽의 파강문(把江門)을 경유해야 하는 불편함을 겪어야 했다. 한편 광릉역은 양주 성곽 외부의 남쪽 운하 연변에 자리 잡고 있다.([그림 39][59]의 ▲지점) 대운하를 이용하는 선박들이 이용하기에 편리했다. 즉 천비궁은 도시 내부의 시장 인접 지역에서 도시 외곽의 수로 교통로 인접 지역으로 이동한 것이다. 마조 신앙이 비록 가족신으로서의 영험을 지니고 있었고 정유용 역시 이러한 영험함의 '은혜'를 입었지만, 수신 사묘로서의 역할이 사라지지 않았음을 그 위치 변경을 통해서 확인할 수 있다.

천비궁의 위치 변동이 발생한 직접적 요인은 오행의 원리상 수신인 천비가 화신을 제사하는 만안궁에 적합하지 않기 때문이었다. 이 의견은 같은 흡현 출신의 상인 민세장의 조언이었다. 아직까지도 택지(擇地)와 이장(移葬)을 할 때 풍수와 오행에 대한 신념이 중국인들에게 강고한 것을 고려할 때, 전통 시대 오행의 원리에 따라 사묘를 옮기는 것은 전혀 이상한 일이 아니었다.

하지만 천비궁이 이전되자 대운하를 이용하는 사람들이 편리해졌다. 따라서 천비궁 이전 과정에 참배자들의 접근 편이성이 고려되었을 것이라는 추측이 가능하다. 4개월 만에 완료될 만큼 이전이 순조롭게 진행된 것은 정유용의 헌신적인 노력도 있었지만, "남북으로 왕래하는 선박 이용자들이 모두 두려움이 없기를 기보하는 바가 있었기 때문"이라고 했다. 따라서 위치 변화를 통해 양주 천비궁은 수운의 안전을 도모하는 수신 사묘로서의 기능이 더욱 강조될 수 있었다.

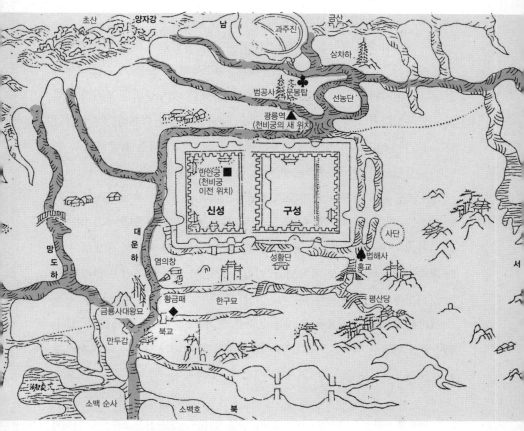

〔그림 39〕양주 성곽과 천비궁 위치 변화 ■에서 ▲위치로

대운하의 말뚝 제거 사업

그렇다면 정유용은 어떤 인물이기에 운하 이용자들의 이해관계를 대변하여 천비궁 이전을 주도했을까? 위 자료는 정유용이 휘주 흡현 출신이라는 것과 그의 교제권에 민세장과 황조미가 있었다는 것만을 알려 주지만, 『염법지』를 통해 그가 염업에 종사한 염상이었음을 확인할 수 있다. 『염법지』는 그가 "시세의 변화를 잘 헤아리는〔能觀時察變〕" 능력이 뛰어나서 치부에 성공했

다는 해석을 덧붙였다.[60]

하지만 정유용이 장사를 시작하기 전까지 그의 집안은 그다지 부유하지 못했던 듯하다. 1685년(강희 24년)에 출간된 『양주부지』를 보면 명·청 교체의 동란기를 거치면서 집안 사정이 악화되자 정유용은 과거 준비를 포기하고 염업에 종사했다.[61] 그렇다면 정유용이 청초 양주 염상계를 대표하는 총상이었다고 보기는 어려우며, 양주에 거주하면서 필요에 따라 직접 소금 운송과 판매에 가담했던 산상이었을 가능성이 높다.(6장 4절 참조) 산상들은 염장에서 생산된 소금을 구매하여 중개 도시(회남에는 의진, 회북에는 회안)까지 운송하는 일을 맡았으므로 회·양 지역을 가로·세로로 연결하는 염운하와 대운하는 그들의 생활 터전이었다. 정유용은 이 와중에서 운하 이용의 중요성과 함께 운송업자들의 고충을 체득했고, 이러한 경험이 천비궁의 위치 선정에 영향을 끼쳤을 가능성이 높다.

이러한 관련성은 정유용에 대한 또다른 일화를 통해서도 확인할 수 있다. 천비궁을 이전한 지 8년 후인 1674년 대운하의 말뚝 제거 사업에 대한 자료를 읽어 보자.

> 양주를 지나는 운하는 남문에서 5리 남쪽을 지나간다. 염운선과 조운선 및 거대한 선박이 이곳을 지나면서 파괴되는 피해가 수백 년간 이어 오는데, 이때 사람들은 천만 금의 재산 손실을 입거나 인명 피해를 당하기 일쑤다. 그래서 노인들은 이러한 현상을 물 아래 "신장(神樁: 귀신이 박은 말뚝)"이 있다는 식의 신비한 괴담으로 설명하곤 했다. 강희 13년(1674년) 정월에 운하에 물이 줄어들자 말뚝이 드러나기 시작했는데, 거대한 녹나무가 무수히 하상(河床)에 박혀 있었다. 민세장이 말하기를 "예전에 어느 승려가 사람을 모아 물속의 말뚝을 뽑으려고 하루 단위로 급료를 지불했지만 하나의 말뚝도 뽑을 수 없었다. 지금 물이 말라 말뚝이 보이니 이 시기를 놓칠 수 없다."고 했다. 이에 정유용과 함께 눈이 내리는

것을 무릅쓰고 직접 시찰하고, 동료 방자정(方子正)과 왕언운(汪彥雲)에게 일을 맡겼다. 민세장은 재정을 지원하며 무리에게 외치길, "큰 말뚝을 뽑아 온 자에게는 1냥을 지급하고, 작은 것을 뽑은 자에게는 이보다 적게 지급한다."고 하니, 사람들이 앞다투어 참여하여 단 사흘 만에 160여 개의 말뚝을 뽑아 올릴 수 있었다. 이로부터 왕래하는 선박의 근심거리는 영원히 제거되었으며, 다시 사흘이 지나자 운하의 물이 크게 불어났다.[62](강조는 인용자의 것임)

이 자료는 민세장의 선행에 초점이 맞추어져 있는 위희의 기록이다. 따라서 민세장이 대운하의 말뚝 제거 사업을 주도하고 정유용이 협력한 것으로 표현되어 있다. 하지만 정유용에 대한 지방지 자료를 보면 정유용이 사업을 주도한 것으로 기록되어 있다.[63] 천비궁의 이전 과정에서도 잘 나타나듯 정유용과 민세장이 함께 일을 도모한 사업이 많았다. 가령 법해사를 중건할 때도 두 사람은 의견 일치를 보고 400냥을 함께 출연하여 중건 사업을 주도했다.[64] 그들은 휘주 흡현 출신이라는 동향 관계를 기반으로 청초 양주의 각종 공익 사업을 주도하던 '동지(同志)'적 관계망의 핵심 인물이었다.(9장 3절 참조)[65] 따라서 대운하의 말뚝 제거 사업도 누가 먼저냐를 떠나 함께 도모했던 것이 분명하며, 동료인 방자정과 왕언운은 실무를 맡았다.[66]

오랜 기간 대운하를 왕래하는 선박의 근심거리였던 하저의 말뚝을 제거하는 과정 자체도 흥미롭지만,[67] 남문에서 5리 남쪽에 위치한 문제의 구간은 바로 천비궁이 재건된 광릉역과 거의 동일한 지점이라는 사실이 주목된다. 자료에서 묘사하고 있는바, 이곳은 "염운선과 조운선 및 거대한 선박이 이곳을 지나면서 파괴되는 피해가 수백 년간 이어 오는" 지역인 동시에 "조운선, 염운선 및 갖가지 물건을 실은 선박들이 주야로 끊임없이 왕래하는 곳"이었다. 대운하를 이용하여 남북을 왕래하는 선박이라면 반드시 거쳐야 하는 수로 교통의 요지에 천비궁을 이전했던 정유용은, 그로부터 8년 뒤 바로 그곳을 경유하던 운송업자들의 위험 요소를 민세장과 함께 제거한 것이다.[68] 이러한 정황은 정유용과 민세장이 앞장서서 양주의 수로 관련 시설에 대한 정비 작업을 추진했다는 유력한 증거가 된다.

정유용이 천비궁을 중건한 이후 18세기까지 천비궁과 관련한 영험이 많이 발생했다. 무엇보다 1684년 마조의 존호는 천비에서 천후(天后)로 격상되었고, 천비궁 역시 천후궁으로 명칭이 변경되었다. 1801년(가경 6년)에는 마조의 부친이 적경공(積慶公)으로, 모친이 적경공부인(積慶公夫人)으로 책봉되었고, 1803년(가경 8년)에는 염정 관료 길산(佶山)이 천후궁에 대루(大樓)를 추가로 건립하고 적경공과 적경공부인을 함께 제사 지냈다.[69] 이처럼 마조 신앙에 대한 국가 권력의 관심이 증대하면서 관부에서 직접 사묘를 중건하는 일이 증가했다.

민세장이 1671년에 중건했던 우왕묘도 1733년(옹정 11년)에는 염운사 윤회일(尹會一)이, 1792년(건륭 57년)에는 염정(鹽政) 전덕(全德)이 각각 중수했다.[70] 청초에 휘상이 중건했던 수신 사묘는 18세기에 접어들면서 염정 관료들이 관리하는 종교 시설로 바뀌어 간 것이다. [표 23][71]에서 볼 수 있듯, 18세기 후반까지는 양주의 사묘 중건에 참여하는 상인의 사례가 이어지긴 했으나 14곳 가운데 7곳의 사묘에서 중건의 주도 인물이 상인에서 염정 관료로 바뀔 정도로 관부의 주도권이 강화되었다. 이는 각종 공익사업에서 나타난 청조의 개입 증대와도 일맥상통하는 변화였다.(9장 1절 참조)

이와 같이 휘상 정유용은 마조 신령의 영험함을 경험한 뒤 마조를 깊이 신앙했고, 그 표현으로 천비궁을 대운하 연변으로 옮겨 재건했다. 정유용의 행위는 개인적인 신앙의 표현으로 볼 수 있지만, 그 결과 사회적인 파급 효과를 지니게 되었다. 즉 대운하를 이용하는 사람들은 이전보다 쉽게 천비궁에 접근할 수 있었다. 그리고 마조에 대한 제사와 기원을 통해 정신적인 안정감과 각종 편의를 제공받았다.

[표 23] 청 전 · 중기 양주 인근 사묘 중건과 주도 인물

사묘	강희 연간 (1662~1722)	옹정 연간 (1723~1735)	건륭 연간 (1736~1795)	가경 연간 (1796~1820)
우왕묘(禹王廟)	강희 10년 - 상인 (閔世璋)	옹정 11년 - 운사(尹會一)	건륭 57년 - 염정(全德)	
대유사(大儒祠)	運使 朱之瑞 등염 정과 운사가 주관	雍正 8년 - 상 인(汪應庚)		
관제묘			건륭 58년 - 운사와 염정	
번리관(蕃釐觀)	강희 60년 중수		건륭 4년 - 상인	
우성관(佑聖觀)	강희 47년 중수		건륭 6년 - 衆商 건륭 49년 - 鹽政(全德)	
최공사(崔公祠)	강희 32년 - 중상 (衆商) 건립		건륭 6년 - 商人 건륭 26년 - 運使(盧見曾)	
재신묘(財神廟)			건륭 32년 - 總督이 移建 을 주관하고 衆商이 자금 지원. 건륭 56년 - 운사가 移建	가경 6년 - 운사
천후궁	강희 5년 - 상인 (정유용)			가경 8년 - 염정(佶山) 添建
범문정사 (范文正祠)			운사가 중수를 奏請하고 鹽政이 허락, 자금은 商捐 으로 충당.	가경 2년 - 염정
구양문충사 (歐陽文忠祠)	강희 초 - 知府(金 鑛)와 主事(王應麟)	雍正8년 - 상 인(汪應庚)	건륭 16년 - 衆商	
한구대왕묘 (邗溝大王廟)				가경 6년 - 淮南紳 · 商, 公捐 중건
쌍충사(雙忠祠)		옹정 12년 - 紳商(馬曰琯)	건륭 42년 - 운사(朱孝純)	
소효자사 (蕭孝子祠)	강희6년 - 里人 건립	옹정 12년 - 紳商(馬曰琯)	건륭 42년 - 운사(朱孝純)	
금룡사대왕묘	강희 3년 - 淮商 公建		견륭 36년, 41년 - 淮商	

정유용의 기대심리

정유용은 이를 통해 무엇을 기대했을까? 우선 조운을 책임지는 관료들의 이해관계를 떠올릴 수 있다. 즉 정유용은 수신 사묘를 재건하여 조운의 원활한 유지를 기원하던 조운·하도 관료들의 여망을 채워 주고, 더 나아가 그들과의 밀접한 관계 형성을 기대할 수 있었다. 정유용이 사묘를 중건했을 뿐 아니라 운하에 박혀 있던 말뚝을 제거한 사실은 이러한 연결 가능성을 염두에 둘 때 더 자연스럽게 해석된다. 조운 관료 역시 마조에 대한 경외심에 대해서는 일반 선주에 비해 결코 뒤지지 않았기 때문이다.[72]

관련하여 양주에 천비궁이 건립된 지 약 50년 후에 조운총독 시세륜(施世綸)이 회안에 천비궁을 건립했다. 회안 천비궁의 위치는 구성(舊城) 서남 방향 모퉁이에 위치한 만유지(萬柳池)로, 성곽과 대운하를 연결하는 성호(城濠)의 성격을 지닌 곳이다.(232쪽 〔지도 14〕의 ▲ 지점)[73] 양주와 마찬가지로 대운하 유통로의 안전한 유지 및 조운의 원활함을 기원하기 위해 건립된 것으로, 관료와 상인의 이해관계가 천비궁을 매개로 연결될 수 있음을 보여 준다.

하지만 회·양 지역에서 더 중요한 것은 대운하를 이용하는 불특정 다수, 즉 선박 이용자들과 운송업자들의 현실적인 필요였다. 만약 그들의 필요를 제대로 충족시킬 수 있다면 그것이 의도되었건 아니건 상관없이 운하 도시에서 명망을 드높일 수 있는 효과적인 전략이 될 수 있었다. 명 후기 이래 종교 시설에 대한 각종 기부 행위가 곧 학위와 함께 지역 엘리트임을 분별하는 기준이라는 인식이 확산되면서, 신사층 사이에서도 사묘에 대한 기부 문화는 점차 사회적 강제성을 지니게 되었다.[74] 이러한 힘은 지역 엘리트를 꿈꾸는 모든 이들에게 예외 없이 적용되었다. 휘주 상인은 상황 파악에 빨랐고, 대처 방식 역시 민첩했다.

정유용과 협력하여 수신 사묘의 중건에 참여한 민세장에 대한 휘주인들의 평가를 보면 다음과 같은 대목이 등장한다. "선행을 할 때 가능한 한 자신의 이름이 드러나는 것을 꺼렸지만, 지역의 지식인들과 거리의 행려자들은 이 일을 가리키며 입을 모아 칭송하는 자가 헤아릴 수 없었다."[75] 사묘 중건과 상인의 위상 제고(提高)는 이렇게 연결되어 있었다. 정유용이 민세장과 함께 법해사를 중건했을 때도 마찬가지다. [그림 39]를 보면 알 수 있듯 배를 타고 평산당을 유람하려면 반드시 법해사를 경유했다.(♠ 위치) 이후 "평산당을 유람하는 자들은 모두 법해사에 올랐는데, 모두 정유용의 공덕을 칭송했다."[76] 17세기 교통의 요지에 위치한 종교 시설을 후원하는 도시민들, 그 가운데 상인들이 기대했던 바가 바로 이런 평판이 아니었을까?

두신전(痘神殿)을 건립하며 지역 사회에서 명망이 높았던 흡현 잠산도 정씨의 후예인 정몽내(程夢鼐)가 1745년(건륭 10년)에 회수의 신령에게 제사하는 회독묘를 중건한 것도 마찬가지 속셈이 깔려 있었을 것이다. 더구나 회독묘가 위치한 회안의 나가교(羅家橋)는 왕래하는 상인들이 폭주하고 거주민들이 다닥다닥 붙어 사는 번화가였다.[77](232쪽 [지도 14]의 ■ 위치) 왕래하는 사람들로 붐비는 곳에 위치한 사묘, 그것도 지역 사회의 현안과 밀접하게 연관된 종교 시설을 '자발적으로' 정비하는 것은 사회적 인지도를 높일 수 있는 보증수표나 다름없었다. 이렇게 제고된 명망과 신뢰도가 다시금 활동 무대인 회·양 지역 상계(商界)에서 지배 구조의 강화로 이어졌음은 물론이다.[78]

2 진강의 금룡사대왕묘

다음으로 운하 도시의 여러 금룡사대왕묘 가운데 휘주 상인과의 관련성을 분명하게 보여 주는 진강의 금룡사대왕묘를 살펴보자. 금룡사대왕묘는 진강 성곽의 서쪽에 있는 서진도(西津渡)에 위치해 있었다. 서진도는 양자강과 인접한 항구로 과주로 왕래하는 선박들이 도강을 앞두고 정박하는 교통의 요

〔그림 40〕 오늘날 새롭게 복원되고 있는 서진도가(西津渡街). 가운데 파인 홈을 통해 운송업자들이 바퀴 하나 달린 짐수레를 운반했다.

지였다.(〔그림 40〕)[79] 청초 담천이 대운하를 따라 북상할 때도 양자강의 풍랑이 심하여 여기서 강신에 대한 제사 의식을 거행한 바 있었다.[80] 최근에는 과거의 문화를 보여 주는 고문화 거리로 개발되고, 양자강 토사의 퇴적 작용으로 인해 당대(唐代)부터 송원대, 명대, 청대까지 노면(路面)이 상승한 모습이 전시되어 있다.

진강의 금룡사대왕묘는 17세기 초, 즉 만력제의 치세 후반기에 조량을 운송하는 운군과 상인들이 함께 건립했다.[81] 앞서 금룡사대왕 신앙이 조운과 밀접한 관련을 가지고 확산되었음을 확인한 바 있다. 따라서 금룡사대왕묘의 건립에 운군이 참여한 이유는 쉽게 이해된다. 다만 명청 시대 운군의 열악한 경제적 여건을 상기해 본다면[82] 재정적으로 운군의 기여도가 높았다고 보기는 어렵다. 그러므로 이 기록은 운송의 안전을 희구하는 운군의 발의와 노동력을 제공 받아 상인이 자본을 투입한 것으로 해석하는 것이 자연스럽다. 여기에 참여한 상인들은 대운하를 자주 왕래할 뿐 아니라 사묘를 건립할 만큼 재정적인 여유가 풍부했던 자들이었을 것이다.[83]

금룡사대왕묘의 건립 주체

금룡사대왕묘 건립에 참여한 상인은 구체적으로 누구였고, 왜 돈을 출연했을까? 이에 대해서 직접 알려 주는 자료는 없다. 그러나 19세기 초반 회·양 지역에 파견되어 삼대정의 변화에 큰 영향을 미쳤던 도주(陶澍, 1779~1839년)가 남긴 금룡사대왕묘에 대한 기록은 중요한 실마리를 제공한다.

> 단도현 월갑(越閘)에 사묘(금룡사대왕묘)가 있는데, 이는 환인(皖人, 휘주인)으로 이곳에 객거(客居)하는 자들이 건립한 것이다. 그 땅은 진해암(鎭海庵)의 승려와 거민 기씨(紀氏)에게서 샀다. 가경 21년(1816년)에 신전을 처음 건립했고, 도광 6년(1826년) 다시 누대(樓臺)와 좌우의 낭하(廊下)를 건립했다. 높고 수려할 뿐 아니라 엄숙한 기운이 가득했다. 환인 가운데 이곳을 경유하는 자들은 모두 정성과 공경을 다하여 받들었으니 신령이 호응하지 않음이 없었다. 하물며 월갑은 대운하와 인접하고 강과 호수는 계속 수위가 변하니 더욱 신령의 도움에 의지했다. 그랬더니 겨울과 봄 사이(冬春之際: 상경하는 조운선이 밀집하는 기간을 지칭함)에 조수가 불어나 줄어들지 않아 수많은 선박이 꼬리를 이어 움직이고 얕아서 막히는 걱정이 없었다. 그런즉 국가가 그 혜택을 입은 것이니 이것이 어찌 다만 휘주인의 복일 뿐이겠는가?[84]

도주가 언급한 '환인'은 안휘성 사람을 지칭하는 것이다. 문맥상 그들은 진강에 일시적으로 온 자들이 아니라 지속적으로 왕래하는 상인임을 알 수 있다. 같은 시기에 활동했던 진강 사람 육헌(陸獻, 1821년 향시 합격)의 기록을 보면, 월갑과 인접한 횡갑(橫閘)이 쉽게 훼손되는 이유는 하천의 변동 때문이 아니라 갑문을 자주 이용하는 "안휘의 간상[安徽之奸商]" 때문이라고 지적한 바 있다.[85] 같은 문서가 『청경세문편(淸經世文編)』에도 약간의 자구를 달리 하여 인용되어 있다. 이를 통해 그들은 휘주에서 온 목상(木商)이었고 갑문 수축을 책임진 관료와 밀접한 관계를 맺고 있다는 추가 정보를 얻을 수 있다.[86] 그 렇다면 월갑을 자주 경유하면서 금룡사대왕묘를 건립한 자는 휘주에서 온 목 상일 가능성이 높다.

휘주의 6개 현 가운데 다수의 목상을 배출하기로 유명한 지역은 무원현이 다. 목재는 산지가 많은 휘주 지역의 대표적 상품으로, 무원현 상인들은 19세 기 중엽 차 수출로 업종을 바꾸기까지 주로 목재 수송을 위해 각지로 진출했 다.[87] 양자강 중·상류에서 가지고 온 목재를 강남 지역으로 운송하기 위해서 는 반드시 진강을 경유해야 했다. 그 가운데 무원현 출신의 목상 대진신(戴振 伸)이라는 사람이 있는데, 그는 도광 연간(道光年間, 1821~1850년) 훼손된 횡 갑과 월갑을 모두 보수하고 인근 운하까지 준설하여 9품함을 사여받았다.[88] 그렇다면 도주의 기록 속에 등장하는 '환인'을 휘주 상인, 특히 무원현에서 온 목상이 다수를 점했을 것이라고 해석해도 큰 무리는 아닐 것이다.

이러한 여러 자료를 근거로 다시 도주의 기록을 정리해 보면 다음과 같다. 1816년(가경 21년) 휘주 목상들이 대운하에 연결된 월갑 인근에 토지를 매입 하여 진강에 금룡사대왕묘의 신전을 건립하고, 다시 10년 뒤 주변의 공정을 마무리했다.

그렇다면 금룡사대왕묘는 1816년에 처음 건립된 것일까? 하지만 건륭『진 강부지』(1750년 편찬)와 광서(光緒)『단도현지』(1879년 편찬)를 비교해 보면, 두 자료에 등장하는 금룡사대왕묘가 동일한 장소에 위치한 것임을 확인할 수 있다. 그리고 후자에 따르면 이 사묘는 태평천국의 반란 기간에 훼손되었다 고 한다.[89] 그렇다면 19세기 초반에 건립된 금룡사대왕묘는 새로 건립된 것이 아니라 17세기 초에 세워진 사묘가 중건된 것이 분명하다. 즉 17세기 초에 건 립된 진강의 금룡사대왕묘는 18세기 중반까지 그 기능을 유지했지만 이후 점 차 관리가 제대로 이루어지지 않다가, 19세기 초반에 다시 휘주 상인이 재건 한 것으로 정리가 가능하다.

그렇다면 2세기 전 금룡사대왕의 건립 주체도 휘주 상인이라고 볼 수 있을까? 물론 중건의 주체가 휘주 상인이라는 단서만 가지고 창건의 주체를 휘주 상인이라고 단정짓는 것은 곤란하다. 하지만 다음과 같은 몇 가지 정황을 함께 고려한다면 이야기는 달라진다.

먼저 진강을 왕래했던 휘주 목상들의 활동 시기를 명 만력 연간으로 소급하는 것은 큰 문제가 없다.[90] 『동관기사』를 통해 보았듯이, 만력 20년대(1592~1601년) 황목 운송을 담당하며 양자강과 대운하 등의 유통로를 마음껏 유린했던 이가 바로 수십 명의 휘주 상인이었다.[91] 1640년(숭정 13년)에 진강 서진도에 거주하던 흡현 출신 상인도 최소 30가가 넘었다.[92] 그리고 1674년(강희 13년)에는 양자강 — 대운하 루트를 이용하여 복건으로 목재를 운송하는 무원현 출신 목상이 관부의 명령을 받아 진강에 천 간(間)이나 되는 군영(軍營)을 설립했다는 기록도 있다.[93]

또한 진강은 아니지만, 만력 연간 초기에 가정현 남상진에 금룡사대왕묘를 건립했던 이는 휘주 흡현에서 왔던 임양우(任良佑)였다. 그는 남상진에 체류하던 여러 휘주 상인 가운데 하나로, 남상진의 대표적인 사원인 운상사(雲翔寺) 내부의 금룡사대왕묘뿐 아니라 대웅전, 그리고 도교 시설인 만수관(萬壽觀)의 옥황전(玉皇殿)의 건립에 출연했다.[94] 주목되는 점은 장사를 하기 위해 남상진에 온 그가 금룡사대왕묘를 건립하기로 결정한 이유다. 왕세정(王世貞, 1526~1590년)의 기록에 따르면, 임양우는 "5000냥의 자금을 가지고 대하(大河)를 타고 가던 중 풍랑을 만났는데, 선박이 (피해를) 면하자 그 공로를 금룡사대왕에게 돌리고 천금의 사재를 출연"하여 금룡사대왕묘를 건립했다.[95] 즉 그는 "대하"에서 보호해 준 신령을 금룡사대왕으로 이해하고, 보응하기 위해 사묘를 건립했다는 것이다.

그렇다면 그가 이용한 "대하"란 어떤 수로인가? 일반적으로 "하(河)"란 황하 아니면 운하를 지칭한다. 하지만 "하" 앞에 "대"를 붙인 이름의 특징으로 볼 때나 흡현에서 남상진으로 이동하는 경로를 고려할 때, "대하"가 황하일 가능성은 희박하다. 그렇다면 여기서 언급된 "대하"란 운하이고, "대하"라는 표현으로 보아 대운하일 가능성이 높다.

이를 확인하기 위해 1626년(천계 6년)에 휘주인 정춘우(程春宇)가 간행한 『사상류요(士商類要)』를 살펴보자. 객상과 과거 응시자들의 여행 참고서인 『사상류요』의 노선도 가운데, 임양우가 선박을 이용하여 남상진에 도달하기 위해 선택할 수 있는 루트는 두 가지다.

① 휘주 → 신안강(新安江) 이용 → (절강성) 엄주(嚴州) 도착 → 부춘강(富春江) 이용 → 항주 도착 → 대운하 이용 → 소주 도착 → 오송강(吳淞江) 이용 → 남상진 도착.[96]

② 휘주 → 육로와 수로 이용 → (안휘성) 무호 도착 → 양자강 이용 → 진강 도착 → 대운하 이용 → 소주 도착 → 오송강 이용 → 남상진 도착.[97]

어느 루트를 선택하든 모두 대운하를 경유해야 한다. 더구나 대운하에 인접한 주요 도시에 금룡사대왕묘가 건립되어 있었다. 그러므로 임양우가 신조(神助)를 경험했던 "대하"는 대운하라고 판단하는 것은 문제가 없을 것 같다.

이러한 정황을 종합적으로 고려한다면, 만력 연간 진강에 금룡사대왕묘를 건립하며 대운하를 이용하던 상인 가운데 임양우와 같은 휘주 상인이 포함되었을 가능성은 매우 높다. 따라서 현재까지 발견된 자료만 놓고 볼 때, 19세기 초에 재건했던 금룡사대왕묘의 창건 주체 역시 휘주 상인이었을 가능성이 다른 지역 상인들에 비하여 높다고 판단하는 것이다.

사묘와 동향 회관

어쨌든 도주의 기록에서 재고할 부분은 금룡사대왕묘를 건립한 휘주 상인의 활동과 결과에 대한 평가이다. 먼저 휘주 상인들은 금룡사대왕묘를 건립하는 것에 그친 것이 아니라 왕래하는 동향인들이 경유하여 참배하는 공간으로 활용했다. "환인 가운데 이곳을 경유하는 자들은 모두 정성과 공경을 다하여 받들었으니 신령이 호응하지 않음이 없었다."라는 구절이 그것이다. 1813년(가경 13년)에 소주에 세워진 회관 기록을 비교해 보면, 소주에는 "오방(五方)의 상인이 폭주하고 운집하는 곳이다. 백화가 가득하고 교역이 이루어진다. 그러므로 각 성 군읍에서 이곳으로 장사하러 온 자들은 회관을 건립하지 않음이 없고, 명신(明神)에게 정성스레 제사하면서 동향인을 모으고 함께 신의 은혜를 입는 것"이라고 했다.[98] 그러므로 휘주 상인이 진강에 금룡사대왕묘를 중건한 것은 수운의 안전을 희구할 뿐 아니라 종교 활동을 통해 동향인들의 결속을 다지기 위함이었다.

사묘를 동향 회관으로 활용하는 것은 청대 휘주 상인들에게 낯선 방식이 아니었다. 회안에서 활동하던 휘주 출신 전당업자들은 영왕묘(靈王廟)를 자신들의 동향 회관으로 활용했다.[99] (232쪽 〔지도 14〕의 ♠) 영왕묘는 주선령왕(周宣靈王)을 제사하는 사묘로, 주선령왕은 남송 시대의 항주에 살았던 무술인 주씨(周氏)를 말한다. 사후에 영험함을 인정받아 초반에는 강남 지역의 오현신(五顯神) 신앙과 결합되다가 명대부터는 효자(孝子) 전설의 유행과 함께 신앙이 확산되었다. 그리고 명말·청초에는 유통업의 발전과 휘주 상인을 비롯한 객상들의 숭배를 통해 항운의 보호신으로 변화되었다.[100]

그러나 1704년(건륭 43년)에 양회 지역 염운사였던 주효순(朱孝純)이 기록한 '영왕묘비기(靈王廟碑記)'는 다른 전설을 들려준다. 주효순에 따르면, 주씨는 원말에 도인(道人)으로 환생하여 휘주부 휴녕현에서 돌림병("癘疫")을 퇴치하는 공로를 세웠다. 이후 휘주에서 그를 주선령왕으로 높여 제사 지냈고,

휘주 상인이 많은 회안에도 이를 제사하는 영왕묘가 전파되었다는 것이다.[101] 휘주부 휴녕현은 전당업자를 많이 배출하기로 유명한 지역으로, 회안 영왕묘에 대한 주효순의 기록은 설득력이 높다. 그러므로 진강의 휘주 상인들 역시 금룡사대왕묘를 자신들의 회관으로 활용했다고 해석하는 것은 큰 무리가 없다.

또한 이 기록은 금룡사대왕묘가 반드시 특정 지역 상인의 전유물로 기능하지

[그림 41] 산동성 요성(聊城) 산섬 회관 안에 있는 금룡사대왕상. 산서성과 섬서성 상인들이 제사를 통해 운하에서 수운의 안전을 희구했다.

않았음을 보여 준다. 이미 많은 연구자들이 소주부 오강현(吳江縣)의 성택진(盛澤鎭)에 세워진 금룡사대왕묘의 설립과 중건 비문을 인용하면서 금룡사대왕묘를 제녕 출신 상인의 전유물 내지는 동향 회관으로 지적한 바 있다.[102] 성택진의 사례를 비롯하여 산동성과 인근 지역 자료를 보면 금룡사대왕묘가 산동 출신 상인들에게 대단히 친숙한 사묘였던 것은 분명하다. 그렇지만 산동성 내에서도 외지 상인들이 금룡사대왕묘를 중건하거나 주도적으로 참배한 사례가 적지 않다. 특히 산서 상인의 사례는 주목할 만하다. 임청에 위치한 금룡사대왕묘 가운데 하나는 장거리 유통업에 종사하는 산서 상인들이 1618년(만력 46년) 건립했다. 주체는 산서와 복건·강서 지방을 왕래하는 상인으로, 양자강과 파양호(鄱陽湖)에서 수환을 당하지 않은 것에 대한 보답으로 금룡사

대왕묘를 건립한 것이다.[103] 또 요성에 건립된 산섬회관에서도 금룡사대왕 신상을 발견할 수 있다.([그림 41]) 회관의 대전(大殿)에는 관제를 제사하지만 북전(北殿)에서는 수신, 즉 금룡사대왕을 제사했다.[104] 이외에도 대운하를 이용하여 산동성을 왕래했던 관료들과 상인들을 통해 금룡사대왕 신앙이 각지로 퍼져 나간 사례도 발견된다.

이 책의 분석 대상인 회·양 지역을 살펴보자. 앞서 보았듯 진강의 금룡사대왕묘는 휘주 상인이 장악했다. 1664년(강희 3년) 양주의 운하 연변에 건립된 금룡사대왕묘에 대한 기록을 보면, "회상(淮商)"이 건립했다는 기록이 있다.([그림 39]의 ◆ 위치) 당시 양주에서 활동하던 "회상"이란 곧 염상을 지칭하는 것이다. 일반적인 용례로 볼 때 "회상"의 다수는 휘주 상인이다. 『염법지』 기록을 보면 매년 "개교(開橋)"의 의식을 거행할 때마다 천여 척의 염운선이 금룡사대왕묘에 모였고, 운송의 안전을 기원하는 제사 의식이 거행되었다.[105] 따라서 양주의 금룡사대왕묘는 회·양 지역의 염상들이 안전을 기원하고 동업자들의 편의를 제공하기 위해 건립했던 것이 분명하다. 한구에 건립된 금룡사대왕묘 역시 양주를 왕래하는 염상이 건립하고, 그들을 위한 동향 회관과 동업 공소(公所)의 기능까지 수행했다.[106]

요약하면 운하 도시에 건립된 수신 사묘는 특정 지역 상인이 점유했던 것이 아니라, 상업 능력과 환경의 변화에 따라 얼마든지 점유자가 변경될 수 있었다. 더구나 종교 시설이라는 성격상, 사묘라는 공간은 신분의 고하를 막론하고 누구에게나 열려 있었다. 다만 청대라는 시간과 진강과 양주라는 공간에 한정할 때, 휘주 상인이 금룡사대왕묘를 자신들의 동향·동업 조직으로 활용했던 사례가 많은 것이다. 이러한 사실은 실질적인 점유자가 복건 상인에서 휘주 상인으로 변화되었던 양주의 천비궁에도 동일하게 적용된다.

"휘주인의 복"

마지막으로 금룡사대왕묘 중건에 대한 평가를 음미해 보자. 도주는 겨울과 봄 사이 조량이 정해진 기한에 맞추어 운송되는 시기에 월갑을 왕래하는 선박의 운행이 순조로울 수 있었던 직접적인 요인으로 기존에 고저의 변화가 심하던 조수 간만의 차가 일정해졌다는 것을 언급했다. 그리고 그 공로를 휘주 상인들의 경건한 신앙심으로 돌리면서 "그런즉 국가가 그 혜택을 입은 것이니 이것이 어찌 다만 휘주인의 복일 뿐이겠는가?"라고 말을 맺는다.

의례적인 미사여구로 간주하기에는 너무도 사실적인 도주의 묘사는, 다시금 원활한 조운 유지에 급급했던 국가 권력의 입장을 상기시킨다. 휘주 상인이 금룡사대왕묘를 중건했던 1826년에 도주는 강소순무(江蘇巡撫)를 맡고 있었다. 그런데 당시 진강을 왕래하는 조운선이 조수(潮水)의 부족으로 양자강으로의 진입하지 못하는 위기 상황이 발생했다.[107] 도주는 조운에 차질이 생길 것을 우려하여 횡갑과 월갑에 새로운 운하를 준설할 대책까지 마련했다. 그런데 마침 눈과 비가 내리고 조수가 밀려와, 간단한 준설 작업으로도 조운선의 운행이 정상화되었다.[108] 수신 사묘를 건립하고 제사하는 것이 하공과 조운을 책임진 관료들의 절박한 심정의 표현이라고 한다면,[109] 그러한 부담을 대신 짊어지는 상인들의 선택은 그 자체만으로 관료들에게 '감동'의 조건이 될 수 있었다. 게다가 수신 사묘의 중건 직후 조운이 순조롭게 이루어졌다면, 비록 그것이 우연의 일치라 해도, 이를 수행했던 상인과 관료 사이의 관계는 결코 이전과 같진 않았을 것이다. 1826년의 '위기' 이후, 도주가 금룡사대왕묘에 대한 비문을 작성하면서, "휘주인의 복"을 운운한 것도 바로 이 때문일 것이다.

9장 선당·선회와 휘주 상인

명·청 시대 장거리 유통업에 종사하는 상인들은 객지에서 일정 기간 체류한 후 고향으로 돌아오기도 했지만 일부는 좀 더 많은 이윤 획득과 더 나은 삶의 질을 위하여 객지에 정착했다. 이때 이윤 획득 면에서 해당 지역이 얼마나 매력적인가는 일차적인 고려 조건이겠지만 현실적인 정착 가능성도 중요한 변수였다. 즉 '외래인'에 대한 해당 지역민들의 '텃세'를 어떻게 극복하느냐의 문제가 대두되는 것이다.

한편 상공업의 중심 지역은 각지에서 몰려드는 상인을 비롯한 빈번한 인구 이동과 무뢰층의 증가로 사회적 무질서가 증가했다. 시장에서는 크고 작은 분쟁과 소송이 발생했으며 선박이 정박하는 나루터에는 외지 상인을 유혹하는 숙박업소와 아행들의 호객 행위 및 다양한 거래 단계에서의 속임수가 난무했다. 이 과정에서 기댈 곳이 없는 사회적 '약자'들은 공권력이나 지역 사회의 관심조차 받지 못할 때가 많았는데, 명·청 교체의 동란기에는 더더욱 그러했다.

바로 이러한 시기에 등장하여 확산되었던 기구가 선당(善堂)과 선회(善會)이다. 이는 관부가 설립하고 운영하는 기존의 사회 구제 기관과는 달리, 민간에서의 자발적인 발기와 참여로 이루어지는 결사 조직이라는 점에서 새로운 시대 조류의 한 양상으로 평가받는다.[1] 특히 회·양 지역에 설립·운영되었던 육영당(育嬰堂)과 구생회(救生會)는 17세기에 등장한 선회·선당 가운데 비교적 초기에 세워졌을 뿐 아니라 휘주 상인의 참여가 두드러졌다.

9장에서는 회·양 지역에 선당과 선회가 출현하는 과정을 살펴보고자 한다. 특히 양주의 육영당과 진강의 구생회가 창립되는 배경과 과정, 그리고 이후의 운영 과정에서 발생한 변화를 중점적으로 살펴볼 것이다. 이 과정에서 휘주 상인이 수행한 인상적인 역할과 한계가 동시에 드러날 것이다.

1 양주 육영당과 대운하

육영당은 버려진 영아를 양육하기 위해 세운 자선 기관이다. 기능적인 측면을 고려해서 송조가 세웠던 자유국(慈幼局)과 육영당을 유사한 것으로 이해하곤 했다.[2] 하지만 주로 양자강 하류 강남 지역과 북경을 중심으로 우후죽순으로 생겨난 선회와 선당은 민간의 자발적인 발기와 참여로 이루어지는 새로운 형태의 자선 기관이라는 점에서 차이가 있다. 그 가운데 육영당은 가장 광범위하게 보급된 선당이었다. 특히 양주의 육영당은 가장 먼저 세워진 것으로 이후 등장하는 육영당의 모범이 되었다는 점에서 더욱 주목할 가치가 있다.[3]

육영당의 건립과 휘주 상인

1733년(옹정 11년)에 출간된 『양주부지』의 기록을 바탕으로 1810년(가경 15년)에 출간된 『중수(重修)양주부지』에 추가된 내용을 함께 보면, 육영당의 설립 주체와 변천 과정을 일목요연하게 파악할 수 있다. 1810년에 출간된 지방지에 추가된 내용은 밑줄로 표시하고, 분석을 위해 ㉠~㉢으로 나누어 보았다.

㉠ 순치 12년(1655년) 읍인 채련(蔡璉)이 창시하고, ㉡ 신사와 상인 이종공(李宗孔), 민세장 등이 출연을 주도했다. ㉢ (그 후) 매년 출연한 금액이 액수를 채우지 못해 당우(堂宇)가 허물어질 정도가 되었다. ㉣ 이에 강희 50년(1711년) 읍인 민정좌(閔廷佐)와 장사맹(張師孟) 등이 신사·상인의 출연을 제창하여 민간의 땅을 구입하고 장소를 북문 밖으로 옮겼으며, ㉤ 염운사 이진상(李陳常)은 상인 공의(商人公議)를 모아 매년 은 1200냥을 출연하도록 했다. ㉥ 옹정 원년 양회 염규(鹽規)의 번잡함을 간소하게 정리할 때도, 육영당에 관한 조항은 정확하게 기록하여 육영 활동을 지속하도록 했다. ㉦ 옹정 12년(1734년)에도 민정좌는 다시 신사의 출연을 제창하여("又倡紳捐") 건물을 짓고 젖먹이는 방 79간을 만들었다. ㉧ 건륭 연간 양회 염정을 다스렸던 관리들 역시 육영당에 대한 수리에 힘쓸 뿐 아니라 젖먹이는 방 240간을 개축했다.⁴"(밑줄은 1810년 지방지 추가 내용임)

1655년 육영당을 건립한 주창자는 양주인 채련이었다.(㉠) 지방지에서 채련에 대한 다른 기록을 찾을 수는 없다. 하지만 유종주(劉宗周, 1578~1645년)가 1634년에 남긴 기록에 의하면 채련은 양주에서 육영사(育嬰社)라는 자선 조직의 활동에 참여했다.⁵ 청초 염운사를 역임했던 주량공(周亮工, 1612~1672년)도 채련이 육영당뿐 아니라 방생사(放生社)의 창립에도 참여했음을 기록해 놓았다.⁶ 명말·청초에 인간이 아닌 생물을 구제 대상으로 하는 방생사와 인간을 대상으로 하는 육영당·동선회(同善會) 등이 동시다발적으로 발생했으며 상호 밀접한 사상적 관련성을 지니고 있었음을 상기할 때,⁷ 채련은 이러한 사상적 흐름의 전방에 위치한 인물이었을 것이다. 일부 연구에서 채련을 자선 활동에 적극적이었던 평범한 상인이라고 지적했지만,⁸ 분명한 증거가 있는 것은 아니다. 다만 육영당에 함께 참여했던 휘주 상인과의 교제권을 형성하고 있었던 만큼, 상업에 직·간접적인 참여를 하고 있었으리라 짐작할 뿐이다.

채련의 문제 제기 이후 실질적으로 주변인들의 출연을 제창한 인물은 신사

이종공과 상인 민세장이었다.(ⓑ) 하지만 1874년(동치 13년)에 출간된 『양주부지』와 가경 연간에 출간된 『양회염법지』의 육영당 관련 기록을 종합해 보면, 주도 인물은 두 사람 외에도 7명(원홍휴員洪庥, 오자량吳自亮, 방여정方如珽, 정원화鄭元化, 정유용, 오필장吳必長, 허승종許承宗)이 더 있었다. 그 가운데 원홍휴만 산서 상인이었고, 나머지 6명은 모두 휘주 상인이었다.[9]

신사의 신분으로 참여했던 이종공의 집안 내력을 살펴보면, 그 역시 양주에서 염업에 종사했던 산서 염상 가문의 자손임을 알 수 있다.[10] 그의 증조부 이승식(李承式)은 가정 연간(1522~1566년) 산서성 대동(大同)에서 양주로 이주했다. 이승식이 소금 유통업에 종사했기에, 이종공은 염상 자제에게 주어졌던 상적을 획득하여 1647년 전시에 합격했다.[11] 그런데 이종공은 육영당의 창립 초기부터 참여했던 것이 아니다. 그는 4년 뒤인 1659년(순치 16년)에 잠시 관직에서 벗어나 양주를 방문하던 기간에 민세장과 정유용의 권유로 합류하게 되었다.[12] 따라서 육영당을 창건하면서 자금을 지원한 주도자 8인은 모두 상인이었고, 그중 대다수인 7명이 휘주 상인이었다. 민세장과 정유용이 뒤늦게 급사중(給事中) 이종공을 합류시킨 것은, 관부와의 연결 고리를 만들어 신사층의 광범위한 참여를 유도하기 위함이었을 것이다.

이후 50여 년 동안 큰 문제없이 운영되던 육영당도 시간의 흐름에 따라 재원 마련이 어려워졌다.(ⓒ) 그사이 구성의 소동문 외곽에 위치했던 육영당 건물이 퇴락했다. 이에 1711년(강희 50년) 민정좌와 장사맹 등이 앞장서서 신사와 상인으로부터 출연금을 모아 북문 외곽에 땅을 구매하고 이건(移建)했다.(ⓓ) 주도자 두 명에 대해서는 지방지와 염법지에 더 이상의 관련 기록이 보이지 않지만 신사와 상인의 출연을 모두 주도한 것으로 볼 때 두 사람 중 한 명 이상은 신사였을 것이다. 어느 연구에서 민정좌가 휘상 민세장 가문의 후예라고 추론했는데, 뚜렷한 증거를 제시한 것은 아니다.[13] 더구나 1734년(옹정 12년)에 민정좌가 신사의 출연을 제창했다는 기록이 있으므로, 민정좌를 상인이라고 판단하기는 어려울 것 같다.[14] 어쨌든 육영당 운영에 점차 많은 신사들이 참여했던 것은 분명하다.

바로 그해, 염운사로 부임한 이진상(1711~1714년 재임)은 "상인공의"를 모아 매년 1,200냥을 출연하도록 했다.(ⓜ) 당시 "공의(公議)"를 모은 상인 중에는 민관(閔寬), 여사근(余士覲), 왕광원(汪光元), 오국사(吳國士), 정련(程蓮) 등이 포함되었는데, 민관이 창립자 민세장의 아들이었다. 정련은 잠산도 정씨의 후예로 부친은 정준(程潗)이다. 여사근 역시 흡현 출신 염상이었다.[15] 따라서 1711년 육영당의 기금 마련에 가장 적극적으로 참여한 상인은 휘상이었고, 그들은 자신들의 결집된 의견("공의")을 모아 염정 관료 이진상에게 개진했던 것이다.[16] 이처럼 강희 후반까지 육영당 운영에 참여하는 휘주 상인의 영향력은 막강했으며, 특히 대를 이어 참여했던 민관처럼 일종의 '사명의식'을 지닌 상인도 있었다.

하지만 상황은 청초와 많이 달라졌다. 휘주 상인의 참여가 여전히 많았지만, 그들은 청초와 같이 자율적으로 운영 과정에 개입하기 어려웠다. 무엇보다 염정 관료의 중재가 중요했다. 육영당을 비롯한 각종 공익사업에 청조의 개입이 증대되었음을 보여 준다. 이러한 현상은 옹정 연간 이후 전개된 선회·선당사의 흐름인 '관영화(官營化)'와 일치한다.[17] 옹정 연간에 각종 염규가 정리될 때에도, 육영당에 대한 관련 법규는 변함없이 지속되었다.(ⓗ)

1734년(옹정 12년) 건물 증축을 위한 재원 마련을 주도한 자들은 신사였으며,(ⓐ) 이후 18세기 말까지 양주 육영당의 실질적인 운영은 관부가 주도했다.(ⓞ) 18세기 이후의 기록이 풍부한 동치(同治)『양주부지』의 자료와 본 자료를 종합하여, 육영당 운영에 참여한 기금 출연자를 정리하면 〔표 24〕와 같다.[18] 요약하면 청초 다수의 휘주 상인이 주도하여 육영당을 창립했지만, 18세기 초반에 이르러 상인과 함께 신사의 참여가 확대되었으며, 18세기 중반 이후에는 염정 관료들이 그 주도권을 장악했다. 물론 염정 관료가

〔표 24〕 시기별 양주 육영당의 운영·출연자

시기	육영당 운영 및 기금 출연자	주도층
순치 12년 (1655)	상인 8인(휘상 8인, 진상 1인), 신사 1인(1659년 합류).	상인
강희 50년 (1711)	읍인 민정좌·장사맹 등이 신사·상인의 출연 제창.	신사와 상인
강희 50년 (1711)	염운사(이진상)와 상인공의(휘상 4인 주도).	관리와 상인
옹정 12년 (1734)	민정좌와 신사의 출연.	신사
건륭 8년 (1743)	염운사 주효순(朱孝純)이 육영당을 8곳으로 확장하고, 상인을 가려 뽑아 매달 승판(承辦)하도록 함.	관리 (상인)
건륭 20년 (1755)	염운사 노견증(盧見曾)이 광저문 외곽의 땅을 구매하여 육영당 용도로 사용.	관리
건륭 30년 (1765)	염정 보복(普福)이 소주 육영당을 모방하여 400간짜리 건물을 건립.	관리
건륭 40년 (1775)	염정 이영아(伊齡阿)가 유부(乳婦)에게 지급하는 급여를 증액함.	관리
건륭 56년 (1791)	염정 전덕(全德)이 염운사사 재정 가운데 일부를 육영당 운영비로 전용.	관리
건륭 60년 (1795)	염정 소릉액(蘇楞額)과 염운사가 봉급을 연자(捐貲)하여 240간짜리 유방(乳房)을 개건(改建)함.	관리

사용한 기금이란 곧 염상들이 납부하던 세금과 기부금에서 나온 돈이지만, 어쨌든 이전과 같은 자율적인 상인들의 참여는 찾기 어렵다.

왜 양주인가

육영당이 처음 양주에 등장한 이유는 무엇일까? 육영당이 필요했다는 것은 버려진 영아가 많다는 증거인데, 이에 대하여 위희의 기록은 설립 배경에 대한 중요한 정보를 제공한다.

강희 16년(1677년) 11월 보름에 우연히 친구와 함께 육영사를 방문하게 되었는데, 아기들을 포대기에 싸고 젖을 먹이는 백 수십 명의 부녀들이 있었다. 그날 육영당 운영의 책임을 맡고 있는 자는 근무 일지를 가지고 유부(乳婦)의 이름을 호명하면서 급여를 지급했고, 영아에게는 솜이불과 옷을 나누어 주었다. 우측으로는 아이들을 치료하는 방이 있는데, 병이 나거나 상처가 생긴 아이들은 모두 이곳에서 약을 얻을 수 있었다. 나는 이 광경을 보자 눈물이 흐르며 "도대체 어떤 성덕인(盛德人)이 이러한 일을 했단 말인가? 이른바 천지의 결함을 보완한다는 것은 이를 두고 하는 말이리라."라고 경탄했다. 이에 알아보니, 순치 12년(1655년) 봄에 채련이 길거리에 버려진 영아들을 보고 불쌍한 마음이 생겨, 돌아와 민세장에게 이 일을 고했고, 민세장은 아랫사람들을 시켜 유부를 모아 매달 5전을 주며 아이들을 양육시켰다고 한다. 또한 민세장은 여러 동지들에게 설득하기를, "양주는 ⓐ 남북 왕래의 요충지일 뿐 아니라 ⓑ 여자들이 아름답기로 유명하니, ⓒ 사방에서 많은 관리들과 부귀자들이 첩을 사서 교거(僑居)하는 곳이다. 그 결과 ⓓ 영아 출생이 지나치게 많아졌으니, 보통 다른 지역보다 두 배의 비용으로 유부를 고용하여 아이를 키워야 할 정도가 되었다. ⓔ 이에 가난한 집에서는 유부의 급여가 많음을 보고, 종종 자신의 자녀를 물속에 버리거나 길가에 유기하는 일이 발생하니, 이러한 까닭으로 양주의 버려진 영아가 다른 지역보다 많은 것이다."라고 했다. 내 눈과 귀로 보고 듣지 못한 것을 모두 헤아릴 수 없구나! 이에 육영사 건물을 건립하고, 버려진 영아에 대해서 잘 아는 사람으로 하여금 아이를 모아오게 하고 채련에게 육영 사업을 주도하게 했다. 이때부터 모여든 영아가 이백여 명으로 증가했다. …… 많은 사람들이 함께 운영하면서 부족한 부분을 매달 책임진 자가 보충했는데, 민세장은 스스로 두 달의 책임을 맡으니 육영 사업은 빠짐이 없었다. 1655년 설립 이래 1678년의 23년 동안, 육영사를 통해 살아난 아이가 삼사천 명에 이른다.[19] (강조와 ⓐ~ⓔ 구분은 인용자의 것임)

이에 따르면 채련은 거리에 유기된 영아들의 참혹함을 보고 영아 구제 시설의 필요성을 민세장에게 호소했다. 그리고 민세장은 자신의 사재를 출연할 뿐 아니라 다른 '동지'들의 협력을 동원함으로써 육영당을 건립하고 운영할 수 있었다.

위희는 창립자 민세장의 말을 인용하여 양주와 육영당과의 상관 관계를 다음과 같이 정리한다. 즉 양주에 버려진 아이들이 많은 이유는 양주에 영아 출생율이 높기 때문인데,(ⓓ) 영아 출생율이 높은 이유는 사방에서 고위 관료들과 부귀자들이 첩을 얻어 잠시 체류하기 때문이고,(ⓒ) 다시 이처럼 권세 있는 자들이 양주로 몰리는 이유는 양주가 남북 교통의 요충지(ⓐ)일 뿐 아니라 양주에 아름다운 여성이 많기 때문(ⓑ)이라는 것이다. 문제는 이처럼 부유한 집안에 태어난 영아들이 많아지자 현지의 가난한 여성들이 부유한 집안의 유부로 고용되기 위해 자신들의 아이를 길가에 유기하는 경우가 많아진 것이다.(ⓔ) 거꾸로 정리하면 양주는 남북을 왕래하는 교통상의 편리성(ⓐ)과 여성의 아름다움(ⓑ)으로 인해 왕래하는 돈 많은 관리들과 상인들의 발목을 붙잡아 영아 출생률을 높였고,(ⓒ, ⓓ) 이것이 다시금 유기된 영아의 다량 양산(ⓔ)이라는 사회 문제를 야기했다는 분석이다.

왕조 교체의 동란기를 거쳤던 양주의 상황을 고려해 보면, 양주에 거주하던 일반 부녀들이 자신의 아이를 포기하고 새로운 아이의 보모를 선택하는 상황(ⓔ)은 어렵지 않게 이해된다. 『양주십일기』의 기록을 통해서 알려져 있듯이, 양주는 왕조 교체의 동란기에 청군으로부터 심각한 파괴를 당했다. 이 과정에서 아름답기로 유명했던 양주의 부녀들은 점령군의 성적 노리개가 되거나 전리품으로 끌려 다니는 경우가 많았다.[20] 더구나 이처럼 심각한 파괴가 휩쓸고 지나간 자리에는 전염병까지 돌기 마련이었다.[21] 이는 현지에 남아 있던 거민들의 생계를 더욱 위협했을 것이고, 이 와중에 자의든 타의든 태어난 수많은 영아들이 살해되거나 유기되었을 가능성은 농후하다. 이러한 상황에서 외지에서 진입하여 양주에 체류하던 관료와 상인들이 높은 급료를 주고 부녀를 고용했으니, 경제적으로 곤경에 처한 거민들이 자신의 영아를 유기하는 일이 더욱 많아졌던 것이다.[22]

"양주수마"와 "남북 왕래의 요충지"

그렇다면 영아 출생율이 급증한 요인으로 민세장이 제시한 두 가지 조건(ⓐ, ⓑ)이 얼마나 설득력을 지닌 것인지 검토해 볼 필요가 있다. 먼저 양주 여성의 아름다움(ⓑ)에 대해서는, 이미 명 중기부터 이를 증명하는 여러 문헌 기록이 풍부하다. 특히 양주는 기녀와 첩 등의 매매 여성을 배출하는 지역으로 유명했다. 사조제(謝肇淛, 1567~1624년)는, "양주는 천하의 가운데에 위치하여 천택(川澤)이 수려했다. 그러므로 여자들은 아름답고 성정은 온유하며, 행동거지가 순하고 총명했으며…… 다른 지역이 능히 적수가 되지 못했다. 하지만 양주인들은 이런 여자들을 기화(奇貨)로 여겨 각지에 동녀(童女)로 팔아 넘겼고, 화장을 진하게 시키고 서예·주산·거문고·바둑 등을 가르침으로써 몸값을 높였다. 이를 '수마(瘦馬)'라 불렀다."고 지적했다.[23] '양주의 가냘픈 말'이란 뜻을 지닌 "양주수마"란 양주에서 첩이나 기녀로 팔려 나가는 처녀를 지칭하는 은어로, 명 중기 이후 양주에서 공개적인 인신매매가 얼마나 번성하고 있었는지를 증명한다.[24] 따라서 양주에 체류하던 관리, 상인들의 집안에서 영아 출생율이 증가하는 이유를 양주 여성의 아름다움과 연결짓는 설명은 개연성이 있다.

그렇다면 "양주가 남북 왕래의 요충지"이기 때문에 양주에 체류하는 고위 관료와 상인들이 많았다(ⓐ)는 지적은 어떠한가? 이미 6장 1절에서, 양주는 대운하의 대표적인 중계 도시로 점차 증가하는 유동 인구를 수용하기 위해 명 중엽에 성곽이 건축되고 도시가 확장되었다고 지적한 바 있다. 또한 명말에 양주를 경유하거나 일시 체류하는 "사방에서 온 부유한 상인들 및 관리들(四方富賈宦遊者)"과 현지의 여성을 연결해 주는 중매쟁이("老婆")가 존재했으며, 양주 여성의 매매 가격이 이미 수십 배 상승할 정도로 경쟁적이었다는 기록도 찾을 수 있다.[25] 청초가 되면 양주는 이미 전국의 재능 있는 문인들과 왕래하는 관료들이 반드시 방문하거나 체류하는 도시로서의 명성을 획득했다. 이를 통해 두 번째 조건 역시 설득력이 충분하다고 판단된다. 즉 양주의 편리한 교통 조건(ⓐ)이 출생율 증가의 외적 조건이라면, 양주에서 공급하는 매매 여성의 아름다움(ⓑ)은 그 내적 조건이 되었던 것이다.

따라서 "남북 왕래의 요충지"라는 양주의 편리한 지리적 여건이 육영당 설립의 배경이 되었음을 확인할 수 있다. 19세기에 접어들면서 철도와 기선이라는 새로운 교통 수단의 등장과 함께 기녀 배출의 중심지가 양주·회안 등 운하 도시에서 상해로 이동한 것도 같은 맥락에서 이해가 가능하다.[26] 예나 지금이나 교통의 요지에서 성 매매와 관련된 서비스업이 발전하기 쉬운 법이다.

육영당의 지리적 분포

양주 육영당 이후 설립된 육영당의 지리적 분포를 살펴보면, 양주를 중심으로 확산되는 것을 확인할 수 있다. 특히 초반에는 대운하 연변 도시로 퍼져 가고 있음을 알 수 있다.(〔표 25〕[27]) 1662년 의진의 육영당, 1664년 강소성 통주의 육영당, 그리고 1673년 진강의 육영당은 모두 양주의 육영당을 모델로 삼아 건립되었다.[28] 눈에 띄는 것은 하층 신사가 건립한 통주의 육영당으로, 그들은 천비궁 내부에서 육영당을 운영했다.[29] 종교 기능과 사회적 구제 기능이 천비궁이라는 하나의 시설에서 이루어졌던 것이다.

청초 회·양 지역에 육영당이 건립되고 전파되는 과정에서 휘주 상인의 역할은 대단히 인상적이었다. 그들은 1655년 처음으로 양주에 육영당 건립을

창건 시기	지역
순치 12년(1655)	강소 양주부 강도
순치 13년(1656)	강소 양주부 고우
강희 원년(1662)	강소 양주부 감천
	강소 양주부 의진
강희 3년(1664)	강소 양주부 통주
강희 7년(1668)	강소 양주부 여고
강희 11년(1672)	강서 남창부 풍성(豐城)
강희 12년(1673)	강소 진강부 단도
강희 13년(1674)	강소 송강부 루현(婁縣)
	강소 소주부 장주(長洲)
강희 15년(1676)	강소 상주부
	강소 소주부 오현(吳縣)

주도했을 뿐 아니라, 18세기 중반까지 경제적 지원을 쉬지 않았다. 1673년(강희 12년)에 진강의 신사들이 양주를 모범으로 삼아 육영당을 건립했지만 안정적인 기초가 마련되지 않자, "신안의 동지〔新安同志〕"들이 1678년에 진강으로 건너가 육영당 운영의 물적 기반을 마련해 주었다.[30] "신안의 동지"라고 불린 그들이 신사인지 상인인지 자료만으로는 분명치 않으나, 양주 육영당의 경험을 가지고 있는 휘주 상인의 후예로 보는 것이 무난할 것이다.

회안에서도 육영당의 운영에는 휘주 상인의 활약이 많았다. 강희 연간 육영당을 설립하고 운영했던 사람이 휘주 상인 정양월이었고, 같은 잠산도 정씨였던 정종이 1742년(건륭 7년)부터 기금을 육영당에 출연했다.[31] 회안의 경제력을 장악했던 잠산도 정씨가 공익사업까지 광범위한 영향을 발휘했음을 확인할 수 있다. 1744년(건륭 9년)에 과주진에 육영당이 건립될 때도 휘주 상인은 신사와 함께 운영 과정에 적극 참여했다.[32]

이러한 추세를 정리하면 다음과 같다. 시간이 흐를수록 휘주 상인은 신사층과 함께 육영당에 자금을 지원하거나 운영권을 공유하는 사례가 증가했으며, 18세기 중엽부터는 관료들의 개입이 급격하게 많아지면서 관료의 요청에 응하여 참여하는 경우가 많았다. 그러나 휘주 상인이 청초부터 공익사업에 적극적으로 참여했을 뿐 아니라 여전히 일정한 역할을 감당하고 있음을 간과해서는 안 될 것이다. 사료에 "신·상"이 연칭되는 표현과 "상인공의"라는 용어가 18세기에 등장하는 것은, 그만큼 회·양 지역에서 인상적인 휘주 상인의 역할과 위상을 반영하는 것이다.

2 진강 구생회와 구생선

양주의 육영당이 운하 도시에 요청되는 자선 기구의 특징을 보여 준다면, 진강에 세워진 구생회는 대운하와 양자강이 교차하는 항구 도시에 절실했던 공익 기관의 특징을 보여 준다. 구생회(혹은 구생국救生局)란 주로 양자강을 건너는 선박이 풍랑이나 조수 간만의 차이 등으로 인해 전복될 위험에 빠졌을 때 이를 구조하는 기관으로, 조직적으로 구생선과 선부를 고용·운영했다. 여기서 구생회라 불리는 선회의 차별적인 특징은 민간인의 자발적인 운영, 즉 민간 결사에서 찾을 수 있다. 따라서 건륭 연간 청조가 주도하여 전국 11곳에 268척의 구생선을 배치시킨 것은((표 26))[33] 비록 그 과정에서 민간의 요청이 있었다 해도, 기본적으로 관독상판(官督商辦)의 형태를 띠고 있으므로 선회의 흐름으로 보기는 어렵다.[34]

(표 26) 건륭 연간 청조의 구생선 배치

성	호북	사천	강소	절강	호남	강서	안휘	복건	섬서	산서	감숙	전국
구생선 (단위:척)	67	66	28	23	22	21	17	15	7	1	1	268

민간 결사

구생회의 선구적인 형태에 대해서는 이견이 존재한다. 즉 1676년(강희 15년) 호북성 의창(宜昌)에서 구생선이 처음 운영되었고 1683년(강희 22년) 강서성 남창에 구생회가 처음 등장했다는 주장이다.[35] 하지만 의창의 구생선은 관료인 분순도(分巡道)와 지주(知州)가 주관한 것으로, 민간 주도의 선회로 분류하는 것은 곤란하다.

또한 부마진(夫馬進) 교수는 남창의 구생회보다 30여 년 전인 1650년(순치 7년) 동성현(桐城縣)의 양자강 연안에 위치한 노주만(老洲頭)에 "생생회(生生會)"가 결성된 것과 유사한 시기 고우주의 신개호(新開湖)에 신사와 '의민(義民)'들이 자발적으로 구생선을 운영했다는 것을 최초로 보아야 한다고 지적했다. 또한 문헌에 확인되지 않는 구생선과 구생회 조직이 명말부터 존재했을 것이라고 추측했다.[36] 이러한 의견을 수용한다면, 구생선과 구생회는 순치 연간(順治年間, 1644~1661년)부터 시작되었으며, 그 주체는 신사와 관부였다고 볼 수 있다.

그러므로 양자강을 사이에 두고 진강과 과주진 사이에서 운영되었던 구생선과 구생회 조직은 최초의 형태는 아니다. 하지만 지금까지 밝혀진 선회 조직 가운데 비교적 초기 단계에 속하면서도 상인들의 참여가 두드러졌다는 측면에서 주목할 만하다. 또한 이 구간은 양자강을 이용한 동서 방향의 유통과 대운하를 이용한 남북 방향의 유통이 교차하는 지점이었다. 따라서 회·양 지역에 기반을 둔 휘주 상인들의 활동상을 포착하기에도 좋은 소재가 된다.

양자강 도강의 의미

진강~과주 구간의 구생회가 설립되는 과정을 고찰하기 전에 언급할 것이 있다. 대운하를 이용한 남북 유통에 있어서 양자강 도강(渡江)이 가진 중요성이다. 앞서 언급했듯 북경 천도와 함께 1415년 조운 루트가 대운하로 일원화되면서 대운하를 이용한 물자 유통은 급증했다. 그 가운데 양자강과 만나는 진강~과주 구간은 강남에 모인 물자가 수도로 향하는 길목의 "인후(咽喉)"와도 같은 지역이었다.[37] 하지만 5킬로미터에 달하는 양자강을 통과하는 과정에는 풍랑으로 인해 선박이 전복될 위험성이 상존했으며, 이러한 위험성은 19세기 중반까지 줄어들지 않았다. 해운을 전면적으로 개방하거나 풍파를 헤쳐 갈 수 있는 기선이 등장하지 않는 이상, 대운하를 이용하는 선박들은 전통적인 방식으로 양자강을 건너야 했기 때문이다.

양자강을 건너는 노선은 진강~과주 구간 외에 다른 하나가 더 존재했다. 상주에서 맹독하를 통해 양자강에 도달하는 우회로인데, 명 중엽까지 조운선이 주로 이용했다.(3장 2절의 〔지도 6〕 참조) 이 노선의 장점은 대운하의 병목 현상이나 수원(水源) 부족이 발생하지 않는 것이지만, 양자강을 이용하는 구간이 훨씬 길어졌다. 황우산(黃牛山)에서 양자강으로 나와 천산(圖山)을 거쳐 과주에 도달하기까지 약 100리(약 56킬로미터)의 양자강을 역류해야 했던 것이다.[38] 1452년(경태 3년) 감찰어사인 연강(練綱)이 지적했듯, 우회로는 양자강을 역류해야 했기에 선박이 전복될 가능성은 오히려 더 높았다.[39] 결국 16세기 후반에 연호(練湖)의 수리 체계가 정비되어 대운하의 수원 문제가 해결되자 조운선은 다시 진강~과주 노선을 이용해 도강하게 되었다.[40] 우회로에 비하여 양자강을 이용하는 거리는 10분의 1 이하로 줄었으며, 시간 역시 반나절이면 도달할 정도로 빨라졌다.[41]

하지만 진강에서 과주로 강을 건너도 선박이 사고를 당할 가능성이 줄었을 뿐 그 위험성은 마찬가지였다. 큰 규모로는, 1582년(만력 10년)에 양자강에 큰 바람이 불어와 왕래하거나 정박 중인 조운선과 민선 천여 척이 피해를 당할 때도 있었다.[42] 1593년(만력 21년)에 단도현 지현으로 부임한 방시옹(龐時雍)은 선착장에 "대풍(大風)을 만날 경우 도강을 금지한다."라고 쓴 비석을 세

〔그림 42〕 과주진에 정박한 선박의 야경 「범사도(泛槎圖)」

였다. 그만큼 양자강을 건널 때 사고가 발생할 확률이 높았다는 것이다.(〔그림 42〕 참조)[43]

양자강의 풍랑이 강하고 험할 경우 대운하를 이용하는 모든 선박은 진강과 과주에 정박하고 바람이 잦아지기만을 기다려야 했다. 특히 앞서 도착한 선박이 진강에서 출항하지 못할 경우, 뒤따라오는 조운선이 밀집되어 종종 충돌하고 배가 뒤집히는 사고로 이어졌다. 사고를 미연에 방지하기 위해 1572년(융경 6년) 총리하도 만공은 기상 조건으로 출항하지 못하는 조운선을 최대 오륙백 척까지 수용할 수 있는 항구를 경구갑(京口閘)에 설치했다.[44] 18세기에 왕중(汪中, 1744~1794년)이 진강에 부교(浮橋)를 설치함으로써 "양자강을 왕래하는 행인과 여행자들이 침상(枕上)에 눕는 것처럼" 편안하게 하자는 다소 무리한 주장을 했던 것도, 양주에 살면서 선박의 전복 사건 소식을

많이 접했던 그의 경험에서 우러나온 것이다.[45]

토사의 퇴적 작용으로 인해 시간이 흐를수록 진강~과주의 강폭은 점점 좁아졌다.[46] 그 결과 양자강의 물살은 더욱 거세어졌다. 청초에 강신영(姜宸英, 1628~1699년)은 "비록 잔잔한 바람과 맑게 갠 날씨에도 예기치 못한 상황 변화가 생길 것을 염려했고, 조금이라도 풍파를 만나게 되면 천금을 날려 버릴 수 있으니, 그러므로 경구(京口)의 도강은 천하에서 가장 위험"하다고까지 표현했다.[47] 물론 이러한 상황은 진강에서 북상할 때나 과주에서 남하할 때가 동일했다.

따라서 양자강을 건너야 하는 화물과 탑승객들의 안전을 확보하기 위한 각종 방안이 모색되었다. 진강과 과주에 선박 운행의 안전을 기원하는 수신 사묘가 즐비하게 건립되었음은 8장에서 확인한 바와 같다. 여기서 특기할 점은 양자강의 풍랑을 통제하기 위한 풍신묘(風神廟)의 등장이다.[48] 선박이 뒤집히는 것은 상인에게 엄청난 경제적 소실이자 생명의 위협이었으므로, 양자강을 자주 이용하는 상인들은 바람을 주관하는 신에게 안전을 희구했던 것이다. 구생선의 등장 역시 같은 배경에서 이루어졌다.

구생회의 성립과 운영

진강~과주 구간의 구생회는 1708년(강희 47년)부터 조직적인 활동을 전개했다. 총국(總局)이 세워진 곳은 진강이었지만 이후 과주에 분국(分局)이 세워져 유기적인 협력 관계를 유지했다.[49] 진강 구생회의 성립과 운영 과정을 살펴보기 위해 단도현 지현을 역임했던 풍영(馮詠, 1724~1726년 재임)의 『경구구생회서(京口救生會敍)』(①)와 광서(光緒) 『단도현지』에 수록된 구생회,(②) 그리고 주도자 장예(蔣豫) 관련 기록(③)을 비교·검토해 보자.

① 구생회는 진강의 선사(善士) 15인이 현에 (널리) 권유하고 돈을 모아 도강 도중에 전복된 선박을 돕고자 설립한 것이다. **강희 42년(1703년)부터 일정한 자금을 비축하고, 회소(會所)를 경구 관음각(觀音閣)에 두었다.** 강에서 큰 풍랑이 일어나 선박이 전복되면, 작은 선박을 강으로 보내어 구출하도록 했는데, 1명을 구조할 때마다 은 1냥을 지급했으며, (구조된 사람에겐) 여비를 주어 떠나보냈다. 익사한 자는 관을 준비하여 패만(牌灣)의 의총(義塚)에 장사 지내 주었다. 사람들 가운데 이를 의롭다 여기지 않는 자가 없었다. **5년이 지나는 동안 동참하는 자가 더욱 늘어나고 모금액도 더욱 많아졌다. 이에 비로소 소관(昭關)의 안공묘 옛터를 구매하여 세 칸짜리 전각을 세웠으며, 안공의 신상도 새로 전각 안에 세웠다.** …… 공정한 자를 회수(會首)로 뽑아 금전 출납을 맡게 했다. …… 이에 (선사들의) 이름을 다음과 같이 열거하니, 장원내(蔣元鼐), 주용재(朱用載), 장상충(蔣尙忠), 장매선(張邁先), 임숭(林崧), 원진(袁鉁), 오국기(吳國紀), 좌담(左聃), 모곤(毛鯤), 전우선(錢于宣), 하여연(何如椽), 모저(毛翥), 주지손(朱之遜), 장원진(蔣元進), 조굉의(趙宏誼), 이상 15인이다.[50]

② 구생회는 경구 소관의 수신을 받드는 안공묘에 위치하는데, 강희 47년(1708년)에 성립되었다. (구생이라는) 선행을 앞서 도모했던 15인의 이름은 모두 단도 지현을 지낸 풍영의 서문에 실려 있다. **옹정 이후 건륭 초기까지 장예와 그 동지 몇 사람이 (구생회를) 경영했다.** 이전부터 신풍전(辛豊田) 20무, 근채전(芹菜田) 10무, 그리고 시방(市房) 6소(所)를 소유하여 (매년) 약 100냥의 조전(租錢)을 거두었다. 수십 년 동안 **장종해(蔣宗海)가 선친(장예)의 뜻을 받들어 (구생회의) 유지에 홀로 힘썼는데, 진강과 양주에서 기부를 권면했다. 건륭 50년(1785년)이 지나자 경비가 부족해져서, 비로소 진강의 인사에게도 모금하기 시작했다.** …… 건륭 58년(1793년)에는 진강부 지부 왕병도(王秉韜)가 은 300냥을 출연하여, 이를 전당포에 맡기고 이자를 빼서 사용했다. 건륭 59년(1794년)에는 상진도(常鎭

道) 사형(查淳)이 육영당의 전지 237무를 따로 빼내어 구생회로 보내 주었다.[51]

③ 장예는 자(字)가 개화(介和)로, 단도현 제생(諸生)이다. 가난해도 만족하며 학업에 힘썼으며, 선행 베풀기를 좋아했다. …… (장씨) 족인들이 구생회를 창설하여 물에 빠진 자를 구하니, 오랫동안 (익사의 소식은) 점차 사라졌다. 장예는 여러 선행자를 규합하여 구생 활동을 진흥시켰다. 아들 장종해의 벼슬로 인해 내각 중서사인의 봉전(封典)을 받았다.[52](강조는 인용자의 것임)

이 세 가지 자료를 정리해 보면, 진강 구생회는 1703년(강희 42년)부터 조직을 결성하여 기금을 모으기 시작하여, 5년이 지난 1708년 안공묘에 새로 건물을 건립함으로써 공식적으로 성립되었다.(①,②) 앞서 언급했던 통주의 육영당이 천비궁에 세워진 것과 마찬가지로, 진강 구생회 역시 종교 기능과 사회적 구제 기능이 하나의 시설에서 이루어졌다. 안공묘는 명대 이래 대표적인 수신 사묘 가운데 하나였으므로(8장 1절 참조) 선박 운행의 안전을 도모하는 구생회와 합치될 때 그 의미는 더욱 부각될 수 있었다.

구생회의 주도자들은 진강의 "선사(善士)" 15인으로, 대부분 신사였음이 분명하지만, 지방지에서 개인 기록을 찾을 수가 없다. 하지만 15인 가운데 장씨(蔣氏)가 3명으로 가장 많았고(①) 옹정년간부터 구생회의 실질적인 리더였던 생원 장예에 대한 기록에 "족인들이 구생회를 창설"했다는 구절이 있으므로(③) 장씨 가문이 구생회의 창설과 운영을 주도했다고 볼 수 있다. 이후 장예의 아들인 장종해가 부친의 뜻을 이어 1794년(건륭 50년) 무렵까지 필요한 자금을 마련하며 그 운영을 주도했다. 장종해는 1751년(건륭 17년) 진사 합격자로, 내각 중서사인을 거쳐 군기처(軍機處)에 들어갔지만, 모친이 나이 들고 병이 심해 귀향한 이후에는 관직으로 복귀하는 대신 퇴임 관료로서의 여유로운 생활을 보냈다.[53]

퇴임 후 장종해는 양주에 위치한
매화서원의 원장 격인 장원(掌院)으
로 봉직했다.[54] 이를 계기로 장종해
는 양주에서도 구생회에 대한 모금
활동을 전개할 수 있었다.(②) 더구
나 매화서원은 휘주 상인 마왈관이
새로 중건한 서원으로, 휘주 상인
자제들의 대표적인 교육 기관으로
성장했다.(6장 4절) 그러므로 장종
해가 재력이 풍부한 휘주 상인 가문
과 교류를 맺고 그들에게 진강 구생
회에 필요한 기금을 출연하도록 종
용하는 것은 어려운 일이 아니었다.
이러한 상황을 종합하면, 진강 구생
회의 운영은 1708년 성립부터 18세

〔그림 43〕 현재까지 진강에 남아 있는 구생회 기념관. 1889년에
중건되었다. 주변에는 양자강을 향해 제사하며 안전한 도강을 기원
했던 자리가 보존되어 있다.

기 말까지 시종 진강 신사가 주도했다고 볼 수 있다.(〔그림 43〕 참조)

하지만 앞서 인용했던 세 자료는 구생회의 출범 시점만 알려줄 뿐 그 등장
배경에 대한 언급이 없다. 그렇다면 구생회는 신사들이 공의식(公意識)에 따
라 자발적으로 조직한 선회라고 볼 수 있을까? 아니면 그들에게도 나름의 계
산과 목적이 있었던 것은 아닐까?

강희 남순과 구생회

이 문제에 대해 실마리를 던져 주는 자료가 있다. 건륭 『진강부지』에 실려
있는 지부 풍정당(馮庭棠, 1708~1710년 재임)이 강희제에게 올린 상주문이

다. 상주문 안에는 강희제의 명령이 인용되어 있다. "진강의 항구에 있는 구생선은 가장 긴요한 것인데, 지금 그 숫자가 많지 않다. 속히 첨설(添設)하도록 하라!"[55] 이것은 강희제가 6차 남순을 마치고 귀경하는 과정에서, 즉 1707년(강희 46년) 4월에 진강에서 양자강을 건넌 직후 양주에서 하달한 명령이었다.[56]

그리고 이듬해인 1708년 구생회가 결성되었다. 따라서 진강 구생회를 신사층이 평소 지니고 있던 공의식에서 우러나온 결과물이라고 평가하기는 곤란하다. 물론 신사층의 공의식이 어느 정도 작용은 했을 것이다. 하지만 좀 더 직접적으로는 강희제의 명령으로 구생회가 급조되었던 것이다.

구생회 성립 이전의 구생선

이와 더불어 주목할 만한 언급은, 구생선을 '신설'하는 것이 아니라 '첨설'하라는 부분이다. 구생회의 성립 이전부터 진강에 이미 구생선이 운행되고 있었다는 말이다. 『양회염법지』에 기록된 구생선에 대한 다음과 같은 기록은 구생회 성립 이전 구생선의 존재와 운영 주체를 알려 준다.

이전에 양회 염상 오자량이 금산에 구생선을 설치했고, 다시 어선을 고모(顧募)하여 구생 업무를 돕도록 했다. 방여정(方如珽)은 피풍관(避風館)에 구생선을 설치하여, 살아 있는 사람을 구제하면 1냥을 현상금으로 지급하고 죽은 자를 건질 경우 그 반을 주었을 뿐 아니라 (익사한 자를 위한) 장지를 운영했다. 왕문학(汪文學)은 연자기(燕子磯)에 구생선을 설치했고, 또한 토지 100여 무를 구입하여 매년 (그 이자로) 경비를 충당토록 했다. 왕응경(汪應庚)은 진강의 초산과 과주에 구생선을 설치하고 현상금을 걸었다. 이것은 모두 구생선과 관련한 옛 이야기로, 후대에 설립된 구생선은 대개 이로부터 시작한 것이다.[57]

이 기록을 통해 청초에 구생선을 운행했던 네 사람(오자량·방여정·왕문학·왕응경)을 확인할 수 있다. 그리고 이 사례가 청 중엽 이후의 염운 관련 구생선의 모범이 되었음을 알 수 있다. 18세기 중엽 진강~과주 사이에 설치된 염운 관련 구생선은 〔표 27〕[58]과 같다. 구생선에 대한 보수 비용은 모두 염상들이 담당했다.

네 사람의 활동 지역을 보면 남경에 위치한 연자기를 제외하곤, 금산·피풍관·초산이 모두 진강의 주요 선착장이다.[59] 피풍관은 진강 구생회가 설립된 서진도와 동일한 지역에 위치하고 있다.[60] 그들은 모두 청초부터 청 중기까지 개인적인 차원에서 구생선을 운영했던 상인이자 휘주 흡현 출신이라는 공통점을 지니고 있었다. 오자량과 방여정은 양주의 육영당 창립에도 함께 참여했던 상인이고, 왕문학은 18세기 초반에 활동했던 상인이며,[61] 왕응경은 18세기 중반에 활동하던 상인이다.[62] 그렇다면 오자량과 방여정은 구생회가 성립되기 이전부터 구생선을 운영했지만, 왕문학과 왕응경은 구생회와는 별도로 구생선을 운영했다고 볼 수 있다. 앞서 언급했던 마왈관에게서도 양주의 매화서원과 함께 양자강에서 구생선을 운영했던 경력을 찾을 수 있다.[63]

오자량과 방여정은 1665년 설립된 양주 육영당의 창립 멤버이기도 했다. 오자량과 방여정에 대한 전기(傳記) 자료에서 구생선 운영에 대한 구체적인 정황을 파악할 수 있다.

① **오자량**: 경구(진강)와 과주는 남북 교통의 요충지로, 양안의 거리는 40리에 달하지만, 도강하는 자들은 밤낮을 가리지 않는다. 하지만 풍우가 갑자기 밀어닥치면 피할 곳이 없으니, 왕왕 배가 전복하고 (사람들은) 익사하곤 했다. 이에 오자량은 진강 금산 측면에 구생선을 설치했을 뿐 아니라, 너무 멀어 (구생선의 도움이) 미치지 못하는 일까지 염려하여 현상금을 걸어 어선을 모집하면서까지 난파된 자들을 도우니, 살아난 자가 대단히 많았다. 또한 (이 과정에

〔표 27〕 진강~과주 구간의 염운 관련 구생선

구생선 명칭	선척 수 (단위: 척)	설치 시기	비고
江都縣史家港紅船	2	건륭 원년(1736)	毘盧菴의 승려가 자원, 조운을 보조.
江都縣雙港口紅船	1	건륭 42년(1777)	
江都縣大沙洲紅	2	가경 2년(1797)	
江都縣大江鎮紅船	1	건륭 59년(1794)	가경 4년 1척 추가 배치.
江都縣常家沙伏源州紅船	2	가경 6년(1801)	
江都縣響水套紅船	1	가경 6년(1801)	
江都縣天妃套紅船	1	가경 6년(1801)	
江都縣三江鎮紅船	1	건륭 58년(1793)	
江都縣裕龍沙史家橋紅船	1	가경 8년(1803)	武生 상영고(常永高) 등의 요청으로 설립.
江都縣唐家港紅船	1	가경 8년(1803)	
瓜洲江口紅船	2	옹정 9년(1731) 옹정 11년(1733)	
瓜洲息浪菴紅船	1	옹정 10년(1932)	
瓜洲江神廟紅船	1	건륭 4년(1739)	
瓜洲洄瀾壩鐵牛灣紅船	1	건륭 58년(1793)	가경 3년 1척 추가 배치.
北岸江口紅船	1	건륭 22년(1757)	
儀徵天池紅船	1	건륭 원년(1736)	
儀徵沙漫洲紅船	2	건륭 22년(1757)	
金山紅船	1	옹정 11년(1733)	
焦山前山後山紅船	2	옹정 12년(1734)	
焦山紅船	1	건륭 28년(1763)	
圖山關廣興洲紅船	2	가경 3년(1798)	
瓜洲花園港紅船	1	건륭 27년(1762)	
高郵州甓社湖紅船	2	건륭 22년(1757)	
鎮江府甘露港丹徒港高資港紅船	3	가경 원년(1796)	
丹徒圖山下郭家港紅船	2	가경 8년(1803)	거인 곽씨 등의 요청으 로 설립.
鎮江避風館紅船	1	건륭 원년(1736)	
黃天蕩何家港紅船	2	옹정 3년(1725)	
江寧弘濟寺紅船	1	옹정 11년(1733)	
江寧觀音門紅船	1	옹정 13년(1735)	
江寧府急水溝滑子口紅船	2	가경 7년(1802)	
합계	42		

서) 죽은 자에 대해서는 관을 지급하여 묻어 주었다.[64]

② **방여정**: 양주에서 염업에 종사할 때, 경구에 왕래하면서 도강 도중에 물에 빠진 자들을 보고, 급히 돈을 출연해서 선부를 고용하고 많은 이를 구했다. 이것은 재력에 의지하여 생명을 구한 것으로, (그는) 피풍관 앞에 수 척의 구생선을 준비시키고 항운에 능한 선부를 고용하여 일을 추진했다. 선박이 전복되고 승선자가 물에 빠질 때마다 구조했는데, 현상금까지 걸어 산 사람을 건지면 1냥을 지급했고 죽은 자를 건지면 그 반을 지급했다. 또한 장지(葬地)를 한 곳 운영하면서, 익사한 자들을 그곳에 묻어 줌으로써 고기밥이 되지 않도록 했다. 이러한 도움으로 살아난 자가 매년 수백 명에 달하고, 이를 위해 사용한 돈이 수백 냥이나 되었다.[65]

서로 다른 편찬자(위희와 정준程浚)가 기록한 자료이지만, 구생선의 운영 방식뿐 아니라 이에 대한 표현 양식까지 유사한 것이 인상적이다. 오자량, 방여정과 함께 양주 육영당에 참여했던 휘주 상인 중에 정유용과 민세장 역시 구생선 운영에 참여한 적이 있었다. 그들에 대한 기록까지 인용하여 비교해 보겠다.

③ **정유용**: 양자강은 끝없이 펼쳐 있고 맹렬한 바람이 불면 선박은 전복된다. 가벼운 배를 만들어 물에 빠진 자들을 구할 뿐 아니라 어부들에게 현상금을 걸었다.[66]

④ **민세장**: 수천 리에 달하는 양자강은 굽이굽이 흘러 진강 경구에 이르면 가장 광활해질 뿐 아니라 점차 바다로 들어가는 기세를 띤다. 금산은 그 가운데 우뚝 솟아 있어서, 파도가 급격해질 때는 종종 선박이 전복하곤 했다. 민세

장은 매년 도강하는 선박 가운데 몇 척을 금산으로 보내고 항운에 능한 자를 고가(高價)로 모집하여, 선박이 전복될 때마다 속히 출발하여 구하도록 했다. 또한 선주가 구생의 대가가 기대에 미치지 못하여 다른 이익을 탐할 것을 염려하여 민상남(閔象南, 민세장을 지칭)은 오맹명(吳孟明, 오자량을 지칭)·정휴여(程休如, 정유용을 지칭)·왕자임(汪子任)·오도행(吳道行)과 함께 조약을 마련했다. 즉 어선이 한 사람을 살릴 때마다 그 대가로 은 1냥을 지급하고, 이미 익사한 자를 건져 낼 경우 그 10분의 6을 지급하되 별도로 매장 비용을 지급한다는 것이다. 경구와 과주의 각 승려로 하여금 이 일을 추진하도록 했다.[67] (강조는 인용자의 것임)

이상의 ①~④ 자료를 종합하면, 휘주 상인 4인(오자량, 방여정, 정유용, 민세장)은 모두 양주 육영당과 함께 진강~과주를 왕래하는 구생선을 운영했다. 그들은 주로 기존에 있던 어선이나 어부 등을 고용했고, 그들에게 구생 활동에 대한 현상금을 차등 지불했으며, 지속적인 활동을 위해 조약을 마련하기도 했다.(④) 또한 청초 구생선 운영에는 4인 외에도 2인(왕자임과 오도행)이 더 있었고, 그들 사이에는 조약을 근거로 한 일정한 조직이 형성되었음을 알 수 있다.

활동의 유사성과 양주 육영당에의 동참 경력을 고려할 때, 4인의 휘주 상인 사이에 양주와 진강의 공익사업을 매개로 유대 관계가 형성되어 있음을 추론할 수 있다. 혼인을 통하여 어떤 관계가 맺어져 있는지는 확인되지 않지만 그들은 서로 다른 성씨를 가졌기에 종족 공동체라고 볼 수는 없다. 외견상 그들의 공통점은 모두 휘주 흡현 출신의 상인이라는 점이고, 활동 무대는 양주를 중심으로 진강까지 포괄하고 있었다. 그렇다면 그들의 유사한 존재 양태를 야기하는 다른 요인을 살펴 볼 필요가 있다. 이를 위해 먼저 두 기관에 모두 참여한 휘주 상인 가운데 생졸 연대가 분명하고 기록이 비교적 풍부한 오자량과 민세장을 선택하여, 그들이 참여한 공익사업이 어떤 특징을 공유하고 있는지 알아보도록 하자.

3 운하 도시의 공익사업과 휘주 상인 네트워크

오자량(1611~1676년)은 휘주부 흡현 장림(長林) 출신으로 부친 오종주(吳從周, 1591~1678년)의 세 아들 가운데 장남이었다. 오종주는 양자강 중류의 호광 지방과 하류의 양주 지역을 중심으로 활동하던 객상이었으며, 첫째 아들 오자량과 막내 오자충(吳自充)이 양주의 염업에 종사하기 시작했다.[68] 그들은 양주에 거주했지만 종종 호광과 강서 지방을 왕래하는 소금 운송에도 참여했다. 오자량은 이윤을 추구하는 사업 외에 육영당 설립과 구생선 운영뿐 아니라 다양한 사회 활동에도 참여했다. 이를 열거해 보면 〔표 28〕과 같다.[69]

오자량의 사회 활동 참여와 수로 교통

자기 종족에 대한 재정 지원(오-①)은 인지상정이라 치부하고 법해사 중건에 대한 참여(오-⑨)는 개인적인 기호로 간주하여 제외하더라도, 나머지 7가지 유형의 행동 양식(오②~⑧)은 이른바 '사회의 약자'라고 불릴 만한 불특정 다수를 대상으로 행한 자선 행위로 분류할 수 있다. 오자량의 활동 범위는 지역 사회의 목민관인 지현 내지는 공의식을 지닌 신사 계층이 감당했어야 할 공적 영역을 거의 망라한 것처럼 보인다. 물론 묘지명(墓誌銘)이라는 자료의

번호	활동 내용
오-①	**종족에 대한 재정 지원**: 종제(從弟)가 많은 돈을 빌리고 상환할 수 없게 되었으나 이를 추궁하지 않음. 동향 상인이 상품을 낮추어 판매하여 소송에 휘말리자 재정적으로 도와줌. 종족 가운데 빚진 자들의 빚을 대신 갚아 줌.
오-②	**양회 지역의 채무자 지원**: 세력가의 돈을 빌렸다가 상환하지 못하여 자결하려는 부부를 도와주어 살려 냄.
오-③	**구생선 운영**.
오-④	**육영당 설립**.
오-⑤	**운송업자와 행려자를 위한 숙박 시설 마련**: 겨울에는 항실(炕室)을 설치함. 양자강을 넘어 북상한 자들에게 쉴 수 있는 암자를 제공. 날이 어두워 도강하지 못하거나 돈이 없어 숙박을 구하지 못하는 여행자들에게 잠자리를 제공.
오-⑥	**빈곤층에 대하여 장례, 죽, 솜이불을 공급**: 1670년(강희 9년) 겨울에는 큰 눈과 비가 열흘 동안 내려 시체가 도로에 즐비하자, 장례를 처리해 줌. 기민에게는 죽을 쑤어 나누어 주고, 추위에 떠는 자들에게는 솜이불을 지급.
오-⑦	**온역 발생 시 약을 공급하고 관과 매장비를 지원**: 1671년(강희 10년) 여름에 비가 몇 달 동안 계속되면서 역병이 크게 일어나자, 좋은 약을 구매하여 병에 걸린 자들을 고쳐 주었고, 죽은 자의 가족들에게는 관과 매장비를 지급.
오-⑧	**노략된 여성을 속량해 줌**: 1663~1664년(강희 2~3년) 초(楚)·월(越) 지방에서 난이 발생하여 부녀를 노략질하자, 한 사람에 수십 냥을 지불하고 속량시켜 줌. 부족할 경우에는 다시 '동지'들을 규합하여 함께 참여함.
오-⑨	**법해사 중건**: 정유용, 민세장과 함께 출연.

특성상, 오자량에 대한 긍정적인 측면이 다소 과장적으로 표현될 가능성을 십분 인정한다 해도, 이러한 행위 자체의 존재 유무는 의문의 여지가 없을 것이다.

구생선과 관련해 생각해 보면, 오-⑤에 등장하는 구제 대상 역시 대운하를 이용했던 운송업자와 행려자임을 쉽게 확인할 수 있다. 육영당과 관련해서는 오-⑥과 오-⑦의 행동 양식에서 유사성을 찾을 수 있다. "구인(寠人: 가난한 사람)"과 "빈자"라는 구제 대상의 동일성과 오자량의 주된 활동 지역을 고려할 때, 모두 교통의 요지인 양주를 왕래하거나 양주에 기생하는 빈민층 혹은 무뢰였다고 판단된다. 그렇다면 오자량의 자선 행위 가운데 적어도 다섯 가지(오-③④⑤⑥⑦) 유형은 모두 회·양 지역 사회의 수로 교통과 관련된 것이다.

민세장의 사회 활동 참여와 수로 교통

민세장은 1607년 휘주부 흡현 암진(岩鎭)에서 태어나 양주에 이주하여 활동한 상인이다. 9세에 "고빈(孤貧)"으로 학업을 그만둔 그는 1620년경부터 홀로 양주에 진출했고, 같은 고향에서 온 상인들의 회계 업무를 도우면서 상행위를 배우기 시작했다. 이후 동료 상인들의 두터운 신임을 얻으며 빈손("赤手")으로 "천금(千金)"의 재산을 모은 민세장은, 곧 양주의 핵심 업종인 염업에 투자하여 "거만(鉅萬)"의 재산을 모았다. 이처럼 풍부한 재산을 획득한 민세장이 1678년 사망할 때까지 전념했던 영역은 상행위가 아니라 지역 사회에서의 각종 공익 활동이었다.[70]([표 29] 참조)[71]

가까운 친족에 베푼 구제나 변제 행위를 생략하고도, 민세장의 선행은 16가지 종류에 달한다. 이 가운데 불특정 하층민을 대상으로 한 선행은 10건(민-①~⑩)으로 전체의 약 3분의 2를 차지한다. 이를 구체적으로 보면 7건(민-①③④⑤⑥⑨⑩)이 유통업과 관련된 것이고, 2건(민-⑦⑧)은 회·양 지역의 고질적인 병폐였던 수재 및 질병 문제에 대한 대책이고, 2건(민-①②/육영당은 중복 계산)은 선당에 대한 투자였다. 모두 청초 회·양 지역 사회의 사회·경제적 여건을 고려한 대책이라는 점은 오자량의 활동 사례와 유사하다.

〔표 29〕 민세장의 사회 활동 일람표

번호	활동 내용
민 – ①	육영당 참여.
민 – ②	양제원(養濟院) 수리: '동지'들을 규합.
민 – ③	구생선 참여.
민 – ④	양자강을 왕래하는 선부에 재정 지원: 판매하는 소금을 검사하기 위해 배를 타고 강녕부(江寧府) 율수현(溧水縣)에 위치한 석구호(石臼湖)에 가던 중, 폭풍이 일어나 돛대가 부러짐. 이에 대한 책임을 져야 할 선부가 자살하려 하자, 소지하던 은 2냥을 지급하여 살려 냄.
민 – ⑤	진강 피풍관에 몰려 있던 기민을 위해 양식 제공.
민 – ⑥	양주 대운하 유통로에 박혀 있던 말뚝 제거: 1674년 정유용과 함께.
민 – ⑦	양주에 역병이 돌았을 때 약을 나누어 줌(3차례): 1660년 여름, 1672년, 1674년.
민 – ⑧	수재를 겪은 회·양 지역의 기민을 위해 죽창(粥廠)을 운영하고 사망자에 대한 매장 비용 지급: 회·양 지역의 수재 복구를 위해 600냥을 출연하여 진제(賑濟). 그래도 상황이 호전되지 않자 '동지'들을 규합하고 순염어사인 석특납(席特納)에게 청하여 염인으로 쌀과 땔나무를 제공토록 함. 죽은 자들에 대한 위령제를 통해 행인들이 귀신에 미혹되지 않도록 배려.
민 – ⑨	의진과 양주의 파손된 교량을 보수: 의진현의 인수교(仁壽橋)는 염상이 반드시 거쳐야 하는 곳인데도 오랜 기간 방치됨. 많은 거상들이 신경 쓰지 않았지만 그는 운송의 요충지를 잘 보수하여 운송업자에게 편의를 제공.
민 – ⑩	양주의 도로 보수: 양주 성곽 북쪽에 산비탈의 경사가 심하여 비가 올 때마다 수 척(尺)씩 토사가 쌓이고 왕래하는 노새와 말들이 넘어짐. 사람을 보내어 도로를 평탄하게 보수함.
민 – ⑪	채무 관계에 있던 동료 상인의 어려운 경제 사정을 감안하여 상환을 면제해 줌.(3가지 사례)
민 – ⑫	양주 공묘(孔廟)의 성현 목상을 다시 세울 때 도움: 1671년(강희 10년) 휘주인 양주부학의 요청.
민 – ⑬	양주 우왕묘 보수: 1671년 성황묘는 새로 중수되어 휘황찬란한 데 비하여 우왕묘가 퇴락한 것을 보고 보수함.
민 – ⑭	양주 남쪽 대운하 연변에 위치한 문봉탑 재건: 1668년(강희 7년) 지진으로 탑의 정수리 부분이 추락하고 불상이 밖으로 노출됨. 사재를 출연하여 위로부터 아래까지 완전히 새롭게 재건하고 높이도 이전보다 1장 6척 높이니, 회·양 지역의 장관이 되었음.
민 – ⑮	양주 천비궁의 중건에 출연: 정유용과 함께.
민 – ⑯	양주 법해사의 중건에 출연: 정유용, 오자량과 함께.

오자량과 비교하여 민세장의
활동이 보여 주는 차이점은 종교
시설에 대한 선행이 5건(민-⑪~
⑮)으로 전체의 약 3분의 1에 해당
할 만큼 많다는 점이다. 민-⑭
인 문봉탑 중건의 사례도, 문봉
탑이 문봉사(文峰寺)의 부속 건
물이고 그 중건을 주도하던 승려
를 도와서 공정을 완성했던 것이
기에 종교 시설의 중건으로 분류
하는 것이 적절하다. 구체적으로
종교 시설에 대한 중건을 도왔
던 것은 우왕묘, 천비궁, 법해사
였고, 공묘에서는 성현의 목상을
재건했고, 문봉사에서는 문봉탑
의 중건을 도왔다.

〔그림 44〕 양주 문봉탑과 대운하의 선박

이 5건의 종교 시설 가운데 3건이 대운하를 비롯한 수로 교통과 관련되어
있음은 주목할 만하다. 즉 우왕묘와 천비궁은 모두 수신 사묘로 운하를 왕래
하는 선박의 안전한 운행 및 치수와 밀접한 관련이 있음은 8장에서 살펴보았
다. 문봉탑 역시 단순히 종교적 목적이나 풍광을 고려하여 세운 탑이 아니었
다. 문봉탑은 양주 성곽의 남쪽에서 동남풍이 강하게 불어 대운하의 물길이
거세지는 것을 완화하기 위해 1582년(만력 10년)에 건립한 탑이었다.(〔그림
44〕, 363쪽 〔그림 39〕의 ♣ 위치)[72] 또한 약 40미터 높이의 7층 문봉탑은 양자강을
건너 북상하는 선박들에게 양주에 도달했음을 멀리서부터 알려 주는 '경계표
(landmark)'의 기능도 수행했다.(〔그림 45〕 참조)[73] 따라서 민세장의 선행 16건

〔그림 45〕 문봉탑 정상에서 양주 시내를 내려다본 정경

가운데 9건(민 - ①③④⑤⑥⑨⑬⑭⑮)이 회·양 지역의 수로 교통과 관련된 것이다.

오자량과 민세장의 사회 활동을 종합해 보면 세 가지 공통점을 발견하게 된다.

첫째로, 회·양 지역의 수로 교통과 관련한 '선행'이 많다는 점이다. 오자량의 경우 총 8건의 선행 가운데 5건(62퍼센트)이 그러했고, 민세장의 경우 16건 가운데 9건(56퍼센트)이 이에 해당했다. 양자를 합하면 24건 가운데 14건(58퍼센트)이 수로 교통과 관련된 것이다. 구체적으로 보면, 구생선을 운영했던 것(오 - ③, 민 - ③)과 피풍관에 대피했던 기민을 구휼한 것(민 - ⑤)은 모두 양자강을 건너는 선박의 운행과 관련된 것이다. 앞서 살펴보았듯, 피풍관은 양자강에 빠졌다가 구조된 선부 등이 잠시 기식하는 곳이었기 때문이다. 또한 과주에서 도강하지 못하는 자들에게 숙소를 제공하는 선행(오 - ⑤)과 대운하에 박혀 있던 말뚝을 뽑아내고 교량을 정비하며 수신 사묘와 문봉탑을 중건하는 것(민 - ⑥⑨⑬⑭)은 모두 그들이 대운하 이용자들의 현실적 필요를 얼마나 잘 이해하고 있었는지를 보여 준다. 그들이 활동했던 회·양 지역이 수로 교통의 중심지였던 까닭도 있지만, 무엇보다 그들 자신이 소금 유통의 경험이 풍부한 염상이었기 때문에 가능한 일이었다.

	육영당 창립	구생선 운영	천비궁 재건	법해사 중수	수재 구휼(죽창)	관과 장례 마련	운하 말뚝 제거
민세장	○	○	○	○	○	○	○
오자량	○	○		○	○	○	
정유용	○	○	○	○	○		○
방여정	○	○			○		
정원화	○						
허승선	○						
오도행		○					
왕자임		○					
황조미			○	○			
오필장	○						

휘주 상인 '네트워크'와 '동지'

둘째로, 그들의 '선행'이 개인보다는 공통 관심사를 가진 동료들과의 '네트워크'를 통해 추진되었다는 사실이다. 오자량과 민세장이 함께 참여한 것만 해도 육영당, 구생선, 법해사의 세 가지나 되지만, 육영당은 두 사람 외에 5인의 휘주 상인, 즉 정유용, 방여정, 정원화, 허승선(許承宣), 오필장(吳必長)까지 7인이 함께 참여했다. 구생선의 운영에 있어서도 양자와 다른 4인의 휘상(정유용, 오도행, 왕자임, 방여정)이 협력했다.

〔표 30〕은 양주에 진출한 휘주 상인들이 몇 가지 공익사업에 중복해 참여하고 있음을 보여 준다. 우선 이 가운데 민세장, 오자량, 정유용 3인은 4가지 분야(육영당, 구생선, 법해사, 수재 구휼)에 공통으로 참여했다. 특히 민세장과 정유용은 천비궁 재건까지 합하여 모두 5가지 분야에서 긴밀하게 협력했다. 두 사람의 기록을 보면, 서로가 상대방의 의견에 적극적으로 호응하면서 참여했다. 양주의 선행가에 대한 기록을 많이 남긴 위희가 양주에 머물고 있을

때, 정유용을 데리고 와서 선행이 많은 친구라고 소개한 인물이 바로 민세장 이었다.[74] 따라서 민세장과 오자량은 당시 양주에 진출한 최소 6~7인의 다른 휘주 상인들과 긴밀한 '네트워크'를 형성하면서 각종 공익사업에 참여했고, 그 가운데 민세장, 오자량, 정유용은 네트워크의 핵심 인물이었다.

휘주 상인들은 서로가 서로를 '동지'라고 불렀다. 그만큼 공공선에 대한 목표 의식을 공유하고 있었다는 것이다.[75] 육영당에 참여했던 민세장과 오자량에 대한 기록에서 "동지"를 규합했음을 적기하고 있으며,(오 - ④, 민 - ①) 오자량은 반란군에게 사로잡힌 부녀들을 속량하기 위한 재정 마련을 위해 "동지"들의 협조를 역설했다.(오 - ⑧) 민세장 역시 수재를 겪은 양주의 기민에게 죽창을 마련하기 위해 "동지"들의 협조를 구했을 뿐 아니라(민 - ⑧) 양주의 양제원을 보수할 때에도 "동지"들을 동원했다(민 - ②).

이러한 휘주 상인들의 "동지" 의식과 이를 근거로 한 네트워크는 적어도 18세기까지 이어졌다. 1747년(건륭 12년)에 회안 지역이 큰 홍수로 수몰될 때 휘주 상인 정종이 염정 · 조운 · 하공 관료들을 도와 서류소(棲流所: 수재민의 수용 시설)를 건립했는데, 이때도 정종은 "동지"들을 규합했다.[76] 1799년(가경 4년)에 휘주 상인 포지도가 양주에 십이문의학을 건립할 때도, "동지" 홍잠원(洪箴遠) 등과 협력했다.[77] 그들의 "동지" 의식은 주로 휘주 흡현에서 회 · 양 지역에 진출했던 상인들 사이에 공유되었던 것이고, 회 · 양 지역 사회의 사회 · 경제적 현안과 관련한 공익사업에 많이 나타났다. 그렇다면 그들의 존재 양태를 공동의 목적을 매개로 자발적으로 연대하고 협력하는 '공공 영역 (public sphere)'으로 이해해도 큰 무리는 없을 것이다.[78] 다만 청초에 이러한 현상이 많이 나타났던 것은, 동란기 직후 지역 사회의 불안정한 상황 속에서 상인이자 이주민으로서 다수를 차지했던 휘주 흡현인들의 인상적인 생존 방식이었다.

하지만 붕우적(朋友的) 정의(情誼)와 동지 의식은 휘주 상인들 사이에만 형성된 것이 아니다. 오히려 명대 이래 붕우 관계를 중시하던 동류 의식은 관직 경력자와 학위층을 비롯한 신사층 사이에 더욱 광범위하게 형성되어 있었다.[79] 강서성 길안부(吉安府)의 신사들도 양명학(陽明學)이라는 사상적 구심점을 가지고 강학 활동을 펼치며 서로를 "동지"로 불렀다.[80] 앞서 인용했듯, 생원 장예가 '동지'들과 함께 진강 구생회를 경영했다는 것 역시, 진강 신사들 사이의 동류 의식을 보여 준다. 그러므로 휘주 상인들이 '동지' 의식을 가지고 각종 공익사업에 참여할 수 있었던 것은, 그만큼 명·청 교체 이후 회·양 지역에서 엘리트의 역할을 감당할 신사층이 약했던 반면 휘주 상인들의 사회·경제적 역량이 강화되었음을 반영한다.

지역 사회의 명망

셋째로, 그들은 이러한 활동을 통해 지역 사회의 높은 명망을 획득했다는 점이다. 오자량이 '동지'들을 규합하여 도적들에게 붙잡힌 부녀들을 속량해 주자 "어려움에 처한 사람들이 서로 향을 들고 불호(佛號)를 칭송하면서 군(오자량)을 따르며 감사했다."고 했다.(오-⑧) 1676년 오자량이 사망하자 대운하를 따라 양주를 경유하던 많은 행려(行旅)와 지나가는 빈객들이 "이 사람이 죽었으니 이제 우린 무엇을 기대하겠는가?"라면서 그의 죽음을 안타까워했다.[81] 구생선을 제공하여 선박 이용자들의 안전을 도모하고 행려자들에게 무상으로 숙소를 제공하던 그에게 이러한 평가가 이어지는 것은 결코 놀랄 만한 일이 아니다.

민세장 역시 양자강에서 구생선을 운영하여 난파된 선박을 구조하는가 하면, 대운하에 박혀 있던 말뚝을 제거하여 선박의 안전한 항해를 보장했다. 또한 자결하려는 선부의 경제적 책임을 면해 주자, 선부는 "당신이 저를 살리셨습니다!"라면서 감사를 표시했다.(민-④) 오자량과 민세장은 그때마다 가급적 이름을 숨기거나 다른 이의 이름을 이용할 때가 많았지만, "그럼에도 불구하고 사인(士人)들과 거주민, 그리고 왕래하는 행려인들이 그들의 행사를 지목하며 입으로 칭송하는 자가 헤아릴 수 없었다."고 했다.[82] 행려인까지 그들을 칭송했던 것은, 대운하 유통로와 관련된 휘상의 공익 활동이 그만큼 두드러졌기 때문일 것이다.

휘주 상인들은 회·양 지역의 사회·경제적 여건 속에서 필요한 공익사업, 특히 수로 교통과 관련한 사업에 참여했다. 그리고 이때 그들은 '동지'적 협력 관계를 지닌 네트워크를 형성했다. 이러한 사회 참여를 통해 휘주 상인들은 토착인들이 외지인에 대해 갖기 쉬운 부정적인 시각[83]을 상쇄할 수 있었고, 토착 신사와의 좋은 관계를 유지할 수 있었으며,[84] 무엇보다 관부와도 밀접한 관계를 맺을 수 있었다.[85] 환언하면 17세기 왕조 교체 이후 휘주 상인이 회·양 지역의 엘리트로서 사회·경제적 위상을 제고시킬 수 있었던 것은 이주 지역 사회의 특성을 고려한 이상과 같은 휘주 상인의 사회 참여가 있었기에 가능한 것이었다.

결론

일찌감치 여러 객상들에게 매력적인 지역으로 부각되었던 회·양 지역만 놓고 본다면, 휘주 상인은 분명 '후발 주자'에 속할 것이다. 하지만 그들은 은경제의 확산, 염운법의 변화, 그리고 장거리 유통업의 확산이라는 상황 변화 속에서 '후발 주자'의 장점을 십분 활용하는 재주가 있었다. 그리하여 16세기부터 '선발 주자'인 산서 상인과 섬서 상인의 기득권을 서서히 잠식해 들어가던 휘주 상인은 명말이 되면 수적인 우위를 점하고, 급기야 명·청 교체의 동란기를 거치면서 확실히 우세적인 위치를 확보했다. 이후 휘주 상인은 18세기 말까지 지역 사회의 각종 사회 문제에 적극적으로 대처해 나가면서 외래 상인과 체류자(sojourner)의 이미지를 탈피하고 정착자(settler)이자 지역 엘리트(local elite)로서의 위상을 확립해 나갔다.

휘주 상인의 위상 변화 과정에는 다양한 요인이 존재했지만, 여러 요인을 관통하는 키워드는 대운하였다. 대운하가 짊어지고 있는 국가적 물류의 부담이 운하가 관통하는 회·양 지역에 고스란히 전수되었기 때문이다. 지역민들과 함께 이러한 부담을 함께 짊어지고 책임 있게 대처하는 자만이 진정 지역 사회의 리더로 인정받기 마련이다.

회·양 지역은 기왕에도 황하·회하·양자강과 같은 주요 하천과 수많은 호수가 밀집한 '택국(澤國)'이자 양회염의 생산지로 주목받는 지역이었지만, 1415년 대운하가 국가적 물류의 동맥으로 일원화된 이후부터 국가적인 관심사에서 벗어난 적이 없었다. 특히 홍수나 범람으로 인해 대운하가 중단되면 북경은 일종의 '공황' 상태에 빠져 버렸다. 그 결과 회·양 지역은 남북으로의 장거리 물자 유통에 있어 인후와도 같은 지역으로 인식되었고, 회안과 양주 역시 지역 사회의 행정 중심지에 국한되지 않고 초지역적인 중요성을 지니게 되었다.[1]

반면 황하·회하의 잦은 범람 및 회·양 지역의 복잡한 수리 체계로 인해, 대운하의 유지와 보수는 막대한 비용을 필요로 하는 골칫거리가 되어 버렸다. 이러한 상황이 근본적으로 변화되지 않는 한, 회·양 지역에는 매년 삼대정(조운·하공·염정)을 유지하고 지역 사회를 수재로부터 보호하기 위한 누군가의 후원이 절실하게 필요했다.

명조나 청조는 사실상 회·양 지역의 사회 문제를 적극적으로 해결할 의지와 능력을 모두 결여하고 있었다. 매년 당하는 수재에도 불구하고 늘 국가 예산에 하공에 대한 준비금이 태부족이었던 상황은 이를 증명한다. 그럼에도 불구하고 하공에 대한 국가 권력의 관심은 결코 약화되지 않았다. 회·양 지역에서 하공이 실패한다는 것은 곧 막대한 염과 징수의 차질과 북경으로의 조운 차단까지 의미했기 때문이다. 특히 후자는 더욱 심각한 문제였다. 하지만 영락 연간 이래 매년 400여만 석의 조량을 북경까지 운송하는 데 대운하를 대체할 만한 효과적인 대안이 19세기 초반까지 강구되지 않았다.

명조의 해금 정책은 대운하에 대한 의존도를 더욱 심화시켰다. 하공을 제일의 목표로 삼았던 강희제와 건륭제의 남순은 유일한 예외였다. 하지만 남순과 동반된 황제의 강력한 의지 천명에도 불구하고, 남순 기간 이에 대한 근본적인 대책은 마련되지 못했다. 오히려 청조의 황제들은 조운·염정과 맞물려 있는 하공 문제를 책임질 조력자를 직접 물색할 뿐이었다.

이러한 상황을 해결할 수 있는 주체로서 지역 사회에서 기대할 수 있는 계층은, 일차적으로 엘리트인 신사다. 신사는 15세기 중엽 이래 광범위한 계층적 동류 의식을 형성하면서, 지역 사회에 대해서는 국가 통치의 보좌역으로, 국가 권력에 대해서는 지역 여론의 대변자로서의 역할을 감당했고, 때로는 국가 권력과 지방 사이 이해의 대립 속에서 조정자의 입장에 서기도 했다.[2]

그런데 청대 회·양 지역에서 신사의 역량은 다른 지역과 조금 달랐다. 왕조 교체의 동란기에 회·양 지역이 심각한 파괴와 학살을 경험하면서 신사층의 존립 기반은 큰 타격을 입었다. 신사층 가운데 동란기에 타살되거나 남명(南明) 정권에 대한 충성심으로 자살하는 경우가 적지 않았다.[3] 동란기가 지난 이후에도 신사 중에는 청조 정권에 대한 반감과 불신으로 지역 사회의 재건에 소극적인 경우가 많았다.[4] 물론 신사층의 존재는 양주학파로 명맥이 유지되기는 하지만, 회·양 지역의 신사는 강남을 비롯한 전국 각지의 신사처럼 광범위한 정치·사회적 역할을 수행하지는 못했다.[5]

이와는 대조적으로 17세기 회·양 지역에서 지역 사회의 필요와 국가 권력의 기대를 동시에 충족시켰던 엘리트는 휘주 상인이었다. 그들은 대부분 양자강과 대운하를 이용한 유통업에 종사했던 경험이 풍부했으므로, 지역 사회에 필요한 것이 무엇인지 민감하게 인식하고 대응 전략을 발 빠르게 마련했다. 무엇보다 휘주 상인에겐 언제든지 투입될 수 있는 재원이 풍부했다. 운하 준설을 통해 조운과 염운에 차질이 생기지 않도록 하는 것, 수재가 발생할 때 제방을 수축하거나 수재민을 구호하는 것, 수로 이용자들의 안전을 위해 구생선을 운영하거나 수신 사묘를 중건하는 것, 빈민층과 유동 인구를 위한 각종 선회·선당을 건립·운영했던 것, 그리고 황제가 대운하를 따라 남순할 때에 수로를 정비하고 연회를 마련하는 것 등은 모두 전략적 '투자'의 대표적인 사례다.

잠산도 정씨 가문의 사례에서 잘 나타나듯, 휘주 상인은 이상과 같은 활동에서 두각을 나타냄으로써 황제로부터 관함까지 하사받을 수 있었다. 따라서 휘주 상인에게 대운하의 존재는 단순한 상품 유통로서만이 아니라, 회·양 지역에 이주하여 엘리트로 성장케 하는 '생명수'와 같은 의미가 있었다.

휘주 상인의 성쇠를 염업의 성패로만 평가할 수 없는 이유

휘주 상인의 성장과 쇠락을 단순히 염업에서의 성패로만 평가할 수 없는 까닭이 바로 여기에 있다. 만일 휘주 상인이 염업에서 '단물'만 빼먹고 지역 사회의 필요에 둔감했다면 어떻게 향토 의식이 그토록 강한 상황에서 회·양 지역의 엘리트로 인정받을 수 있었겠는가? 즉 해당 지역이나 정권의 이해관계에 합치되지 못할 경우 그들은 이주지에 성공적으로 뿌리를 내리기가 곤란했다.

왕조가 교체되는 300여 년 동안 객지에서 엘리트로 인정받으며 지역 문화를 창출했던 휘주 상인의 업적 뒤에는 단지 염업이나 자본의 관점으로만 해석할 수 없는 그 무언가가 있었다. 그것은 그들이 이주하고 정착했던 땅, 바로 회·양 지역의 상황과 필요에 따라 변화되는 '창조적' 대처 능력이라고 표현할 만한 것이다. 휘주 상인의 소비 패턴과 규모 역시 이러한 상황과 필요에 따라 결정된 것이지, 단순히 염업의 상황 변화에 종속된 것은 결코 아니다.

그들이 창출한 18세기 양주의 도시 문화는 '창조적' 대처 능력의 결정판이었다. 휘주 상인은 소금 판매로 벌어들인 돈으로 소금 산업을 위해 재투자하기보다는 지역 사회와 그 속에서 자신들의 위상을 강화하는 데 주로 투자했다. 이때 강희제가 시작했던 남순의 전통이 건륭제까지 이어졌다는 사실은 대단히 중요한 변수였다. 그 결과 18세기 회·양 지역의 운하 도시에서 문화의 소비 주체는 사실상 휘주 상인이 아니라 황제가 되었다. 1684년부터 1784년까지 백 년 동안 청조의 황제는 모두 12차례(내려올 때와 올라갈 때를 나누어 계산하면 24차례)나 회·양 지역을 경유했다. 따라서 18세기 회·양 지역의 도시 문화는 휘주 상인과 황제의 합작품이라 해도 과언이 아니다. 하지만 이러한 연합이 결국 올무가 될 것임은 당시엔 누구도 예상하기 어려웠다.

문제는 19세기에 접어들면서 한꺼번에 발생했다. 19세기 전반기에 황하의 범람이 잦아지고 그 재해 규모도 커지면서, 회·양 지역의 전반적인 하공 상황은 심각하게 열악해졌다. 이를 단적으로 보여 준 사건이 1824년 홍택호 동편에 축조된 고가언이 무너지면서 대운하가 일시적이나마 단절된 것이다.[6] 이후부터 조운의 해운화는 거스를 수 없는 대세가 되어 버렸다. 대운하에 대한 의존도는 동반 하락했다. 이에 더하여 회북 염장에서도 1832년부터 특권적인 강운법이 표법(票法)으로 바뀌었다. 이후 양회 염장에서 휘주 상인이 국가 권력을 등에 업고 누렸던 우월적인 지위는 대부분 사라졌다.[7] 휘주 상인의 재정 상황도 크게 악화되었다.

이러한 상황을 고려해 보면, 청조의 남순이 1784년 이후 더 이상 이어지지 못했던 이유도 충분히 이해가 된다. 할아버지보다 더 많은 햇수를 치리할 수 없다고 생전에 하야했던 건륭제야 이미 강희제만큼 6번을 채웠으므로 더 이상 남순을 강행하긴 어려웠을 것이다. 하지만 가경제 이후 청조는 국내·외적인 사회 변화 속에서 남순은 커녕 자신의 목숨을 연명하기에도 여력이 부족한 상태에 빠져 버렸다. 가장 매력적인 관객이 더 이상 방문하지 않는 회·양 지역에서 휘주 상인이 건립했던 수많은 원림과 극단은 하나둘 문을 닫을 수밖에 없었다. 대운하에 대한 준설 역시 서서히 관심을 잃어가기 시작했다.

급기야 1850년대에 황하의 개도, 태평천국 군의 양자강 중·하류 일대 점령, 그리고 서구 열강의 진강 점령과 대운하 차단[8] 등이 겹쳐 발생하면서 대운하의 기능은 일순간에 중단되었다. 특히 태평천국으로 인한 피해가 컸다. 『사고전서』를 보관했던 7곳의 서고 가운데 양주의 문회각(文匯閣)과 진강의 문종각(文淙閣)이 태평천국의 난 때 전화(戰火)로 소실되었다.[9] 이후 회·양 지역은 서서히 빈곤과 재해의 상징 지역으로 전락하기 시작했다. 그동안 회·양 지역의 사회·경제적 여건 변화를 기반으로 성장했던 휘주 상인 역시 19세기 전반기의 상황 속에서 부지불식간에 쇠락하기 시작했다. 전국적인 유통망이 완전히 재편되는 과정에서, 휘주 상인에게는 그들의 특권적인 지위를 보장해 주었던 지역적인 기반과 국가 권력의 후원이 모두 사라졌던 것이다.

휘주 상인의 인상적인 역할과 한계

한편 17~18세기 회·양 지역에서 보여 준 휘주 상인의 존재 양태는 지역 사회에서 엘리트로 군림하던 신사의 역할을 상기시킨다. 그들은 회·양 지역의 염정과 하공에 대한 운영 방안을 관료에게 건의하거나 조언할 수 있었다. 또한 그들은 각종 공익사업에 필요한 자금 확보와 조직 구성을 위해 동료 상인 및 신사와 협력 관계를 유지했을 뿐 아니라, 경우에 따라서 내탕금을 빌려 쓰거나 관료들의 협조를 이끌어내기도 했다. 그리고 관부로부터 하달된 하공의 부담이 과다할 경우, 그들은 "상인공의"를 기반으로 자신들의 어려운 상황을 남순하는 황제에게 직접 전달하기도 했다. 휘주 상인들이 각종 공익사업에 참여할 때 보여 준 '동지' 의식은 신사들이 공유했던 동류 의식과도 유사했다. 회·양 지역의 휘주 상인들이 보여 준 사회·경제적인 역할은 그야말로 중국 전 지역에서 신사층이 담당하던 것이었다.

휘주 상인의 인상적인 활동과 역할은 지역에서 사회적 위상 제고로 이어졌다. 그런데 이러한 점은 결코 회·양 지역에 국한되거나 휘주 상인에게만 발견할 수 있는 현상이 아니다. 휘주 상인의 라이벌이었던 산서 상인도, 경상 활동과 함께 각종 '선행'을 통하여 지역 사회에서의 역할과 위상을 제고해 나갔다.[10] 영파(寧波)의 소방 기구나 하공 문제 등 각종 공익사업의 주도권 역시 17세기 중엽부터 관부에서 부유한 상인과 신사에게로 이전되었다.[11] 한구(漢口)에 진출한 휘주 상인을 비롯한 산서 상인, 광동 상인, 절강 상인들은 모두 18세기 후반부터 각종 공익사업에 협력적으로 참여했는데, 대체로 신사와 유사했다.[12] 천진의 염상들 역시 각종 공익사업에 참여하면서, 특히 19세기 행정력이 미처 도달하지 못하던 사회 영역에 대하여 그들의 영향력을 확대시켰다.[13] 청대 강서성 하구진(河口鎭)에 진출했던 대상인들도, 흡사 신사가 도시와 향촌에서 보여 주던 존재 양태와 유사한 역할을 수행했다.[14]

이러한 모든 현상은 지역 사회에서 신사와 상인의 계층적인 격차가 점차로 축소되고 있음을 반영한다. 명 중기까지만 해도 사·농·공·상의 신분 질서가 비교적 확고했던 점을 고려해 볼 때,[15] 명 중엽 이후 본격화되어 명·청 왕조 교체 이후 가시화된 상인의 위상 제고는 대단히 인상적이었다. 양명의 신사민론(新四民論)이 등장한 이후에는 신사 중에서도 제고된 상인의 위상을 공공연하게 지적하는 경우가 많았으며,[16] 급기야 청말에는 '신상(紳商)'으로 연칭될 정도로 상인의 위상이 제고되었다.[17] 그야말로 자본의 힘이 사회 계층의 장막을 뛰어넘는 것처럼 보일 정도였다.

회·양 지역에서 활동했던 휘주 상인은 바로 이러한 변화를 선진적으로 반영하고 있다. 강희제의 남순 기간 지역 사회의 대표자가 "사(士)·민"이 아니라 "상(商)·민"으로 표현되었던 것, 옹정 연간 출간된 『양주부지』에 "상인공의"라는 표현이 등장하고 "신·상"이 연칭되었던 것, 그리고 가경 연간 출간된 『양회염법지』에 동일 인물에 대하여 "신상"이라는 호칭을 사용하는 것은, 모두 회·양 지역에서 엘리트로 군림했던 상인의 높아진 위상을 단적으로 보여 준다.

이 책에서 이러한 상승 국면을 집중적으로 부각한 것은 사실이지만 마지막으로 이러한 현상을 거시적인 관점에서 평가해야 할 필요를 느낀다. 이념과 현실적인 측면을 고려해 보면, 신사와 상인 사이에는 여전히 극복되지 못한 차별이 잔존했던 것도 사실이기 때문이다.

이념적으로 상인들이 지닌 '동지' 의식의 이면에는 황제의 이름으로 얻는 학위나 관품이 없었고, 신사 사이에 존재하던 끈끈한 좌주문생(座主·門生) 관계도 없었다.[18] 상인은 여러 공익사업에 적극적으로 참여하면서도, 범중엄(范仲淹, 989~1052년)이 천명했던바 "천하가 근심하기에 앞서 근심하고 천하가 기뻐한 후에야 기뻐한다.(先天下之憂而憂, 後天下之樂而樂)"는 사대부의 이념적 전통을 계승하기보다는, '선행'을 관리나 토착 사회와 연계를 맺어 이윤을 극대화하는 도구로 활용하는 측면이 강했다.[19] 이념에 대한 심리적 열등의식은 휘주 상인으로 하여금 줄곧 자제들에게 공부를 시키고 과거에 응시하도록 하는 기제로 작용했다. 휘주인 왕도곤(1525~1593년)이 지적했던바 "자손을 고려한다면 오히려 장사를 소홀히 하고 유학에 힘쓴다."[20]는 의식이 청말까지 근본적으로 변화되지 못했던 것이다.

현실적인 면에서 볼 때에도, 상인이 아무리 많은 재산을 축적해도 학위나 공명(功名)이 없는 한, 그들의 사회적 위상이 제고되는 데 한계가 분명했다.[21] 무엇보다 상인이 직접 관부와 협상하기 위해서, 혹은 모아 놓은 재산을 권세가들의 착취로부터 보호하기 위해서는 학위와 공명의 취득이 선결 조건이었다.[22] 청대 대도시뿐 아니라 중소 도시가 급증하고 그곳에 수없이 성립한 회관의 지도자인 동사(董事)가 대부분 신사로 구성되었으며, 청말에 결성된 상회(商會)·농회(農會)·공회(工會)·광회(鑛會)·교육회(敎育會) 등 사회단체의 지도자가 여전히 신사 혹은 '신상'으로 대부분 채워졌던 것은 바로 이 때문이었다.[23]

그래서 재력이 아무리 풍부한 상인이라도 사회적 위상을 제고하기 위해서는, 연납과 수헌(輸獻)에 힘쓸 뿐 아니라 각종 공익사업에 출연하는 등 신사처럼 취급받기 위한 '형식' 마련에 힘을 기울일 수밖에 없었다. 상인들의 소비를 부추기는 사회적 '유행(fashion)'을 끊임없이 만들어 내며 '진짜'와 '가짜'를 구별하는 권한을 지닌 이들이 신사였다는 지적[24]은 적어도 18세기까지는 유효했다. 이러한 점에서 상인들은 여전히 절대적 권력자, 즉 전제군주제하의 국가와 신사층과 경쟁하기보다는 그들의 후견에 의존하거나 적응했다고 볼 수 있다.[25] 국가와 지역 사회의 폭력으로부터 자신의 재산을 빼앗기거나 피해를 입지 않으려고 지불하는 상인들의 '보호 비용(cost of protection)'이 휘주 상인에게는 이러한 형태로 표출된 것이다.[26]

이러한 상인의 적응력은 해외로 진출했던 상인, 즉 화교에게도 동일하게 적용되었다. 화교에 대한 필립 쿤(Philip Kuhn) 교수의 묘사는 중국 내지를 활보하던 상인 집단에 대해서도 시사하는 바가 있다. "자신들의 고국에서 중국 상인들은 관직에 진출할 수 없었다. 아무리 돈이 많아도 군주와 관료들에게 윗자리를 양보해야 했다. 마찬가지로 해외에 진출한 상인들은 정치적 권력을 놓고 현지의 통치자들과 겨룰 수 없었다. 대신 그들은 중국에서와 마찬가지로 그 수하로 들어가 특정 업무를 맡았고 제한된 특권을 부여받았으며, 통제에 복종하고 세금을 납부했다."[27] 중국의 상인들은 오랜 기간 위임받는 권한의 범위 내에서 성공하는 방법을 체득했던 것이다. 상인이 신분적인 제약을 극복하고, 재력에 상응한 영향력을 명실 공히 발휘하기 위해서는 좀 더 많은 시간과 시대 상황의 변화가 필요했다.

참고 문헌

1 사료(史料)──정서(政書)·문집(文集)·기타

江蘇省博物館 編,『江蘇省明淸以來碑刻資料選集』, 北京, 三聯書店, 1959

康基田,『河渠紀聞』(中國水利要籍叢編) 20卷, 文海出版社, 1969

顧炎武 著, 黃汝成 集釋, 秦克誠 點校,『日知錄集釋』, 岳麓書社, 1996

顧祖禹,『讀史方輿紀要』, 上海書店出版社, 1998

歸有光, 周本淳 校點,『震川先生集』, 臺北, 源流出版社, 1983

歸莊,『歸莊集』, 上海古籍出版社, 1984

靳輔,『靳文襄公治河方略』,『中國水利要籍叢編』第2集, 台北, 文海出版社, 1969

金安淸 著, 謝興堯 點校,『水窗春囈』, 中華書局, 1984

郎瑛 著, 安越 點校,『七修類稿』, 文化藝術出版社, 1998

魯一同,『淸河風俗物産志』,『小方壺齋輿地叢鈔』第6帙

雷士俊 撰,『艾陵文鈔』(『四庫禁毁書叢刊』集部 90)

談遷,『北游錄』(淸代史料筆記叢刊), 中華書局, 1997

戴廷明·程尙寬 等撰, 朱萬曙 等點校,『新安名族志』, 黃山書社, 2004

陶澍 著,『陶澍集』上下, 岳麓書社, 1998

董恂 輯,『江北運程』(40卷, 咸豊10年刊)

董玉書 原著, 蔣孝達 等 校點,『蕪城懷舊錄』(揚州地方文獻叢刊), 江蘇古籍出版社, 2002

麟慶 著,〔淸〕汪英福 等繪圖,『江蘇名勝圖記』, 江蘇古籍出版社, 2002

麟慶 著文, 汪春泉 等繪圖,『鴻雪因緣圖記』第2集, 北京古籍出版社, 1984

萬恭, 朱更翎 整編, 『治水筌蹄』, 水利電力出版社, 1985

方苞, 『方望溪全集』, 臺北, 世界書局, 1965

范鍇 著, 江浦 等 校釋, 『漢口叢談校釋』, 湖北人民出版社, 1999

傅澤洪 輯錄, 『行水金鑑』(『國學基本叢書』), 臺灣商務印書館印行, 1937

傅澤洪 輯錄, 『行水金鑑』(雍正3年刊, 國學基本叢書)

謝肇淛, 『五雜組』(歷代筆記叢刊), 上海書店出版社, 2001

上海博物館圖書資料室 編, 『上海碑刻資料選集』, 上海人民出版社, 1984

徐珂 編纂, 『淸稗類鈔』, 中華書局, 1984~1986

石成金, 金靑輝 等點校, 『傳家寶』, 天津社會科學出版社, 1992

昭槤, 『嘯亭雜錄 · 嘯亭續錄』(淸代史料筆記), 中華書局, 1997

蘇州歷史博物館 · 江蘇師範學院歷史系 · 南京大學明淸史硏究室 合編, 『明淸蘇州工商業碑
　　刻集』, 江蘇人民出版社, 1961

蕭奭 著, 『永憲錄』(淸代史料筆記叢刊), 中華書局, 1997

孫淸標, 『媽祖圖志』, 江蘇古籍出版社, 2001, 卷2

孫忠煥 主編, 『杭州運河文獻集成』, 杭州出版社, 2009

宋應星 著, 鍾廣言 注釋, 『天工開物』, 中華書局, 1978

沈德符 撰, 『萬曆野獲編』, 中華書局, 1997

沈鯉, 『亦玉堂稿』, 『薛荔園詩集: 外三種』(四庫明人文集叢刊), 上海古籍出版社, 1993

梁夢龍, 『海運新考』(『玄覽堂叢書』), 1940

楊士奇 著, 劉伯涵 · 朱海 點校, 『東里文集』, 中華書局, 1998

楊正泰 校註, 『天下水陸路程 · 天下路程圖引 · 客商一覽醒迷』, 山西人民出版社, 1992

楊正泰, 『明代驛站考』, 上海古籍出版社, 1994

余繼登, 『典故紀聞』(元明史料筆記叢刊), 中華書局, 1997

呂坤, 『實政錄』(政書集成 第6輯), 中州古籍出版社, 1996

黎世序 等纂修, 『續行水金鑑』(『國學基本叢書』), 臺灣商務印書館印行, 1937

黎世序 等纂修, 『續行水金鑑』(道光11年刊, 國學基本叢書)

葉權 著, 凌毅 點校, 『賢博編』(元明史料筆記叢刊), 中華書局, 1987

吳應箕, 『樓山堂集』(叢書集成初編 2167~2170), 中華書局, 1985

王瓊 纂輯, 姚漢源 等標點, 『漕河圖志』, 水利電力出版社, 1990

王國平·唐力行 主編,『明淸以來蘇州社會史碑刻集』, 蘇州大學出版社, 1998

王圻 撰,『續文獻通考』(萬曆31年刊本), 北京, 現代出版社, 1986

汪道昆 著, 胡益民·余國慶 點校,『太函集』, 黃山書社, 2004

王先謙 著,『荀子集解』(諸子集成 2), 中華書局, 1993

王世貞 撰, 魏連科 點校,『弇山堂別集』, 中華書局, 1985

王秀楚,「揚州十日記」,『揚州叢刻』, 5冊, 江蘇廣陵古籍刻印社, 1995

汪應庚 著, 曾學文 點校,『平山攬勝志』(揚州地方文獻叢刊), 廣陵書社, 2004

王在晉 撰,『通漕類編』(明代史籍彙刊 22), 臺北, 學生書局 引行, 1970

王宗沐,『敬所王先生文集』(『四庫全書存目叢書』集部 111)

汪中 撰, 田漢雲 點校,『新編汪中集』, 廣陵書社, 2005

姚東升,『釋神』(中國民間信仰資料彙編 第1輯, 19), 臺北, 學生書局, 1989

姚思仁 註解,『大明律附例注解』, 北京大學出版社, 1993

袁枚 著, 王英志 校點,『小倉山房文集』,『袁枚全集』2, 江蘇古籍出版社, 1997

袁枚 著, 王英志 校點,『隨園詩話』,『袁枚全集』3, 江蘇古籍出版社, 1997

魏源,『聖武記』, 中華書局, 1984

魏禧 著, 胡守仁 等 點校,『魏叔子文集』, 中華書局, 2003

劉宗周,『人譜三篇附類記六卷』(1634年序刊本), 1903

李斗,『揚州畵舫錄』(淸代史料筆記叢刊), 中華書局, 1997

李斗 撰, 周春東 注,『揚州畵舫錄』, 山東友誼出版社, 2001

李斗, 蔣孝達 校點,『揚州名勝錄』(揚州地方文獻叢刊), 江蘇古籍出版社, 2002

李昭祥 撰,『龍江船廠志』(江蘇地方文獻叢書), 江蘇古籍出版社, 1999

李攀龍, 李伯齊 點校,『李攀龍集』, 齊魯書社, 1993

李漁,『資治新書―初編』(『李漁全集』第16卷), 浙江古籍出版社, 1992

李維楨,『大泌山房集』(四庫全書存目叢書 集部 150~153)

李晉德 著,『客商一覽醒迷』(楊正泰 校註,『天下水陸路程·天下路程圖引·客商一覽醒迷』), 山西人民出版社, 1992

李坦 主編,『揚州歷代詩詞』(1)~(4), 人民文學出版社, 1998

李煦, 故宮博物院明淸檔案部 編,『李煦奏摺』, 北京, 中華書局, 1976

麟慶 著文, 汪春泉 等繪圖,『鴻雪因緣圖記』, 北京古籍出版社, 1984

林蘇門,『邗江三百吟』(『中國風土志叢刊』27), 廣陵書社, 2003

林則徐,『林則徐全集 第1册 奏摺』, 海峽文藝出版社, 2002

張居正,『張居正集』, 湖北人民出版社, 1994

張岱 著, 屠友祥 校注,『陶菴夢憶』, 上海遠東出版社, 1996

張伯行,『正誼堂續集』(叢書集成初編 2485)

張鵬翮,『治河全書』(續修四庫全書 847, 史部) → 張鵬翮 撰,『治河全書』24卷, 天津古蹟出
　　版社, 2007

張鵬翮,『河防志』(『中國水利要藉叢編』第1集), 臺北, 文海出版社, 1969

張四維,『條麓堂集』,『續修四庫全書』集部 1350～1351

張英,『南巡扈從紀略』(『昭代叢書』戊集 47册)

張正明・薛慧林 主編,『明清晋商資料選編』, 山西人民出版社, 1989

張瀚,『松窗夢語』(元明史料筆記), 北京, 中華書局, 1997

張海鵬・王廷元 主編,『明清徽商資料選編』, 合肥, 黃山書社, 1985

著者未詳(明),「揚州變略」(『中國歷史研究資料叢書-東南紀事』), 上海書店, 1982

田汝成 輯撰,『西湖遊覽志』(西湖文獻叢書), 上海古籍出版社, 1998

錢泳,『履園叢話』(清代史料筆記), 中華書局, 1997

錢儀吉 纂, 靳斯 標點,『碑傳集』, 中華書局, 1993

丁午 編輯,『城北天后宮志』, 孫忠煥 主編『杭州運河文獻集成』3, 杭州出版社, 2009

程春宇,『士商類要』(楊正泰 編著,『明代驛站考』), 上海古籍出版社, 1994

鄭曉,『端簡鄭公文集』(『北京圖書館古籍珍本叢刊』109, 書目文獻出版社)

趙翼 著, 欒保群 等 校點,『陔餘叢考』, 河北人民出版社, 2003

曹寅, 故宮博物院明清檔案部 編,『關於江寧織造曹家檔案史料』, 中華書局, 1975

趙之壁,『平山堂圖志』(『中國佛寺誌叢刊』55), 江蘇廣陵古籍刻印社, 1996

趙之壁 撰, 高小健 點校,『平山堂圖志』(揚州地方文獻叢刊), 廣陵書社, 2004

趙之壁, 『平山堂圖志』(馬文大, 陳堅 主編,『明清珍本版畫資料叢刊』學苑出版社, 2003,
　　第11册)

朱國禎 著, 繆宏 點校,『湧幢小品』, 文藝出版社, 1998

周亮工,『賴古堂集』, 上海古籍出版社, 1979

中國水利水電科學研究院 水利史研究室 編,『再續行水金鑑』(1953年刊)

428

仲學輅 撰,『金龍四大王祠墓錄』(叢書集成續編 史部 59)

陳康祺,『郎潛紀聞四筆』, 中華書局, 1997

陳去病,『五石脂』(『丹午筆記·吳城日記·五石脂』), 江蘇古籍出版社, 1999

陳宏謀,『培遠堂偶存稿 — 文檄』

陳仁錫 輯,『皇明世法錄』(吳相湘 主編,『中國史學叢書初編』8), 臺灣學生書局, 1986

陳子龍 等 選輯,『明經世文編』, 中華書局, 1962

陳洪謨,『繼世紀聞』(『治世余聞, 繼世紀聞, 松窗夢語』), 北京, 中華書局, 1985

焦循·江藩 纂,『揚州圖經』, 江蘇廣陵古籍刻印社, 1995 重印本

何良俊,『四友齋叢說』, 中華書局, 1997

賀長齡·魏源 等 編,『淸經世文編』, 中華書局, 1992

韓菼,『有懷堂文稿』(四庫全書存目叢書 集部 245)

項夢原,『冬官紀事』,『叢書集成初編』1500, 中華書局, 1985

許承堯,『歙事閑譚』, 黃山書社, 2001

許指嚴 著,『南巡秘紀』(民國史料筆記叢刊), 上海書店出版社, 1997

玄燁 撰,『康熙帝御製文集』(『中國史學叢書』41), 臺灣學生書局, 1966

洪煥春 編,『明淸蘇州農村經濟資料』, 江蘇古籍出版社, 1988

黃鈞宰 撰,『金壺浪墨』(『筆記小說大觀』第13冊), 江蘇廣陵古籍出版社, 1995

黃汴,『一統路程圖記』(楊正泰,『明代驛站考』), 上海古籍出版社, 1994

黃六鴻,『福惠全書』(文昌會館, 光緒19年刊本)

黃宗羲,『明夷待訪錄』(『黃宗羲全集』第1冊), 浙江古籍出版社, 1985

康熙『大淸會典』(近代中國史料叢刊三編 第72輯, 文海出版社)

乾隆『新安岑山渡程氏支譜』(程文桂 等修, 乾隆6年活字本 8冊, 北京圖書館)

『古今圖書集成·方輿彙編·職方典』, 中華書局, 巴蜀書社, 1985

光緒『淸會典事例』, 中華書局, 1991

『譚渡黃氏族譜』(徽州府 歙縣 潭渡 黃氏)

萬曆『大明會典』(申時行 等勅撰), 江蘇廣陵古籍刻印社, 1989

『聖祖五幸江南全錄』(王康年 編輯,『振綺堂叢書初集』, 宣統2年刊本)

『再續行水金鑑: 運河卷』1-5, 湖北人民出版社, 2004

『欽定學政全書』(近代中國史料叢刊 第30輯, 文海出版社)

Jameson, C. D., "River Systems of the Province of Anhui and Kiangsu North of the Yangzekiang", *The Chinese Recorder and Missionary Journal*, Vol. 43, no. 1, 1912

Macartney, Earl, "An Embassy to China," *Being the Journal Kept by Lord Macartney during his Embassy to the Emperor Ch'ien-lung, 1793~1794*, selected and with an introduction by Patrick Tuck, Britain and the China trade 1635~1842 Vol. 8, New York: Routledge, 2000

Ricci, Mattew, *China in the Sixteenth Century: The Journals of Mattew Ricci, 1585~1610*, translated from Latin by Louis J. Gallagher, New York, Random House, 1953

Staunton, George Thomas, *Notes of Proceedings and Occurrences During the British Embassy to Pekin in 1816*, selected and with an introduction by Patrick Tuck, Britain and the China trade 1635~1842 Vol. 10, New York: Routledge, 2000.

マッテ＿オ・リッチ, 川名公平 譯, 失澤利彦 注, 『中國キリシト教布教史』 1-2(大航海時代叢書 第Ⅱ期 8~9), 岩波書店, 1983

데리다 나카노부 지음, 서인범・송정수 옮김, 『중국의 역사 ― 대명 제국』, 혜안, 2006

류웨이・장첸이 편저, 허유영 옮김, 『중국 역사 대장정』(웅진지식하우스, 2009)

마르코 폴로 지음, 김호동 역주, 『마르코 폴로의 동방견문록』, 사계절, 2000

박원호・양종국・노기식・김성한・이석현・권인용 옮김, 『명사식화지 역주』, 소명출판, 2008

이븐 바투타 지음, 정수일 역주, 『이븐 바투타 여행기: 여러 지방과 여로의 기사이적을 본 자의 진귀한 기록』 1-2, 창작과비평사, 2001

최부(崔溥) 지음, 서인범・주성지 옮김, 『표해록』, 한길사, 2004

최부 지음, 박원호 옮김, 『최부 표해록 역주』, 고려대 출판부, 2006

2 사료 —— 지방지(地方志)·염법지(鹽法志)

萬曆『淮安府志』(『天一閣藏明代方志叢刊續編』, 上海書店)

乾隆『淮安府志』(『續修四庫全書』史部 地理類, 699~700)

光緒『淮安府志』(『中國地方志集成: 江蘇府縣志輯』)

同治『重修山陽縣志』(『中國地方志集成: 江蘇府縣志輯』)

民國『續纂山陽縣志』(『中國地方志集成: 江蘇府縣志輯』)

道光『淮安藝文志』(同治12年刊)

同治『山陽藝文志』(『中國地方志集成: 江蘇府縣志輯』)

民國『淮安河下志』(『中國地方志集成: 鄕鎭志專輯』)

光緒『安東縣志』(『中國地方志集成: 江蘇府縣志輯』)

民國『宿遷縣志』(『中國地方志集成: 江蘇府縣志輯』)

同治『淮郡文渠志』(『中國方志叢書·華中地方』)

新編『淮陰縣志』(淮陰縣志編纂委員會 編, 上海社會科學院出版社, 1996)

嘉靖『惟揚志』((『天一閣藏明代方志叢刊選刊』, 新文豐出版公司)

萬曆『揚州府志』(『北京圖書館古籍珍本叢刊』25, 書目文獻出版社)

康熙『揚州府志』(『四庫全書存目叢書』史部 214~215)

雍正『揚州府志』(『中國方志叢書』, 臺北, 成文出版社)

嘉慶『重修揚州府志』(『中國地方志集成: 江蘇府縣志輯』)

同治『續纂揚州府志』(『中國地方志集成: 江蘇府縣志輯』)

光緒『江都縣志』(『中國地方志集成: 江蘇府縣志輯』)

光緒『增修甘泉縣志』(『中國地方志集成: 江蘇府縣志輯』)

道光『高郵州志』(『中國地方志集成: 江蘇府縣志輯』)

光緒『重修儀徵縣志』(『中國地方志集成: 江蘇府縣志輯』)

咸豊『重修興化縣志』(『中國地方志集成: 江蘇府縣志輯』)

道光『重修寶應縣志』(『中國地方志集成: 江蘇府縣志輯』)

嘉慶『東臺縣志』(『中國地方志集成: 江蘇府縣志輯』)

嘉慶『瓜洲志』(『中國地方志集成: 鄕鎭志專輯』)

民國『瓜洲續志』(『中國地方志集成: 江蘇府縣志輯』)

乾隆『江南通志』(『四庫全書』史部 265~270)

『至順鎮江志』(『江蘇地方文獻叢書』, 江蘇古籍出版社, 1999)

乾隆『鎮江府志』(『中國地方志集成: 江蘇府縣志輯』)

萬曆『丹徒縣志』(『天一閣藏明代方志叢刊續編』, 上海書店)

光緒『丹徒縣志』(『中國地方志集成: 江蘇府縣志輯』)

光緒『丹陽縣志』(『中國地方志集成: 江蘇府縣志輯』)

嘉慶『南翔鎮志』(江南名鎮志), 〔淸〕張承先 著, 〔淸〕程攸熙 訂, 朱瑞熙 標點, 上海古籍出版
社, 2003

萬曆『嘉定縣志』(成文出版社)

崇禎『吳縣志』(『天一閣藏明代方志選刊續編』, 上海書店 影印)

康熙『徽州府志』(成文出版社)

道光『徽州府志』(『中國地方志集成: 安徽府縣志輯』)

萬曆『歙志』(萬曆37年刊本)

乾隆『歙縣志』(乾隆26年刊本)

民國『歙縣志』(『中國地方志集成: 安徽府縣志輯』)

道光『休寧縣志』(『中國地方志集成: 安徽府縣志輯』)

民國『重修婺源縣志』(『中國地方志集成: 安徽府縣志輯』)

同治『祁門縣志』(『中國地方志集成: 安徽府縣志輯』)

『豊南志』(『中國地方志集成: 鄉鎮志專輯』)

『光緒順天府志』(1-16), 周家楣·繆荃孫 等 編纂, 北京古籍出版社, 1987

康熙『兩淮鹽法志』(康熙32年刊本, 中國史學叢書 42), 臺灣學生書局, 1966

嘉慶『兩淮鹽法志』(揚州書局 重刊本)

光緒『重修兩淮鹽法志』(續修四庫全書 史部 842-845)

3 사료 — 소설

谷口生 等,『生綃剪』(古本小說集成), 上海古籍出版社, 1990

凌濛初,『拍案驚奇』, 上海古籍出版社, 1992

凌濛初, 陳邇冬 · 郭雋杰 校注,『二刻拍案驚奇』上 · 下, 人民文學出版社, 1996

西湖漁隱人 著,『歡喜寃家』(中國禁毀小說百部 48), 中國戲劇出版社, 2000

笑笑生 著, 陶慕寧 校注,『金瓶梅詞話』, 人民文學出版社, 2000

艾衲居士 編著, 陳大康 校注, 王關仕 校閱,『豆棚閑話』, 臺北, 三民書局, 1998

吳敬梓,『儒林外史』(中國古典小說叢刊), 臺北, 聯經出版事業公司, 1996

陸人龍 編著, 崔恩烈 等校點,『型世言』, 齊魯書社出版社, 1995

李漁,『無聲戱』(《李漁全集》第8卷), 浙江古籍出版社, 1992

張應兪 撰, 紀凡 譯注,『新刻江湖杜騙術 —— 中國古代第一部反詐騙奇書』, 河北敎育出版社,
     1995

褚人穫,『堅瓠集』,『筆記小說大觀』第7冊, 江蘇廣陵古籍刻印社, 1995

周淸原 著, 周楞伽 整理,『西湖二集』, 人民文學出版社, 1999

天然痴叟 著, 弦聲 等 校點,『石点頭』(中國話本大系), 江蘇古籍出版社, 1994

馮夢龍 編, 嚴敦易 校注,『警世通言』上下, 人民文學出版社, 1956

馮夢龍, 顧學頡 校注,『醒世恒言』上下, 人民文學出版社, 1994

馮夢龍, 許政揚 校注,『喩世明言』上下, 人民文學出版社, 1995

許仲元 撰, 范義臣 校點,『三異筆談』(筆記小說精品叢書), 重慶出版社, 1996

4 저서

P. E. 빌(Pierre-Etienne Will) 지음, 정철웅 옮김,『18세기 중국의 관료 제도와 자연 재해』,
     민음사, 1995

구로다 아키노부〔黑田明伸〕지음, 정혜중 옮김,『화폐 시스템의 세계사 — '비대칭성'을
     읽는다』, 논형, 2005

기무라 간〔大木幹〕지음, 김세덕 옮김,『조선/한국의 내셔널리즘과 소국 의식: 조공 국가

에서 국민 국가로』, 산처럼, 2007

기시모토 미오 · 미야지마 히로시 지음, 김현영 · 문순실 옮김,『조선과 중국 근세 오백년
  을 가다』, 역사비평사, 2003

김형종,『청말 신정기(新政期)의 연구: 강소성의 신정(新政)과 신사층(紳士層)』, 서울대
  출판부, 2002

김호동,『동방 기독교와 동서 문명』, 까치, 2002

나카스나 아키노리(中砂明德) 지음, 강길중 · 김지영 · 장원철 옮김,『우아함의 탄생: 중국
  강남 문화사』, 민음사, 2009

데리다 나카노부(寺田隆信) 지음, 서인범 · 송정수 옮김,『중국의 역사―대명 제국』, 혜
  안, 2006

데이비드 먼젤로 지음, 이향만 · 장동진 · 정인재 옮김,『진기한 나라, 중국: 예수회 적응주
  의와 중국학의 기원』, 나남, 2009

데이비드 먼젤로 지음, 김성규 옮김,『동양과 서양의 위대한 만남 1500~1800: 대항해
  시대 중국과 유럽은 어떻게 소통했을까』, 휴머니스트, 2009〔← D. E. Mungello, *The
  Great Encounter of China and the West*, 1500~1800, Lanham, MD: Rowman & Littlefield
  Publishers, 2005〕

레이 황 지음, 김한식 외 옮김,『만력 15년, 아무 일도 없었던 해』, 새물결, 2004〔←Huang,
  Ray, 1587, *A Year of No Significance*―*The Ming Dynasty in decline*, Yale Univ. Press, 1981〕

로이드 이스트만 지음, 이승휘 옮김,『중국 사회의 지속과 변화, 1550~1949』, 돌베개,
  1999〔←Eastman, Lloyd E., *Family, Fields, and Ancestors*: *Constancy and Change in China's
  Social and Economic History*, 1550~1949, New York, Oxford, Oxford Univ Press., 1988〕

류웨이 · 장첸이 편저, 허유영 옮김,『중국 역사 대장정』, 웅진지식하우스, 2009

마크 C. 엘리엇 지음, 이훈 · 김선민 옮김,『만주족의 청제국』, 푸른역사, 2009〔←Elliott,
  Mark C., *The Manchu Way: The Eight Banners and Ethnic Identity in Late Imperial China*,
  Stanford, Stanford Univ. Press, 2001〕

박원호,『명청 휘주 종족사 연구』, 지식산업사, 2002

박한제,『박한제 교수의 중국 역사 기행 3―제국으로 가는 긴 여정』, 사계절, 2003.

새뮤얼 애드셰드 지음, 박영준 옮김,『소금과 문명』, 지호, 2001

수잔 나킨 · 이브린 로스키 지음, 정철웅 옮김,『18세기 중국 사회』, 신서원, 1998

시바 요시노부〔斯波義信〕 지음, 임대희 · 신태갑 옮김, 『중국 도시사』, 서경문화사, 2008
　　〔←斯波義信, 『中國都市史』, 東京大學出版社, 2002〕

신웬어우〔辛元歐〕 등 지음, 허일 등 편역, 『중국의 대항해자 정화의 배와 항해』, 심산, 2005

안드레 군더 프랑크 지음, 이희재 옮김, 『리오리엔트』, 이산, 2003〔← Frank, Andre Gunder, *ReOrient: global economy in the Asian Age,* Berkeley: California Univ. Press, 1998〕

알프레드 세이어 마한 지음, 김주식 옮김, 『해양력이 역사에 미치는 영향』, 책세상, 2006

여영시(余英時) 지음, 정인재 옮김, 『중국 근세 종교 윤리와 상인 정신』, 대한교과서주식회사, 1993〔← 余英時, 『士與中國文化』, 上海人民出版社, 1987〕

오금성, 『중국 근세 사회경제사 연구 ― 명대 신사층의 형성과 사회 경제적 역할』, 서울, 일조각, 1986

――, 『국법(國法)과 사회 관행 ― 명청 시대 사회경제사 연구』, 지식산업사, 2007

――, 『모순(矛 · 盾)의 공존 ― 명청 시대 강서 사회 연구』, 지식산업사, 2007

오함 지음, 박원호 옮김, 『주원장전』, 지식산업사, 2003

윤혜영 편역, 『중국사』, 홍성사, 1986〔←山根幸夫, 「明帝國の形成とその發展」, 《世界の歷史》 11, 東京, 1961〕

웨난 · 진취엔 지음, 심규호 · 유소영 옮김, 『열하의 피서산장』 1-2, 일빛, 2005

이윤석, 「명청 시대 강남 도시 사묘의 사회사적 연구」, 서울대 박사 학위 논문, 2003

이준갑, 『중국 사천 사회 연구 1644~1911: 개발과 지역 질서』, 서울대 출판부, 2002

자크 제르네 지음, 김영제 옮김, 『전통 중국인의 일상생활』, 신서원, 1995

정병철, 『'천붕지열(天崩地裂)'의 시대, 명말 청초의 화북 사회』, 전남대 출판부, 2008

정병철, 「명말 청초의 화북 사회 연구 ― 동란기 산동권의 사회 경제적 제 양상」, 서울대 박사 학위 논문, 1996

조나단 스펜스 지음, 김석희 옮김, 『칸의 제국』, 이산, 2000

조나단 스펜스 지음, 주원준 옮김, 『마테오 리치, 기억의 궁전』, 이산, 1999

조너선 클레멘츠 지음, 허강 옮김, 『해적왕 정성공 · 중국의 아들, 대만의 아버지』, 삼우반, 2008

주경철, 『대항해 시대: 해상 팽창과 근대 세계의 형성』, 서울대 출판부, 2008

줄리아 로벨, 김병화 옮김, 『장성, 중국사를 말하다: 문명과 야만으로 본 중국사 3천 년』,

웅진지식하우스, 2007

켄트 가이 지음, 양휘웅 옮김,『사고전서』, 생각의 나무, 2009

티모시 브룩 지음, 이정·강인황 옮김,『쾌락의 혼돈: 중국 명대의 상업과 문화』, 이산, 2005〔←Brook, Timothy, *The Confusion of Pleasure: Commerce and Culture in Ming China*, California Univ. Press, 1999〕

필립 D. 커틴 지음, 김병순 옮김,『경제인류학으로 본 세계 무역의 역사』, 모티브, 2007

필립 쿤 지음, 이영옥 옮김,『영혼을 훔치는 사람들: 1768년 중국을 뒤흔든 공포와 광기』, 책과함께, 2004〔←Kuhn, Philip A., *Soulstealers: The Chinese Sorcery Scare of 1768*, Harvard Univ. Press, 1990〕

하병체(何炳棣) 지음, 조영록 외 옮김,『중국 과거 제도의 사회사적 연구』, 동국대 출판부, 1987〔← Ho, Ping-ti, *The Ladder of Success in Imperial China; Aspects of Social Mobility, 1368~1911*, New York, 1962〕

한차오 루 지음, 김상훈 옮김,『중국 거지의 문화사』, 성균관대 출판부, 2009

히라카와 스케히로〔平川祐弘〕 지음, 노영희 옮김,『마테오 리치: 동서 문명 교류의 인문학 서사시』, 동아시아, 2002

葛振家 主編,『崔溥《漂海錄》研究 (500年中國見聞錄)』, 北京, 社會科學文獻出版社, 1995

高翔,『乾隆下江南』, 中國人民大學出版社, 1989

高壽仙,『徽州文化』, 遼寧敎育出版社, 1995

關文斌,『文明初曙 — 近代天津鹽商與社會』, 天津人民出版社, 1999〔→ Kwan, Man Bun, *The Salt merchants of Tianjin: State-making and Civil Society in Late Imperial China*, Hawaiʼi Univ. Press, 2001〕

祁美琴,『淸代権關制度硏究』, 內蒙古大學出版社, 2004

譚世寶,『澳門歷史文化探眞』, 中華書局, 2006

唐力行,『商人與中國近世社會』, 臺灣商務印書館, 1997

_____,『明淸以來徽州區域社會經濟硏究』, 安徽大學出版社, 1999

董季群,『天津文化通覽(第一集) 天后宮寫眞』, 天津社會科學院出版社, 2002

馬敏,『商人精神的嬗變 — 近代中國商人觀念硏究』, 華中師範大學出版社, 2001

潘榮勝 主編,『明淸進士錄』, 中華書局, 2006

潘鏞, 『隋唐時期的運河和漕運』, 三秦出版社, 1987

方志遠, 『明代城市與市民文學』, 中華書局, 2004

樊樹志, 『明清江南市鎭探微』, 復旦大學出版社, 1990

范金民, 『明清江南商業的發展』, 南京大學出版社, 1998

卞利, 『明清徽州社會硏究』, 安徽大學出版社, 2004

傅光明 等著, 『中國財政法制史』, 經濟科學出版社, 2002

傅衣凌, 『明清時代商人及商業資本』, 人民出版社, 1956

謝國楨, 『南明史略』, 上海人民出版社, 1988

常建華, 『清代的國家與社會硏究』, 人民出版社, 2006

徐茂明, 『江南士紳與江南社會(1368~1911)』, 商務印書館, 2004

薛高輝 · 石翔 主編, 『揚州古城文化錄—"雙東"街區卷』, 廣陵書社, 2008

蘇州市城建檔案館 · 遼寧省博物館 編, 『姑蘇繁華圖』, 文物出版社, 1999

孫幾伊, 『河徙及其影響』金陵大學中國文化硏究所, 1935

孫傳余 主編, 『園亭掠影: 揚州名園』, 廣陵書社, 2005

水利部黃河水利委員會《黃河水利史述要》編寫組, 『黃河水利史述要』, 水利出版社, 北京,
　　1982

梁其姿, 『施善與敎化—明清的慈善組織』, 臺北, 聯經出版社, 1997

梁淼泰, 『明清景德鎭城市經濟硏究』, 江西人民出版社, 1991

余英時, 『士與中國文化』, 上海人民出版社, 1987〔→余英時 지음, 정인재 옮김, 『中國 근세
　　종교 윤리와 상인 정신』, 서울, 대한교과서주식회사, 1993〕

呂宗力 · 欒保群, 『中國民間諸神』, 湖北人民出版社, 2001

葉顯恩, 『明清徽州農村社會與佃僕制』, 安徽人民出版社, 1983

倪玉平, 『清代漕糧海運與社會變遷』, 上海書店出版社, 2005

吳琦, 『漕運與中國社會』, 武漢, 華中師範大學出版社, 1999

吳緝華, 『明代河運及運河的硏究』, 中央硏究院歷史語言硏究所專刊 43, 臺北, 1961

――――, 『明代社會經濟史論叢』, 學生書局, 臺北, 1970

吳海濤, 『淮北的盛衰』, 社會科學文獻出版社, 2005

溫聚民 著, 『魏叔子年譜』(『民國叢書』第4編 85 歷史地理類), 上海書店, 1992

王宏斌, 『清代前期海防』, 社會科學文獻出版社, 2002

王培華, 『元明北京建都與糧食供應 —略論元明人們的認識和實踐』, 文津出版社, 2005

王先明, 『近代紳士: 一個封建階層的歷史運命』, 天津人民出版社, 1997

王世華, 『富甲一方的徽商』(中國地域商人叢書), 浙江人民出版社, 1997

王雲, 『山東運河區域社會變遷』, 人民出版社, 2006

王衛平, 『明清時期江南城市史研究: 以蘇州爲中心』(蘇州發展研究叢書), 人民出版社, 1999

―――・黃鴻山, 『中國古代傳統社會保障與慈善事業 —以明清時期爲重點的考察』, 群言出版社, 2005

王日根 編著, 『明清小說中的社會史』, 中國財政經濟出版社, 2000

王日根, 『明清海疆政策與中國社會發展』, 福建人民出版社, 2006

王子林, 『皇城風水: 北京-王不得不爲王之地』, 紫禁城出版社, 2009

王振忠, 『明清徽商與淮揚社會變遷』, 三聯書店, 1996

―――, 『徽州社會文化史探微: 新發現的16～20世紀民間檔案文書研究』, 上海社會科學院出版社, 2002

王鑫義 主編, 『淮河流域經濟開發史』, 黃山書社, 2001

寥心一, 『天子傳・明』, 安徽教育出版社, 2004

姚漢源, 『京杭運河史』, 中國水利水電出版社, 1998

牛示力 編著, 『明清蘇州山塘街河』, 上海古籍出版社, 2003

牛平漢 主編, 『淸代政區沿革綜表』, 中國地圖出版社, 1990

牛平漢 編著, 『明代政區沿革綜表』, 中國地圖出版社, 1997

韋明鏵, 『揚州瘦馬』(區域人群文化叢書), 福建人民出版社, 1998

劉潞(William Alexander)[英], 吳芳思 編譯, 『帝國掠影: 英國訪華使團畫筆下的淸代中國』, 中國人民大學出版社, 2006

尹恭弘, 『《金瓶梅》與晚明文化 —《金瓶梅》作爲"笑"書的文化考察』, 華文出版社, 2001

李喬, 『中國行業神崇拜 —中國民衆造神運動研究』, 中國文聯出版社, 2000

李金明, 『明代海外貿易史』, 中國社會科學出版社, 1990

李琳琦, 『徽商與明清徽州教育』, 湖北教育出版社, 2003

李玫, 『明清之際蘇州作家群研究』, 中國社會科學出版社, 2000

李明明・吳慧, 『中國鹽法史』(中國文化史叢書58), 文津出版社, 1997

李文治・江太新, 『淸代漕運』, 中華書局, 1995

李廷先,『唐代揚州史考』, 江蘇古籍出版社, 1992

李泉‧王雲,『山東運河文化硏究』, 齊魯書社, 2006

李忠明,『17世紀中國通俗小說編年史』, 安徽大學出版社, 2003

章開沅‧馬敏‧朱英 主編,『中國近代史上的官紳商學』, 湖北人民出版社, 2000

張小也,『淸代私鹽問題硏究』, 社會科學文獻出版社, 2001

張正明,『晋商興衰史』, 山西古籍出版社, 1996

張海林,『蘇州早期城市現代化硏究』, 南京大學出版社, 1999

張海鵬‧張海瀛 主編,『中國十大商幇』, 黃山書社, 1993

_____‧王廷元 主編,『徽商硏究』, 合肥, 安徽人民出版社, 1995

傅崇蘭,『中國運河城市發展史』, 四川人民出版社, 1985

丁鋼 主編,『近世中國經濟生活與宗族敎育』, 上海敎育出版社, 1996

程光‧梅生 編著,『儒商常家』, 山西經濟出版社, 2004

丁易,『明代特務政治』, 中華書局, 2006〔← 丁易,『明代特務政治』, 群象出版社, 1951〕

程玉海 主編,『聊城通史-古代卷』, 中華書局, 2005

趙世瑜,『狂歡與日常 ── 明淸以來的廟會與民間社會』, 生活讀書新知三聯書店, 2002

曹樹基,『中國移民史 第5卷 明時期』, 福建人民出版社, 1997

趙維平,『明淸小說與運河文化』, 上海三聯書店, 2007

朱福烓,『瘦西湖史話』, 廣陵書社, 2005

朱紹侯 主編,『中國古代治安制度史』, 河南大學出版社, 1994

周育民,『晚淸財政與社會變遷』, 上海人民出版社, 2000

朱正海 主編, 韋明鏵 編著,『畵筆春秋 揚州名圖』, 廣陵書社, 2006

中國水利史稿編寫組,『中國水利史稿』下冊, 水利電力出版社, 1989

曾仰豊,『中國鹽政史』, 商務印書館, 1998

陳廣忠,『淮河傳』, 河北大學出版社, 2001

陳大康,『明代商賈與世風』, 上海文藝出版社, 1996

_____,『明代小說史』, 上海文藝出版社, 2000

陳寶良,『中國流氓史』, 中國社會科學出版社, 1993〔→陳寶良 지음, 이치수 옮김,『중국유맹사』, 아카넷, 2001〕

陳鋒,『淸代軍費硏究』, 武漢大學出版社, 1992

___ ,『陳鋒自選集』(荊楚靑年人文學者文叢), 武漢, 華中理工大學出版社, 1999

陳淸義 · 劉宜萍 編著,『山陝會館』, 華夏文化出版社, 2003

陳學文,『中國封建晚期的商品經濟』, 湖南人民出版社, 1989

_____ ,『徽商與徽學』, 方志出版社, 2003

『淸明上河圖(吳子玉精摹本)』, 新華書店, 2007

鮑彦邦,『明代漕運制度』, 暨南大學出版社, 1995

何炳棣,『中國會館史論』, 臺北, 學生書局, 1966

何平立,『巡狩與封禪 ― 封建政治的文化軌迹』, 齊魯書社, 2003

韓大成,『明代城市研究』, 中國人民大學出版社, 1991

許檀,『明淸時代山東商品經濟的發展』, 中國社會科學出版社, 1998

許大齡,『淸代捐納制度』, 臺北, 文海出版社, 1977〔→ 許大齡,『明淸史論集』, 北京大學出版
    社, 2000 再收〕

許滌新 · 吳承明 主編,『中國資本主義發展史 第1卷 中國資本主義萌芽』, 人民出版社, 1985

淮安市政協文史委 · 楚州區政協文史委 編,『古鎮河下』, 中國文史出版社, 2005

侯仁之,『北京城的生命印記』, 生活讀書新知三聯書店, 2009

『淮安名勝古迹』(『淮安文史資料』第15輯,) 江蘇文史資料編輯部, 1998

ジエームス ケーヒル 著, 新藤武弘, 小林宏光 譯,『江岸別意: 中國明代初中期の繪畫:
    1368~1580年』, 東京: 明治書院, 1987(← James Cahill, Parting at the Shore, Parting at
    the shore: Chinese painting of the early and middle Ming dynasty, 1368~1580, New
    York: Weatherhill, 1978)

谷光隆 編,『東亞同文書院大運河調査報告書』, 汲古書院, 1992

谷光隆,『明代河工史研究』, 同朋舍, 1991

臼井佐知子,『徽州商人の研究』, 汲古書院, 2005

夫馬進,『中國善會善堂史研究』, 同朋舍, 1997

濱島敦俊,『總管信仰 ― 近世江南農村社會と民間信仰』, 硏文出版, 2001

寺田隆信,『山西商人の研究-明代における商人および商業資本』, 同朋舍, 1972

上田信,『海と帝國: 明淸時代』(中國の歷史), 講談社, 2005

森正夫,『明代江南土地制度の研究』, 同朋舍, 1988

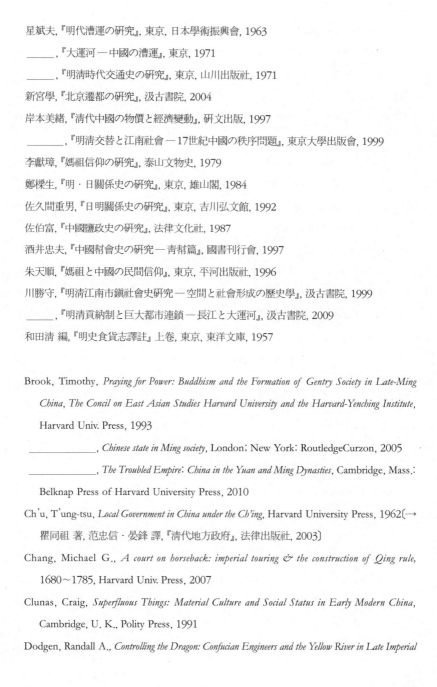

星斌夫,『明代漕運の研究』, 東京, 日本學術振興會, 1963

_____,『大運河—中國の漕運』, 東京, 1971

_____,『明清時代交通史の研究』, 東京, 山川出版社, 1971

新宮學,『北京遷都の研究』, 汲古書院, 2004

岸本美緒,『清代中國の物價と經濟變動』, 研文出版, 1997

_____,『明清交替と江南社會—17世紀中國の秩序問題』, 東京大學出版會, 1999

李獻璋,『媽祖信仰の研究』, 泰山文物史, 1979

鄭樑生,『明・日關係史の研究』, 東京, 雄山閣, 1984

佐久間重男,『日明關係史の研究』, 東京, 吉川弘文館, 1992

佐伯富,『中國鹽政史の研究』, 法律文化社, 1987

酒井忠夫,『中國幇會史の研究—靑幇篇』, 國書刊行會, 1997

朱天順,『媽祖と中國の民間信仰』, 東京, 平河出版社, 1996

川勝守,『明清江南市鎭社會史研究—空間と社會形成の歷史學』, 汲古書院, 1999

_____,『明清貢納制と巨大都市連鎖—長江と大運河』, 汲古書院, 2009

和田清 編,『明史食貨志譯註』上卷, 東京, 東洋文庫, 1957

Brook, Timothy, *Praying for Power: Buddhism and the Formation of Gentry Society in Late-Ming China*, The Concil on East Asian Studies Harvard University and the Harvard-Yenching Institute, Harvard Univ. Press, 1993

_____, *Chinese state in Ming society*, London; New York: RoutledgeCurzon, 2005

_____, *The Troubled Empire: China in the Yuan and Ming Dynasties*, Cambridge, Mass.: Belknap Press of Harvard University Press, 2010

Ch'u, T'ung-tsu, *Local Government in China under the Ch'ing*, Harvard University Press, 1962〔→ 瞿同祖 著, 范忠信・晏鋒 譯,『清代地方政府』, 法律出版社, 2003〕

Chang, Michael G., *A court on horseback: imperial touring & the construction of Qing rule, 1680~1785*, Harvard Univ. Press, 2007

Clunas, Craig, *Superfluous Things: Material Culture and Social Status in Early Modern China*, Cambridge, U. K., Polity Press, 1991

Dodgen, Randall A., *Controlling the Dragon: Confucian Engineers and the Yellow River in Late Imperial*

China, Hawai'i Univ. Press, 2001

Dott, Brian Russell, *Identity Reflections: Pilgrimages to Mount Tai in Late Imperial China*, Harvard Univ. Asia Center, 2004

Elvin, Mark, *The Pattern of Chinese Past: A Social and Economic Interpretation*, Staford Univ. Press, 1973〔→ 마크 엘빈 지음, 이춘식 · 김정희 · 임중혁 옮김, 『중국 역사의 발전 형태』, 신서원, 1989〕

Fairbank, John King, *Trade and Diplomacy on the China Coast: The Opening of the Treaty Ports, 1842~1854*, Cambridge, Mass.: Harvard University Press, 1953

Farmer, Edward L., *Early Ming Government: The Evolution of Dual Capitals, East Asian Research Center*, Harvard Univ. 1976

Feng, Wen C., Chang, Chin-Sung and Hearn, Maxwell K.; edited by Hearn, Maxwell K., *Landscapes Clear and Radiant: The Art of Wang Hui(1632~1717)*, New York : Metropolitan Museum of Art ; New Haven : Yale University Press, 2008

Finnane, Antonia, *Speaking of Yangzhou: A Chinese city, 1550~1850*, Harvard Univ. Asia Center, 2004

Forêt, Philippe, *Mapping Chengde: The Qing Landscape Enterprise*, Honolulu: Hawai'i Univ. Press, 2000

Gandar, Domin, *Le Canal Imperial: etude historique et descriptive*, Nendeln, Liechtenstein: Kraus Reprint, 1975

Guo, Qitao, *Ritual Opera and Mercantile Lineage: The Confucian Transformation of Popular Culture in Late Imperial Huizhou*, Stanford Univ. Press, 2005

Hansen, Valerie, *Changing gods in medieval China, 1127~1276*, Princeton, N. J.: Princeton Univ. Press, 1990

Hinton, C. Harold, *The Grain Tribute System of China(1845~1911)*, Harvard Univ. Press, 1956

Honig, Emily, *Creating Chinese Ethnicity: Subei People in Shanghai, 1850~1980*, New Haven and London, Yale Univ. Press, 1992〔→ 盧明貨 譯, 『蘇北人在上海』, 上海古籍出版社, 2004〕

Huang, Ray, *Taxation and Governmental Finance in Sixteenth Century Ming China*, Cambridge Univ. Press, 1974〔→阿鳳 · 許文繼 等譯, 『十六世紀明代中國之財政與稅收』, 生活 · 讀書 · 新

知三聯書店, 2001)

Kuhn, Philip, *Chinese Among Others: Emigration in Modern Times*, Lanham: Rowman & Littlefield Publishers, 2008

Legouix, Susan, *Image of China William Alexander*, Londen: Jupiter Books, 1980

Leonard, Jane Kate, *Controlling From Afar: The Daoguang Emperor's Management of the Grand Canal Crisis, 1824~1826*, Ann Arbor, Michigan Univ., Center for Chinese Studies, 1996

Lufrano, Richard J., *Honorable Merchants: Commerce and Self-Cultivation in Late Imperial China*, of Hawai'i Univ. Press, 1997

Meyer-Fong, Tobie S., *Building Culture in Early Qing Yangzhou*, Stanford Univ. Press, 2003

Meskill, John, *Ch'oe Pu's Diary*, A Record of Drifting Across the Sea, The Univ. of Arizona Press, 1965

Morse, Hosea Ballou, The Trade and Administration of the Chinese Empire, Shanghai, 1908

_____ , *The Chronicles of the East India Company, traiding to China, 1635~1834*, Oxford, 1926

_____, The Chronicles of the East India Company, traiding to China, 1635-1834, Oxford, 1926Perdue, Peter C., *China Marches West: the Qing conquest of Central Eurasia*, Cambridge, Mass.: Harvard Univ. Press, 2005

Pomeranz, Kenneth, *The Great Divergence: China, Europe, and the Making of the Modern World Economy,* Princeton Univ. Press, 2001

Rowe, T. William, *Hankow: Commerce and Society in a Chinese City, 1796~1889*, Stanford Univ. Press, 1984

_____, *Saving the World: Chen Hongmou and Elite Consciousness in Eighteenth century China*, Stanford Univ. Press, 2001

Reid, Anthony, *Southeast Asia in the Age of Commerce 1450~1680*, Yale University Press, New Haven and London 1988

Skinner, G. William ed., *The City in Late Imperial China*, Stanford Univ. Press, 1977

So, Kwan-wai, *Japanese Piracy in Ming China During the 16th Century*, Michigan State University Press, 1975

Spence, Jonathan, *Ts'ao Yin and the K'ang-hsi Emperor, Bondservant and Master*, Yale University Press, 1988

Struve, Lynn A., *Voices from the Ming-Qing Cataclysm: China in Tigers Jaws*, Yale Univ. Press, 1993

Wakeman, Frederic Jr. *The Great Enterprise: The Manchu Reconstruction of Imperial Order in Seventeen Century China*, California Univ. Press, 1985

Weinstein, Vicki Frances, *Painting in Yang-chou, 1710~1765: Eccentricity or the Literati Tradition?*, Cornell Univ., Ph. D., 1972

Wills, John Jr., *Embassies and Illusions: Dutch and Portuguese Envoys to K'ang-hsi, 1666~1687*, Cambridge, Mass, 1984

Yang, C. K., *Religion in Chinese Society*, Berkeley: California Univ. Press, 1961

Zurndorfer, Harriet T., *Change and Continuity in Chinese Local History — The Development of Hui-chou Prefecture 800 to 1800*, E. J. Brill, Leiden, 1989

5 논문

강원묵, 「강건(康乾) 시기 강남 걸개(乞丐) 문제와 '성세(盛世)'의 허상」, 《동양사학연구》 111, 2010

구범진, 「청(淸) 가경(嘉慶)~도광(道光) 초 양회 염상 몰락의 원인」, 《동양사학연구》 107, 2009

구중린(邱仲麟), 조영헌 옮김, 「인구 증가·삼림 채벌과 명대 북경의 연료 문제」, 서울대 동아문화연구소 편, 『중국 역대 도시 구조와 사회 변화』, 서울대 출판부, 2003

김성진, 「『강해승사록(江海乘槎錄)』의 서지 사항과 창화기속(唱和紀俗)에 대하여」, 《동양한문학연구》 26, 2008

김호동, 「몽골 제국 군주들의 양도순행(兩都巡幸)과 유목적 습속」, 《중앙아시아연구》 7, 2002

김홍길, 「명대의 목재 채판(採辦')과 삼림 ── 사천의 황목(皇木) 조달을 중심으로」, 《인문학보》(강릉대) 29, 2000

민두기, 「중국사 연구에 있어서의 지방사 연구」,《대구사학》30, 1986

박동욱, 「최두찬(崔斗燦)의 『승사록』에 나타난 한중 지식인의 상호 인식」, 2009 동아시아 문화네트워크 연구단 국제학술회의, 한양대 한국학연구소 주관, 2009.

박원호, 「명청 시대 휘주 상인과 종족 조직 ─ 흡현의 유산(柳山) 방씨를 중심으로」,《명청사연구》9, 1998

_____, 「명대(明代) 조선 표류민의 송환 절차와 정보 전달 ─ 최부 『표해록』을 중심으로」,《명청사연구》24, 2005

박한제, 「중국 역대 수도의 유형과 사회 변화」, 동양사학회 편, 『역사와 도시』, 서울대 출판부, 2000

범금민(范金民), 「조선인이 본 청 중기 중국 풍정 ─ 최두찬의 『승사록』을 중심으로」, 성균관대 동아시아학술원 인문한국사업단 국제학술회의 발표문, 2008

서개(徐凱), 「치하(治河)와 순방(巡訪) 및 공자(孔子) 존숭 ─ 청(淸) 성조(聖祖)의 강남 6차례 순행에 대해」, 1회 세종학 국제학술회의 발표 원고, 2009년 10월 9일.

송미령, 「청(淸) 강희제 동순(東巡)의 목적과 의미」,《명청사연구》24, 2005

송요후, 「청(淸) 중기 나교(羅敎) 암당(庵堂)의 종교 · 사회적 기능에 관하여」,《명청사연구》31, 2009

오금성, 「명말 청초의 사회 변화」, 『강좌중국사 IV ─ 제국 질서의 완성』, 서울, 지식산업사, 1989

_____, 「명청 시대의 강남 사회 ─ 도시의 발달과 관련하여」, 『중국의 강남 사회와 한중 교섭』, 집문당, 서울, 1997

_____, 「명청 시대의 사회 변화와 강서 상인」,《명청사연구》9, 1998

_____, 「명말 청초의 사회 변화와 도시 사회 ─ 경덕진과 그 주변 지역을 중심으로」,《동아문화》37, 1999

_____, 「명청 시대의 사회 변화와 산구(山區) 도시의 운명 ─ 강서 하구진을 중심으로」,《명청사연구》12, 2000

_____, 「명청 시대 하구진 거민의 존재 양태」,《동양사학연구》74, 2001

_____, 「명청 왕조 교체와 신사」,《중국학보》43집, 2001

_____, 「『금병매』를 통해 본 16세기의 중국 사회」,《명청사연구》27, 2007

_____, 「양명학과 명말 강서 길안부(吉安府)의 신사」,《명청사연구》21집, 2004

원정식,「청초 복건(福建) 사회와 천계령 실시」,《동양사학연구》81, 2003

이성규,「한무제의 서역 원정·봉선(封禪)·황하 치수와 우(禹)·서왕모 신화」,《동양사학연구》72, 2000

_____,「허상의 태평 — 한 제국의 서상과 상계의 조작」, 서울대 동양사학연구실 편,『고대 중국의 이해 4』, 지식산업사, 1998

이윤석,「명청 시대 강남에서의 상품 유통과 아행(牙行)」,《서울대 동양사학과논집》19집, 1995

_____,「명 후기 소주의 치안 문제」,『근세 동아시아의 국가와 사회』, 지식산업사, 1998

이준갑,「명말 청초 사천의 동란과 그 영향 — '도촉(屠蜀)' 상의 재검토와 관련하여」,『근세 동아시아의 국가와 사회』, 서울대 동양사학연구실 편, 지식산업사, 1998

_____,「천염제초(川鹽濟楚)와 청말 강소성의 지역 경제 — 은 유통 문제를 중심으로」,《명청사연구》25, 2006

장진성,「천하태평의 이상과 현실:『감희남순도권(康熙南巡圖卷)』의 정치적 성격」,《미술사학》22, 2008

정병철,「명청 시대 산동 소청하의 수리 문제」,《역사교육》54, 1993

정석범,「강옹건 시대 '대일통' 정책과 시각 이미지」,《미술사학》23, 2009.

조병한,「18세기 양주 신(紳)·상(商) 문화와 정판교(鄭板橋)의 문화 비판 — 양주팔괴의 성격과 관련하여」,《啓明史學》4, 1993

조영록,「근세 동아 삼국의 전통 사회에 대한 비교사적 고찰 — 최부(崔溥)의『표해록』과 일역(日譯)『당토행정기(唐土行程記)』를 중심으로」,《동양사학연구》64, 1998

조영헌,「명청 시대 운송업 시진(市鎭)의 성쇠 — 강소성 과주진(瓜洲鎭)을 중심으로」, 서울대《동양사학과논집》21, 1997

_____,「원(元) 대도(大都)와 '남 북 조운 체제'의 성립 — '북경형' 수도론을 위한 일고찰」, 서울대《동양사학과논집》23, 1999

_____,「명대 염운법의 변화와 양주 염상 — 휘상과 산섬상의 역학관계의 변화를 중심으로」,《동양사학연구》70, 2000

_____,「명청 교체와 양주 염상 — 청초 "휼상·유과" 정책의 성격과 관련하여」,《중국학보》43, 2001

_____,「명청 시대 신현 설치와 시진 사회 — 강남 지역을 중심으로」,《명청사연구》17집,

2002

_____, 「대운하」, 오금성 외 지음, 『명청시대 사회경제사』, 이산, 2007

_____, 「청조의 수도론과 황제의 순행(巡幸)」, 김형종 외 지음, 『중국의 청사 편찬과 청사 연구』, 동북아역사재단, 2010

최소자, 「표류민」, 오금성 등저, 『명청 시대 사회경제사』, 이산, 2007

표교열, 「청대 전기 조운의 폐단 ─ 운군의 존재 형태를 중심으로」, 《성곡논총》 26, 1995

홍성구, 「두 외국인의 눈에 비친 15·16세기의 중국」, 『명청사연구』 24, 2005

_____, 「청조 해금 정책의 성격」, 『한중일의 해양 인식과 해금』, 동북아역사재단, 2007

關文發, 「淸代前期河督考述」, 《華南師範大學學報》(社科版) 1998-4

歐立德(Mark Elliott), 「滿文檔案與新淸史」, 《故宮學術季刊》 24-2, 2006

唐力行, 「論徽商與封建宗族勢力」, 《歷史硏究》 1986-2

_____, 「徽商在上海市鎭的遷徙與定居活動」, 《史林》 2002-1

藤井宏, 劉淼 譯, 「明代鹽商的一考察 ─ 邊商·內商·水商的硏究」, 劉淼 輯譯, 『徽州社會經濟史硏究譯文集』, 黃山書社, 1987

賴家度, 「元代的河漕和海運」, 南京大學歷史係元史硏究室 編, 《元史論集》, 人民出版社, 1984

馬東玉, 「乾隆皇帝哭陵」, 《紫禁城》 2002-3

范金民, 「朝鮮人眼中的中國運河風情 ─ 以崔溥 《漂海錄》 爲中心」, 『人文知の新たな綜合に向けて─第二回報告書 I〔歷史篇〕』, 京都大學大學院文學硏究科, 2004

_____, 「淸代蘇州城市文化繁華的寫照 ─ 「姑蘇繁華圖」」, 熊月之·熊秉眞 主編, 『明淸以來江南社會與文化論集』, 上海社會科學院出版社, 2004

范純武, 「明淸江南都天信仰的發展及其異說」, 陳支平 主編, 『探尋民間諸神與信仰文化』, 黃山書社, 2006

傅衣凌, 「明代徽商考」, 『福建省硏究院硏究彙報』 2期, 1947〔→「明代徽州商人」, 『明淸時代商人及商業資本』, 人民出版社, 1956〕

沙鄭軍, 「試論明淸時期的江南脚夫」, 《中國史硏究》 1988-4

徐凱·商全, 「乾隆南巡與治河」, 《北京大學學報》 1990-6

荀德麟, 「歷史文化名鎭淮安河下」, 《江蘇地方志》 2002-6

沈洁,「靈王廟里的新安小學」,《讀書》2006-10

閻崇年,「清初四京與都城三遷」,『燕步集』, 北京燕山出版社, 1989

_____ ,「康熙帝與木蘭圍場」,《故宮博物院院刊》第2期, 1994

倪玉平,「李星沅與"青浦教案"」,《史學月刊》2003-5

吳建華,「南巡紀程 —— 康熙·乾隆南巡日程的比較」,《清史研究通訊》(北京) 1990-1

吳仁安,「論明清徽商在上海地區的經營活動與歷史作用(1)」,《大連大學學報》1999-5

_____ ,「論明清徽商在上海地區的經營活動與歷史作用(2)」,《大連大學學報》2000-5

王劍英·王紅,「論從元大都到明北京的演變和發展 —— 兼析有關記載的失實」,《燕京學報》
　　　新1期, 1995

王明德,「論清初定都及其歷史意蘊」,《西北民族大學學報》(哲社版) 2009-1

王世華,「徽商與長江文化」,《安徽師範大學學報》(人文社科版) 2003-1

_____ ,「也談"賈而好儒"是徽商的特色 —— 與張明富先生商榷」,《安徽史學》2004-1

_____ ,「徽商研究: 回眸與前瞻」,《安徽師範大學學報》(人文社科版) 2004-6

汪崇篔,「再評陶澍理鹽」,《鹽業史研究》2006-2

_____ ,「清嘉道時期淮鹽淮鹽經營成本的估算和討論」,《北京社會科學》2002-1(K7 2002-3)

王英志,「袁枚與揚州八怪交誼考述」,《揚州大學學報》(人文社會科學版), 2002-1

王日根,「清代會館發展中的官商相得 —— 以蘇州安徽會館爲例」, 王日根,『明清民間社會的秩
　　　序』, 岳麓書社, 2003

王振忠,「康熙南巡與兩淮鹽務」,《鹽業史研究》1995-4

_____ ,「徽商與鹽務官僚-從歷史檔案看乾隆后期的兩淮鹽政」,《河南商業高等專科學校學
　　　報》2002-2

_____ ,「清代, 民國時期江浙一帶的徽館研究 —— 以揚州, 杭州和上海爲例」, 熊月之·熊秉
　　　眞 主編,『明清以來江南社會與文化論集』, 上海社會科學院出版社, 2004

韋慶遠,「論明初對江南地區的經濟政策」,《明史研究論叢》第3輯, 江蘇古籍出版社, 1985

劉淼,「明代召商運鹽的基本形態」,《鹽業史研究》1996-4

李琳琦,「徽商與明清時期的木材貿易」,《清史研究》1996-2

_____ ,「"儒術"與"賈事"的會通 —— "儒術"對徽商商業發展的工具性作用剖析」,《學術月刊》
　　　2001-6

_____ ·秦璐,「蕪湖在明清江南經濟發展中的地位」,《合肥學院學報》2008-3(『復印報刊

明清史』2009-4)

李龍潛,「明代鈔關制度述評 ─ 明代商稅硏究之一」,《明史硏究》4, 黃山書社, 1994

林麗月,「商稅與晚明的商業發展」,《歷史學報》(臺灣師大) 16, 1988

林永匡 · 王熹,「淸代鹽商與皇室」, 白壽彝 主編,『淸史國際學術討論會論文集』, 遼寧人民出版社, 1990

任重,「金元時期黃淮中下流農業經濟破産成因及後果探析」,《中國農史》1994-3

____,「明代治黃保漕對徐淮農業的制約作用」,《中國農史》1995-2(復印報刊資料 F7『經濟史』1995-6)

____,「康熙治理黃 · 淮 · 運對農業發展的影響」,《中國農史》1997-1

張明富,「"賈而好儒"幷非徽商特色 ─ 以明淸江浙 · 山西 · 廣東商人爲中心的考察」,《中國社會經濟史硏究》2002-4

張民服,「明淸社會變革對徽商的影響」, 趙華富 編,『首屆國際徽學學術討論會文集』, 黃山書社, 1996

張照東,「淸代漕運與南北物資交流」,《淸史硏究》1992-3, 復印報刊資料 K24『經濟史』1992-12

章巽,「元"海運"航路考」, 南京大學歷史係元史硏究室 編,『元史論集』, 人民出版社, 1984

蔣竹山,「宋至淸代的國家與祠神信仰硏究的回顧與討論」,《新史學》8-2, 1997

張海鵬 · 唐力行,「論徽商"賈而好儒"的特色」,《中國史硏究》1984-4

張海英,「明淸江南商路的經濟內涵」,《浙江學刊》2005-1

____,「明淸社會變遷與商人意識形態 ─ 以明淸商書爲中心」,《復旦史學集刊》第1輯, 2005

____,「關注明淸政府對江南基層社會的管理—以江南市鎭爲視角」, 王家范 主編,『明淸江南史硏究三十年, 1978~2008』, 上海古籍出版社, 2010

全漢昇,「唐宋時代揚州經濟景況的繁榮與衰落」,《中央研究院歷史語言研究所集刊》11, 1943 → 全漢昇,『中國經濟史論叢』, 臺北, 稻禾出版社, 1996

鄭志良,「論乾隆時期揚州鹽商與昆曲的發展」,《北京大學學報》(哲社版) 第40卷, 第6期, 2003

曹永憲,「明代徽州鹽商的移居與商籍」,《中國社會經濟史硏究》, 2002-1

周紹泉,「徽州文書與徽學」,《歷史硏究》2000-1

朱宗宙,「明淸時期揚州鹽商與封建政府關係」,《鹽業史硏究》1998-4

周致元,「徽商"好儒"新解」,『歷史檔案』1997-2

朱海濱,「江南周宣靈王信仰的發生及其演變」,『史林』2008-2

陳其南,「明淸徽州商人的職業觀與家族主義」,《江淮論壇》1992-5

陳峰,「淸代漕運水手的結幇活動及其對社會的危害」,《社會科學戰線》1996-2

陳政宏・許智超,「鄭和寶船復原模型與等排水量福船及沙船的性能比較」,陳信雄・陳玉女
　　主編,『鄭和下西洋 國際學術硏討會論文集』,稻鄕出版社, 2003

陳忠平,「明淸徽商在江南市鎭的活動」,《江淮論壇》1985-5

陳學文,「明淸徽商在杭州的活動」,杭州徽州學硏究會 編,『杭州徽州學硏究會十周年記念文
　　集』, 1997

陳樺,「淸代的河工與財政」,《淸史硏究》2005-3

鄒逸麟・王振忠,「淸代江南三大政與蘇北城鎭的盛衰變遷」,『慶祝王鍾翰先生八十壽辰學術
　　論文集』,遼寧大學出版社, 1993

＿＿＿＿,「從地理環境角度考察我國運河的歷史作用」,『椿廬史地論稿』, 天津古籍出版社,
　　2005(原載《中國史硏究》1982-3)

馮爾康,「明淸時期揚州的徽商及其後裔述略」,《徽學》1輯, 2000年卷, 2000

＿＿＿＿,「淸代儀徵人才的興起及原因」,《顧眞齋文叢》(南開史學家論叢), 中華書局, 2003

許敏,「明代商人戶籍問題初探」,《中國史硏究》1998-3

黃仁宇,「從『三言』看晚明商人」,『香港中文大學中國文化硏究所學報』7-1, 1974.〔→吳智和
　　主編,《明史硏究論叢》1集, 大立出版社, 1982,『放寬歷史的視界』, 黃仁宇, 生活讀書新
　　知三聯書店, 2001 再收〕

臼井佐知子,「徽州文書と徽州硏究」,『明淸時代史の基本問題』(中國史學の基本問題 シリ－
　　ズ 4), 汲古書院, 1997

宮崎市定,「洪武から永樂へ― 初期明朝政權の性格」《東洋史硏究》27-4, 1965

＿＿＿＿,「中國經濟開發史の槪要」,《アジア史硏究》4, 朝日新聞社, 1976.

今堀誠二,「宋代における嬰兒保護事業について」,《廣島大學文學部紀要》8, 1995

檀上寬,「明王朝成立の軌跡― 洪武朝の疑獄事件と京師問題おめぐって」,《東洋史硏究》
　　37-3, 1978.

_____, 「明代海禁觀念の成立とその背景 ― 違禁下海から下海通番へ」, 《東洋史硏究》63-3, 2004

黨無彦, 「明淸期畿輔水利論の位相」, 《東洋文化硏究所紀要》第125冊, 1994

大木康, 「明末江南における出版文化の硏究」, 《廣島大學文學部紀要》50(特輯號1), 1991

大平桂一, 「汪蛟門懋麟年譜初稿」, 《東方學報》59, 1989

藤田勝久, 「前漢時代の漕運機構」, 《史學雜誌》92-12, 1983

藤井宏, 「新安商人の硏究」, 《東洋學報》36-1~4, 1953~1954

_____, 「'占窩'の意義及び起原」, 《淸水博士追悼記念明代史論叢》, 大安, 1962

新宮學, 『通州・北京間の物流と在地社會』, 山本英史 編, 『傳統中國の地域像』, 慶應義塾大學出版會, 2000

瀧野正二郎, 「淸代乾隆年間における官僚と鹽商(1・2) ― 兩淮鹽引案を中心ちして」, 《九州大學東洋史論集》15・22, 1986・1994

_____, 「淸代淮安關常の構成と機能について」, 《九州大學東洋史論集》14, 1985

龐新平, 「嘉靖倭寇活動期における築城 ― 中國浙江沿海地方を中心にして」, 《東洋學報》75, 1993

森田明, 「淸代水手結社の性格について」, 《東洋史硏究》13-5, 1955

_____, 「救生船について」, 『史學硏究』66, 1957(→ 森田明, 《淸代水利社會史の硏究》, 國書刊行會, 1990 再收)

西奧健志, 「宋代大運河の南北物流」, 《東洋學報》89-1, 2007

星斌夫, 「淸代の水手について」, 《東方學》12, 1956

松浦章, 「淸初の權關について」, 小野和子編, 『明末淸初の社會と文化』, 京都大學人文科學硏究所, 1996

新宮學, 「南京還都 ― 永樂19年4月北京三殿燒失の波紋」, 『明淸時代の法と社會』, 汲古書院, 1993〔→ 新同氏, 『北京遷都の硏究』, 汲古書院, 2004에 再收〕

_____, 「洪熙から宣德へ ― 北京定都への都」, 『中國史學』第3卷, 1993〔→ 新同氏, 『北京遷都の硏究』, 汲古書院, 2004 再收〕

井上充幸, 「徽州商人と明末淸初の藝術市場 ― 吳其貞『書畵記』を中心に」, 『士林』87-4 2004

足立啓二, 「明末の流通構造 ― 『杜騙新書』の世界」, 《熊本大學文學部論叢 ― 史學篇》41, 1993

中原晃雄,「清代における漕運の商品化について-漕運研究の一齣」,《史學研究》70, 1958

_____,「清代漕船による商品流通について」,《史學研究》72, 1959

重田德,「清代徽州商人の一面」,『清代社會經濟史研究』, 岩波書店, 1975

川勝守,「明末長江三角洲新安商人經濟動態之一斑」,『95 國際徽商學術討論會論文集』, 周紹泉・趙華富 主編, 安徽大學出版社, 1997

千葉正史,「清末における國家的物流システム維持と近代交通手段の導入 ── 漕運問題上における盧漢鐵路計劃の位置」,《立命館言語文化研究》14-2, 2002(中國關係論說資料 44-3增)

清水泰次,「商屯考」,『明代土地制度史研究』, 大安, 1968

阪倉篤秀,「寧王宸濠の亂 ── 明朝諸王分封策の一齣」,《山根教授退休記念明代史論叢》, 東京, 汲古書院, 1990

香坂昌紀,「清代滸墅關研究 ── 滸墅關と物貨流通」(1・2・3・4),《東北學院大學論集》 3・5・13・14, 1972・75・83・84

_____,「清代における大運河の物貨流通 ── 乾隆年間淮案關を中心として」,《東北學院大學論集》(歷史・地理學) 15號, 1985

_____,「清代の北新關と杭州」,《東北學院大學論集》(歷史・地理學) 22號, 1990

_____,「清代中期の杭州と商品流通- 北新關を中心として」,《東洋史研究》50-1, 1991

Bol, Peter K., "The "Localist Turn" and "Local Identity" in Later Imperial China", *Late Imperial China* 24-2, 2003

Brokaw, Cynthia J., "Commercial Publishing in Late Imperial China: The Zou and Ma Family Businesses of Sibao, Fujian", *Late Imperial China* 17-1, 1996

Brook, Timothy, "Communication and commerce", *The Cambridge History of China*, vol. 8, *The Ming Dynasty 1368~1644*, part Ⅱ, Cambridge, Cambridge University Press, 1998

Chang, Michael G., "Fathoming Qianlong: Imperial Activism, the Southern Tours, and the Politics of Water Control, 1736~1765", *Late Imperial China* 24-2, 2003

Dodgen, Randall, "Hydraulic Religion: 'Great King' Cults in the Ming and Qing", *Modern Asian Studies*, Vol. 33, No. 4, 1999

Duara, Prasenjit, "Superscribing Symbols: The Myth of Guandi, Chinese God of War", *The*

Journal of Asian Studies, Vol. 47, No. 4, 1988

Eberhard, Wolfram, "Social Mobility and Stratification in China", edited by Bendix, Reinhard and Lipset, Seymour Martin, *Class, Status, and Power*, N. Y.: The Free Press, 1966

Elliot, Mark C., "The Limits of Tartary: Manchuria in Imperial and National Geographies", *The Journal of Asian Studies*, 59-3, 2000

Fairbank, J. K. and Teng, S. Y., "On the Ch'ing Tributary System", Fairbank, J. K. and Teng, S. Y. Fairbank, *Ch'ing Administration: Three Studies*, Harvard Univ. Press, 1960

Finnane, Antonia, "Yangzhou: A Central Place in the Qing Empire", Linda Cooke Johnson ed., *Cities of Jiangnan in Late Imperial China*, State Unive. of New York Press, 1993

_____, "The Origins of Prejudice: The Malintegration of Subei in Late Imparial China", *Comparative Studies in Society and History*, 35-2, 1993

_____, "The Thin Horses of Yangzhou", *East Asian History*, 9, A. N. U., 1995

Hearn, Maxwell K., "Document and Portrait: the Southern Tour Paintings of Kangxi and Qianlong", Ju-hsi Chou and Claudia Brown, eds., *Chinese Painting Under the Qianlong Emperor*(The Syposium Papers in Two Volumes), Arizona State Univ., 1988

Ho Ping-ti, "The Salt Merchants of Yangchow", *Harvard Journal of Asiatic Studies*, Vol. 17, No. 1, 1954

Hsu, Ginger Cheng-chi, "Merchant Patronage of Eighteenth Century Yangchou Painting", edited by Li, Chu-tsing, *Artists and Patrons: Some Social and Economic Aspects of Chinese Painting*, Lawrence: Kress Foundation Dept. of Art History, Kansas in association with University of Washington Univ. Press, 1989

Kuo, Jason Chi-sheng, "Hui-Chou Merchants As Art Patron In The Late Sixteenth and Early Seventeenth Centuries", edited by Li, Chu-tsing, *Artists and Patrons: Some Social and Economic Aspects of Chinese Painting*, Lawrence: Kress Foundation Dept. of Art History, University of Kansas in association with Washington Uviv. Press, 1989

Mann, Jones Susan and Philip A. Kuhn, "Dynastic decline and the roots of rebellion", Denis Twitchett and John K. Fairbank eds., *The Cambridge History of China vol. 10, Late Ch'ing, 1800~1911, Part I*, Cambridge Univ. Press, Cambridge, 1978

Meyer-Feng, Tobie, "The Politics and Practice of Burial in Post-Taping Jiangnan Cities", 『明清以來江南城市的發展與文化交流國際學術研討會論文集』, 復旦大學歷史科, 2010年8月

Perdue, Peter C., "Insiders and Outsiders, the Xiangtan Riot of 1819 and Collective Action in Hunan", *Modern China*, 12-2, 1986

Rankin, Mary B., "The Local Managerial Public Sphere: Refasioning State-Societal Relations in Late Imperial China", edited by Léon Vandermeersch, *La Socoété Civile Face À L'état: Dans les Traditions Chinoise, Japonaise, Coréenne et Vietnamienne*, École française d'Extrême-Orient, Paris, 1994

Rossabi, Morris, "The reign of Khubilai khan", Twitchett, Denis C. and Franke, Herbert eds., *Cambridge History of China Vol. 6: Alien Regimes and Border States, 907~1368*, Cambridge Univ. Press, 1994

Shiba, Yoshinobu, "Ningpoi and Its Hinterland", Skinner, G. William ed., *The City in Late Imperial China*, Stanford Univ. Press, 1977

Smith, Joanna F. Handlin, "Social Hierarchy and Merchant Philanthropy as Perceived in Several Late-Ming and Early-Qing Texts", *The Journal of Economic and Social History of the Orient* 41-3, 1998

Symons, Van J., "Qianlong on the road: the imperial tours to Chengde", edited by James A. Millward etc, *New Qing Imperial History: The Making of Inner Asian Empire at Qing Chengde*, London; New York: RoutledgeCurzon, 2004

Szonyi, Michael "The Illusion of Standardizing the Gods: The Cult of the Five Emperors in Late Imparial China", *Journal of Asian Studies* 56-1, 1997

Waley-Cohen, Joanna, "The New Qing History", *Radical History Review* 88, 2004

Watson, James L., "Standardizing the Gods: The Promotion of T'ien Hou('Empress of Heaven') Along the South China Coast, 960~1960," David Johnson, Andrew J. Nathan, and Evelyn S. Rawski, eds., *Popular Culture in Late Imperial China*, Berkeley: California Uviv. Press, 1985

Widmer, Ellen, "The Huanduzhai of Hangzhou and Suzhou: A Study in Seventeenth-Century Publishing", *Harvard Journal of Asiatic Studies* 56-1, 1996

출전 일람

3부 운하 도시의 현안과 휘주 상인의 대응

그림, 지도, 표 일람표[1]

그림

---

1) *는 출전.

*〔淸〕麟慶 著, 〔淸〕汪英福 等繪圖, 『江蘇名勝圖記』, 江蘇古籍出版社, 2002

그림 9 과주진에 세워져 있는 "과주고도" 비석. 장개석의 필치라고 알려져 있다.(119쪽)

*2010년 1월 21일 저자 촬영

그림 10 1793년 항주와 영파 사이의 운하 갑문을 통과하는 선박에 대한 영국인 윌리엄 알렉산더의 그림(121쪽)

*Susan Legouix, *Image of China William Alexander*, Londen: Jupiter Books, 1980, 81쪽

그림 11 갑문을 넘어가기 위해 선박을 밧줄로 묶어 끌어올리는 모습. 요성(聊城)의 중국 운하문화박물관(122쪽)

*2010년 1월 24일 저자 촬영

그림 12 1743년 건립된 요성의 산섬 회관. 사진 속의 소 두 마리가 거니는 부분이 과거 운하가 흐르던 곳으로, 최근 수리 공사를 통해 운하가 복구되었다.(125쪽)

**The Grand Cannal: An Odyssey*, 北京: 外文出版社, 1987, 82쪽

그림 13 「청명상하도」의 조운선과 견부 국부도(128쪽)

*『淸明上河圖(吳子玉精摹本)』, 新華書店, 2007

그림 14 「강희남순도」의 견부 국부도(129쪽)

*Wen C. Fong etc. *Landscapes Clear and Radiant: The Art of Wang Hui 1632~1717*, 2008, 140쪽

그림 15 1950년대 후반 회양 운하에 밀집된 선박의 행렬(134쪽)

**The Grand Canal: An Odyssey*, 1987, 114쪽

그림 16 명대 환관이 사용하던 마쾌선(137쪽)

*『용강선창지(龍江船廠志)』 권2

그림 17 「고서번화도」의 산당가(山塘街)가 시작되는 국부도(142쪽)

*蘇州市城建檔案館·遼寧省博物館 編, 『姑蘇繁華圖』, 文物出版社, 1999

그림 18 임청의 사리보탑과 경유하는 대운하(151쪽)

*Legouix, Susan, *Image of China William Alexander*, 67쪽

그림 19 통혜하의 부교(浮橋). 「노하독운도(潞河督運圖)」의 국부(154쪽)

*尙洁 『皇會』, 百花文藝出版社, 2006, 12쪽

그림 20 끓이거나 햇볕에 증발된 소금을 염장에 모으는 장면(173쪽)

*강희 『양회염법지』 권2

지도

大运河与商人—淮·扬地区徽州商人成长史, 1415~1784

笔者写作本书的目的是想了解徽州商人的移居、成长, 以及他们在地区社会茁壮发展的方式, 尤其是把作为流通渠道的大运河 (1794km)、地区社会及徽商的盛衰加以有机地联系以达到整体的了解, 更是笔者的主要目标。

466

至今对徽商的发展因素有多种说法，大致可分为三种：首先是优秀的儒家文化素质，具有"贾而好儒"特性的徽商以重文重教的良好基础，呈现了较高的科第取得率，而能够在盐业等多种行中压倒其他竞争对手。其次为与官府的关系，徽商与官府之关系比之其他任何商帮更为紧密，因其满足官府所需之能力尤为卓越，故在官方主导的盐业顺利发展成长。最后为徽商重世族的观念，利用相互扶持的宗族组织为网络，较容易地掌握了各地区的商权。

这三种说法充分说明了徽商的一般成长因素，然而针对如下两方面的问题仍可提出质疑：一为此乃说明徽商成长的一般论，但若以具体的时间和空间为对象来看，则很难找到徽商与其他竞争对手的商人集团有何关键性的差别。再者该成长因素无法整合连接十九世纪前半徽商衰落的原因，即上述的所谓徽商成长因素为何面对十九世纪变化的局面却无法发挥其应有的功能，其成长与衰落的因素互不相应。

为了解决此问题本书则着眼于如下两个方向：一为不同于十八世纪以前，十九世纪急变的国内外商业环境的变化；另一则本与十九世纪徽商的衰落原因密切有关而没受到充分重视的，徽商初期成长背景的寻觅和再省察。

然则吾等该注重于十九世纪的何种情况？首先是徽商实质根据地－淮扬地区的经济到十九世纪前半期急速衰落的事实。其次是贯通淮扬地区的大运河到了十九世纪中叶已失去其物资流通渠道生命力的事实。从十九世纪前半期所发生的此两种情况，即淮扬地区经济的衰退与大运河的断绝，和同时期开始的徽商的衰落有着密切的关系。因此本书着眼于徽商之盛衰与大运河有密切关系的可能性，于该两因素共存的空间中，发掘并掌握其互相关联的实体与程度。

为了阐明本书论述之背景，首先在第一部欲阐述迁都北京与重辟大运河之历史意义。

第1章：明初永乐帝之迁都北京，可能被视为皇帝个人偏好的结果，而其实乃提供了将元－明－清相继的庞大统一国家的连续性可归纳为'北京首都论'的决定性契机，并带起了政治与经济枢纽两地相分隔，结果导致了若排除江南北京相连的大运河，则难以运作帝国的社会·经济结构之诞生。如此结构与始用大运河向长安漕运的隋唐朝，或与重视漕运开封之宋朝，有着一定的类似性和差异。为了阐明此时代背景，本书则强调了连带首都论和大运河的历史意义。

第2章：经过长时间争论而终定都北京之后，大运河一直受到朝野之关注，然而却常成为引发紧张局面之原因。大运河若不畅通，北京则必面对粮食困境而引起紧张。在近代动力尚未引进之前，较现实的可能实施方法乃开通海河并用以运输物资。但明朝开通运河之后，禁止海道漕运，一直到十九世纪中叶这种海禁的基调始终不变，因此1572年尝试施行的漕粮海运，乃成为一不受注意的历史事件，然而施行海禁157年以后才获允的这项措施，事实上可谓1826年重开的海道漕运的先范。只是这几经曲折重开的海道漕运才经两年竟又夭折了。本章针对此一历史插曲，分析了围绕该海道漕运夭折之政治·经济的利害关系，并阐明了海禁政策之意义。

第3章：本章则简介了大运河，特别是引用并汇整了外国人见闻录中关于大运河的记录。自从元朝定都北京，西方基督教世界对东方的关注增多，互相接触更加容易，访问中国之使节团与商人亦随着增加，直到明·清朝代，从朝鲜或东南亚来的朝贡使节源源不绝，描写中国的见闻录亦愈写愈多。在众多见闻录中，外国人以其与中国人不同之观点描写了路经大运河所经历的很多见闻和经验。此乃东西方之间或中国人与外国人之间见解之不同，从中可发现中国人的眼光不易察觉的大运河之另一面貌。

本书针对徽商之活动，大致以两部分来叙述：首先按时间顺序考察徽商移居淮扬地区及其成长发展之整体过程，编写于第2部内3个章中。其次在第3部，微观分析了徽商如何处理淮扬地区运河沿岸城市所发生的各种社会经济问题。

第4章：具体介绍了本书分析对象 —— 淮扬地区。建都北京之后淮扬地区的社会经济环境如何变迁，以及何种因素在此环境中吸引着徽商和众商帮，是开展论点所不可或缺的。河川与运河网络互相纠结而被誉为'泽国'之淮扬地区和三大政（河工、漕运、盐政）之间有着密切关联，此特殊关联性即为决定进入该地区商人之存在形态的核心背景。

第5章：本章观察了以客商身份开始进行对外经商的徽商之存在形态，为此，特别试用了以积极采用小说内容为解释历史材料的方法。在17世纪通俗小说中有40多份描写徽商之内容，给现存史料中较难查寻的客商之具体活动带来了丰富的参考材料，故将小说与史料相比较之后，即可发现从事于流通运输之客商在移居淮扬地区之前或移居之际，究竟面临了何种问题以及其如何应付此类具体问题和其解决之道。

第6章：在此，本书分析了徽商移居淮扬地区之过程，尤其将透过16世纪至17世纪中叶徽商与其他商帮之间竞争过程的详述，强调徽商之成功不易，决不像18世纪的观点所说的那样容易。如此，读者可整合地了解徽商从移居来的侨寓人(sojourner)演变成地方精英(local elite/settler)的过程，以及其能代表18世纪淮扬地区商帮的历时发展过程。盐运法之变化乃基本重要变数，此外，亦须观察明清朝代替换之际的政治变数。

第三部则具体研究明末·清初之际，徽商如何应付运河城市所面临的社会经济问题，而运河城市最重视的无非作为流通渠道的运河之畅通与维修，及其所需财源之扩充问题。

第7章：此章则研究了徽商如何应付淮扬地区首要关注的河工问题，特别注意了康熙帝沿大运河南巡之目的与其行幸之方式，借此研究以说明徽商在该地区的社会地位提高的过程之中，南巡与大运河提供了重要的契机。在此，则以明末从徽州歙县移居淮扬地区之岑山渡程氏为具体分析事例，程氏宗族乃从徽州成功移居到扬州的代表徽商之一，是在轻商观念尚兴之时，能见到皇帝一面的少数家族之一。

第8章：运河与河工之重要性，亦会影响到城市之宗教文化，人力无可抗拒的自然灾害不断发生，往往会归结到百姓欲依靠超自然力量的努力，随大运河沿岸而建的水神祠庙即充分显示了此般百姓所面对之挫折及如何克服该困境之足迹。本章目的在研究徽商为何介入运河城市水神祠庙的建立过程及其意图。民间信仰在编入于国家祀典之时，常会形成民间社会与国家权力之间一定程度的紧张对立关系，建于淮扬地区之水神祠庙 —— 天妃宫与金龙四大王庙 —— 乃其代表例子。经本章研究，可明白追求获利之徽商通过重建祠庙所冀望为何，及其实际所得之结果。

第9章：明末·清初乃被认为城市地区善堂或善会之慈善机构正式出现之期，该慈善机构不同于既有的官设或官营社会福祉单位，乃由民间自发捐助和运作，其在运河城市之善堂和善会也不例外。本章欲阐明在运河城市善堂和善会出现的过程及徽商于其中扮演的角色，特别要阐明扬州育婴堂与镇江救生会乃大量人群往来于大运河而产生的结果，并加以了解徽商之所以积极介入此过程的真正意图。最后，研究徽商参与育婴堂和救生船之运作而发生的徽商之间'同志'意识，加以阐述此般徽商之社会网络如何反映到其社会角色与社会地位的变化。

结论

若单就对众客商视为宝地之淮扬地区而言，徽商确属于'后发始者'，然而在银本经济发展、盐运法之改革，及长途运输流通业扩张的环境变化中，徽商则另有充分利用其'后发始者'优点之能力。自16世纪，逐步蚕食'先发始者'山西商帮和陕西商帮之既有商权的徽商，到了明末则占了经商者众的优势，渡过明清换朝动荡之际，终确保其优越地位。之后一直到18世纪末叶，徽商积极应付地区社会各种问题，摆脱其外来客商之侨寓形象，终就巩固了在地区作为领导的精英地位。

虽然能解释徽商之如此地位变迁的因素不少，而能够贯通其诸多因素的关键则是大运河，此乃因大运河所肩负之国家物流重责完全依赖于其所贯通之淮扬地区之故。由于黄河·淮河的频频泛滥与淮扬地区极其复杂的水利系统，如何筹集庞大的大运河维修费用即成为非常棘手的问题。其根本问题若不解决，淮扬地区每年欲维持三大政并保护该地区脱离水灾之苦，势必另辟官府外的财源及外来的资助不可。

在地区社会能解决如此此窘境的，所能依靠的，地区绅士乃是首选，然而清朝淮扬地区绅士之情况有所不同于别的地区。淮扬地区经换朝动乱，遭受了严重破坏与大量屠杀，地区绅士的生存基础受到莫大打击，而17世纪在淮扬地区，能够同时符合地区社会之需求与国家权力之期待的地区精英领导阶层只有徽商。徽商大多具有利用扬子江和大运河从事物流运输的丰富经验，清楚地认识地区社会所需而迅速树立了应对战略。徽商尤以其充足财富，可随即投入以满足任何需要，如掌握运河峻渫维持漕运盐运之畅通，遇水灾修筑堤防赈济灾民，运作救生船保护水路行人安全，修建水神祠庙，运营各种善会善堂以救助贫困流动人群，以及趁皇帝沿大运河南巡之际大修运河水路和操办接驾事宜等，皆乃其战略性'投资'的代表事例。大运河于徽商而言，非只为单纯商品流通的渠道，更是能使徽商移居淮扬地区成功发展为地区领导精英的'生命源泉'。

将徽商在淮扬地区展开的各方面社会活动加以分析，则可发现如下三项共通点：首先，其社会活动多为与水路交通有关之'善行'；其次，其善行超逾单纯个人行为而以相同关切之'同志'共同持续的合作而达成；最后，他们通过这些活动在地区社會提高了名望。也就是通过他们积极地参与淮·扬地区的社會經濟条件中必不可少的各種公益事业而收到了㈠消除地方居民对其负面敌对观点；㈡与地方绅士维持良好关系；㈢更能密切结交官府的效果。

然而于理念的及现实的观点而论，绅士与商人的社会地位仍存着巨大差距。于理念的角度而观，商人虽其其'同志'意识，却无皇帝所赐学位或官爵，亦无唯绅士之间才存的紧密座主门生的关系。商人虽然积极参与了诸多公益事业，但没继承宋代以来士大夫"先天下之忧而忧，后天下之乐而乐"的理念传统，而却将之引为结交地方精英和官府的手段，来达到其追求利润最大化的目的而已。且于现实的角度而观，商人即使累积了再多的财富而仍缺学位或功名，其社会地位仍然不易提升。一直到19世纪末叶，商人欲与官府直接交涉，先具备功名或学位乃首要条件。清代城市地区会馆的董事多由绅士任职，清末结成的商会、农会、工会、矿会及教育会等社团之领导仍以绅士（或'绅商'）为多，在新政期为鼓励商人活动而新设的各种章程所载奖赏条款，其内容仍限于承袭过去将商人委为商部顾问官或仅赐官衔之方式。故即使财富丰裕的商人，意欲提高其社会地位, 非但要勇于捐输, 且需参与公益事业, 努力争取装扮绅士所应具之'形式'以期受到绅士待遇。商人欲无束于身份地位而发挥相应于其财富之影响力, 则尚待时日及时代环境的变化。

주석

서론

1 신사의 양면성   명·청 시대 지역적 특수성이 강화되는 상태에서 사회 질서 유지에 순기능과 역기능을 동시에 수행했던 신사의 양면적인 성격에 대해서는 강서성(江西省)과 호광(湖廣) 지역을 중심으로 일반론을 도출한 오금성, 『중국 근세사회경제사 연구 — 명대 신사층(明代紳士層)의 형성과 사회 경제적 역할』(일조각, 1986)이 가장 일목요연하다. 또한 명·청 시대의 모순적 성격에 대해서는 '국법'과 '사회 관행'이 공존하는 다양한 사회상을 증명한 오금성, 『국법과 사회 관행 — 명청 시대 사회경제사 연구』(지식산업사, 2007)와 식량과 인구를 동시에 유출하는 강서성의 모순성을 깊이 있게 파고든 오금성, 『모순(矛·盾)의 공존 — 명청 시대 강서(江西) 사회 연구』(지식산업사, 2007)가 역작이다.

2 새로운 청사 연구   '알타이 학파' 혹은 '신청사(New Qing History)' 연구자로 불리는 마크 엘리엇(Mark C. Elliott), 이블린 로스키(Evelyn S. Rawski), 파멜라 크로슬리(Pamela Crossley), 피터 퍼듀(Peter Perdue) 등의 연구가 이러한 측면을 잘 보여 준다. 이에 대해서는 Joanna Waley-Cohen, "The New Qing History", *Radical History Review 88,* 2004와 歐立德(Mark Elliott), 「滿文檔案與新淸史」, 《故宮學術季刊》 24 - 2, 2006 참조.

3 상업서의 유교적 덕목   Richard J. Lufrano, *Honorable Merchants: Commerce and Self-Cultivation in Late Imperial China*(University of Hawai'i Press, 1997), 52~56쪽.

4 신사화된 상인   Qitao Guo, *Ritual Opera and Mercantile Lineage, The Confucian Transformation of Popular Culture in Late Imperial Huizhou*(Stanford University Press, 2005), 216~220쪽.

5 상방 연구   張海鵬·張海瀛 主編, 『中國十大商幇』(黃山書社, 1993); 唐力行, 『商人與中國

近世社會』(臺灣商務印書館, 1997), 44~51쪽. 또한 중국사 연구에서 지방사(local history) 연구의 유용성과 방법론에 대해서는 민두기, 「중국사 연구에 있어서의 지방사(地方史) 연구」, 《대구사학(大丘史學)》 30, 1986; 정병철, 「중국사에서의 지방사 연구의 현황과 과제 1」, 《중국사연구》 7, 1999; Peter K. Bol, "The "Localist Turn" and "Local Identity" in Later Imperial China", *Late Imperial China* 24 - 2, 2003 참조.

6 휘주부 명대에는 안휘성이 강소성과 함께 남경을 행정 수도로 둔 남직예(南直隷)에 병합되어 있었다. 청조가 들어선 직후 남직예는 강남성(江南省)으로 명칭이 바뀌었고, 다시 강희 6년(1667년) 강남성에 포함되었던 휘주부를 비롯한 7개 부와 광덕주(廣德州) 등 3개 주를 분리하여 안휘포정사사(安徽布政使司)에 직속시켰다. 안휘성이라는 지역 명칭은 이때부터 등장했다. 하지만 성회(省會)는 건륭 25년(1760년)에 가서야 강녕부(江寧府)에서 안경부(安慶府)로 이전했다. 옹정 2년(1724년)에는 영주(潁州) 직예주(直隷州)가 부로 승격하여 청말까지 안휘성은 8개 부로 유지되었다. 牛平漢 主編, 『淸代政區沿革綜表』(中國地圖出版社, 1990), 150쪽 참조.

7 초창기 휘상 연구 傅衣凌, 「明代徽商考」, 《福建省研究院研究彙報》 2期, 1947(→「明代徽州商人」, 『明淸時代商人及商業資本』(人民出版社, 1956); 藤井宏, 「新安商人の研究」 1~4, 《東洋學報》 36 - 1~4, 1953~1954; Ping-ti Ho, "The Salt Merchants of Yang-Chow: A Study of Commercial Capitalism in Eighteenth-century China", *H. J. A. S.*, 17 - 1 · 2, 1954가 대표적이다.

8 휘주 문서 '휘주 문서'의 내용과 범위, 그리고 그 '발견' 과정의 의미에 대해서는 臼井佐知子, 「徽州文書と徽州研究」, 『明淸時代史の基本問題』(汲古書院, 1997); 周紹泉, 「徽州文書與徽學」, 《歷史研究》 2000 - 1; 박원호, 「휘주 문서와 휘주학 연구」, 『명청 휘주 종족사 연구』(지식산업사, 2002) 참조. 일부 논자들은 갑골문, 간독(簡牘), 돈황 문서, 명청내각대고당안(明淸內閣大庫檔案)과 함께 휘주 문서를 5대 '발견'으로 간주한다. 臼井佐知子 교수는 1998년 안휘성 황산시(黃山市)의 어느 고물상점에서 구입한 휘주 정씨(程氏)의 문서 163건(1691년부터 1942년까지 토지 문서를 중심으로 한 문서 자료)에 대한 사진 자료와 해설을 모아 출간했는데, 휘주 문서의 유통 및 보존 과정을 잘 보여 준다.(臼井佐知子 編著, 『徽州歙縣程氏文書 · 解說』, 東京外國語大學大學院地域文化研究科, 2006)

9 주요 휘상 연구 휘주 상인에 대한 대표적인 연구만 발표된 순서에 따라 열거하면 다음과 같다. 傅衣凌, 1947; 藤井宏, 1953~1954; Ho, Ping-ti, 1954; 重田德, 「淸代徽州商人の一面」,

『清代社會經濟史研究』(岩波書店, 1975); 葉顯恩, 「徽商利潤的封建化與資本主義萌芽」, 《中山大學學報》 1983 - 1; 張海鵬·唐力行, 「論徽商"賈而好儒"的特色」, 《中國史研究》 1984 - 4; 唐力行, 「論徽商與封建宗族勢力」, 《歷史研究》 1986 - 2; Harriet Zurndorfer, *Change and Continuity in Chinese Local History — The Development of Hui-chou Prefecture 800 to 1800*, E. J. Brill; Leiden, 1989; 張海鵬·張海瀛, 1993; 張海鵬·王廷元 主編, 『徽商研究』, 合肥(安徽人民出版社, 1995); 王振忠, 『明清徽商與淮·揚社會變遷』(三聯書店, 1996); 王世華, 『富甲一方的徽商』(浙江人民出版社, 1997); 박원호, 「명청 시대 휘주 상인과 종족 조직 — 흡현(歙縣)의 유산 방씨(柳山 方氏)를 중심으로」, 《명청사연구》 9, 1998〔→ 박원호, 『명청 시대 휘주 사회 연구』(지식산업사, 2002)에 재수록〕; 唐力行, 『明清以來徽州區域社會經濟研究』(安徽大學出版社, 1999); 조영헌, 「명대(明代) 염운법(鹽運法)의 변화와 양주(揚州) 염상(鹽商) — 휘상(徽商)과 산섬상(山陝商)의 역학 관계의 변화를 중심으로」, 《동양사학연구》 70집, 2000; 陳學文, 『徽商與徽學』(方志出版社, 2003); 李琳琦, 『徽商與明清徽州教育』(湖北教育出版社, 2003); 卞利, 『明清徽州社研究』(安徽大學出版社, 2004); 臼井佐知子, 『徽州商人の研究』(汲古書院, 2005). 한편 2003년까지 휘주 상인에 대한 자세한 연구 현황에 대해서는 王世華, 「徽商研究: 回眸與前瞻」, 《安徽師範大學學報》(人文社科版) 2004-6의 정리가 유용하다.

10 고이호유 박원호, 「명대(明代) 중기의 휘주 상인 방용빈(方用彬)」, 『명·청 휘주 종족사 연구』, 2002.

11 유교적 문화 지식 張海鵬·唐力行, 1984-4; 周致元, 「徽商"好儒"新解」, 《歷史檔案》 1997 - 2; 李琳琦, 「"儒術"與"賈事"的會通 — "儒術"對徽商商業發展的工具性作用剖析」, 《學術月刊》 2001 - 6.

12 관부와의 관계 張民服, 「明清社會變革對徽商的影響」, 趙華富 編, 『首屆國際徽學學術討論會文集』(黃山書社, 1996); 朱宗宙, 「明清時期揚州鹽商與封建政府關係」, 《鹽業史研究》 1998-4; 王振忠, 「徽商與鹽務官僚 — 從曆史檔案看乾隆后期的兩淮鹽政」, 《河南商業高等專科學校學報》 2002 - 2.

13 종족 조직 唐力行, 1986 - 2; 陳其南, 「明清徽州商人的職業觀與家族主義」, 『江淮論壇』 1992 - 5; 高壽仙, 『徽州文化』(遼寧教育出版社, 1995), 中篇, 「宗法社會中的徽州商人」; 臼井佐知子, 2005 등. 강고한 종족 조직은 휘상 발전의 요인이기도 했지만 동시에 휘상의 세력 강화로 인해 종족 조직이 더욱 강화되기도 했는데, 이에 대해서는 박원호, 1998 참조.

14 산서 상인의 유교 지식 張明富, 「"賈而好儒"并非徽商特色 — 以明清江浙·山西·廣東

商人爲中心的考察」,《中國社會經濟史研究》2002 - 4. 이에 대한 반론이 王世華,「也談"賈而好儒"是徽商的特色 ── 與張明富先生商権」,《安徽史學》2004 - 1로 발표되었다. 또한 산서 상인 상씨(常氏)를 대상으로 한 程光 · 梅生 編著,『儒商常家』(山西經濟出版社, 2004), 152~153쪽 역시 '유상(儒商)'의 특징을 가진 상인이 산서 상인이라고 강조하면서, 오히려 휘주 상인은 '유상'이라기보다는 '관상(官商)'이라고 일축했다.

15 휘상의 쇠락 요인 佐伯富,『中國鹽政史の研究』(法律文化社, 1987), 731~740쪽; Ping-ti Ho, 1954, 154~168쪽; 張海鵬 · 王廷元 主編, 1995, 11장; 王振忠, 1996, 158~184쪽.

16 18세기 양주의 도시 문화 李斗,『揚州畵舫錄』(中華書局, 1997), 卷6, 148~150쪽에 소개된 다음과 같은 일화는 그 단적인 모습을 잘 보여 준다. 양주에 체류하던 휘주 상인 당월(棠樾) 포씨(鮑氏)를 소개하는 부분이다. "양주의 소금 상인들은 서로 경쟁하면서 사치를 부렸다. 혼인이나 장례 때는 음식, 의복 그리고 마차에 드는 비용을 모두 합하면 수십만 냥이나 나갔다. 끼니때마다 정성껏 마련된 열 가지가 넘는 요리로 식사를 해야 한다고 고집하는 상인이 한 사람 있었다. …… 난초를 좋아하는 어떤 상인은 대문에서 내실에 이르기까지 어디든 난초를 심었다. 벌거벗은 여인의 목상(木像)을 내실 앞에 세워 둔 사람이 있었는데, 그는 기계적으로 조작되는 이 나상으로 손님들을 골려 주었다. 처음에는 안기(安岐)가 가장 악명이 높았다. 그런데 그보다 더한 사람들이 나왔다. 단 하루 만에 만 냥을 써 버리고 싶어 하는 사람이 있었다. 그의 식객 가운데 한 사람이 금박(金箔)을 살 것을 제안했다. 그는 황금 언덕의 꼭대기에서 그 금박을 아래로 던졌다. 금박은 바람에 날려 나무숲과 풀숲으로 흩어져서 다시 모을 수가 없었다. 또 한 사람은 소주(蘇州)에서 생산된 부도옹(不倒翁; 밑이 무거워서 쓰러지지 않는 노인 모양의 오뚝이 인형)을 사는 데 3000냥을 썼다. 물 위에 이것들을 띄웠는데, 인형들이 너무 많아 냇물이 막혀 버렸다. 아름다운 것을 좋아하는 사람이 한 사람 있었다. 문지기에서 부엌하녀에 이르기까지 그의 집안 식구는 오직 보기 좋은 젊은 사람들만으로 채웠다. 반면에 추악한 것을 좋아하는 사람이 있었다. 거울을 본 끝에 자신이 충분히 추악하지 못하다고 여기고는 자기 얼굴에 간장을 바르고는 햇볕에 쪼였다. 또 어떤 사람은 큰 물건을 좋아했다. 그는 스스로 5~6척 높이의 커다란 청동 요강을 설계했다. 매일 밤, 그는 요강에 기어 올라가 소변을 보았다. 이런 사람들은 한동안 서로 진기함과 기발함을 놓고 경쟁을 했는데, 일일이 모두 설명할 수 없을 만큼 그 가짓수가 많았다."

17 19세기 양주의 쇠락 Jameson, "River Systems of the Province of Anhui and Kiangsu North of the Yangzekiang", *The Chinese Recorder and Missionary Journal*, Vol. 43, no. 1, 1912, 74쪽.

18 소북에서 온 얼뜨기　Emily Honig, *Creating Chinese Ethnicity: Subei People in Shanghai*, 1850~1980(New Haven and London(Yale University Press, 1992), 2~3쪽. 경멸어로 사용되는 "소북저라(蘇北猪玀)"를 영어로는 "Subei Swine"으로 번역해 놓았다.

19 영국과 태평천국 군대와 대운하　Jones Susan Mann and Philip A. Kuhn, "Dynastic decline and the roots of rebellion", Denis Twitchett and John K. Fairbank eds., *The Cambridge History of China vol.10*, Late Ch'ing, 1800~1911, Part Ⅰ(Cambridge University Press, 1978), 124~128쪽. 또한 Tobie Meyer-Feng, "The Politics and Practice of Burial in Post-Taping Jiangnan Cities", 『明淸以來江南城市的發展與文化交流國際學術硏討會論文集』(復旦大學歷史科, 2010年8月)에는 태평천국 군이 휩쓸고 지나간 양주를 비롯한 강남의 여러 도시에서 그 많은 시체를 어떻게 처리했는지, 그리고 이러한 시체 처리 과정에서 드러나는 국가 권력의 무력함과 각 지역 세력의 등장을 설명하고 있다.

20 대운하의 단절　Harold Hinton, *The Grain Tribute System of China*(1845~1911)(Harvard Univ. Press, 1956), 16~33; 星斌夫, 『大運河 —— 中國の漕運』(東京, 1971), 237~239쪽.

21 해로를 통한 조운　李文治·江太新, 『淸代漕運』(中華書局, 1995), 12장; 倪玉平, 『淸代漕糧海運與社會變遷』(上海書店出版社, 2005), 4~5장; 周育民, 『晚淸財政與社會變遷』(上海人民出版社, 2000), 210쪽.

22 회·양 지역의 쇠락　Honig, 1992, Chapter 2; Antonia Finnane, "The Origins of Prejudice: The Malintegration of Subei in Late Imparial China", *Comparative Studies in Society and History* 35-2, 1993.

23 운하에서 철도로　星斌夫, 1971, 260~261쪽; 千葉正史, 「淸末における國家的物流システム維持と近代交通手段の導入 —— 漕運問題上における盧漢鐵路計劃の位置」, 《立命館言語文化硏究》14-2, 2002(中國關係論說資料 44-3 增); 丁賢勇, 『新式交通與社會變遷 —— 以民國浙江爲中心』(民國浙江史硏究叢書)(中國社會科學出版社, 2007), 1장 참조. 그렇지만 기선이나 철도가 등장한 이후 대운하가 완전히 단절되고 사라진 것은 아니다. 물 공급이 비교적 용이했던 소북 지역에는 1910년 무렵까지 꾸준하게 준설 작업이 이루어졌고, 1916~1922년 사이 일본 동아동문서원(東亞同文書院)에서 추진했던 대운하 보고서에 따르면 수량이 풍부한 남부 운하 구간에는 기선을 이용한 상업 활동이 꾸준하게 이어졌다. 이에 대해서는 谷光隆 編, 『東亞同文書院大運河調査報告書』(汲古書院, 1992), 459~485쪽 참조.

24 유통로와 지역 경제　藤井宏, 1953-1, 5~34쪽; William Rowe, *Hankow: Commerce and*

Society in a Chinese City, 1796~1889(Stanford University Press, 1984), 52쪽.

25 대운하의 이용 선박　Mattew Ricci, translated by Louis J. Gallagher, *China in the Sixteenth Century: The Journals of Mattew Ricci, 1585~1610*(New York, Random House, 1953), 306쪽. 이하 마테오 리치의 견문록은 'The Journals of Mattew Ricci, 1953'으로 표기한다.

26 남북의 핵심 루트　조영헌, 「대운하」, 오금성 외 지음, 『명청 시대 사회경제사』(이산, 2007), 580~590쪽.

27 도시 사이의 네트워크　Timothy Brook, "Communication and commerce", *The Cambridge History of China*, vol. 8, The Ming Dynasty 1368~1644, part Ⅱ (Cambridge University Press, 1998), 597~608, 619~635쪽에는 국가가 주도해서 건설하고 유지했던 대운하를 통해 수도와 강남을 이어 주는 남북 교통망이 교류와 여행의 증가, 지리 지식의 확산에 얼마나 큰 영향을 미쳤는지를 잘 보여 준다. 또한 운하를 따라 35~45킬로미터마다 설치된 마역(馬驛)과 수역(水驛)을 통해 대운하는 사자(使者)들이 수도와 지방을 오가는 통신로이자 무역로의 기능을 동시에 수행했다.

28 휘상과 대운하　張海鵬 · 張海瀛, 1993, 451~453쪽; 張海鵬 · 王廷元, 1995, 32~37쪽.

29 휘주인의 도시 양주　최근 출간된 양주에 관한 도시사 연구에서도 명말 이래 19세기 중반까지의 양주를 휘주 상인이 장악했던 "휘주인 도시(Huizhou City)"로 파악하는 동시에, 양주에서 하공(河工)의 중요성을 부각하면서 양주의 생명력이 염업뿐 아니라 대운하에도 있었다고 지적했다.(Antonia Finnane, *Speaking of Yangzhou: A Chinese city, 1550~1850*(Harvard University Asia Center, 2004), 25~26, 68쪽) 휘주 상인에 대한 본격적인 연구는 아니지만 휘상의 활동 영역이 대운하 유통로와 밀접하게 관련되어 있다고 파악하는 이 책의 문제의식을 뒷받침한다.

30 회 · 양 지역　牛平漢 主編, 『清代政區沿革綜表』(中國地圖出版社, 1990), 121쪽.

31 진강 휘주 상인　이 책 8장과 9장 참조.

32 진강 방언　Honig, 1992, 24쪽. 진강의 이러한 방언 사용의 특징은 전근대 시대뿐 아니라 오늘날까지도 변함이 없다.

33 중국 경제의 팽창　안드레 군더 프랑크, 이희재 옮김, 『리오리엔트』(이산, 2003), 368~417쪽. 프랑크의 연구는 기본적으로 '유럽중심주의'적 세계관이 아닌 글로벌 경제의 시야를 확보하려는 시도에서 나온 결과물이며, 특히 1500년 이후 유럽이 세계사의 패권을 장악하기 시작했다는 기존 관점에 대한 비판서이기도 하다. 이를 위해 대표적인 비유럽 세계의 핵

심 지역으로 중국을 부각시켰으며, 중국이 주도하는 세계 경제의 흐름이 1500년이 아니라 적어도 18세기까지 중엽까지 지속되었음을 논증한 것이다. 그는 이것을 장기적인 팽창 국면으로 파악했으며, 대표적인 증거는 당시 중국으로 빨려 들어가는 전 세계의 화폐인 은이다. 이러한 은의 흐름을 야기한 근본 원인은 중국이 생산했던 비단, 도자기, 차의 경쟁력에 있었고, 유럽은 만성적인 무역 적자를 메울 수 있는 마땅한 상품이 없었으나 신대륙에서 채굴한 은이 그 역할을 대체했다는 것이다.(227~232쪽) 은 유통의 결과에 대한 지나친 강조점이나 당시 유럽과의 단선적인 비교 방식에 대해서는 논란의 여지가 있는 것이 사실이지만, 15세기 전반에서 18세기 중엽까지 중국 경제가 장기적인 팽창 국면에 있었다는 사실은 이 책이 주목하는 시기와 정확하게 일치한다. 즉 은의 유입과 수공업품의 유출이 장기적인 팽창 국면에 있었던 중국 경제의 외적 준거라면 대운하를 중심으로 한 국내 장거리 유통의 발전과 휘주 상인과 같은 거대 상인 집단의 성장은 그 내적 증거라고 볼 수 있을 것이다.

34 중국과 영국의 비교　Kenneth Pomeranz, *The Great Divergence: China, Europe, and the Making of the Modern World Economy*(Princeton Univ. Press, 2001). 포머란츠는 크게 두 가지 '우연'적 요소에 따라 유럽이 중국을 비롯한 나머지 지역과 다른 길을 가게 된 분기점이 1820년대라고 파악했다. 하나는 해외 식민지의 획득이고 다른 하나는 당시 기술 수준에서 쉽게 채굴할 수 있는 탄광의 존재였다. 이러한 분기의 근거는 어렵지 않게 수긍할 수 있지만, 1820년대를 대분기라고 보는 것은 너무 늦은 감이 있다. 즉 가시적으로 드러나는 분기점은 1820년대라고 볼 수 있을지 몰라도, 잠재적인 측면이나 실질적으로 분기가 배태되었던 점이 되었던 것은 그 이전부터라고 보아야 할 것이며, 늦어도 18세기 후반부터 이러한 '역전'이 시작된 것으로 판단된다.

35 유럽의 팽창　15~18세기 유럽의 대외적인 팽창 정책이 어떠한 방식으로 19세기에 가시화되는 근대 세계의 모태가 되었는지에 대해서는 주경철, 『대항해 시대: 해상 팽창과 근대 세계의 형성』(서울대 출판부, 2008)이 참조가 된다. 여기서도 지적되는 문제지만 15세기 전반 정화의 대원정단을 아프리카까지 파병할 만큼의 '힘'을 지닌 중국이 왜 갑자기 해상으로의 적극적인 진출을 멈추었는가는 유럽의 관점에서 볼 때 대단히 '이상한' 현상이었다.

36 운하 경제 시대　宮崎市定,「中國經濟開發史の槪要」,《アジア史研究》4(朝日新聞社, 1976). 이 논문은 1964년 강연의 메모에 해당하는 짧은 글로, 중국의 경제 발전사를 '한지 개간의 시대'→'습지 개척의 시대'→'운하 경제 시대'→'해안 경제 시대'로 정리했다. 운하 경제 시대는 대체로 송대 이후 서양과의 본격적인 만남이 시작되는 19세기 중엽까지를 포괄한다.

37 18세기 양주　'양주는 휘주 상인의 식민지였다'는 인식은 진거병(陳去病, 1874~1933년)

이 처음 사용한 이후(陳去病, 『五石脂』, 『丹吾筆記 · 吳城日記 · 五石脂』(江蘇地方文獻叢書), 江蘇古籍出版社, 1999), 326쪽) 휘상이나 양주 지역 연구자에게 광범위하게 수용되었고, 특히 18세기 양주의 번영과 관련된 것으로 이해되었다.(Finnane, 2004, 238~240쪽)

38 왕조 교체와 상업　　로이드 E. 이스트만, 이승휘 옮김, 『중국 사회의 지속과 변화: 1550~1959』(돌베개, 1999), 214~215쪽.

39 청조의 상업 정책　　이러한 관점에서 양주 염상들에 대한 청조의 경제 정책 가운데 하나인 "휼상(恤商) · 유과(裕課)" 정책을 시론적으로 검토해 본 것이 조영헌, 「명청 교체와 양주 염상 ─ 청초 "휼상 · 유과" 정책의 성격과 관련하여」, 《중국학보》 43, 2001이다. 상인을 긍휼히 여기면서 염과를 넉넉하게 거둔다는 "휼상 · 유과" 정책에 대해서는 이 책 7장 3절에서도 소개했다. 최근 청사(淸史)에 대한 새로운 해석이 세계 학계에서 주목을 받고 있으나 주로 정치, 사회사와 관련된 주제에 한정되었다. 경제적인 측면에 대한 연구가 진행된다면 정부와 상인 사이의 관계성에 주목하는 "휼상" 정책이 유효한 접근 방식 가운데 하나가 될 것이다. 이에 대해서는 조영헌, 「청조의 수도론과 황제의 순행」, 김형종 외 지음, 『중국의 청사 편찬과 청사 연구』(동북아역사재단, 2010) 참조.

40 19세기의 휘상 역량　　王振忠, 『徽州社會文化史探微: 新發現的16-20世紀民間檔案文書研究』(上海社會科學院出版社, 2002), 4장; 王振忠, 「淸代, 民國時期江浙一帶的徽館研究 ─ 以揚州, 杭州和上海爲例」, 熊月之熊秉眞 主編, 『明淸以來江南社會與文化論集』(上海社會科學院出版社, 2004); 臼井佐知子, 2006, 100~112쪽; 徐茂明, 『江南士紳與江南社會(1368~1911)』(商務印書館, 2004), 4장.

41 은 유통과 은 · 전비가　　汪崇筼, 『明淸徽商經營淮鹽考略』(巴蜀書社, 2008), 2~3장; 구범진, 「청(淸) 가경~도광초(嘉慶~道光初) 양회 염상(兩淮鹽商) 몰락의 원인」, 《동양사학연구》 107, 2009.

42 휘상의 변모　　唐力行, 「徽商在上海市鎭的遷徙與定居活動」, 《史林》 2002 - 1; 王日根, 「淸代會館發展中的官商相得 ─ 以蘇州安徽會館爲例」, 王日根, 『明淸民間社會的秩序』(岳麓書社, 2003); 王振忠, 「淸代, 民國時期江浙一帶的徽館研究 ─ 以揚州, 杭州和上海爲例」, 熊月之 · 熊秉眞 主編, 『明淸以來江南社會與文化論集』(上海社會科學院出版社, 2004).

43 외국인의 시각　　13세기 마르코 폴로 이후 20세기까지 중국을 이해하기 위해 직간접적인 방식으로 중국에 대한 기록을 남겼던 서양의 시각 변화는 조나단 스펜스, 김석희 옮김, 『칸의 제국』(이산, 2000)의 정리가 훌륭하다. 3장의 기본적인 시각과 구성 역시 『칸의 제국』으

로부터 많은 시사를 받을 수 있었음을 밝혀 둔다. 또한 명·청 시대에 국한할 경우, 중국의 언어, 역사, 지리, 과학 기술, 문헌, 종교, 교육, 예속에 대한 유럽인들의 관점이 어떻게 변화하는지에 대해서는 吳孟雪, 『明淸時期歐洲人眼中的中國』(中華書局, 2000)에 잘 정리되어 있으며, 예수회가 주도가 된 유럽과 중국의 교류 과정에서 유럽과 중국 사이의 상호 인식이 각각 어떻게 변화되고 있는지에 대해서는 데이비드 문젤로, 김성규 옮김, 『동양과 서양의 위대한 만남 1500~1800』(휴머니스트, 2009); 데이비드 먼젤로 지음, 이향만·장동진·정인재 옮김, 『진기한 나라, 중국: 예수회 적응주의와 중국학의 기원』(나남, 2009) 참조.

1부 1장

1 수도 북경   이 책은 1272년 쿠빌라이가 금나라의 '중도(中都)'를 대신하여 그 동북쪽에 새로이 성곽을 건립한 후 '대도(大都)'라고 개칭한 시점을, 북경이 전 중국의 수도로 기능하는 이른바 '북경 수도론'의 시발점으로 파악한다. '북경 수도론'에 대해서는 근간 예정인 조영헌, 「북경 수도론과 대운하」, 『신편 강좌중국사』(가제)에서 자세히 소개한다.

2 북경 천도   원조의 북경 천도 과정에 대해서는 杉山正明, 「クビライと大都」, 梅原郁編, 『中國近世の都市と文化』(京都大學人文科學研究所, 1984); 侯仁之, 『北京城的生命印記』(生活讀書新知三聯書店, 2009), 167~193쪽, 명조의 북경 천도 과정에 대해서는 張奕善, 「明成祖政治權力中心北移的研究」, 『朱明王朝史論文輯』(國立編譯館主編, 1991); Farmer, Edward L., *Early Ming Government: The Evolution of Dual Capitals*(East Asian Research Center, Harvard Univ., 1976), ch. 4, 참조. 그리고 청조의 북경 정도 과정에 대해서는 閻崇年, 「淸初四京與都城三遷」, 『燕步集』(北京燕山出版社, 1989); 王明德, 「論淸初定都及其歷史意蘊」, 《西北民族大學學報》(哲社版) 2009 - 1; Wakeman, Frederic Jr. *The Great Enterprise: The Manchu Reconstruction of Imperial Order in Seventeenth-Century China*(University of California Press, 1985), ch. 4, ch. 12; Naquin, Susan, *Peking: Temples and City Life, 1400~1900*(Berkeley; University of California Press, 2000), ch. 9 참조

3 명초의 수도 남경   『明史』卷40, 「地理志 1·南京」, 910쪽. 원말에서 명초 시기에 남경이 반원(反元)의 근거지에서 제왕의 수도로 인식되는 과정에 대해서는 F. W. Mote, "The Transformation of Nanking, 1350~1400", Skinner, G. William ed., *The City in Late Imperial*

China(Staford U. P, 1977), 126~147쪽 참조.

4 홍무제의 중도 선정　明『太祖實錄』卷45, 洪武2年9月癸卯條.

5 봉양　봉양에 세운 중도의 위상과 성지의 건설 과정에 대해서는 王劍英,『明中都』(中華書局, 1992), 1~54쪽 참조.

6 개봉 순시　明『太祖實錄』卷34, 洪武元年8月己巳朔; 朱元璋,「中都告祭天地祝文」,『明太祖御製文集』(中國史學叢書 22)(臺灣學生書局, 1965), 卷12, 6b. 여기서 언급한 두 가지 이유 가운데 "민생조폐(民生凋敝)"는 충분히 이해가 가지만, "수륙전운난신, 공노민지지심(水陸轉運難辛, 恐勞民之至甚)"이라는 두 번째 이유는 송대 개봉의 장점을 상기할 때 의문의 여지가 많다. 홍무제의 고향인 봉양(鳳陽)을 중도(中都)로 삼기 위해 경합 지역인 개봉을 평가절하하기 위한 표현이 아닌가 사려된다.

7 수도 확정　『明史』卷 42,「地理志 3 · 開封府」, 978쪽.

8 명초의 원 도성　홍무 원년 북경에는 이미 기존의 궁성이 상당 부분 정비된 상태로 남아 있었으며, 홍무제가 원의 궁전을 파괴하도록 명령했다는 설은 억측이라는 사실에 대해서는 王劍英 · 王紅,「論從元大都到明北京的演變和發展 —— 兼析有關記載的失實」,《燕京學報》新1期, 1995, 2~8쪽 참조. 당시 대도로(大都路)에서 북평부(北平府)로 이름이 바뀐 북경의 궁성 관리를 위해 홍무제는 서달(徐達)을 파견했는데, 그와 수하 관원들은 기존 성곽의 규모를 60리에서 40리로 축소하면서 새롭게 벽돌로 재건했다. 그 규모와 각 성문의 명칭 변화는 陳宗蕃 編著,『燕都叢考』(北京古籍出版社, 2001), 卷2「城池」, 16~17쪽에 자세한 기록이 있다.

9 남경의 여건　남경 궁성과 주변 건축물의 건립 과정 및 규모에 대해서는 F. W. Mote, "The Transformation of Nanking, 1350~1400", 1977, 131~143쪽 참조.

10 남경과 북경의 비교　〔明〕蔣一葵,『長安客話』(北京古籍叢書)(北京古籍出版社, 2001), 卷 1, 2쪽.

11 명초 북경의 이미지　孫承澤,『天府廣記』(北京古籍出版社, 1984), 卷1,「洪武元年改北平府詔」, 5쪽.

12 오랑캐의 식민 신도시　이처럼 민족적인 저항감으로 북경의 위상을 폄하하는 논자로는 영락 연간에 북경 천도를 강력하게 비판했던 소의(蕭儀)가 대표적이다.(新宮學, 2004, 42쪽)

13 풍수설　오함, 박원호 옮김,『주원장전』(지식산업사, 2003), 214~215쪽. 육조(六朝) 시대의 수도이자 양자강 동남쪽에 위치한 남경은, 양자강과 인접한 북쪽을 제외하고는 동쪽의 자금산(紫金山), 남쪽의 우화대(雨花臺), 서쪽의 청량산(淸凉山) 등 3면이 산으로 둘러싸여 있

고 진회하(秦淮河)로 물자 운송이 편리한 천연의 요새였다. 반면 王子林,『皇城風水: 北京-王不得不爲王之地』(紫禁城出版社, 2009)에 의하면 남경의 풍수가 좋지 않은 것은 아니지만 육조의 운명처럼 단명(短命)으로 끝나는 한계가 있다고 지적하고(26~40쪽), 북경이 지닌 왕도(王都)로서의 기운이 남다름을 강조했다.(8장~15장) 이에 따르면, 북경 천도에 결정적인 조언자 역할을 했던 풍수 전문가 요균경(廖均卿, 1350~1413년)은 풍수학적으로 왕기(王氣)가 충만한 곳으로 오늘날 북경에서 약 40km 북쪽에 위치한 천수산(天壽山)을 지목했다. 그리고 그곳에 영락제의 능묘인 장릉(長陵)이 건설되어 오늘날 명십삼릉(明十三陵)이 되었다. 풍수 관념에 따르면 중국을 동서로 가로지르는 3개의 대간(大幹)은 논자에 따라 약간의 차이가 있지만, 서방의 곤륜산(崑崙山)에서 기원하는 것에는 이견이 없었다. 명대에는 그 북방 대간이 수도 북경의 천수산으로 연결되고, 중간 대간이 봉양으로 흐르는 산맥으로, 남방 대간이 남경의 산맥으로 연결된다는 생각했으며, 각 지역에는 명조의 황릉군(皇陵群)이 자리잡고 있었다. 그리고 산을 통해 전달되는 용맥(龍脈)을 황궁까지 연결하기 위해 자금성 북쪽에 인공산인 만세산(萬歲山, 오늘날의 경산)을 추가로 건립했다. 이로써 자금성의 만세산은 천수산, 연산(燕山), 태행산맥을 경유하여 하늘의 기와 통하는 곤륜산까지 북방 대간을 통해 연결된 것으로 파악한다.

14 영락제와 북경   朱鴻,『明成祖與永樂政治』(國立臺灣師範大學歷史硏究所, 1989), 3장 1절.

15 북평에서 북경으로   孫承澤,『天府廣記』卷1, 5쪽. 정효(鄭曉)는 영락제가 즉위하자마자 북평(北平)이 북경으로, 북평부가 순천부(順天府)로 개명되면서 관청이 설치된 것이 이지강의 요청에서 말미암은 것이라고 지적했다.(鄭曉,『金言』, 卷1, 19쪽)

16 북경 천도의 의미   윤혜영 편역,『중국사』(홍성사, 1986)(山根幸夫,「明帝國の形成とその發展」,『世界の歷史』11, 東京, 1961), 400~401쪽.

17 정치와 군사 중심지의 일치   北京大學歷史係『北京史』編寫組,『北京史』(北京出版社, 1985), 149쪽.

18 천도의 정당성 강화   Farmer, Edward L., 1976, 107쪽.

19 천도의 반대 여론   영락 연간 북경 천도를 반대한 대표적인 인물로는 하원길(夏原吉), 소의(蕭儀), 진조(陳祚), 호영(胡濙) 등이 있다. 이들에 대해서는『명사(明史)』에 실린 각 열전을 참조.

20 왕종목   왕종목은 16세기 후반 산동포정사(山東布政使)이자 조운총독에 임명된 고위 관료로, 산동순무(山東巡撫) 양몽룡(梁夢龍)과 함께 바닷길을 이용한 조운을 주장한 대표적인 인물이다. 그의 대표적인 문장은『明經世文編』卷343~345에 일부 전재되어 있으며, 그의 문

집인『敬所王先生文集』전체는『四庫全書存目叢書』集部 111에 수록되어 있다.

21 왕종목의 북경론　王宗沐,『敬所王先生文集』卷22,「乞廣餉道以備不虞疏」, 10a-12a.

22 명 관료들의 북경론　明『太宗實錄』卷182, 永樂14年11月壬寅條.

23 바이투르의 북경론　『元史』卷119,「列傳6 · 霸突魯」, 2942쪽.

24 장안의 험요함　공수(攻守)에 유리했던 장안의 험요한 지세에 대해서는『史記』(中華書局 標點本) 卷99,「劉敬叔孫通列傳」, 2716~2717쪽과『史記』卷55,「留侯世家」, 2043~2044쪽, 그리고 杜佑,『通典』(中華書局 標點本), 卷174,「州郡4」, 4565쪽 등 참조. 이러한 지세는 "건령 지세(建瓴之勢)", 즉 높은 지붕 위에서 병에 든 물을 쏟는 것처럼 유리한 지세를 말하는 것으로, 사염해(史念海) 교수는 장안과 북경이 모두 "건령지세"를 지니고 있으나 북경이 장안보다는 조금 못하다고 지적했다.(史念海,「中國古都形成的因素」,『中國古都和文化』(中華書局, 1998), 180~181쪽.)

25 북경의 해운　그래서 왕종목의 의견을 인용하면서 북경보다 남경이 우세함을 주장하려 했던 고기원(顧起元)의 언급을 보면, 북경의 "유수통리"에 해운이 포함되었음이 분명하게 드러난다. 顧起元[明] 撰,『客座贅言』(中華書局, 1987), 卷2,「水利」, 57쪽.

26 원 북경의 바닷길　賴家度,「元代的河漕和海運」, 南京大學歷史系元史硏究室 編,《元史論集》(人民出版社, 1984); 조영헌,「원(元) 대도(大都)와 '남북 조운 체제'의 성립 — '북경형' 수도론을 위한 일고찰」,《서울대 동양사학과 논집》23집, 1999, 64~74쪽.

27 명초의 해도 조운　吳緝華,「明代河運及運河的硏究」, 中央硏究院歷史語言硏究所專刊 43(臺北, 1961), 48~62쪽.

28 왕종목의 해도 조운　실제로 왕종목이 주도한 해도 조운은 성공적이라는 평가를 받았다. 이에 대해서는 이 책 2장에서 상술한다.

29 개봉의 수로　『宋史』卷175, 食貨志上3, 漕運, 4250쪽.

30 수도 결정의 경제 요소　玄宗,「幸東都詔」,『全唐文』卷28,「玄宗皇帝」, 354쪽;『舊五代史』卷77「晋書3 · 高祖紀3」. 또한 5대(五代)를 거쳐 송 태조(宋太祖)가 개봉에 수도를 정할 때에도 조운의 이로움을 강조한 이회충(李懷忠)의 진언이 결정적인 역할을 했다.(『宋史』卷260「李懷忠傳」, 9023쪽) 이는 그 이전까지의 수도 선정 과정에서 쉽게 찾아보기 힘든 면으로, 물자 조달이라는 요소가 결정적 요인으로 작용하기 시작하는 것을 보여 준다. 이처럼 장안에서 개봉으로의 수도 변화를 정치형-통제형 수도에서 경제형-개방형 수도로의 시대적 변화로 개념을 확대한 연구로는 박한제,「중국 역대 수도의 유형과 사회 변화」, 동양사학회 편,『역사와 도시』

(서울대 출판부, 2000)가 대표적이다.

31 북경의 조하 의식　明『太宗實錄』卷233, 永樂19年正月甲子條. 당시 영락제는 황족과 궁정 관료, 그리고 조공 사신을 이끌고 새로 건립된 자금성에 입성하여 봉천전(奉天殿)에서 조하 의식을 거행하면서 본격적인 북경에서의 정무를 시작했다.

32 북경 천도의 세 단계　이러한 세 시기로의 구분은 Farmer, Edward L., 1976, 115~117쪽을 참조하되, 구체적인 시기 구분은 반드시 파머 교수의 구분법을 따르지 않았다.

33 천도의 경제 부담　新宮學, 2004, 351~357쪽. 이외에도 10여 만 명의 대규모 노동력을 이용하여 궁성 재료로 사용할 목재를 벌채하는 과정에서 발생한 반란(『明史』卷150,「師逵傳」, 4162쪽)이나 목재의 운반 과정에서 만연했던 역병(『明史』卷150,「虞謙傳」, 4168쪽) 등도 천도에 부정적인 여론을 형성하는 요인이 되었다.

34 택일을 요청하는 관료　明『太宗實錄』卷182, 永樂14年11月壬寅條.

35 대운하의 관건 지역　王在晉 撰, 『通漕類編』(明代史籍彙刊 22)(臺北, 學生書局 引行, 1970), 卷9,「海運」, 12a-13a.

36 불만의 목소리　鄭曉 撰, 李致忠 點校, 『今言』(北京, 中華書局, 1984), 卷2, 148쪽을 보면 소의 외에도 과도관(科道官) 가운데 다수가 남경을 떠나는 조정에 대해서 부정적인 의견을 지니고 있었다.

37 이시면과 추집의 상소　鄒緝,「奉天殿災疏」,『明經世文編』卷21; 李時勉,「便民事疏」,『明經世文編』卷21.

38 쿠빌라이의 후계자　宮崎市定,「洪武から永樂へ —— 初期明朝政權の性格」《東洋史研究》27-4, 1965; 檀上寬,「明王朝成立の軌跡 —— 洪武朝の疑獄事件と京師問題おめぐって」,《東洋史研究》37-3, 1978.

39 정도 확립 과정　이하 북경으로의 정도가 확립되는 과정에 대해서는 특별한 언급이 없는 한 王劍英·王紅, 1995와 新宮學, 2004을 참조했다.

40 남경 환도론　土木堡의 변 이후 발생한 남경 환도 논의에 대해서는 荷見守義,「景泰政權と孫皇太后」,《東洋學報》82-1, 2000 참조.

41 북경 지지론　于謙,「議和虜不便疏」,「軍務疏」,『明經世文編』卷33, 2a-b, 9a-11b. 또한 북경으로부터 서북 방향으로 40킬로미터 정도 떨어진 평창현(平昌縣)에 세워진 명조의 황릉(오늘날 세계 문화유산으로 북경의 대표적인 관광지가 된 명십삼릉)은 영락제가 1409년 조영하기 시작하여 1449년 무렵에는 장릉(長陵, 영락제의 능), 헌릉(獻陵, 홍희제의 능), 경릉(景陵, 선덕

제의 능)이 건립되어 있었다.(向斯,『皇朝典故紀聞』(中國文史出版社, 2002), 332~339쪽)

42 송나라 감계론　談遷(明) 著, 張宗祥 點校,『國榷』(中華書局, 1958) 卷27, 正統14年8月癸亥條.

43 몽골의 잔존　이러한 명조의 독특성과 그로 인해 성립된 '조공＝해금 체제'에 대한 아이디어는 기무라 간(木幹), 김세덕 옮김,『조선/한국의 내셔널리즘과 소국 의식: 조공 국가에서 국민 국가로』(산처럼, 2007), 56~62쪽에서 볼 수 있다.

44 쿠빌라이의 계산　Morris Rossabi, "The reign of Khubilai khan", Denis C. Twitchett and Herbert Franke eds., *Cambridge History of China* Vol. 6: Alien Regimes and Border States, *907~1368*,(Cambridge University Press, 1994), 455쪽.

45 견배의 우환　顧祖禹『讀史方輿紀要』(上海書店出版社, 1998), 卷10,「直隷1」, 2b. 그래서 고조우는 수도 방어를 위한 자연 지리적 조건으로 장안만 한 곳이 없다고 생각했다.

46 만리장성　余子俊,「議軍務事」,『余肅敏公文集』,『明經世文編』, 卷61, 1a. 명대 성화(成化) 연간(1465~1487년)에 축성된 장성은 기존에 위치했던 만리장성에 대한 대대적인 재건이었으나 벽돌로 쌓은 성이 아니라 대부분 서북부의 황토를 가져다 쌓아 만들었다. 오늘날 우리가 북경 근처에서 볼 수 있는 팔달령(八達嶺) 장성이나 사마대(司馬臺) 장성은 가정(嘉靖) 연간(1522~1566년) 이후에 다시 건립된 것이다. 몽골의 끈질긴 교역 요구와 이에 대한 명조의 대처로 진행된 장성 축조의 과정에 대해서는 Arthur Waldron, *The Great Wall of China: From History to Myth*(Cambridge Univ. Press, 1990), 140~164쪽; 줄리아 로벨, 김병화 옮김,『장성, 중국사를 말하다: 문명과 야만으로 본 중국사 3천 년』(웅진지식하우스, 2007), 275~302쪽 참조. 장성 축조에 사용된 벽돌은 품질 좋은 벽돌 생산으로 유명한 임청(臨淸)에서 생산된 것으로, 대운하를 통해 북경까지 운송되었다.

47 인공적인 유협가의　夏燮(淸) 編著,『明通鑑』(上海古籍出版社, 1994), 卷34, 紀34, 成化18年6月壬寅, 261쪽.

48 염세의 은납화　조영헌,「명대(明代) 염운법(鹽運法)의 변화와 양주 염상(揚州 鹽商) ― 휘상(徽商)과 산섬상(山陝商)의 역학 관계의 변화를 중심으로」, 서울대 동양사학과 석사 학위논문, 2000, 22~23쪽.

49 물자 조달의 부담　이 문제에 대해서는 이견이 존재한다. 가령 新宮學, 2004의 경우, 북경 천도가 완성되는 과정에서 남북을 잇는 물류 문제가 환도 여론을 주도할 만큼 심각한 어려움에 봉착한 것은 사실이지만,(324~328, 351~357쪽) 선덕 연간에 물류 문제가 결정적으로 개

선되었다고 평가한다.(380~384쪽) 하지만 이에 대한 구체적인 분석은 제시되지 않고, 선덕 연간에 이루어졌던 조운 방식의 개선(支運法에서 兌運法으로의 변화)과 조량액의 변화에 관한 기존 연구(星斌夫, 『明代漕運の研究』(東京, 日本學術振興會, 1963), 1장; 吳緝華, 1961)를 근거로 제시했다. 하지만 이는 모두 제도적인 변화와 현상적인 물동량의 일부일 뿐 조운을 중심으로 한 물류 체계에 결정적인 개선을 보여 주는 증거라고 볼 수 없다. 이에 대해서는 3절에서 상술했다.

50 강남인들의 부담 王培華, 『元明北京建都與糧食供應 ─ 略論元明人們的認識和實踐』(文津出版社, 2005), 155~179쪽.

51 편중지처 顧祖禹 『讀史方輿紀要』, 卷10, 「直隷1」, 1a.

52 북경의 풍족함 Matthew Ricci, translated by Louis J. Gallagher, *China in the Sixteenth Century: The Journals of Matthew Ricci, 1585~1610*(New York, Random House, 1953), 307쪽.

53 황종희의 수도론 黃宗羲, 『明夷待訪錄』(『黃宗羲全集』第1冊, 浙江古籍出版社, 1985), 「建都」.

54 북방 개발론 그 결과 북경 인근 지역을 개발하자는 '북방 개발론'이 전개되었다. 이에 대해서는 黨武彦, 「明淸期畿輔水利論の位相」, 『東洋文化研究所紀要』第125冊, 1994; 鄭炳喆, 「명말 청초의 화북 사회 연구 ─ 동란기 산동권(山東圈)의 사회 경제적 제 양상」, 서울대 박사학위 논문, 1996, 3편 참조.

55 강남 중부 대표적인 것으로 顧炎武 著, 黃汝成 集釋, 秦克誠 點校, 『日知錄集釋』(岳麓書社, 1996), 권10, 「蘇松二府田賦之重」, 359~370쪽 참조. 강남 중부의 문제가 천도를 계기로 이전보다 심각해진 사실에 대해서는 韋慶遠, 「論明初對江南地區的經濟政策」, 『明史研究論叢』3집(江蘇古籍出版社, 1985), 27쪽; 森正夫, 『明代江南土地制度の研究』(同朋舍, 京都, 1988), 182쪽 참조.

56 왕부지의 북경 비판 王夫之 著, 舒士彦 點校, 『讀通鑑錄』(中華書局, 1995), 권 22 「唐玄宗14」, 664~665쪽.

57 남경 환도론 1644년 이자성의 반란군에 의해 북경이 함락되기 직전에 제기되었던 남경 환도론에 대해서는 Wakeman, Frederic Jr. 1985, 248~250쪽 참조. 물론 가정 29년(1550년)에도 알탄 칸이 이끄는 몽골군이 고북구(古北口)로부터 침입하여 북경성을 수일 동안 포위하는 긴박한 상황에 전개되었으나("庚戌之變") 이 때문에 다시 천도 논의가 발생하지는 않았다.

58 북경의 인구 증가 韓光輝, 『北京歷史人口地理』(北京大學出版社, 1996), 104~110쪽; 曹

樹基, 『中國人口史 第4卷 明時期』(復旦大學出版社, 2000), 285~290쪽.

59 북방 개발론자 徐光啓 撰, 石聲漢 校注, 『農政全書』(中華書局, 1979), 「凡例」, 2쪽

60 서정명의 북방수리론 〔明〕徐貞明 撰, 『潞水客談』1권, 『四庫全書存目叢書』史部222(齊魯書社, 1996), 3b.

61 반대론자 『明史』卷223, 「徐貞明列傳」, 5885쪽.

62 왕지동의 반대 明『神宗實錄』卷172, 萬曆14年3月癸卯條.

63 청대의 기보수리론 倪玉平, 2005, 387~401쪽.

64 원대의 해도 조운 〔元〕虞集 撰, 『都園學古錄』(國學基本叢書)(臺灣商務印書館, 1968), 卷6 「送祠天妃兩使者序」, 123쪽.

65 보조적인 대운하 Morris Rossabi, "The reign of Khubilai khan", 1994, 477쪽.

66 정화의 원정단 미야자키 마사카쓰, 이규조 옮김, 『정화의 남해 대원정』(일빛, 1999), 131~152쪽. 정화의 함대는 1405년부터 북경 천도가 마무리된 1421년까지 모두 여섯 차례 파견되었다. 정화의 마지막 7차 원정은 영락제 사후인 1430년(선덕 5년) 12월에 출발하여 1433년 7월에 도착했다. 정화가 이끈 보선(寶船)의 크기는 길이가 약 126미터, 폭이 약 44미터에 달했다고 하는데, 이처럼 거대한 선박의 성능에 대해서는 陳政宏 · 許智超, 「鄭和寶船復原模型與等排水量福船及沙船的性能比較」, 陳信雄 · 陳玉女 主編, 『鄭和下西洋: 國際學術研討會論文集』(稻鄉出版社, 2003) 참조. 그러나 정화의 원정단에 대한 기록은 정화 사후에 대부분 소실되어 간접적인 자료를 근거로 추정한 것이 많으며, 지나치게 과장되었다는 주장도 설득력이 높다. 이러한 반론에 대해서는 신웬어우〔辛元歐〕등 지음, 허일 등 편역, 『중국의 대항해자 정화의 배와 항해』(심산, 2005), 2편에 실려 있는 정화 보선(寶船)에 대한 과학적인 복원 작업과 분석을 참조.

67 해운의 위험성 당시 해운을 반대하는 이유는 해운의 위험성 때문이었다. 대략 매년 수만 석의 조량이 유실되고, 운군이 왕왕 익사했다.(王在晉, 『通漕類編』卷9 「海運」, 12b) 홍무 연간 해운을 이용하는 조량이 대략 70만 석 전후였고, 1414년(영락 12년) 마지막 해운이 약 48만 석을 운송했으므로(王在晉, 『通漕類編』卷2 「漕運 · 皇明」, 1b-3a), 대략 10퍼센트 전후의 곡물 손실이 발생했다고 볼 수 있다.

68 해운 정지 기록 席書編 · 朱家相 增修, 『漕船志』(嘉靖23年刊本), 『玄覽堂叢書』, 1940, 卷6, 「法例」, 3a-4b. 이 기록은 『明史』, 『通漕類編』, 『大明會典』 등에 간단하게 기록된 "파해운(罷海運)"의 구체적인 상황을 보여 주는 호부의 구체적인 상주문이다. 이것이 영락제의 명령을

받은 공부상서(工部尙書) 송례(宋禮)의 의견이라는 점은『명사』에 기록된 송례 열전을 통해서
확인이 가능하다.(『明史』卷153,「宋禮列傳」, 4304쪽.) 그러나 이때에도 북변 군향(軍餉)의 운
송을 위한 차양(遮洋) 해운은 존속되었다.(王在晉 撰,『通漕類編』卷2,「漕運」, 1b)

69 해적의 위협　星斌夫, 1963, 23~25쪽.

70 주원장의 해금령　『明史』卷91,「兵志」3, 海防, 2243쪽.

71 영락제의 사무역 금지령　明『太宗實錄』卷55, 永樂4年6月丁亥條.

72 조선에 표착한 조운선　吳晗 輯,『朝鮮李朝實錄中的中國史料 1』(中華書局, 1980),
220~221쪽, 太宗6年8月癸卯條.

73 왜구 포획　『明史』卷91,「兵志」3, 海防, 2244쪽; 夏燮 撰,『新校明通鑑』(世界書局, 臺北,
1978), 永樂2年5月壬寅條, 640쪽.

74 감합 무역　鄭樑生,『明‧日關係史の研究』(雄山閣, 1984) 31쪽. 남북조(南北朝)로 분열
되었던 일본의 정치적 국면을 수습하면서 중국과의 국교 회복을 통해 교역의 증가 및 경제 발
전을 추구했던 아시카가 요시미쓰(足利義滿)의 지향점과 정난의 변 이후 통치의 명분을 획득
하려는 영락제의 지향점, 그리고 양자의 이해관계가 맞물리면서 회복된 조공 관계 및 감합 무
역에 대해서는 佐久間重男,『日明關係史の研究』(吉川弘文館, 1992), 107~119쪽 참조.

75 소강 상태의 왜구　『明史』卷91,「兵志」3 海防, 2244쪽; 같은 책, 卷322,「列傳」210, 日本.

76 회통하와 청강포　姚漢源,『京杭運河史』(中國水利水電出版社, 1998), 146~147,
272~277쪽.

77 송례의 견해　『明史』卷153,「宋禮傳」, 4304쪽.

78 조량 해운의 대체 방안　席書編,『漕船志』卷6,「法例」, 3a-4b을 근거로 정리.

79 15세기 조운 방식과 운송량　吳緝華, 1961, 58쪽, 75, 87, 102, 120, 134의 표 1부터 표 6
까지를 요약하여 정리.

80 북경 인구　韓光輝,『北京歷史人口地理』(1996), 92~110쪽에 따르면, 북경 인구가 가장
급속하게 증가한 시기를 북경 천도 직후부터 토목보의 변이 발생하기 직전까지의 15세기 전반
기로 파악하고 정통 13년(1448년)의 북경 인구가 96만 명에 달했다고 추정한다. 그러나 아쉽
게도 이 시기는 북경 지역에 관한 인구 관련 자료가 가장 결핍된 시기라 정확한 근거를 제시하
지는 못했다.

81 400만 석의 조량액　『明史』卷79, 食貨志3,「漕運」, 1918~1921쪽.

82 물류 문제의 해결　吳緝華, 1961의 3장과 星斌夫, 98~101쪽에서도 대운하의 개통을 통

해 운송량이 매년 급증하여 북경으로의 물류 문제가 해결되었다고 평가한다.

83 조운선과 운군의 규모　席書 編,『漕船志』, 卷3「船紀」, 2b-3a.

84 대운하 물동량의 한계　黃仁宇 교수는 1794킬로미터의 대운하에 표준적으로 약 15미터 길이의 조운선 1만 1600척을 늘어놓을 경우 1척당 160m 정도로 할당이 된다면서, 대운하의 좁은 폭과 관문을 고려할 때 이 이상의 배가 왕래하기 곤란할 것이라고 보았다. 조운선 1척에는 약 400석을 탑재할 수 있으므로, 대운하를 이용한 조운의 최대 수용 능력은 매년 400~500만 석에 머물렀을 것이라고 평가했다. 아울러 400만 석을 초과해서 북경에서 필요로 하는 곡물(약 420만 석)이 "금화은(金花銀)"으로 공식화된 조세의 은납화(銀納化)를 야기했다고 해석했다.(黃仁宇 著, 張皓 等譯,『明代的漕運』(新城出版社, 2005), 70~76쪽; Ray Huang, *Taxation and Governmental Finance in Sixteenth-Century Ming China*(Cambridge U. P., 1974), 49~56쪽 참조) 또한 금화은을 징수할 때의 미곡과 은량의 비가(銀 1兩=米麥 4石)와 100만여 량에 해당하는 금화은이 호부의 태창은고(太倉銀庫)에 비축된 뒤 사용된 내역에 대해서는 박원호 등 옮김,『명사식화지 역주』(소명출판, 2008), 90~92, 201~212쪽을 참조할 것.

85 조공단의 경로　萬曆『大明會典』卷105, 禮部63,「朝貢1」; 같은 책 卷106, 禮部64,「朝貢2」.

86 투르판과 일본의 조공단　투르판에서 온 조공단에 대한 기사는 明『孝宗實錄』卷25, 弘治2年4月壬子條를, 일본의 조공단에 대한 기사는『明史』卷322,「外國3」, 日本, 8347~8348 참조. 또한 明『英宗實錄』卷234, 景泰 4年10月丙戌條를 보면, 15세기 중엽 북경을 왕래하는 조공 사절단이 증가하여 많은 경우 1000명을 넘어섰고, 왕래하는 도중에 주민들에게 강제로 주식(酒食)을 요구하고 역참(驛站)을 마음대로 징발하며 사람들을 구타하는 일이 발생하여 사회적인 문제가 되었다. 남방에서 온 조공단은 모두 대운하를 이용했으므로 대운하의 주요 도시에는 늘 이러한 문제가 발생할 소지가 많았다.

87 사화 탑재 금지　席書 編,『漕船志』, 卷6,「法例」, 5a.

88 토의　토산물이란 뜻을 가진 '토의'란 공식적으로 조운선에 탑재할 수 있도록 허락받은 개인 화물로, 명조가 운군의 열악한 경제적 상황을 해결하기 위해 부득불 실시한 방법이었다.(星斌夫, 1971, 130~131쪽)

89 토의의 증가　萬曆『大明會典』卷27, 會計2, 漕運, 41a-42a.

90 청초의 토의 규모　張照東,「淸代漕運與南北物資交流」,『淸史硏究』1992-3, 60~61쪽. 북경으로 북상하는 조운선은 조량이 있기 때문에 약 50~70만 석 정도의 개인 화물을 탑재했

지만, 빈 배로 남하할 때는 350~400만 석까지 탑재할 수 있었다고 한다.

91 초관의 위치　(淸)乾隆官修, 『續文獻通考』(浙江古籍出版社, 2000), 卷18, 「徵榷1」, 2931쪽.
1429년 초관이 설치된 곳은 하서무(河西務, 곽현(漷縣)에 설치), 임청, 제녕, 서주, 회안, 양주,
상신하(上新河, 남경에 설치)였다. 이 중 상신하를 제외한 6곳이 모두 대운하 노선에 위치했
다. 이후 약간의 변동이 있어 만력 연간에는 하서무, 임청, 회안, 양주, 소주, 항주, 구강(九江)의
7곳만 남게 되었는데, 양자강 노선에 위치한 강서성 구강을 제외하곤 모두 대운하의 주요 거점
이었다.

92 대운하의 상선　Matthew Ricci, *China in the Sixteenth Century: The Journals of Matthew Ricci*,
1585~1610, 306쪽.

93 대운하 이용의 우선권　萬恭, 『治水筌蹄』(水利電力出版社, 1985), 卷2 「運河船舶航行次
序」, 119쪽.

94 북경의 민심　梁夢龍, 「刻海運新考後序」, 『海運新考』(『玄覽堂叢書』, 1940) 卷下. 이 때
문에 북경이 수도로 두어졌던 원 · 명 · 청대에 조운이 국가의 대계(大計)로 인식되었던 것이
다.(吳琦, 『漕運與中國社會』, 武漢, 華中師範大學出版社, 1999, 25~37쪽)

95 환관의 전횡　丁易, 『明代特務政治』, 中華書局, 2006〔←丁易, 『明代特務政治』(群衆出版
社, 1951)〕. 특히 세무(稅務)와 염정에 대한 특권은 149~169쪽, 각종 공물의 조달에 대한 특
권은 200~212쪽을 참조.

96 환관과 상인　성화 4년(1468년)에는 환관 등이 마쾌선에 사염(私鹽)을 탑재하지 못하도
록 하는 금령이 내려졌다.(王圻(明) 撰, 『續文獻通考』, 卷100, 「馬快船事例」 10a~b) 명대 역전
제도의 하나로 설치 · 운영된 마쾌선 및 홍선, 좌선 등에서 일어나는 환관과 상인과의 결탁 관
계에 대해서는 星斌夫(1971), 109~116쪽 참조.

97 환관과 휘주 상인의 결탁　項夢原(明), 『冬官紀事』, 『叢書集成初編』 1500(中華書局,
1985). 『동관기사』를 기록한 하중식(賀仲軾)은 1596년(만력 24) 북경의 황궁을 중건했던 공
부 영선사낭중(營繕司郎中)이었던 하성서(賀盛瑞)의 아들로, 당시 공료(工料)를 함부로 횡령
했다는 이유로 파직당한 부친의 억울함을 알리기 위해 기록을 남겼다.(『四庫全書總目提要』 卷
64, 「史部20, 傳記類存目6, 雜錄」. 1404쪽.) 『양궁정건기(兩宮鼎建記)』는 『동관기사』의 다른
이름이다.

98 황목 유통상의 금령　項夢原, 『冬官紀事』, 1985, 4쪽.

99 황목의 운송 관행　崔溥 저, 서인범 · 주성지 옮김, 『표해록(漂海錄)』(한길사, 2004), 卷2,

2월 10일; Matthew Ricci, *China in the Sixteenth Century: The Journals of Matthew Ricci, 1585~1610*, 119~120쪽.

100 기인의 특권　李莉函,「請禁官舫夾帶貨船」, 李漁,『資治新書-初編』(『李漁全集』16卷, 浙江古籍出版社, 1992), 卷3「文移部 · 権政」, 115쪽.

101 규정을 벗어난 관선과 민선　乾隆『淮安府志』卷6, 河防,「運口」.

102 시천린의 지적　明『神宗實錄』卷67, 萬曆5年9月丁卯條.

103 구준의 견해　『明經世文編』卷71에 실린 구준의「建都議」,「漕運之議」(通海運),「漕運河道議」(城臨清)를 근거로 정리했다.

1부 2장

1 청말의 해운 논쟁　청말 해도 조운론에 대해서는 Hinton, C. Harold, *The Grain Tribute System of China(1845~1911)*(Harvard Univ. Press, 1956); 표교열,「청 중기 조운 개혁론 연구 ── 강절(江浙) 지방에서의 경세론(經世論) 대두와 관련하여」, 서울대 동양사학과 박사학위 논문, 1995; 倪玉平, 2005 등 참조.

2 장거정의 조운 정책　韋慶遠,『張居正和明代中後期政局』(廣東高等教育出版社, 1999), 17장, 749~757쪽. 기존의 대표적인 장거정 연구라 할 수 있는 朱東潤,『張居正大傳』(百花文藝出版社, 2000), 132~135쪽; 唐新,『張江陵新傳』(臺北, 中華書局, 1968), 73~74, 77~78쪽; 張海瀛,『張居正改革與山西萬曆清史研究』(山西人民出版社, 1993) 등은 장거정의 조운 정책에 대해서는 간략한 언급만 할 뿐 별다른 의미 부여를 하지 않았다.

3 장거정과의 관련성　吳緝華, 1961, 7장; 星斌夫, 1963, 8장; 韋慶遠, 1999, 17장 등. 구체적인 내용에 대해서는 본문에서 상술함.

4 해운 정지　1411년 회통하가 개통됨으로써 해륙 겸운의 육운이 폐지되고 1415년 청강포가 개통됨으로써 해륙 겸운의 해운이 폐지되었다. 사료상의 미미한 차이의 분석은 吳緝華(1961), 81~82쪽 참조.

5 차양 해운　(明)王在晉 撰,『通漕類編』(明代史籍彙刊 22)(臺北, 學生書局 引行, 1970), 卷2 漕運, 1b, 124쪽.

6 해운의 회소성　星斌夫, 1963, 7장 참조. 또한 도광(道光) 연간 황하의 범람으로 야기된

해도 조운 논쟁에 대해서는 Jane Kate Leonard, *Controlling From Afar: The Daoguang Emperor's Management of the Grand Canal Crisis, 1824~1826*, Ann Arbor(The Univ. of Michigan, Center for Chinese Studies, 1996) 참조.

7 황하 범람　　萬恭, 『治水筌蹄』(水利電力出版社, 1985), 卷1, 「豫・皖・蘇・魯間 河道演變及治理」, 11~12쪽.

8 조운선의 전복　　明『神宗實錄』卷131, 萬曆10年12月丙戌條.

9 융경 연간의 하환　　鮑彦邦, 『明代漕運制度』(暨南大學出版社, 1995), 179~180쪽.

10 1570년의 피해　　明『穆宗實錄』卷49, 隆慶4年9月甲戌條; 朱健 撰, 『古今治平略』(續修四庫全書 756-757) 卷8, 「漕運編」, 44a.

11 가운하와 옹대립　　『明史』卷223, 「列傳111・翁大立」, 5868쪽.

12 호가의 비판　　明『穆宗實錄』卷58, 隆慶5年6月庚申條.

13 낙준의 보고　　明『穆宗實錄』卷67, 隆慶6年 閏2月壬申條.

14 가운하　　융・만 교체기에 가운하의 개창을 반대한 대표적인 사람은 총리하도였던 만공이었는데, 그가 제시했던 6가지 개착의 어려움은 萬恭, 『治水筌蹄』卷2 運河, 90쪽 참조. 이후 만력 3년 하도총독 전희지(傳希摯)가 다시 가운하의 개착을 주장했으나 연기되었다. 결국 1604년(만력 32) 하도총독 이화룡(李化龍)이 개통하고 조시빙(曹時聘)이 완성시켰다.

15 교래하의 제안　　朱健 撰, 『古今治平略』卷8, 「漕運編」, 44a; 明『穆宗實錄』卷55, 隆慶5年3月丁卯條.

16 교래하의 구간 단축　　中國水利史稿編寫組, 『中國水利史稿』下冊(水利電力出版社, 1989), 29쪽의 圖9-9 참조.

17 교래하의 찬반론　　高拱, 「答胡給事」, 『高文襄公文集』 2, 『明經世文編』卷302, 3190~3191쪽.

18 교래하에 대한 양몽룡의 견해　　梁夢龍, 「咨訪海道二」, 梁夢龍 編, 『海運新考』 (『玄覽堂叢書』, 1940), 卷上, 2b.

19 왕종목의 삼세론　　明『穆宗實錄』卷68, 隆慶6年3月丙吾條.

20 항해도　　梁夢龍, 「咨訪海道三」, 『海運新考』, 卷上, 5a~b에 따르면 항해도 제작을 위해서 수수, 화장(畵匠)을 고용하고 급료를 지급했으며 그 정확성을 위해 선박과 수수는 토착인, 도인(島人), 각처 상인을 불문하고 해로에 익숙한 사람으로 선발했다.

21 수보들의 해운 찬성　　李春芳, 「海運詳考序」, 『貽安堂集』卷4(韋慶遠, 1999),

750쪽에서 재인용); 高拱, 「論海運漕河」, 『高文襄公文集』 2, 『明經世文編』 卷302, 30b.

22 항로   자세한 경로 및 경유지에 대해서는 『明史』 卷86, 「河渠4·海運」, 2116쪽; 梁夢龍, 「海道里數」, 『海運新考』, 卷上, 23b~25a 등 참조.

23 해운의 내용   왕종목의 구체적인 사업 계획에 따르면 회안·양주의 조량 2만 1150석을, 600석을 선적할 수 있는 436척의 해선에 나누어 싣고, 1척마다 9명의 운군과 3명의 수수, 모두 12명의 승조원을 태웠다. 모두 1308명의 수수는 회안과 산동 지방에서 모집했다.(王宗沐, 「乞廣餉道以備不虞疏」, 『王敬所集』 1, 『明經世文編』 卷343)

24 긍정적인 평가   梁夢龍, 「犒賞官役五」, 『海運新考』, 卷上, 18a. 당시 황제는 1년 동안 결함이 없을 경우에는 격려하는 의미에서 "장천(獎薦)"을 베풀되, 2년 동안 결함이 없다면 "특천(特薦)"으로 파격적인 승진을 약속할 정도로 해운에 대한 기대를 보여 주었다. 또한 해운의 대표적인 추진자였던 양몽룡과 왕종목에게는 각각 봉일급(俸一級)이 올라가고 30냥의 상은(賞銀)과 저사(紵絲)가 하사되었다.(明 『神宗實錄』 卷4, 隆慶6年8月丙辰條)

25 왕종목의 평가   王宗沐, 「海運誌序」, 『王敬所集』 2, 『明經世文編』 卷344, 31a~b.

26 장환의 상소   明 『神宗實錄』 卷6, 隆慶6年10月己未條.

27 융경제의 반응   『明史』, 卷223, 「列傳111·王宗沐」, 5877쪽.

28 나청의 고향   송요후, 「淸 中期 羅敎 庵堂의 종교·사회적 기능에 관하여」, 《明淸史硏究》 31, 2009. 무위교(無爲敎)는 산동 지방의 명말 서민 문화에서 생겨난 민간의 임제종(臨濟宗) 결사의 하나로 즉묵현 사회의 운군 및 부유한 민호(民戶) 사이에서 창설되었다. 아마도 곡물 운송 도중에 최종 목적지인 하북의 밀운위(密雲衛) 지역의 북변 교역에 종사하는 상인층에도 침투되었을 것이다.(酒井忠夫, 『中國幇會史の硏究 ─ 靑幇篇』, 國書刊行會, 1997, 62쪽)

29 비난 여론   明 『神宗實錄』 卷14, 萬曆元年6月壬戌條.

30 파해운   明 『神宗實錄』 卷16, 萬曆元年8月癸丑條.

31 항로 변경   談遷, 『國榷』(張宗祥 點校, 中華書局, 1988) 5, 卷68, 萬曆元年9月庚寅條.

32 회양 운하의 위험성   萬恭, 『治水筌蹄』 卷2 運河, 95쪽.

33 조량 표류의 징계   가령 『大明會典』의 조량 표류에 대한 1524년(가정 3)의 조례를 보면, 표류된 조량이 1만 석 이상일 경우 도어사와 총병관(總兵官)은 모두 과도관(科道官)의 규핵(糾覈)을 받고 호부에서 징계 여부를 정하도록 했고, 1000석 이상일 경우 파총관(把總官)을 소환 심문하도록 했다. 申時行 等勅撰, 『大明會典』(江蘇廣陵古籍刻印社,

1989) 卷27,「會計2 · 漕運 · 漂流」, 44a 참조.

34 장거정의 왕종목 치하　　張居正,『張居正集, 第2冊:書牘』(湖北人民出版社, 1994)(이하 '張居正,『書牘』'으로 약칭함), 卷18,「答河漕王敬所言漕運」, 388쪽.

35 장거정과 양몽룡　　韋慶遠, 1999, 843, 849쪽.

36 왕종목의 하소연　　朱健 撰,『古今治平略』卷8,「漕運編」, 48b~49a.

37 수보　　杜乃濟,『明代內閣制度』(臺北, 臺灣商務印書館, 1967), 24~27, 125~135쪽; 譚天星,『明代內閣政治』(北京, 中國社會科學出版社, 1996), 219~240쪽.

38 승상 정치　　이러한 융경제의 정국 운영 방식에 대해서는 대체로 부정적인 평가가 다수를 이룬다. 이에 대해서는 Ray Huang, "The Lung-ch'ing and Wan-li Reigns, 1567~1620", *Cambridge History of China*, vol. 7, *The Ming History*, 1368~1644 Part 1, ed. by Mote and Twitchett(Cambridge U. P., 1988), 511~514쪽 참조. 하지만 韋慶遠, 1999, 207~216쪽에서는 도리어 고공과 장거정이라는 걸출한 인물들의 사회 개혁이 이루어질 수 있었던, '융 · 만 대개혁'의 토대였다고 평가를 달리한다.

39 유조 조작설　　高拱,『病榻遺言』,『紀錄彙編』(沈節甫 纂輯, 陳于廷 詮次, 臺灣商務印書館, 1969) 卷198, 3b~6b.

40 장거정과 풍보　　樊樹志,「張居正與馮保 — 歷史的另一面」,《復旦學報》1999-1; 韋慶遠, 1999, 8장 5~7절 등 참조.

41 교래하 개통을 지지한 고공　　高拱,「與梁巡撫論開河」,『高文襄公文集』2,『明經世文編』卷302, 16a~b.

42 장거정의 비판　　張居正,『書牘』, 卷16,「答河道按院胡玉吳」, 210쪽.

43 해운을 지지한 고공　　高拱,「論海運漕河」,『高文襄公文集』2,『明經世文編』卷302, 30b~32a.

44 우려할 만한 일　　張居正,『書牘』, 卷16,「答河道按院胡玉吳」, 210쪽.

45 왕종목에 대한 치하　　張居正,『書牘』, 卷17,「答河漕王敬所」, 277쪽.

46 장거정의 고향　　명대 행정 단위였던 호광성(湖廣省)은 오늘날의 호북성과 호남성에 해당한다. 장거정은 오늘날 호북성 강릉현(江陵縣)에 해당하는 형주(荊州)에서 태어났다. 이 책에서도 명대의 경우 호광성이라는 지명을 사용했다.

47 장거정의 서신　　張居正,『書牘』, 卷17,「答河漕總督王敬所」, 332쪽.

48 해도 조운선의 제작　　明『穆宗實錄』卷68, 隆慶6年3月丙午條.

49 조운선의 재료   명초에는 삼나무(楠杉)를 사용했지만 점차 값이 싸고 오래 못 가는 소나무를 이용하게 되었다. 대체로 조운선은 3년마다 작은 규모의 수리를 받고, 6년이 지나면 큰 수리를 거쳐 10년까지 사용하게 되어 있었다.(『明史』, 卷79, 「食貨志3‧漕運」, 1922쪽)

50 명초의 선박 제조 지역   席書 編‧朱家相 增修, 『漕船志』, 卷1 「建置」, 2b, 4b.

51 선박 건조의 책임   레이황 지음, 김한식 외 옮김, 『만력 15년 아무일도 없었던 해』(새물결, 2004), 282~283쪽.

52 국가와 위소의 분담   辛元歐, 「鄭和의 河西洋」, 신웬어우 등 지음, 허일 등 편역, 『중국의 대항해자 정화의 배와 항해』(심산, 2005), 48~49쪽.

53 회안 중심의 선박 건조   『漕船志』, 卷1 建置, 3a~5b.

54 출신 지역의 이해 반영   이처럼 상하 관료들의 이견을 조율하는 신사층의 존재 양태에 대해서는 오금성, 1986, 2편과 결론 참조.

55 장거정의 해운 인식   張居正, 『書牘』, 卷17, 「答巡漕張懷洲」, 334쪽.

56 도덕적 결함   韋慶遠, 1999, 753~756쪽. 장거정은 이러한 과정을 거쳐 일단 수보 직위를 획득할 수는 있었지만, 적어도 유교적 세계관에 입각한 도덕적 명분론이 팽배하던 명조의 조야에서 이러한 전력은 당연히 '부도덕적'으로 비치고, 이후 수보로서의 개혁 노선에도 상당한 장애 요소로 작용했다.

57 극복 방식   이외에도 장거정의 등극 이후 고공이 중용했던 관료군에 대한 엄청난 물갈이가 진행되었다. 물론 그 표면적인 명분은 "이치(吏治)를 바로잡기"였다. 이에 대해서는 韋慶遠, 1999, 531~538쪽 참조.

58 해운의 정지 경위   孫承澤, 『春明夢餘錄』(江蘇廣陵古籍刻印社, 1990), 卷46, 「工部1」, 36a~b.

59 고공의 의혹 제기   高拱, 「論海運漕河」, 『高文襄公文集』 2, 『明經世文編』 卷302, 31b.

60 수보 교체 의미   韋慶遠, 1999, 756쪽.

61 홍   원문의 "과홍(過洪)"이라는 표현은 곧 조운선이 강소성 서주에 위치한 서주홍과 여량홍을 지나는 것을 말한다. 당시 이 두 홍은 대운하 구간에서도 운행이 어려운 구간 가운데 하나로 꼽혔고, 이 난코스를 피하기 위해 만력 32년 이화룡이 개운하를 개착했다. 이에 대해서는 谷光隆, 「徐州洪と呂梁洪」, 『明代河工史研究』(同朋舍, 1991), 2장 참조.

62 조운의 책임 소재   『明史』 卷79, 「食貨3‧漕運」, 1922~1923쪽.

63 불분명한 책임 소재 中國水利史稿編寫組, 『中國水利史稿』, 1989, 32~33쪽. 이처럼 체계적이지 못한 관료 시스템은, 명대에 비하여 개선되었다고 평가받는 청대에도 근본적으로 해결되지는 못했다.

64 조운 총병관 星斌夫, 1963, 96~98쪽. 진선에 대한 신도비를 쓴 양사기(楊士奇)의 기록에 따르면 진선은 선덕제의 즉위와 함께 회안에 파견되어 "총리조운(總理漕運)"했으며, 죽을 때까지 회안에서 대운하를 정비하고 조운 제도를 체계적으로 정비하는 공로를 세웠다. 진선의 뒤를 이어 회안에서 조운 업무를 총괄한 이는 왕유(王瑜)였다. 진선과 왕유에 대해서는 각각 楊士奇, 『東里文集』(中華書局, 1998), 卷3에 실린 「奉天翊衛推誠宣力武臣特進榮祿大夫柱國追封平江侯諡恭襄陳公神道碑銘」과 「故驃騎將軍左軍都督府都督僉事王公神道碑銘」 참조.

65 조운총독의 권한 『明史』 卷79, 「食貨3·漕運」, 1922쪽; 星斌夫, 1963, 101~115쪽.

66 하도 총독 關文發, 「淸代前期河督考述」, 《華南師範大學學報》(社科版) 1998-4, 79~80쪽.

67 공부의 입장 (明)王瓊, 『漕河圖志』(水利電力出版社, 1990), 卷3, 「漕河職制」, 171~172쪽. 전후의 맥락을 고려할 때 당시 공부의 반대 논거는 설득력이 떨어지며, 도리어 부서 이기주의에서 기인한 반론이라고 여겨진다.

68 총리하도 明 『憲宗實錄』 卷97, 成化7年10月乙亥條.

69 하도 관료의 상설 中國水利史稿編寫組, 1989, 31쪽. 아마도 이는 "成化七年命王恕爲工部侍郎, 奉勅總理河道. 總河侍郎之設, 自恕始也"라는 『明史』의 기록 등을 근거로 했을 것이라고 여겨진다. 『明史』 卷86, 「河渠1·黃河上」, 2020쪽 참조. 한편 손승택은 하도 관료가 가정 연간에 조운 계통에서 분립했다고 지적하고 있다.(孫承澤, 『春明夢餘錄』, 卷46 工部1, 20a~21a) 향후 면밀한 검토가 필요한 부분이다.

70 왕서의 이직 明 『憲宗實錄』 卷105, 成化9年4月壬申條.

71 전문성 결여 Randall A., Dodgen, *Controlling the Dragon: Confucian Engineers and the Yellow River in Late Imperial China*(Honolulu, Univ. of Hawai'i Press, 2001), 24~26쪽. 그런 의미에서 명대 유일하게 토목적인 기술과 지식을 구비했던 하공 관료로 반계순(潘季馴)을, 청대에는 강희 연간 하도 총독을 맡았던 근보(靳輔)를 손꼽는다.

72 순염어사의 겸직 (明)王瓊, 『漕河圖志』, 1990, 卷3, 「漕河職制」, 172쪽.

73 조운 관료의 우선 순위 任重, 「明代治黃保漕對徐淮農業的制約作用」, 『中國農史』

1995-2; 王明德(通政使經歷),「敬籌互讓水患疏」,『淸經世文編』卷112, 工政18, 江蘇水利中, 20a.

74 하도 관료의 우선 순위 　明『神宗實錄』卷7, 隆慶6年11月丙申條.

75 황하 치수와 하운 　Dodgen, Randall A., 2001, 17쪽.

76 총리하도의 입장 　萬恭,「酌議河·漕合一事宜疏」,『明經世文編』卷351.

77 만공에게 보낸 편지 　張居正,『書牘』, 卷18,「與河漕萬兩溪論協和克議」, 413쪽.

78 조운 관료를 지지 　張居正,『書牘』, 卷18,「答王敬所」, 448쪽.

79 하공 관료를 지지 　韋慶遠, 1999, 760쪽.

80 총리하도 　오계방은 1577년(만력 5) 12월 공부상서로 승진되면서 도찰원 우부도어사(右副都御史)를 겸임했는데, 이때 조운과 하공을 '총리'했다. 張居正,『書牘』卷23,「答河道司空吳自湖言壬人任事」, 735~735쪽는 장거정이 두 부서를 총리하게 된 오계방에게 보낸 기대와 격려의 편지다.

81 명사의 지적 　『明史』卷84,「河渠2·黃河下」, 2054쪽.

82 조운총독의 하도 겸무 　『속문헌통고』의 기록에 따르면, 1577년(만력 5) 신설된 '총리하조겸제독군무(總理河漕兼提督軍務)'라는 직위는 3년 만인 1580년(만력 8) 사라졌다. 乾隆 勅撰,『續文獻通考』(浙江古籍出版社, 2000), 卷54, 職官4, 3288쪽 下段 참조.

83 겸무 사례 　(明)王瓊,『漕河圖志』, 1990, 卷3,「漕河職制」, 171쪽.

84 왕종목의 성향 　이처럼 새로운 시도를 주장한 왕종목에 대하여 장거정은 "공로를 좋아하는 병"이 있다고 꼬집어 지적한 바 있다.(張居正,『書牘』, 卷17,「答巡漕張懷洲」, 334쪽) 하지만 달리 생각하면 왕종목은 당시 보신가적 태도를 일삼던 대다수 관료들에게 찾아보기 어려운 '혁신적인' 면모를 지니고 있었다. 명대, 특히 만력 연간 초반기에 관료들이 현실적인 문제에 대하여 얼마나 비탄력적으로 대응했는지에 대해서는 레이황,『만력 15년 아무일도 없었던 해』(2004), 2장에 잘 묘사되어 있다.

85 명초의 해금 정책 　佐久間重男,『日明關係史の硏究』(東京, 吉川弘文館, 1992), 2章「明朝の海禁定策」참조.

86 해금 정책의 변화 　檀上寬,「明代海禁觀念の成立とその背景 ── 違禁下海から下海通番へ」,《東洋史硏究》63-3, 2004. 이하 특별한 각주가 없는 한, 해금 정책에 대한 서술은 檀上寬, 2004를 참조.

87 월항 　복건성 장주에 위치한 월항은 16세기 중엽부터 밀무역의 중심지로 급성장했다.

송원 시대 대외 무역의 중심지였던 천주(泉州)항이 16세기 토사의 침적으로 항구로서의 기능
이 쇠퇴하면서 개발된 월항은, 일본과 아메리카 대륙에서 채굴된 은이 중국으로 유입되는 대
표적인 창구였다. 융경화의(隆慶和議)로 북방에서 몽골과의 마시(馬市)가 개설되고 같은 시기
월항의 개항으로 외국과의 해양 무역이 번성하는 과정을 조공 체제와 구별되는 '호시(互市)
체제'로 파악하는 견해에 대해서는 上田信, 『海と帝國: 明淸時代』(講談社, 2005) 195~209,
249~257쪽 참조. 그러나 호시 체제가 조공 체제를 대체하는 것이 결코 아니었으며, 북경
관료의 대부분은 조공 체제의 기본 구조를 위협하는 어떠한 교역에 대해서도 용인하지 않으
려 했다.

88 『명회전』의 해금 관련 조문　　　正德 『大明會典』 卷110, 「兵部5 · 鎭戌」과 萬曆
『大明會典』 卷132, 「兵部15 · 鎭戌7」에 각각 실려 있다.

89 신시행의 평가　　　레이 황, 『만력 15년 아무 일도 없었던 해』, 85~112쪽.

90 교역의 시대　　　Anthony Reid, *Southeast Asia in the Age of Commerce 1450~1680, Volume
One: The Lands below the Winds*(Yale University Press, New Haven and London, 1988); 주경철,
『대항해 시대』, 2008, 1장, 2장, 5장 참조.

91 굴절 현상　　　Timothy Brook, *The Confusion of Pleasure: Commerce and Culture in Ming
China*(University of California Press, 1999)[티모시 브룩 지음, 이정 · 강인황 옮김, 『쾌락의
혼돈: 중국 명대의 상업과 문화』(이산, 2005)], 147~152쪽.

92 해금의 점진적 개방　　　佐久間重男, 『日明關係史の硏究』(東京, 吉川弘文館, 1992), 5장
「明代後期における漳州の海外貿易 ── 蕭基の恤商策について」.

93 조량 해운의 필요성　　　丘濬, 「漕運之議」(通海運)『明經世文編』 卷71. 16a-18b.

94 해양 무역　　　물론 중국의 해양력이 쇠퇴한 근본적인 요인은 1415년 북경 천도와
발맞춘 조량 해운의 금지 조치로부터 찾아야 할 것이다.(辛元歐, 「鄭和의 河西洋」, 신웬어우
등 지음, 허일 등 편역, 『중국의 대항해자 정화의 배와 항해』(심산, 2005), 48~51쪽) 따라서
1572~1573년 사이의 시도는 그 숨통을 틀 수 있는 마지막 기회였다.

95 국가 재정의 부담　　　Elvin, Mark, *The Pattern of Chinese Past: A Social and Economic
Interpretation*(Staford U. P., 1973)[마크 엘빈 저, 李春植 · 金貞姬 · 任仲爀 공역, 『중국 역사의
발전 형태』(신서원, 1989)], 219~220쪽. 그래서 영락 연간 조량 해운이 금지된 이후 해안
지방에 할당되었던 해운선은 점차 감소했다. 가령 산동 등주위(登州衛)에 있는 해운선의
수는 명초에 100척에서, 1447년(정통 13)에 18척으로 급감했다. 梁夢龍, 「咨訪海道二」,

『海運新考』, 卷上, 3a~4b 참조.

96 해난 사고 王圻 撰, 『續文獻通考』, 卷40, 國用考, 「海運」, 12a.

97 운하의 안정성 崔溥 著, 서인범·주성지 옮김, 『漂海錄』(한길사, 2004), 194~198쪽.

98 대운하의 선박 전복 鮑彦邦, 『明代漕運制度』, 1995, 179~180쪽.

99 해적에 대한 두려움 Mattew Ricci, *The Journals of Mattew Ricci*, 306쪽.

100 왜구 세력 Kwan-wai So, *Japanese Piracy in Ming China During the 16th Century*(Michigan State University Press, 1975), 144~156쪽.

101 왜구 중의 중국인 鄭樑生, 『明·日關係史の研究』, 1984, 418~425쪽.

102 해적에 대한 관료들의 두려움 가령 융경 말에 고공도 관료들의 부패로 인한 왜구 문제의 재발에 대한 경계심을 늦추지 말 것을 담당관에게 요구했으며(高拱, 「與殷石汀論倭賊」, 『高文襄公文集』 2, 『明經世文編』 卷302, 8b~10a), 1575년(만력 3)에도 응천순무(應天巡撫) 송의망(宋儀望)이 병선을 보내어 왜구를 격퇴했다는 기록이 있다.(張居正, 『書牘』, 卷21, 「答應天巡撫宋陽山」, 575쪽)

103 바다에 대한 공포 조선의 해로사행단에 대한 정보와 그림에 대한 분석은 鄭恩主, 「明淸交替期 對明 海路使行記錄畵 研究」, 《명청사연구》 27, 2007 참조.

104 해외 이주 Philip Kuhn, *Chinese Among Others: Emigration in Modern Times*(Lanham: Rowman, Littlefield Publishers, 2008), 22~25쪽. 명말 복건성 출신의 정성공 세력이 대만 섬으로 이주한 결과 야기된 동남 연안 지역의 사회 경제적 변화와 천계령에 대해서는 원정식, 「청초 복건 사회와 천계명 실시」, 《동양사학연구》 81, 2003; 조너선 클레멘츠 지음, 허강 옮김, 『해적왕 정성공 ──중국의 아들, 대만의 아버지』(삼우반, 2008) 참조.

105 해방론 梁夢龍, 「勘報海道」, 『海運新考』, 卷中, 13a~b.

106 해운의 금례 梁夢龍, 「經理海防」, 『海運新考』, 卷下, 6b~7a.

107 원대 해로 章巽, 「元"海運"航路考」, 南京大學歷史係元史研究室 編, 『元史論集』(人民出版社, 1984), 376~379쪽.

108 명말 해로 梁夢龍, 「勘報海道」, 『海運新考』, 卷中, 9b~10a.

109 강박관념 梁夢龍, 「試行海運五」, 『海運新考』, 卷上, 14b.

1부 3장

1 견문록의 가치 　대표적인 사례가 명대 절강성에 표착했던 조선 관료 최부가 대운하를 지나면서 기록한 『표해록(漂海錄)』이다. 그 사료적 가치는 이미 오래전부터 학계의 관심을 받아 왔는데, 미국 메스킬 교수의 영역본인 John, Meskill, *Ch'oe Pu's Diary, A Record of Drifting Across the Sea*(The Univ. of Arizona Press, 1965)를 비롯해 葛振家 主編,『崔溥《漂海錄》研究(500年中國見聞錄)』(北京, 社會科學文獻出版社, 1995); 조영록,「근세 동아 삼국의 전통 사회에 대한 비교사적 고찰 — 최부의『표해록』과 일역(日譯)『당토행정기(唐土行程記)』를 중심으로」,《동양사학연구》64, 1998 등을 참조할 수 있고, 비교적 최근에는 한국에서 두 권의 역주서(崔溥 지음, 서인범 · 주성지 옮김, 『표해록』(한길사, 2004); 박원호 옮김, 『최부 표해록 역주』(고려대 출판부, 2006)와 한 연구서(박원호,『최부 표해록 연구』(고려대 출판부, 2006))가 출간되었다. 모두『표해록』이 가진 사료적 가치가 얼마나 풍부한지를 반증한다.

2 표해록과 대운하 　范金民,「朝鮮人眼中的中國運河風情 — 以崔溥《漂海錄》爲中心」, 『人文知の新たな綜合に向けて — 第二回報告書 I〔歷史篇〕』京都大學大學院文學研究科, 2004). 관견인 한, 이 논문은 견문록을 이용하여 대운하에 관한 이용 실태를 본격적으로 분석한 유일한 연구로, 『표해록』에 기록된 대운하의 노정과 운하의 운영 실태 및 경과 지역을 소개했다. 부록에는 명대 대운하에 관한 양사기(楊士奇), 엄숭(嚴嵩), 책언주량(策彦周良) 등의 노정을 정리해서 보여 준다. 본 논문은 특히 강남 지역에 관한 『표해록』의 기사를 중국측 사료와 비교 · 대조를 통한 교감까지 시도한다는 점에서 퍽 시사적이다. 다만 운하와 관련한『표해록』의 사료적 가치를 평가하는 과정에서 마테오 리치의 기록을 평가절하하는 부분(49쪽)에 대해서는 긍정하기 어렵다. 이외에도『표해록』에 나타난 조선인 표류민의 송환 절차를 분석한 박원호,「명대 조선 표류민의 송환 절차와 정보 전달 — 최부『표해록』을 중심으로」,《명청사연구》24, 2005와, 『표해록』과 策彦周良의 『入明記』를 비교했던 홍성구,「두 외국인의 눈에 비친 15 · 16세기의 중국」,《명청사연구》24, 2005에도 당시 수로 교통과 관련한 정보를 상당수 담고 있다.

3 견문록 이용 연구 　가령 星斌夫,『大運河發達史 — 長江から黃河へ』(平凡社, 1982), 407～408쪽에서 당대(唐代) 일본의 승려 円仁이 남긴『入唐求法巡禮行記』부터 시작하여 마르코 폴로의『동방견문록』, 崔溥의『漂海錄』및 청 건륭 연간 운하를 이용하여 남하했던

영국인 매카트니(Macartney) 경의 기록(*An Embassy to China, Being the Journal Kept by Lord Macartney during his Embassy to the Emperor Ch'ien-lung, 1793~1794*)까지 간략하게 소개하거나 安作璋 主編, 『中國運河文化史』 2(山東敎育出版社, 2001), 1362~1363쪽에서 天主敎會堂이 운하로를 따라 전파되었다는 증거로 오도릭(Odoric of pordenone) 수사의 *The Travels of Friar Odoric of pordenone*(『鄂多立克東游錄』)과 마테오 리치의 『利瑪竇中國札記』을 사용했고, 조영헌, 「명청 시대 운송업 시진의 성쇠 — 강소성 과주진을 중심으로」, 《서울대 동양사학과논집》 21집, 1997, 74쪽에서도 과주진에 대한 원대(元代) 마르코 폴로의 기록을 인용한 바 있다. 약간 다른 주제이지만 佐久間重男, 『日明關係史の硏究』(東京, 吉川弘文館, 1992), 309~310쪽은 萬曆初 林鳳(Limahon)의 마닐라 습격에 관련 기사에 Juan Gonzalez de Mendoza의 『シナ大王國誌』(岩波書店, 1970)를 소개했으며, 邱仲麟, 조영헌 옮김 「인구 증가 · 삼림 채벌과 명대 북경의 연료 문제」, 서울대 동아문화연구소 편, 『중국 역대 도시 구조와 사회 변화』(서울대 출판부, 2003), 197쪽에서도 북경의 석탄 사용의 근거로 『利瑪竇中國札記』를 인용했다.

4 중국 측 운하 자료　　이는 사실상 열거할 수없이 다양한 형태로 분산되어 있지만, 대개 朱偰 編, 『中國運河史料選輯』(中華書局, 1962)과 編輯委員會 編, 『京杭運河(江蘇)史料選編』(人民交通出版社, 1997)과 같은 자료집에 중요 자료가 정리되어 있어 기본적인 참조가 가능하다. 또한 담천(談遷)이 1653년부터 1656년까지 4년 동안 북경을 왕래하면서 기록했던 『北游錄』은 중국인이 남긴 대운하 기록문으로 상세한 자료를 담고 있다. 이외에도 강희 61년(1722)까지 대운하를 포함한 각종 하천에 관한 자료집으로 傳澤洪 輯錄, 『行水金鑑』(雍正3年刊)이 있고, 옹정 원년(1723)부터 가경(嘉慶) 25년(1820)까지의 자료는 黎世序 等纂修, 『續行水金鑑』(道光11年刊)이 있으며, 가경 25년부터 1911년 신해혁명이 일어나기까지의 자료는 中國水利水電科學硏究院 水利史硏究室 編, 『再續行水金鑑』(1953年刊)이 있다. 『再續行水金鑑』의 대운하 관련 부분은 『再續行水金鑑: 運河卷』(湖北人民出版社, 2004)으로 재출간되었다. 또한 (淸)董恂 輯, 『江北運程』(40卷, 咸豊10年刊)에는 청말 수도 북경에서 양주까지의 대운하 수로에 대한 자세한 정보와 그림을 담고 있다.

5 동방 견문　　마르코 폴로, 김호동 역주, 『마르코 폴로의 동방 견문록』(사계절, 2000).

6 폴로의 여정　　마르코 폴로의 기록에 따라 그의 대운하 여정을 간략하게 정리하면, 河間府 — 남쪽으로 4일 — 長蘆鎭 — 5일 — 陵州 — 6일 — 東平府 — 4일 — 新州(濟寧) —

8일—徐州—4일—邳州—2일—宿遷—4일—카라모란강(＝黃河)→(淸河口)—淮安—
동남으로 1일—寶應—동남으로 1일—高郵—1일—泰州—동남1일—揚州—동남
15마일—眞州(儀徵懸)—瓜洲—장강 渡河—鎭江—4일—常州—蘇州—1일—吳江—
長安—4일—杭州가 된다. 일단 폴로가 직접 기록한 운행 날수를 모두 더하면 51일이며,
주요 거점마다 1박씩 숙박하고 별다른 사고가 발생하지 않았다고 가정하면, 대략 60일이
소요되었을 것으로 추정할 수 있다.

7 오도릭의 견문록   Odoric of pordenone, tr. by Sir Henry Yule, *The Travels of Friar Odoric: 14th Century Journal of the Blessed Odoric of Pordenone*(Wm. B. Eerdmans Publishing Co, 2002); オドリコ, 家入敏光 譯, 『東洋旅行記』, 東西交涉旅行記全集(桃源社, 1966); 鄂多立克 著, 何高濟 譯, 『鄂多立克東游錄』(中華書局, 1981).

8 바투타의 견문록   이븐 바투타 지음, 정수일 역주, 『이븐 바투타 여행기: 여러 지방과
여로의 기사 이적을 본 자의 진귀한 기록』 1-2(창작과비평사, 2001).

9 마테오 리치의 견문록   1610년 마테오 리치가 북경에서 사망한 후, 리치와 동역했던
니콜라 트리고(Nicola Trigault, 1577~1628년) 신부가 리치의 일기를 마카오에서 로마로
가지고 와 1615년 라틴어로 번역하여 출간했다.(*De Christiana expeditione apud Sinas ab Societate Iesu suscepta*) 그때 트리고는 리치의 일기 외에도 그의 죽음과 매장에 대한 이야기, 리치의
선교 보고서나 다른 사역에 대한 기록, 그리고 리치가 겸손을 이유로 생략했던 사적인
이야기들을 포함시켰다. 라틴어 출간본의 영어 번역본이 이 책에서 인용한 Translated
from Latin by Louis J. Gallagher, *China in the Sixteenth Century: The Journals of Mattew Ricci, 1585~1610*(New York, Random House, 1953)이고, 영어본에 대한 중국어 번역본은
利瑪竇 · 金尼閣 著, 何高濟 · 王遵仲 · 李申 譯, 何兆武 校, 『利瑪竇中國札記』(中華書局,
1983)이다. 한편 마테오 리치의 고향 이탈리아에서는 리치의 다른 기록까지 참조하고
역주 작업을 충실하게 한 이탈리아어 번역본을 1940년대에 3권으로 출간했으며(ed. e
commentati de Pasquale M. d'Elia, *Fonti ricciane; documenti originali concernenti Matteo Ricci e la storia delle prime relazioni tra l'Europa e la Cina*, Roma, Libreria dello Stato, 1942~1949) 이탈리아본의
일본어 번역본은 マッテ—オ · リッチ, 川名公平 譯, 矢澤利彦 注, 『中國キリシト敎布敎史』
1-2(大航海時代叢書 第Ⅱ期 8-9)(岩波書店, 1983)이고 대만의 번역본은 Matteo Ricci
著, 劉俊餘 · 王玉川 · 羅漁 共譯, 『利瑪竇中國傳敎史』(『利瑪竇全集』1-2, 台北, 1986)이다.
라틴어본과 이탈리아어본 사이에는 약간의 이동(異同)이 존재하지만 큰 범주에서는 유사하다.

10 리치의 대운하 견문　　리치의 중국 전교 과정에 대한 전기를 저술한 스펜스 역시, 중국에 대한 리치의 지식 대부분이 호수와 운하를 통한 여행에서 얻어진 것이라고 지적한다. 리치가 겪었던 대운하 경험은 조나단 스펜스 저, 주원준 옮김, 『마테오 리치, 기억의 궁전』(이산, 1999), 117~120쪽 참조.

11 박서의 기록　　Boxer, C. R., *South China in Sixteenth Century*(London, The Hakluyt Society, 1953); 『十六世紀中國南部行紀』, C. R. 博克舍 編注, 何高濟 譯(北京, 中華書局, 1990). 중국어본의 제목으로 보면 ① Galeote Pereira(盖查德 · 伯來拉), 『中國報道』, ② Gaspar da Curz(加斯帕 · 達 · 克路士), 『中國志』, ③ Mardin de Rada(馬丁 · 德 · 拉達), 『出使福建記』, 『記大明的中國事情』이 그것이다. 그중 ② 쿠르즈(Cruz)의 견문록은 충실한 주석을 지닌 일역본이 참조할 만하다.(ガスパール · ダ · クルス 著, 日埜博司 譯, 『ヨーロッパ最初の中國專著, 十六世紀華南事物誌』, 東京, 明石書店, 1987)

12 멘도자의 견문록　　Juan Gonzalez de Mendoza(ゴンサーレス.デ.メンドーサ) 著, 長南實 譯, 『大航海時代叢書v. 6. シナ大王國誌』(東京, 岩波書店, 1970).

13 세메도의 견문록　　〔葡〕曾德昭(Alvaro Semedo) 著, 何高濟 譯, 李申 校, 『大中國志』, 上海古籍出版社, 1998.

14 밀레스쿠의 견문록　　N. Spataru Milescu(尼 · 斯 · 米列斯庫) 著, 蔣本良 · 柳鳳運 譯, 『中國漫記』(北京, 中華書局, 1990).

15 예수회 서간집　　(法)杜赫德 編, (中)鄭德弟 譯, 『耶蘇會士中國書簡集 —— 中國回憶錄』 I, II, III(大衆出版社, 2001).

16 호른과 살단하의 기록　　John E. Wills, Jr., *Embassies and Illusions: Dutch and Portuguese Envoys to K'ang-hsi, 1666~1687*(Cambridge, Mass, 1984).

17 매카트니의 견문록　　Earl Macartney, *An Embassy to China, Being the Journal Kept by Lord Macartney during his Embassy to the Emperor Ch'ien-lung, 1793~1794*, selected and with an introduction by Patrick Tuck, *Britain and the China trade 1635~1842* Vol. 8(New York: Routledge, 2000)(이하 '*An Embassy to China by Lord Macartney*, 2000'로 약칭)

18 안데르손의 견문록　　〔英〕愛尼斯 · 安德遜(Aeneas Anderson) 著, 費振東 譯, 『英國人眼中的大淸王朝』(郡言出版社, 2002).

19 스톤턴 1세의 견문록　　〔英〕斯當東(Staunton) 著, 葉篤義 譯, 『英使謁見乾隆紀實』 (上海書店出版社, 2005). 스톤턴은 매카트니와 같은 해에 아일랜드에서 태어나, 매카트니가

중국으로의 전권 특사로 임명되자 부사(副使)가 되어 매카트니의 유고시를 대비했다. 스톤턴은 이후 최초의 중국 주재 영국 대사가 될 가능성이 높았으나 질병 때문에 성사되지는 못했다. 처음 중국을 방문할 때 스톤턴은 자신의 열한 살 된 아들인 조지 토머스 스톤턴을 데리고 갔고, 이를 계기로 아들은 어릴 때부터 중국어를 익힐 수 있었다.(데이비드 문젤로, 2009, 217쪽)

20 스톤턴 2세의 견문록　George Thomas Staunton, *Notes of Proceedings and Occurrences During the British Embassy to Pekin in* 1816, selected and with an introduction by Patrick Tuck, *Britain and the China trade 1635~1842* Vol. 10.(New York: Routledge, 2000).

21 모스의 기록　Morse, Hosea Ballou, *The Chronicles of the East India Company, traiding to China, 1635~1834*(Oxford, 1926); Morse, Hosea Ballou, *The Trade and Administration of the Chinese Empire*(Shanghai, 1908).

22 최두찬의 견문록　崔斗燦, 『乘槎錄』(『江海乘槎錄』), 林基中 編, 『燕行錄全集』 68(東國大學校出版部, 2001). 최두찬은 호가 강해산인(江海散人)이고 본관은 영천(永川)이다. 1810년(순조 10)에 급제했고 대구에 거주했다. 최근 최두찬의 『승사록』에 관한 관심이 증가하고 있다. 이에 대한 대표적인 연구는 김성진, 「『강해승사록』의 서지 사항과 창화기속(唱和紀俗)에 대하여」, 《동양한문학연구》 26, 2008; 범금민(范金民), 「조선인이 본 청 중기 중국 풍정 ― 최두찬의 『승사록』을 중심으로」(성균관대 동아시아학술원 인문한국사업단 국제학술회의 발표문, 2008); 박동욱, 「최두찬의 『승사록』에 나타난 한중(韓中) 지식인의 상호 인식」(2009 동아시아 문화네트워크연구단 국제학술회의, 한양대 한국학연구소 주관) 등이 있다.

23 표류민　최소자, 「표류민」, 오금성 등 지음, 『명청 시대 사회경제사』(이산, 2007), 304~312쪽.

24 인공 수로　한편 원대 중국을 방문했던 이븐 바투타는 길게 이어진 대운하를 항주에서 북경까지 이어지는 천연 강으로 오해하기도 했다.(이븐 바투타-2, 2001, 341쪽). 이처럼 구간별 운하의 개착에 대한 공정사(工程史)에 대해서는 姚漢源, 『京杭運河史』(中國水利水電出版社, 1998)이 자세한 정보를 담고 있다.

25 강남 운하　강남 운하 연안에 따라 위치한 도시에 대해서는 4절에서 상술할 것이며, 물자 운송에 대해서는 3절에서 일부 지적했다.

26 손수레차 이용　*The Journal of Mattew Ricci*, 316~317쪽.

27 수원 고갈　嘉慶『丹徒縣志』卷2,「山水」, 18a.

28 악이태의 보고　光緒『丹徒縣志』卷11「河渠」, 1a-b.

29 맹독하의 우회로　하지만 조운선과 같이 적재량이 많은 선박이 아닌 일반 상선이나 관선 등은 진강 운하를 이용하는 데 큰 문제는 없었던 것 같다. 가령 1487년 최부의 기록을 보면, 분우갑(奔牛閘)에서 맹독하 루트가 아닌 여성갑(呂城閘)에서 경구갑(京口閘)으로 이어지는 진강 루트를 이용하고 있다.(최부 지음, 서인범·주성지 옮김,『표해록』(한길사, 2004), 260~264쪽.)

30 감로항　麟慶(1791~1846) 著, 〔淸〕汪英福 等繪圖,『江蘇名勝圖記』(江蘇古籍出版社, 2002).

31 양자강의 폭　楊正泰 校註,『天下水陸路程·天下路程圖引·客商一覽醒迷』(山西人民出版社, 1992)에 소개된 진강의 경구(京口)에서 과주 사이의 노정에 따르면 20리, 즉 약 11킬로미터에 달한다고 기재되어 있다. 하지만 이 구간의 거리는 시간이 흐를수록 퇴적 작용으로 점점 짧아졌다. 가령 명말에 활동한 왕응린(王應麟)은 토사의 퇴적 작용으로 인해 과주~경구까지의 거리가 당대(唐代)에는 20여 리에 달했으나, 송대에는 18리로 줄어들고, 명말에는 7~8리(4~5km)에 불과하다고 기록했다.(嘉慶『瓜洲志』卷8, 雜錄, 12a). 오늘날 인터넷 지도인 구글 어스(Google Earth)를 기준으로 계산하면 진강에 인접한 양자강의 폭은 1.5킬로미터에 불과하다. 하지만 명청 시대 출발지였던 경구와 과주를 찾아 계산해 보면 폭은 약 5킬로미터이다. 따라서 이 글이 분석하는 15~18세기에는 약 5킬로미터 정도의 폭이 유지되었다고 생각된다.

32 양자강에서의 기다림　崔溥,『漂海錄』, 卷2, 2月 21日; 策彦周良,『初渡集』下之上, 가정18년 12월 朔日-2日 등.

33 도강 금지 비석　嘉慶『丹徒縣志』卷3, 津梁, 19a.

34 오도릭의 기록　*The Travels of Friar Odoric*, 2002, 131쪽.

35 금산의 우상 숭배자　마르코 폴로, 2000, 368~369쪽.

36 강신묘와 구생선　何㡿,「焦山慈航碑記」, 乾隆『鎭江府志』卷46,「藝文3」, 60b~62a; 光緒『丹徒縣志』卷5 廟祠, 10a

37 청대의 금산　麟慶 著文, 汪春泉 等繪圖,『鴻雪因緣圖記』(北京古籍出版社, 1984), 2集 下冊,「金山操江」참조.

38 상선의 진입 제한　*The Journal of Mattew Ricci*, 306쪽.

39 과주진의 화물 운송　歸莊, 『歸莊集』(上海古籍出版社, 1984), 卷5, 「書吳紹素事」, 433쪽.

40 회양 운하의 홍수　崔溥, 『漂海錄』, 卷2, 2月 27日.

41 운하와 호수의 분리　王育民, 『中國歷史地理槪論』上册(人民敎育出版社, 1987), 298~301쪽. 하지만 회양 운하에 대한 명조의 '운(運)·호(湖) 분리'노력은 청대에 들어서도 쉽게 해결되지 않았다.(嘉慶『重修揚州府志』卷11, 「河渠3」, 4b~5a)

42 바다 같은 호수　〔英〕愛尼斯·安德遜(Aeneas Anderson), 2002, 157~161쪽.

43 이민족 같은 황하　*The Journal of Mattew Ricci*, 305쪽.

44 남선북마　崔斗燦, 『江海乘槎錄』券2, 6月 24日.

45 갑문　이곳부터 점차 지형이 높아지면서 수심이 얕아지고 갑문이 많아지고 있음은 策彦周良, 『初渡集』下之上, 가정 19년 정월 18일의 기록에서도 지적되었다.

46 수부들의 견인　John E. Wills, Jr., *Embassies and Illusions: Dutch and Portuguese Envoys to K'ang-hsi, 1666~1687*(Cambridge, Mass, 1984), 62쪽.

47 여량호　崔溥, 『漂海錄』, 권2, 3월 2일.

48 사가 운하의 수위차　*An Embassy to China by Lord Macartney*, 2000, 171쪽.

49 날씨의 영향　崔溥, 『漂海錄』, 卷2, 2月10日. 3月8日; 策彦周良, 『初渡集』下之上, 嘉靖18年12月11日·19日.

50 회통하　姚漢源, 1998, 107~113쪽.

51 토목 기술의 부족　〔明〕王在晉 撰, 『通漕類編』, 明代史籍彙刊22(臺北, 學生書局, 1970), 卷1, 漕運, 42a.

52 송례의 갑문 설치　明『太宗實錄』, 卷116, 46, 永樂9年6月乙卯條.

53 임청　『明史』卷79, 食貨志3, 「漕運」; 같은 책, 卷81, 食貨志5, 「鈔法」.

54 산섬 회관　「重修山陝會館碑記(乾隆37年)」, 「舊米市街太汾公所碑記(同治10年)」, 陳淸義·劉宜萍 編著, 『山陝會館』(華夏文化出版社, 2003), 85~86, 93쪽.

55 임청과 요성　李泉·王雲, 『山東運河文化硏究』(齊魯書社, 2006), 117~122쪽; 程玉海 主編, 『聊城通史-古代卷』(中華書局, 2005), 195~230쪽.

56 영제거　*An Embassy to China by Lord Macartney*, 2000, 165쪽.

57 영제거의 상품 유통　마르코 폴로, 2000, 344쪽.

58 천진 천후궁　董季群, 『天津文化通覽(第一集) 天后宮寫眞』(天津社會科學院出版社,

2002), 1~32, 179~184쪽. 천진 문화가(文化街)에 위치한 천후궁은 복건, 대만의 천후궁과 함께 오늘날 마조 신앙의 세 중심지 가운데 하나로 손꼽힌다.

59 수도권 형성　　王玲, 『北京與周圍城市關係史』(北京燕山出版社, 1988), 51~82쪽; 傅崇蘭, 『中國運河城市發展史』(四川人民出版社, 1985), 70~79쪽.

60 통혜하　　『明史』 卷86, 「河渠4」, 2109~2212쪽; (明)吳仲 撰, 段天順·蔡蕃 點校, 『通惠河誌』(中國書店, 1992), 卷上.

61 명대의 종착지　　(明)吳仲 撰, 段天順·蔡蕃 點校, 『通惠河誌』(中國書店, 1992), 5쪽.

62 육로 운송　　The Journal of Mattew Ricci, 308쪽. 통주부터 육로를 이용했다는 기록은 청대의 기록인 An Embassy to China by Lord Macartney, 2000, 79쪽과 朴思浩, 『心田稿』, 『國譯 燕行錄選集』 IX 1829년(순조 29년), 80쪽에도 나온다.

63 얕은 수심　　An Embassy to China by Lord Macartney, 2000, 161~162쪽.

64 수수의 절도　　The Journal of Mattew Ricci, 444~445쪽. 이에 신부들은 선주와 수수를 체포하여 처벌할 수 있었으나, 종교적인 동기로 이들을 가련히 여겨 고소를 철회했다고 기록해 놓았다. 당시 조운선에 고용되었던 수수들이 처한 경제적인 상황은 대단히 열악했으며, 출신 배경으로 볼 때도 수수는 사실상의 무뢰배나 다름없었다. 이에 대한 청대 수수의 연구는 森田明, 「淸代水手結社の性格について」, 《東洋史研究》 13-5, 1955; 표교열, 「嘉道期 水手의 존재 양태」, 『중국 근현대사의 재조명』 2(지식산업사, 1999)가 있으며, 그 결과는 명대까지 소급 적용이 가능하다.

65 대운하의 수리 시설　　崔溥, 『漂海錄』, 卷3, 6月 4日.

66 시설 파괴　　乾隆 『淮安府志』 卷6, 河防, 「運口」.

67 견부의 익사　　The Journal of Mattew Ricci, 306쪽.

68 갑문의 수위차　　An Embassy to China by Lord Macartney, 2000, 173쪽. 다만 매카트니는 갑문에 대기하고 있던 수많은 선박이 일단 갑판이 열리면 단 몇 분 만에 모두 통과하고 다시 갑문이 닫혔다고 한다. 하지만 청초에 호른이 동일한 지역을 경유할 때 갑의 운영은 아주 더디게 진행되고 있었는데, 이는 갑의 관리들이 하나의 선단(船團)을 처리한 이후 다음 선단을 담당할 노동력을 제때에 동원하지 못하기 때문이라고 지적했다.(John E. Wills, Jr., 1984, 67쪽) 따라서 매카트니의 언급처럼 갑문을 선박이 신속하게 통과했던 일이 특수한 사례인지 아니면 청대에 들어와 갑의 운영 기술이 향상된 결과인지는 분명치 않다.

69 선박의 견인　　崔溥 『漂海錄』, 卷2, 3月 2-3日.

70 견인하는 수수　星斌夫, 1963, 380, 403쪽.

71 대나무 밧줄　마르코 폴로, 2000, 367~368쪽.

72 대운하의 부대 시설　崔溥,『漂海錄』, 卷3, 6月 4日.

73 운하 유지 비용　*The Journal of Mattew Ricci*, 306쪽.

74 청대 하공 비용　『淸史稿』卷125, 食貨6,「會計」, 3710~3711쪽; 光緒『淸會典事例』(中華書局) 卷904, 工部43,「河工」참조.

75 조운의 중요성　錢泳,『履園叢話』(淸代史料筆記)(中華書局, 1997), 卷4 水學,「水利」, 97쪽.

76 선박의 수　*The Journal of Mattew Ricci*, 12~13쪽.

77 의진의 선박　마르코 폴로, 2000, 366~367쪽.

78 항주의 선박　이븐 바투타-2, 2001, 339쪽.

79 태감의 특권　*The Journal of Mattew Ricci*, 357쪽.

80 조운 관료의 비호　*The Journal of Mattew Ricci*, 358-359쪽.

81 군운과 민운　陸樹德,「民運困極疏」(民運),『陸中丞文集』,『明經世文編』卷291.

82 관선의 우선순위　崔溥,『漂海錄』, 卷2, 3月 21日.

83 고위 관료의 특권　*The Journal of Mattew Ricci*, 299쪽.

84 품급을 표시한 깃발　N. Spataru Milescu, 1990, 51쪽.

85 운하의 대치 국면　John E. Wills, Jr., 1984, 116~117쪽. 하지만 이러한 상황은 대단히 예외적인 경우라고 볼 수 있는데, 청초 밀레스쿠의 분석에 따르면, 운하에서 두 선박이 마주쳤을 경우 상대방의 품급(品級)을 고려하여 여간해서는 싸움이 일어나지 않는 이유는 자신의 분수에 만족하는 중국인들의 사고방식 때문이라고 해석했다.(N. Spataru Milescu, 1990, 51쪽).

86 조공선에 대한 배려　John E. Wills, Jr., 1984, 116쪽.

87 명청 시대 조공 시스템　Gungwu Wang, "Early Ming Relation with Southeast Asia; A Background Essay World Order", in Fairbank, J. K. ed., *The Chinese World Order: Traditional China's Foreign Relations*(Cambridge, Harvard University Press, 1968); Fairbank, J. K. and Teng, S. Y., "On the Ch'ing Tributary System", *Ch'ing Administration: Three Studies*(Harvard Univ. Press, 1960), 136쪽; 李金明,『明代海外貿易史』(中國社會科學出版社, 1990), 35~54쪽.

88 조공단의 입국 경로　崔溥,『漂海錄』, 卷2, 2月10日. 이러한 정황은 청조에도 크게

변화하지 않았다. 『청회전사례』에 따르면, 유구는 복건성으로, 네덜란드는 광동성을 통해, 미얀마〔緬甸〕는 운남성을 통해, 말레이 반도 서쪽을 지칭하는 '서양(西洋)'의 나라들은 광동성을 통해 들어오도록 지정했다.(『淸會典事例』 卷502, 禮部213, 「朝貢·貢道」)

89 조공단에 대한 경제적 지원　　*The Journal of Mattew Ricci*, 479쪽. 외국에서 온 조공 사절에 대한 일체의 비용과 호송은 국가가 부담했다. 이에 대한 명대의 상황은 萬曆 『大明會典』, 卷109, 禮部67·賓客, 1a~2b을 참조하고, 청대의 상황은 『淸會典事例』 卷502, 禮部213, 「朝貢·貢道」, 817쪽; 같은 책, 卷510, 禮部221, 「朝貢·迎送」, 902쪽 참조.

90 환관의 과시　　崔溥, 『漂海錄』, 卷2, 3月8日.

91 마쾌선　　王圻 撰, 『續文獻通考』, 萬曆31年刊本(現代出版社, 1986), 卷100, 「馬快船事例」 10a~b.

92 무리지어 다니는 마쾌선　　*The Journal of Mattew Ricci*, 301쪽.

93 마쾌선의 특권　　*The Journal of Mattew Ricci*, 308쪽. 조나단 스펜스, 1999, 119~120쪽.

94 황목 수송　　김홍길, 「명대의 목재 채판(採辦)과 삼림 ─사천(四川)의 황목(皇木) 조달을 중심으로」, 《인문학보》(강릉대) 29, 2000 참조.

95 주방팔기의 분포　　마크 C. 엘리엇 지음, 이훈·김선민 옮김, 『만주족의 청제국』(푸른역사, 2009), 160~166, 266~313쪽.

96 수험생의 운하 이용　　『사상류요(士商類要)』와 같은 일용류서(日用類書)를 보면 객상과 수험생이 주로 어떤 수로와 육로를 이용하여 양경(兩京, 북경과 남경)을 왕래했는지 알 수 있는데, 대운하는 양자를 연결하는 가장 핵심적인 루트였다. 程春宇(明), 『士商類要』, 楊正泰 編著, 『明代驛站考』(上海古籍出版社, 1994), 卷1의 「29. 南京由漕河至北京水程」과 黃汴(明), 『一統路程圖記』, 楊正泰, 『明代驛站考』(上海古籍出版社, 1994), 卷5의 「1. 北京由漕河至南京水驛」, 「2. 南京由漕河至北京各間」 등 참조.

97 회시 일정의 변동　　孫承澤 撰, 『春明夢餘錄』(江蘇廣陵古籍刻印社, 1990), 卷41, 「禮部3·貢院」, 13b-14a.

98 조운선의 빈 공간　　*The Journal of Mattew Ricci*, 307쪽.

99 하천과 도시　　N. Spataru Milescu(尼·斯·米列斯庫), 1990, 25쪽.

100 원대 항주　　마르코 폴로, 2000, 374~394쪽. 하지만 항주에 대한 폴로의 기록은 다소 과장이 많이 섞여 있으며 특히 12라는 숫자를 남발하여 표현하고 있다. 원대 항주의 도시 생활에 대해서는 자크 제르네 저, 김영제 옮김, 『전통 중국인의 일상생활』(신서원, 1995)이

훌륭하게 복원했다.

101 항주의 돌다리　王國平 總主編, 『杭州運河橋船碼頭』, 杭州運河叢書(杭州出版社, 2006), 33~118쪽.

102 항주의 귀로　*The Travels of Friar Odoric*, 2002, 126~128쪽. 이를 역주했던 율은 '불'이 '연호(煙戶)'를 나타내며, 원대의 보갑(保甲)에 해당된다고 해석했다.

103 별천지 항주　崔溥, 『漂海錄』, 卷2, 2月12日.

104 상해에서 항주로　*The Journal of Mattew Ricci*, 553~554쪽.

105 항주의 견직물　*An Embassy to China by Lord Macartney*, 2000, 177쪽.

106 원대의 소주　마르코 폴로, 2000, 373~374쪽.

107 동남 제일의 도시　崔溥, 『漂海錄』, 卷2, 2月17日.

108 고소번화도　「고소번화도」의 본명은 「성세자생도(盛世滋生圖)」로, 1759년(건륭 24년) 궁정화가이자 소주 사람 서양(徐揚)이 건륭제의 명을 받들어 완성했다. 남순 기간 소주에 머물며 강한 인상을 받은 건륭제는 서양으로 하여금 소주의 진면목을 그림으로 표현하도록 시켰고, 이에 만족한 건륭제는 이후 서양을 「남순성전도(南巡聖典圖)」의 책임자로 임명했다. 따라서 남순이 없었더라면 「고소번화도」는 존재하지 않았을 것이라는 평가를 내릴 수 있다. 그림과 이에 대한 자세한 설명은 蘇州市城建檔案館·遼寧省博物館 編, 『姑蘇繁華圖』(文物出版社, 1999)을 참조하고, 「고소번화도」에 대한 심도 깊은 사회경제사적 분석은 范金民, 「淸代蘇州城市文化繁華的寫照 ― 〈姑蘇繁華圖〉」, 熊月之·熊秉眞 主編, 『明淸以來江南社會與文化論集』(上海社會科學院出版社, 2004)이 자세하다.

109 소주와 베니스　*The Journal of Mattew Ricci*, 317쪽.

110 장사성　오함 지음, 박원호 옮김, 『주원장전』(지식산업사, 2003), 171~183쪽.

111 소주의 반란 가능성　*The Journal of Mattew Ricci*, 317쪽. 이와 관련하여 리치는 남경과 소주를 비교하는 어느 중국학자의 견해를 인용하면서, 소주는 바다와 멀지 않고 세금이 무거워 '혁명적'인 경향이 강하고 반란 발생 가능성이 높은 반면, 남경은 평화롭고 안정적이라는 점을 강조했다.(323쪽) 명말 두 도시에 관한 당대인들의 인상을 보여 주는 의미 있는 증언이라고 여겨진다.

112 소주 민변　岸本美緒, 「'五人'像の成立 ― 明末民變と江南社會」, 『明淸交替と 江南社會 ― 17世紀中國の秩序問題』(東京大學出版會, 1999). 명말 대표적인 소주의

민변이었던 '개독(開讀)의 변'의 와중에 사망했던 안패위(顔佩韋) 등 서민 5인에 대한 합장지와 묘비는 소주 산당가의 녹수교(綠水橋) 서편에 아직 남아 있다. 흥미로운 사실은, 억울하게 죽음을 당한 5명의 합장묘가 바로 이 민변을 유발했던 환관 위충현(魏忠賢)의 생사(生祠)라는 점이다. 소주민들의 기지를 엿볼 수 있다.(牛示力 編著, 『明淸蘇州山塘街河』(上海古籍出版社, 2003), 132~135쪽)

113 상주의 낙후   *An Embassy to China by Lord Macartney*, 2000. 175쪽.

114 진강의 동방기독교   마르코 폴로, 2000, 369~370. 이는 1277년부터 5년 동안 진강부의 부(副) 다루가치로 파견되었던 사마르카트 출신의 네스토리우스 교도인 세르기스(薛里吉思)의 역할과 관련되어 있다. 당시 진강부에 체류하는 외지인 약 1000명 가운데 기독교도는 10퍼센트에 해당하는 100여 명으로, 네스토리우스파 기독교도들은 진강, 양주와 복건의 천주(泉州), 장주(漳州) 등지에 집주하고 있었다. 이에 대해서는 김호동, 『동방기독교와 동서문명』(까치, 2002), 226~235쪽 참조.

115 양자강 도강의 어려움   崔溥, 『漂海錄』, 卷2, 2月21日; 策彦周良, 『初渡集』下之上, 嘉靖18年12月朔日-2日.

116 강신 제사   (淸)談遷, 『北游錄』(淸代史料筆記叢刊)(中華書局, 1997), 卷1「紀程」, 11쪽.

117 18세기 후반의 진강   *An Embassy to China by Lord Macartney*, 2000, 174~175쪽. 이 시점에서 매카트니는 진강에 배치된 어떠한 선박에서도 대포를 발견할 수는 없었다는 점을 명기한다.

118 의진   의진현은 1369년(홍무 2)부터 1723년(옹정 원년)까지 사용되던 지명으로, 이후 의징현(儀徵縣)으로 개명되었다. 이후 1909년(선통 원년)이 되면 양자현(揚子縣)으로 이름이 또 바뀐다. 원대에는 진주(眞州)라고도 불렸다. 이 책은 주로 16~18세기를 대상으로 하기에, 편의상 이 지역을 의진현(혹은 의진)으로 부르기로 한다.

119 원대의 의진   마르코 폴로, 2000, 366~367쪽.

120 수륙 교통의 요충지   汪道昆, 『太函集』(黃山書社, 2004) 卷51 「明故太學生潘次君曁配王氏合葬墓誌銘」, 1083~1084쪽.

121 소금 유통의 출발지   王振忠, 『明淸徽商與淮揚社會變遷』(三聯書店, 1996), 94~100쪽.

122 원대의 과주   마르코 폴로, 2000, 368쪽.

123 과주진 『瓜洲續志』卷3, 漕運, 314b~315a; 鄭曉, 「議變塘田湊築瓜洲城疏」, 『端簡鄭公文集』卷10, 70b

124 양주의 네스토리우스 교회 *The Travels of Friar Odoric*, 2002, 132~133쪽.

125 마르코 폴로와 양주 마르코 폴로, 2000, 361쪽. 중국측 문헌과 지방지에는 마르코 폴로의 임관을 추정할 수 있는 직접적인 자료를 찾을 수 없지만 양주 인근 지역에 관한 폴로의 기록이 대체로 당시의 사회 경제상을 사실적으로 묘사하고 있다는 데 대해서는 큰 이견이 없다. 오늘날 양주에 소재한 역사박물관에는 마르코 폴로의 양주 방문을 기념하는 작은 기념관과 폴로의 고향인 베니스에서 보내온 상호간의 우의를 다지는 조각품이 있을 뿐이다.

126 양주의 진회루 崔溥, 『漂海錄』, 卷2, 2月 22-23日.

127 무산된 양주 방문 *An Embassy to China by Lord Macartney*, 2000, 174쪽.

128 양주의 견부 〔英〕愛尼斯 · 安德遜, 2002. 162쪽.

129 원대의 회안 마르코 폴로, 358쪽.

130 회안과 천진 *An Embassy to China by Lord Macartney*, 2000, 173쪽.

131 회안의 군대 〔英〕愛尼斯 · 安德遜, 2002. 159쪽.

132 원대의 제녕 마르코 폴로, 2000, 350~351쪽.

133 만선 *The Travels of Friar Odoric*, 2002, 134~135쪽.

134 산동의 갑문 策彦周良, 『初渡集』下之上, 嘉靖19年正月 17-20日.

135 남왕의 분수갑 崔溥, 『漂海錄』, 卷2, 3月9-10日.

136 불안한 치안 崔溥, 『漂海錄』, 卷2, 3月17日; 策彦周良, 『初渡集』下之上, 嘉靖19年正月22日.

137 명대 임청 崔溥, 『漂海錄』, 卷2, 3月14日.

138 임청과 장추진 당시 "남유소항, 북유임장"이라는 속담은 "상유소항(上有蘇杭), 하유임장(下有臨張)"이라고도 불렸다. '상'과 '하'가 '남'과 '북'으로 바뀌었을 뿐이다. 장추진은 양곡현(陽穀縣)에 속한 시진으로, 본래 가을마다 물이 쉽게 범람한다는 뜻에서 '창추(漲秋)'라는 이름이 붙었으나 이후 사람들이 범람을 두려워하여 창(漲)에서 물 수 변을 뺐다고 한다. 송대에 다시 이름이 경덕진(景德鎭)으로 바뀌었으나 명대인 1494년 물이 크게 범람하자 다시 안평진(安平鎭)으로 바뀌었다. 이후 청대에 다시 장추진이라는 이전의 이름이 회복되어 현재까지 이르고 있다. 이에 대해서는 程玉海 主編, 『聊城通史-古代卷』,

2005, 197~203쪽 참조.

139 금병매와 임청　　오금성, 「『금병매』를 통해 본 16세기의 중국 사회」, 《명청사연구》 27, 2007은 소설 『금병매』를 주된 분석의 텍스트로 삼고, 각종 역사 문헌과의 고증을 겸행하여 임청이라는 도시 사회의 운영 원리 및 무뢰 집단의 역할을 소상하게 밝혀 놓았다.

140 임청　　*The Journal of Mattew Ricci*, 316쪽.

141 왕직의 지적　　王直, 「臨淸建城記」, 乾隆 『臨淸直隷州志』 卷2, 「建置志 · 城池」, 2b.

142 인구 밀집　　楊正泰, 「明淸臨淸的盛衰與地理條件的變化」, 『歷史地理』 第3輯, 1983, 118쪽.

143 환관 마당　　*The Journal of Mattew Ricci*, 359~362쪽. 마당이 만든 거대한 선박에는 대청(大廳)과 대단히 아름답고 커다란 선실이 많았으며, 난간과 창가는 썩지 않는 나무로 만들어져 있었고 다양한 그림이 새겨져 있었다.

144 운하의 폭　　*An Embassy to China by Lord Macartney*, 2000, 169쪽.

145 사리보탑　　〔英〕愛尼斯 · 安德遜(Aeneas Anderson), 2002, 154~155쪽; 『中國古運河』, 香港, 讀者文摘, 1990, 90~93쪽.

146 추위　　*An Embassy to China by Lord Macartney*, 2000, 165쪽. 매카트니는 아마도 이 지역의 가옥에 조리용 취사도구 외에 별다른 난방 도구가 설치되어 있지 않는 것이 이러한 동사(凍死)의 원인이라고 분석한다.

147 운하의 결빙　　〔英〕愛尼斯 · 安德遜(Aeneas Anderson), 2002, 147쪽.

148 여정 지연　　策彦周良, 『初渡集』 下之上, 嘉靖18年12月11, 19日.

149 빙고　　*The Journal of Mattew Ricci*, 364~365, 370, 307쪽.

150 임진왜란　　*The Journal of Mattew Ricci*, 308쪽.

151 전족 여성　　*An Embassy to China by Lord Macartney*, 2000, 74쪽.

152 안전 운항　　가령 마테오 리치가 관리의 도움 없이 북경에서 회항할 때, 낮은 비용으로 선박을 빌리다 보니, 빈 배는 승객에게 거의 비용을 요구하지 않았지만, 무기의 보호가 거의 없었으며 충분한 수수를 갖추지 않는 등 승객이 탑승하기에는 대단히 부적합했다.(*The Journal of Mattew Ricci*, 314~315쪽)

153 용왕사　　崔溥, 『漂海錄』, 卷2, 3月10日.

154 천비궁　　崔溥, 『漂海錄』, 卷2, 2月13日.

155 천비와 조운　　丁申, 「重修天后宮碑記」(同治7年), 丁丙 編輯, 『城北天后宮志』(孫忠煥

主編,『杭州運河文獻集成』3(杭州出版社, 2009), 254~256쪽.

156 부교　　崔溥,『漂海錄』, 卷2, 3月4日.

157 통혜하의 부교　　홍대용 지음, 김태준·박성순 옮김,『산해관 잠긴 문을 한 손으로 밀치도다(홍대용의 북경 여행기『을병연행록』)(돌베개, 2001), 70~71쪽.

158 강남의 교량　　川勝守,「長江デルタにおける石造虹橋建造と市鎮の形成 ─ 交通經濟史からみた都市社會史」,『明清江南市鎮社會史研究』(汲古書院, 1999) 참조.

2부 4장

1 청초의 행정 구역　　牛平漢 主編,『淸代政區沿革表』(中國地圖出版社, 1990), 121쪽. 명대의 행정 구역도 청초와 동일했다.(牛平漢 編著,『明代政區沿革綜表』(中國地圖出版社, 1997), 35~38쪽.

2 회·양 개념　　따라서 회·양 지역이라는 표현은 주로 청대의 경세론자들의 논설에서 집중적으로 발견된다. 賀長齡·魏源 等 編,『淸經世文編』(中華書局, 1992), 卷111, 工部18, 「江蘇水利中」에 수록된 하동(許東)의 「淮·揚水利考序」등 20여 편의 경세론 참조.

3 수문학적 특징　　徐旭旦,「下河末議」,『淸經世文編』卷112, 工政18,「江蘇水利中」, 17a.

4 세 가지 치수의 어려움　　이러한 해석 방식은 순치 15년 거인(擧人)이었던 사석(史奭)의 견해로부터 차용한 구분법으로, 이후 많은 논자들이 유사한 방식으로 회·양 지역의 수리 문제를 분석했다.(史奭,「運河上下游議」,『淸經世文編』卷112, 工政18,「江蘇水利中」)

5 황하 개도　　황하의 6차례 개도의 구체적인 원인과 그 파급 효과에 대해서는 孫幾伊,『河徙及其影響』(金陵大學中國文化硏究所, 1935) 참조. 황하의 제4차 개도 시기에 대해서는 아직 확정된 결론이 없지만 대체로 1128년 송의 동경유수(東京留守) 유충(杜充)이 황하의 물줄기를 터서 금의 남하를 막으려고 할 때부터 시작하여 1194년에 합류가 마무리된 것으로 알려져 있다.(陳廣忠,『淮河傳』(河北大學出版社, 2001), 180~182쪽)

6 5차 개도　　劉大夏,「議疏黃河築決口狀」(治河),『明經世文編』卷79, 1b-2b.

7 복잡해진 치수　　乾隆『淮安府志』卷6, 河防,「淮河」, 32a-b.

8 수환　　葉權 撰,『賢博編』(元明史料筆記叢刊)(中華書局, 1987), 39쪽.

9 회·양 운하　　萬恭,『治水筌蹄』, 卷2,「淮安~儀眞間運河水深及治理」, 92쪽에서는

370리로 파악했다. 회·양 운하의 길이에 대해서는 논자에 따라 300리에서 450리까지 차이가 있다. 가령 計東, 「淮·揚水利考序」, 『淸經世文編』 卷112, 「工政18·江蘇水利中」에는 300리라고 되어 있지만, 강희 연간 하도 총독이었던 근보(靳輔)는 과주에서 청강포의 천비갑(天妃閘)까지 450리로 계산했다.(乾隆 『淮安府志』 卷6 河防, 17b 참조) 이처럼 회·양 운하의 거리에 편차가 발생하는 것은 논자마다 출발점과 도착점을 서로 다르게 잡고 있기 때문이다. 가령 회안성과 양주성에 각각 위치한 역참을 기준으로 할 경우라면 회안 회음역(淮陰驛)부터 양주 광릉역까지 310리로 계산된다.(王瓊 纂輯, 姚漢源 等標點, 『漕河圖志』(水利電力出版社, 1990), 卷3, 水程, 167~170쪽 참조) 하지만 회안성에서 북쪽으로 청하현 청구역(淸口驛)까지는 다시 60리의 거리 차가 있으며, 양주성에서 남쪽으로 과주진까지는 45리, 의진까지는 약 70리의 거리가 있다. 따라서 회·양 운하의 거리를 최대한으로 계산할 때, 남단을 과주로 잡으면 415리, 의진으로 잡으면 440리가 된다.

10 함통 하지만 이처럼 지역민이 마음대로 회·양 운하에 함통(涵洞, 배수로)을 뚫은 사례도 있지만, 국가 권력 역시 회·양 운하의 수심 조절을 위해 함통을 설치했다.(乾隆 『淮安府志』 卷1, 圖, 14b)

11 제방 붕괴 萬恭, 『治水筌蹄』, 卷2, 「運河」, 97쪽.

12 준설 작업 『淸經世文編』 卷112, 工政18, 江蘇水利中, 「揚州水利論」.

13 배수 문제 乾隆 『淮安府志』 卷6, 河工, 「海口」, 27a.

14 가마솥의 바닥 『淸經世文編』 卷112, 工政18·江蘇水利中, 「揚州水利論」, 8b.

15 조호 입장 『淸經世文編』 卷112, 工政18·江蘇水利中, 「沿海閘河議」, 15b-16a. 1570년대 범공제의 5개 해구(海口) 가운데 네 곳이 막혀 있어 배수에 차질이 생겼던 것도 바로 이 때문이었고,(萬恭, 『治水筌蹄』, 卷2, 運河, 97쪽) 강희 7년(1668) 해구가 막혀 급하게 준설 작업을 펼친 것도 같은 이유 때문이었다.(嘉慶, 『重修揚州府志』 卷10, 河渠2, 2a-b)

16 운하 배수 萬恭, 『治水筌蹄』, 卷2, 運河, 97쪽.

17 대운하의 수위 高斌, 「籌湖河來源去路疏」(乾隆15年), 『淸經世文編』 卷112, 工政18, 江蘇水利中, 22a.

18 망도하 준설 이 책 7장 3절 참조.

19 회양 지역의 수문학적 특징 『淸史稿』(中華書局標點本) 卷127, 河渠2, 「運河」, 3770쪽.

20 황하·회하·대운하의 연동 乾隆 『淮安府志』 卷6, 河防, 16a. 또한 嘉慶

『重修揚州府志』卷9, 河渠1, 33a에도 "회남의 수환은 그 원류가 황하·회수에 있고, 그 중요성은 운도(대운하)에 있는데, 민생의 이폐(利弊)가 실로 이와 관련 있다."라는 유사한 언급이 있다.

21 황하는 운하의 적　　任源祥, 「漕運議」, 『淸經世文編』 卷46, 戶政21·漕運上, 2a. "黃河者, 運河之賊也"이라는 말을 인용했던 임원상은 청초의 인물이지만, 처음 이러한 표현을 사용한 이는 명 만력 연간 공부우시랑으로 총독 하독을 역임했던 이화룡(李化龍)이다.

22 농업 생산력 저하　　任重, 「明代治黃保漕對徐淮農業的制約作用」, 『中國農史』 1995-2(復印報刊資料 F7 『經濟史』 1995-6); 任重, 「康熙治理黃·淮·運對農業發展的影響」, 『中國農史』 16-1, 1997.

23 조운 중시　　王明德(通政使經歷), 「敬籌互讓水患疏」, 『淸經世文編』 卷112, 工政18, 江蘇水利中, 20a.

24 염정　　이하 염정에 관련된 일반적인 진술은 특별한 주가 없는 한 새뮤얼 애드셰드 지음, 박영준 옮김, 『소금과 문명』(지호, 2001); 구범진, 「소금」, 오금성 등, 『명청 시대 사회경제사』, 이산, 2007을 참조했다.

25 양회의 염과　　佐伯富, 1987, 181~185쪽; 『元史』, 卷170, 列傳57, 郝彬列傳, 4001쪽.

26 염인　　藤井宏, 劉淼 譯, 「明代鹽商的一考察 ── 邊商·內商·水商的研究」, 劉淼 輯譯, 『徽州社會經濟史研究譯文集』(黃山書社, 1987), 259쪽; 劉淼, 「明代召商運鹽的基本形態」, 《鹽業史硏究》 1996-4, 196쪽의 表6-2 참조.

27 양회 염장의 해로움　　乾隆 『淮安府志』 卷13, 鹽法, 1b-2a.

28 청강포의 삼대정　　金安淸 著, 謝興堯 點校, 『水窓春囈』(中華書局, 1984), 下卷, 「荻莊群花會」, 37쪽.

2부 5장

1 소설과 아행　　黃仁宇, 『放寬歷史的視界』(生活讀書新知三聯書店), 2001〔(←黃仁宇, 「從『三言』看晚明商人」, 《香港中文大學中國文化研究所學報》 7-1, 1974)〕; 足立啓二, 「明末の流通構造 ── 『杜騙新書』の世界」, 《熊本大學文學部論叢 ── 史學篇》 41, 1992

2 소설 자료 陳大康, 『明代商賈與世風』(上海文藝出版社, 1996); 陳 東有, 『人欲的解放 — 明淸社會經濟變遷與大衆審美』(1996); 王日根 編著, 『明淸小說中的社會史』(中國財政經濟出版社, 2000); 趙維平, 『明淸小說與運河文化』(上海三聯書店, 2007).

3 금병매 오금성, 「『금병매』를 통해 본 16세기의 중국 사회」, 《명청사 연구》 27, 2007.

4 소설 속의 객상 黃仁宇, 2001; 陳大康, 1996, 13쪽; 王日根, 2000, 134~167; 方志遠, 『明代城市與市民文學』(中華書局, 2004), 375~387쪽.

5 아기 『明史』(中華書局 標點本) 卷297, 列傳, 孝義, 阿寄傳, 7615쪽.

6 이동성 馮夢龍 編, 顧學頡 校注, 『醒世恒言』(人民文學出版社, 1994), 第35卷, 「徐奴僕義憤成家」. 이하 소설이 중복 인용될 경우 '『醒世恒言』, 卷35, 「徐奴僕義憤成家」' 식으로 약칭한다.

7 삼언이박 '삼언'이란 풍몽룡이 편저한 『유세명언(喩世明言)』, 『경세통언(警世通言)』, 『성세항언(醒世恒言)』을 일컬으며, '이박'이란 능몽초가 편저한 『초각박안경기(初刻拍案驚奇)』, 『이각박안경기(二刻拍案驚奇)』를 축약적으로 지칭하는 표현이다.

8 소설의 관점 William Arthur, Speck, *Society and Literature in England, 1700~1760*(Dublin: Gill and Macmillan; Humanities Press, 1983)의 서론 참조. 이에 따르면 문학작품에서 표현되는 전형적인 인물 묘사나 현상들이 당대의 현실을 그대로 반영하는 것은 아니지만, 문학은 이러한 전형적인 형상이나 묘사를 통해, 저자를 포함한 계층성 혹은 당파성과 관련된 이념을 반영하고 있다고 지적한다.

9 출판 환경 陳大康, 1996, 84쪽. 17세기 소설 작가군의 강남 지역 편중성에 대해서는 李玫, 『明淸之際蘇州作家群研究』(中國社會科學出版社, 2000) 참조. 이 글에서 주로 이용하는 삼언과 이박의 편저자인 풍몽룡과 능몽초 역시 각각 강남 지역인 장주현(長洲縣)과 오정현(烏程縣)에서 태어나서 성장했다.

10 상업 열기 何良俊(明), 『四友齋叢說』(中華書局, 1997), 卷13, 111~112쪽.

11 상업 경쟁 萬曆 『歙志』, 考卷5, 風土, 11a.

12 15세기 중엽 휘주 상인의 형성 시점은 이미 오래전부터 연구자들에게 관심의 대상이었다. 주로 ① 동진(東晉)설, ② 당송(唐宋)설, ③ 명 중기설로 크게 분류할 수 있고, 점차로 '명 중기설'에 많은 논자들의 의견이 모이고 있다. '명 중기설'에 대한 근거를 정리한 것이 張海鵬·王廷元 主編, 『徽商研究』, 合肥(安徽人民出版社, 1995), 5~8쪽인데, 상방

형성의 근거로는 ① 휘주인에게 경상(經商)의 풍습이 형성되었고 ② 휘주인이 집단적으로 경상하는 것이 보편화되며 ③ "휘상"이라는 용어가 고유명사로 통용되고 ④ 휘상의 핵심 세력인 염상이 양회 염업에서 우세한 위치를 점하기 시작한 시점이 모두 명 중기로 일치함을 지적하고 있다. 휘상이 양회 염업에서 우세하기 시작한 시점이 명 중기라는 ④ 견해는 찬성하기 어렵지만 ①~③은 설득력이 있다고 생각한다. 양회 염업의 주도권이 산서·섬서 상인에서 휘주 상인에게 넘어온 것은 명 중기가 아니라 후기의 일이었음에 대해서는 조영헌, 「명대 염운법의 변화와 양주 염상」, 2000에서 증명했다.

13 휘주의 환경　　T. Harriet Zurndorfer, *Change and Continuity in Chinese Local History —— The Development of Hui-chou Prefecture 800 to 1800*(E. J. Brill; Leiden, 1989), 121~139쪽과 특히 4장 휴녕현 범씨(范氏) 사례 연구 참조. 이외에도 대부분의 휘상 연구에서 이러한 자연환경을 경제 활동의 자극 혹은 성장 요인으로 거론하고 있다.

14 인구 이동　　이준갑, 「인구」, 『명청 시대 사회경제사』(이산, 2007), 189~198쪽.

15 송사의 장점　　王士性, 『廣志繹』(北京, 中華書局, 1997), 卷2, 「兩都」, 34쪽.

16 집단적인 활동　　金聲, 『金正希先生文集』(『金太史集』), 卷4, 「與歙令君書」, 18b.

17 동향인 고용　　葉顯恩, 『明淸徽州農村社會與佃僕制』(安徽人民出版社, 1983), 116~122쪽; 唐力行, 「論徽商與封建宗族勢力」, 《歷史硏究》 1986-2, 151쪽.

18 왕복광　　『休寧西門汪氏宗譜』 卷6, 「益府典膳福光公曁配金孺人墓誌銘」, 張海鵬·王廷元·唐力行·王世華 編, 『明淸徽商資料選編』(黃山書社, 1985)(이하 '『徽商資料』, 1985'로 약칭), 118쪽에서 재인용.

19 휘상의 식민지　　陳去病, 『五石脂』, 『丹吾筆記·鳴城日記·五石脂』(江蘇地方文獻 叢書), (江蘇古籍出版社, 1999), 326쪽.

20 양자강과 대운하　　川勝守, 『明淸貢納制と巨大都市連鎖 —— 長江と大運河』(汲古書院, 2009), 그중에서도 서장인 「중국 근세의 경제 시스템과 도시망의 형성」, 후편의 2장 「명대 장강·대운하 수운의 유통 구조」 그리고 7장 「장강·대운하 유통과 거대 도시 연쇄의 형성」 참조.

21 세관　　북신관과 호서관에 대한 연구는 상품 유통과 초관에 대해 일관된 관심을 기울여 온 香坂昌紀 교수의 연구를 참조할 수 있다. 香坂昌紀, 「淸代滸墅關硏究 —— 滸墅關と物貨流通」(1·2·3·4), 《東北學院大學論集》 3·5·13·14, 1972·75·83·84; 香坂昌紀, 「淸代の北新關と杭州」, 《東北學院大學論集》(歷史·地理學) 22號, 1990; 香坂昌紀,

「清代中期の杭州と商品流通 ── 北新關を中心として」,《東洋史研究》50-1, 1991 등.

최근엔 북신관에 대한 사료(『北新關志叢鈔』,『北新關志』,『北新關商稅則例』)가 표점본으로 출간되었다.(孫忠煥 主編,『杭州運河文獻集成』1(杭州出版社, 2009))

22 휘상의 진출 상황　　康熙『徽州府志』卷2, 風俗, 66b.

23 진출 지역　　張海鵬·張海瀛 主編,『中國十大商幇』(黃山書社, 1993), 451~453쪽; 張海鵬·王廷元, 1995, 32~37쪽, 3章.

24 이주　　許承堯,『歙事閑譚』(黃山書社, 2001), 卷18,「歙風俗禮敎考」, 606쪽.

25 종사 수축　　박원호,「명청 시대 휘주 상인과 종족 조직 ── 흡현의 유산 방씨들」,『명청 시대 휘주 사회 연구』(지식산업사, 2002).

26 종사 업종　　陳去病,『五石脂』(1999), 326쪽.

27 상업　　民國『歙縣志』卷1, 輿地志,「風土」, 6a.

28 차상　　重田德, 1975, 308~336쪽; 張海鵬·王廷元, 1995, 238~246쪽.

29 강남의 차 유통　　洪煥春 編,『明淸蘇州農村經濟資料』(江蘇古籍出版社, 1988), 247~248쪽; 方志遠,「江右商幇」, 張海鵬·張海瀛 主編, 1993, 380쪽.

30 겸업　　『譚渡黃氏族譜』卷9,「黃東泉處士行狀」, 45b; 汪道昆 著, 胡益民·余國慶 點校,『太函集』(黃山書社, 2004), 卷52,「明故明威將軍新安衛指揮僉事衡山程季公墓誌銘」, 1101~1102쪽.

31 은전비가　　전근대 중국에서 유통된 은이란 은화가 아니라 무게와 순도로 가치가 평가되는 은괴(銀塊)였다. 주로 고액 결제와 지역간 거래에 사용되는 은과 소액 결제 및 지역 내 거래에 사용되는 동전이라는 이중적 화폐 시장의 존재 이유와 그 원리에 대해서는 구로다 아키노부 지음, 정혜중 옮김,『화폐 시스템의 세계사 ── '비대칭성'을 읽는다』(논형, 2005)의 4장 참조.

32 정재　　이하 정씨 형제의 치부 방식에 대한 내용은 凌濛初,『二刻拍案驚奇』(人民文學出版社, 1996) 卷37「疊居奇程客得助 三救厄海神顯靈」을 참조했으며, 정재에 대한 묘사는 특별한 각주가 없는 한 모두 본 소설의 내용에 근거했다.

33 기유종상　　이 글에서 취급한 39건의 휘상 사례 가운데 "기유종상"을 명확하게 보여 주는 사례는 정재 외에 능몽초,『박안경기』2권「姚滴珠避羞惹羞 鄭月娥將錯就錯」에 등장하는 휘주인 潘甲(13번 사례)과 谷口生 等,『生綃剪』제11회에 등장하는 曹復古이다(37번 사례).

34 강응선　　명대에 활동한 휘상 강응선은 소설 속의 정재(程宰)와 마찬가지로 "기유종상"하여 처음엔 강남의 남상진(南翔鎭)에 정착했지만, 이후 계주(薊州)와 요동 지방까지 왕래하며 장거리 유통업에 종사했다.(嘉慶『南翔鎭志』(上海古籍出版社, 2003), 卷7「流寓」, 85쪽)

35 휘주의 태도　　『二刻拍案驚奇』卷37「疊居奇程客得助 三救厄海神顯靈」, 660쪽.

36 아기의 치부　　陳大廉, 1996, 58쪽.

37 매점　　『二刻拍案驚奇』卷37「疊居奇程客得助 三救厄海神顯靈」, 669쪽.

38 영왕과 왕수인　　영왕 신호의 반란에 대해서는 阪倉篤秀,「寧王宸濠の亂——明朝諸王分封策の一」,『山根敎授退休記念明代史論叢』(東京, 汲古書院, 1990)을 참조하고, 왕수인의 도적 진압에서의 성과 및 사상과의 연결 고리에 대해서는 오금성,『모순(矛·盾)의 공존——명청 시대 강서 사회 연구』(2007), 2장「양명학의 요람, 강서 사회」참조.

39 한도국의 포목 판매　　笑笑生 著, 陶慕寧 校注,『金甁梅詞話』(人民文學出版社, 2000), 第81回「韓道國拐財倚勢 湯來保欺主背恩」, 1255쪽. 이는 당시 산동과 하남 지방이 강남으로부터 면포를 수입만 한 것이 아니라 자체적으로 생산하기도 했음을 알려 주는 것으로, 명대의 실상을 보여 주는 것이다. 이에 대해서는 許檀,『明淸時代山東商品經濟的發展』(中國社會科學出版社, 1998), 146쪽 참조. 다만『금병매』에 등장하는 상인들이 산동 지방에서 생산된 면화를 가지고 강남 등 외지로 판매하는 사례는 등장하지 않는다.

40 돈적　　褚人穫,『堅瓠集』(『筆記小說大觀』第7冊, 江蘇廣陵古籍刻印社, 1995) 五集, 卷2, 14b,「火焚米商」.

41 양자강 유통　　당시 강서·호광과 같은 미곡 유출 지역과 강남 지방 사이의 활발한 미곡 유통과, 이러한 유통에 참여하는 객상 및 미가(米價)의 상관 관계에 대해서는 吳應箕(明),『樓山堂集』(叢書集成初編, 2167~2170)(中華書局, 1985), 卷12,「江南平物價議」, 139~140쪽을 참조.

42 돈적의 이윤　　명 후기 돈적을 통하여 가장 큰 이윤을 획득할 수 있는 분야 중 하나는 염업이었다. 이에 대해서 袁世振,「再上李桂亭司徒」,『兩淮鹽政編』,『明經世文編』卷477, 14a~b에 따르면, "이전의 소위 돈호(囤戶)라는 자는 다른 사람(異人)이 아니라 모두 각 강(綱) 가운데 유력한 내상(內商)일 뿐입니다. (그들은) 염법이 파괴되는 것을 틈타 염인을

돈적하고, 국과(國課)를 속여서 (내지 않은 일이) 많았습니다."라고 고발했다. 또한 휘상에 대한 사례는 아니지만 西湖漁隱人 著,『歡喜寃家』(中國禁毁小說百部 48)(中國戲劇出版社, 2000), 第24回,「一枝梅空設鴛鴦計」에 등장하는 남경의 왕위(王謂) 역시 쌀과 명주실을 매점했다가 가격이 등귀할 때까지 돈적하여 판매했고,『生綃剪』第1·2回에 등장하는 조(趙) 원외(員外) 역시 돈적으로 치부에 성공했다는 이야기를 전해 준다.

43 돈적에 대한 비판　陳大康, 1996, 55쪽.

44 오약　陸人龍 編著, 崔恩烈 等校點,『型世言』(齊魯書社出版社, 1995), 第26回 「吳郎妄意院中花 奸棍巧施雲里手」, 220쪽.

45 위 조봉　『拍案驚奇』, 卷15「衛朝奉狠心盤貴産 陳秀才巧計賺原房」, 250쪽.

46 휘상 풍자　『二刻拍案驚奇』, 卷15「韓侍兩婢作夫人 顧提控掾居郞署」, 304쪽.

47 휘상에 대한 반감　王世華,「徽商與長江文化」,《安徽師範大學學報》(人文社科版) 2003-1, 2쪽. 이처럼 외지인들의 급격한 도래에 따라 형성되는 본지인의 저항 의식은 명청 시대 보편적인 현상으로서, 청초 경덕진(景德鎭)에서도 외지에서 들어온 객상들이 이익을 독점하면서도 부역을 부담하지 않아 토착인들의 저항감이 고조되었다.(오금성, 「명말 청초의 사회 변화와 도시 사회 ― 경덕진과 그 주변 지역으로」,《동아문화》37, 1999, 94~97쪽) 명대 휘주 상인의 강남 지역 진출에 대해서는 陳忠平,「明淸徽商在 江南市鎭的活動」,『江淮論壇』1985-5; 陳學文,「徽商與嘉定縣經濟的發展」, 陳學文, 『中國封建晚期的商品經濟』, 長沙(湖南人民出版社, 1989); 陳學文,「明淸徽商在杭州的活動」, 『杭州徽州學硏究會十周年 記念文集』, 杭州徽州學硏究會 編(1997); 吳仁安, 「論明淸徽商在上海地區的經營活動與歷史作用(1·2)」,《大連大學學報》1999-5, 2000-5 참조.

48 상인의 과거 공부　唐力行, 2002; 徐茂明, 2004, 196~208쪽.

49 수로에서의 선행　『二刻拍案驚奇』, 卷15「韓侍兩婢作夫人 顧提控掾居郞署」, 288쪽.

50 왕 조봉　天然痴叟 著, 弦聲 等 校點,『石点頭』(中國話本大系)(江蘇古籍出版社, 1994), 第11卷「江都市孝婦屠身」, 238~239쪽.

51 왕흥가　艾衲居士(淸) 編著, 張敏 點校,『豆棚閑話』(人民文學出版社, 1984), 第3則 「朝奉郞揮金倡霸」.

52 인과응보　陳大康, 1996, 104~110쪽.

53 남경의 휘상　『拍案驚奇』, 卷24「鹽官邑老魔魅色 會骸山大士誅邪」.

54 양주의 상인 폭주 嘉慶『重修揚州府志』卷60, 風俗, 2b~3a.

55 객상의 처량한 이미지 馮夢龍,『喩世明言』(人民文學出版社, 1995), 第18卷 「楊八老越國奇逢」, 257~258쪽.

56 바다로 진출한 객상 가령 李漁,『無聲戱』(『李漁全集』第8卷, 浙江古籍出版社, 1992) 第4回,「失千金福因禍至」, 68~73쪽에 등장하는 명 홍치 연간 광동 상인 양씨(楊氏)는 본래 해외 무역으로 치부에 성공했다. 하지만 이후 해금 정책의 시행으로 인해 더 이상 해운에 참여할 수 없게 되는 것으로 이야기가 전개되는데, 이 역시 명 후기 점차 강화된 해금 정책이라는 실상을 반영하는 듯하다. 명대 해금 정책의 추세에 대해서는 이 책 2장 4절 참조.

57 운송비 Elvin, Mark, *The Pattern of Chinese Past: A Social and Economic Interpretation*(Stanford U. P., 1973)〔→마크 엘빈 지음, 이춘식·김정희·임중혁 옮김,『중국 역사의 발전 형태』(신서원, 1989)〕, 303~306쪽.

58 수로 선호 (明)張應兪 撰, 紀凡 譯注,『新刻江湖杜騙術 —— 中國古代第一部 反詐騙 奇書』(河北敎育出版社, 1995), 110~112쪽.(이하 이 책은 『杜騙新書』, 1995'로 약칭.) 하지만 여기에 등장하는 과거 응시자는 가마를 타고 가던 도중 도적으로 돌변한 가마꾼에게 가진 재물을 다 빼앗기고 겨우 목숨만 건질 수 있었다.

59 선박 전복 『二刻拍案驚奇』卷37「疊居奇程客得助 三救厄海神顯靈」, 673쪽.

60 고우호의 풍파지환 王恕(1416~1508),「言開河事宜幷乞先修舊塘水閘奏狀」, 『明經世文編』卷39, 20b; 顧祖禹,『讀史方輿紀要』(上海書店出版社, 1998), 卷128,「漕河」, 40a~41a.

61 정득노의 묘지명 汪道昆,『太函集』卷48,「明故處士程得魯墓誌銘」, 1025~1026쪽.

62 염운선의 전복 嘉慶『兩淮鹽法志』卷44, 人物2, 才略, 7a~b.

63 여옥 이야기 馮夢龍,『警世通言』(人民文學出版社, 1995), 第5卷「呂大郎還金完骨肉」, 60~61쪽.

64 이갑과 두십낭 이야기 이하 내용은 특별한 주가 없는 한,『警世通言』卷32 「杜十娘怒沉百寶箱」, 501~504쪽을 참조.

65 항구 도시 과주 民國『瓜洲續志』卷7,「善堂」, 7a~8b. 과주진에 대해서는 이 책 3장 2절 참조. 두십낭에 대한 이야기는 오늘날 과주진 옛 마두(碼頭) 자리에 위치한 정자에 비석으로 새겨 있다.

66 지방관의 택일　　黄六鴻, 『福惠全書』(文昌會館, 光緒19年刊本), 卷1, 筮仕部, 「擇到任吉期」, 16b~20b.

67 길일과 기일　　李晉德(明) 著, 『客商一覽醒迷』, 楊正泰 校註, 『天下水陸路程 · 天下路程圖引 · 客商一覽醒迷』(山西人民出版社, 1992), 334~338쪽.

68 서능 이야기　　『警世通言』 卷11 「蘇知縣羅衫再合」, 139쪽.

69 지전　　『醒世恒言』第36卷 「蔡瑞虹忍辱報仇」; 『拍案驚奇』 卷1 「轉運漢遇巧洞庭紅 波斯胡指破鼉龍殼」 등. 『醒世恒言』 제32권에는 사천성 부주(涪州, 오늘날 사천성 중경부 부릉현涪陵縣)에서 양자강의 수신 제사 기록이 보인다. 수신 제사에 대해서는 제8장에서 자세하게 다루므로, 여기서는 설명을 생략한다.

70 하신 제사　　『醒世恒言』 卷36 「蔡瑞虹忍辱報仇」, 760쪽.

71 회안의 수신 제사　　萬曆『淮安府志』卷6, 學校志, 祠廟; 乾隆『淮安府志』卷26, 壇廟.

72 육로의 도적　　『拍案驚奇』卷4, 「程元玉店肆代償錢 十一娘雲岡縱譚俠」.

73 지리 정보　　소설에서 객상과 수험생들이 장거리 이동에 필요한 지리 정보가 자주 등장하는 것 자체는 노정서가 출판되어 유통되었던 명대의 상황과 밀접한 관련이 있는 것이지만, 지리 정보의 구체적인 내용까지 신뢰할 필요는 없다. 가령 『警世通言』 卷11 「蘇知縣羅衫再合」, 142쪽에 의진에서 소백호(邵伯湖)까지는 불과 50여 리인데, 다음 날이 되니 아직도 오패구상(五壩口上)에 도착했을 뿐이라는 언급이 있지만, 이것은 사실과 다르다. 실제로 의진에서 양주가 75리, 양주에서 소백역이 45리 거리의 차이가 있었으므로 의진에서 소백역까지는 대략 120리 떨어져 있었다. 이처럼 구체적인 거리는 사실과 다르지만, 당시 유통로에서 의진에서 소백까지 연결하는 대운하 구간은 각종 노정서에 빠짐없이 등장하는 중요한 수로였다.

74 수로의 안정성　　티모시 브룩 지음, 이정 · 강인황 옮김, 『쾌락의 혼돈: 중국 명대의 상업과 문화』(이산, 2005), 235~237쪽.

75 왕생 이야기　　『拍案驚奇』卷8 「烏將軍一飯必酬 陳大郎三人重會」. 비록 이야기는 다소 현실성이 떨어질 만큼 우연한 계기로 전개되지만, 그 과정에서 등장하는 당시 상업 환경에 대한 설정은 매우 사실적이다. 그는 첫 번째와 두 번째 상업 활동을 시작하면서 주변에 경험 있는 자들에게 이윤이 많은 업종이 무엇인지를 자문했다. 이를 기반으로 그는 소주에서 구매한 물건을 남경으로 판매하는 방식을 첫 번째로 선택했고, 두 번째는 양주로 진출했다. 특히 후자의 경우, "양주는 포(布)를 팔기에 좋은 곳이다. 송강에서 포를 사서 양주에 가면

은자도 얻을 수 있고 쌀과 콩을 가지고 돌아올 수도 있으니 대단히 수지맞는 장사"라는 정보를 들었다. 강남의 포를 양주로 가져가서 팔고 올 때는 다시 쌀과 콩을 가지고 오는 것은 명대 대운하에서 이루어지는 대표적인 물자 유통이었다.(許檀, 1998, 362~366쪽; 范金民, 1998, 56~57쪽)

76 선박 약탈　　姜性,「議定皇華亭水次疏」(萬曆36年), 康熙『岳州府志』卷27, 藝文下(오금성, 1986, 185~186쪽에서 재인용); 陳宏謀,『培遠堂偶存稿-文檄』卷14, 「禁乘危搶貨檄」(乾隆7年8月), 24a~25b)

77 무뢰 진소사　　『醒世恒言』, 卷36「蔡瑞虹忍辱報仇」.

78 서능과 무뢰배　　『警世通言』, 卷11「蘇知縣羅衫再合」.

79 임청과 양주의 무뢰배　　양주 지역에서 활동하는 수수들에게 무뢰적 성격이 강했음에 대해서는 韓大成,『明代城市研究』(北京, 中國人民大學出版社, 1991), 346쪽 참조. 물론 선호(船戶)가 무뢰와 연계하여 상인의 화물을 약탈하는 것은 회안·의진뿐 아니라 수로 교통이 발전한 곳이라면 어디든 발생하는 현상이었다. 이에 대해서는 森田明,「淸代水手結社の性格について」,《東洋史研究》13~15쪽, 1955; 星斌夫, 「淸代の水手について」,『東方學』12, 1956; 沙鄭軍,「試論明淸時期の江南脚夫」, 『中國史硏究』1988-4; 陳峰,「淸代漕運水手的結帮活動及其對社會的危害」,『社會科學戰線』 1996-2; 오금성,「명청 시대의 사회 변화와 강서 상인」,《명청사연구》9, 1998 참조.

80 두편신서　　『杜騙新書』, 1995, 卷2,「在船騙」참조.『두편신서』는 명대 유행하던 상업서의 일종으로, 상업 활동을 비롯한 일반 민간 사회에서 발생하는 각종 속임수를 24개 유형으로 정리한 책이다. 그 안에 담겨 있는 이야기들은 역사적 사실에 기반하여 만들어진 일종의 소설이었다.(足立啓二, 1993, 32~34쪽)

81 유천생 이야기　　『杜騙新書』, 1995, 卷2,「炫耀衣裝啓盜心」, 97쪽.

82 노련한 상인들　　『拍案驚奇』卷8「烏將軍一飯必酬 陳大郎三人重會」, 110~111쪽; 花幔樓主人,『生綃剪』(古今小說集成, 125, 上海古籍出版社) 第1回,「有緣結蟻三朝子 無意逢人雙擔金」, 3a~4a;『二刻拍案驚奇』卷21「許察院感夢擒僧 王氏子因風獲盜」, 404~408쪽.

83 선박 선택의 중요성　　程春宇(明),『士商類要』, 楊正泰 編著,『明代驛站考』(上海古籍 出版社, 1994), 卷2,「船脚總論」,「買賣機關」, 294~300쪽; 李晉德(明) 著,『客商一覽醒迷』, 楊正泰 校註,『天下水陸路程·天下路程圖引·客商一覽醒迷』(山西人民出版社, 1992),

「商賈醒迷」, 296쪽.

84 아행의 중요성　　『杜騙新書』, 1995, 卷2, 「船載家人行李逃」, 135쪽. 그 의미 해석에 대해서는 足立啓二, 1993, 34~42쪽 참조.

85 아행을 통한 선주 선택　　李晉德, 『客商一覽醒迷』, 「商賈醒迷」, 294쪽.

86 아행　　　　萬曆『大明會典』卷164, 刑部6, 戶律2, 市廛, 「私充牙行埠頭」, 17b. 명대 도시 사회에서 아행의 중요성이 급격하게 상승한 사실에 대해서는 韓大成, 1991, 3장 3절 「牙行」 참조.

87 장흥가 이야기　　　『喻世明言』卷1 「蔣興哥重會珍珠衫」, 3~5쪽. 이는 장흥가의 처가인 나씨 집안이 이미 3대에 걸쳐 광동에 왕래하면서 광동 지역 아행들과 형성했던 친밀한 관계를 장흥가가 이용했기 때문에 가능했다.

88 장수진　　　오금성, 「'광동 체제'의 빛과 그림자」, 『모·순의 공존 ── 명청 시대 강서 사회 연구』, 2007, 110~117쪽.

89 운남 상인　　　『杜騙新書』, 1995, 卷2, 「高抬重價反失利」, 113~114쪽.

90 좋은 아행 만나기　　　『杜騙新書』, 1995, 卷1, 「貧牙脫蠟還舊債」, 74~75쪽. 가령 복건성 대안인(大安人) 시수훈은 800냥 가량의 종이를 싣고 소주에 도착하여 판매하려 했지만, 교활한 아행에게 걸려 오랜 기간 고생만 하다가 결국 망했다. 또한 사천성 상인 장씨는 납향을 구매하여 복건성 건녕부에 가서 판매하려다가, 그곳에서 만난 아행에게 사기를 당했다.

91 아행과 결탁한 승려　　　『拍案驚奇』卷24 「鹽官邑老魔魅色 會骸山大士誅邪」. 실제 남경에 위치한 홍제사에 구생선이 1733년 설치되어 풍랑이 심한 양자강을 왕래하는 선박을 구조했다. 이에 대해서는 嘉慶『兩淮鹽法志』卷56, 雜紀7·救生紅船, 13b 참조.

92 아행의 긍정적 기능　　　가령 앞서 언급했던 『유세명언』 제1권에 등장하는 휘상 진상(陳商)의 경우, 호북 양양에 도착할 때에 주로 이용하던 숙소의 아행 여씨와 친밀한 관계를 유지하며 많은 도움을 받았다. 가령 진상이 두 번째 양양(襄陽)에 도착하자마자 도적을 만나 빈털터리가 되었지만, 여씨는 진상이 자신의 숙소에 머무를 수 있도록 허락해 주었을 뿐 아니라 진상의 편지를 고향인 휘주로 빨리 전달하기 위해 자신이 잘 아는 관청의 관차(官差)에게 부탁하여 역참을 이용하여 편지가 도달하게 해 주었다.(『喻世明言』卷1 「蔣興哥重會珍珠衫」, 31~32쪽)

93 아행의 의무　　　『杜騙新書』, 1995, 卷2, 「盜商伙財反喪財」. 아행에 대한 의무에 대해서는

萬曆 『大明會典』 卷164, 刑部6·戶律2·市廛, 「私充牙行埠頭」, 17b 참조. 하지만 아행에 대한 이러한 관부의 규정은 시간이 지날수록 제대로 이루어지지 않아서, 명 후기에는 관전매가 강력하게 시행되었던 염운을 제외하고는 사실상 유명무실해졌다.(黃仁宇, 2001, 21~22쪽)

94 아행의 특징 葉權, 『賢博編』(元明史料筆記叢刊)(中華書局, 1987), 22쪽.

95 객상에 대한 사기꾼 『杜騙新書』, 1995, 卷1, 「狡牙脫紙以女償」, 70~71쪽.

96 아행에 대한 민변 이윤석, 「명청 시대 강남에서의 상품 유통과 아행」, 《서울대 동양사학과 논집》 19집, 1995, 40쪽.

97 정부의 수탈 Richard J. Lufrano, 1997, 85~89, 176쪽; 로이드 E. 이스트만 지음, 이승휘 옮김, 『중국 사회의 지속과 변화: 1550~1959』(돌배개, 1999), 214~215쪽.

98 관리들의 가렴주구 趙世卿, 「關稅虧減疏」, 『明經世文編』 卷411, 5b~6a.

99 세관 李龍潛, 「明代鈔關制度述評 —— 明代商稅硏究之一」, 『明史硏究』 4(黃山書社, 1994), 25~27쪽; 松浦章, 「淸初の榷關について」, 小野和子 編, 『明末淸初の社會と文化』 (京都大學人文科學硏究所, 1996). 그 밖에 복건, 광동, 절강 등에 해관(海關)이 설립된 것은 청 강희 연간의 일이다.(祁美琴, 『淸代榷關制度硏究』(內蒙古大學出版社, 2004), 213~217쪽)

100 명대 초관의 위치와 담당 관원 萬曆 『大明會典』 卷35, 課程4, 「鈔關」; 『萬曆會計錄』(『北京圖書館古籍珍本叢刊』 53, 書目文獻出版社), 卷42, 「鈔關船料商稅目錄」.

101 하서무 초관 『성세항언』 제10권, 「劉小官雌雄兄弟」, 208쪽. 하서무라는 이름은 대운하의 서쪽 연안에 세관이 설치되었다는 뜻에서 붙여진 이름이다.

102 임청과 항주의 초관 『萬曆會計錄』, 卷42, 「鈔關船料商稅目錄」, 21a. 선료에 대한 징수는 본색(本色)과 절색(折色)으로 나뉜다. 본색으로 거둔 부분은 내탕(內帑)으로, 절색으로 거둔 부분은 태창(太倉)으로 보내졌다. 또한 길이가 4척 9촌 이하의 선박에 대해서는 선료를 부과하지 않았으며, 5척부터 최장 2장(丈)까지 1척 단위로 가중되는 선료가 부과되었다. 빈 배는 대소를 무론하고 모두 면제해 주었다. 세세한 규정에 대해서는 萬曆 『揚州府志』 卷3, 賦役考, 2b~3a; 같은 책, 卷4, 賦役志下, 「關稅」, 34b~35a 참조.

103 상세 『明史』 卷81, 食貨5, 「商稅」, 1975쪽.

104 명 후기 환관과 상세 李龍潛, 1994, 30, 36~40쪽; 林麗月, 「商稅與晚明的商業發展」, 《歷史學報》(臺灣師大) 16, 1988, 46~55쪽.

105 형주 초관의 서리　　『石点頭』卷8「貪婪漢六院賣風流」, 160쪽.

106 회안 세관의 노복　　黃鈞宰,『金壺浪墨』(『筆記小說大觀』第13冊, 江蘇廣陵古籍出版社, 1995), 卷3,「淮關」.

107 세관 행정의 악순환　　李龍潛, 1994, 36~37쪽.

108 강언선　　康熙『兩淮鹽法志』卷23, 尙義 · 江彦宣, 8a~12a; 嘉慶『兩淮鹽法志』卷44, 人物2, 才略, 江彦宣, 3b~4a. 강언선은 휘주 흡현 강촌인(江村人)으로 강남능(江南能)이라는 이름으로도 불렸다. 그에 대한 고향의 지방지 기록은 民國『歙縣志』卷9, 人物志, 義行, 18b에도 있다.

109 오종성　　道光『徽州府志』卷12-5, 人物志, 義行, 吳宗聖, 18a; 民國『歙縣志』卷9 人物志, 義行, 吳宗聖, 36a~b.

110 상세를 감면한 어사　　張九徵,「御史裴公碑文」, 康熙『兩淮鹽法志』卷26, 藝文, 12a-14a.

111 상인들의 우회로　　川勝守,「明末長江三角洲新安商人經濟動態之一斑」,『95 國際徽商學術討論會論文集』, 周紹泉 · 趙華富 主編(安徽大學出版社, 1997), 185~186쪽; 瀧野正二郎,「清代淮安關常の構成と機能について」,『九州大學東洋史論集』14, 1985, 148~149쪽. 당시 객상들은 세관이 설치된 회안과 양주를 잇는 대운하 대신에 주로 다음과 같은 세 가지 우회로를 이용했다. ① 부녕현(阜寧縣) 관장하(串場河) → 고우 · 보응 루트. ② 태주 → 묘만(廟灣) 루트. ③ 회하 · 홍택호 → 장가패(蔣家壩) → 고우 · 보응 루트가 그것이다.

112 왕생 이야기　　『拍案驚奇』卷8「烏將軍一飯必酬 陳大郎三人重會」, 135쪽.

113 진강 운하　　하지만 조운선과 같이 적재량이 많은 선박이 아닌 일반 상선이나 관선 등은 진강 운하를 이용하는 데 큰 문제는 없었던 것 같다. 가령 1487년 최부의 기록을 보면, 분우갑(奔牛閘)에서 맹독하 루트가 아닌 여성갑(呂城閘)에서 경구갑(京口閘)으로 이어지는 진강 루트를 이용하고 있다. 崔溥 著, 서인범 · 주성지 옮김,『표해록』(한길사, 2004), 260~264쪽 참조.

114 맹독하 우회로　　嘉慶『丹徒縣志』卷2,「山水」, 18a;『明史』, 卷68, 河渠志4,「運河下」, 2105쪽.

115 관리 승선의 혜택　　『警世通言』卷11「蘇知縣羅衫再合」, 137쪽.

116 회공선의 세금 면제　　『醒世恒言』卷36「蔡瑞虹忍辱報仇」.

117 관리와 객상의 이해관계　　李荊函,「請禁官舫夾帶貨船」,『資治新書 初編』, ((『李漁全集』第16卷, 浙江古籍出版社, 1992) 卷3「文移部·權政」, 115쪽.

118 조운선의 사화 탑재　　中原晃雄,「淸代における漕運の商品化について－漕運研究の一齣──」,《史學研究》70, 1958; 中原晃雄,「淸代漕船による商品流通について」, 《史學研究》72, 1959.

119 서문경의 수법　　이에 대해서는 오금성,「『금병매』를 통해 본 16세기의 중국 사회」의 1장, 관료의 사회생활과 교제망 부분을 참조.

120 임청 세관의 비리　　『金瓶梅祠話』, 제58회,「懷嫉忌金蓮打秋菊 乞臘肉磨鏡叟訴寃」, 784쪽; 같은 책, 제59회,「西門慶摔死雪獅子 李瓶兒痛哭官哥兒」, 805쪽. 앞서 언급했던 명대의 상세 규정에 따르면, 화물 가치(=1만 냥)의 30분의 1(3.3퍼센트)에 해당하는 333냥을 납부해야 했으므로, 이것은 명백히 세금 탈루였다. 이후 남경에서 다른 짐배가 임청에 도착할 때도, 서문경은 100냥의 은자와 양, 술, 기물, 비단 등의 선물을 보내면서, "세금을 징수할 때 이 배를 돌봐 주시오."라는 편지를 주사에게 전달했다. 그 결과 큰 수레 20대 분량(대략 2만 냥 정도의 가치)의 물건을 100냥의 세금으로 통과시킬 수 있었는데, 이는 상품 가치의 0.5퍼센트에 해당하는 미미한 수준이었다.

121 선박 통과의 부정　　『金瓶梅祠話』, 제81회,「韓道國拐財倚勢 湯來保欺主背恩」, 1312쪽.

122 애첩을 바치는 휘상　　『二刻拍案驚奇』, 人民文學出版社, 1996, 卷15「韓侍兩婢作夫人 顧提控掾居郎署」.

123 관리에 대한 특혜　　黃仁宇, 2001, 13쪽.

2부 6장

1 강남 시진　　시진의 자율적인 성격과 지역 분포에 대해서는 劉石吉,『明淸時代江南市鎭研究』(中國社會科學出版社, 1987), 1~9, 120~158쪽; 樊樹志, 『明淸江南市鎭探微』(復旦大學出版社, 1990), 1~2장; 오금성,「강남의 도시 사회」, 『국법과 사회 관행──명청 시대 사회경제사 연구』(지식산업사, 2007), 299~314쪽; 이윤석,「도시」,『명청 시대 사회경제사』(이산, 2007), 322~326쪽 참조. 한편

최근에는 강남 시진에 대해서 주현관의 설치는 없었으나 국가권력은 순검사(巡檢司)와 부청(府廳) 급의 관원을 따로 파견함으로써 치안을 유지하고 세금을 징수하는 등 기층 사회에 대한 치밀한 관리에 성공적이었다는 지적도 나왔다. 이에 대해서는 張海英, 「關注明淸政府對江南基層社會的管理 ── 以江南市鎭爲視角」, 王家范 主編, 『明淸江南史硏究三十年, 1978~2008』(上海古籍出版社, 2010) 참조. 앞으로 중국 도시사 연구에 있어 시진의 성격에 대한 전면적인 재검토의 필요성을 느낀다.

2 적소　　　Philip Kuhn, 2008, 43~51쪽.

3 수·당대의 양주　　　全漢昇, 「唐宋時代揚州經濟景況的繁榮與衰落」, 『中央硏究院歷史語言硏究所集刊』 11, 1943 → 全漢昇, 『中國經濟史論叢』(臺北, 稻禾出版社, 1996); 潘鏞, 『隋唐時期的運河和漕運』(三秦出版社, 1987), 108~112쪽 참조.

4 수양제의 최후　　　박한제, 「수양제 이발관과 수양제 스넥」, 『박한제 교수의 중국 역사 기행 3 ── 제국으로 가는 긴 여정』(사계절, 2003).

5 당대의 대운하 평가　　　발레리 한센, 『열린 제국: 중국, 고대 ── 1600』(까치, 2005), 236~237쪽.

6 송대의 대운하　　　西娛健志, 「宋代大運河の南北物流」, 『東洋學報』 89-1, 2007에 따르면 대운하를 이용하는 물류는 조운을 중심으로 하는 '재정적 물류'와 상인들이 주도가 되는 '시장적 유통'으로 구별되는데, 송대는 '재정적 물류'가 중심이었다고 한다.

7 회·양 지역의 침체기　　　任重「金元時期黃淮中下流農業經濟破産成因及後果探析」, 『中國農史』 1994-3; 王鑫義 主編, 『淮河流域經濟開發史』, 黃山書社, 2001, 608~614쪽.

8 원말의 파괴　　　明『太祖實錄』卷5, 丁酉9月甲申條; 萬曆『淮安府志』卷4, 田賦, 1a.

9 명 전기의 체류자　　　嘉靖『惟揚志』, 卷8, 戶口, 30b~31b; 萬曆『淮安府志』卷3, 建置, 形勝, 4b~5a.

10 이주민 도래　　　曹樹基, 『中國移民史 第5卷 明時期』(福建人民出版社, 1997), 31~41쪽.

11 강도현과 산양현의 호구 수　　　傅崇蘭, 『中國運河城市發展史』(四川人民出版社, 1985), 198~201, 210의 호구 표를 재정리했다.

12 시진의 수　　　강도현에 대한 자료는 萬曆『揚州府志』卷2, 都里, 21b; 嘉慶『重修揚州府志』卷16, 都里, 1a~11b를 참조했고, 산양현에 대한 자료는 萬曆『淮安府志』卷3, 建置, 28a~b; 乾隆『淮安府志』卷5, 城池, 34b~36a. 참조.

13 송대의 대성　　　嘉慶『重修揚州府志』卷15, 城池, 1a-2b.

14 양주의 신흥 개발구　Antonia Finnane, 1993, 130~132쪽.

15 신선 건립　(淸) 焦循 · 江藩 纂,『揚州圖經』(江蘇廣陵古籍刻印社, 1995) 重印本, 卷8, 28b. 당시 왜구의 피해는 양주에만 국한된 것이 아니라 양자강을 따라 내륙까지 이어졌다. 이에 그 피해를 받았던 과주진도 같은 시기 축성이 이루어졌으며, 강서성 구강(九江)에도 마찬가지 이유로 축성이 이루어졌다. 과주진에 대해서는 鄭曉,「瓜洲築城疏」, 『端簡鄭公文集』卷10, 50a~57b를, 구강에 대해서는 康熙『九江府志』卷14, 藝文, 「修九江城記」, 34a~34b 참조.

16 오계방의 축조론　何城,「揚州新城記」, 嘉慶『重修揚州府志』卷15, 城池, 5a.

17 축성 의미　傅崇蘭,『中國運河城市發展史』(四川人民出版社, 1985), 214쪽.

18 양주 성곽도　嘉慶『重修揚州府志』卷首,「輿圖」, 2b~3a.

19 시장 분포　李斗,『揚州畵舫錄』卷3,「新城北錄上」, 58쪽; 李斗,『揚州名勝錄(江蘇古籍出版社, 2002), 卷1, 4쪽.

20 회안의 성곽　乾隆『淮安府志』卷5, 城池, 3b-4b.

21 회안 성곽도　『淮郡文渠志』(中國方志叢書 · 華中地方 · 第7號), (淸)吉元 等輯 (成文出版社, 1970).

22 반량청　乾隆『淮安府志』卷5, 城池, 5a; 같은 책, 卷11, 公署, 7b.

23 장환의 축조론　章煥,「禦倭疏」,『明經世文編』卷272, 4b~5b.

24 하하진　淮安市政協文史委 · 楚州區政協文史委 編,『古鎭河下』(中國文史出版社, 2005), 1~24쪽.

25 번화가　乾隆『淮安府志』卷5, 城池, 14b.

26 서호취　乾隆『淮安府志』卷5 城池, 15a; 王名泰,「河下曲江園」, 『淮安名勝古迹』(江蘇文史資料編輯部, 1998), 176쪽.

27 양주의 아행　傅崇蘭, 1984, 320~347쪽; Antonia Finnane, 1993, 130~144쪽. 양주 아행에 대해서는 萬曆『揚州府志』卷20, 風俗, 5b 참조.

28 회안의 기예인　乾隆『淮安府志』卷15, 風俗, 7a.

29 회안의 조운선　光緖『淮安府志』卷2, 彊域, 3b-4a.

30 거주의 차별화　嘉慶『重修揚州府志』卷60, 風俗, 3b.

31 양주의 외래 인구　萬曆『揚州府志』序, 3a~b; 같은 책, 卷1, 郡縣志上,「總論」, 4a.

32 과주진　嘉慶『重修揚州府志』卷16, 都里, 4a~b; 民國『瓜洲續志』卷12, 風俗, 16a~b.

33 회양 지역의 유동 인구　　乾隆『淮安府志』卷13, 鹽法, 1b. "兩淮, 當南北之中, 幅員數千里水陸都會, 舟車輻輳, 四方豪商大賈鱗集麕至, 僑戶寄居者, 不下數十萬." 사회과학원의 부숭란(傅崇蘭) 교수는 "수십만"이라는 숫자가 회안이라는 성곽 도시의 인구로 착각했기 때문에 대단히 과장된 기록이라고 지적한 바 있다.(傅崇蘭, 1984, 213쪽) 하지만 전후 맥락을 보면 이것은 회·양 지역과 일치하는 양회 염장에 대한 언급이며 그 대상 역시 성곽에 국한된 것이 아니라 회·양 지역의 염장과 도시를 포괄하고 있다. 따라서 건륭 연간 이전에 회·양 지역에서 염운과 관련한 상인과 운송업자 등의 유동 인구만 수십만에 달한다는 이 기록은 결코 과장이라고 보기 어려우며, 오히려 당시 유동 인구의 규모를 알려 주는 중요한 자료라고 생각한다.

34 소주의 축성론　　가정 연간 왜구의 침입에 직면했던 소주에도 창문에서 풍교(楓橋)에 이르는 성곽 외부 지역에 축성해야 한다는 필요성이 제기되었다. 하지만 소주의 축성론은 논의만 무성할 뿐 시행되지 못했다. 소주의 거주민들이 감당해야 하는 경제적인 부담과 신성의 건립으로 인한 구성의 활력이 감소될 것이라는 우려가 강했기 때문이다.(鄭若曾, 「閶西築城論」과 曹自守,「閶西防禦論」, 崇禎『吳縣志』, 卷前,「圖」, 10b, 12a~13a) 명대의 여러 강남 지역에서 축성이 이루어진 사례들을 보면 실제로 축성비의 상당 부분을 지역민이 부담했다. 더구나 지역민들은 축성에 필요한 노동력까지 제공해야 했으므로, 축성에 대한 필요성이 제기될 때마다 "싫어하는 자가 열에 아홉이고, 반대하는 여론이 분분했"던 것은 어렵지 않게 이해할 수 있다.(龐新平,「嘉靖倭寇活動期における築城—中國浙江沿海地方を中心にして—」,《東洋學報》75, 1993, 51~52쪽) 한편 이에 대해 이윤석,「명 후기 소주의 치안 문제」,『근세 동아시아의 국가와 사회』(지식산업사, 1988), 334~335쪽에서는, 성곽을 짓지 않음으로 도시의 확대를 자유롭게 하고자 하는 도시화의 분위기가 축성을 통한 도시 치안의 필요성을 잠재웠다고 평가했다. 하지만 16세기 중반 신사층이 지역 사회의 핵심적인 엘리트로 강고하게 자리 잡고 있던 소주의 도시 사회에서 '도시화'에 대한 여론이 얼마나 보편적으로 공유되고 있었는지, 그래서 그것이 과연 얼마나 효과적으로 왜구 침입에 대비하기 위한 축성론을 잠재웠는지에 대해서는 의문의 여지가 있다. 오히려 성곽 외부 운하 연변의 상업 종사자들은 치안상의 큰 위협 가운데 놓여 있었는데도, 소주의 축성론은 성곽 내의 엘리트 즉 신사층의 이해관계에 따라 무산된 것이 아니었을까? 이러한 정황은 곧 유사한 상황에서 제기된 축성론이 성사되었던 양주와 회안의 경우, 축성비를 부담하면서라도 거주의 안전성을 확보하려는 외지 상인층의 존재와 상대적으로 약했던

토착 신사층이라는 위상 차이가 있었음을 보여 준다.

35 염각부　　염각부에 대해서는 雍正『揚州府志』卷40, 雜記, 12a, 유동하는 무뢰 집단에 대해서는 萬曆『揚州府志』卷20, 風俗, 5b와 張瀚,『松窗夢語』卷4,「商賈紀」, 83쪽 참조.

36 양주의 가짜 동전　　崇禎『瑞州府志』卷19, 人物志, 名宦, 范世美, 26a; 嘉慶 『重修揚州府志』卷60, 風俗, 3a.

37 거지 운수 노동자　　한차오 루 지음, 김상훈 옮김,『중국 거지의 문화사』(성균관대 출판부, 2009), 210~211쪽. 특히 명·청 교체의 동란기가 안정 국면에 들어선 강희 20년(1681년) 이후부터 남경을 중심으로 강남 지역 전반에 걸개(乞丐, 거지)의 집단적인 활동이 확산된 결과 건륭 22년(1757년)에는 전국적인 보갑(保甲)의 규정 속에 걸개 단속에 대한 항목이 삽입될 정도로 공권력의 주목을 받았음에 대해서는 강원묵,「강건 시기 강남 걸개 문제와 '성세(盛世)'의 허상」,《동양사학연구》111, 2010 참조.

38 양주의 거지　　朱正海 主編, 韋明鏵 編著,『畫筆春秋 揚州名圖』(廣陵書社, 2006), 128~129쪽.

39 회안의 치안 문란　　楊士奇,『東里文集』(中華書局, 1998), 卷3「故驃騎將軍左軍都督府都督僉事王公神道碑銘」, 194쪽.

40 빈민 노동력　　丁士美(明),「高家堰記」,『淮安藝文志』(同治12年刊) 卷4, 9b-11a.

41 회안의 풍속　　魯一同,『清河風俗物産志』,『小方壺齋輿地叢鈔』第6帙, 5215쪽.

42 회안의 유수·무뢰　　光緒『淮安府志』卷2, 彊域, 4a~5b.

43 1523년 기록　　嘉靖『惟揚志』卷11, 風俗, 26b.

44 1599년 기록　　嘉慶『重修揚州府志』卷60, 風俗, 2b~3a에서 재인용.

45 회안의 사치 풍조　　阮葵生 著,『茶餘客話』卷22,「生日祝嘏」, 707~708쪽.

46 대운하의 효율성　　倪岳,「會議疏」,『明經世文編』卷78, 32b~33a.

47 남상진의 휘상　　歸有光, 周本淳 校點,『震川先生集』(臺北, 源流出版社, 1983), 卷18,「例授昭勇將軍成山指揮使李君墓誌銘」, 258~259쪽.

48 대운하의 상업 활동　　『金甁梅詞話』, 第47回,「王六兒說事圖財 西門慶受贓枉法」.

49 오보의 선조　　李維楨,『大泌山房集』卷86,「吳太學墓誌銘」, 20b~22b. 오보의 선조가 정확하게 어떠한 장사를 했는지 알 수 없다. 하지만 신안은 땅이 좁고 사람이 많아 식속(食粟)을 사방에 의지했다는 언급이나 그가 16세인 1565년 기근이 들었을 때 오씨 집안은 속(粟)을 비축했다가 평조(平糶)나 진휼에 사용했다는 기록이 있는 것으로 보아

양상(糧商)이었다는 추측이 가능하다.

50 완필　　汪道昆,『太函集』, 黃山書社, 2004, 卷35,「明賜級阮長公傳」, 762~763쪽.
명청 시대 무호와 강남 지역 사이의 경제적 교류에 대해서는 李琳琦·秦璐,
「蕪湖在明淸江南經濟發展中的地位」,『合肥學院學報』2008-3 (『復印報刊 明淸史』2009-4)
참조.

51 정례의 세 업종　　汪道昆,『太函集』卷52,「明故明威將軍新安衛指揮僉事
衡山程季公墓誌銘」, 1101~1102쪽.

52 염업에 대한 선호도　　汪道昆,『太函集』卷54「明故處士谿陽鳴長公墓誌銘」, 1143쪽.

53 경덕진　　梁淼泰,『明淸景德鎭城市經濟硏究』(江西人民出版社, 1991), 第1章; 오금성,
「명말청초의 사회 변화와 도시 사회──경덕진과 그 주변 지역을 중심으로」,《동아문화》37,
1999, 84~97쪽.

54 경덕진의 상인　　梁淼泰, 1991, 166, 230~233쪽.

55 반사 가문의 계산　　汪道昆,『太函集』卷51「明故太學生潘次君暨配王氏合葬墓誌銘」,
1083~1084쪽.

56 의진　　陳仁錫 輯,『皇明世法錄』, 卷29, 鹽法條例,「改議行鹽地方」, 7a~b;『皇明世法錄』
卷29,「復舊制以廣運行」, 38b.

57 휘상의 성공 스토리　　물론 그렇다고 그 이전에 양회　염장에 진출했던 휘주
상인이 없었다는 것은 결코 아니다. 하지만 이러한 사례들은 대부분 해당 인물에 대한
직접적인 내용이 아니라 후대에 활동했던 상인의 선조로서 등장하는 경우가 많다.
가령 명초 무원현 사람 허달(許達)은 장사하기 위해 강·회 지역에 진출했다가 여러
상인을 이끌고 염과를 납부하며 염운에 참여했다는 기록이 있고(『許氏統宗世譜』,
「處士忠孝公行狀」, 張海鵬·王廷元, 1995, 48쪽에서 재인용) 휴녕현 출신 왕일린(汪一麟,
1514~1560년)의 고조와 증조부는 모두 북변의 보중(報中)에 참여했는데, 대대로
회·양 지역에서 장사했다는 것으로 보아 명초부터 양회 염장에 진출했다고 추론이
가능하다.(『休寧西門汪氏宗譜』, 卷6,「處士一麟公墓誌銘」,『徽商資料』, 1985, 393쪽에서
재인용.) 또한 15세기 중엽 활동했던 휴녕현 상인 하정(何政) 역시 북변으로 납속(納粟)하는
보중을 통해 염업에 종사했다는 기록만이 있는데, 손자대 상인들의 활동 지역으로 보건대
양회 지역으로도 진출했던 것으로 해석이 가능하다.(李攀龍, 李伯齊 點校,『李攀龍集』,
齊魯書社, 1993, 卷20,「何季公傳」, 473~474쪽)

58 양회 염장의 이윤　　沈鯉, 『亦玉堂稿』, 上海古籍出版社, 1993, 卷8, 「鹽法考」, 17b, 316쪽; 馬文升(1426~1510), 「重鹽法以備急用疏」, 『馬端肅公奏疏』, 『明經世文編』卷63, 6b.

59 개중법　　曾仰豊, 『中國鹽政史』(商務印書館, 1998), 20~21쪽.

60 개중법의 성격　　Ray Huang, *Taxation and Governmental Finance in Sixteenth-Century MingChina*(Cambridge U. P., 1974), 5장에서 개중법을 "교환 체계(barter system)"로 인식하고 있다. 그러므로 국가가 제공하는 염운의 이윤이 적을 경우 염운에 자발적으로 참여하는 상인이 줄어들었고, 상인 역시 개중에 필요한 비용을 염운의 특권을 얻어내기 위한 일종의 수수료로 인식했다.

61 개중법의 3단계　　이하의 소금 유통 과정은 특별한 각주가 없는 한 寺田隆信, 『山西商人の研究 —— 明代における商人および商業資本』, 同朋舍, 1972, 80~90쪽; 佐伯富, 1987, 430~445쪽; 劉淼, 1996, 221~235쪽을 참조했다.

62 개중법의 소요 시간　　寺田隆信, 1972, 115쪽은 『孝宗實錄』卷104, 弘治8年9月 戊申條를 인용하여 1년 이상 걸린다고 언급하고 있다. 같은 거리를 왕복하는 조운의 경우와 비교할 경우, 호광 지역에서 출발한 조운선이 북경에 갔다가 돌아오는 기간이 약 1년 정도 소요되므로,(『明史』卷79, 食貨志3, 漕運, 1921쪽) 이론적으로 큰 무리가 없다고 생각한다. 그러나 이는 어디까지나 복잡한 중간 유통 단계가 아무런 문제없이 이루어진다는 가정 아래서의 계산으로, 실제 모든 과정을 마치는 데 적어도 2년 이상의 시간이 소요되었고 이는 후대로 갈수록 길어졌다.(Ray Huang, 1975, 195쪽)

63 개중법의 원칙　　姚思仁(明) 註解, 『大明律附例注解』(北京大學出版社, 1993, 卷8, 戶律, 鹽法, 7a~b; 『皇明世法錄』卷28, 鹽法, 63b~64a.

64 산서·섬서 상인의 동류 의식　　특히 회·양 지역과 같이 휘상을 비롯한 여러 상인들이 혼재하며 경쟁이 심한 곳에서는 산서와 섬서 상인 사이의 동류 의식은 더욱 강화되었다. 사료에서 흔히 '진진(秦晉)'으로 합칭되거나, 왕도곤의 『太函集』에서 '양적지고(陽翟之賈)'라 칭하는 것도 이러한 이유 때문이다.(藤井宏, 1953-2, 35쪽)

65 상둔　　清水泰次, 「商屯考」, 『明代土地制度史研究』, 大安, 1968〔←《東亞經濟研究》 11-2, 1927〕, 374~375쪽. 상둔은 부유한 상인이 직접 출자하고 유민을 소집하고 변방의 황무지를 개간하는 것으로, 이를 통해 생산된 곡식을 군향에 공급했다.(余繼登, 『典故紀聞』, 卷18, 327쪽) 劉應秋, 「鹽政考」, 『劉文節公集』, 『明經世文編』卷431, 15a에 의하면 상둔 경영을 통해 상인은 곡물 운송의 비용을 절약할 수 있었고 유민은 일자리를 얻었으며,

병졸은 곡식을 구매하는 번거로움을 줄이는 세 가지 효과가 있었다고 한다.

66 북방 상인의 경쟁력　李明明·嗚慧,『中國鹽法史』(文津出版社, 1997), 202~203쪽.

67 범세규　張四維,『條麓堂集』卷28「處士東山范公：配孺人王氏柴氏墓誌銘」, 19a.

68 운사납은제　陳洪謨,『繼世紀聞』(中華書局, 1985), 卷2, 83쪽;『明史』卷80, 食貨志4, 鹽法, 1939쪽.

69 염상의 분업　염상의 분업화 결과, 기존 염상은 ① '보중'에 주력하는 변상 ② '수지'에 주력하는 내상 ③ '시역'에 주력하는 수상으로 나누어졌는데 이에 대해서는 조영헌, 2000, 46~51쪽 참조.

70 운사납은제의 결과　清水泰次, 1968, 381~383쪽; 藤井宏, 1987, 285~286쪽; 涂宗濬,「邊鹽壅滯疏」,『明經世文編』卷447, 22b. 산섬상 가운데는 양회 염구의 중심지인 양주로 오는 사람들이 많았으나 산서, 섬서 지역과 비교적 가까운 장노 염구나 하동 염구로 진출하는 경우도 적지 않았다. 이에 대해서는 張正明,『晋商興衰史』(山西古籍出版社, 1996), 32쪽 참조.

71 섬서 염상의 출연　趙之壁(淸),『平山堂圖志』(光緒9年重刊本,『中國佛寺誌叢刊』55, 江蘇廣陵古籍刻印社, 1996), 卷8, 12a.

72 상병　鄭曉,「擒剿倭寇疏」,『端簡鄭公文集』, 卷10, 80b.

73 염상 규모　양회 지역에서 활동했던 염상의 대략적인 규모에 대해서는 袁世振,「再上李桂亭司徒」,『兩淮鹽政編』4,『明經世文編』卷477, 13a 참조.

74 하성의 역할　嘉慶『兩淮鹽法志』卷44, 人物2, 才略, 何城, 1b.

75 양주의 산섬　회관　이는 비교적 최근에 그 존재가 알려졌다. 이에 대한 기초 자료는 薛高輝·石翔 主編,『揚州古城文化錄──"雙東"街區卷』, 廣陵書社, 2008,「山陝會館憶舊」, 33~38쪽 참조. 2010년 1월 22일 필자가 방문했을 때는 산섬　회관 문루(門樓) 외벽만 공개된 채 내부는 보수 작업 중이었다. 외부에 걸린 안내문에 따르면, 산섬　회관의 면적은 본래 3000평방미터에 달했다고 한다. 항씨의 '백간옥(百間屋)'에 대해서는 李斗,『양주화방록』卷9, 203쪽 참조.

76 산섬상의 규모　寺田隆信, 1972, 253쪽.

77 성씨별 분포　嘉慶『江都縣續志』卷12, 雜記下, 21b~22a.

78 반정주　汪道昆,『太函集』卷34「潘汀州傳」, 737~741쪽.

79 왕복광　『休寧西門汪氏宗譜』卷6,「益府典膳福光公暨配金孺人墓誌銘」,『徽商資料』, 1985, 118쪽.

80 왕사　『休寧西門汪氏宗譜』卷6,「鄕善獅公行狀」,『徽商資料』, 1985, 116쪽.

81 한구의 휘상　Rowe, *Hankow: Commerce and Society in a Chinese City, 1796~1889*, 1984, 226~230쪽; 王振忠, 1996, 100~105쪽.

82 남상진과 나점진의 휘상　歸有光,『震川先生集』, 卷18,「例授昭勇將軍成山指揮使李君墓誌銘」, 259쪽; 萬曆『嘉定縣志』卷1, 疆域, 25b~26a.

83 휘상의 양식 유통　王世華,『富甲一方的徽商』(中國地域商人叢書)(浙江人民出版社, 1997), 134~136쪽. 당시 양자강 중류의 미곡 유출 지역과 양자강 하류 사이의 활발한 미곡 유통과 이러한 유통에 참여하는 객상 및 미가의 상관 관계에 대해서는 吳應箕(明), 『樓山堂集』(中華書局, 1985), 卷12,「江南平物價議」, 139~140쪽을 참조. 또한 1584년에 강소와 절강 일대에 큰 흉년이 들었을 때, 강서성으로 양식을 구하기 위해 몰려든 상인 가운데 휘상이 가장 많았음은『明史』卷224, 列傳112, 陳有年, 1943쪽에 기록되어 있다. 강남 지방의 양식업에서 휘상의 역할이 중요했음에 대해서는 范金民, 『明淸江南商業的發展』(南京大學出版社, 1998), 194~195쪽을 참조할 수 있다.

84 사천성의 미곡　褚人穫,『堅瓠集』五集, 卷2, 14b,「火焚米商」에 의하면, 1589년(만력 17년) 큰 가뭄을 맞아 휘상은 1두(斗)의 미가가 150전(錢)까지 올라 4배의 이익을 얻을 수 있었다. 더구나 그 휘상은 100여 창(倉)의 미곡을 돈적해 놓고 있었으므로 이처럼 미가가 상승했을 때 엄청난 이익을 챙길 수 있었다. 이를 통해 양자강을 통한 양식 유통이 당시의 상인들에게 가져다 준 이윤의 정도를 가늠할 수 있다.

85 공차율　張海鵬 · 王廷元, 1995, 276~279쪽.

86 화폐 경제　許滌新 · 吳承明 主編,『中國資本主義發展史 第1卷 中國資本主義萌芽』(人民出版社, 1985), 99~103쪽; 오금성,「명 · 청의 사회 변화」,『강좌 중국사 Ⅳ ─ 제국 질서의 완성』(서울, 지식산업사, 1989), 114~121쪽; 佐伯富, 1987, 528쪽.

87 황의　『譚渡黃氏族譜』卷9,「黃東泉處士行狀」, 45b.

88 종족 조직　唐力行, 1986, 150~151쪽.

89 왕현의　汪道昆,『太函集』卷43,「先大父狀」, 919쪽.

90 항주에서 양주로　汪道昆,『太函集』卷39,「世叔十一府君傳」, 848쪽. 그러므로 1547년(가정 2년) 진사 시험에 합격한 왕도곤의 이름이 康熙『兩淮鹽法志』, 卷16, 選擧志, 4a에 실려 있는 것이다.

91 오선계　汪道昆,『太函集』卷54,「明故處士谿陽吳長公墓誌銘」, 1143~1144쪽.

이외에도 1549년(가정 29년)에 사망한 강가부(江駕部)도 항주에서 양절 염운에 종사했지만, 이후 그의 서자 2명은 양주로 이동하여 양회 염운에 종사했다.(『太函集』, 卷67, 「明贈承德郞南京兵部車駕司署員外郞事主事江公曁安人鄭氏合葬墓碑」, 1385쪽.)

92 황숭경　　『竦塘黃氏宗譜』卷5, 「明處士竹窗黃公崇敬行狀」, 『徽商資料』, 1985, 111~112쪽.

93 오일기　　汪燁, 「一夔公狀」, 『豊南志』卷6, 100b, 379쪽.

94 노보의 영향　　余懋衡, 「敬陳邊防要務疏」, 『余太宰疏稿』1, 『明經世文編』卷 471, 16a-b. 환관 노보가 양회 염장에서 농간을 부린 시기는 1598년부터 1602년까지 광감세사에 대한 철회 방침이 내려지기는 4년이었다. 이 기간 동안 노보는 순염어사나 염운사사를 능가하는 권한을 가지고 자의적으로 염법을 변경한 것으로 악명이 높았고, 결국 개중법 체제를 기반으로 한 기존의 염운 방식과 그 방식에 익숙했던 수많은 상인들을 어려움에 빠뜨렸다.(佐伯富, 1987, 488쪽.)

95 도산하는 염상　　涂宗濬, 「邊鹽壅滯疏」, 『涂司馬撫延疏草』1, 『明經世文編』卷447, 25a; 袁世振, 「疏理略說」, 『兩淮鹽政編』4, 『明經世文編』卷477, 6b.

96 도종준의 보고　　涂宗濬, 「邊鹽壅滯疏」, 『明經世文編』卷447, 24a~b.

97 진사기　　魏禧, 『魏淑子文集』, 卷17, 「明知郯城縣秦公家傳」, 848쪽.

98 자살한 산섬상　　萬曆 『歙志』, 卷20, 貨殖志, 5b.

99 손지울　　손지울은 명말 이자성의 반란군이 기병했을 때 난을 피해 양주로 들어온 이후 염업에 종사했다. 점차 문예에 재능을 보인 손지울은 상업보다 문예로 이름을 날렸다. 청초 양주의 암울한 상황을 노래한 「李屺瞻遠至, 寓我漑堂, 悲喜有述」 등 수십 편의 시는 李坦 主編, 『揚州歷代詩詞』(2)(人民文學出版社, 1998)에 수록되어 있다.

100 오양회의 전횡　　沈德符 撰, 『萬歷野獲編』上 , 中華書局, 1997, 卷6, 「陳增之死」, 175쪽.

101 오양회　　오양회 가문과 노보의 관계에 대해서는 明 『神宗實錄』卷332, 萬曆27年3月甲申條; 明 『神宗實錄』卷361, 萬曆29年7月甲子條를 참조했고, 오씨 가문에 대해서는 民國 『歙縣志』卷5, 選擧志, 殊恩, 1a-b; 許承堯, 『歙事閑譚』卷4, 「吳士奇『徵信錄』中之『貨殖傳』」, 109쪽을 참조했다.

102 주승보　　李維楨, 『大泌山房集』卷72, 「朱承甫家傳」, 22a~23a.

103 휘상의 특성　　李維楨, 『大泌山房集』, 卷66, 「何中丞家傳」, 15a. 휘상이 보여 주었던

상급자와의 친밀한 관계 형성에 있어서의 경쟁력을, 소설에서는 "인연(夤緣)"의 미학으로 표현했다.(許仲元 撰, 范義臣 校點, 『三異筆談』(筆記小說精品叢書), 重慶出版社, 1996, 卷3 「捐金獲報」, 62쪽.)

104 강운법　이상의 내용은 양회 염장 전체의 80퍼센트를 차지하는 회남 지역에 대한 강법이며, 나머지 회북 염장은 모두 14개 강으로 편성되었다.(畢自嚴, 「覆兩淮鹽臺張養更綱疏」, 『度支奏議·山東司』, 『續修四庫全書』 史部 487, 3卷, 9a.)

105 상전매　曾仰豊, 1998, 21~22쪽; 藤井宏, 「'占窩'の意義及び起原」, 『淸水博士追悼記念明代史論叢』(大安, 1962), 551~553쪽; 和田淸 編, 『明史食貨志譯註』 上卷(東京, 東洋文庫, 1957), 602~603쪽.

106 강책 명단　양회 염장의 강법은 현재까지 알려진 산동 염장의 강법과 유사한 형태를 띠고 있으리라 짐작된다. 산동 염장의 경우 모두 14강에 274명의 염상으로 구성되어 있었다. 劉淼, 1996, 288~292쪽은 雍正 『山東鹽法志』를 이용하여 산동 염장의 강상(綱商) 조직표와 그들이 부담했던 염인 액수와 염과 액수를 제시해 준다. 그에 따르면 각 '강'마다 소속된 상인의 수는 9명에서 38명까지 일정하지 않았는데, 그 다과는 각 '강'의 세력을 보여주는 것이라고 한다.

107 돈호　이하 '돈호'에 대한 서술은 조영헌, 2000, 61~65쪽을 참조했다.

108 원세진의 현실론　袁世振, 「再上李桂亭司徒」, 『兩淮鹽政編』, 『明經世文編』 卷477, 14a~b.

109 양주의 흡인력　萬曆 『揚州府志』, 序, 3a~b.

110 사치　萬曆 『揚州府志』 卷1, 郡縣志上, 「總論」, 4a.

111 원세진의 뇌물 수수　明 『熹宗實錄』 卷4, 泰昌元年 12月己酉條.

112 정지언　道光 『重修儀徵縣志』 卷38, 人物, 義行, 鄭之彦, 8b.

113 정원훈　정씨(鄭氏) 가문과 관련된 자료가 비교적 풍부하게 남아 있는 것은 신사층으로의 편입에 성공했던 정원훈이 존재했기 때문이다. 李斗, 『揚州畵舫錄』 卷8, 「城西錄」, 169~171쪽; 嘉慶 『重修揚州府志』 卷49 人物, 忠義, 33b-36a 참조. 정원화의 육영당 창건에 대해서는 9장 1절에서 언급한다.

114 명·청 교체의 동란　Frederic Jr. Wakeman, *The Great Enterprise: The Manchu Reconstruction of Imperial Order in Seventeenth-Century China*(University of California Press, 1985), 556~563쪽. 명말 청초 사천성의 '도촉'에 대한 비판적 검토는 이준갑, 「명말 청초

사천의 동란과 그 영향──'도촉'상의 재검토와 관련하여」,『근세 동아시아의 국가와 사회』,
서울대 동양사학연구실 편(지식산업사, 1998)을 참조.

115 남명군　著者未詳(明),「揚州變略」,『中國歷史硏究資料叢書──東南紀事』(上海書店,
1982), 127~129쪽. 당시 양주 성곽에 살고 있던 거민들은 힘을 모아 고걸(高傑)이 이끄는
남명군을 막아 낼 수 있었는데, 특히 목상(木商)과 염상(鹽商)들의 재정적인 기여가 많았다.

116 양주의 참상　王秀楚,「揚州十日記」,『揚州叢刻』, 5冊(江蘇廣陵古籍刻印社, 1995),
15a. 80만 명의 인명피해 숫자에 대하여 謝國楨,『南明史略』(上海人民出版社, 1988),
72~73쪽은 현실성 있는 계산이라고 평했다. 반면 Lynn A. Struve, *Voices from the Ming-Qing
Cataclysm: China in Tigers` Jaws*(Yale University Press, 1993), 48쪽에서는 80만 명이 지나치게
과장되었다면서 8만 명 정도로 추정했다.

117 사가법의 판단　Frederic Jr. Wakeman, 1985, 520쪽. 이는 황하와 회하가 관통하는
회안의 험요한 형세가 "오월(吳越)의 번병(藩屛)"과 같다는 지방지의 지적과도 궤를 같이
한다. 乾隆『淮安府志』卷3, 形勢, 13a-b 참조.

118 양주를 떠난 상인들　「揚州變略」, 1982, 130쪽.

119 산서 상인 교씨　魏禧,『魏淑子文集』卷18,「襄陵太學喬君繼配史孺人合葬墓誌銘」,
971쪽.

120 섭서 상인 곽사장　嘉慶『兩淮鹽法志』卷43, 人物1, 行誼, 17b.

121 명말의 섭서 상인　田培棟,「陝西商幇」, 張海鵬·張海瀛, 1993, 61~69쪽.

122 장노 염장의 산서상　張四維,『條麓堂集』, 卷23「送展玉泉序」, 40a.

123 양주의 상흔　嘉慶『重修揚州府志』卷45, 宦蹟3, 李嵩陽, 2a.

124 왕언효　方苞,『方望溪全集』, 卷13,「王彦孝妻金氏墓碣」, 198~199쪽.

125 정달창　乾隆『鎭江府志』卷38, 孝義, 程達昌, 22b~23a.

126 왕무린　大平桂一,「汪蛟門懋麟年譜初稿」,《東方學報》59, 1989, 360쪽. 왕씨 집안이
피난 갔던 곳은 동대현의 염장 유장장(劉莊場)이었다. 피난 중에 왕무린의 형은 사망했고,
아버지는 승려가 되어 은닉했으며, 어머니는 우물에 빠져 자살을 시도했으나 구조되어
살아났다. 평산당에 대한 중건 기록은 嘉慶『揚州府志』卷31 古蹟3, 33b.

127 신상　嘉慶『兩淮鹽法志』卷40, 優恤1, 恤商, 3a~b. 그래서 張海鵬·王廷元, 1995,
158~159쪽에서는 '신상'을 '구상(舊商)'과는 달리 새롭게 진출한 휘상으로 해석했다.
그러나 '신상'이 '구상'과 어떤 점에서 차별화되는지에 대한 구체적인 언급이나 증거는

제시되지 않았다.

128 상인들의 모험　한편 청조는 유민(流民)에 대한 초무(招撫) 정책과 함께 상인을 회유하기 위한 정책도 실시했다. 가령 '휼상(恤商)'이라는 기조 아래 회·양 지역에서 활동하는 염상에 대하여 세금 징수를 완화·감면해 준다거나 여러 가지 유통상의 폐단을 통제하는 것은 그 대표적인 사례이다. 이에 대해서는 조영헌, 2001, 326~333쪽 참조. 하지만 이러한 정책은 어느 정도 정치 체제가 안정을 확보하면서 시행된 것이므로, 동란기 직후 상인에게 직접적인 영향을 주었다고 판단하기는 곤란할 것이다.

129 은조　康熙『兩淮鹽法志』卷10 奏議1. 3a. 청군이 경과하지 않은 지역에 대해서는 세량의 3분의 1이 면제되었던 것에 비하여, 경유 지역에 대해서는 2분의 1이 면제되었다.

130 변삼원　嘉慶『重修揚州府志』卷45, 宦蹟3, 卞三元, 1b-2a.

131 양주의 도시 정비　嘉慶『重修揚州府志』卷15, 城池, 3b.

132 회안의 도시 정비　乾隆『淮安府志』卷5, 城池, 2b.

133 호성 보수　乾隆『淮安府志』卷5, 城池, 5b.

134 양주의 학교 보수　嘉慶『重修揚州府志』卷19 學校, 1a-b. 17a.

135 의진의 학교 보수　道光『重修儀徵縣志』卷16 學校, 13b에 따르면, 재원 마련의 주창자는 오광렬(吳廣烈)이고 협조자는 상인 정영성(鄭永成)과 오자극(吳自克) 등이었다. 정영성은 안풍장(安豊場)의 염운하(鹽運河)를 준설하는 데도 참여했던 휘상이었고(후술), 오광열이나 오자극 역시 성씨로 볼 때 휘상일 것이다.

136 회안의 학교 보수　회안의 학교 보수: 乾隆『淮安府志』卷10, 學校, 8a-b, 11b~12b, 14a-b.

137 조운총독 관서　2002년 고고 발굴을 통해 조운총독 관서의 유적이 새롭게 발굴된 이후 회안시에서는 유적지에 '조운박물관' 건립을 추진 중에 있다. 이에 대해서는 章榮成 主編,『漕運遺跡重光 ─ 楚州圍墻巷地區改造工程文史集』(新疆人民出版社, 2003) 참조. 하지만 2010년 1월 23일 필자가 회안을 방문할 때까지 조운박물관은 건립되지 않았다.

138 청안　청안원은 공식적으로 1678년(강희 17년)부터 하도총독이 머물면서 치수를 관리했다. 1750년(건륭 15년) 하도총독 고빈(高斌)이 청안원 내부에 하방서원(荷芳書院)을 건립하고, 그 이듬해 첫 남순으로 회안을 방문한 건륭제를 이곳에서 접대했다. 1765년(건륭 30년) 하도총독 이굉(李宏)이 호수 가운데 담정(湛亭)을 건설했고, 1833년(도광 13년) 원림(園林)에 일가견이 있던 하도총독 인경(麟慶)이 부임하여 대규모 정비를 했다. 현재

하도총독에게 하사했던 청 황제들의 비석이 전시되어 있으나 보존 상태는 대단히 열악하다.

139 염상의 협력　崔華,「重修兩淮公署記」, 康熙『兩淮鹽法志』卷26, 藝文2, 5a-7a.

140 의진의 휘상　嘉慶『重修揚州府志』卷19, 學校, 23a-b; 康熙『兩淮鹽法志』卷19, 人物1, 理學, 鳴愛; 嘉慶『兩淮鹽法志』卷43, 人物1, 行誼, 許彪.

141 왕삼연　道光『重修儀徵縣志』卷16, 15b. 왕삼연은 강희년간 의징현의 마왕묘(馬王廟)를 중수하는 데도 참여했다.(같은 책, 卷19 祠祀, 11a) 왕삼연의 신분을 밝혀 주는 기록은 없지만, 당시 흡현에서 의진으로 이주했던 수많은 휘주 염상의 사례를 볼 때, 염업에 종사하는 상인 가문의 자제일 것이라 추측된다. 이외에도 의진현의 현학 재건에 힘썼던 휘주 기문현 출신 상인에 대한 기록도 발견할 수 있다. 이에 대해서는 同治 『祁門縣志』卷30, 人物, 義行, 李琇, 5a. 참조.

142　학교　중수의　의미　馮爾康,「清代儀徵人才的興起及原因」, 『顧眞齋文叢』(南開史學家論叢)(中華書局, 2003), 452쪽.

143 법해사 중건　魏禧,『魏淑子文集』卷16,「重建法海寺記」, 765〜766쪽. 법해사는 1705년(강희 44년) 강희제의 5차 남순시에, 양주에 방문한 강희제가 연성사(蓮性寺)로 이름을 바꾸었다.

144 정양월　康熙『兩淮鹽法志』卷22, 人物3, 篤行, 程量越, 20a-21a; 民國『淮安河下志』卷5, 第宅,「程蓮渡先生宅」, 28a-29b.

145 정종　嘉慶『兩淮鹽法志』卷56, 雜紀6, 育嬰堂, 9a.

146 정유용　康熙『兩淮鹽法志』卷23, 人物4, 程有容, 18b〜19a.

147 항시단 부자　康熙『兩淮鹽法志』卷23, 尙義, 20a-b.

148 고민사 행궁　曹寅,『關於江寧織造曹家檔案史料』, 30〜31쪽.「25. 內務府等衙門奏曹寅李煦捐修行宮議敍給京堂兼銜摺」; 嘉慶『揚州府志』卷28, 寺觀1, 7b.

149 삼차하　萬恭,『治水筌蹄』卷2, 運河,「儀眞·瓜洲運河及水量調節」, 98쪽. 李斗, 『揚州畫舫錄』卷7,「城南錄」, 161쪽.

150 백공　"향인"으로만 표현된 인물은 백씨(白氏) 성을 지니고 있다고 되어 있으나, 신분상으로 상인인지 신사였는지는 알 수가 없다. 다만 운하 준설이라는 지역 사회의 중요 현안을 해결하는 방안을 제시하면서, 상인들에게 재정적 부담을 맡기는 방식을 제안하고, 이를 통해 지역 사회의 전반적인 혜택을 고려한다는 점에서 상인과 관련이 많은 하층 신사일 가능성이 높다.

151 뇌사준의 해결책　　雷士俊,「淮南鹽商勸貸開濬河淺簿序」,〔清〕雷士俊 撰,
『艾陵文鈔』(『四庫禁毀書叢刊』集部90), 北京出版社, 卷7, 1a-2b.

152 범공제 보수　　嘉慶『重修揚州府志』卷52, 人物, 篤行, 黃家珮, 20a-b; 嘉慶
『兩淮鹽法志』卷44, 人物2, 才略, 黃家珮, 9b.

153 정양입　　嘉慶『兩淮鹽法志』卷44, 人物2, 才略, 程量入, 9a-b. 당시 范公隄 중수에
대한 비문은 丁世隆,「重修范公隄碑記」, 嘉慶『東臺縣志』卷37, 藝文中 참조.

154 강희제와 범공제　　玄燁,『康熙帝御製文集』,『中國史學叢書』41(臺灣學生書局, 1966),
卷20,「南巡筆記」, 7b.

155 범공제 공사의 효과　　嘉慶『兩淮鹽法志』卷44, 人物2, 才略, 黃家珮, 9b. 지방지
기록에서 해조로 인해 범공제에 문제가 재발하는 것은 이로부터 59년이 지난 1723년의
일이다.(乾隆『淮安府志』卷25, 五行, 18b.)

156 정영성　　汪兆璋(黟縣人, 康熙6年 泰州運判),「安豊濬河記」, 康熙『兩淮鹽法志』
卷27, 藝文3에 따르면, 정영성은 여러 상인들을 데리고 준설 사업을 주도했다. 앞서 1653년
의진현의 학궁이 중건될 때, 정영성이 다른 상인들과 함께 자금을 지원했음은 언급한 바 있다.

157 오조창하　　嘉慶『兩淮鹽法志』卷9, 轉運4, 河渠, 25b.

158 재정 운영　　嘉慶『兩淮鹽法志』卷44, 人物2, 才略, 鄭永成, 10a.

159 정조선　　程浚,「程封君傳」, 康熙『兩淮鹽法志』券27, 藝文, 15a-17a.

160 관료와의 관계　　한편 청초 조운 관료와 휘주 상인 사이의 밀접한 관계 형성에
대해서는 7장 3절을 참조.

161 정가　　康熙『兩淮鹽法志』卷23, 人物4, 尙義, 程檟, 14a-b.

162 장사집　　康熙『兩淮鹽法志』卷23, 人物4, 尙義, 蔣士集, 14b~15b.

163 방씨 부자　　이하 방씨 부자에 관한 이야기는 모두 康熙『兩淮鹽法志』卷20, 人物2,
孝友, 方懋學, 28b 참조.

164 염운선의 피해 보상　　이 문제는 이후로도 줄곧 소금을 유통하는 상인들에게 쟁점
사안이 되었다. 嘉慶『兩淮鹽法志』卷44, 人物2, 才略, 方兆龍에 따르면, 청 중기까지 선박
전복에 대한 피해 보상을 받는 과정에서 염상들의 경제적 피해가 이어졌다. 이에 건륭
연간의 총상(總商)이었던 나기(羅琦)와 포지도(鮑志道)가 진첩법(津貼法)을 만들고 여러
염상들로부터 자금을 모았다가 손해를 입는 상인을 돕는 방안을 시행했다.

165 왕문덕　　康熙『揚州府志』卷26, 人物4, 篤行, 汪文德.

166 반대급부 　왕문덕에 대한 동일한 기록이 그의 고향인 기문현과 이주 지역인 양주의 지방지와 염법지에 모두 실려 있다. 그런데 강희, 옹정, 건륭 연간에 각각 출간된 『양주부지』는 그의 열전을 「독행(篤行)」조에 배치했고, 同治 『祁門縣志』는 「의행(義行)」조에 배치했다. 한편 『염법지』에는 동일한 기록을 「재략(才略)」조에 게재했는데,(嘉慶 『兩淮鹽法志』 卷44, 人物2, 才略, 汪文德, 6a) 이것이야말로 새로운 지배자와의 관계 형성을 위해 지배자의 필요가 무엇인지를 빠르게 파악하여 기민하게 대처했던 점을 적절하게 보여 준 배치라고 생각한다.

167 오일 　佚名, 「松石菴」, 『豊南志』 卷9, 8a, 505쪽. 오씨 일가의 행적 가운데 "조운에서 미곡과 포를 거래하면서 백만의 재산을 모았다."라는 구절도 주의 깊게 살펴야 할 부분이다. 상인이 조운에 참여하여 돈을 버는 것은 이론적으로는 불가능한 일이기 때문이다. 전후에 관련된 설명이 없기에 정확한 상황이 파악되지는 않지만, 조운이 이루어지는 유통로인 대운하에서 이루어진 현상임에는 틀림없다. 대략 두 가지 가능성을 제기할 수 있는데, 하나는 말 그대로 대운하를 이용하여 미곡과 포를 유통시켰다는 것이고, 다른 하나는 조운선에 물건을 탑재하여 이윤을 획득했다는 해석이다. 조운선을 이용한 물자 유통은 1장 3절에서 언급했던 토의라는 방식보다는 3장 3절에서 언급했던 불법적인 조운선 운영을 통해서 이루어졌을 가능성이 높다. 배후에 권력자의 지지가 있을 경우엔 얼마든지 가능한 방식이므로, 오씨 일가에 적용할 수 있다.

168 강희제의 세 가지 대사 　『淸史稿』 卷279, 列傳66, 靳輔, 10122쪽.

169 삼번란의 재정 지원 　陳鋒, 『陳鋒自選集』(華中理工大學出版社, 1999)에 수록된 「淸代三藩之亂期間鹽課歲入辨析」, 「三藩之亂與淸廷的經濟政策」 등의 논문 참조.

170 연수 액수에 따른 관칙 　康熙 『兩淮鹽法志』 卷13 奏議4, 14b〜15a; 嘉慶 『兩淮鹽法志』 卷42, 捐輸1.

〔표 13〕 삼번의 난 시기, 수헌 액수에 따른 의서(議敍) 기준

군향 수헌 액수	의서 직함
8000〜1만 냥	6품함
4000〜7000냥	7품함
1000〜3000냥	8품함

171 화명　회·양 지역에서 활동하던 염상들의 상호명을 '화명'이라고 하는데, 대부분 사업의 번창과 번영을 기원하는 글자로 조합되어 있다. 다만 그 이름이 대단히 산만하여 화명과 이에 해당하는 총상(總商)을 찾아내는 작업은 대단히 어렵다고 한다.(林蘇門, 『邗江三百吟』卷1,「滾總」17a.)

172 휘상의 비율　康熙『兩淮鹽法志』卷13 奏議4, 14b~15a에 기록된, 순염어사 학욕(郝浴)의 제본(題本)에는 모든 군향 납부자의 명단이 기재된 것은 아니지만, 대표 격인 21명의 총상(總商)과 5명의 산상(散商, 중소상인)의 화명을 확인할 수 있다. 그 가운데 총상은 陳恒升(＝陳光祖), 程謙六(＝程之韺), 黃德建, 兀順吉, 吳士和, 許德和, 方可振, 蕭道生, 申建業, 吳澄, 張世興, 張大安, 吳有慶, 汪昭泰, 兀時需, 楊寶元, 吳昭德, 兀得潤, 王國寶, 喬衍慶, 黃至善이며, 散商은 李德隆, 李汴興, 卞晉興, 梁升舒, 恒珍이다. 民國『歙縣志』卷1, 興地志,「風土」, 6a에 따르면, 양회 총상을 많이 배출했던 휘주의 대표적인 성씨로 12개 성씨(江氏, 吳氏, 黃氏, 程氏, 汪氏, 徐氏, 鄭氏, 許氏, 曹氏, 宋氏, 鮑氏, 葉氏)를 거론했다. 이 기준에 따르면, 학욕의 제본에 등장하는 총상 21명 가운데 9명이 해당하고, 그 외에도 휘주의 대표적인 성씨로 거론된 陳氏와 方氏까지 포함할 경우 최소 약 11명이 휘주 출신이라고 볼 수 있다.

173 포기하는 염상들　趙士麟,「陝西分守涼莊道參政崔公華墓誌銘」, 錢儀吉 纂, 靳斯 標點,『碑傳集』(中華書局, 1993), 卷80, 2289쪽.

174 정지영　嘉慶『兩淮鹽法志』卷44, 人物2, 才略, 程之韺, 9a-b. 여타 30여 명의 상인들이 6~8품함을 받았던 것에 반하여 정지영에게 5품함이 주어진 것은, "위제상관자(爲諸商冠者)"라고 표현될 만큼 기여도가 높았기 때문일 것이다.

175 정문정과 정지방　乾隆『新安岑山渡程氏支譜』((淸)程文桂 等修, 乾隆6年活字本) 卷5 참조.

176 황씨와 진씨　嘉慶『兩淮鹽法志』卷44, 人物2, 才略, 黃僎, 9b.

177 청조 산서 상인의 수　康熙『兩淮鹽法志』卷15, 風俗, 造士, 8b. 또한 청초에 수재로 백성이 도망하여 결정(缺丁)이 심각했을 때, 회안성곽 북편에 기거하는 "산서와 휘주에서 온 체류자(山西與徽州寄寓之人)"를 안인도(安仁圖)에 편입시켜서 1인당 은 1~2전을 거두었다는 내용은 阮葵生 著,『茶餘客話』卷22,「京田·時田」, 709~710쪽에 등장한다.

178 청초의 총상　조영헌, 2001, 338~340쪽.

179 총상의 권한　佐伯富, 1987, 672~675쪽.

180 대총　　嘉慶『兩淮鹽法志』卷38, 律令2,「總商科派」, 16b~17a.

181 흡현 출신의 총상 비율　　民國『歙縣志』卷1, 輿地志, 風土, 6a.

182 안정 서원　　嘉慶『重修揚州府志』卷19, 學校, 安定書院, 8a.

183 염상의 개입　　尹會一(運使),「安定書院碑記」, 嘉慶『兩淮鹽法志』卷55, 雜紀4, 碑刻下, 11a.

184 안정 서원의 중건　　高斌(鹽政),「安定書院碑記」, 嘉慶『兩淮鹽法志』卷55, 雜紀4, 碑刻下, 10a.

185 염상과 황제 권력　　Antonia Finnane, 2004, 247쪽.

186 매화 서원　　嘉慶『兩淮鹽法志』卷53, 雜紀2, 書院, 梅花書院, 3b~4a.

187 감천 서원　　嘉慶『重修揚州府志』卷19, 學校, 10a.

188 담양수와 염상　　何良俊,『四友齋叢說』, 卷4, 32쪽.

189 십이문의학　　嘉慶『兩淮鹽法志』卷46, 人物5, 施濟, 鮑志道, 35a~b; 嘉慶『重修揚州府志』卷19, 學校, 16a.

190 포지도　　道光『徽州府志』卷3之1, 營建, 學校, 32a ; 嘉慶『兩淮鹽法志』卷46 人物5, 施濟, 鮑志道, 35a~b.

191 휘상의 교육 시설 투자　　이러한 휘주 상인의 특징에 대해서는 명말 불교 시설에 대한 후원을 통해 지역 사회에서의 세력을 확대해 갔던 신사층을 연구했던 티모시 브룩도 지적한 바 있다. Timothy Brook, *Praying for Power: Buddhism and the Formation of Gentry Society in Late-Ming China*,(Harvard University Press, 1993), 217~222쪽 참조. 또한 휘주 상인이 주도했는지는 확실하지 않으나, 1683년(강희 22년)에 건립된 경정 서원(敬亭書院)의 설립 과정에서도 상인들의 역량을 엿볼 수 있다. 서원의 이름인 '경정'은 청초 강서성 호구(湖口)에서 어사로 활동했던 구충미(裘充美)의 호다. 즉 이 서원은 구충미를 기념하기 위해서 세워진 서원인데, 그의 업적은 호구에 세워진 세관에서 관행적으로 이루어지던 가혹한 징세를 막아달라는 상소문을 올린 것이다. 구충미의 상소문 제목은 「論湖口稅商之疏」로, 구충미의 업적에 대해서는 張九徵,「御史裘公碑文」, 康熙『兩淮鹽法志』卷26, 藝文, 12a-14a에 실려 있고, 경정 서원의 설립 과정에 대해서는 李斗, 『揚州畵舫錄』卷3, 62쪽 참조. 이에 감격한 상인들이 양주에 그의 호를 빌려 서원을 건립한 것을 보면, 그 상인들은 소금을 유통하는 '수상' 혹은 '산상'들이었음에 틀림없고, 그들 가운데 휘주 상인이 다수 포함되었을 가능성이 높다.

192 상적 하병체 지음, 조영록 외 옮김, 『중국 과거 제도의 사회사적 연구』(동국대출판부, 1987), 78~80쪽.

193 이종공 嘉慶『兩淮鹽法志』卷46, 人物4 文藝, 7a-b.

194 상적의 원리 명대 상적 설치 과정에 대해서는 許敏, 「明代商人戶籍問題初探」, 《中國史硏究》 1998-3을 참조하고, 그 과정에서 양절 염장과 양회 염장에서 각각 달랐던 휘주 상인의 입장에 대해서는 曹永憲, 「明代徽州鹽商的移居與商籍」, 《中國社會經濟史硏究》, 2002-1에서 자세히 분석했다.

195 회양 지역 과거 합격자 비율 康熙『兩淮鹽法志』卷16, 選擧.

196 상적의 효과 가령 1643년(숭정 16년)에는 운학(運學)의 건립을 주장하는 휘주 상인과 이를 반대하는 산섬 상인 사이에 쟁송(爭訟)이 발생했는데, 이에 대해서는 雷士俊, 「增建兩淮運學議」, 康熙『兩淮鹽法志』, 卷27, 藝文3, 7a 참조. 청대에 들어와 강희 연간에도 상적을 부여받고자 하는 휘주 상인의 노력이 계속되었음은 李煦, 「徽州子姪請准在揚考試幷編商籍字號摺」, 『李煦奏摺』, 故宮博物院明淸檔案部 編(北京, 中華書局, 1976), 242~243쪽에서 확인할 수 있다.

197 상적 폐지 『欽定學政全書』(近代中國史料叢刊 第30輯, 文海出版社), 卷67, 「商學事例」, 6b~7a; 『淸會典事例』卷381, 禮部92, 學校, 203쪽 上; 嘉慶『重修揚州府志』卷19, 學校, 5b.

198 불산진 사례 시바 요시노부 지음, 임대희·신태갑 옮김, 『중국 도시사』(서경문화사, 2008), 287~289쪽. 청대 불산진의 진사 합격자 38명을 조사하면, 토착인이 34퍼센트이고 외래인이 66퍼센트였다. 대표적인 사례는 도광 연간 호남성 순무를 역임한 오영광(吳榮光)과 그 가족이다. 그들은 송대 강소성 상주에서 광동성 신회현(新會縣)에 이주했고, 다시 명말에 염업에 종사하여 상적을 획득하는 계기로 불산진에 정착할 수 있었다. 오영광이 순무에 임명됨으로써 오씨는 불산 제일의 명족(名族)이라는 칭호를 듣게 되었다.

199 서화와 휘상 나카스나 아키노리(中砂明德) 지음, 강길중·김지영·장원철 옮김, 『우아함의 탄생: 중국 강남 문화사』(민음사, 2009), 61~68쪽.

200 양주의 시문회 大木康, 「黃牧丹詩會──明末淸初江南文人點描」, 《東方學》 99, 2000; 同氏, 『明末江南の出版文化』(東京, 硏文出版, 2004) 등 참조.

201 정원의 주인 Finnane, 2004, 189쪽. 휘상 외에도 산서 상인의 후예인

이지훈(李志勳)은 고영루(高詠樓)라는 정원을 소유하고 있었다. 이에 대해서는 李斗,
『揚州畵舫錄』卷15, 353쪽과 麟慶 著文, 汪春泉 等繪圖, 『鴻雪因緣圖記』, 北京古籍出版社,
1984, 第2集下篇, 「詠樓話舊」참조.

202 휘상 소유 정원　　李斗, 『揚州畵舫錄』, 卷12, 282~284, 290쪽; 같은 책, 卷15,
343~345쪽; 陳康祺, 『郎潛紀聞四筆』(中華書局, 1997), 卷4, 「豪商黃筠」, 67쪽. 황지균의
관적(貫籍)에 대해서는 여러 설이 존재한다. 지금까지 알려진 바에 따르면, 원적은
절강성이지만 태어난 곳은 하북성의 조현(趙縣)이고, 이후 양주부 감천현(甘泉縣)에
입적되었다고 한다. 하지만 그 조상은 안휘성 사람이라는 설도 있고, 산서성 사람이라는
설도 있다. 이에 대해서는 薛高輝ㆍ石翔 主編, 『揚州古城文化錄──"雙東"街區卷』(廣陵書社,
2008), 51~57쪽 참조. 향후 고증이 필요하다.

203 포지도　　董玉書 原著, 蔣孝達 等 校點, 『蕪城懷舊錄』(揚州地方文獻叢刊)
(江蘇古籍出版社, 2002), 卷2, 114쪽.

204 평산당　　嘉慶 『揚州府志』卷31 古蹟2, 33b-41a.

205 왕응경　　汪應庚(淸) 著, 曾學文 點校, 『平山攬勝志』(揚州地方文獻叢刊)(廣陵書社,
2004).

206 조지벽　　趙之壁 著, 高小健 點校, 『平山堂圖志』(揚州地方文獻叢刊)(廣陵書社,
2004). 본래 『평산당도지』에는 128폭의 명승이 그림으로 묘사되어 있는데, 이
책에는 분량의 제한으로 8폭만이 수록되어 있다. 모든 그림은 馬文大, 陳堅 主編,
『明淸珍本版畵資料叢刊』(學苑出版社, 2003) 第11冊에 수록된 『평산당도지』에서 볼 수 있다.

207 왕석공　　徐珂, 『淸稗類鈔』(中華書局, 1984~1986), 第7冊 「豪侈類ㆍ汪太太奢侈」,
3272쪽.

208 수서호의 백탑　　嘉慶 『揚州府志』卷28, 寺觀1, 25a. 『양주화방록』에 대한 주석을
달아 놓은 李斗 撰, 周春東 注, 『揚州畵舫錄』(山東友誼出版社, 2001), 354, 275쪽에 따르면,
백탑은 1784년(건륭 49년) 남순할 때 염상들이 북경 만수산(萬壽山)에 위치한 백탑 형식을
모방하여 건립했다고 한다. 주석자는 이것이 건륭제의 5차 남순이라고 표기했으나 시점은
6차 마지막 남순에 해당한다.

209 강춘과 백탑　　백탑의 정확한 건립 연대와 건립자에 대해서는 아직 약간의 이견이
있다. 소설이긴 하지만 許指嚴(1875~1923년) 著, 『南巡秘紀』(民國史料筆記叢刊)
(上海書店出版社, 1997), 「一夜喇嘛塔」, 51~55쪽에 따르면, "강모(江某)" 염상이 이를

주도했다는 부분을 발견할 수 있는데, 이것이 정확한 사실에 근거한 진술이라면 건륭 말기 대표적인 염상인 강춘을 지칭하는 것이 분명하다. 朱福烓, 『瘦西湖史話』(廣陵書社, 2005), 22~22쪽에서는 강춘이 건륭제의 3차 남순을 맞이하여 건립했던 것이라고 추정했다.

210 시문회의 인기　李斗, 『揚州畵舫錄』 卷8, 「城西錄」, 180~181쪽.

211 조인의 전당시　Jonathan Spence, 1988, 157~165쪽.

212 희반　鄭志良, 「論乾隆時期揚州鹽商與昆曲的發展」, 《北京大學學報》(哲社版) 第40卷, 第6期, 2003.

213 양주의 희극　李斗, 『揚州畵舫錄』 卷5, 「新城北錄下」, 107쪽; 朱正海 主編, 韋明鏵 編著, 2006, 154~155쪽.

214 장대안　李斗, 『揚州畵舫錄』 卷15, 356~357; 林蘇門(1748~1809), 『邗江三百吟』(『中國風土叢刊』 27)(廣陵書社, 2003), 卷1「秋雨復初名」, 3a.

215 마씨와 사고전서　嘉慶 『兩淮鹽法志』 卷46, 人物4, 文藝, 馬曰琯, 18b; 李斗, 『揚州畵舫錄』 卷4, 86~89쪽. 『사고전서』 편찬 과정에서 여러 판본의 대조와 잘못을 수정하고 증명하는 고증학이 발전하고, 염상들의 재정 지원과 참여가 최고급 판본의 『사고전서』 완성에 크게 기여했음에 대해서는 수잔 나킨 · 이브린 로스키 지음, 정철웅 옮김, 『18세기 중국 사회』(신서원, 1998), 110~111쪽 참조.

216 범무주　범무주는 명 중엽 영파에 천일각(天一閣)을 만들어 장서가로 저명했던 범흠(范欽)의 7대손이다.(웨난 · 진취엔 지음, 심규호 · 유소영 옮김, 『열하의 피서산장』(1)(일빛, 2005), 345쪽.)

217 상인들의 역량　켄트 가이 지음, 양휘웅 옮김, 『사고전서』(생각의 나무, 2009), 160~164쪽. 『사고전서』의 공인된 판본의 필사본은 모두 7곳에 나누어 저장되었다. 7곳을 열거하면 북경 자금성의 문연각(文淵閣), 원명원의 문원각(文源閣), 열하 피서산장의 문진각(文津閣), 심양 고궁의 문소각,(文溯閣, 이상 4곳을 '북방사각北方四閣'이라 부른다.) 항주의 문란각(文瀾閣), 양주의 문회각(文匯閣), 진강의 문종각(文淙閣, 이상 3곳을 '남삼각南三閣'이라 부른다.)으로, 모두 황제가 머무는 수도와 순행으로 방문할 수 있는 도시로 한정되었음을 알 수 있다.

218 포훈무　董玉書, 『蕪城懷舊錄』, 卷2, 115~116쪽.

219 마왈관　嘉慶 『兩淮鹽法志』 卷52, 雜紀5, 「祠廟」, 6b, 9a-b.

220 재정 지원　嘉慶 『重修揚州府志』 卷18, 公署, 「養濟院」, 7b. 마왈관처럼 각종 사묘와

공익기관에 대한 휘상의 출연 기록은 청초부터 눈에 띄게 증가하는데, 이에 대해서는 3부 8·9장 참조.

221 마왈관의 이중적 신분　　이처럼 휘주인 가운데는 다양하고 복잡한 호칭을 가진 경우가 많았다. 이는 무엇보다 휘주에서 회·양 지역으로 이주한 뒤 관적을 어디로 유지했는지, 그리고 회양 지역의 신사층이 지방지를 기록할 때 어떻게 인식했는지, 그리고 정작 자신은 어떻게 표현했는지에 따라 달라지기 때문이다. 또 다른 사례는 왕즙(汪楫)이다. 그의 원적은 휘주 휴녕현이지만 양주에 체류했으며, 의진현으로 점적(占籍)했다. 사료에 따라 그는 휘주인, 강도인(양주인), 의진인으로 다양하게 인식되었다. 지방지를 편찬할 때 생겨나는 관적 기입의 자의성에 대해서는 馮爾康, 「明淸時期揚州的徽商及其後裔述略」, 《徽學》1輯, 2000年卷, 2000, 182~187쪽 참조.

222 강국무　　江阜, 「先叔二如公傳」, 康熙『兩淮鹽法志』卷27, 藝文3, 58a-59a.

223 강연　　嘉慶『兩淮鹽法志』卷44, 人物, 才略, 江演, 10b-11a.

224 강춘과 내탕금　　염상이 국가로부터 내탕금을 대출받는 것은 일종의 특혜인 동시에 커다란 경제적 부담이었다. 청조는 유력한 염상에게 제한적으로 내탕금을 빌려 주었지만, 그에 대한 엄청난 이자를 강요했기 때문이다. 특히 건륭 연간이 되면 내탕금을 매개로 청조 황실과 주요 염상 사이의 관계는 더욱 밀접해졌지만, 그 결과 내탕금의 이자 부담은 18세기 후반에 이르러 염상의 몰락을 야기하는 주된 요인 중의 하나가 되었다. 이에 대해서는 林永匡·王熹, 「淸代鹽商與皇室」, 白壽彝 主編, 『淸史國際學術討論會論文集』(遼寧人民出版社, 1990)이 요령 있게 지적해 놓았다.

225 강춘에 대한 특별 사면　　이 사건에 대해서는 瀧野正二郎, 「淸代乾隆年間における官僚と鹽商(1·2) ─ 兩淮鹽引案を中心して」, 《九州大學東洋史論集》15·22, 1986·1994 참조.

226 천수연과 강춘　　袁枚 著, 王英志 校點, 『小倉山房文集』, 『袁枚全集』 2(江蘇古籍出版社, 1997), 卷32, 「誥封光祿大夫奉宸苑卿布政使江公墓誌銘」, 576~577쪽; 李斗, 『揚州畵舫錄』, 卷12, 「橋東錄」, 274쪽. 1785년의 천수연에 대해서는 昭槤, 『嘯亭續錄』 (淸代史料筆記), 中華書局, 1997, 卷1, 「千叟宴」, 385~386쪽 참조.

227 남순의 성격 변화　　吳建華, 「南巡紀程 ─ 康熙·乾隆南巡日程的比較」, 『淸史硏究通訊』(北京) 1990-1; Michael G. Chang, *A court on horseback: imperial touring & the construction of Qing rule, 1680~1785*(Harvard University Press, 2007), 260~304쪽.

228 남순과 도시 문화   嘉慶『兩淮鹽法志』卷首5, 恩幸5,「行宮」(附名勝園亭).

229 봉신원경   봉신원이란 청대 내무부(內務府) 소속 삼원(三院)의 하나로, 황가의 원유(苑囿)를 관리하고 수선하는 등의 사무를 담당했다. 1684년(강희 23년) 설립되어 1728년(옹정 6년)에 정식 관제로 정립되었으며, 총리대신, 경(卿) 2인, 낭중 2인, 원외랑 4인, 주사 1인으로 구성되었다.

230 건륭제의 상유문   淸『高宗實錄』卷654, 乾隆27年2月上. 본 상유문은 건륭제가 3차 남순에서 남하 도중 양주의 천녕사(天寧寺)에 머물면서 하달한 것이다. 천녕사는 황제가 남순할 때 양주 성내에 머물던 행궁으로 남순을 통해 바뀐 건축 구조와 지역 사회에서의 위상 변화에 대해서는 Tobie Meyer-Fong, *Building Culture in Early Qing Yongzhou*, 2003, 178~193쪽 참조.

231 이지훈   李斗,『揚州畫舫錄』卷15, 353쪽 ; 麟慶,『鴻雪因緣圖記』第2集下篇,「詠樓話舊」의 기록을 참조하면, 이지훈은 산서 상인이자 상적으로 생원의 신분을 지니고 있었으며, 고영루(高詠樓)라는 원림의 주인이었다.

232 휘상   李斗,『揚州畫舫錄』卷12, 290쪽; 같은 책, 卷10, 虹橋錄上, 235쪽; 乾隆『新安岑山渡程氏支譜』卷5, 183b; 嘉慶『兩淮鹽法志』卷首, 恩幸5·行宮; 같은 책, 卷43, 行誼, 32a 등 참조. 그 가운데 왕립덕과 왕병덕은 모두 구생선을 운영했던 왕응경(汪應庚)의 손자다. 왕응경의 구생선 운영에 대해서는 9장 2절 참조.

233 건륭제의 사여   嘉慶『兩淮鹽法志』卷首1, 制詔.

234 양주의 고증학   Ping-ti Ho, 1954, 158~161쪽.

235 양주학파   Antonia Finnane, 1993, 144~146쪽.

236 양주팔괴   Weinstein, Vicki Frances, *Painting in Yang-chou, 1710~1765: Eccentricity or the Literati Tradition?*(Cornell University, Ph. D., 1972); 薛永年·薛鋒, 『揚州八怪與揚州商業』(人民美術出版社, 1991).

237 신사화   Kuo, Jason Chi-sheng, "Hui-Chou Merchants as Art Patron in the Late Sixteenth and Early Seventeenth Centuries", edited by Li, Chu-tsing, *Artists and Patrons: Some Social and Economic Aspects of Chinese Painting*, Lawrence: Kress Foundation Dept. of Art History(University of Kansas in association with University of Washington Press, 1989), 180~185쪽. 최근 휘상의 희극 활동 지원에 대한 연구에서도 휘상을 "신사화된 상인(gentrified merchants)"이라고 규정한 바 있는데, 휘주인들의 문화적인 투자 활동과

관련하여 적절한 지적이라고 생각한다.(Guo, Qitao, *Ritual Opera and Mercantile Lineage: The Confucian Transformation of Popular Culture in Late Imperial Huizhou*(Stanford University Press, 2005), 216~220쪽.) 이에 따르면, 휘주인들은 상업에 종사하면서도 급격한 상업 발전으로 인한 도덕성 붕괴 등의 사회문제에 대해서 위기의식을 느꼈으며, 그 결과 전통적인 유교 관념을 사회에 확산시키기 위한 도구로 목란희(目蓮戱)라는 희극을 선택했다고 결론을 내렸다.

238 양주 염상의 취향　　Hsu, Ginger Cheng-chi, "Merchant Patronage of Eighteenth Century Yangchou Painting", edited by Li, Chu-tsing, 1989, 216~219쪽.

239 사인 자본에의 종속　　이러한 신사층의 복잡한 심리적 상황에 대해서는 조병한, 「18세기 양주 紳·商 문화와 鄭板橋의 문화 비판 —— 양주팔괴의 성격과 관련하여」, 《啓明史學》 4, 1993 참조.

3부 7장

1 네 명의 시인　　袁枚 著, 王英志 校點, 『隨園詩話』(『袁枚全集』 3, 江蘇古籍出版社, 1997) 卷12, 398쪽.

2 원매와 양주팔괴와의 교제　　이에 대해서는 王英志, 「袁枚與揚州八怪交誼考述」, 《揚州大學學報》(人文社會科學版), 2002-1 참조.

3 강희제의 남순　　이에 대한 기초적인 연구로는 吳建華, 「南巡紀程 —— 康熙·乾隆南巡日程的比較」, 《淸史硏究通訊》(北京) 1990-1; 王志民, 「從康熙的南巡詩看南巡的目的和意義」, 《陰山學刊》(社科版) 1997-4; 林吉玲, 「康乾南巡及其對運河區域的影響」, 《山東師大學報》(社會科學版) 2000-5을 참고할 수 있고, 남순으로 인하여 양회 염정에 발생한 변화에 대해서는 王振忠, 「康熙南巡與兩淮鹽務」, 《鹽業史硏究》 1995-4이 훌륭하다. 그러나 기존 연구에는 이 장에서 시도하는 것처럼 구체적인 상인 집단의 세력 확장과 남순의 관련성을 검토하지는 않았다. 또한 이 책에서 주목하는 잠산도 정씨에 대해서는 王振忠 교수의 탐방 기록(王振忠, 「歙縣明淸徽州鹽商故里尋訪記」, 《鹽業史硏究》 1994-2)이 초보적인 접근에 큰 도움이 된다.

4 잠산도　　戴廷明·程尙寬 等撰, 朱萬曙 等點校, 『新安名族志』(黃山書社, 2004), 前卷,

「程氏・岑山渡」, 39쪽.

5 흡현의 촌락　民國『歙縣志』卷1, 輿地志,「都鄙」, 1a-5b.

6 신안　신안이란 동진 시대 흡현에 설치된 군의 이름으로, 흡현이 휘주부의 치소가 위치한 현이었으므로 흡현 내지는 휘주부를 지칭하는 지명으로 널리 이용되었다.(顧祖禹, 『讀史方輿紀要』, 卷28,「江南10・徽州府」, 24b～25a.)

7 정촌　乾隆『新安岑山渡程氏支譜』, 卷4, 3b. 潘榮勝 主編,『明淸進士錄』(中華書局, 2006), 238쪽.

8 해남도로의 도형　萬曆『歙志』表卷3, 進士 10b;『歙志』, 傳卷3, 節槪 13b～14a 참조.

9 청렴한 어사　乾隆『新安程氏世譜徵文錄』卷9, 題書, 7a～9a.

10 관직 경험자　乾隆『新安岑山渡程氏支譜』卷4, 13b, 29a, 52b; 같은 책, 卷5 14a-b.

11 휘주인들의 경상 풍조와 그 시기　이 책 5장 1절 참조.

12 휘주의 장사 열풍　何炳棣, 1987, 158～166쪽.

13 사대부에서 상인으로　歸有光,『震川先生集』, 卷13,「白菴程翁八十壽序」, 188쪽 上.

14 유학과 장사　汪道昆,『太函集』卷52,「海陽處士金仲翁配戴氏合葬墓誌銘」, 1099쪽.

15 안동현　嘉慶『兩淮鹽法志』卷44, 人物2, 才略, 程朝宣, 8b-9a.

16 운사납은제　조영헌, 2000, 41～46쪽 참조. 의진에 진출한 휘주인들의 활동에 대해서는 馮爾康, 2003 참조.

17 염운 분사와 비험소　康熙『兩淮鹽法志』卷5, 秩官, 17a-b.

18 이전　嘉慶『兩淮鹽法志』卷37, 職官6, 廨署, 17a.；乾隆『淮安府志』卷11, 公署, 10a; 乾隆『淮安府志』, 卷5, 城池, 36a.

19 정필충의 평가　民國『淮安河下志』卷13, 流寓, 9a-b.

20 정조선의 이력　程浚,「程封君傳」, 康熙『兩淮鹽法志』券27, 藝文, 15a.

21 좨주　趙翼 著, 欒保群 等 校點,『陔餘叢考』(河北人民出版社, 2003), 卷26, 516쪽.

22 염상계의 대표자　余英時 지음, 정인재 옮김,『중국 근세 종교 윤리와 상인 정신』(대한교과서주식회사, 1993), 269쪽에 의하면 상인에게 좨주라는 말이 유행한 것은 상인이 이미 사대부의 존호였던 '국자감좨주(國子監祭酒)'를 빼앗았던 하나의 증거라고 한다.

23 염협 좨주　藤井宏,「新安商人の硏究」3,《東洋學報》3, 1953, 357쪽.

24 정조선　이하 정조선의 구체적인 행적에 대한 내용은 특별한 주가 없는 한 程浚,

「程封君傳」, 康熙 『兩淮鹽法志』 卷27, 藝文, 15a-17a를 참조했다.

25 표법　　표법이란 기존의 소금 유통 체제인 강운법으로 해결되지 못한 지역(대체로 외곽 지역)에 소금을 유통시키기 위해 염상에게 적은 비용으로 소량의 소금을 운송케 하는 방식이었다. 표법은 명 중기인 1529년(가정 8년)부터 기존 염운법의 보완 수준에서 발의되었지만, 청대까지 이어져서 도광 연간(1821～1850년)에는 급기야 강운법을 대체했다.

26 운하 준설　　汪兆璋(黟縣人, 康熙6年 泰州運判), 「安豊濬河記」, 康熙 『兩淮鹽法志』 卷27, 藝文3; 嘉慶 『兩淮鹽法志』 卷9, 轉運4, 河渠, 25b; 같은 책 卷44, 人物2, 才略, 鄭永成, 10a.

27 묘량구의 범람　　光緒 『安東縣志』 卷3, 水利, 1b.

28 피해 규모　　傅澤洪 輯錄, 『行水金鑑』, 卷60, 河水, 885쪽.

29 피해의 지속　　『淸史稿』 卷126, 河渠志1, 「黃河」, 3178～3179쪽. 〔표 18〕 17세기 황하 범람 일람표 참조.

30 현성의 붕괴　　乾隆 『淮安府志』 卷5, 城池, 63a. 안동현의 현성이 건립된 것은 명말의 1625년(천계 5년)의 일이지만 강희 초기에 이렇게 무너진 이후 건륭 연간까지 복구되지 못했다.

31 강희 6년　　황하가 묘량구에서 범람한 것은 강희 4년의 일이지만 정준의 기록에는 강희 6년이라고 표기되어 있다. 아마도 강희 4년 수재의 여파가 이 시기까지 이어지던 상황에서 강희 6년 다시 한 번 대규모의 범람으로 인한 피해를 입었기 때문에 발생한 오기(誤記)인 듯하다.

32 정조선의 덕행　　程浚, 「程封君傳」, 康熙 『兩淮鹽法志』 卷27, 藝文, 15a-17a.

33 신사층의 용인　　馮爾康, 2003, 451～460쪽.

34 상적　　6장 3절에 상적에 대한 일반적인 원리를 소개했다. 타향으로 이주한 사람들이 타지의 호적을 획득하는 일반적인 원칙에 대해서는 萬曆 『大明會典』 卷19, 戶口1 · 附籍人戶, 29a 참조.

35 상적에서 배제된 휘상　　王振忠, 1996, 58～65쪽; 臼井佐知子, 1997, 506～507쪽.

36 휘상의 고충　　康熙 『兩淮鹽法志』 卷15, 風俗, 造士, 8b.

37 모적　　다만 청대에는 객지에 나와서 조부가 입적한 지 20년이 지나고 분묘와 전택이 확실하게 있는 자에 한해서 학교에 입학하여 과거에 응시하는 것을 허락해 주었다. 이에

관한 청조의 규정에 대해서는『淸會典事例』卷391, 禮部·學校(生童戶籍), 1a-b 참조.

38 모적 범죄　　王日根·張學立,「淸代科場冒籍與土客衝突」,《西北師大學報》(社會科學版) 2005-1. 69~70쪽. 과장(科場)에 대한 생동감 있는 이야기로 가득한 소설 『유림외사(儒林外史)』에도 타향에서 돈을 써서 '모적'을 시도하려는 장준민(張俊民)이라는 인물과 이에 대한 저항감을 표현하는 현지 생원들의 갈등 관계가 소개되어 있다.(吳敬梓, 『儒林外史』卷32「杜少卿平居豪擧 婁煥文臨去遺言」, 303~304쪽)

39 체류자와 토착인　　다른 지역의 이주민은 보통 3대를 지나야 토착인으로 간주되었다.(이준갑,『중국 사천사회 연구 1644~1911: 개발과 지역질서』(서울대 출판부, 2002), 91~93쪽.) 또한 이 과정에서 토착인과 이주민(혹은 객상) 사이에는 끊임없는 분쟁과 갈등이 생겨났다. 이러한 갈등의 여러 유형에 대해서는 오금성, 1986, 124~135, 196~200쪽; Peter Perdue, "Insiders and Outsiders, the Xiangtan Riot of 1819 and Collective Action in Hunan", *Modern China*, 12-2, 1986, 170~181쪽 참조.

40 안동적　　民國『淮安河下志』卷13, 流寓, 9b.

41 정조빙 가족　　方苞,『方望溪全集』, 卷11,「程墰君墓誌銘」, 150쪽.

42 정감　　民國『淮安河下志』卷13, 流寓·程鑒, 19a에 따르면, 그는 "대대로 염업에 종사하는 흡현인으로, 회안으로 이주했다. 후에 안동현에 입적되었지만, 실은 산양현 하하진에 거주"한다고 했다. 정감은 1691년 출생으로 통상적인 휘주 상인과 달리 관리였던 부친 정계(程墰) 밑에서 장사로 큰돈을 벌었다. 이후 정감은 "회북의 대상인(淮北大商)"으로 불렸다. 그가 소유한 적장은 유의원(柳衣園)과 함께 회안의 양대 명원(名園)으로 불렸다.

43 염정 기구의 이전　　同治『重修山陽縣志』卷4, 漕運, 鹽課, 12a.

44 회안과 양주　　명청 시대 양주는 줄곧 사회·경제·문화적인 측면에서 회안보다 발전했던 도시로 인식되었다. 앞서 언급했듯, 명 중엽에 하하진을 경유했던 구준이 양주의 번영이 회안 하하진으로 이식된 것 같다는 시를 남긴 바 있었다. 청대에도 회안이 "작은 양주[小揚州]"로 칭해진 것은 본래 회안의 번영을 나타내기 위해 사용된 표현이지만, 결국 회안보다 양주가 더욱 번영했음을 보여 주는 진술인 것이다.(黃鈞宰 撰,『金壺浪墨』, 『筆記小說大觀』第13冊(江蘇廣陵古籍出版社, 1995), 卷1,「綱鹽改票」, 548쪽) 잠산도 정씨 중에서는 정증의 셋째 아들인 정음이 양주로 이주했다.

45 괴성루　　이하 괴성루에 관한 자료는『淮安河下志』卷4, 祠宇, 1b-4b에 수록된

「胡從中重建魁星樓記」 참조. 호종중(胡從中)은 회안 출신으로 1642년(숭정 15년) 향시에 합격한 거인이다. 괴성루가 건립될 때 지역 신사였던 호종중과 황선태(黃宣泰)가 형식적인 주창자 역할을 맡았으나, 호종중의 기록을 보면 실제 협력자를 조직하고 돈을 갹출했던 인물은 정조징과 송개지였다.

46 장원루 『淮安名勝古迹』, 1998, 136~138쪽에 따르면, 심곤의 고거에 산서 염상 염씨가 자리 잡고 있으며, 그 후예가 염약거(閻若璩)였다. 이후 심곤의 고택은 휘주 상인 정씨(程氏)로 주인이 바뀌었다고 한다. 정씨가 정확하게 누구인지 밝혀 놓지 않았으나, 정황상 잠산도 정씨라고 추정된다.

47 불산진의 공의 시바 요시노부, 2008, 289~290쪽.

48 안동현의 치수 靳輔,『靳文襄公治河方略』, 卷4, 川瀆考,「海口」, 182쪽.

49 반계순의 연구 谷光隆,『明代河工史硏究』(同朋舍, 1991), 366~367쪽. 당시 반계순의 가장 큰 업적으로 평가받는 것이 바로 황하와 회하가 만나는 '淮·黃 合會' 지역(=회안의 청구)에 대한 하공이었다.

50 침수된 양주 『明史』卷84, 河渠2,「黃河下」, 2055~2056쪽.

51 17세기 황하 범람 『明史』卷83, 河渠1~2,「黃河上·下」;『淸史稿』卷126, 河渠1, 「黃河」; 吳海濤,『淮北的盛衰』(社會科學文獻出版社, 2005), 153~165쪽을 참조하여 정리했다.

52 수해의 전이 이하 1676년 수재의 개요는 『淸史稿』卷133, 河渠志1,「黃河」, 3719~3720쪽과 같은 책, 卷134, 河渠志2,「運河」, 3771쪽을 참조하여 정리했다.

53 회양 지역의 수해 靳輔,『靳文襄公治河方略』卷4,「淮安運河」, 188쪽.

54 강희제의 대응 淸『聖祖實錄』卷63, 康熙15年10月戊戌條; 같은 책, 卷63, 康熙15年10月辛未條.

55 운도와 민생 嘉慶『重修揚州府志』卷9, 河渠1, 33a. 남순 기간 강희제의 언급에 대해서는 淸『聖祖實錄』卷139, 康熙28年正月庚吾條; 淸『聖祖實錄』卷211, 康熙42年3月丁未條 등 참조.

56 관료의 교체 물론 이러한 인사 정책은 곧 어떠한 수재에 대해서도 황제는 책임을 지고 있지 않음을 보여 주는 것이기도 하다.(Randall A. Dodgen, Controlling the Dragon: *Confucian Engineers and the Yellow River in Late Imperial China*(Honolulu, Univ. of Hawai'i Press, 2001), 66, 104~105쪽.)

57 기자패 확장 공사　淸『聖祖實錄』卷211, 康熙42年2月戊寅條.

58 하공 관료의 태도　Dodgen, 2001, 32~33쪽.

59 세금 감면과 구호 사업　P. E. 빌, 지음, 정철웅 옮김,『18세기 중국의 관료 제도와 자연 재해』(민음사, 1995), 177~244쪽.

60 세금 면제　淸『聖祖實錄』卷192, 康熙38年3月辛卯條.

61 진제　淸『聖祖實錄』卷211, 康熙42年2月壬吾條.

62 국가의 지급　『淸會典事例』, 卷270, 戶部119,「蠲恤」, 18a~b.

63 순행의 전통　何平立,『巡狩與封禪 —— 封建政治的文化軌迹』(齊魯書社, 2003)에서는 先秦 시대의 巡狩까지 소개하고 있지만, 황제 권력이 형성된 진한 시대 이후와 이전의 순행이 지닌 정치적 의미와 중요성은 현저한 차이를 지니고 있다고 생각한다.

64 한무제의 서역 원정　이성규,「한무제의 서역 원정·봉선(封禪)·황하 치수와 우·서왕모 신화」,《동양사학연구》72, 2000. 한무제가 황하의 호자결궤(瓠子決潰)를 계기로 일상적인 치수 대책의 마련을 넘어서는 서역으로의 원정과 봉선 의식을 시도하는 것은 사실상 강희제가 황하 범람을 계기로 남순을 시도하는 것과 여러 정황에서 유사성을 지니고 있다.

65 정덕제의 순행　그래서 데이비드 로빈슨은 다민족성과 이동성을 기반으로 한 원조의 유산이 명 전기까지 강했으나 정덕제를 마지막으로 맥이 끊어졌다고 평가한다. David M. Robinson, "The Ming court and the legacy of the Yuan Mongols", edited by David M. Robinson, *Culture, Courtiers, and Competition: the Ming Ccourt(1368~1644)*(Cambridge, Mass.: Published by the Harvard University Asia Center: Distributed by Harvard University Press, 2008), 400~411쪽 참조. 한편 정덕제는 1519년(정덕 14년) 남쪽 방향으로 순행을 다녀왔다. 이때 황제는 대운하를 이용하여 진강까지만 남하한 후, 강남 지역을 경유하지 않고 남경만 들른 후 북상했다. 당시 남순의 명목적인 목표는 강서성에서 반란을 일으킨 영왕(寧王) 주신호를 정벌하는 것이었으나, 남순을 시작할 무렵 이미 체포되어 있었다. 결국 정덕제는 양주에 도착해서도 지역 사회에서 차출된 기녀들을 열람하고 관리들이 준비한 연회에 참석했고, 남경에서는 태묘(太廟) 제사만 참석했다. 이에 대해서는 王世貞 撰, 魏連科 點校,『弇山堂別集』(中華書局, 1985), 卷66,「巡幸考」참조. 남순 도중 양주와 회안 사이의 대운하 구간에서 배에서 떨어져 병에 걸린 정덕제는 이듬해 사망하고 말았다. 이에 대해서는 기시모토 미오·미야지마 히로시 지음, 김현영·문순실 옮김,『조선과 중국 근세

오백 년을 가다』(역사비평사, 2003), 86~87쪽 참조.

66 남순 일정　Maxwell K. Hearn, "Document and Portrait: the Southern Tour Paintings of Kangxi and Qianlong", Ju-hsi Chou and Claudia Brown, eds., *Chinese Painting Under the Qianlong Emperor* (The Syposium Papers in Two Volumes)(Arizona State University, 1988), 92, 98쪽.

67 강희제의 순행　네 방향의 순행 가운데 가장 먼저 시작된 동순(東巡, 강희 10년부터 시작)의 성격에 대해서는 이견이 존재한다. 주로 중국 연구자들의 연구에 따르면, 성경(盛京, 심양) 지역을 중심으로 왕래하는 동순은 곧 "이효치천하(以孝治天下)"를 목표로 능침 제사 확립 및 황실의 조상과 관련된 성격으로 파악하는데, 이에 대해서는 姜相順,「有關乾隆帝東巡盛京的兩個問題」,『淸代宮史探微』(紫禁城出版社, 1991); 馬東玉, 「乾隆皇帝哭陵」,『紫禁城』 2002-3 등 참조. 그러나 최근에는 동순이 만주족의 정체성 확립이나 러시아의 외부적 자극에 대응하는 영토 의식의 확장으로 파악하기도 하는데, 대표적인 연구로는 Mark Elliott, 2000; 송미령,「청 강희제 동순(東巡)의 목적과 의미」, 《明淸史硏究》 24, 2005이 있다. 북순과 그 목적지인 승덕(承德)의 의미에 대해서는 최근 신청사(new Qing history) 연구의 붐과 함께 많은 연구가 이어지고 있는데, 대표적인 연구로는 Philippe Forêt, *Mapping Chengde: The Qing Landscape Enterprise*(Honolulu: University of Hawai'i Press, 2000); Symons, Van J., "Qianlong on the road: the imperial tours to Chengde", edited by James A. Millward etc, *New Qing Imperial History: The Making of Inner Asian Empire at Qing Chengde*(London; New York: RoutledgeCurzon, 2004) 참조. 이 책에서는 삼번의 난과 정씨 세력의 소요 진압을 기준으로, 그 이전과 이후에 거행된 황제 순행의 성격이 달라졌다고 파악한다.

68 목란위장　閻崇年,「康熙帝與木蘭圍場」,『故宮博物院院刊』 第2期, 1994.

69 1차 남순　Jonathan Spence, *Ts'ao Yin and the K'ang-hsi Emperor, Bondservant and Master*(Yale University Press, 1988), 124~126쪽.

70 남순의 목적　천하통일에 대한 과시의 요소에 대해서는 淸『聖祖實錄』卷117, 康熙23年10月丙辰條; 같은 책, 卷117, 康熙23年10月丁巳條를, 민정 순찰에 대해서는 淸『聖祖實錄』卷139, 康熙28年正月庚吾條를, 그리고 강남 지역 회유에 대해서는 淸 『聖祖實錄』卷117, 康熙23年10月己未를 참조.

71 공자묘 방문　서개,「치하와 순방 및 공자 존숭 ── 청 성조(聖祖)의 강남 6차례 순행에

대해」, 제1회 세종학 국제학술회의 발표 원고, 2009년 10월 9일.

72 근보 접견 항상 일정한 것은 아니지만, 대체로 황제가 남순할 때마다 회안에 상주하던 하도총독과 조운총독은 산동 담성현을 전후한 지점까지 올라와서 황제를 맞이한 후 호종했다. 1차 남순에서는 하도총독 근보와 조운총독 소감(邵甘)이 접견했다.

73 강희제의 감회 淸『聖祖實錄』卷119, 康熙23年10月庚戌條.

74 금룡사대왕묘 수신인 금룡사대왕을 제사하는 사묘로, 명초 이래 줄곧 대운하를 이용하는 자들이 안전한 운송을 기원하는 종교 시설로 이용되었다. 이에 대해서는 8장 2절 참조. 강희제는 직접 황하를 볼 수 있는 숙천에 도달하기 전 산동성 태산에 올라가 동악묘(東嶽廟)에서 제사를 지낸 직후, 대학사 명주(明珠)로 하여금 황하에 도달할 경우 준행해야 할 하신(河神) 제사의 예전을 준비시켰다. 준비 결과 사독지신(四瀆之神)에 대한 제사는 황제가 직접 주관하지 않고 대신을 보내면 된다는 전례를 확인했다.(張鵬翮, 『治河全書』卷14,「祭河神典禮」(天津古蹟出版社, 2007), 1405~1406쪽.) 손재풍의 하신 제사는 이에 따라 집행된 것이다.

75 강희제의 당부 淸『聖祖實錄』卷119, 康熙23年10月辛亥條.

76 중하 황하와 회수가 만나는 청구의 이북으로 황하의 물줄기를 피하기 위해 만든 운하다. 청하현(淸河縣)의 중가장(仲家莊)에서부터 숙천현(宿遷縣)의 낙마호(駱馬湖)까지의 구간은 황하와 대운하가 중복되는 구간으로, "황하풍도(黃河風濤之險)"을 피하기 위해 중하가 준설된 것이다. 중하에 대해서는 張鵬翮, 『治河全書』卷5,「中河圖說」, 491~501쪽 참조.

77 중하의 효과 淸『聖祖實錄』卷229, 康熙46年5月27日條.

78 강희제의 순시 淸『聖祖實錄』卷139, 康熙28年正月辛卯條.

79 기정에 대한 포상 淸『聖祖實錄』卷229, 康熙46年5月戊寅條.

80 운군의 절도 행위 청대 운군의 경제적 어려움과 그로 인한 각종 폐단에 대해서는 표교열,「청대 전기 조운의 폐단 ── 운군의 존재 형태를 중심으로」,『省谷論叢』26, 1995 참조.

81 강희제의 선결 과제 『淸史稿』卷279, 列傳66, 靳輔, 10122쪽.

82 서상의 출현 이성규,「허상의 태평 ── 한 제국의 서상과 상계의 조작」,『고대 중국의 이해 4』, 서울대 동양사학연구실 편(지식산업사, 1998) 참조.

83 남순에서의 기대 黃鈞宰,『金壺浪墨』, 卷1,「南巡盛典」, 1b-2a.

84 강희와 건륭의 남순　徐凱·商全,「乾隆南巡與治河」,《北京大學學報》1990-6; 高翔,
『乾隆下江南』(中國人民大學出版社, 1989), 50~60쪽; Michael G. Chang, "Fathoming
Qianlong: Imperial Activism, the Southern Tours, and the Politics of Water Control,
1736~1765", *Late Imperial China* 24-2, 2003.

85 천하태평과 대일통　장진성,「천하태평의 이상과 현실: 「강희남순도전
(康熙南巡圖卷)」의 정치적 성격」,《미술사학》22, 2008; 정석범,「강옹건(康雍乾) 시대
'대일통(大一統)' 정책과 시각 이미지」,《미술사학》23, 2009.

86 이동성　Peter C. Perdue, *China Marches West: the Qing conquest of Central Eurasia*(Cambridge,
Mass.: Harvard University Press, 2005), 409~429쪽; Michael G. Chang, 2007, 72~113쪽.

87 직조　남순과 관련한 직조의 역할은 강희제의 3차부터 6차 남순에 모두 개입했던
강녕직조(江寧織造) 조인(曹寅)의 활동을 통해 잘 알 수 있다. 이에 대해서는 Spence, 1988,
4장 참조.

88 유회투　『淸會典事例』卷904, 工部43,「河工」참조. 유회투 공정이란 양강
총독(兩江總督) 아산(阿山)이 1706년(강희 45년)에 필요성을 제기하고 조운총독
상액(桑額)이 함께 관여하던 하공 업무로, 황하와 회하가 교차하는 지역인 유회투 지역에
하도를 따로 개착하여 장복구(張福口)까지 연결하는 안건이었다. 이를 통해 회하의
물길을 제어하고 회·양 지역의 수리 체계를 안정시키려 했다.(淸『聖祖實錄』卷228,
康熙46年正月丁卯條) 하지만 소요 비용이 많았는데, 아산의 계산에 따르면 139만 4000냥이
필요했고, 숙천현 현승과 청하현 주부(主簿)가 계산한 것으로도 123만 7000냥 정도가
필요했다.(『行水金鑑』卷70 淮水, 16b-17a)

89 하공 비용　『淸史稿』卷125, 食貨6,「會計」, 3710~3711쪽; 陳樺,「淸代的河工與財政」,
『淸史研究』2005-3, 35쪽.

90 국가 예산 중의 하공비　Ray Huang, *Taxation and Governmental Finance in Sixteenth -Century
Ming China*(Cambridge U. P., 1974), 279~281쪽; Dodgen, 2001, 115~117쪽.

91 강남성의 하고 전량　『淸會典事例』卷904, 工部,「河工經費歲修搶修1」, 6a-b.

92 삼번의 난에 소요된 전비　陳鋒,『淸代軍費硏究』(武漢大學出版社, 1992), 242~249쪽.

93 삼번의 비중　魏源,『聖武記』(中華書局, 1984), 卷2, 1b-2a.

94 전비 충당 방법　陳鋒, 1992, 7장; 許大齡,「淸代捐納制度」,『明淸史論集』
(北京大學出版社, 2000), 16~17쪽.

95 고가언 붕괴 『淸史稿』 卷127, 河渠志2, 「運河」, 3771쪽.

96 공객 '공객'은 일반적으로 예의를 갖추어 대하는 손님을 뜻하는 용어다. 조운총독과 같은 고위 관료들이 주로 이용하거나 참배하던 사묘의 종교적 지도자로 이해하면 될 것이다. 소설 『금병매』에서도 천호직(千戶職)을 획득한 서문경이 순안어사 등 관료들을 접견하는 장소가 도관(道觀)이나 사원(寺院)이었다. 이에 대해서는 笑笑生 著, 陶慕寧 校注, 『金甁梅詞話』(人民文學出版社, 2000), 제35回 「西門慶挾恨責平安 書童兒粧旦勸狎客」 참조.

97 승려에 대한 낮은 평가 이와 관련해 '적응주의'적 선교 방식으로 알려진 마테오 리치가 중국 상류 사회에 '적응'하기 위해 승복을 벗고 유복(儒服)으로 갈아입은 것은 상징적인 의미가 있다. 리치가 유복을 착용한 것은 사회적 지위를 끌어올려 더욱 효과적인 선교 활동을 하기 위함이고, 동시에 승복을 벗었다는 것은 그가 승려에 대한 좋지 않은 사회적 평판과 관련을 끊기 위함이었다. 히라카와 스케히로(平川祐弘) 저, 노영희 옮김, 『마테오 리치: 동서 문명 교류의 인문학 서사시』(동아시아, 2002), 242~244쪽 참조. 이후 중국을 방문했던 예수회 선교사들은 대부분 불교 승려들을 지적인 미신, 부도덕한 관행, 비속함에 빠진 것으로 비판한 반면, 문인들은 세련되고 학문을 중시한다고 찬사를 보냈다. 이에 대해서는 데이비드 문젤로, 2009, 29~63쪽 참조.

98 승려의 사회적 역할 Brook, 1993, 185~223쪽.

99 정조선의 성과 程浚, 「程封君傳」, 康熙 『兩淮鹽法志』 券27, 藝文, 16a.

100 조운총독과의 관계 형성 가령 이처럼 상인이 고위 관료와 밀접한 관계를 맺을 경우 그 사실은 곧 관료의 화려한 행차 등을 통해 지역 사회에 쉽게 알려졌으며, 그 결과 지역의 웬만한 관리나 신사들이 그 상인을 함부로 대할 수 없었다. 이러한 역학 관계에 대해서는 『金甁梅詞話』, 第49回, 「西門慶迎請宋巡按 永福寺餞行遇胡僧」 참조.

101 관장하 관장하란 회·양 지역 동편에 위치한 서른 곳의 염장을 남북으로 관통하는 운하다. 북으로는 부녕현(阜寧縣) 묘만(廟灣)을 출발하여 남으로는 운염하(運鹽河)까지 약 200여 리(=112킬로미터)에 걸쳐 있었다. 즉 관장하는 회·양 지역의 동편인 하하(下河)에 소속되었다.

102 관장하의 기능 康熙 『兩淮鹽法志』 卷14, 奏議5, 29a.

103 고우주 탐방 玄燁 撰, 『康熙帝御製文集』, 卷20, 「南巡筆記」, 7b. 황제의 남순은 이처럼 지역민들과의 직접적인 만남을 통한 민정 탐방을 가능케 했다. 이 기록은 『청실록』에도 있지만, 피해 지역 기로, 수재의 답변 내용은 생략되어 있다.

104 강희제의 조치　　淸『聖祖實錄』卷117, 康熙23年11月丁卯條.

105 손재풍　　蕭奭 著, 『永憲錄』(中華書局, 1997), 398쪽. 그가 1차 남순에서 강희제를 호종하고 금룡사대왕묘에 파견되어 하신에 제사지냈음은 앞서 언급했다.

106 개음포　　개음포는 1688년(강희 27년) 3월 하공 결과에 대한 책임 공방을 벌이던 하도총독 근보와 조운총독 모천안(慕天顏), 공부시랑 손재풍 진영이 공동 책임을 지고 모두 파직을 당하자, 새롭게 파견된 만주 기인이었다.(淸『聖祖實錄』卷134, 康熙27年3月己丑條)

107 강희제의 허락　　淸『聖祖實錄』卷138, 康熙27年12月戊午條.

108 노동력 조달　　淸『聖祖實錄』卷138, 康熙27年12月戊午條.

109 갈살리의 주장　　康熙『兩淮鹽法志』卷14, 奏議5, 29a.

110 총상의 여론 주도　　康熙『兩淮鹽法志』卷14, 奏議5, 25b~26a.

111 정국명　　이하 정국명에 대한 내용은 張伯行, 『正誼堂續集』, 卷7, 「考授州佐潛若程君墓地銘」, 17a~19a; 嘉慶『兩淮鹽法志』卷44, 人物, 才略, 程國明, 11a-12a의 내용을 근거로 정리했다. 한편 흡현의 남시는 잠산도와 인접한 곳에 위치하고 있다.(『新安名族志』前卷, 「程氏」, 38~39쪽.)

112 황가순　　程浚, 「黃君藍孕傳」, 康熙『兩淮鹽法志』卷27, 藝文3, 20a-22a. 황가순의 형은 황가패로 이 책 6장 3절에서 무너진 범공제를 중건했던 인물로 소개되었다. 당시 황가패는 종족들과 함께 공사를 맡았다는 기록이 있으므로(嘉慶『兩淮鹽法志』, 卷44, 人物2, 才略, 黃家珮, 9b) 그 동생 황가순도 동참했을 것으로 추정된다.

113 상소문　　康熙『兩淮鹽法志』卷14, 奏議5, 25a-31a.

114 황제 알현　　康熙『兩淮鹽法志』卷14, 奏議5, 33a.

115 재조사 명령　　淸『聖祖實錄』卷139, 康熙28年2月壬子條.

116 준설 공정의 축소　　淸『聖祖實錄』卷140, 康熙28年3月己巳條. 38리로 줄어든 구간은 정계장(丁溪場)에서 백구장(白駒場)을 연결하는 구간이다. 후속조치로 강희제는 하하(下河)를 담당했던 개음포를 북경으로 불러들이는 대신 하도총독이었던 왕신명에게 상하와 하하를 통합·관리하도록 임무를 변경시켰다.

117 왕전　　嘉慶『兩淮鹽法志』卷44, 人物2, 才略, 汪銓, 12a-b. 청대 회안에서 활동하던 휘상 가운데서 정씨(程氏)와 왕씨(汪氏) 사이에 통혼을 통한 교제가 많았음은 徐珂, 『淸稗類鈔』, 第7冊, 「豪侈類·典商汪己山之侈」, 3269쪽에 기록되어 있다.

118 상인들의 환호　　程浚, 「南巡頌」, 康熙『兩淮鹽法志』卷28, 藝文, 78a~79a.

119 요구의 근거　康熙『兩淮鹽法志』卷14, 奏議5, 20b~21a.

120 상인 정책　"휼상유과"정책의 성격과 실행 과정에 대해서는 조영헌, 2001 참조.

121 하공 정비와 염상 배려　이러한 두 가지 필요성은 이후 지속된 남순 기간에도 변함없이 지속되었다. 5차 남순이 거행된 1705년에도　하도 총독 장붕핵이 다시금 관장하 준설에 대한 필요성을 제기했으나 염장 주변의 주거가 너무 주밀(周密)하다는 이유로 임시적인 보완 조치를 취하는 것으로 조정되었다. 하지만 1708년(강희 47년)에는 휘상 여유선(余維璿) 등이 국고를 빌려 관장하의 일부를 준설하기도 했다.(嘉慶『兩淮鹽法志』卷9, 轉運4,「河渠」, 26a) 이는 하공의 필요와 상인의 배려라는 두 가지 사안이 중첩되는 상황에서, 한 가지를 일방적으로 희생시키는 방식보다는 상황에 따라 타협점을 찾아가는 과정이라 할 수 있다.

122 정증　嘉慶『兩淮鹽法志』卷44, 人物2, 才略, 程增, 12b.

123 총상 경력　『聖祖五幸江南全錄』(王康年 編輯,『振綺堂叢書初集』, 宣統2年刊本), 45b, "其一體事宜, 皆係商總程維高料理." 여기서 정유고(程維高)란 정증을 지칭한다. 정증의 자가 유고였다. "상총(商總)"이라는 표현이 염상에게 사용될 때는 통상 총상과 동일한 뜻을 지녔다. 『郎潛紀聞四筆』에서 건·가 연간 총상이었던 강춘과 황균(黃筠)을 지칭할 때 "상총"이라고 언급한 것은 그 일례이다. 이에 대해서는 陳康祺,『郎潛紀聞四筆』, 中華書局, 1997, 卷4,「豪商黃筠」, 67쪽 참조.

124 재원 마련　嘉慶『兩淮鹽法志』卷44, 人物2, 才略, 程增, 12b.

125 망도하　徐旭旦,「下河末議」,『淸經世文編』卷112, 工政18,「江蘇水利中」, 17a.

126 하하의 범람　張鵬翮,「論治下河」,『淸經世文編』, 卷112, 工政18, 江蘇水利中, 5a.

127 해운 주장　『淸史稿』卷127, 河渠志2,「運河, 3775쪽.

128 1700년 책제　『聖祖實錄』卷198, 康熙39年3月癸丑條.

129 망도하 공사　張鵬翮,『治河全書』(續修四庫全書 史部847) 卷17,「濬芒稻等河」, 740~743쪽.

130 상연　康基田,『河渠紀聞』(中國水利要籍叢編) 20卷(文海出版社, ,1969), 卷17, 80a~b.

131 상인의 하공 참여　淸『世宗實錄』卷118, 雍正10年5月甲戌條.

132 정증의 하공 참여　方苞,『方望溪全集』, 卷11,「程增君墓誌銘」, 150쪽.

133 신사 자격　청대 지방 관료들의 대화 상대와 신사의 위상에 대해서는 Ch'u, T'ung-tsu, *Local Government in China under the Ch'ing*(H. U. P., 1962)〔→ 瞿同祖 著, 范忠信·晏鋒 譯, 『淸代地方政府』(法律出版社, 2003)〕, 170쪽을 참조.

134 순행의 연회　『聖祖五幸江南全錄』, 19b~20a.

135 호종 인원　『淸會典事例』卷310, 禮部,「巡幸」, 6b.

136 조인　曹寅,『關於江寧織造曹家檔案史料』, 故宮博物院明淸檔案部 編(中華書局, 1975), 22~23쪽,「16. 江寧織造曹寅奏謝欽點巡鹽並請陛見摺」(康熙43年7月29日); 같은 책, 28쪽,「22. 江寧織造曹寅覆奏摹刻高旻寺碑文摺」(康熙43年12月初2日) 등 참조.

137 강희제와 조인 사이의 밀접한 관계　이에 대해서는 Spence, 1988의 연구가 있으며, 특히 5차 남순에서 조인의 인상적인 역할은 138~150쪽을 참조.

138 상인과 백성　淸『聖祖實錄』卷220, 康熙44年閏4月乙未條. 하루 더 체류해 달라는 양주 상인들의 간청은 두 차례나 이루어졌고, 강희제 역시 "즐거운 마음"으로 두 번 모두 체류를 허락해 주었다.

139 조인과 이후　당시 조인은 통정사사통정사함(通政使司通政使銜)을 받았고, 이후는 대리시경함(大理寺卿銜)을 받았다.(『關於江寧織造曹家檔案史料』, 30~31쪽.) 강희 후반기에 강남의 세 직조는 서로 친인척 관계로 연결되어 있었는데, 조인은 이후의 매부이고, 항주 직조인 손문성은 조인과 모계 친척으로 연결되어 있었다. 이후는 1693년(강희 32년)부터 소주 직조를 맡았으며, 이후 8차례 양회 지역을 순시하는 감찰어사의 임무를 겸임했기에 조인과 함께 황제에게 올린 주접(奏摺)이 많았다. 특히 1705년(강희 4년) 강희제의 5차 남순이 마무리된 직후 조인이『전당시』제작에 전념하면서, 이후가 양회 염장의 염무 관련 업무에 전념했다.(李煦,『李煦奏摺』, 中華書局, 1976, 26쪽, 「33. 接任兩淮鹽艖日期并進冬荀摺」.)

140 1707년의 특혜　조너선 스펜스는 5차 남순에서 양주 염상들의 극진한 접대에도 불구하고, 염상에 대한 강희제의 직접적인 회사(回賜) 기록이 없다고 했지만(Spence, 1988, 144~145쪽) 이 글에서 살펴본 바와 같이 정증의 사례는 그렇지 않았음을 보여 준다.

141 이후의 주청　『李煦奏摺』, 59~60쪽,「66. 再請准綱商程增等分行食鹽摺」 (康熙47年6月).

142 관직 확대　乾隆『新安岑山渡程氏支譜』卷6, 9a-b; 道光『徽州府志』, 卷12-5, 人物志, 義行, 30a.

143 구제 사업　嘉慶『兩淮鹽法志』卷46, 人物5, 施濟, 26b.

144 어서　　同治『重修山陽縣志』卷15 人物5, 流寓, 16b-17a.

145 정가정　　嘉慶『兩淮鹽法志』卷56, 雜紀6, 育嬰堂 ; 같은 책, 卷42, 捐輸1 참조.

146 건륭 연간 잠산도 정씨 가문의 다양한 활동　　앞서 언급했던 정증의 넷째 아들 정종의 사례가 대표적이다. 이외에도 정증의 손자인 정양종(程揚宗)이 수헌(輸獻)의 공로를 인정받아 건륭제의 3차 남순(1762년)에서 기존에 가지고 있던 관함에 "가일급(加一級)"의 사여를 받았으며(淸 『高宗實錄』 卷654, 乾隆27年2月戊寅條; 같은 책, 卷835, 乾隆34年5月庚戌條) 가경 연간이 되면 정조징의 증손인 정역(程易)이 회안의 각종 분쟁과 치안 문제를 해결함에 공로가 인정받아 조운총독 · 하도총독 · 회관감독(淮關監督)과 같은 고위 관료들과 밀접한 관계를 형성했다.(趙翼,「吳廬程公墓誌銘」,『淮安河下志』卷13 流寓, 22b-24b)

147 남순과 휘상의 위상　　許承堯,『歙事閑譚』, 卷18「歙風俗禮敎考」, 603쪽.

3부 8장

1 제사의 속성　　王先謙 著,『荀子集解』, 諸子集成2(中華書局, 1993) 卷11, 天論篇, 211쪽.

2 사묘　　민간 신앙의 확산을 민간 욕구의 집적이자 외적 체현이라는 관점에서 '아래로부터의' 영향력을 강조하는 입장은 Valerie Hansen, *Changing gods in medieval China, 1127~1276*(Princeton, N. J.: Princeton University Press, 1990); Michael Szonyi, "The Illusion of Standardizing the Gods: The Cult of the Five Emperors in Late Imparial China", *Journal of Asian Studies* 56-1, 1997; 范純武,「明淸江南都天信仰的發展及其異說」, 陳支平 主編, 『探尋民間諸神與信仰文化』(黃山書社, 2006) 등이 대표적이다.

3 공권력의 간섭　　민간 신앙의 확산에 있어 국가 권력과 지배 계층의 개입 내지는 강요에 주목하며 '위로부터의' 영향을 강조하는 입장으로 C. K. Yang, *Religion in Chinese Society*(University of California Press, 1961); James L. Watson, "Standardizing the Gods: The Promotion of T'ien Hou('Empress of Heaven') Along the South China Coast, 960~1960," David Johnson, Andrew J. Nathan, and Evelyn S. Rawski, eds., *Popular Culture in Late Imperial China*(Berkeley: University of California Press, 1985)이 대표적이고, 이러한 측면에서 송대 이래 국가 권력의 사액(賜額) · 사호(賜號) 등과 같은 조치가 민간 신앙에

미친 영향에 대한 연구 성과는 蔣竹山, 「宋至淸代的國家與祠神信仰硏究的回顧與討論」, 『新史學』 8-2, 1997에 정리되어 있다.

4 국가 권력의 태도　　이러한 측면에 대해서는 Prasenjit Duara, "Superscribing Symbols: The Myth of Guandi, Chinese God of War", *The Journal of Asian Studies*, 47-4., 1988 참조.

5 수신 범주　　李喬, 『中國行業神崇拜 ── 中國民衆造神運動硏究』(中國文聯出版社, 2000), 391쪽.

6 안공묘 참배　　『금병매사화』, 제93회, 「王杏庵仗義賙貧 任道士因財惹禍」, 1404~1405, 1407쪽.

7 임청의 안공묘　　『古今圖書集成 · 方輿彙編 · 職方典』(中華書局: 巴蜀書社, 1985) 卷254, 「東昌府祠廟考」, 10052쪽..

8 사묘의 변모　　이윤석, 『명청 시대 강남 도시 사묘의 사회사적 연구』, 서울대 박사 학위 논문, 2003.

9 북경 성황묘　　沈德符, 『萬歷野獲編』, 卷24, 畿輔 · 廟市日期, 613쪽; 談遷, 『北游錄』, 紀聞上, 「都市」, 334쪽.

10 회양 · 양주 · 진강 수신 사묘 분포　　萬歷 『淮安府志』 卷6, 學校志, 祠廟; 乾隆 『淮安府志』 卷26, 壇廟; 嘉慶 『重修揚州府志』 卷25-26, 祠祀1-2; 乾隆 『鎭江府志』 卷17, 秩壇.

11 사독　　사독에는 양자강, 황하, 회하와 함께 제수(濟水)가 포함된다. 呂宗力 · 奕保群, 『中國民間諸神』(湖北人民出版社, 2001), 262~301쪽에 따르면, 강신(江神)이라는 범주에 奇相, 湘君, 屈原, 潮神 등 다양한 신령이 포함되고, 하신(河神)의 범주에도 河伯을 비롯해 巨靈, 河侯, 金龍四大王 등을 포함시켰다. 이에 비하여 淮神과 濟神은 단일한 신령으로 구성되어 있다. 이러한 차이는 사독의 규모 혹은 사회적 비중에 기인한 것이다.

12 안공　　郎瑛 著, 安越 點校, 『七修類稿』 上 · 下(文化藝術出版社, 1998), 卷12 「國事類 · 封晏公」, 145쪽; 正德 『姑蘇志』 卷27, 「壇廟上」.

13 금룡사대왕　　朱國禎 著, 繆宏 點校, 『湧幢小品』(文藝出版社, 1998), 卷19, 「河神」, 447쪽.

14 마조　　李獻璋, 『媽祖信仰の硏究』(泰山文物史, 1979), 第1編 「媽祖傳說の展開」; 朱天順, 『媽祖と中國の民間信仰』(東京, 平河出版社, 1996), 31~33쪽. 한편 사조제와 조익 등은 마조가 실존 인물이 아니라 일반적인 수신 가운데 하나로 이해했지만(謝肇淛,

『五雜組』, 卷15「事部3」, 304~305쪽; 趙翼, 『陔餘叢考』, 卷35, 「天妃」, 726쪽) 설득력 있는 견해라고 보기는 어렵다.

15 임칙서가 건립한 천비궁 光緖 『丹徒縣志』, 卷5, 廟祠, 10a.

16 화교와 마조 완전한 통계는 아니지만, 오늘날 세계적으로 흩어진 화교 사이에 마조 사묘는 5000곳이 넘으며, 신앙인은 2억 5000만 명을 초과한다고 한다.(http://baike.baidu.com/view/21337.html) 또한 1999년 12월 포르투갈로부터 중국으로 반환된 마카오(Macao, 중국식 이름은 '오문(澳門)')의 이름이 마조(媽祖)에서 유래되었다는 설이 있다. 현재 마카오에는 마조를 제사하는 마각묘(媽閣廟)가 있는데, 명대에 포르투갈인들이 도착했을 때 마각묘에 대한 현지인의 발음이 지금의 포르투갈 발음으로 전승되어 지금의 '마카오(Macao)'라는 이름으로 정착되었다는 이야기다. 하지만 마각묘가 건립된 시기가 지금까지 알려진 바대로 1488년(홍치 원년)이 아니라 1605년(만력 33년)이라는 설을 제기하면서, 마카오라는 명칭 역시 마각묘와 상관없이 광동성 '박구(泊口)'의 민어(閩語) 방언이 전달된 것이라는 주장도 있다. 이에 대해서는 譚世寶, 『澳門歷史文化探眞』(中華書局, 2006)에 실린 「澳門媽祖閣廟的歷史考古研究新發現」, 「Macao, Macau(馬交)與澳門, 馬角等詞的考辨」 참조.

17 봉호 李獻璋, 1979, 207~213쪽.

18 항해자의 보호신 洪邁(1123~1202), 『夷堅支志』 卷1「浮曦妃祠」을 보면, 선주는 천비에게 안전을 기원한 후 출항한 이야기가 등장한다. 선주는 항해 도중에 해적선을 만났으나 다시 간절히 천비에게 구조를 간청함으로 무사히 항해를 마친 것으로 이야기가 마무리된다.

19 남송 정권과 마조 朱天順, 1996, 56쪽.

20 해도 조운 王在晉 撰, 『通漕類編』(明代史籍彙刊22)(臺北, 學生書局 引行, 1970), 卷1, 漕運, 42a, 117쪽.

21 천비 봉호 『元史』 卷10, 世祖本紀7, 203쪽; 『元史』, 卷76, 祭祀5, 1904쪽.

22 홍무제와 마조 郎瑛, 『七修類藁』, 卷50, 「天妃顯應」, 617쪽.

23 영락제와 마조 李獻璋, 1979, 258~279쪽.

24 연해 지역민 『淸稗類鈔』 第8冊 「喪祭類 · 閩海船祀天后」, 3565~3566쪽.

25 광동의 음사 朱天順, 1996, 104쪽.

26 명대의 마조 李獻璋, 「明廷の海外宣論より見たる媽祖の傳播──特に鄭和

の西征における靈驗のついて ──」,『中國學誌』1, 1964.

27 정씨 진압과 마조　　康熙『大淸會典』(近代中國史料叢刊三編 第72輯, 文海出版社) 卷66 禮部27, 22b.

28 해금 이완　　王宏斌, 『淸代前期海防』(社會科學文獻出版社, 2002), 17~21쪽; 王日根, 『明淸海疆政策與中國社會發展』(福建人民出版社, 2006), 141~169쪽; 元廷植, 2003, 68~75; 洪性鳩, 「청조 해금 정책의 성격」, 『한중일의 해양 인식과 해금』(동북아역사재단, 2007).

29 청조와 마조　　李獻璋, 1979, 290~297쪽.

30 항주 천비궁　　田汝成 輯撰, 『西湖遊覽志』(上海古籍出版社, 1998), 卷21 「北山分勝城內勝迹」, 229쪽.

31 호북성의 천비　　陳士元 撰, 『江漢叢談』卷2, 「解佩」, 13a-b.

32 혜제사　　萬曆『淮安府志』卷6, 學校志·祠廟, 26a-b. 특히「大學士楊士奇記」에는 1415년 청강포에 대한 정비를 마친 진선이 이곳에 천비를 제사하는 영자궁 건립을 통해 조운에 대한 영험함을 경험했다는 기록이 나온다. 청말까지 왕래하는 조운선의 안전과 치수의 순조로움을 기원하는 인파가 끊이지 않았던 혜제사는 문화대혁명 시기에 홍위병에게 파괴당했다. 2007년 1월 22일 필자가 혜제사를 찾아 방문했으나, 혜제사 건물은 모두 파괴되고 거대한 '어제중수혜제사비(御製重修惠濟祠碑)'와 이 비석을 2003년 3월에 회안시 문물 보호 단위로 선정했음을 알리는 작은 비석만이 남아 과거의 영화로움을 외롭게 전해 줄 뿐이었다.

33 청강포의 위험　　王恕(1416~1508), 「言開河事宜幷乞先修舊塘水閘奏狀」, 『明經世文編』卷39, 20b; 顧祖禹, 『讀史方輿紀要』(上海書店出版社, 1998), 卷128, 「漕河」, 40a-41a.

34 수신으로의 변화　　萬曆『淮安府志』卷6, 學校志, 祠廟, 26a-b.

35 낭영의 지적　　郎瑛, 『七修類藁』, 卷50, 「天妃顯應」, 617쪽.

36 송대 민간 신앙의 특징　　Valerie Hansen, 1990, 47, 75쪽.

37 가족신　　李獻璋, 1979, 288쪽.

38 교세 확장　　Valerie Hansen, 1990, 165쪽에서도 송대 마조 신앙이 대운하의 도시화와 함께 확산되었다고 지적한 바 있다. 청대에 들어서면, 조운이나 하공 관료들이 직접 천비궁을 중건하는 일에 앞장서기도 했는데, 이 역시 마조 신앙에 의지하여 조운을

원활하게 유지해 보려는 관료들의 이해관계를 보여 준다.(乾隆『淮安府志』卷26, 壇廟, 5b; 咸豊『濟寧直隷州志』卷5, 秩祀, 9b)

39 복건 상인　　가령 서주부 숙천현에 위치한 천후궁은 해안이 아님에도 불구하고 복건 상인들이 회관으로 이용하고 있었다.(民國『宿遷縣志』卷4 營建志·壇廟, 10a) 또한 1892년(광서 18년) 상해에 건립된 상선(商船)회관도 1715년(강희 54년)부터 복건 상인들이 건립했던 천후궁을 중수한 것으로, 사실상 사묘와 회관 기능이 합쳐진 것이다. 上海博物館圖書資料室 編,『上海碑刻資料選集』(上海人民出版社, 1984), 196~197쪽「91. 重修商船會館碑」참조.

40 관제묘　　何炳棣,『中國會館史論』(臺北, 學生書局, 1966), 68~69쪽.

41 봉증　　淸『聖祖實錄』卷203, 康熙40年正月甲寅條.

42 춘추사전 편입　　淸『聖祖實錄』卷255, 康熙43年2月甲戌條.

43 황하신과 운하신　　淸『世祖實錄』卷22, 順治2年12月甲辰條.

44 금룡사대왕과 황하신　　청조가 입관 직후에 수신에 대한 국가 사전(祀典)의 정비를 신속하게 갖춘 것은 명말에 이자성이 개봉 지역에서 황하의 제방을 무너뜨린 이후 지속된 치수의 어려움 때문이었다. 또한『淸史稿』卷133, 河渠志1, 黃河에 따르면, 1665년 하남성 하남부 맹현(孟縣)의 해자촌(海子村)에서 이틀 동안 황하가 맑아지자 금룡사대왕을 하신으로 칙봉했다고 한다.

45 제녕 금룡사대왕묘　　陳文,「重建會通河天井龍王廟碑記」, 王瓊,『漕河圖志』, 卷6 碑記, 265~266쪽. 이하 천정갑의 금룡사대왕묘에 대한 내용은 본 비문을 참조했다.

46 장추의 금룡사대왕사　　明『英宗實錄』卷216, 景泰3年5月丙申條; 같은 책, 卷273, 景泰7年12月戊申條; 姚漢源,『京杭運河史』(中國水利水電出版社, 1998), 17장, 1절, 「沙灣工程」, 169~172쪽.

47 조운과 금룡사대왕　　陳繼儒(1558~1639),「金龍四大王」,『金龍四大王祠墓錄』(叢書集成續編 史部59, 上海書店) 卷1, 9b.

48 비문　　「淮安淸口靈運記」, 淮陰縣志編纂委員會 編,『淮陰縣志』(上海社會科學院出版社, 1996), 813~814쪽. 29명의 관리 가운데는 조운총독을 포함해 조운형 부주사(漕運刑部主事), 판갑(版閘)호부주사, 관창(管倉)호부주사, 조저안찰사(漕儲按察使) 등 조운 관련 관리들이 많다. 하지만 명단에는 회안부 동지, 산양현 지현 등 회안 지역의 지방관뿐 아니라 안동현 지현, 양주부 동지, 술양현(沭陽縣) 지현 등 인근 지역의 지방관도 포함되어

있어, 당시 이 사건의 중요성과 영향력을 알려 준다.

49 추가 봉호   明『熹宗實錄』卷76, 天啓6年9月乙酉條.

50 금룡사대왕과 조운   張鵬翮,『河防志』卷12 雜志,「金龍四大王」, 18b-21b.

51 19세기 초반   姚東升,『釋神』, 中國民間信仰資料彙編 第1輯 19(臺北, 學生書局, 1989), 卷4, 方祀 · 金龍四大王, 27쪽.

52 진계유의 언급   陳繼儒,「金龍四大王」(寶顏堂集),『金龍四大王祠墓錄』卷1, 10a.

53 황하와 대운하   『淸史稿』(中華書局標點本) 卷127, 河渠2,「運河」, 3770쪽.

54 운하의 종교   대운하가 통과하는 하서무(順天府 武淸縣)에 위치한 용신묘(龍神廟) 역시 조운의 원활함을 기원하는 지역 사회의 사묘로서 기능했다. 이에 대해서는 『光緖順天府志』(周家楣 · 繆荃孫 等 編纂, 北京古籍出版社, 1987), 地理志5, 祠祀上, 738쪽 참조. 이처럼 지역에 따라 용왕묘 역시 운하신으로서의 역할을 수행하기도 했다. 그러나 전국적으로 광범위하게 분포한 용왕묘보다는 대운하를 중심으로 확산된 금룡사대왕묘가 운하를 이용하는 이들에게는 좀 더 적실하게 수용되었을 것이다.

55 위희   위희는 명말 · 청초의 격변기를 살았던 강서성 출신의 문인으로, 양주를 비롯한 대운하 연안의 소주, 항주, 무석, 고우 등지를 주유하며 명사(名士)들과의 교류를 즐겼다. 그가 남긴『魏淑子文集』에는 17세기 대운하 도시의 정황을 알려주는 자료가 많다. 위희의 생애에 대해서는 溫聚民 著,『魏叔子年譜』,『民國叢書』第4編 85 歷史地理類(上海書店, 1992) 참조.

56 정유용의 중건   魏禧,『魏淑子文集』卷16,「揚州天妃宮碑記」, 763~764쪽.

57 생육 주관신   중국에서 관음, 마조를 비롯한 수많은 여신이 여성의 관심사였던 생육과 관련한 영험함이 많았다. 이러한 특징이 여신 사묘에서 여성의 종교 활동을 장려한다는 지적에 대해서는 趙世瑜,『狂歡與日常 —— 明淸以來的 廟會與民間社會』(生活讀書新知三聯書店, 2002), 278~288쪽 참조. 같은 맥락에서 청대 천진의 천후궁에도 남아 출산을 기원하는 염상들의 행렬이 끊이지 않았음에 대해서는 關文斌,『文明初曙 —— 近代天津鹽商與社會』(天津人民出版社, 1999), 136쪽 참조.

58 만안궁   嘉慶『重修揚州府志』卷28, 寺觀1, 13b; 李斗,『揚州畵舫錄』卷9,「小秦淮錄」, 190~191.

59 양주의 천비궁 위치   嘉慶『重修揚州府志』卷首,「興圖」.

60 정유용의 특징   康熙『兩淮鹽法志』卷23, 人物4, 程有容, 18b.

61 기유종상 康熙『揚州府志』卷26, 人物4, 篤行, 程有容, 16a.

62 말뚝 제거 魏禧, 『魏淑子文集』, 卷10, 「善德紀聞錄敍: 爲閔象南作」(附錄), 521쪽.

63 정유용의 주도 康熙『揚州府志』卷26, 人物4, 篤行, 程有容, 16a; 魏禧, 『魏淑子文集』卷11, 「程翁七十壽敍」, 595쪽.

64 법해사 중건 魏禧, 『魏淑子文集』卷16, 「重建法海寺記」, 765쪽.

65 동지적 관계망 魏禧, 『魏淑子文集』卷11 「程翁七十壽敍」, 594~595쪽.

66 동료 성씨로 판단하건데, 방자정과 왕언운 모두 휘주에서 왔다고 추측된다. 관련하여 휘주 흡현에서 강도현으로 입적한 방입례(方立禮)도 청초 양주에서 운하의 말뚝을 제거한 또 다른 인물이다.(嘉慶『重修揚州府志』卷50, 人物, 孝友, 27b-28a) 아마도 방자정과 친인척 관계에 있던 인물일 것이다.

67 대운하의 말뚝 대운하의 하저에 녹나무가 박혀 있던 이유에 대해서는 관련 기록이 없다. 다만 대운하가 구부러지는 광릉역 앞의 형세를 고려한다면 물의 흐름을 조절하기 위한 시설이 아니었을까 싶다. 2010년 1월 22일 양주를 답사할 때 필자는 수서호 부근의 한 사당에서 과거 대운하의 물이 너무 빨리 흐르지 않도록 물속에 박아 놓았다는 거대한 청동 솥(지름 약 2미터)을 4개 발견했다. 과거엔 대운하의 수량(水量)이 풍부하고 왕래하는 선박이 많았으므로 이러한 종류의 제어 장치가 많았으리라 예상된다.

68 민세장 민세장도 3년 전인 1671년(강희 10년), 양주의 우왕묘를 중건한 경험이 있었다.(魏禧, 『魏叔子文集』卷10, 「善德紀聞錄敍: 爲閔象南作」, 52쪽)

69 천비궁의 격상 嘉慶『兩淮鹽法志』卷52, 雜紀1, 祠廟, 4b-5a.

70 우왕묘 嘉慶『兩淮鹽法志』卷52, 雜紀1, 祠廟, 1a.

71 청 전기 양주 사묘 중건과 주도 인물 嘉慶『兩淮鹽法志』卷52 雜紀1, 祠廟의 기록을 근거로 정리했다.

72 관료의 경외심 李喬, 『行業神崇拜』, 2000, 395~396쪽.

73 회안 천비궁 乾隆『淮安府志』卷26, 壇廟, 5b. 시세륜의 조운총독 재임 기간이 강희 54년부터 61년까지이므로 그 사이에 건립되었을 것이다. 만유지에 대해서는 乾隆『淮安府志』卷5, 城池, 11a-b 참조.

74 신사층의 사묘 기부 Brook, 1993, 202~217쪽. 브룩은 이미 명말 단계에서 신사층이 진정한 엘리트로 인정받는 데 학위만으로는 충분하지 못했다고 지적한다.

75 선행의 칭송 許承堯, 『歙事閑譚』, 卷18 「閔象南·吳幼符」, 996~997쪽.

76 공덕 칭송　魏禧,『魏淑子文集』卷16「重建法海寺記」, 766쪽.

77 회독묘　『淮安河下志』卷4 祠宇, 淮瀆廟, 6a-8a; 같은 책, 卷2「巷陌」, 6b. 정몽내의 부친은 정문계(程文桂)이고 조부와 고조부는 6장과 7장에서 누차 언급한 정지영과 정양입이다.(『新安岑山渡程氏支譜』卷5, 183a-b)

78 상계의 영향력　Joanna F. Handlin Smith, "Social Hierarchy and Merchant Philanthropy as Perceived in Several Late-Ming and Early-Qing Texts", *The Journal of Economic and Social History of the Orient* 41-3, 1998, 440쪽.

79 서진도　『至順鎭江志』(江蘇地方文獻叢書, 江蘇古籍出版社, 1999) 卷2, 渡津, 46~48쪽; 乾隆『鎭江府志』卷18, 渡津, 7b-8a.

80 강신 제사　談遷,『北游錄』(淸代史料筆記叢刊)(中華書局, 1997), 卷1「紀程」, 11쪽.

81 진강 금룡사대왕묘　乾隆『鎭江府志』, 卷17,「廟祠」, 10a.

82 운군의 경제 여건　星斌夫, 1971, 119~127쪽.

83 상인의 투자　이와 관련하여 앞서 언급했던 산동 제녕의 금룡사대왕묘는 참조가 된다. 명 정통 연간(1436~1449년) 제녕에 금룡사대왕묘를 세운 주체는 관리였지만, 실질적인 재원 마련은 지역 신사와 운하를 왕래하는 "호의자(好義者)"가 충당했다. 여기서의 "호의자"란 대운하를 이용하며 장거리 유통에 종사하던 재산이 풍부한 상인이었을 것이다.

84 도주의 기록　陶澍,『陶澍集』下, 岳麓書社, 1998,「丹徒越閘金龍四大王墓碑記」, 24쪽.

85 월갑과 횡갑　光緒『丹徒縣志』卷56, 國朝文,「丹徒橫閘改建議」, 55b-57a. 횡갑과 월갑은 모두 양자강과 대운하가 연결되는 하구 지점에 위치했다.(光緒『丹徒縣志』卷11, 河渠, 12a-b)

86 휘주 목상　『淸經世文編』卷104, 工政10, 運河上,「丹徒橫閘改建議」

87 무원현 목상　重田德, 1975, 312~316쪽은 民國『婺源縣志』에 기재된 수많은 상인 관련 열전을 분석하여 남경조약과 태평천국의 난을 계기로 무원 상인의 업종이 목상에서 차상으로 바뀌었음을 보여 주었다. 또한 李琳琦,「徽商與明淸時期的木材貿易」,《淸史硏究》 1996-2에는 무원현뿐 아니라 휘주 여러 지역의 목상들의 판매 루트에 대한 자세한 정보가 담겨 있다.

88 대진신　民國『婺源縣志』卷40, 人物11, 義行6, 戴振伸, 19a-b.

89 태평천국　光緒『丹徒縣志』卷5, 廟祠, 10b.

90 명말의 휘주 목상　李琳琦, 1996, 1~4쪽.

91 동관기사 項夢原,『冬官紀事』,『叢書集成初編』1500(中華書局, 1985), 4쪽.

92 서진도의 흡현 상인 乾隆『鎭江府志』卷38, 孝義, 程達昌, 22b-23a.

93 군영 民國『婺源縣志』卷37, 人物11, 義行1, 黃世權, 22a-b.

94 임양우 李允碩, 2003, 100~105쪽. 남상진의 휘상에 대해서는 萬曆『嘉定縣志』卷1, 彊域考, 市鎭 참조.

95 왕세정의 기록 王世貞,「重修南翔講寺記」, 嘉慶『南翔鎭志』卷10, 寺觀·雲翔寺, 140쪽.

96 루트 1 程春宇,『士商類要』卷1, 248, 254쪽.「2. 徽州府由嚴州至杭州水路程」,「20. 蘇州由太倉至南翔鎭水路」.

97 루트 2 程春宇,『士商類要』, 卷1, 247, 256, 252, 254쪽.「1. 徽州府由 徐州至北京陸路程」,「27. 鎭江由揚子江至荊州水路」,「10. 杭州府由蘇州至揚州府水路」,「20. 蘇州由太倉至南翔鎭水路」.

98 소주 회관 蘇州歷史博物館·江蘇師範學院歷史系·南京大學明淸史硏究室 合編, 『明淸蘇州工商業碑刻集』(江蘇人民出版社, 1961), 350쪽,「嘉應會館碑記」(嘉慶18年).

99 영왕묘 苟德麟,「歷史文化名鎭淮安河下」,『江蘇地方志』2002-6, 27쪽.

100 주선령왕 朱海濱,「江南周宣靈王信仰的發生及其演變」,《史林》2008-2, 72~78쪽.

101 주효순의 기록 朱孝純,「靈王廟碑記」,『淮安河下志』卷4, 祠宇, 12b-13b. 회·양 지역에 파견된 주효순도 회안을 지날 때마다 일이 생기면 늘 영왕묘에서 제사를 지내면서 영험함을 경험했다고 한다. 이처럼 사묘는 지역 사회의 관리들부터 상인을 비롯한 민간인들이 자유롭게 출입하면서 서로 접촉할 수 있는 공간이었다.

102 성택진의 금룡사대왕묘 「敕封黃河福主金龍四大王廟碑記」(康熙60年9月), 王國平·唐力行 主編,『明淸以來蘇州社會史碑刻集』, 蘇州大學出版社, 1998, 529쪽; 「吳江盛澤鎭續修濟寧會館碑」(嘉慶22年),『明淸蘇州工商業碑刻集』, 351~352쪽. 성택진은 예로부터 비단 제작과 가공으로 유명한 시진으로 운하 연변에 위치하고 있다. 풍몽룡의 소설『성세항언』제18권에서도 주단 관련 아행이 약 1100여 가에 달했으며 각지의 상인들이 비단을 구매하기 위해 벌떼처럼 모여드는 곳으로 묘사되어 있다. 성택진에 대해서는 樊樹志, 1990, 287~293쪽 참조.

103 임청의 금룡사대왕묘 2007년 1월 22일 대운하를 답사할 때 임청의 초관(鈔關) 유적지에서 만력 연간에 만들어진 금룡사대왕 관련 비석을 발견했다. 제목은

"신건금룡사대왕비기(新建金龍四大王碑記)"였다. 하지만 보존 상태가 좋지 않아 누가 언제 세운 것인지 확인할 수 없었다. 이후 王雲,『山東運河區域社會變遷』(人民出版社, 2006)을 통해 이 비석의 탁본이 임청시 박물관에 소장되어 있음을 알게 되었다.(278~279쪽) 인용된 부분을 통해 산서 상인이 1616년 건립했음을 확인했다.

104 요성 산섬 회관　　陳淸義·劉宜萍 編著, 2003, 86~87쪽,「金龍四大王行略碑」. 이 비석은 1809년(가경 14년) 건립되었다.

105 개교 의식　　嘉慶『兩淮鹽法志』卷52, 雜紀1, 祠廟, 金龍四大王廟, 9b. "개교"란 매년 판매해야 할 소금의 신단(新單)을 처음 방출하는 의식으로, 염정 관료가 직접 "개교"를 택일하고 주재했다.(林蘇門,『邗江三百吟』(『中國風土志叢刊』27)(廣陵書社, 2003), 卷1,「放頭橋」16b)

106 한구의 금룡사대왕묘　　范鍇 著, 江浦 等 校釋,『漢口叢談校釋』(湖北人民出版社, 1999), 卷2, 92쪽; Rowe, 1984, 117쪽.

107 1826년의 조수 부족　　陶澍,『陶澍集』上,「請將漕船改由丹徒橫閘出江附片」, 72~73쪽. 이처럼 진강에서 조운에 문제가 생긴 이유는, 양자강의 조수(潮水)를 제외하곤 대운하의 수량을 조절해 줄 수 있는 인근의 하천이나 호수가 부족했기 때문이다.

108 운행의 정상화　　陶澍,『陶澍集』上,「復奏現辦漕運情形附片」, 74쪽. 하지만 이러한 정상화는 조수가 올라가고 눈비가 내렸기 때문에 가능했던 '일시적'인 것으로, 그로부터 8년 뒤인 1835년(도광 14년) 강소순무 임칙서의 주접에서도 동일한 문제가 지적되었다.(林則徐,『林則徐全集 第1冊 奏摺』(海峽文藝出版社, 2002),「234. 勘估大挑徒陽運河工段銀數摺」,「235.回空漕船全進橫閘彈壓安靜摺」, 402~406)

109 하공·조운 관료의 심정　　이러한 측면은 남순을 전후하여 수신 사묘에 파견된 관료들의 입장을 통해서도 이해가 가능하다. 강희제의 남순을 앞두고 금룡사대왕묘에 관리를 파견해서 하공과 조운을 위한 제사를 지낸 것은 이미 7장에서 언급했다. 또한 건륭제의 6차 남순이 끝난 직후인 1785년(건륭 50년)에는 순조어사(巡漕御史) 관간정(管幹貞)과 조운총독 육기숙(毓奇肅)이 조운의 신속한 수행을 위해 진강의 도천묘(都天廟)에서 제사와 기원 의식을 거행했다. 지방지 기록에 따르면 그 결과 양자강의 조수가 갑자기 밀려와서 조운이 성공적으로 마무리되었다고 한다.(光緖『丹徒縣志』卷5, 廟祠, 8a-b) 도천묘에서 거행되는 도천회(都天會) 행사는 진강이 가장 번화했고, 그 다음은 회안 청강포였다고 한다. 도천회에 대해서는 歐陽兆熊·金安淸 著, 謝興堯 點校,

『水窗春囈』(中華書局, 1984), 卷下, 「都天會」, 75쪽 참조.

3부 9장

1 선당과 선회　　夫馬進, 『中國善會善堂史硏究』(同朋舍, 1997), 3장 「善會‧善堂の出發」과 梁其姿, 『施善與敎化 —— 明淸的慈善組織』(河北敎育出版社, 2001), 2장 「明末淸初民間慈善組織的興起」; 王衛平‧黃鴻山, 『中國古代傳統社會保障與慈善事業 —— 以明淸時期爲重點的考察』(群言出版社, 2005) 참조.

2 송대의 자유국　　이러한 관점은 비교적 이른 시기에 건립되었던 항주 육영당에 대한 지방지(康熙 『杭州府志』 卷12 育嬰堂)나 청말 趙翼의 문집(趙翼, 『陔餘叢考』, 卷27 「養濟院育嬰堂義冢地」)에서 형성되기 시작하여 이후의 연구에서도 그대로 수용되었다.(今堀誠二, 「宋代における嬰兒保護事業について」, 『廣島大學文學部紀要』 8, 1995, 129쪽)

3 양주 육영당　　물론 1646년(순치 3년)에 강서성 감현(贛縣)에 세워졌던 육영당의 기록이 있지만, 이를 언급했던 양기자 교수는 다른 자료와의 비교를 통해 지방지 편찬자의 착오일 것으로 판단하고, 더 이상의 고증이 나오기 전까지는 양주 육영당을 일정한 규모를 갖춘 청대 최초의 선당으로 간주한다고 결론지었다.(梁其姿, 2001, 94~95쪽)

4 육영당 건립 기록　　雍正 『揚州府志』 卷13, 公署, 5b; 嘉慶 『重修揚州府志』 卷18, 公署, 5b. 嘉慶本에 추가된 내용을 제외하고는, 두 지방지의 기록이 동일하다.

5 채련　　劉宗周, 『人譜三篇附類記六卷』(1634年序刊本), 1903, 卷5, 61b.

6 방생사　　周亮工, 『賴古堂集』(上海古籍出版社, 1979), 卷15, 「放生社序」, 10b~11a.

7 명말‧청초　　夫馬進, 1997, 184~195쪽.

8 채련의 신분　　梁其姿, 2001, 95쪽.

9 7인의 동조자　　同治 『續纂揚州府志』 卷3, 公署, 7a~b; 嘉慶 『兩淮鹽法志』 卷56, 雜紀6, 4b; 李斗, 『揚州畵舫錄』 卷8, 「城西錄」, 177~179쪽; 康熙 『兩淮鹽法志』 卷16, 選擧, 9b.

10 이종공　　嘉慶 『重修揚州府志』 卷48, 人物3, 5a; 嘉慶 『兩淮鹽法志』 卷46, 人物4, 文藝, 7a-b.

11 상적　　회‧양 지역의 상적의 혜택은 염상 중에서도 산서와 섬서 지역에서 온 자들이

누렸음은 6장 4절에서 언급했다. 상적을 통하여 과거 교육의 혜택을 누리는 방식에 대해서는 丁鋼 主編, 『近世中國經濟生活與宗族教育』(上海教育出版社, 1996), 43쪽 참조.

12 이종공의 합류　魏禧, 『魏叔子文集』卷10, 「善德紀聞錄敍: 爲閔象南作」, 518쪽.

13 민정좌　Antonia Finnane, 2004, 237쪽.

14 민정좌의 신분　이와 관련하여 嘉慶 『重修揚州府志』卷50, 人物, 孝友, 38b에 소개된 민정표(閔廷彪)가, 아마도 민정좌와 친척 관계에 있지 않았을까 생각된다. 민정표는 강도현 학생으로만 소개될 뿐, 휘상 민세장과는 아무 관련이 없었던 듯하다.

15 휘상 가문　민관에 대해서는 嘉慶 『兩淮鹽法志』卷56, 雜紀6, 育嬰堂, 4a을, 정련에 대해서는 乾隆 『新安岑山渡程氏支譜』卷5, 11世, 程澽, 77b~78a을, 여사근에 대해서는 嘉慶 『兩淮鹽法志』卷43, 人物1, 行誼, 24b 참조.

16 이진상　이진상의 양녀(養女) 가운데 하나는, 휘주 잠산도 정씨인 정양종의 딸이었다.(乾隆 『新安岑山渡程氏支譜』卷6, 14世, 程揚宗, 52b) 이러한 정황을 고려한다면, 당시 휘상 중심의 상인들과 염정 관료 이진상 사이에는 결혼을 매개로 한 밀접한 관계가 형성되어 있었다고 여겨진다.

17 관영화 추세　夫馬進, 『中國善會善堂史硏究』(同朋舍, 1997), 8장과 William Rowe, *Saving the World: Chen Hongmou and Elite Consciousness in Eighteenth-century China*(Stanford, Calif.: Stanford University Press, 2001), 368~373쪽.

18 양주 육영당의 출연자　嘉慶 『重修揚州府志』卷18, 公署, 5b; 同治 『續纂揚州府志』卷3, 公署, 7a~b.

19 설립 배경　魏禧, 『魏叔子文集』卷10, 「善德紀聞錄敍: 爲閔象南作」, 517~518쪽.

20 동란기의 여성　Wakeman, Frederic Jr., *The Great Enterprise: The Manchu Reconstruction of Imperial Order in Seventeenth-Century China*(University of California Press, 1985), 562~563쪽.

21 전염병　이는 청초 양주 부근 천주교도들의 구전을 전했던 예수회 선교사 마르트니(Martono Martini, 1614~1661년)의 언급을 인용한 Tobie S. Meyer-Fong, *Building Culture in Early Qing Yangzhou*(Stanford, Calif.: Stanford University Press, 2003), 8쪽을 통해 알 수 있다.

22 영아 유기　이것은 1736년(건륭 원년) 고우주 지주 부춘(傅椿)이, 고우주의 육영당에 대한 창설 기록에서도 동일하게 지적하는 요인이다. 이에 대해서는 傅椿, 「普濟堂·育嬰堂碑」, 嘉慶 『高郵州志』卷1, 公所, 53a~b 참조.

23 양주 수마　謝肇淛,『五雜組』卷8 人部4, 147쪽. 사조제보다 조금 이른 시기에 활동했던 왕사성(王士性, 1546~1598년) 역시 전국 각지에 아름다운 부인이 없는 것이 아니지만 양주의 "수마"만큼 선호되는 여성이 없음을 언급한 바 있다.(王士性,『廣志繹』, 卷2, 29쪽) 장대(張岱, 1597~1679년) 역시 양주에서 "수마"를 찾는 사람이 청초에 "십수백인(十數百人)"에 달했다고 기록했다.(張岱,『陶菴夢憶』卷5,「揚州瘦馬」, 160쪽)

24 인신 매매　Antonia Finnane, "The Thin Horses of Yangzhou", *East Asian History* 9(A. N. U., 1995); 韋明鏵,『揚州瘦馬』(區域人群文化叢書)(福建人民出版社, 1998).

25 여성의 매매가　嘉慶『重修揚州府志』卷60, 風俗, 3a~b. 명말에 간행된 여러 소설 자료에도 선박이 양주에 정박하는 사이에 발생하는 연정(戀情) 관련 고사가 풍부하다. 또한『두편신서』에도 지현으로 부임 받은 신임 관리가 대운하를 이용해 양주를 경유하다가 중매장이(老婆)에게 부탁하여 첩을 소개받았다가 사기를 당했던 사례가 소개되고 있다.(『杜騙新書』, 1995, 卷2「娶妾在船夜被拐」, 138~139쪽)

26 기녀의 중심지　徐珂 編纂,『淸稗類鈔』, 第11册, 娼妓類,「蘇州·揚州·淸江之妓」, 5159~5160쪽.

27 육영당의 설립 지역　梁其姿, 1997, 332~367쪽의「附表1 育嬰堂」을 참조하되, 관련 지방지와의 대조를 통해 일부 가감했다.

28 양주 모델　張九徵,「育嬰社序」, 乾隆『鎭江府志』卷47, 藝文4, 42b~44b; 光緒『通州直隷州志』卷13, 人物志, 義行傳, 33b

29 통주 육영당　光緒『通州直隷州志』卷3, 建置志, 義局, 62a-b. 1664년의 통주는 양주부에 소속된 일개 주(州)이지만, 1724년(옹정 2년) 직예주(直隷州)로 승격하여 양주부의 여고현(如皐縣)과 태흥현(泰興縣)을 관할하게 된다.

30 신안의 동지　張九徵,「育嬰社序」, 乾隆『鎭江府志』卷47, 藝文4, 43a.

31 휘상의 출연　康熙『兩淮鹽法志』卷22, 人物3, 篤行, 程量越, 20a-21a; 嘉慶『兩淮鹽法志』卷56, 雜紀6, 育嬰堂, 9a.

32 과주 육영당　民國『瓜洲續志』, 卷7, 善堂, 6a.

33 건륭 연간 구생선 배치　森田明, 1957,「救生船について」,《史學硏究》66, 1957〔→ 森田明,『淸代水利社會史の硏究』(國書刊行會, 1990) 再收)에서 정리한 성별(省別) 구생선의 분포 상황이다.

34 선회　이 문제에 대해서 夫馬進, 1997, 177~178쪽은 구생회 역시 명말·청초 공공

사업에 있어 대량으로 출현하는 민간결사의 일환으로 파악한다. 다만 청초 구생선에 관한 기록이 나타나는 현상을 상업의 발달로 인한 수난자(水難者)의 증가로 설명하기는 어렵다면서, 이는 순치 연간이 명·청 교체 동란기의 동요가 아직 가라앉지 않고 상업이 아직 침체된 시기이기 때문이라고 지적했다. 하지만 대운하를 이용하는 조운과 사적인 물자 유통이 순치 연간에 순조롭게 이루어지지 못했을 것이라는 지적은 구체적인 증명이 필요한 부분이다.

35 구생회의 선구　　森田明, 1957이 대표적이다.

36 순치 연간의 구생선　　夫馬進, 1997, 166쪽.

37 진강~과주 구간　　乾隆『鎭江府志』卷55, 河工疏稿,「雍正3年署理江寧巡撫事務鎭海將軍何天培題本」, 1a; 顧祖禹,『讀史方輿紀要』, 卷129,「漕河」, 39b.

38 우회로　　『明史』, 卷68, 河渠志4,「運河下」, 2105쪽.

39 선박 전복　　明『英宗實錄』卷212, 景泰3年正月乙卯條.

40 연호 정비　　姚漢源, 1998, 314~324쪽.

41 양자강 이용　　陶澍,『陶澍集』上(岳麓書社, 1998),「請將漕船改由丹徒橫閘出江附片」, 73쪽. 이후 우회로는 진강 운하에 조운선 행렬이 가득할 경우, 시간에 쫓긴 객상들이 이용하는 보조 루트가 되었다.

42 1582년의 피해　　民國『瓜洲續志』卷12, 祥異, 3b.

43 방시옹　　嘉慶『丹徒縣志』卷3, 津梁, 19a. 그는 아울러 도강하는 선박의 선호(船號)를 신고시키고 승무원의 수를 제한하는 조치를 취하기도 했다. 이는 안전한 조량 운송을 위한 불가피한 조치였다.

44 항구　　萬恭,『治水筌蹄』, 卷2, 運河,「江南運河及治理」, 101쪽.

45 부교　　汪中 撰, 田漢雲 點校,『新編汪中集』(廣陵書社, 2005),『文集』第2輯,「京口建浮橋議」, 394쪽.

46 강폭　　가령 李廷先,『唐代揚州史考』(江蘇古籍出版社, 1992), 349~350쪽에 따르면, 당대 양주에서 양자강으로 연결되는 강구(江口)는 오늘날 양주성의 남쪽 9킬로미터에 위치한 시가교(施家橋=양자교) 지점이었다. 하지만 청대의 강구(江口)는 퇴적 작용으로 시가교에서 다시 남쪽으로 30리(약 17킬로미터) 가량 내려왔다. 진강도 마찬가지였는데, 가령 명청 시대에 강 가운데 있던 금산(金山)이 현재는 진강의 항구와 거의 붙어 있을 정도로 퇴적 작용이 진행되었다.

47 경구 도강　姜宸英「西津義渡瞻産碑記」, 光緒『丹徒縣志』, 卷4 關津, 2a-3a.

48 풍신묘　光緒『丹徒縣志』卷5「廟祠」, 10a; 民國『瓜洲續志』卷9「寺觀」, 2b.

49 과주 분국　과주에 구생국이 설립된 것은 19세기 전반기로, 진강에서 구생회를 운영하던 신사들이 도래하여 건립했다. 그 이전에는 건륭 59년(1794년)부터 "진인(鎭人)"이 비공식적으로 운영하고 있었다.(民國『瓜洲續志』卷7, 善堂, 6b)

50 풍영의 기록　馮詠, 「京口救生會敍」, 乾隆『鎭江府志』卷55, 藝文, 58a~59a.

51 지방지 기록　光緒『丹徒縣志』卷36, 尙義, 救生會, 44a~b.

52 장예 관련 기록　光緒『丹徒縣志』卷36, 尙義, 蔣豫, 15b.

53 장종해　光緒『丹徒縣志』卷32, 儒林, 蔣宗海, 22b~23a. 그의 부친 장예가 7품함에 해당하는 내각중서사인의 봉전(封典)을 받은 것은 이러한 장종해의 관직 경력으로 인한 것이었다.(光緒『丹徒縣志』卷24, 封贈, 8a)

54 매화서원 장원　李斗, 『揚州畵舫錄』卷3, 「新城北錄上」, 64~65쪽.

55 강희제의 명령　乾隆『鎭江府志』卷46, 藝文3, 「江南鎭江府正堂加三級馮爲欽奉上諭事」(康熙47年12月), 64a.

56 명령 시점　강희제는 4월 24일 진강 강천사(江天寺)에서 출발하여 양자강을 도강한 후, 양주부 보탑만(寶塔灣)(＝茱萸灣＝高旻寺行宮)에 이틀간 정박했다.(淸『聖祖實錄』卷229, 康熙46年4月丙午條) 구생선을 첨설하라는 명령은 강희제가 수유만(茱萸灣) 행궁에 머물 때 하달된 것이다.

57 구생선　嘉慶『兩淮鹽法志』卷56, 雜紀7, 救生紅船, 13b-14a.

58 염운 관련 구생선　嘉慶『兩淮鹽法志』卷56, 雜紀7, 救生紅船, 9b~13b.

59 연자기　연자기는 남경의 양자강 연안에 위치한다. 하지만 연자기 역시 양자강을 이용하여 진강을 왕래하던 상인이라면 반드시 경유하는 지역이었다. 程春宇, 『士商類要』4卷, 卷1, 256쪽, 「27. 鎭江由揚子江至荊州水路」참조. 따라서 염법지의 편자가 휘상 4인이 운영하던 구생선의 설치 지역으로 진강과 연자기를 열거한 것은 대운하를 이용한 남북 유통뿐 아니라 양자강을 이용한 동서 유통까지 고려한 결과일 것이다.

60 피풍관　乾隆『鎭江府志』卷20, 寺觀, 13b.

61 왕문학　嘉慶『兩淮鹽法志』卷44, 人物2, 才略, 汪文學, 12b~13a. 왕문학은 강희 54년(1715년) 양주의 신하구교(新河口橋)가 무너졌을 때에도 무리를 모아서 중수했다.

62 왕응경　嘉慶『重修揚州府志』卷52, 人物, 篤行, 汪應庚, 32a-33a. 왕응경은 흡현

잠구(潛口)인으로, 옹정~건륭 연간 양주에서 염업에 종사하면서도, 수재 시에는 기민을 돕고 학궁을 수복하며 육영당 경비를 보조하고 사묘를 중수하는 등 각종 공익사업에 참여했다. 6장 4절에서 언급했던 『평산람승지』의 편찬자이기도 하다.

63 마왈관　同治『祁門縣志』卷30 人物, 義行, 馬曰琯.

64 오자량　魏禧, 『魏叔子文集』卷18, 「歙縣吳君墓地銘」, 934쪽.

65 방여정　程浚, 「方君傳」, 康熙『兩淮鹽法志』卷27, 藝文3, 48b.

66 정유용　魏禧, 『魏淑子文集』卷11, 「程翁七十壽敍」, 594쪽.

67 민세장　魏禧, 『魏叔子文集』卷10, 「善德紀聞錄敍: 爲閔象南作」, 518쪽.

68 오종주　魏禧, 『魏叔子文集』卷18, 「歙縣吳翁墓表」, 930~932쪽. 오자충에 대한 기록은 魏禧, 『魏淑子文集』卷17, 「吳君幼符家傳」이 가장 자세하다. 비록 그는 33세의 젊은 나이로 사망했지만, 그동안 각지에 흩어져 있는 오씨 가족들의 소식을 입수하여 족보를 완성했다.

69 오자량의 사회 활동　魏禧, 『魏叔子文集』卷18, 「歙縣吳君墓誌銘」, 932~935쪽.

70 민세장　"오랜 시간이 지나 천금을 모으니 염업에 종사하기 시작했고, 거만의 자금을 모으니 이때부터 다시는 상업에 종사하지 않았다."는 위희의 언급은 상행위를 통한 재산 축적 이후 지역 사회에서 자선 행위로의 변화 순서를 보여 준다. 魏禧, 『魏叔子文集』卷10, 「善德紀聞錄敍: 爲閔象南作」, 517쪽 참조.

71 민세장의 사회 활동　민세장의 활동 내용은 魏禧, 『魏叔子文集』卷10, 「善德紀聞錄敍: 爲閔象南作」, 517~523쪽을 바탕으로 정리했다.

72 문봉탑　魏禧, 『魏叔子文集』卷10, 「善德紀聞錄敍: 爲閔象南作」, 522쪽.

73 경계표　王世貞, 「揚州文峰塔記」, 萬曆『揚州府志』卷17, 文, 45b-46b. 이처럼 운하 연변에 건립된 탑의 '경계표' 기능은, 양주 남부 고민사에 세워진 천중탑(天中塔), 회안에 세워진 문통탑(文通塔), 임청의 사리보탑(舍利寶塔)에도 동일하게 적용된다.

74 정유용과 민세장　魏禧, 『魏淑子文集』卷11 「程翁七十壽敍」, 594~595쪽.

75 동지　물론 휘주 상인들의 동지적 결합이 반드시 공공선의 실천에 집중되었다는 것은 아니다. 이해관계가 공유되는 분야라면, 그것이 공공선이든 사리 추구로 이해되든 상관없이, 모든 영역에서 그들의 동지적 결합과 실천이 뒷받침되었다. 그 가운데 이 장에서 주목한 몇 가지 공익사업은 외형상 공공선으로 볼 수 있지만, 그 내면에는 실리적인 이해관계도 깔려 있다고 해석하는 것이 좋을 것이다.

76 정종　嘉慶『兩淮鹽法志』卷46, 人物5, 施濟, 程鍾, 32a~b.

77 포지도　嘉慶『兩淮鹽法志』卷46, 人物5, 施濟, 鮑志道, 35a~b. 嘉慶『重修揚州府志』卷19, 學校, 16a에는 홍잠원이 '商人'이라고 명시되어 있다. 따라서 포지도가 규합했던 '동지'들은 상인 사이에 존재하던 붕우적 정의와 동지 의식이라고 볼 수 있다.

78 공공 영역　'공공 영역(public sphere)'이란 개념은 보통 서양 근대 국가 형성 과정에서 국가 권력의 개입에 대항하는 부르주아지들의 성장과 그들의 활동 영역을 지칭하는 것이다. 하지만 중국사에서 '公'은 '私'나 '利'의 반대 개념이므로, 지역 사회에서 지역 지도자들이 자발적으로 지역 사회의 현안을 처리하는 영역을 지칭하곤 했다. 따라서 공공 영역이라고 하여 반드시 국가 권력과의 충돌을 전제로 하지도 않을 뿐 아니라 오히려 지방 행정이 미치지 않는 영역에 대한 효율적인 집행을 의미하기도 했다. 이와 관련하여 랭킨 교수는 17세기 무렵부터 등장하는 중국 사회의 '공공 영역'의 개념을, ① 일정한 연대 의식을 가진 최소한의 '동지'들이 ② 자발적으로 ③ 조직 구성과 재원 마련을 통해 ④ 명예를 얻을 수 있는 지역 사회의 공공선에 기여하는 것이라고 정의한 바 있다. 이에 대해서는 Rankin, Mary B., "The Local Managerial Public Sphere: Refasioning State-Societal Relations in Late Imperial China", edited by Léon Vandermeersch, *La Socoété Civile Face À L'état: Dans les Traditions Chinoise, Japonaise, Coréenne et Vietnamienne*(École française d'Extrême-Orient, Paris, 1994), 174~177쪽 참조. 이러한 관점은 이 책에서 분석한 회·양 지역 휘주 상인들의 공익사업 참여 방식과 태도에 시사하는 바가 많다.

79 동류 의식　오금성, 1986, 74~77쪽.

80 길안부 신사　오금성, 「양명학과 명말 강서 길안부의 신사」,《명청사연구》21집, 2004, 73~79쪽.

81 사후의 칭송　魏禧, 『魏淑子文集』卷18, 「歙縣吳君墓地銘」, 934, 932쪽.

82 행려인의 칭송　許承堯, 『歙事閑譚』, 黃山書社, 2001, 卷28, 「閔象南·吳幼符」, 996~997쪽.

83 외지인에 대한 토착인 관념　가령 휘주 상인이 16세기에 대거 회·양 지역으로 이주하자 양주 신사층을 중심으로 외지 상인들의 사치 풍조에 대한 우려가 표출되었으며,(6장 1절 참조) 17세기 소설에서도 치부에만 힘쓰며 인색했던 휘주 상인에 대한 부정적인 묘사를 발견할 수 있다.(5장 1절 참조) 또한 강서 상인이 하남성이나 광동성으로 진출했을 때 토착인과 분쟁이 발생했다는 기록도 이러한 토·객 갈등의 양상을

잘 보여 준다. 오금성, 1986, 120~124쪽 참조.

84 신사와의 좋은 관계　　이는 무엇보다 휘주 상인의 자손 중에서 직접 학위나 공명을 취득함으로써 가능했다. 7장에서 분석한 잠산도 정씨 가문은 그 대표적인 사례이다. 옹정 연간 출간된 지방지에 "신·상"이나 "상인공의"라는 표현이 등장할 수 있었던 것도 바로 이러한 배경에서 가능했던 것이다.

85 관부와의 밀접한 관계　　그 결과 명말은 물론이거니와, 청초에 휘주 상인은 단시일 내에 경제력을 회복하고, 급기야 18세기에는 양주 염상계를 지배할 수 있었다. 이 책에서 제시한 다양한 사례들은 이를 입증한다. 臼井佐知子 교수는 휘주 상인이 관료를 직접 배출하려 했던 이유로, 세역 부담의 경감, 정책 결정에 상인의 이익을 반영하는 것, 권위를 기반으로 한 신용의 증가 외에 신뢰도 높은 고급 정보의 수집에 용이하다는 점을 지적했다.(臼井佐知子, 2005, 97쪽) 관부와의 관계 증진도 같은 배경을 지닌 것이라 생각한다.

결론

1 초지역적 중요성　명·청 시대 양주를 분석함에 있어 중심지 이론(central place theory)보다는 네트워크 시스템 이론(network system theory)이 더 적절하다는 지적은 Antonia Finnane, 2004, 34~39쪽에서도 발견할 수 있다. 그녀의 견해에 따르면, 중심지 이론에서 유통의 긴 거리와 어려움은 장거리 유통을 제한하는 장애 요인으로 간주되었지만, 네트워크 시스템 이론에서는 이윤 동기가 이러한 장애 요인을 극복하는 것으로 간주한다. 따라서 네트워크 시스템 이론은 어째서 여전히 지역 시스템(regional system)이 유지되는 명·청 시대에 초지역적 무역(interregional trade)이 활성화되는지를 설명하는 장점이 있다. 양주는 이러한 네트워크의 접속점(node)으로, 양주의 경제적 이해관계는 양자강 하류 대권역(Lower Yangzi macroregion)을 넘어서까지 확장되었다. 따라서 대권역 내의 도시끼리 밀접한 관련을 지닌다는 스키너(Skinner)의 도시 이론과 달리, 양주는 수로망으로 연결된 타 권역권의 도시와 오히려 더 밀접한 연관성을 지녔던 것이다.

2 신사의 조정자 역할　　오금성, 1986, 2편; 徐茂明, 2004 참조.

3 신사층의 타격　　명·청 교체의 동란기에 양주 신사층의 이러한 저항 의식과 결과에

대해서는 嘉慶『重修揚州府志』卷49 人物, 忠義에 기록된 수많은 열전을 통해 확인할 수 있다. 이는 『양주십일기』에서 왕수초가 청군에게 잡혔을 때, "가난한 선비이기 때문에 생명을 보존한 자도 있지만 가난한 선비라는 것으로 즉시 죽음을 당한 자도 있어, 감히 사실대로 말할 수가 없었다."라고 기록하고 있듯이, 양주에 입성한 청군이 갈취할 돈이 없는 선비를 무자비하게 살해하는 상황에서 양주 신사층이 선택한 하나의 대응 양태라고도 볼 수 있다. 王秀楚, 「揚州十日記」, 『揚州叢刻』, 14a 참조.

4 신사와 청조 Smith, "Social Hierarchy and Merchant Philanthropy as Perceived in Several Late-Ming and Early-Qing Texts." 1998, 423쪽. 이러한 신사의 대응은 청조가 입관 초기에 강남 지역에 강성했던 "신권(紳權)"(신사의 권한)을 누르고 "관권(官權)"을 강화하는 과정에서, 지역 사회에서 신사보다 관과 군부의 영향력이 일시적으로 강해졌던 상황과 관련이 있다. 이에 대해서는 岸本美緒, 『明淸交替と江南社會 —— 17世紀中國の秩序問題』(東京大學出版會, 1999), 203~231쪽 참조.

5 회양 지역 신사 Finnane, "The Origins of Prejudice", 1993, 144~146쪽.

6 1824년의 범람 Leonard, *Controlling from Aftar: The Daoguang Emperor's Management of the Grand Canal Crisis, 1824~1826*. 1996, 118~134쪽.

7 강운법에서 표법으로 佐伯富, 『中國鹽政史の研究』, 1987, 731~740쪽; 周育民, 『晚淸財政與社會變 遷』(上海人民出版社, 2000), 92~102쪽. 태평천국 운동의 발발 이후 단행된 '천염제초(川鹽濟楚, 1853~1876, 사천의 소금을 호남·호북의 식염으로 공급하기)' 방안은 기존에 회·양 지역으로 흘러오던 은의 흐름을 사천으로 바꿈으로써 회·양 지역의 쇠퇴를 가속시켰다.(이준갑, 「천염제초와 청말 강소성의 지역 경제——은 유통 문제를 중심으로」, 《명청사연구》 25, 2006)

8 대운하 차단 John King, Fairbank, *Trade and Diplomacy on the China Coast: The Opening of the Treaty Ports, 1842~1854*(Cambridge, Mass.: Harvard University Press, 1953), 380쪽.

9 태평천국과 서고 웨난·진취엔, 『열하의 피서산장』 1, 2005, 351~352쪽.

10 산서 상인의 선행 張正明·薛慧林 主編, 『明淸晋商資料選編』(山西人民出版社, 1989), 294~320쪽; 張正明, 『晋商興衰史』, 1996, 185~205쪽.

11 영파의 공익사업 Shiba, Yoshinobu, "Ningpo and Its Hinterland", Skinner, G. William ed., *The City in Late Imperial China*(Stanford Univ. Press, 1977), 422쪽.

12 18세기 한구 Rowe, *Hankow: Commerce and Society in a Chinese City, 1796~1889*, 1984,

213~321쪽.

13 천진의 염상　關文斌, 『文明初曙 – 近代天津鹽興社會』, 1999, 133~149쪽에서 묘사된 천진 염상의 존재 양태를 보면, 시기만 1~2세기 느릴 뿐, 회·양 지역의 휘상과 대단히 유사했다.

14 하구진의 대상인　오금성, 「명청 시대 하구진 거민의 존재 양태」, 《동양사학연구》74, 2001, 112~120, 127~128쪽.

15 신분 질서　徐光啓(1562~1633) 撰, 石聲漢 校注, 『農政全書校注』(上海古籍出版社, 1979), 卷3, 農本, 65쪽, "(洪武)14年, 上加意重本抑末. 下令農民之家, 許穿紬紗絹布., 商賈之家, 止許穿布. 農民之家, 但有一人爲商賈者, 亦不許穿紬紗"와 呂坤(1536~1618), 『實政錄』, 政書集成 第6輯(中州古籍出版社, 1996), 卷1, 「待紳士」, "紳爲一邑之望, 士爲四民之首. 在紳士與州縣, 旣不若農工商賈, 勢分懸殊, 不敢往事"등 참조.

16 상인의 위상 제고　余英時, 『중국 근세 종교 윤리와 상인 정신』, 1993, 255~280쪽.

17 신상　馬敏, 『官商之間 —— 社會劇變中的近代紳商』(天津人民出版社, 1995), 64~108쪽; 張海林, 『蘇州早期城市現代化硏究』(南京大學出版社, 1999), 202~244쪽; 馬敏, 『商人精神的嬗變 —— 近代中國商人觀念硏究』(華中師範大學出版社, 2001), 118~142쪽. 물론 신상의 계층적 성격은 대단히 복합적이고 과도기적인 측면이 많지만, 대체로 ①사인형 신상 ②매판형 신상 ③관료형 신상으로 구분할 수 있다.(章開沅·馬敏·朱英 主編, 『中國近代史上的官紳商學』(湖北人民出版社, 2000), 233~268쪽)

18 동지 의식의 이면　그들의 '동지' 의식이 일개 종족 단위를 초월하여 형성되었음이 분명하지만, 그것이 동향 관계까지 넘어서서 다른 상방과도 연계되는 '동지' 의식이었는지에 대해서는 아직 의문점이 많다. 예컨대, 양주 육영당의 창립을 주도한 휘상 8인은 서로 다른 성씨를 지닌 자들이었고, 산서 상인 및 신사(이종공)와도 별다른 경계 없이 협력했던 것은 분명 상인들의 '동지' 의식이 휘주라는 동향 단위를 넘어서고 있음을 보여 주는 것이다. 하지만 여전히 다수는 휘상이었고, 다른 분야에서 휘상과 타향 상인들이 협력했던 사례는 잘 보이지 않았다. 따라서 휘상들의 '동지' 의식에 동향이라는 조건을 어디까지 극복하는지에 대해서는 좀 더 다양한 사례의 발굴과 비교 분석이 필요하다.

19 실용적인 선행　그러므로 각종 공익사업에 참여하는 상인들의 의식에는, 신사가 공유했던 공의식보다 선행에 대한 보응을 기대하는 인과응보 사상의 영향이 더 많았다고 평가받는 것이다. 이에 대해서는 Lufrano, 1997, 14~20쪽; 夫馬進, 1997, 178~193쪽;

Smith, 1998, 440~444쪽 참조. 가령 명·청 교체기에 활동한 휘상 왕장옥(汪長玉)은 이러한 관련성을 직접적으로 보여 준다. 그는 이 글에서 언급했던 휘상들과 유사하게 각종 '선행'에 참여했는데, 그에 대한 기록을 남긴 신사들은 모두 왕장옥이 평소에 숭상했던 『태상감응편(太上感應篇)』과 이러한 행위가 관련되어 있음을 강조했다.(周亮工, 『賴古堂集』 卷16, 「壽汪生伯六十序」; 雷士俊, 『艾陵文鈔』, 卷7, 「汪生伯六十壽序」)

20 유학 중시　　汪道昆, 『太函集』 卷52, 「海陽處士金仲翁配戴氏合葬墓誌銘」, 1099쪽.

21 학위와 공명　　Wolfram Eberhard, "Social Mobility and Stratification in China", edited by Bendix, Reinhard and Lipset, Seymour Martin, *Class, Status, and Power*(N. Y.: The Free Press, 1966), 181~182쪽.

22 관부와의 협상　　Ch'u, T'ung-tsu(瞿同祖), *Local Government in China under the Ch'ing*, 1962, 168~175쪽; 王衛平, 『明清時期江南城市史研究:以蘇州爲中心』(蘇州發展研究叢書)(人民出版社, 1999), 324~327쪽.

23 청말의 신사 및 신상　　王先明, 『近代紳士: 一個封建階層的歷史運命』(天津人民出版社, 1997), 244~267쪽; 張海林, 1999, 204~209쪽; 馬敏, 2001, 92~94쪽; 김형종, 『청말 신정기의 연구: 강소성의 신정과 신사층』(서울대 출판부, 2002), 191~246, 509~518쪽; 徐茂明, 2004, 146~153쪽. 여기서의 '신상'이란 '신사와 상인'이 아니라 '상인이면서 동시에 신사의 자격을 함께 지니고 있는 자'를 지칭한다.

24 유행과 구별　　Craig Clunas, *Superfluous Things: Material Culture and Social Status in Early Modern China*, Cambridge(U.K., Polity Press, 1991), 141~165쪽; 티모시 브룩, 2007, 290~300쪽.

25 후견인에의 의존　　張海英, 「明清社會變遷與商人意識形態 ── 以明清商書爲中心」, 『復旦史學集刊』 第1輯, 2005, 160~165쪽.

26 보호 비용　　필립 D. 커틴 지음, 김병순 옮김, 『경제인류학으로 본 세계 무역의 역사』, 모티브, 2007, 82~89쪽에 따르면, 사회마다 보호 비용은 여러 가지 형태로 나타난다. 멀리 떨어진 타국으로 장사를 나가는 무역 상인들은 자신들의 조직을 무장할 수도 있고, 교역로 중간 중간에 있는 다른 나라의 지배자들에게 다양한 통행료와 관세를 지불할 수도 있다. 또한 도중에 자신들을 공격할지도 모르는 세력들에게 미리 지불하는 '보호' 비용도 경제적으로 같은 기능을 수행한다. 결국 다른 경쟁 집단보다 더 낮은 보호 비용으로 더 많은 이익을 올리는 상인이 승자가 되는 것인데, 휘주 상인에게 적용하면, '후발 주자'로

회·양 지역에 진출했던 그들은 지역 사회의 엘리트와 국가 권력에게 연납과 수헌, 그리고 대운하와 관련한 각종 공익사업과 종교 시설에 '보호 비용'을 미리 지불함으로써 더 큰 착취와 약탈의 가능성을 최소화시켰다고 볼 수 있다.

27 화교의 생존 방식　Philip Kuhn, *Chinese Among Others: Ernigration in Modern Times*, 2008, 57쪽.

찾아보기*

ㄱ

가운하(泇運河): **가하**(泇河) 78, 120, 122

가정(嘉定) 111, 250, 373

가흥(嘉興) 115

　~의 민변 214

각부(脚夫) 72, 207, 237

간상(奸商) 253, 254, 256, 257, 371

갈살리(噶薩里) 327

감로항(甘露港) 117

감생(監生) 202, 243

감찰어사(監察御使) 93, 394

감천서원(甘泉書院) 279, 280

감합(勘合) 무역 62

갑문(閘門) 71, 72, 90, 91, 106, 122, 124, 130, 148, 149, 168, 221, 325, 342, 344, 352, 371

　~의 수위차 508n68

강남(江南) 22, 31, 42, 50, 51, 56, 59, 71, 77, 79, 80, 115, 116, 119, 126, 143, 146, 147, 154, 159, 162, 178, 188, 190, 192, 195, 197, 201, 223, 226, 242, 250, 259, 264, 284, 291, 316, 317, 320, 322, 324, 348, 375, 381, 417

　~의 중부(重賦) 57

강남 운하(江南運河) 115, 219

　~의 맹독하 116, 219, 394

강녕 직조(江寧織造) 286, 334, 335

강서 상인(江西商人) 21, 190, 258

　~의 감강(贛江) 회관 125

강신묘(江神廟) 118, 344, 345

　진강의 ~ 166

강신영(姜宸英, 1628~1699) 396

강연(江演) 290

_____

* 'n숫자'는 주석 번호를 지칭.

594

ㅇ

아기(阿寄) 177, 194

아행(牙行) 177, 205, 207, 210~213, 235

   =경기(經紀) 211

악이태(鄂爾泰, 1677~1745) 116

안강문(安江門) 229

안공묘(晏公廟) 341, 342, 344, 345, 397,
398

안데르손(Anderson) 114, 120, 147, 151

안동현(安東縣) 161, 272, 300, 303, 305,
306, 308, 310

안민산(安民山) 124

안정서원(安定書院) 279, 280

암허스트(Amherst) 114, 136

양경(兩京) 체제 52

양명학(陽明學) 194, 413

양몽룡(梁夢龍, 1527~1602) 48, 79, 82,
85, 104

양선(糧船) 133

양영(楊榮) 47

양자강(揚子江 = 장강) 28, 44, 87,
115~119, 142~145, 162, 164, 167~169,
171, 174, 181, 186~190, 192, 201~204,
206~208, 218, 219, 244, 246, 247, 250,
269, 273, 288, 316, 344, 351, 369, 370,
372, 373, 376, 378, 381, 392~396, 400,
403, 405, 410, 413, 415, 417

   ~과 대운하 132

~의 폭 117

양절(兩浙) 염구 173, 252

양주(揚州) 27, 28, 31, 34, 109, 115,
130, 144~147, 151, 161, 162, 168, 171,
185~189, 191, 199, 201, 207, 218, 219,
221, 224, 225, 227, 233~242, 244,
245, 247~249, 251~254, 258~265,
267~270, 272, 274, 277~280, 284,
286~294, 303, 308, 310, 311, 328~332,
334, 335, 343, 353, 354, 361, 364~368,
379, 382~390, 392, 397~400, 402~405,
407, 409, 411~413, 416, 418, 419

   ~의 법해사 267

   ~의 천비궁 268, 359, 362, 377

   ~와 과주진의 관계 144

   ~의 가짜 동전 유통 237

   ~의 광저문 230

   ~의 네스토리우스 교회 146

   ~의 대명사(大明寺) 248

   ~의 도시 구조 229

   ~의 도시 문화 476n16

   ~의 사치 풍조 238, 239

   ~의 산섬 회관 249

   ~의 신성 증축(1555년) 146, 229,
235, 258

   ~의 안강문 229

   ~의 유동 인구 235, 236

   ~의 육영당 259, 380, 381, 384, 385,
389, 401, 403, 404

조영헌(曺永憲)

서울대학교 동양사학과를 졸업하고 중국사회과학원 역사연구소의 방문 학자(2003~
2004년)와 하버드-옌칭 연구소의 방문 연구원(2004~2006년)을 거쳐, 2006년에 서울대
학교 동양사학과에서 논문 「대운하와 휘주상인」으로 박사 학위를 취득했다. 홍익대학교
역사교육과 교수를 지냈고, 현재 고려대학교 역사교육과 교수이다.

15년간 '인문학과 성서를 사랑하는 모임(인성모)'을 주선해 왔으며, 2021년부터 고려대
학교의 지원을 받아 '북아시아 민족 및 지역사 연구회'를 구성하여 공동 연구 중이다. 중
국 근세 시대에 대운하에서 활동했던 상인의 흥망성쇠 및 북경 수도론이 주된 연구 주제
이고, 앞으로 동아시아의 해양사와 대륙사를 겸비하는 한반도의 역사 관점을 세우는 것
에 관심이 있다. 저서로 『대운하 시대, 1415~1784: 중국은 왜 해양 진출을 '주저'했는가』와
『옐로우 퍼시픽: 다중적 근대성과 동아시아』(공저), 『주제로 보는 조선시대 한중관계사』(공
저) 등이 있고, 역서로 『하버드 중국사 원·명: 곤경에 빠진 제국』과 『바다에서 본 역사: 개
방, 경합, 공생 ─ 동아시아 700년의 문명 교류사』(공역) 등이 있다.

대운하와 중국 상인

회·양 지역 휘주 상인 성장사, 1415~1784

1판 1쇄 펴냄 2011년 5월 30일
1판 4쇄 펴냄 2021년 6월 8일

지은이 조영헌
발행인 박근섭·박상준
펴낸곳 (주)민음사

출판등록 1966. 5. 19. 제 16-490호
서울특별시 강남구 도산대로1길 62(신사동)
강남출판문화센터 5층 (우편번호 06027)
대표전화 02-515-2000 / 팩시밀리 02-515-2007
www.minumsa.com

ⓒ 조영헌, 2011. Printed in Seoul, Korea.

ISBN 978-89-374-8366-0 93910

PARTIE BASSE DU HIA-HO.

Décharge des eaux.